Aus dem Leben der Tiere

Aus dem Leben der Tiere

Die schönsten Geschichten aus aller Welt

Reader's Digest

DEUTSCHLAND · SCHWEIZ · ÖSTERREICH

Reader's Digest Projektteam
Redaktion: Erwin Tivig (Projektleitung), Heinz Volz
Grafik: Gabriele Stammer-Nowack
Bildredaktion. Christina Horut
Prepress: Andreas Engländer
Produktion: Andreas Schabert, Hans-Peter Ullmann

Ressort Buch
Redaktionsdirektorin: Suzanne Koranyi-Esser
Redaktionsleiterin: Dr. Renate Mangold
Art Director: Rudi K. F. Schmidt

Operations
Leitung Produktion Buch: Norbert Baier

Satz und Reproduktion: Meyle + Müller Medien-Management, Pforzheim
Druck und Binden: Mohn Media, Mohndruck GmbH, Gütersloh

GR 1315/IC
Printed in Germany
ISBN 3 89915 133 X

*Wer liest heute eigentlich noch Tiergeschichten?
Und sind sie überhaupt noch aktuell?
Diese Fragen drängen sich uns zunächst auf,
wenn wir bedenken, dass immer mehr Menschen
in Städten wohnen und keinen unmittelbaren Kontakt
mehr zur Natur und ihren Bewohnern besitzen.*

*Doch scheint gerade diese verloren gegangene Nähe
zur Welt der Tiere in uns die Sehnsucht zu wecken,
wieder mehr über das erstaunliche Reich der Vierbeiner,
Vögel, Kriechtiere und Meeresbewohner erfahren zu wollen.
Die Faszination, die das Leben der Tiere
und ihr Verhalten ausstrahlen,
belegen neben Filmen und Dokumentationen
vor allem die Tiergeschichten, die sich nach wie vor
bei Jung und Alt besonderer Beliebtheit erfreuen.*

*So unterschiedlich die Erzählungen auch sind,
eines haben sie gemeinsam: Sie vermitteln ein tieferes
Verständnis für die Natur und ihre Bewohner
und machen einmal mehr deutlich,
um wie vieles ärmer und einsamer
wir wären ohne die Welt der Tiere.*

Die Herausgeber

INHALT

Die Bärin

Unerbittlich und wie von einem sechsten Sinn geleitet, verfolgt die Bärenmutter den Menschen, der ihr das Junge entführt hat.

Otto Alscher

Der Bursche geht und lacht boshaft. Pfeift leise vor sich hin, schaut in den Wald hinein, sieht die Stämme und denkt: So wird sie herumlaufen und so. Wird zwischen den Bäumen hinrennen und wieder zurück, wird Felsblöcke ersteigen, Ausschau halten und ihn doch nicht sehen. Freilich erst abends oder auch nachts, wenn sie zur Höhle zurückkehrt und das Junge nicht mehr findet. Gleich wird sie wissen, dass ein Mensch der Räuber war, wird seine Spur aufnehmen, aber, oho, folgen kann sie ihr nicht. Ich bin doch schlauer als dieser dumme Bär, sagt der Bursche, lauf nicht bloß gerade weiter, sondern schlage Haken, springe immer wieder von meiner Spur ab – ein Hase kann's nicht besser.

Jetzt weiß die Bärin noch nicht einmal, dass ich ihr Junges im Rucksack habe, und wenn sie es merkt, bin ich längst daheim.

Es geht wieder steil an, da muss der Bursche das Pfeifen lassen. Doch er wird gleich oben auf dem Bergrücken sein, dann noch drei Stunden guter Marsch, und er ist im Dorf. Vorher kommt er schon auf die Wiese, trifft Schaf- und Rinderherden – Hui! Die Hirten werden schauen, und gar erst im Dorf, was er heimbringt. „Ein mutiger Bursche ist der Matz", wird auch der Lehrer sagen. „In der Schule war er schwach, aber der Bärin nimmt er das Junge weg." Und gar erst die Rumänen: „Des Teufels ist der Deutsche, weiß nicht, was Angst ist!" Endlich ist er oben auf dem Bergrücken. Ein wenig rasten wäre nicht schlecht. Ist ein scharfer Weg da herauf, von der Waldblöße her. Er schaut zurück, zuckt auch schon jäh zusammen. Fassungslos, ungläubig starrt er hinab, dann kriecht Entsetzen in ihm auf. Dort unten auf der Waldwiese, ein dunkler Klumpen, schießt hin und her, verschwindet, kommt wieder, sucht und sucht. Es kann nicht sein, und doch ist es – die Bärin!

Wie ist das möglich, was hat sie geführt? Er hat ja alles getan, um so ein Tier irrezuführen, er ist doch ein Mensch, der klügeln kann. Und doch. Er stöhnt, glühend steigt es ihm zu Kopf, die Lähmung löst sich, schon hat er sich gewendet, stürzt fort, rennt besinnungslos, in keuchender Angst, hetzt den Fußpfad hin, nur fort, fort, denn – die Bärin kommt ihm doch nach, gleich wird sie hier sein, dann muss er sich verteidigen, mit der Axt, mit dem Revolver – aber was ist solch eine kleine Kugel für einen Bären! Und die Axt? Nur ein Schlag ist möglich, trifft der nicht tödlich, ist er zerfetzt, in zwei Sekunden nur noch blutiges Fleisch und zerbrochene Knochen.

Der Flüchtende stolpert, stürzt, rafft sich auf, seine Füße sind wie ausgerenkt, er kann nur noch humpeln, und da weiß er auf einmal: Es nützt alles nichts, kein Laufen; auf dem Pfad holt ihn die Bärin mit wenigen Sprüngen ein. Und damit kommt seine Besinnung wieder. Er muss etwas tun, um die Bärin zu täuschen, etwas ganz Besonderes, damit sie seine Spur nicht mehr findet.

Ist nicht die steile, tief eingerissene Schlucht da in der Nähe – he? Ja, drüben muss sie sein. Er weiß noch nicht, was sie ihm helfen kann, aber er eilt doch hinüber – und schon hat er seinen Plan.

Er hat den Rand der tiefen, doch kaum acht Meter breiten Schlucht erreicht. Hier erklettert er eine junge Esche, deren Wipfel sich schräg über den Felsriss neigt, bis zu dem schmalen Grat, lässt sich fallen und kann sich glücklich fest halten. Wenn er jetzt noch über die Wand hinab könnte, den Wipfel einer aus dem Abgrund emporstrebenden Silberpappel erreichen! Dort ranken sich Waldreben herüber, haben sich im Gesträuch am Felsrand eingehakt. Nun noch seine Spur in die Irre führen, dann lässt er sich an der kaum daumenstarken Rebe über den Abgrund gleiten. Das Gestrüpp kracht, der Wipfel der Pappel schüttert, aber er landet doch im Geäst des Baumes.

Bevor er absteigt, hält er Umschau. Noch ist nichts von der Bärin zu sehen. Nun hinab in die Schlucht und rasch weiter.

Im Geröll springt er hin. Er fühlt nach dem jungen Bären im Rucksack; dem ist nichts geschehen, nur das Schütteln gefällt ihm nicht. Er wird aber nicht den Weg in der Schlucht behalten, die zu viele Krümmungen macht. Jenseits steigt er empor. Auf dem Bergrücken führt ein Karrenweg, vielleicht trifft er dort auf eine Holzfuhre – zu zweit könnten sie sich der Bärin leichter erwehren.

Der Schrecken hat nachgelassen. Der Bursche steigt gleichmäßig an; dabei kann er sich erholen, macht auch keinen Lärm, denn noch ist er nicht so weit, dass ihn das scharfe Gehör der Bärin nicht vernehmen könnte. Er kichert plötzlich mit hochgezogenen Schultern vor sich hin. Jetzt wird die Bärin vergeblich nach der abgebrochenen Spur suchen. Das wäre doch zu dumm, wenn er nicht etwas ausdenken könnte, was sich solch ein Tier nicht vorstellen kann. Was nützt dem die gute Nase, was das Gehör, wenn es ein Mensch zum Narren hält. Ihm wird doch solch ein Vieh nicht über sein. Freilich, wenn man sieht, wie der Bär hinter einem her ist, das ist kein Spaß.

Der Bergrücken ist erreicht. Doch auf dem Weg sind keine frischen Wagenspuren. Macht nichts – er kann einen kleinen Trab anschlagen, da kommt er rasch vorwärts.

Nach einer Weile ist er zu einer Stelle gelangt, wo man zwischen den Bäumen über das Tal hinwegsieht. Man sieht auch die Felsen. Dort der dichte Wipfel, das muss die Pappel sein, über die er hinweggeklettert ist. Ob die Bärin schon dort ist?

Es überläuft ihn doch unangenehm, denn dort drüben schreien die Eichelhäher. Sie lärmen aufgeregt, stoßweise kommt ihr Geschrei herüber, sie flattern umher, gerade dort, wo er die Kluft übersetzte – sie sehen also die Bärin. Sie sucht schon dort nach ihm! Mag sie suchen!

Er kommt an einer Quelle vorbei. Hier wäre es gut zu trinken und ein bisschen zu rasten. Und auch den kleinen Bären anzusehen. Vielleicht frisst er ein Stück Brot oder Käse. Aber er muss weiter, unten auf den Wiesen, bei der Sägemühle, hat er ja Zeit zu allem.

Dort vorne auf dem Gipfel wird er noch einmal Halt machen. Dort sah man auch die Felswand noch: vielleicht verraten ihm auch die Häher, wo die Bärin ist. Die Häher sind noch immer erregt. Vom Wind getragen schallt deutlich ihr Geschrei herüber; aber nicht mehr über der Felswand lärmen sie, sondern an deren Fuß. Der Bursche glaubt nicht richtig zu hören: Doch jetzt: das Geschrei der Häher zieht in die Schlucht hinab. Die Bärin ist über die Felswand gelangt, die Bärin ist wieder auf seiner Spur!

Das wäre doch zu dumm, wenn er nicht etwas ausdenken könnte, was sich solch ein Tier nicht vorstellen kann

Lähmendes Entsetzen fasst den Burschen. Das kalte Grausen ist wieder da!

Vom Schreck aufgepeitscht, wirft er sich seitwärts in den Wald und hetzt den Hang hinab. Er bricht durchs Gestrüpp, wirft sich über gestürzte Stämme hinweg, gejagt von fürchterlicher, peitschender Angst.

Die Wasserrinne mag er nicht mehr verlassen, so jäh sie auch ins Tal führt. Er fühlt sich wie geborgen in ihr, bis sie sich auf einmal öffnet und vor ihm ein Bach rauscht.

Da weiß er, dass er im Wasser weiterflüchten muss. Die Nässe verwischt seine Spur, der Bach lässt keine Witterung zurück, hier kann ihm die Bärin nicht folgen.

Die flachen Steine im Wasser, die Felsblöcke sind mit schleimigen Algen überzogen. Der Fuß gleitet immer wieder ab. Der Bursche stürzt häufig, ist ganz nass – seine Schuhe, die Kleider sind durchnässt, selbst der Revolver im Gürtel trieft vor Nässe.

Nun ist er so hart gestürzt, dass er sich kaum erheben kann. Die linke Hand ist verstaucht, das Schienbein aufgeschlagen. Er humpelt zum Ufer und lässt sich niederfallen.

Aber der Bär, der Bär! Hilfe suchend schaut er umher: Der Blick bleibt an einer Felswand, an einer abgehauenen jungen Tanne, die als Leiter zu einer Höhle in der Wand führt, haften.

Schon ist er aufgeschnellt, klettert den Hang empor, klimmt die Tanne hinauf und wirft sich in die Höhle. Doch dann fasst ihn eine neue Angst! Die Tanne – er darf sie nicht stehen lassen! Alle Kräfte wendet er an, um sich hochzuziehen, schiebt sie mit der Spitze in die Höhle, sodass ihr unteres Ende nur sehr wenig und waagrecht hinausragt. Den Rucksack hat er von den Schultern genommen, die ihn auf einmal schmerzen. Der kleine Bär winselt, möchte sich befreien. Das erschreckt ihn, furchtsam schaut er die Felswand hinab.

Kann sie ihn wirklich nicht erreichen? Wo sie ihm den weiten Weg bisher folgte, trotz allem. Ist ihr denn etwas unmöglich?

Und dann stockt sein Herzschlag. Bachabwärts, unter den Haselbüschen, naht die Bärin. Gar nicht schnell kommt sie getrabt, sucht auch nach keiner Spur, hält ihren Weg, wie von etwas Unsichtbarem geführt. Wie ein Verhängnis naht sie. Das erfüllt den Burschen mit unfassbarem Entsetzen.

Nun kommt sie zur Stelle, wo er das Ufer betreten. Sie schnuppert nach der Spur, legt die Ohren zurück, als wittere sie jetzt erst den Menschen und wendet sich der Felswand zu. Der Bursche möchte sich verkriechen, kann sich aber in seiner Lähmung nicht regen. Starrt nur auf das furchtbare Tier hinab, das mit breiten Pranken herantrabt, schwerfällig und doch unwiderstehlich in seiner Kraft.

Die Bärin hat sich auf den Hinterpranken emporgereckt, stemmt die Tatzen gegen die Felswand und späht hinauf. Er schließt die Augen vor diesem grausam nahen Blick. Nun ein tiefes Brummen, ein Grollen.

Als er wieder hinabspäht, gleitet die Bärin unruhig an der Felswand hin. Sie wendet sich nach rechts, nach links, fletscht das Gebiss, schüttelt zornig brummend den Kopf.

Kann sie ihn wirklich nicht erreichen? Wo sie ihm den weiten Weg bisher folgte, trotz allem. Ist ihr denn etwas unmöglich? Und jetzt steht sie da unten, schaut herauf, als wisse sie, dass er ihr nicht entgehen wird.

Wenn er sich regt, brummt die Bärin, legt die Ohren zurück, zeigt die Zähne. Nun trabt sie wieder davon, immer die Wand entlang, und verschwindet jetzt. Erschreckt mustert der Bursche rechts und links die Felsen. Doch die sind glatt wie eine Wand, und oben hängen sie über.

Wo bleibt die Bärin? Er kann nicht glauben, dass sie fortgeht. Doch jetzt hört er einen Stein springen. Ah, die Bärin hat seitwärts die Wand umklettert. Erde rieselt gerade über ihn herab, Steine poltern, knallen unten auf – sie wird sich doch nicht von oben herunterlassen wollen!

Wenn sie nur herabstürzte!

Es überläuft ihn kalt, als er die Bärin von der anderen Seite wieder auftauchen sieht. Sie hat sich auf die Keulen gesetzt und schaut unverwandt herauf. Sie will ihn belagern! Sie wird nicht weggehen, solange sie ihn da oben weiß, und wenn es einen Tag dauert.

Da erinnert er sich seines Revolvers. Er spannt den Hahn, legt den Revolver auf und zielt sorgfältig. Nun drückt er los. Klapp, sagt der Hahn, die Patrone hat versagt. Die zweite Patrone versucht er. Auch die versagt. Und jede weitere, denn die Patronen sind nass.

Losheulen möchte der Bursche vor Enttäuschung! Jetzt hilft ihm nichts, die Bärin wird dableiben!

Und nun beginnt auch der kleine Bär durchdringend zu winseln, sucht sich mit aller Macht zu befreien. Der spürt, dass die Mutter in der Nähe ist. Und die ist auch wieder unruhig geworden, hat sich an der Felswand aufgerichtet.

Zornig schreit er die Bärin an. Da beginnt diese so furchtbar zu brummen, dass er erschrocken schweigt.

Noch liegt Sonnenschein drüben am Bergrücken, aber schon ganz blass. Gleich wird er verschwinden, dann kommt der Abend, die Nacht. Morgen ist Sonntag, da fährt kein Wagen um Holz. In dieser Schlucht kann überhaupt kein Wagen fahren.

„Du schreckliche Bestie, wirst du weggehen!"

Die Bärin sitzt und schaut herauf. Gar nicht zornig sieht sie drein, kaum, dass sie die Ohren bewegt. Ihre Augen warten nur, beinahe wie bei einem Hund, der will, dass man ihm etwas zuwerfe.

Unwirsch wendet sich der Bursche ab. „Kannst warten!", denkt er. Immer kläglicher winselt der junge Bär, die Alte unten muss es hören, und doch sitzt sie unbeweglich da, schaut nur herauf.

Auch der Bursche kann die Blicke nicht von der Bärin lassen. Der Blick der Bärin wird ihm lästig. Es überläuft ihn kalt, wenn er sich vorstellt, dass sie die ganze Nacht, morgen auch, wer weiß wie lange, so dasitzen und heraufschauen wird. Am besten ist es, den kleinen Bären zu nehmen, ihm eins mit der Axt über den Kopf schlagen und hin hinabwerfen! In aufsteigender Wut greift er die Axt auf, langt nach dem Rucksack, hält aber ein, blickt scheu hinab. Nein, dann ginge die Bärin erst recht nicht weg, dann würde sie umso rachsüchtiger warten, bis er hinabkäme.

Wenn nur der junge Bär zu winseln aufhörte! Vielleicht fehlt ihm etwas? Vielleicht hat der Hunger? Er will doch versuchen, ob er etwas frisst.

Vorsichtig macht er den Kopf des Tierchens frei, hält ihm Brot vor die Nase hin. Doch es wendet sich ab, will nur heraus, will fort.

Die Bärin ist unruhig geworden, trabt hin und her – die spürt ja, wie hungrig ihr Junges, weiß, dass es am Verhungern ist.

Freilich ist es am Verhungern! Schon liegt es ganz zusammengesunken da, wimmert nur noch kläglich. Bevor es Nacht wird, ist das Tierchen tot. Und dann ist er nie mehr vor der Bärin sicher, im ganzen Banat nicht, denn überall sind da Berge und Wälder, er wird nie mehr ruhig zu schlafen wagen – gar wenn er nachts mit den Pferden auf die Bergweide muss.

Der Bursche zittert am ganzen Leib. Was soll er nur tun, damit der kleine Bär nicht stirbt? Vielleicht, wenn er sich an der Mutter satt trinkt, kann er wieder zu sich kommen. Aber hinabfallen lassen darf er ihn nicht, dann ist er erst recht tot. Mit dem Rucksack muss er das Tierchen hinablassen, jetzt gleich, bevor es zu schwach ist, um noch zu trinken.

Mit bebenden Händen wickelt er seinen Gürtel los, bindet den Rucksack daran, den er offen lässt. Ganz langsam lässt er ihn nun hinab – wenn nur das Tierchen nicht vorher herausspringt und sich zu Schaden schlägt.

Den Kopf weit vorgestreckt, sieht die Alte zu, wie sich der Rucksack senkt. Nun legt er sich unten auf, das Tierchen krabbelt hervor, steht wackelig da.

Lang gestreckt ist die Bärin hingeeilt. Sie beugt sich über das Kleine und beginnt es gleich zu lecken. Und da trinkt es auch schon. Man hört deutlich, wie es durstig schmatzt.

Immer noch leckt es die Alte. Nun geht sie von der Felswand weg, das Junge, das mit dem Saugen nicht innehalten will, wird mitgezogen. Wie es trinkt, wie gierig es trinkt – hat es Hunger, staunt der Bursche. Jetzt stößt die Alte das Junge mit der Nase – es lässt los –, da macht die Bärin einige Schritte fort. Gleich ist das Junge bei ihr, sucht zu saugen. Aber die Alte lockt es noch weiter.

Sie sind schon beim Bach. Dort unter einem Busch lässt die Alte das Junge noch einmal trinken. Zärtlich streicht sie dabei mit der Schnauze über sein Fell. Aber nun geht es wieder weiter, voran die Alte, dicht neben ihr das Kleine. Sie verschwinden in den Büschen, tauchen auf, schon eine Strecke bergan, nun nochmals – und jetzt sind sie um die Biegung herum.

Schade, dass man hier nicht weiter hinaufsehen kann, denkt der Bursche. Mechanisch langt er nach Brot und Käse, beginnt zu essen. Doch es schmeckt ihm nicht. Bei der Mühle wird er sich schon sättigen.

Die Tanne hat er wieder hinabgelassen, klettert daran hinunter. Nun nimmt er den leeren Rucksack auf, windet den Gürtel um den Leib und macht sich auf den Weg. Er ist ganz in Gedanken versunken, sieht immer noch die Bärin, das Junge, wie es trinkt, von der Alten beleckt. So ein Bär ist gar nicht anders als ein Hund. Auch eine Katze leckt ihre Jungen, wenn sie saugen.

Komisch ist das! Auch seine Schwester ist so, sie streicht ihr Kleines, wenn sie es an die Brust legt, immer über den Kopf. Gerade so wie die Bärin. Alle Mütter, die ein Kleines haben, sind so. Tier und Mensch. Es ist alles eins – wenn sie Junge haben.

Der Bursche schaut auf – da kommt richtig schon der Abend. Wie ist denn das mit der Bärin, wird sie ihn nicht mehr verfolgen? Wollte sie nur ihr Junges zurückhaben? Und dass sie immer wieder den Weg gefunden hat! Freilich, das Junge, das war es, welches der Alten immer wieder sagte, wohin er sich wandte. Aber wie? – Das wird er nie wissen, gerade so wenig, wie es möglich war, der Bärin zu entkommen. Das hätte er nie gedacht, dass ein Tier zu so etwas imstande ist. Die Schultern hochgezogen, trottet der Bursche kopfschüttelnd durch die sinkende Dämmerung. ■

AUGUST

Jeder Tag bringt neue Erlebnisse, wenn man beschließt, einen Frischling aufzuziehen. Besonders hatten es dem Keilerchen die Spaziergänge durch den Wald angetan.

Otto von Frisch

Die Wildschweinbache mit ihren drei Tage alten Frischlingen war auf einer Lichtung im Buchenwald damit beschäftigt, den Erdboden aufzuwühlen, um an Käferlarven und anderes Fressbares zu kommen. Als lärmende Ausflügler der Schweinefamilie zu nahe kamen, wurde es der Bache ungemütlich, und sie ergriff die Flucht.

Der kleinste Frischling, der Benjamin gewissermaßen, begriff nicht sofort, was los war, und kam etwas in Verzug. Dann stürzte er umso eiliger hinter seiner Mutter und den Geschwistern her. Die Bache stob in eine Dickung und setzte über einen im letzten Herbst ausgehobenen tieferen und steilwandigen Entwässerungsgraben, der aber jetzt trocken war. Ihre Frischlinge sprangen hinterher und erreichten alle heil die andere Seite. Nur Benjamin in seiner Hast kam nicht zurecht und fiel hinein. Er fing sofort an, lauthals zu quieken, versuchte erfolglos die steilen Wände zu erklimmen und schrie immer lauter. Die Bache war längst über alle Berge.

Dafür hörten ein paar Waldarbeiter das Gejammere des Frischlings und schauten nach, was da los war. So fanden sie ihn.

Etwa derart muss sich die Geschichte abgespielt haben. Was dem Frischling da passiert war, war das Schlimmste, was einem Schweinchen in den ersten Lebenstagen zustoßen kann. Verpasst es den Anschluss an die Mutter, ist es hilflos seinen Feinden ausgeliefert oder verhungert. Die Männer befreiten den kleinen Kerl aus seiner misslichen Lage und hielten ihn so fest, dass ihm alles Gestrampel und Quicken wenig half. Schließlich beruhigte er sich und drückte sich an die warme Jacke des Waldarbeiters.

Wäre das Schweinchen schon etwas größer und fetter gewesen, wäre es wohl in den Kochtopf gewandert. So aber war nichts dran an ihm, und die Männer überlegten, was sie mit ihm anfangen sollten. Sie ratschlagten hin und her, und einem von ihnen fiel dann ein, dass es da einen Menschen gab, einen etwas verrückten Zoologen, der alles Getier in Pflege nahm, das man ihm anbrachte, gesund oder verletzt.

Der Verrückte war ich, man rief mich an, ich holte natürlich den Frischling ab und wurde von einer Minute zur anderen eine Muttersau.

Ich hatte in der Vergangenheit schon viele Vogelarten und verschiedene Säugetiere gepflegt und auch aufgezogen, ein Wildschwein allerdings noch nicht. Die allererste Frage bei der Übernahme eines Pflegekindes ist immer die nach der richtigen Nahrung. Junge Vögel und manche Säugetiere sind da recht heikel, und das Falsche kann sehr schnell zu Durchfall und Magen-Darm-Erkrankungen führen.

Bei einem Frischling löste ein Tierarzt, bei dem ich mir Rat holte, die Sache sehr schnell und einfach, indem er sagte: „Geben Sie ihm doch Ferkelaufzuchtmilch!“ Also beschaffte ich mir Ferkelaufzuchtmilch, verdünnte das Pulver laut Gebrauchsanweisung mit Wasser, füllte eine Babyflasche voll und hielt sie dem Frischling vor seine Schnauze.

Wupp – packte der zu, sog auf Teufel komm raus, und bevor ich recht begriff, war die Flasche leer. Das also funktionierte hervorragend.

Die zweite Frage bei der Übernahme eines Pflegekindes ist die nach der richtigen Unterbringung.

Einen nesthockenden Jungvogel gibt man in ein Kunstnest und versorgt ihn, wenn er es noch nötig hat, etwa mit einer Wärmelampe, damit er nicht unterkühlt. Nestflüchter unter den Vögeln setzt man in einen kleinen Auslauf, aus dem sie nicht entweichen können.

Ähnlich geht es bei nesthockenden Säugern, jungen Kaninchen zum Beispiel, Eichhörnchen oder Katzen. Auch diese sind zunächst in einem warmen Nest zufrieden und gut aufgehoben.

Ein junges Wildschwein nun will absolut nur das eine: dicht bei der Mutter bleiben, und das aus anfangs geschildertem Grund.

Der Frischling machte mir das gleich deutlich. Er wich nicht von meiner Seite beziehungsweise von meinen Beinen, und sowie ich Anstalten machte, ihn allein zu lassen, quiekte er wie am Spieß.

Dieses Quieken klingt ganz genauso, wie man es von Hausferkeln auf einem Bauernhof kennt, und geht einem durch Mark und Knochen.

Da ich fand, dass der Frischling satt sein müsse und nach der ganzen Aufregung Ruhe brauchen würde, packte ich ihn in eine mit Stroh gefüllte Kiste im Tierzimmer und ging in den Garten. Die Tür des Zimmers lehnte ich nur an, um einerseits die Lautstärke des Quiekens zu dämpfen, andererseits doch noch mitzubekommen, wenn sich im Zimmer Dramatisches abspielen sollte.

Es war ein schöner Tag Ende April. Ich genoss den Kaffee und die Sonne. Meine Tochter saß am Tisch und trank Apfelsaft, und dann hörte ich sie sagen: „Ach schau mal, da kommt ja August!"

Wirklich, um die Hausecke bog das Schweinchen August, das damit seinen Namen weghatte. Er musste aus seiner Kiste rausgesprungen sein und die Tür geöffnet haben. Der Ausdruck „er kommt" traf allerdings nicht die Sache.

August schoss wie eine Kanonenkugel um die Ecke. Sein gestreiftes Frühlingsfell war vor Aufregung gesträubt, und natürlich pfiff und quiekte er, so laut er konnte. Dann hatte er uns entdeckt, und sein hohes Gejammer des Verlassenseins ging in die Laute der Begrüßung über. Das klang etwa wie „quiek-quiek-quiek-guig-going-going-grong-grong-grong". Seine Begrüßung bestand aus tiefen grunzartigen Lauten, aus denen Zufriedenheit und Geborgenheit herauszuhören waren. Und dann schubbelte er seinen Körper an meinem Bein. Er war ja wirklich noch winzig und hatte fast auf meiner Hand Platz.

Wie so völlig anders sah er aus als die bis auf ein paar Haare rosigen, nackten Hausschweinchen mit ihren Hängeohren und Ringelschwänzen und der schwabbeligen Haut.

Sein Fell war dicht, die Ohren standen aufrecht, das Schwänzchen steif nach hinten weg. Und an überflüssiger Haut war da gar nichts. August konnte man nicht am Nackenfell aufheben wie einen jungen Hund. Unter seinem Fell waren trotz seiner Jugend schon stramme Muskeln, die sich anspannten, sobald man zulangte. Die einzige Möglichkeit, ihn hochzunehmen, war die, dass man mit der Hand unter seinen Bauch griff und ihn hochhob. Sein Körper fühlte sich an wie ein prall aufgeblasener Ball. Sein Bedürfnis, ständig bei mir zu sein, war rührend, aber auf die Dauer nicht durchführbar. Ich musste ja auch arbeiten oder zu anderen Zwecken von ihm fort, und da er dann jedesmal ein herzzerreißendes Gequieke anstimmte, sann ich auf Abhilfe.

Ich hatte damals zwei Hunde, einen Deutsch-Drahthaar und einen Cocker, die, wenn sie nicht durch den Garten tobten oder mich begleiteten, einen großen Zwinger bewohnten mit einer schönen großen Hundehütte, auf deren Dach sie sich austrecken konnten, wenn das Wetter danach war. Warum eigentlich sollte ich nicht August zu diesen beiden in den Zwinger geben? Die Hunde waren daran gewöhnt, Tiere aller Art im Hof und Garten zu dulden und sie nicht als Jagdbeute zu betrachten. Sie hatten natürlich auch schon längst mit ihren feinen Nasen den Neuankömmling wahrgenommen. Seine Stimme konnten sie sowieso nicht überhört haben.

Die erste dicke Begegnung zwischen den dreien sollte aber nicht im Zwinger stattfinden, sondern im Garten, damit die Möglichkeit zum Ausweichen blieb, wenn sie sich doch nicht vertragen würden.

Ich stand auf, um die Hunde herauszulassen, August kam hinterher. Am Zwinger betrachtete er dessen Insassen, schnob ein paarmal geräuschvoll durch die Nase, schien sich im Übrigen aber nicht zu fürchten. Also machte ich die Tür auf. Die Hunde schossen freudig heraus, sprangen einfach über August weg und rasten in den Garten. Vielleicht wurde August durch den Drahthaar der Größe und Farbe nach an seine Mutter erinnert, denn es dauerte nur Sekunden, bis er den Hunden nachlief und sich mitten ins Getümmel stürzte.

Dieses Herumrennen gefiel ihm sichtlich. Er versuchte, bald den einen, bald den anderen der Hunde einzuholen, um ihm dann von der Seite kommend einen Rammstoß mit seinem Kopf zu versetzen.

Die Hunde ihrerseits waren offenbar auch entzückt über den neuen Spielgefährten. Jedenfalls versuchten sie, ihn nach Hundeart umzuschmeißen.

Aber schmeiß einmal einer einen prallen Ball um! August, wenn der überhaupt das Gleichgewicht verlor, war so schnell wieder auf seinen Beinen, wie man nur denken konnte, und puffte und knuffte nach allen Richtungen. Oder er sprang mit allen vieren in die Luft und über die Hunderücken einfach weg. Dann wieder stob er davon, schlug Haken wie ein Hase, und die Hunde japsten mit hängenden Zungen hinter ihm her, bis endlich alle drei total erschöpft ins Gras sanken. Es gab offenbar keine Gefahr, wenn ich diese Bande im Zwinger zusammen ließ. Sie schienen sich hervorragend zu verstehen. August würde Gesellschaft haben und mich für eine Weile vergessen.

Nachdem August seine dritte Flasche Ferkelmilch an diesem Tag vertilgt hatte, gab ich ihn also in den Zwinger. Nun ging's aber los.

Offenbar schon wieder erholt von der Toberei kurz zuvor und frisch gestärkt, nahm er sich die Hunde vor, als wären sie Sandsäcke. Nach kurzer Zeit wurde denen das zu viel, und sie flohen auf das Dach ihrer Hütte.

Da oben waren sie sicher, denn das Hüttendach war für Klein August noch nicht erreichbar. Sie ließen die Ohren hängen und japsten. August, unten, kaum halb so groß wie der Cocker, blinzelte mit seinen kleinen Schweineaugen zu ihnen hinauf und war eindeutiger Sieger.

In den kommenden Tagen hatten die Hunde ein schweres Leben. August war ein einziges Energiebündel und gab selten Ruhe. Die meiste Zeit verbrachten die Hunde auf ihrem Hüttendach, und erst als der Drahthaar, dem die Sache zu dumm wurde, wirklich ernsthaft und nachdrücklich knurrend und schnappend über August herfiel, verschafften sie sich für eine Weile Respekt.

August war ein schlaues Kerlchen. August lernte sehr schnell und merkte sich gute oder schlimme Erlebnisse sofort. Er konnte nur sehr viel mehr aushalten und vertragen als ein Hund.

Gab ich ihm zum Beispiel einen Klaps, weil er frech war, registrierte er das überhaupt nicht. Bekam er eine handfeste Watschn, fand er die nur komisch und hielt sie für eine Aufforderung zum Raufen. Man musste bei ihm schwere Geschütze auffahren, um sich durchzusetzen und ihm zu zeigen, dass man es ernst meinte. Wildschweine gehen untereinander auch nicht zimperlich um. Ihre feste Haut schützt sie vor Knuffern und Hieben. Was einem Hund längst weh tun würde, ist für sie der größte Spaß.

Es war daher zu verstehen, dass Augusts Methoden des Spielens und Raufens meinen Hunden wenig Vergnügen bereiteten. Aber ich selbst hatte auch Mühe, mich bei ihm durchzusetzen, und brauchte einige Zeit, um zu begreifen, wie mit einem Keilerchen zu verfahren war. Augusts Begrüßung bestand nicht nur aus einem freudigen „going going grong grong grong"-Grunzen, sondern anschließend daraus, dass er einen mit seinem Nasenteller ein paarmal anstubste. Die Kinder nannten dieses Verhalten „stempeln".

August kam also nach jeder noch so kurzen Trennung einem an die Beine und stempelte. Da man meist eine Hose an hatte und Augusts Nase vom Wühlen im Boden schmutzig war, bekam man schmutzige Hosen. Das mehrmals täglich.

Ich musste ihm das entweder abgewöhnen oder mir ein Hosenlager von mehreren Dutzend zulegen.

Zunächst versuchte ich August das Stempeln auf die sanfte Tour mit Klaps zu verbieten, selbstverständlich ohne Erfolg. Die Watschn half auch nichts, ebensowenig ein derber Boxer mit der Faust.

Da erinnerte ich mich an ein Erlebnis in einem Tiergarten, das ich vor einigen Jahren beobachten konnte. Da war eine Bache mit einer Schar von Frischlingen, die sich an einem schattigen Plätzchen zur Ruhe niedergetan hatte. Die Kleinen spielten um sie herum ihre Spiele, nur ein Frischling wollte unbedingt mit der Bache selbst ein Vergnügen haben. Er turnte auf ihrem Rücken, rutschte einmal links, einmals rechts den Buckel herunter, und zwischendurch nahm er sich Mutters Ohr vor, um kräftig daran zu zerren.

Muttern wollte ihre Ruhe haben und grunzte einige Male missgelaunt. Dieses Gegrunze verstärkte sich bei jeder Attacke ihres Sprösslings. Schließlich schüttelte sie heftig ihren massigen Schädel, wenn der Frischling wieder ihr Ohr im Griff hatte.

Nichts half, der Kleine ließ nicht ab.

Endlich wurde es der Alten zu dumm. Wie der ungeratene Sohn eben wieder auf ihrem Kopf turnte, schob sie ihre lange Schnauze blitzschnell unter ihn, und mit einem gewaltigen Wurf feuerte sie ihn durch die Gegend, dass er ein paar Meter entfernt unsanft im Schlamm landete. Da blieb er verdutzt sitzen, schüttelte sich einmal und schlich dann sichtlich belehrt und zerknirscht zurück, um sich brav und friedlich an der Seite seiner Mutter niederzulegen.

So also verfährt man in Schweinekreisen mit unartigen Kindern.

Und so ähnlich musste ich das auch machen.

Ich hatte Gummistiefel an, als August das nächste Mal zum Stempeln kam. Mit einem Fuß fuhr ich unter seinen Bauch und schubste ihn recht kräftig durch die Gegend. Auch er flog ein paar Meter durch die Luft und landete nicht eben weich auf dem Kiesweg. Und diese Lektion saß. Nie wieder wurde ich von August gestempelt. Andere schon, weil niemand außer mir so unsanft mit ihm umgehen mochte, aber von meinem Hosenbein hielt er künftig Abstand und stempelte ins Leere.

Eine Schweinenase ist ein ausgezeichnetes Organ, das die verschienen Düfte und Gerüche in der Umwelt wahrnimmt, auch wenn sie von verborgenen Quellen unter der Erde kommen oder durch Gegenstände verdeckt sind. Der äußere Nasenteil ist jenes steckdosenartige Gebilde, in dessen Mitte etwa die Nasenlöcher liegen. Immer feucht und glänzend, trägt es am oberen Teil einen wulstigen, lederartigen und harten Rand, mit dem es sich so wunderbar durch die Erde pflügen lässt. Einerseits ist die Nase eines Wildschweins also ein sehr empfindliches Geruchsorgan, aber gerade dieser derbe obere Rand vermag erstaunliche mechanische Arbeit zu leisten. Später, wenn wir hier von August Abschied nehmen müssen, wird davon noch zu lesen sein. Einstweilen hatten wir alle unsere Freude mit ihm.

Sein Zusammenleben mit den Hunden hatte sich so weit eingespielt, dass er sie in Frieden ließ, wenn sie ihn anknurrten, sie aber ansonsten gut miteinander auskamen. August war viel mit den Hunden im Zwinger. Sobald es ging, ließ ich ihn aber heraus, und er durfte sich auf dem Grundstück vergnügen, balgte sich mit den Kindern oder machte Jagd nach Regenwürmern, Engerlingen und sonstigen Speisen, wobei er mit seiner Babyschnauze noch nicht allzu viel Schaden anrichten konnte. Das größte Vergnügen für alle Beteiligten war ein gemeinsamer Spaziergang durch den Wald oder über die Felder.

Um dorthin zu gelangen, mussten wir mit dem Auto fahren, denn mit August und den Hunden durch das Dorf zu Fuß zu gehen war doch etwas zu gefährlich wegen der Autos und der vielen fremden Hunde.

In meinem Auto hatten die beiden Hunde ihren Platz hinten. August saß vorne vor dem Beifahrersitz. Zunächst wollte er natürlich auf dem Beifahrersitz mitfahren, um hinausschauen zu können. Ich war aber nie sicher, wann er mir auf den Bauch springen würde, wenn ihn die Sehnsucht nach ein paar Streicheleinheiten überkam, und fand es aus diesem Grund sicherer für beiden, wenn er unten Platz nehmen würde.

Bei meinen verschiedenen Hunden hatte ich dieses „du sollst unten bleiben, runter vom Sitz“-Spiel schon mehrfach erlebt. Solang nämlich Herrchen zu sehen oder zu riechen ist, bleiben die meisten Jagdhunde brav unten. Sobald sie, besonders bei längerer Abwesenheit im geparkten Auto, die Einsamkeit übermannt, springen sie dann doch auf den Sitz und halten nach Herrchen Ausschau. Ganz Schlaue verdrücken sich still wieder hinunter, sobald sie einen erblicken, wohl wissend, dass es sonst Strafe oder ein Donnerwetter gibt.

Freilich wäre er niemals allein in den Wald gegangen ohne mich oder wenigstens einen der ihm vertrauten Hunde

Ich konnte sie aber alle dadurch überlisten, dass ich nur so tat, als würde ich vom Auto weggehen, in Wirklichkeit blieb ich aber geduckt davor hocken. Wenn dann mein Hund auf den Sitz kam, riss ich wie deus ex machina die Tür auf und schimpfte gewaltig. Das führte stets zum Erfolg. Bei August war solches nicht nötig.

Ihn warf ich nur einmal sehr unsanft vom Sitz, und damit hatte er kapiert, wo er bleiben sollte.

Er saß auch mäuschenstill und artig und legte nur seinen Kopf auf den Beifahrersitz. Spätestens nach der dritten Fahrt hatte er nämlich verstanden, wohin diese Fahrt ging. Die Fahrt ging in den Wald, und den Wald fand August viel spannender als den Garten, den er inzwischen gut kannte. Freilich wäre er niemals allein in den Wald gegangen ohne mich oder wenigstens einen der ihm vertrauten Hunde. Er fühlte sich dort nur wohl, wenn wir in der Nähe waren, und wehe, er verlor uns einmal.

Am Wald angekommen, parkte ich das Auto in einer Schneise. Die Hunde, schon längst unruhig und aufgeregt, brachen in lautes Gejaule aus und tobten auf den Rücksitzen herum. August hob nur seinen Kopf ein wenig und verhielt sich weiterhin gesittet.

Wenn ich die hintere Türe aufmachte, fielen und kugelten die Hunde heraus und wären sofort im Gebüsch verschwunden, wenn sie nicht ein scharfer Pfiff von mir zurückgehalten hätte. Sie konnten sich aber kaum bremsen, denn für sie roch es in erster Linie nach allem möglichen Wild, und da es ja Jagdhunde waren, stand Wild in ihrem Interesse vornan.

August dagegen stieg völlig gelassen aus, blieb erst einmal an meinen Beinen stehen, hob seinen Kopf und nahm Wind.

Dann setzten wir uns alle in Bewegung, die Hunde immer voraus, aufgeregt schnüffelnd und wedelnd und dauernd durch mich mit Pfiffen oder Worten ermahnt, nicht auf und davon zu preschen.

August blieb strikt bei Fuß. Schon, dass er einmal einige Meter vorauslief oder hinterhertrödelte, weil ihn irgend etwas zu genaueren Untersuchungen veranlasste, aber auch wenn ich mich nicht im Geringsten um ihn gekümmert hätte, wäre er niemals seiner eigenen Wege gegangen.

Da waren die Hunde viel mühsamer im Zaum zu halten. Begleitete uns einmal ein Freund, mit dem ich mich unterhielt und dadurch den Hunden gegenüber an Aufmerksamkeit nachließ, nutzten diese das sofort aus und verschwanden auf einer Reh- oder Hasenfährte. Kehrten sie dann nach einigen Minuten zurück, sah man ihnen das schlechte Gewissen schon aus der Entfernung an.

Die letzten Meter zu mir kamen sie mehr gekrochen als gegangen in Erwartung der Strafpredigt. Wenn ich mich völlig auf die Hunde konzentrieren konnte, unterblieben solche Ausreißereien fast immer.

Die Hunde hatten sicherlich niemals Angst, mich nicht mehr zu finden, wenn sie von der Jagerei genug hatten und zurückkommen wollten. Sie dachten darüber auch nicht nach, sondern wussten einfach aus Erfahrung, dass sie mich mit Hilfe ihrer guten Nasen und auch einer gewissen Ortskenntnis immer wieder erreichen konnten. Ein unerfahrener Welpe würde auch niemals alleine in eine ihm unbekannte Gegend laufen, aus genau dem gleichen Grund, aus dem August dies nicht tat und den ich zu Anfang schon beschrieb. Den Anschluss an die Mutter und an die Geschwister zu verlieren wäre das sichere Ende, also blieb August eigentlich immer in Sichtweite. Dabei beschäftigte er sich aber intensiv mit der Umgebung. Dauernd war er am Schnüffeln und Wühlen, denn der Waldboden gab einiges an Fressbarem preis. Da fand er neben Würmern, Maden und Schnecken auch schon einmal ein Nest mit jungen Mäusen, eine tote Spitzmaus am Wegrand oder einen aus dem Nest gefallenen Jungvogel. Alles wurde genüsslich verspeist, denn längst schon nahm August neben der Milch aus der Flasche auch feste Nahrung zu sich. Er war auch gewachsen, hatte den Cocker in der Größe fast eingeholt und verlor sein gestreiftes Frischlingsfell.

Wollte ich August ärgern, dann brauchte ich mich nur zu verstecken, wenn er einmal etwas länger als üblich hinter mir zurückgeblieben war, um einen besonders ergiebigen Nahrungsbrocken in Ruhe fressen zu können. Ich sprang dann vom Weg ab seitlich in den Wald und versteckte mich hinter einem dicken Baumstamm.

Nach kurzer Zeit erschien mein Schweinchen dort am Wege, zunächst noch nichts Böses ahnend, und trabte vorüber. Schnell aber wurde es gewahr, dass da keiner mehr vor ihm ging, und schon begann es sein Quieken des Verlassenseins, stutzte, äugte nach allen Richtungen, und die Verzweiflung übermannte es völlig.

Dieses durchdringende Hilfegeschrei müsste eigentlich sämtliche Liebhaber von Frischlingsfleisch auf den Plan rufen. Zumindest in früheren Zeiten waren da ja Bär, Wolf, Luchs und Fuchs. Heute ist nur noch der Fuchs übrig geblieben. Man fragt sich also, ob die Natur das so klug eingerichtet hat. Aber natürlich würde im Normalfall auch die Bache dies Quieken noch hundert Meter und weiter vernehmen, sofort umkehren und zu ihrem verloren gegangenen Kind eilen. Könnte sie aus irgendeinem Grund nicht zurückkommen, dann wäre es sowieso gleichgültig, ob sich ein Fressfeind früher oder später einstellt. Der Frischling wäre auf jeden Fall verloren.

August versuchte auch nicht von sich aus, mich wiederzufinden, er blieb an Ort und Stelle stehen und schrie. Ein Hund würde wenigstens zunächst den Versuch machen, die Spur mit seiner Nase aufzunehmen oder einen ihm bekannten Weg zu verfolgen in der Hoffnung, Herrchen einzuholen. Ein Frischling tut das nicht.

Ich hielt sein Jammern auch nie recht lange aus und gab mich bald zu erkennen, worauf eine stürmische Begrüßung folgte, während der August nicht aufhören wollte, mir seine Liebe zu beweisen, indem er um mich herumhüpfte, in die Luft stempelte und sich mit seinen Körperseiten an meinen Beinen rieb wie eine verschmuste Katze. Da ich bei Spaziergängen dieser Art alte Jeans oder Lederhosen trug, waren ihm Körperkontakte dann erlaubt, die er weidlich ausnutzte.

Sobald er seinen Begrüßungsrausch ausgetobt hatte, wurde er gleich wieder froh. Vielleicht meinte er auch, er müsse mich für mein Verschwinden bestrafen.

Er fing an, meine Beine mit seitlich nach oben geführten Kopfhieben zu bearbeiten, was mir weder weh tat noch sonstige negative Eindrücke hinterließ. Aber was er da eben noch spielerisch ablaufen ließ, würde später recht unangenehm werden.

Den Wildschweinen wachsen die oberen und unteren Eckzähne seitlich und nach oben gerichtet, wenn die Tiere heranwachsen, aus dem Maul heraus. Diese Zähne, die sich gegeneinander abschleifen, werden nicht nur als Waffen bezeichnet, es sind tatsächlich gefährliche Waffen. Ein seitlicher Hieb mit dem Schädel und diesen Zähnen kann einem Gegner, der weniger gut gepolstert ist, ohne weiteres den Bauch oder die Flanke aufschlitzen. Auch die Keiler tragen untereinander Schmisse davon, wenn sie in der Rauschzeit, der Zeit der Paarung, aneinander geraten und sich bekämpfen. Bei ihnen werden die Eckzähne mit zunehmendem Alter besonders lang und gefährlich.

August nun hatte überhaupt noch nichts in seinem Mäulchen außer winzigen Eckzahnstummelchen, die außerdem von den Lippen vollständig verdeckt blieben. Er besaß noch sein Milchgebiss, und damit konnte er niemandem Schaden zufügen.

Die Bewegungen, mit denen er später seine Hauer zum Einsatz bringen würde, waren aber bereits völlig ausgebildet.

Also stand er übermütig neben meinem Bein und hieb mit seiner Schnauzenseite dagegen.

Anfangs war mir nicht gleich klar geworden, was dieses Verhalten sollte und welche Absicht August damit verfolgte. Aber weil er dabei so grimmig zu Werke ging und sein Gesichtsausdruck sich gegenüber wirklichen Spielereien veränderte, dämmerte es mir bald, dass seine Absichten nicht so ganz freundlich waren.

Und als ich das begriffen hatte, fing ich an, mich dagegen zu wehren, gab August mit den Fußspitzen seine Hiebe zurück und drängte ihn mehr und mehr in die Verteidigung. Ich musste rechtzeitig verhindern, dass August mit dieser Art des Kampfspiels weitermachte, wenn er größer wurde und damit auch längere Hauer bekommen würde. Er konnte ja nicht wissen, dass die Haut meiner Beine sich nicht vergleichen ließ mit der Schwarte einer Wildsau. Für ihn war ich eine Wildsau, und er verhielt sich lediglich seiner Art entsprechend.

Selbst einem so lernfreudigen und nach menschlichem Ermessen intelligenten Tier wie einem Schwein ist es schwer beizubringen, angeborenes artgemäßes Verhalten zu unterlassen. Darin liegen die Gefahren, die besonders beim Zusammenleben mit handaufgezogenen Tieren, die kräftemäßig dem Menschen überlegen sind, auftreten. Setzen sie beim Kampf – und sei der auch nur spielerisch – Waffen ein, über die der menschliche Gegner nicht verfügt, dann wird es kritisch. Genau aus diesem Grund werden zum Beispiel zahme Rehböcke zur Gefahr.

Im spielerischen oder auch ernsthaften Kampf mit einem Artgenossen drücken Rehböcke ihr Geweih gegen das des Gegners, schieben und drücken gegeneinander, verletzen sich aber in der Regel nicht. Zwar gibt es schon einmal „Ausrutscher", bei denen dann einem der am Kampf Beteiligten eine Geweihsprosse auch tödliche Verletzungen zufügen kann, normalerweise bestehen aber derartige Auseinandersetzungen in einem Messen der Kräfte, und der Unterlegene ergreift schließlich die Flucht.

Für ihn war ich eine Wildsau, und er verhielt sich lediglich seiner Art entsprechend

Für einen zahmen, handaufgezogenen Rehbock ist der Mensch auch ein Rehbock, genau wie ich für August ein Wildschwein war. Und der zahme Bock benutzt schon sein erstes Geweih, um es gegen den Menschen einzusetzen. Seine Rammstöße treffen aber dann nicht auf ein anderes Geweih, sondern auf den höchst ungeschützten Bauch seines Gegenübers. Solche Begegnungen sind oft genug böse für den Menschen ausgegangen.

Ich habe selbst einmal einen zahmen Rehbock gehabt und versucht, ihm im ersten Frühjahr, in dem er seine ersten spitzen Spieße geschoben hatte, das Zustoßen auszutreiben. Aber nur durch sehr heftige Gegenwehr mit einer langen Haselrute, die ich ihm um die Ohren haute, erreichte ich einen Teilerfolg: Mich ließ der Bock künftig in Ruhe, andere ihm bekannte Personen aber nicht. Daher musste ich mich von ihm trennen. Genauso war es mit August. Er unterließ es bald, sein Mütchen an mir in der geschilderten Weise zu erproben, weil er nicht gut dabei wegkam, aber andere, die sich weniger heftig zur Wehr setzten, bearbeitete er weiter in seiner Art. Er tat es jetzt, und er würde es auch später nicht lassen.

Es gab aber noch einen zweiten Grund, warum ich mich entschließen musste, August nicht als ständigen Hausgenossen zu behalten.

Mit fünf Monaten war aus dem Frischling ein Jüngling geworden. Die tarnende Längsstreifung hatte einem fahlgelben Borstenhaar Platz gemacht, und das Schweinchen entwickelte sich langsam zu einer

Dampfwalze. Mit dem Unterschied allerdings, dass August seine Umgebung nicht glättete, sondern um und um pflügte.

Er war jetzt so kräftig, dass fast nichts mehr seiner schiebenden, stoßenden, wühlenden Schnauze standhielt. Beete und Wiesen sahen dementsprechend aus. Aber auch vor den geschotterten oder gepflasterten Wegen machte August nicht halt. Dicke Betonplatten, die teilweise die Rabatten säumten, hob er mit seinem Rüssel einfach hoch und schmiss sie um. Er wurde in seinem Tun noch dadurch bestärkt, dass sich unter Steinen und Platten die fettesten Regenwürmer fanden, und als er eines Tages die dicken Buchenklötze umrammelte, die wir als Sitzgelegenheiten im Garten benutzten, und darunter ein Nest mit jungen Wühlmäusen freilegte, konnte ihn gar nichts mehr bremsen.

Abzugewöhnen war August das Wühlen und Umbrechen des Bodens nicht. Ebenso vergeblich hätte man versuchen können, einen Vogel am Fliegen zu hindern oder einen Fisch am Schwimmen.

Wollte ich an meinem Grundstück noch weiterhin Freude haben und es nicht nur als Schweineauslauf genutzt wissen und wollte ich August nicht ein für allemal in einen engen Käfig verbannen, dann musste ich ein neues Zuhause für ihn finden.

Die Frage war nur, wie und wo.

Der Zufall half. Ein Landwirt, der einen anderen Landwirt kannte, der noch einen dritten Landwirt kannte, erzählte mir eines Tages, dass eben jener dritte Landwirt ein großes Freigehege für Wildschweine besaß, wo mein Keilerchen vielleicht unterschlupfen konnte.

„Rufen Sie den doch einfach mal an“, sagte er.

Das tat ich und schilderte sämtliche Vorteile. Mein Partner am Telefon ließ mich gar nicht lange reden. Er fiel mir gleich ins Wort und ich gewissermaßen aus allen Wolken, denn kurz zuvor war ihm sein alter Zuchtkeiler eingegangen.

Nun saß er da mit einem Gatter voller Sauen, aber für den Nachwuchs brauchte er dringend einen neuen Kerl. Er sagte tatsächlich Kerl und verwirrte mich etwas dadurch, weil ich dachte, er würde plötzlich von einem Tierpfleger oder einem neuen Stallknecht reden.

Dann sagte er: „Wann kann ich denn kommen, heute, morgen?“, aber ich schob die Sache noch eine Woche hinaus, denn die Trennung von August kam mir nun doch etwas zu plötzlich.

Aber nach einer Woche kam dann ein klappriger Volkswagen auf den Hof. Ihm entstieg der Herr Landwirt, mir gottlob nicht unsympatisch auf den ersten Blick, und wir wurden uns schnell handelseinig. Denn ein paar Scheinchen wollte ich im Tausch für August doch schon einstecken. Er hatte schließlich Erhebliches an Futter verdrückt, und die Wiederherstellung des Gartens würde immerhin auch einiges kosten.

August schien gegen seinen neuen Besitzer auch nichts zu haben, jedenfalls ging er ihm verrtrauensvoll an die Beine und stempelte erst einmal einige dunkle Flecken darauf.

„Na“, sagte der, „das ist ja ein strammer Kerl. Im nächsten Frühjahr kann er dann ran!“ Damit meinte er die Sauen.

Ich war da nicht ganz so optimistisch, denn August hatte ja außer in seinen ersten beiden Lebenstagen noch keinerlei Kontakt mit anderen Wildschweinen gehabt. Wahrscheinlich würde er schnell mit ihnen umgehen lernen, und dann mochte er seinen Pflichten als Vermehrer und Familienvater nachkommen. Es hatte ja noch eine Weile bis dahin.

Jetzt wurde es ernst. Mein Landwirt fragte, ob wir August in eine Kiste stecken müssen, aber ich verneinte das entschieden und sagte, er sei ein tadelloser Beifahrer und bliebe auch brav unten sitzen. Dies hätte er bei mir gelernt.

Ich machte dann die Beifahrertüre auf, und August stieg ein, setzte sich unten hin und legte die Schnauze auf den ohnehin nicht sehr sauberen Sitz. Er dachte sicher, es ginge in den Wald. Vielleicht wäre er nicht ganz so friedlich gewesen, hätte er geahnt, was ihn erwartet. Ich war inzwischen ziemlich sicher, er würde seinen Spaß haben.

Die Türen klappten zu, der Volkswagen stieß eine dunkle Rauchwolke aus dem Auspuff, und mit Geknatter verließen August und sein neuer Besitzer den Hof.

Übers Jahr hörte ich dann, abermals auf dem Umweg über drei Landwirte, dass er seinen Pflichten als Stammvater einer neuen Generation von Frischlingen ganz hervorragend nachgekommen sei. ■

WO DER KAISER ZU FUSS GEHT

Sie sind die größten aller Pinguine und die einzigen Vögel, die mitten im Winter, in Schnee und Eis, heftigen Stürmen und bei extremer Kälte brüten. Kaiserpinguine besiedeln die Antarktis, den südlichsten und unwirtlichsten Nistplatz der Erde.

Rüdiger Schmidt

Schon seit drei Wochen ist die Sonne verschwunden. Nur ein schwacher roter Streifen am Horizont lässt ahnen, dass sie wenigstens andernorts noch auf diese Erde scheint. Hierzulande reflektieren Schnee und Eis das bisschen Dämmerlicht, meine Welt ist nur noch bläulich grau, einige Eisberge ragen dunkel in den fast schwarzen Himmel. Mitten im Juni, zwölf Uhr mittags, 40 Grad unter Null, am Rand der Antarktis.

Mit dem Motorschlitten fahre ich auf dem Ekström-Schelfeis, einer 200 Meter dicken schwimmenden Platte, ungefähr so groß wie Schleswig-Holstein. Vor einem Monat noch war das unmöglich gewesen. Zwischen dem Ufer der Atka-Bucht und dem Schelfeis drifteten damals Eisschollen und Eisberge im offenen Wasser. Jetzt ist alles zugefroren, mehrere Stürme haben inzwischen genug Schnee zu einer steilen Rampe angeweht, wie geschaffen für eine aufregende Abfahrt auf das zehn Meter tiefer liegende gefrorene Meer.

Dort unten begegnen mir schon nach kurzer Fahrt die ersten Kaiserpinguine – nicht gerade in majestätischer Haltung: Sie schlittern auf

dem Bauch, geben sich mit den Krallen ihrer Füße kräftig Schwung, steuern mit den flossenartigen Flügeln, sind aber dabei wesentlich schneller als zu Fuß und überholen so jeden Wandersmann. Mein Anblick bringt die Vögel auf die Beine, und dann sind sie einen stattlichen Meter groß. Nach einigen ausgreifenden Schritten bleiben sie vor mir stehen, beugen neugierig den Kopf nach vorn, geben trompetenartige Rufe von sich. Ich fühle mich kritisch beäugt, aber zumindest nehmen sie nicht gleich Reißaus.

Zuerst spüre ich die Kolonie in der Nase, ein scharfer Geruch kommt mir entgegen, dann ist eine leichte Dunstglocke im Dämmerlicht zu erkennen. Etwas 6000 Kaiserpinguine drängen sich im Windschatten mehrerer Eisberge dicht aneinander. Ich stelle den Schlitten ab, nähere mich vorsichtig bis auf wenige Meter einem etwas abseits stehenden Paar, das aneinander lehnt.

Das Weibchen stößt den Balzruf aus und hebt seine Brutfalte hoch, sodass man das auf den Zehen liegende Ei sieht. Interessiert beugt sich das Männchen vor, beäugt das Ei, lehnt sich dann zurück und stößt seinerseits den trompetenartigen Balzruf aus, wobei es der Partnerin seine eigene Bauchfalte präsentiert, zur Aufnahme des Eies bereit. Doch die beiden scheinen sich noch nicht einig zu sein – sie plustert sich auf und zieht ihren Kopf zwischen die Schultern, er geht der Gefiederpflege nach.

So vergeht eine ganze Stunde, der Dämmerungsstreifen im Norden verschwindet zusehends. Schließlich kommen die beiden doch noch in Fahrt, die Trompetenrufe schallen hin und her, das Männchen beugt sich vor, schiebt seine Partnerin mit dem Hinterkopf sanft, aber nachdrücklich zurück. Sie macht einige kleine Schritte rückwärts, dabei fällt das Ei mit hörbarem Klacken auf das harte Eis. Doch nur wenige Sekunden ist der zukünftige Nachwuchs schutzlos der antarktischen Winterkälte ausgesetzt, schnell bugsiert das Männchen das Ei mit dem Schnabel auf seine Zehen und stülpt seine wärmende Brutfalte darüber. Nach einer gebührenden Abschiedszeremonie, bei der das Weibchen den Kaiser auf dem Ei im Watschelgang würdevoll umkreist, verschwindet es mit einigen seiner Artgenossinnen über das Eis in Richtung Norden. Dort, in einem mehrere hundert Kilometer langen Streifen offenen Wassers, schlagen sie sich in den nächsten Wochen den Bauch voll, setzen viel wärmendes Fett an.

Zusammen mit dem Ei übernimmt der Pinguinmann für die nächsten zwei Monate die alleinige Verantwortung für den Nachwuchs – das Brutgeschäft ist Männersache. Leicht vornüber geduckt, die Köpfe eingezogen, stehen sie dicht an dicht mit den schwarzen Rükken nach außen zusammen. Nur durch diese soziale Thermoregulation und indem sie auf ein individuelles Territorium verzichten, können die Vögel unter den extremen Witterungsbedingungen brüten. Ein Einzeltier würde nicht überleben, da es mehr als doppelt so viel Energie aufbringen müsste, um sich ausreichend warm zu halten. Ohnehin verliert ein Männchen, das während der gesamten Zeit der Paarbildung, der Kopulation und des Brütens in der Kolonie bleibt und fastet, nahezu ein Drittel seines üblichen Körpergewichts von etwa 30 Kilogramm.

Zusammen mit dem Ei übernimmt der Pinguinmann für die nächsten zwei Monate die alleinige Verantwortung für den Nachwuchs – das Brutgeschäft ist Männersache

Während der folgenden Wochen kommt es zu einem regelrechten Umzug der Kolonie. Die Tiere stehen nämlich nicht während der gesamten Brutperiode auf demselben Standplatz, sondern wandern in Abhängigkeit von der Windrichtung zwischen den Eisbergen. Dabei balancieren sie immer das Ei auf den Zehen, bewegen sich nur mit kleinen Tippelschritten.

Vom Plateau eines Eisbergs sehe ich eine kilometerlange Schlange von Pinguinen zum neuen Standplatz wandern. Aus der Nähe wirkte das Ganze wie eine schweigsame Prozession, nur das tausendfache Knirschen der Punguinfüße über den Schnee war zu hören. Bei dieser Wanderung müssen die Vögel auch schwierige Geländepassagen überwinden. Unter vorsichtigem Abstützen mit den Flossen rutschen sie glatte Abhänge quer hinunter, bei Steigungen setzen sie neben ihren kräftigen Krallen den Schnabel wie einen Eispickel ein. Spalten im Meereis werden fast auf dem Bauch kriechend überwunden.

Bei diesem Umzug verliert keiner der Pinguine sein Ei. Sie kommen zwar manchmal ins Rutschen, können sich jedoch immer mit Schnabel und Flügeln abfangen. Lediglich einige der „eilosen“ Tiere, die größere Schritte machen und an den anderen zügig vorbeimarschieren, verlieren an kritischen Stellen das Gleichgewicht, fallen lang hin aufs Eis und rappeln sich etwas verdutzt wieder hoch. Bei diesen Tieren handelt es sich um jüngere Männchen, die noch nicht selbst brüten, aber schon während der Brutperiode in der Kolonie bleiben.

Anfang August. Es ist noch sehr kalt, die Strahlungskraft der niedrig stehenden Sonne gering. In der Kolonie ist nach der ruhigen Brutperiode wieder mehr Betriebsamkeit – die Pinguinfrauen kehren im Gänsemarsch aus dem Norden zurück. Nach zwei Monaten Völlerei kommen sie nun wohlgenährt heim, um ihre Männer aus der langen Fastenperiode zu entlassen und sich ihrerseits der Aufzucht des Nachwuchses zu widmen. Denn nun ist der Zeitpunkt gekommen, an dem die kaiserlichen Kinder ihr Ei verlassen.

Einmal gelingt es mir, das Schlüpfen und die erste Fütterung eines Kükens zu beobachten. Auf den Zehen eines Tieres, das am Rand der Kolonie brütet, entdecke ich ein Ei mit einem Loch. Als der Vogel seine Brutfalte wieder anhebt, guckt der Kopf eines Kükens hervor. Die Augen sind noch geschlossen, die kurzen Dunenfedern wirken feucht. Immer wieder beugt sich der Altvogel herunter und betastet Küken und Ei mit seiner Schnabelspitze, als wolle er seinem Nachwuchs beim Schlüpfen behilflich sein.

Das Ei platzt weiter auf, das Junge hebt seinen Kopf, der für den kleinen Körper und den dünnen Hals viel zu schwer zu sein scheint, öffnet seine glänzenden Knopfaugen. Dann stößt das Küken zum ersten Mal seinen Bettelruf aus – ein energisches Flöten, das ich diesem zerbrechlichen Neugeborenen gar nicht zugetraut hätte.

Dieser Ruf ist ein Signal für das Elterntier: Es beginnt sofort Futter hochzuwürgen und sich mit weit geöffnetem Schnabel zu seinem Nachwuchs hinunterzubeugen. Der Kopf des Kükens verschwindet im Schlund des Altvogels.

Für wenige Tage reicht das Futterangebot der Männchen, das diese nach der langen Fastenperiode noch bieten können, zur Ernährung des Kükens aus. Bald ist jedoch die Rückkehr der Mutter mit vorverdauter Nahrung aus dem Meer notwendig. Die Ankunft der Weibchen in der Kolonie ist mit einer deutlichen Zunahme des Geräuschpegels verbunden. Die Partner, die sich während der Brut- und Aufzuchtphase, ja wahrscheinlich sogar ein Leben lang treu bleiben, erkennen sich gegenseitig an ihrem charakteristischen Trompetenruf. Es ist sowohl von den ankommenden Weibchen als auch von den wartenden Männchen immer wieder zu hören; es bereitet den Kaiserpinguinen offenbar keine

Schwierigkeiten, auch noch nach zwei Monaten ihren Partner unter Tausenden anderer Vögel herauszufinden.

Eigentlich sollte man annehmen, dass es die ausgehungerten Männchen ziemlich eilig haben, den Nachwuchs an die Weibchen zu übergeben, um ihrerseits zu den Nahrungsgründen ins offene Meer zu gelangen. Aber wie schon bei der Eiübergabe lassen sie mich auch jetzt lange warten. Diesmal fällt das hilflose Küken für einige Sekunden von den Füßen des Vaters schutzlos aufs Eis, bevor es von der Mutter mit dem Schnabel unter ihre wärmende Brutfalte geschoben wird.

In den nächsten Wochen und Monaten werden aus den hilflosen, grauen Flaumbällchen stattliche Jungpinguine. Fünf Monate dauert die Entwicklung von schlüpfenden Küken, das etwa ein halbes Pfund wiegt, bis zum 15 bis 20 Kilogramm schweren jugendlichen Kaiser. Während dieser ganzen Zeit herrscht in der Kolonie rege Betriebsamkeit. Die Elternteile sind pausenlos unterwegs, um Nahrung aus dem Meer herbeizuholen. Untersuchungen haben ergeben, dass die Eltern von 1000 Küken täglich rund eine Tonne Futter aus dem Meer heranschaffen – auf jeden kleinen Schnabel kommt also etwa ein Kilo.

Vermutlich lassen die Schwierigkeiten der Nahrungsbeschaffung diese größte Pinguinart so früh im finsterkalten antarktischen Winter brüten. Die Kaiser müssen ihren Brutzyklus nach dem Wetter und dem Nahrungsangebot einrichten. Sind die Küken noch klein, bietet auch das Meer noch wenig.

Da sich die Jungen erst im Alter von acht Monaten selbst ernähren können, müssen sie zum Ende des antarktischen Sommers noch genug Zeit haben und reichlich Futter finden, um sich für den Winter eine kälteschützende Speckschicht anzufressen. Die kleineren Adeliepinguine brauchen nur vier Monate für die Aufzucht ihrer Jungen, ihnen reicht der kurze Sommer für das Brutgeschäft.

Immer häufiger sehe ich nun die schwarzweißen Clownsgesichter der Kleinen neugierig zwischen den Füßen der Alten hervorgucken und in die kräftiger scheinende Sonne blinzeln. Windstille Tage verlocken zum ersten Sonnenbad in sicherer Nähe des Altvogels. Aber bald rennen die ersten Küken allein herum. Leicht geduckt flitzen sie auf alles zu, was wie ein wärmender Unterschlupf erscheint. Bei diesem Versuch stoßen sie jedoch bei fremden Eltern auf wenig Gegenliebe, werden weggehackt oder manchmal sogar im Genick gepackt und in hohem Bogen durch die Luft geschleudert.

Einige Altvögel scheinen angesichts des Ansturms der fremden Brut zu resignieren, versuchen noch vergebens, ein Knäuel schutzsuchender Küken zu entwirren, aber tolerieren schließlich mehrere unter ihrem wärmenden Bauch. Das sieht komisch aus, denn die Kleinen sind inzwischen schon so groß, dass nur noch ihr Kopf Unterschlupf findet – aus der Brutfalte der Alten gucken immer breiter werdende Hintern mit einem schwarzen Büschelschwanz hervor.

Nach sechs Wochen ist es für die jungen Kaiserpinguine an der Zeit, selbstständiger zu werden, denn ihr wachsender Appetit macht es nötig, dass beide Eltern Futter heranschaffen. Anfangs laufen die Küken zwar noch einzeln oder in kleinen Gruppen durch die Kolonie, finden sich aber bald zu sogenannten Kindergärten zusammen. Dabei drängen sie sich auf engstem Raum aneinander, um Schutz vor dem Wind und der grimmigen Kälte zu suchen.

Laufend werden Küken aus dem Kindergarten abgeholt. Ein Altvogel nähert sich ausgreifenden Schrittes, baut sich am Rand auf. Trompetet seine Erkennungsmelodie. Danach lauscht er aufmerksam mit schräg gestelltem Kopf dem akustischen Chaos der Bettellieder. Hat ein Küken seinen Ernährer erkannt, wühlt es sich aus dem Gewirr nach oben, rutscht auf dem Bauch über die Köpfe seiner Artgenossen.

Das geht nicht ohne großes Gezeter, kräftige Flügelschläge und ärgerliche Schnabelhiebe ab. Aufgeregt tippelt das Junge auf sein Elterntier zu, bewegt dabei den Kopf auf und ab, beständig flötend, bis schließlich sein Kopf heißhungrig im weit aufgerissenen Schlund des Alttieres verschwindet. Auch von Alt zu Jung funktioniert das Identifikationssystem – fremde Küken werden von den Elternvögeln unter unwilligem Knurren mit dem Schnabel am Nacken gepackt und zur Seite geschoben.

Mitte September, nach einem zehn Tage andauernden Schneesturm, finde ich in der Kolonie halbverschneit und steifgefroren Hunderte von toten Küken: Vermutlich mussten sie hungern, weil die Eltern viel Zeit für die Nahrungssuche brauchten, und sind dann an Auskühlung als Folge des Energiemangels gestorben. Später erfahre ich, dass in normalen Jahren 30 Prozent der Jungen umkommen, bei ungünstigem Wetter nur jeder zweite überlebt.

Schwarz hängen die Seerauchschwaden über dem weiten, offenen Wasser, wie ein dunkles Band vor der steilen, gleißend weißen Westküste des Schelfeises. Umrahmt wird die Szenerie von bizarren Eisbergriesen, die mich an erhabene Kathedralen oder sinkende Dampfer erinnern. Am Rande des Eises hat sich eine größere Gruppe von Pinguinen versammelt, steht geraume Zeit unschlüssig herum. Da stürzt sich ein Vorreiter mit einem Kopfsprung ins Wasser – das auslösende Signal für alle anderen. Innerhalb von Sekunden ergießt sich ein Gewirr von hundert Leibern dicht gedrängt ins aufspritzende Wasser, taucht einige Meter entfernt wieder auf. Heftig prustend und laut rufend machen die Pinguine auf mich den Eindruck einer ausgelassenen Wasserballmannschaft.

Hat ein Küken seinen Ernährer erkannt, wühlt es sich aus dem Gewirr nach oben, rutscht auf dem Bauch über die Köpfe seiner Artgenossen

Plötzlich zucke ich, immer noch am eisigen Ufer stehend, zusammen. Ein paar Meter neben mir kommt ein schwarzer Körper raketengleich aus dem Wasser geschossen, zieht ein glänzendes Band glitzernder Wasserspritzer hinter sich her, platscht dumpf aufs Eis. Dann geht es Schlag auf Schlag. Etwa ein Dutzend Pinguine hintereinander machen eine Bauchlandung auf dem Eis, schlittern noch ein kurzes Stück, richten sich zu voller Größe auf und versammeln sich, anfangs noch leicht schwankenden Schrittes. Auf ihrem glänzenden Gefieder gefriert das Wasser schnell zu Reifflocken.

Nach kurzer Rast begibt sich dann eine Schlange von Kaiserpinguinen zurück zur Kolonie. Sie tun's wieder auf die wenig majestätisch anmutende Art und gleiten, von ihren kräftigen Krallen gleichmäßig angetrieben, auf ihren voll gefressenen Bäuchen davon. ■

Meine Freunde – die Elefanten

Erstaunlicher Gemeinsinn und besondere Intelligenz sichern den Elefanten ihr Überleben in der Wildnis.

Vitus B. Dröscher

Vor ein paar Jahren schlief ich in meinem Zelt im Amboseli-Nationalpark Kenias zu Füßen des schneebedeckten Kilimandscharo, als ich gegen zwei Uhr in stockdunkler Nacht von seltsamen Geräuschen geweckt wurde. Es klang wie das Rumpeln von Bierfässern. Oder war es das Magenblubbern eines Elefanten?

Ich schaute durch ein Luftloch meines Zeltes. Tatsächlich! Da stand ein grauer Riese, ein Bulle, mehr über als neben meinem Zelt. Mit der Spitze seines Rüssels betastete und beschnüffelte er die Zeltbahn und walzte dann langsam weiter, ohne auch nur ein Spannseil niederzutreten. Die erste Reaktion des Menschen ist in einem solchen Fall kreatürliche Angst, ein Gefühl ohnmächtigen Ausgeliefertseins.

Aber dann meldet sich der Verstand. Und der sagt: Ein Elefant trampelt doch auch keine einzige Antilope, kein Zebra, kein Gnu tot, das auf dem Steppenboden liegt und schläft. Ein Elefant ist eben kein „Elefant im Porzellanladen", wie eines der dümmsten Sprichwörter unsinnigerweise behauptet. Dieser Gedanke beruhigt. Aber dann fragt man sich: „Wieso eigentlich?" Menschen, etwa Großwildjäger, sind ja oft von einer geradezu fanatischen Mordlust besessen, alles lebende, „lohnende" Getier abzuknallen, was ihnen vor Flinte und Büchse kommt. Sind die Elefanten denn besser als wir?

Und wenn ihnen die Lust am Töten fremden Lebens fehlt, was kümmert es sie eigentlich, wenn kleine Wesen durch ihren Tritt ausgelöscht werden? Warum die Marschrichtung ändern, weshalb den Geschwindschritt verzögern, wenn da ein „Wurm“ im Weg liegt?

Tage später folgten wir im Geländewagen einer Herde von 27 Elefanten, die unbändiger Durst im Eilmarsch zur fernen Wasserstelle trieb. Der Mond schien hell. Da schreckte ein Staußenvater mit seinen etwa drei Wochen alten Küken aus dem Bodennest. Die grauen Riesen walzten im 16-km/h-Sturmschritt geradewegs über die Schar der kleinen, verschreckten Vögelchen hinweg. Aber keinem einzigen Küken geschah ein Leid. Trotz Eile und Durstnot setzten die Elefanten jeden Schritt achtsam, sodass kein Leben vernichtet wurde. Nie töteten die Giganten andere Wesen, sofern sie sich nicht angegriffen fühlen.

Elefanten haben offenkundig eine ganz andere Einstellung zum Leben anderer Kreaturen als viele Menschen. Als ich mir das klarmachte, wurde mir warm ums Herz. Beruhigt schlief ich wieder ein.

Fahl schimmerte die Sichel des Mondes über der Baumsteppe des Murchinson-Falls-Nationalparks im Norden Ugandas. Etwas abseits ihrer Weibchenherde hatte die Elefantenmutter Rani gerade das Baby Babette zur Welt gebracht. Zwar war das Neugeborene ein stattlicher Brocken von 100 Kilogramm Gewicht und 95 Zentimeter Größe, dennoch schwebte es bereits in der Nacht seiner Geburt in höchster Lebensgefahr. Unglücklicherweise hatte sich die Elefantenmutter einen Ort ausgesucht, in dessen Nähe die unterirdischen Höhlen eines Hyänenrudels lagen. Dreizehn dieser Räuber krochen aus ihren Löchern hervor und griffen in der Finsternis an. Einem erwachsenen Elefanten, ja, schon einem halbjährigen kann solch ein Raubtierrudel nichts anhaben. Deshalb konzentrierten die Tüpfelhyänen – wie es übrigens auch Löwen tun – ihre Angriffe auf das Elefantenbaby.

Für Babette war die Lage im höchsten Maß bedrohlich. Als geborene Nachtjäger können die Hyänen im Dunkeln sehr gut und scharf sehen. Elefanten aber sind so schwachsichtig, dass sie schon bei Tage aus 30 Meter Entfernung einen schlanken Busch nicht von einem starr stehenden Menschen unterscheiden können. Nachts versagen ihre Augen weitgehend. Dann können sie nur noch mit dem Rüssel riechend herausfinden, was das eigene Kind und was eine Hyäne ist. Mutter Rani bekam fürchterliche Angst und trompetete, sich im Ton überschlagend, in die Nacht. Doch die Hyänen waren schon da. Rani preschte mitten in das zähnefletschende Rudel hinein. Doch schon griffen weitere Räuber von der anderen Seite an. Sie wuchtete sich herum. Wo war nur Babette? Da hörte sie ihr Kind kreischen. Eine Hyäne hatte sich in Babettes Rüssel festgebissen. Rani holte mit ihrem Rüssel aus, haute irgendwie dazwischen, traf glücklicherweise die Hyäne und schleuderte sie fünf Meter weit durch die Luft. Aber schon zerrte der nächste Angreifer an Babettes Ohr. In diesem Augenblick schien die Erde zu beben. Im nahen Busch krachte und splitterte es. Und dann brachen elf Elefantinnen – Ranis Herdengenossinnen – hervor, bereit alles niederzustampfen, was ihren Zorn erregte.

Elefanten haben offenkundig eine ganz andere Einstellung zum Leben anderer Kreaturen als viele Menschen

Aber war Babette nicht auch in höchster Gefahr, zermalmt zu werden? Vor Angst zitterte das Kind am ganzen Körper. Nun schob sich seine Mutter wie ein Betonbunker über das kleine Wesen und klemmte die Hinterbeine zusammen, damit Babette um Himmels willen nicht nach hinten verloren ging. Wollte der winzige Wicht zur Seite herausschauen, bekam er – klatsch! – von Muttis Rüssel einen übergezogen.

Wieder trompetete Rani „Alarm!“, und augenblicklich begann ein infernalischer Elefanten-Rock. Unter ohrenbetäubendem Blaskonzert tobte jeder der elf Drei- bis Viertonner wie wahnsinnig hin und her, walzte Büsche, ja, ganze Bäume nieder und peitschte wild mit dem Rüssel umher. Eine blindwütige Rettungsaktion. Aber noch verstanden es die Hyänen, den tobenden Ungetümen auszuweichen. Doch kurz darauf stürmte eine weitere Elefantenherde herbei und mischte im ungestümen Beat mit. Dann erschienen eine Bullengruppe und noch eine Weibchengruppe und schließlich noch eine fünfte Herde.

Die Gruppen untereinander verbindet nämlich ein phantastisches Nachrichtennetz. Es ist nur mit den Urwaldtrommeln der Schwarzen in früheren Zeiten zu vergleichen. Allerdings können wir Menschen wie auch alle anderen Feinde der Elefanten die Signale nicht hören.

Schon damals, als ich in meinem Zelt am Fuß des Kilimandscharo nächtlichen Elefantenbesuch bekam, war mir aufgefallen, dass plötzlich die Zeltbahn flatterte, obwohl es windstill war. Auch die Stirnhaut des grauen Riesen flatterte. Hatte das etwas zu bedeuten?

1986 hatte Professor Katherine Payne, bis dahin Spezialistin für die unterseeischen Gesänge der Buckelwale, im Amboseli-Park erforscht, was es damit auf sich hatte. Elefanten erzeugen für uns Menschen unhörbar tiefe Basstöne, so genannten Infraschall. Er dröhnt bis zu 20 Kilometer weit über die Steppe, ohne dass alle Nicht-Elefanten etwas davon vernehmen, und benachrichtigt die Nachbarherden. Wo droht Gefahr? Wo gibt es Wasser oder Nahrung? In welche Richtung marschiert ihr? Dürfen wir uns zum Schlafen legen? Und dergleichen Dinge mehr. Ein echter Geheimsender!

Dieses Elefanten-Telefon verbindet die Herde eines Clans untereinander. Denn die drei, vier oder fünf Weibchenherden und eine separate Bullengruppe marschieren meist getrennt, bleiben aber stets in Hörweite dieses „Telefons“. Doch wenn einem Baby Gefahr durch Löwen oder Hyänen droht, werden sie alle am Tatort zusammengetrommelt, um Hilfe zu bringen.

Wer einmal auf einem Asiatischen Reitelefanten gesessen hat, wird es bezeugen können: Unvermittelt fängt es im Bauch des Riesen an zu blubbern. Die Reiter haben dann das Gefühl, auf einer Art Schüttelrost zu sitzen. Nur hören können wir oft nichts. Dann wird gerade auf Infraschallwelle gesendet. Auf welche Weise der Organismus diese supertiefen Basstöne erzeugt, ist der Wissenschaft noch ein Rätsel. Wahrscheinlich bringt das Tier diese Töne nur aufgrund seiner kolossalen Körperabmessungen zustande.

Dann führten andere Tiere ihren Rüssel ins Maul der Toten ein und schienen eine regelrechte Mund-zu-Mund-Beatmung zur Wiederbelebung zu versuchen

Dem Baby Babette wurde dieses System zum Lebensretter. Schließlich waren an die vierzig graue Kolosse beisammen, tobten wie wahnsinnig hin und her und trompeteten infernalisch.

Plötzlich erwischte ein Jumbo zufällig eine Hyäne. Sie heulte noch kurz auf, bevor sie bewegungslos auf den Boden fiel. Nun waren es die Räuber, denen der Schreck in die Knochen fuhr. Minuten später waren sie alle in den Löchern ihrer unterirdischen Höhlen verschwunden.

Aber die Elefanten gaben keine Ruhe. Im Morgengrauen scharrten sie Erde über die Eingangslöcher, brachen Zweige von den Dornakazien, warfen sie darüber und stampften sie fest. Es dauerte viele Stunden, ehe sich die Hyänen aus ihren Gefängnissen befreien konnten. Sie haben so bald nicht wieder versucht, ein Elefantenbaby anzugreifen.

Etwas Ähnliches provozierte auch der schottische Elefantenforscher Ian Douglas-Hamilton im Manjara-Nationalpark von Tansania mit einem erregenden Experiment.

Einmal, als er wusste, dass rings um ihn herum im undurchsichtigen Buschland mehrere Elefantenfamilien umherwalzten, hielt er, im Geländewagen stehend, eine Blech-Gießkanne mit der oberen Öffnung vor seinen Mund und imitierte das Brüllen eines Löwen. Gleich darauf stürmten 48 eben noch friedlich weidende Kolosse mit schrillen Kriegstrompeten von allen Seiten aus dem Busch auf den Forscher zu. Zehn Meter vor dem Wagen stoppten sie ihren Lauf und schauten sich um, als wollten sie sagen: „Wo ist hier denn dieser verdammte Löwe?"

Ein gewaltiger Bulle schleuderte noch einen drei Meter langen Ast mit dem Rüssel so, dass er dicht am Kopf des Forschers vorüberflog. Ian Douglas-Hamilton hegt den starken Verdacht, dass beides kein Zufall war: Das Wurfgeschoss sollte ihn als nunmehr durchschauten Übeltäter erschrecken. Aber direkt treffen und verletzen wollte ihn das Tier auch nicht. Schließlich kannte es ihn als jahrelangen guten Freund der Elefanten. Danach zerstreute sich die Schutztruppe wieder in alle Winde.

Ein derartiger Massenauftritt rasender Riesen war sicherlich schon in grauer Vorzeit eine wirksame Abwehr gegen Angriffe der damals lebenden Höhlenlöwen und Höhlenbären und gegen die mit Speer, Pfeil und Bogen jagenden Frühmenschen zur Verteidigung der Jungtiere. Und auch heute noch ist die Gemeinschaftshilfe entscheidend für das Überleben der Jungtiere, die ständig von Löwen, Leoparden, Hyänen und Wildhunderudeln bedroht werden und von einem Muttertier allein gar nicht verteidigt werden können.

Das ist der Grund, weshalb diese Tiere, die doch die größten und stärksten Lebewesen auf dem Land sind, die Gemeinschaft brauchen, um überleben zu können. Und dies ist auch der Grund, warum im Sozialverhalten der afrikanischen Elefanten Charaktereigenschaften der Hilfsbereitschaft und des echten Mitgefühls entstehen konnten.

Ein Schuss peitschte über die ostafrikanische Steppe. Lautlos sackte die Fünftonnenmasse einer Elefantenkuh zusammen. Dann brach die Hölle los. Statt zu fliehen, wirbelten die überlebenden Herdenmitglieder ihre massigen Leiber herum, trompeteten und kreischten fürchterlich. Erneut krachten Schüsse. Aber noch immer flohen die grauen Riesen nicht. Sie scharten sich um ihre Toten, gaben ihnen Deckung und versuchten, sie wieder aufzurichten. Hilfsbereitschaft bis zur Selbstaufopferung! Doch plötzlich sprangen die Wilderer in ihre Geländewagen und rasten davon, nur eine riesige Staubwolke hinter sich lassend. Parkwächter hatten ihr schändliches Treiben beendet. Eine traurige Gelegenheit zu beobachten, was nun in der Herde geschieht.

Zunächst schoben die Überlebenden ihre Stoßzähne unter die toten Herdengenossinnen und versuchten wie Gabelstapler, sie wieder hochzuheben und auf die Beine zu stellen. Es war, als könnten sie es gar nicht fassen, dass so urplötzlich der Tod über ihre Herdenmitglieder gekommen war. Plötzlich ein dumpfes Krachen und Bersten. Bei einer Elefantin war unter der ungeheuren Anstrengung ein Stoßzahn gebrochen.

Dann führten andere Tiere ihren Rüssel ins Maul der Toten ein und schienen eine regelrechte Mund-zu-Mund-Beatmung zur Wiederbelebung zu versuchen.

Als sie nach vielen Stunden vergeblicher Mühe einsahen, dass hier nichts mehr zu retten war, bildeten sie einen Kreis um die Toten und hielten regelrecht die Totenwache. Nach einigen Stunden begann dann in der Abenddämmerung eine reguläre Begräbniszeremonie.

Die Trauernden rissen mit ihren Rüsseln große Grassoden und Büschel aus dem Boden und warfen sie über die Leichen. Andere rissen Zweige, über und über bespickt mit bis zu fünf Zentimeter langen, nadelspitzen Dornen, von den Akazien und warfen sie ebenfalls darüber, bis von den Kadavern nichts mehr zu sehen war. Dann traten sie das Ganze so fest, dass es nicht mehr zu entfernen war.

Offenkundig war den Überlebenden der Gedanke ein Gräuel, dass nun Hyänen, Löwen oder Leoparden ihre toten Kameradinnen fressen würden. Das suchten sie durch ein regelrechtes Begräbnis zu verhindern.

Wer nicht glauben will, dass diese Tiere fähig sind, echtes Mitgefühl für ihre Verstorbenen oder Ermordeten zu zeigen, lese es bitte bei meinem von Wilderern erschossenen Freund George Adamson, dem „Vater“ der berühmten Löwin Elsa, nach:

Farmer hatten einen Elefanten, der in ihre Plantage eingedrungen war, erschossen. Nachdem sich die schwarzen Landarbeiter das Fleisch geholt hatten, wurden die Knochen 800 Meter weiter auf einen Abfallhaufen geworfen. Aber in der folgenden Nacht kamen die anderen Herdenmitglieder herbei, nahmen die Knochen mit dem Rüssel hoch, schwenkten sie im Takt wie in einer gespenstischen Totenbeschwörung umher und brachten sie in feierlicher Prozession zu der Stelle zurück, an der ihr Kamerad erschossen worden war. Als hätte der Ort des Todes für sie eine tiefere Bedeutung!

Gibt es also doch jene legendären Elefantenfriedhöfe? So ein grauer Riese stirbt den Alterstod mit etwa sechzig Jahren. Unmittelbare Ursachen sind dann seine verbrauchten Zähne, nicht die Stoß-, sondern die Mahlzähne. Hiervon bekommt der Jumbo nicht – wie der Mensch – zwei Garnituren, sondern sechs. Und wenn die letzten abgewetzt sind, scheidet er Gras und Laub fast ebenso aus, wie sie zum Maul hereingekommen sind: völlig unverdaut. Das Tier verschlingt Riesenmengen und verhungert trotzdem bei prall gefülltem Magen. Diesen Tod kann das Tier um Wochen oder Monate hinauszögern, wenn es mit seinem phänomenalen Ortsgedächnis über mehrere hundert Kilometer mit einer Geschwindigkeit von 80 Kilometern pro Tag einen Morast aufsucht, in dem besonders weiche, saftige, leicht verdauliche Gräser wachsen. Allmählich aber kehrt sich der Tod durch Verhungern in den Tod durch Versinken im Sumpf.

In eben diesen Sümpfen liegen die Toten unzähliger Elefantengenerationen aus Jahrzehntausenden, versunken bis zur Versteinerung und für alle Ewigkeit geschützt vor dem Zugriff von Elfenbeinräubern.

Während der Badefreuden im ostafrikanischen Galanfluss erspähte das einjährige Elefantenkind Poldy die Gelegenheit, seinem Widersacher, dem zwei Jahre älteren Bombastus, eine auszuwischen.

Jener stand gerade nur auf drei Beinen im Wasser und kratzte sich mit der vierten „Säule“ den Bauch. Da rammte ihn Poldy mit voller Wucht, sodass er strampelnd und spritzend ins Wasser fiel. Doch kam Bombastus schneller wieder hoch, als Poldy gedacht hatte, erwischte ihn und drückte ihn mit der Masse seines Leibes ganz unter Wasser. Aber Poldy streckte schnell den Rüssel wie ein U-Boot-Schnorchel nach oben und konnte es so eine ganze Weile aushalten. Dennoch kränkte ihn die Schmach sehr. Als er wieder freikam, spürte er das unbändige Verlangen, es irgendwem heimzuzahlen. Aber wem?

Da erblickte er am Flachufer eine Schar von sechs Helmperlhühnern, die, möglichst ohne sich die Füße nass zu machen, tropfenweise tranken. Drei Meter vor ihnen kniete sich Poldy nieder. Vor Elefanten haben Vögel ja keine Angst. Dann schob er im trüben Wasser behutsam seinen Rüssel gegen die Hühner vor und pustete und spritzte plötzlich aus Leibeskräften.

Das Hochwirbeln, das Geflatter und Gegacker des Federviehs erfreute das Elefantenkind so sehr, dass es triumphtrompetend im Kreis galoppierte und mit den Ohren schlackerte. Schadenfreude ist doch die reinste Freude, offenbar auch bei Tieren. Der ehemalige Züricher Zoodirektor Professor Heinrich Hediger sieht in diesem Element des Lächerlichmachens eine Hauptwurzel des Komischen, das wiederum die vormenschliche Basis zum Humor bildet.

Die momentane Eingebung Poldys, Schabernack mit den Perlhühnern zu treiben, kam für ihn einer Erfindung gleich, mit der er sich bei Gelegenheit herzerfrischende Belustigung verschaffen konnte. Sah er auf einem Ast einen Vogel sitzen, walzte er wie zufällig in dessen Nähe und düste ihn plötzlich mit seinem Nasenschlauch in die Luft.

Eines Tages versuchte er die gleiche Neckerei mit einem Trupp von Steppenpavianen. Doch diese betrachteten sein Blasrohr mehr als angenehmen Ventilator in der Mittagshitze. Enttäuscht blieb Poldy stehen und schien nachzudenken. Dann trollte er sich zur nahen Tränke und kam, was natürlich niemand sehen konnte, mit einer Ladung von zehn Litern Wasser im Rüssel zurück. Mit allen Anzeichen diebischer Freude spielte er sodann „Wasserwerfer unter Demonstranten".

Doch das hätte er lieber nicht tun sollen, denn die Affen rächten sich auf ihre Weise. Als kurz darauf Poldy im Schatten einer Schirmakazie eingeschlafen war, schlich ein Pavian herbei und hielt dem Elefantenbengel beide Nasenlöcher an der Rüsselspitze zu. Vor Schreck schlug Poldy einen seitlichen Purzelbaum und trompetete schrill. Sofort eilten alle erwachsenen Elefanten der Herde hilfsbereit herbei, konnten aber keinen Feind entdecken, da der Affe schon längst im Astwerk des Baumes verschwunden war. Poldys Mutter dachte offenbar, ihr Sohn hätte ihr wieder einmal einen üblen Streich gespielt, und brannte ihm mit dem Rüssel klatschend eins über das Gesäß.

Im Allgemeinen sind Elefanten außerordentlich kinderlieb. Den Kleinsten ist jede Frechheit gegenüber den Erwachsenen erlaubt – sie besitzen absolute Narrenfreiheit. Aber von Jahr zu Jahr, je älter die Rabauken werden, erleben sie eine schrittweise Einschränkung in ihrem Spektrum von Lausbübereien.

Zu sozialem Verhalten muss man erzogen werden, auch in den Herden der grauen Kolosse. Am nächsten Tag trottete Poldy abermals in den Schatten eines Baumes und begann dort so richtig behaglich vor sich hin zu dösen. Plötzlich sprangen aus dem Laub an die sechs Paviane überfallartig auf den kleinen Jumbo, hüpften auf seinem Rücken wie auf einem Trampolin, hangelten an seinen Schlappohren und benutzten den Schwanz als Kletterseil.

Im Allgemeinen sind Elefanten außerordentlich kinderlieb. Den Kleinsten ist jede Frechheit gegenüber den Erwachsenen erlaubt – sie besitzen absolute Narrenfreiheit

Der zu Tod erschrockene Poldy rotierte wie wahnsinnig im Kreis, sodass dies alles für einen Augenblick wie ein Kettenkarussell aussah. Dann waren seine Plagegeister mit wahrhaft affenartiger Geschwindigkeit wieder verschwunden. Seither hat Poldy nie mehr auch nur den Versuch unternommen, Paviane zu ärgern. In der Schelmerei sind Affen den Elefanten eben doch überlegen. Aber mit Bombastus, seinem liebsten Feind, hatte Poldy noch eine Rechnung zu begleichen. Wohlweislich wartete er diesmal mit seiner Rache bis nach dem Bad: Pieksauber versammelte sich die Herde am Ufer und stand, noch unschlüssig, was nun getan werden sollte, beisammen. Da bemerkte Poldy, dass Bombastus unmittelbar neben einem großen erwachsenen Elefanten stand. Behutsam pirschte er sich an die andere Körperseite des gewaltigen Tieres heran, sodass Bombastus ihn nicht bemerkte. Dann schlängelte er seinen Rüssel eng um die Vorderbeine des Riesen herum und prustete seinem Spielfeind eine volle Ladung Staub und Dreck gegen den Kopf – so eine Elefantennase hat ja den unschätzbaren Vorteil, dass man damit um die Ecke „schießen“ kann.

Natürlich dachte der verdatterte Bombastus, der große Elefant unmittelbar neben ihm hätte ihm diesen Streich gespielt, konnte sich aber keinen Reim darauf machen, weshalb, und verließ, empört protestierend, den Ort, um sich abermals im Fluss zu säubern. Selten war Poldys Rache so süß gewesen wie an jenem Tag. Dieses Beispiel zeigt, wie intelligent Elefanten sind, wie Intelligenz einen gewissen Witz gebiert und wie diese Tiere alles andere sind als „tierisch ernst“. ■

Der Tierarzt kommt

Der Zustand des Fohlens ist lebensbedrohlich. Wird es der junge Tierarzt retten können?

James Herriot

Ich werde nie vergessen, mit welch finsterem Gesicht Ralph Beamish, der Rennpferdtrainer, mich anblickte, als ich aus meinem Wagen stieg.

„Wo ist Mr. Farnon?“ brummte er.

Mein Mut sank. Das hatte ich oft genug gehört, besonders bei den Pferdebesitzern in der Gegend.

„Tut mir leid, Mr. Beamish, aber er ist den ganzen Tag außer Haus, und ich dachte, ich komme lieber vorbei, als es bis morgen aufzuschieben."

Er gab sich keine Mühe, seinen Widerwillen zu verbergen. Er blies die dicken lila Backen auf, vergrub die Hände in den Taschen seiner Reithosen und blickte gequält himmelwärts.

„Na, dann kommen Sie schon." Er drehte sich um und stapfte mit seinen kurzen dicken Beinen auf eine der Koppeln im Hof zu. Ich seufzte in mich hinein und folgte ihm. Ein nicht auf Pferde spezialisierter Tierarzt in Yorkshire zu sein, das war manchmal recht peinlich, besonders in einem Rennstall wie dem hier, der als ein wahres Heiligtum galt. Siegfried kannte sich, ganz abgesehen von seiner Tüchtigkeit, in der Pferdesprache aus. Er konnte sich mühelos über Zucht und Eigenschaften seiner Patienten unterhalten, ritt gut, jagte und sah auch äußerlich mit seinem aristokratischen Gesicht, seinem kleinen Schnurrbart und seiner schlanken Gestalt wie der passende Mann aus. Die Trainer liebten ihn, und einige, wie Beamish, empfanden es als eine persönliche Beleidigung, wenn er nicht selbst kam, um ihre wertvollen Tiere zu untersuchen.

Er rief einen Stallburschen, der das Koppeltor aufmachte.

„Er ist da drin", brummte er. „Kam heute früh lahm vom Trainieren zurück."

Der Bursche führte einen fuchsbraunen Wallach heraus, und es war nicht nötig, das Tier traben zu lassen, denn man sah sofort, dass ihm etwas am Bein fehlte.

„Ich glaube, er ist in der Schulter lahm", sagte Beamish. Ich ging um das Pferd und nahm den Vorderfuß auf. Ich säuberte den Huf mit meinem Messer; kein Zeichen einer Verletzung und keine Empfindlichkeit, als ich mit dem Messerknauf an den Huf klopfte.

Ich fühlte am Bein entlang vom Hufgelenk bis zum Bug, und bei weiterem Betasten entdeckte ich einen Punkt nahe am Oberende der Mittelhand, der das Tier zu schmerzen schien, wenn ich drückte.

Ich blickte aus meiner Hockerstellung auf. „Hier scheint es zu sein, Mr. Beamish. Er muss sich mit den Hinterbeinen dort angeschlagen haben."

„Wo?" Der Trainer beugte sich über mich und schaute auf das Bein. „Ich sehe nichts."

„Nein, die Haut ist nicht verletzt, aber er zuckt, wenn man dort drückt."

Beamish stieß mit einem seiner Wurstfinger an die Stelle. „Tatsächlich“, brummte er. „Aber er würde sowieso zucken, wenn Sie ihn so zwicken, wie Sie es tun.“

Sein Ton gefiel mir gar nicht, aber ich ließ es mir nicht anmerken. „Ich bin sicher, dass es das ist. Ich würde ihm einen heißen Breiumschlag am Bug anlegen und die Stelle zweimal am Tag mit kaltem Wasser bespritzen.“

„Na, da liegen Sie bestimmt falsch. Da unten ist es gar nicht. Wenn das Pferd das Bein aufsetzt, sieht man ganz deutlich, dass es an der Schulter ist.“ Er winkte den Burschen herbei. „Harry, leg ihm sofort etwas Heißes auf die Schulter da.“

Hätte der Kerl mich geschlagen, so wäre es nicht schlimmer gewesen. Ich wollte ihm gerade etwas entgegnen, aber er ging einfach weg. „Da ist noch ein anderes Pferd, das Sie sich ansehen sollten“, sagte er. Er führte mich zu einer Box im Stall und zeigte auf ein großes braunes Tier, auf dessen linkem Vorderbein sich Blasen gebildet hatten. „Mr. Farnon hat vor sechs Monaten ein rotes Zugpflaster aufgelegt. Seitdem ist er hier im Stall geblieben. Scheint wieder gesund zu sein – glauben Sie, man kann ihn wieder rauslassen?“

Ich tastete die Sehnen ab und suchte nach Verdickungen. Dann hob ich den Huf, und als ich weiter untersuchte, fand ich eine empfindliche Stelle im Beugemuskel.

Ich richtete mich auf. „Die Stelle ist immer noch ein bisschen empfindlich“, sagte ich. „Ich glaube, es wäre besser, ihn vorläufig noch im Stall zu lassen.“

„Da bin ich anderer Meinung“, schnappte Beamish. Er wandte sich an den Stallburschen. „Führ ihn hinaus, Harry.“

Ich starrte ihn an. Wollte er mich durch den Kakao ziehen? Oder wollte er mir nur beweisen, dass er nicht viel von mir hielt? Jedenfalls fing er an, mir reichlich auf die Nerven zu gehen, und ich hoffte nur, dass mein rotes Gesicht mich nicht verriet.

Noch was“, sagte Beamish. „da ist noch ein Pferd, das hustet. Schauen Sie es sich an, bevor Sie gehen.“

Harry trat auf eine Box zu. Ich folgte ihm und nahm das Thermometer heraus.

Als ich von hinten an das Tier trat, legte es die Ohren zurück und wurde unruhig. Ich zögerte und nickte dann dem Burschen zu.

„Heben Sie ihm das Bein auf, während ich die Temperatur messe“, sagte ich .

Der Bursche bückte sich und griff nach dem Fuß, aber Beamish unterbrach ihn. „Lass das Harry. Ist nicht nötig. Der ist sanft wie ein Lamm.“

Ich hielt inne. Ich hatte das Gefühl, dass ich Recht hatte, aber hier schien mein Wort nicht viel zu bedeuten. Ich zuckte die Achseln, hob den Schwanz und stieß das Thermometer in das Rektum.

Er untersuchte aufmerksam die Hinterbeine des Pferdes. Offensichtlich fürchtete er, sie hätten Schaden nehmen können, als sie mit meinen Rippen in Kontakt kamen

Die beiden Hinterhufe trafen mich fast gleichzeitig, aber während ich rücklings aus der Tür flog, hatte ich das deutliche Empfinden, dass der Tritt in den Bauch dem auf der Brust kurz gefolgt war. Danach jedoch konnte ich keinen Gedanken mehr fassen, denn der tiefere Schlag war mit voller Wucht auf meinem Solarplexus gelandet.

So lag ich auf dem Zementboden, stöhnte und ächzte und rang nach Atem. Einen Augenblick lang dachte ich, sterben zu müssen, aber endlich konnte ich wieder Luft schnappen und mich mühsam aufsetzen. Durch die offene Tür sah ich Harry, der den Kopf des Tieres hielt und mich erschreckt anschaute. Mr. Beamish dagegen zeigte keinerlei Interesse an meinem Leiden. Er untersuchte aufmerksam die Hinterbeine des Pferdes. Offensichtlich fürchtete er, sie hätten Schaden nehmen können, als sie mit meinen Rippen in Kontakt kamen.

Langsam stand ich auf und holte mehrere Male tief Atem. Ich hatte einen Schock, war aber nicht wirklich verletzt. Und ich nehme an, mein Instinkt hatte mir befohlen, das Thermometer nicht loszulassen, denn ich hielt das zerbrechliche Ding immer noch in der Hand.

Als ich in die Box zurücktrat, verspürte ich nur noch kalte Wut.

„Heben sie ihm das verdammte Bein auf, wie ich es Ihnen gesagt habe!“ brüllte ich den unglückseligen Harry an.

„Jawohl, Mr. Harriot! Entschuldigung!“ Er bückte sich, hob den Fuß auf und hielt ihn fest in den Händen.

Ich drehte mich nach Beamish um, der vielleicht wieder etwas zu bemerken hatte, aber er blickte nur schweigend und ausdruckslos das Pferd an.

Dieses Mal gab es keine Schwierigkeiten. Die Temperatur war 39 Grad. Ich ging an den Kopf des Tieres und öffnete ihm die Nüstern mit Daumen und Zeigefinger. Ein leichter Schleimausfluss. Kiefer- und Rachendrüsen waren normal.

„Er ist ein bisschen erkältet", sagte ich. „Ich gebe ihm eine Spritze und lasse Ihnen Sulfonamid da – das wendet Mr. Farnon in diesen Fällen immer an." Meine letzten Worte schienen ihn nicht sonderlich zu beeindrucken, denn er sah ausdruckslos zu, als ich dem Pferd Prontosil einspritzte.

Bevor ich ging, holte ich eine Packung Sulfonamid aus dem Kofferraum. „Geben Sie ihm davon sofort neunzig Gramm in einem halben Liter Wasser, und dann geben Sie ihm morgens und abends je noch einmal fünfundvierzig Gramm. In zwei Tagen geht es ihm bestimmt besser." Mr. Beamish nahm die Medizin entgegen, und als ich die Wagentür öffnete, war ich erleichtert, dass dieser Besuch endlich zu Ende war. Ich ließ den Motor an, als ein kleiner Lehrling außer Atem auf den Trainer zugelaufen kam.

„Die Almira, Mr. Beamish! Ich glaube, sie erstickt!"

„Sie erstickt?" Beamish starrte den Jungen an und rief mir zu: „Almira ist mein bestes Fohlen. Kommen Sie gleich mit!"

Es war also noch nicht vorüber. Ich eilte der untersetzten Gestalt durch den Hof nach, wo ein anderer Stallbursche bei einem sehr schönen kastanienbraunen Fohlen stand. Und als ich es sah, schnürte sich mir das Herz zu. Alles, was ich bisher getan hatte, war leicht gewesen, aber das hier war etwas anderes.

Das kleine Tier stand ganz still und starrte angespannt vor sich hin. Mit jedem Atemzug gab es ein heiseres und schnaufendes Röcheln von sich, und seine Nüstern blähten sich wild. Noch nie hatte ich ein Pferd so atmen gesehen. Speichel tropfte ihm von den Lippen, und alle paar Sekunden wurde es von einem wilden Husten gewürgt.

Ich wandte mich an den Lehrling. „Wann hat das angefangen?"

„Eben erst. Vor einer Stunde war sie noch quietschvergnügt."

„Bist du sicher?"

„Ja. Ich habe ihr etwas Heu gegeben. Da hat ihr noch nichts gefehlt."

„Was zum Teufel hat sie nur?" rief Beamish.

Es war eine gute Frage, und ich hatte nicht die Spur einer Antwort darauf. Ich ging um das Tier herum, sah mir die zitternden Beine und die schreckgeweiteten Augen an und überlegte. Manchmal verstopft die Nahrung die Speiseröhre, aber danach sah es nicht aus. Ich fühlte ihr in den Schlund, aber da war nichts. Überhaupt schien es auch eher am Atem zu liegen. Irgend etwas musste in der Luftröhre stecken. Aber was …? Und wie …? könnte es ein Fremdkörper sein?

„Nun, verdammt noch mal, ich habe Sie gefragt! Was ist es? Was haben Sie festgestellt?“ Mr. Beamish wurde ungeduldig, und ich konnte es ihm nicht verdenken.

Ich konnte nur feststellen, dass auch ich außer Atem geraten war. „Einen Augenblick. Lassen Sie mich die Lungen abhören.“

„Einen Augenblick!“ platzte der Trainer los. „Herrgott noch mal, wir haben keinen Augenblick zu verlieren! Das Pferd könnte sterben!“

Das brauchte er mir nicht zu sagen. Auch ich hatte das bedenkliche Zittern der Beine bemerkt, und jetzt begann das Fohlen leicht zu schwanken. Die Zeit war wirklich knapp.

Mit trockener Kehle untersuchte ich die Brust. Ich wusste gleich, dass es nichts an der Lunge hatte – das Problem schien in der Halsgegend zu liegen –, aber es gab mir ein wenig Zeit zum Nachdenken. Selbst mit dem Stethoskop in den Ohren hörte ich Beamishs Stimme.

„Ausgerechnet das hier! Sir Eric Horrocks hat 5000 Pfund für das Fohlen bezahlt. Es ist das wertvollste Tier in den Ställen. Warum musste das nur passieren?“

Mir pochte das Herz, und ich konnte ihm nur beistimmen. Und warum um Himmels willen war ausgerechnet ich in diesen Alptraum geraten? Und mit einem Mann wie Beamish noch dazu, der kein Vertrauen zu mir hatte.

Er packte mich am Arm. „Sind Sie sicher, dass Mr. Farnon nicht erreichbar ist?“

„Tut mir leid“, erwiderte ich heiser. „Er ist über 30 Meilen weit weg.“

Der Trainer schien in sich zusammenzusinken. „Das wär's also. Wir sind am Ende. Es stirbt.“

Das Fohlen taumelte, das Atmen wurde lauter und keuchender, und ich hatte alle Schwierigkeiten, ihm das Stethoskop an die Brust zu halten. Erst als ich die Hand auf seiner Flanke ruhen ließ, um es zu besänftigen, bemerkte ich die kleine Schwellung unter seiner Haut. Es war wie ein runder flacher Gegenstand, wie ein Pfennigstück, das im Gewebe steckte. Ich sah es mir scharf an. Ja, es war deutlich

sichtbar. Und da war ein weiteres solches Ding etwas höher … und dann noch eins, und dann noch eins. Das Herz setzte mir aus … das war es also.

„Was soll ich nur Sir Eric sagen?" stöhnte der Trainer. „Dass sein Fohlen gestorben ist und der Tierarzt keine Ahnung hatte, was ihm fehlte?" Er blickte sich verzweifelt um, als hoffte er, Siegfried würde durch irgendeinen Zauber aus dem Nichts auftauchen.

Ich schwebte wie auf einer rosa Wolke, und all die Spannung und der Ärger waren im Nu verflogen

Ich lief zum Wagen und rief ihm über die Schulter zu. „Ich habe nie behauptet, keine Ahnung zu haben. Ich weiß, was sie hat. Es ist Urticaria."

Er rannte mir nach. „Urti … was zum Teufel ist denn das?"

„Nesselfieber!" Er riss die Augen auf. „Aber das kann doch nicht dazu führen!"

Ich füllte die Spritze mit 5 cm^3 Adrenalin und ging zurück. „Es ist eine Allergie und meist harmlos. Aber in manchen Fällen löst es Ödeme in den Luftwegen aus – und das haben wir hier."

Es war schwierig, die Vene zu drosseln, denn das Fohlen taumelte unruhig herum, aber als es für eine Sekunde still stand, presste ich ihm den Daumen an den Hals, die große Ader schwoll an, und ich führte rasch die Nadel ein. Dann trat ich zurück und blieb neben dem Trainer stehen.

Keiner von uns sagte ein Wort. Der Anblick des torkelnden Tieres und der Klang des röchelnden Atems hielt uns voll und ganz im Bann.

Ich wusste, dass das Tier am Ersticken war, und ich hatte große Angst, und als es fast zu Boden stürzte, umklammerten meine Hände das Skalpell in der Tasche, das ich aus dem Wagen zusammen mit dem Adrenalin mitgenommen hatte. Ich wusste nur zu gut, dass in diesem Fall nur noch ein Luftröhrenschnitt helfen konnte, aber ich hatte keinen Schlauch bei mir. Falls das Fohlen umsackte, musste ich ihm die Luftröhre aufschneiden, und ich wollte gar nicht daran denken. Im Augenblick konnte ich mich nur auf das Adrenalin verlassen.

Beamish machte eine verzweifelte Handbewegung. „Es ist hoffnungslos, nicht wahr?" flüsterte er.

Ich zuckte die Schultern. „Es gibt noch eine kleine Chance. Vielleicht kann die Injektion die Flüssigkeit in der Luftröhre nicht rechtzeitig reduzieren … wir müssen abwarten."

Er nickte und ich sah, wie bewegt er war. Nicht nur der Gedanke, wie er es dem berühmten Besitzer beibringen sollte, beschäftigte ihn, sondern es war vor allem der Schmerz des Pferdeliebhabers.

Zuerst glaubte ich, es mir nur eingebildet zu haben, aber es schien, als ob das Atmen ein bisschen weniger keuchend wurde. Als ich mich dann in quälender Ungewissheit über das Tier beugte, sah ich, dass der Speichelfluss abnahm. Es konnte wieder schlucken.

Von diesem Augenblick verlief alles in unglaublicher Geschwindigkeit. Bei Allergien treten die Symptome mit erschreckender Plötzlichkeit auf, aber Gott sei Dank verschwinden sie auch ebenso rasch, wenn man sie richtig behandelt. Fünfzehn Minuten später sah das Fohlen fast normal aus. Man hörte noch ein leises Rasseln, wenn es atmete, aber es blickte sich um und schien nicht mehr zu leiden.

Beamish, der ihm wie in Trancezustand zugeschaut hatte, zog eine Handvoll Heu aus einem Ballen und hielt es ihm hin. Es riss es ihm gierig aus der Hand und fraß es mit großem Vergnügen.

„Ich kann es nicht glauben“, stammelte er wie zu sich selbst. „Ich habe noch nie etwas so schnell wirken gesehen wie diese Spritze.“

Ich schwebte wie auf einer rosa Wolke, und all die Spannung und der Ärger waren im Nu verflogen. Gott sei Dank gibt es im Leben eines Tierarztes derartige Augenblicke; Verzweiflung verwandelte sich plötzlich in Triumph, Scham in Stolz.

Als ich mich ans Steuer setzte, streckte Beamish den Kopf ins offene Fenster.

„Mr. Harriot...“ Er war nicht der Mann, dem höfliche Reden leicht von der Zunge gingen, und seine runzligen und verwitterten roten Backen zuckten, als er nach Worten suchte. „Mr. Harriot, ich glaube … man muss nicht unbedingt Pferdeverstand haben, um Pferde heilen zu können, was?“

Es lag so etwas wie eine Bitte in seinem Blick, als wir uns ansahen. Dann lachte ich plötzlich los, und sein Gesicht entspannte sich.

„Da haben Sie Recht“, sagte ich und fuhr davon. ■

DER FURCHTBARE

Das in Gefangenschaft geratene Adlerweibchen kann sich aus eigener Kraft nicht befreien. Gelingt es dem jungen Adler, der die Menschen in Angst und Schrecken versetzt, seine Mutter zu retten?

Otto Alscher

Die alten Adler kamen nicht mehr so sorglos angeflogen wie vordem, wenn sie die Atzung brachten. Das Junge im Horst sah sie nicht mehr kommen, hoch von oben in Kreisen sich niedersenkend, sondern sie tauchten plötzlich um die Felswand auf, ganz dicht an ihr entlangstreichend, bis sie auf dem Horst fußten. Und dann, wenn sie dem jungen Adler die gebrachte Beute, einen jungen Hasen oder ein anderes Wild, mit scharfem Schnabel zerteilt hatten, strichen sie wieder verstohlen ab.

Das war, seit tief unten am Fuße der Felswand der Lärm begonnen hatte und die großen, seltsamen Wesen, die aufrecht gingen, an einer Stelle wie Ameisen umherschwärmten. Vordem hatte nur der Strom gerauscht, der sich hier eng durch die Berge zwängte, Schwärme von Dohlen waren mit hellem Geschrei um die Felswand gestrichen, das Klirren der Falken fiel nieder, und nur manchmal ein Ruf, das Rasseln eines Fahrzeuges auf der Straße längst des Stromes und das Geräusch von einzelnen jener dem jungen Adler noch unbekannten Wesen, die aufrecht gehend einherschritten und bald wieder verschwanden. Doch jetzt hatten sich diese Wesen an einer Stelle, dort, wo die Schlucht in die Berge schnitt und ein von Bäumen bestandener breiter Platz war, mit Lärm und Getöse gesammelt, sie wühlten dort den Boden auf, schichteten Steine aufeinander und fällten Bäume. Unter dem wolligen Flaum des jungen Steinadlers sprossten schon die Federn. Er konnte sich schon aufrecht auf den krallenbewehrten Fängen halten, seine dunklen Augen jedoch sahen den fernsten Punkt im Blau des Junihimmels, erblickten auch schon den kleinsten Vogel drüben im

Buschwald über dem Strom. Sie beherrschten schon alles, seine Adlerblicke, nur wussten sie es nicht zu deuten.

Im Tal das erste Gebäude war rasch unter Dach gebracht. Hier zog der leitende Ingenieur der Manganerzgrube ein, die nun erschlossen werden sollte. Auch die Arbeiterhäuser waren rasch fertig gestellt. Daneben wurden kleinere Gebäude errichtet, denn die Arbeiter hielten sich Schweine und Geflügel. Da man die Umzäunungen noch nicht errichtet hatte, lief das Geflügel frei auf dem Platze herum, doch einige Hunde hielten die Füchse ab, die in den Wäldern, auf den Bergen und in den Felsschründen hausten. Außerdem war Ingenieur Paulus ein eifriger Jäger, der freilich mit seiner Schrotflinte nur nach Dohlen und Falken schoss und hier und da eine Wildtaube erlegte, die morgens unter den Maulbeerbäumen an der Straße einfiel.

Er begann die Adler zu beobachten, sah sie hoch über den Felswänden kreisen, hörte ihren Schrei, der sieghaft und verachtungsvoll von den Felsen zurückhallte

An einem Nachmittage pirschte der Ingenieur mit seiner Flinte zum nahen Strom hinab, um Wildenten zu jagen. Der Bach, der hier mündete, war stellenweise versumpft, und dort, in einem Tümpel, plätscherten einige Gänse, die zu den Arbeiterhäusern gehörten. Ingenieur Paulus suchte sich gerade an zwei Wildenten nahe am Ufer heranzuschleichen, da hörte er hinter sich ein Sausen, er fuhr herum; wie ein Stein schoss aus der Höhe ein Adler herab, verschwand hinter den Uferbäumen des Baches, dann ein Geschrei der Gänse, und schon hob sich wieder auf breiten Schwingen der Adler, eine der Gänse in den Fängen entführend.

Paulus schoss seine Flinte auf den Räuber ab. Doch die Entfernung war zu weit für den Schrotschuss, rasch war der Adler mit der Beute verschwunden.

Die Aufregung war groß in der nahen Ansiedlung, als man vom Raub des Adlers hörte. Am meisten ärgerte sich aber Paulus selbst, der sich bisher auf seine Jagderfolge viel eingebildet hatte. Er begann die Adler zu beobachten, sah sie hoch über den Felswänden kreisen, hörte ihren Schrei, der sieghaft und verachtungsvoll von den Felsen zurückhallte. Den Horst der Adler aber entdeckte er nicht, obwohl er mit dem Feldstecher oft in die Felswand hinaufschaute, um ihre geologische Formation zu betrachten.

In den nächsten Tagen nahm der Adler auch eine Katze weg, die oberhalb der Kolonie in einer Geröllhalde auf Vögel jagte. Am Nachmittag kam der Forstwart vorbei, dessen Weg die Schlucht hinauf in den Wald führte. Man erzählte ihm von den Überfällen des Adlers.

Der alte Forstwart lachte: „Der wird noch oft kommen; die Adler haben jetzt Junge, gebt nur Acht auf Hühner und Gänse und auch auf junge Schweine, denn nicht einmal die sind vor dem Steinadler sicher. So ein Adler ist ärger als Wolf und Fuchs, denn er fürchtet sich nicht einmal vor den Hunden, wenn er ein Lamm wegnimmt."

„Könnte man nicht den Horst der Adler ausnehmen?" fragte der Ingenieur.

„O ja, wenn man in die Felsen hinaufklettern kann oder sich von oben abseilt."

„Wo haben die Adler ihren Horst?"

„In jener Felswand dort drüben, in irgendeiner Nische."

Der Ingenieur versprach dem Forstwart eine Belohnung, wenn er die Stelle des Horstes entdecken könnte und auch die Möglichkeit, wie und auf welche Weise man zu ihm hingelangt.

Der junge Adler saß auf dem Rand des Horstes und regte schon die Schwingen. Tag für Tag fühlte er die Kraft in sich wachsen, und seine Augen zielten nach der Felszinne, um sich bald zu ihr hinüberzuschwingen.

Der Horst war ein alter Bau und lag in einer Felsnische, oberhalb welcher die Wand weit überhing. Es war fast unmöglich, zu dem Horst zu gelangen, auch durch Abseilen nicht. Dennoch aber bemerkte der junge Adler an einem Morgen eine seltsame Unruhe unter sich. In der Tiefe, am Fuße der Wand, standen Menschen in einer Gruppe und starrten herauf. Zwei von ihnen stiegen die Wand hinauf, soweit es möglich war, und hielten dann auf vorspringenden Punkten.

Beunruhigt schaute der junge Adler hinab. Sein Gefühl sagte ihm, dass diese Ansammlung der Menschen ihm gelte, er zog sich etwas in die Nische zurück und nur sein eckiger Kopf spähte über den Rand des Horstes hinweg.

Die alten Adler waren schon seit Tagen fort, auf einer Streife in den Bergen; ein Rehkitz, das sie ihm zuletzt gebracht hatten, bot ihm Nahrung genug. Denn schon seit Wochen zerteilte er sich die Beute selbst.

Immer unruhiger wurde der junge Adler. Er hörte Rufe heraufschallen, und nun kamen diese Rufe auch von oben, von der Zinne der Wand.

Und nun war sich der Adler vollständig bewusst, dass all das ihm galt. Er empfand aber keine Angst, sondern nur Zorn, eine wilde Kampfbereitschaft; er schlug mit seinen Flügeln, dass sie sausend die Luft durchschnitten, und musste sich fest mit den Fängen an die Knüppel des Horstes krallen, damit er nicht emporgehoben wurde.

Da polterte ein Stein von oben und fuhr pfeifend an dem Horst vorbei in die Tiefe. Der junge Adler stieß Schreie aus, die hart und metallen vor Unruhe und Sorge klirrten.

Wieder kamen Steine von oben. Er hörte ein Scharren, fühlte etwas an dem Felsen herabgleiten … unten die Menschen schauten reglos in angespannter Erwartung empor, und jetzt, etwas seitwärts vom Horst, kam ein Mensch zum Vorschein, der frei in der Luft hing, an einem Seil langsam niederglitt … Der junge Adler stieß ein wütendes Geschrei aus, spreizte die Flügel – da kam eine Antwort aus der Ferne.

Der Mensch an der Wand versuchte sich herüberzuschwingen. Doch das Seil lag an dem Felsen an und ließ nur kurze Schwingungen zu, glitt auch nicht weiter. Plötzlich aber zog der Mensch erschreckt den Kopf ein. Ein Sausen – der alte Adler schoss herab, fuhr an dem Menschen vorbei, und ein schwerer Schlag mit der Schwinge traf diesen.

Von unten kam ein dröhnender Knall. Der alte Adler schwang sich etwas zur Höhe empor und erneuerte dann den Angriff.

Wieder dieser Knall von unten, ein scharfer Pfiff, ein harter Schlag an dem Felsen. Der alte Adler verschwand. Das Junge hörte seinen Schrei, rufend, lockend, es stieg auf den Rand des Horstes, breitete die Schwingen, um abzufliegen, doch es getraute sich nicht. Da, wieder ein Ruf aus der Höhe, viel wütender, rasender als vorher – das Adlerweibchen sauste wie ein Felsblock herab und fuhr auf den Menschen los. Dieser stöhnte, schrie voll Angst, suchte sich zu verteidigen, dann schoss er einen Revolver ab: einmal, zweimal. Überrascht ließ die Angreiferin ab,

zog einen Kreis, doch ein scharfer Knall von unten, und das Adlerweibchen stürzte, mit der verletzten Schwinge schlagend, in die Tiefe.

Ein Geschrei der Menschen. Dann eine Weile Stille, erregtes Durcheinanderlaufen, nun kam wieder der Ruf des Adlermännchens aus der Ferne, klagend und in höchster Angst rufend. Der junge Adler beantwortete den Ruf. Er stand frei am Horstrand, breitete die Schwingen, und nun fühlte er sich plötzlich frei, er schwebte, war selbst überrascht davon, schlug ungeschickt mit den Flügeln, strich schräg an der Wand entlang, spürte die sausende Luft, fühlte sich sanft sinken, bis er an eine Felszinne anstieß, wo er sich ängstlich anklammerte. Dann war der alte Adler neben dem jungen. Sie begrüßten sich freudig, doch schon kam wieder ein Schuss von unten, und neben ihnen an den Felsen splitterte es. Steinchen stoben weg.

Mit einem Ruf schwang sich der alte Adler ab, und der junge folgte ihm. Nun war sein Flügelschlag schon sicherer, er empfand die Kraft seiner Schwingen, wie sie ihn hoben und trugen, weit hinaus, sah die Felsen fortgleiten, Gestrüpp und Bäume schwinden, den Strom unter sich hinrauschen, bis sie am jenseitigen Ufer auf den Felsen wieder ruhten. Von dort hörten sie noch das verzweifelte Geschrei der Adlermutter, als man die Verwundete fing und fortschleppte.

In der Bergwerkskolonie herrschte große Freude über den Erfolg der Adlerjagd. Ingenieur Paulus wäre es zwar lieber gewesen, wenn man den jungen Adler hätte fangen können, der doch zutraulicher geworden wäre als die verwundete alte Adlerin. Diese saß meist reglos im Käfig, denn sie hatte sich bald überzeugt, dass es daraus keinen Weg zur Freiheit gab. Der verwundete Flügel, dessen mittlerer Streckmuskel durchschossen war, hing schlaff herab. Anfangs schien es, als verweigere die Gefangene jede Nahrungsaufnahme, aber nach einigen Tagen nahm sie doch die zugeworfenen Fleischabfälle an. Und dann, wenn niemand in der Nähe war, begann sie sich das Gefieder zu putzen. Von der Wundstelle riss sie alle zerschossenen Federn aus, reinigte die Wunde, und schon nach wenigen Tagen schien diese zu heilen, denn der Flügel hing nicht mehr so schlaff nieder.

Ingenieur Paulus trat immer wieder vor den Käfig der Gefangenen und freute sich der Beute. Ein Steinadler, das war etwas ganz Seltenes, die gab es sonst in Europa nicht mehr.

Der alte Waldheger war aber nicht ganz zufrieden. „Den jungen Adler hätten wir fangen sollen; es wäre besser gewesen. Der hat uns jetzt als Feinde kennen gelernt, er wird uns viel Schaden machen, und schießen lässt er sich nicht mehr. Das wird ein böser Adler werden."

Die anderen Steinadler schienen verschwunden zu sein. Nach Wochen aber, in den schönen Herbsttagen, kreisten oft zwei Adler hoch über dem Strom, nur als ferne dunkle Punkte im Blau erkennbar.

Die Gefangene legte den Kopf zur Seite und schaute hinauf. Manchmal schüttelte sie die Schwingen, als wolle sie auffliegen, dann wieder, wenn ein Schrei der Kreisenden droben scharf wie ein Schlag auf Metall niederfiel, antwortete sie heiser und klagend. Oft auch ging sie im Käfig auf und ab, schwer die Gitterstäbe entlang, überall versuchend, hindurchzuschlüpfen.

An den Tagen, wo die Adler hoch oben im Herbsthimmel kreisten, putzte die Gefangene nie ihr Gefieder. Einmal, da der Winter schon nahe war, um die Mittagsstunde, strich ein junger Adler, der an den großen weißen Spiegeln der Flügeldecken zu erkennen war, dicht über die Bergwerkskolonie hinweg, so knapp, dass er fast den Käfig der Gefangenen streifte.

Die Hühner flüchteten, die Hunde bellten auf, aber der Adler stieß nicht nach einer Beute nieder, sondern verschwand. Und von diesem Tage ab waren die Adler verschwunden, ließen sich den ganzen Winter über nicht sehen, und auch als der Frühling kam, blieb der Horst unbevölkert.

Der Käfig mit der Gefangenen stand im Geflügelhof beim Haus der Bergwerksbeamten. Es war ein sehr großes Bauer, die Wände aus Drahtgeflecht, nur auf der einen Seite ein dreiseitig geschlossener Schutzraum mit Dach.

Einmal morgens im Mai hörte eine Frau starken Lärm im Geflügelhof. Sie trat aus der Tür und sah oben auf dem Käfig einen fremden dunklen Adler sitzen, dessen Flügeldeckfedern ganz weiß waren. Dieser Adler schrie wild, und auch die Gefangene im Käfig schoss umher, als versuchte sie zu dem Fremden hinauszugelangen.

Mit einem Besen wollte die Frau den Adler vertreiben. Da fuhr dieser plötzlich vom Käfig herab, griff die Frau an, indem er ihr furchtbare Flügelschläge auf den Kopf versetzte. Die Frau schrie entsetzt auf, sie fiel zu Boden, hob abwehrend die Hände vor das Gesicht, die Krallen des Adlers drangen ihr in die Schulter, sein Schnabel schlug ihr auf den Scheitel. Überall wurden Türen aufgerissen. Leute stürzten herbei, und ein kleiner Hund fuhr kläffend den Adler an. Dieser ließ von der Frau ab, er stürzte sich auf den Hund, sein einer Fang schlug um dessen Kopf, der andere grub sich in den Rücken, und über den Köpfen der herbeieilenden Menschen trug der Adler den Hund davon. Riesige Aufregung entstand in der Bergwerkskolonie. Die Frau war bös verwundet. Entsetzen herrschte darüber, dass ein Adler einen Menschen angegriffen hatte, die Frauen getrauten sich nicht mehr ins Freie, und man stellte Wachen mit Flinten auf, um einem neuen Angriff des Adlers zu begegnen. Trotzdem aber trug dieser schon am nächsten Tag gegen Abend einen Truthahn davon, der sich im Kartoffelfeld bei der Kolonie befunden hatte. Es war wieder der schwarze Adler mit den weißen Flecken gewesen. Und jeden Tag fast holte sich dieser eine Beute, ein Huhn oder eine Ente und einmal auch ein junges Schwein, das sich beim Bach in einer Pfütze wälzte. Sein Angriff erfolgte immer so schnell und unerwartet, dass man ihm nicht entgegentreten konnte. Wenn die Männer mit den Flinten erschienen, war der Adler auch schon mit der Beute verschwunden.

*Dieser Adler schrie wild,
und auch die Gefangene im Käfig
schoss umher, als versuchte sie,
zu dem Fremden hinauszugelangen*

Sonderbar war das Verhalten des gefangenen Adlers geworden. Vordem hatte die Gefangene ruhig die Menschen sich dem Käfig nahen lassen, hatte sogar das Futter aus der Hand ihres Pflegers genommen, wenn dieser es in den Käfig reichte. Nun aber, seitdem der fremde Adler das erstemal erschienen, ließ die Gefangene keinen Menschen mehr sich nahen. Trat jemand vor den Käfig, stieß sie ein wildes Geschrei aus, schlug mit den Flügeln und sprang so heftig an das Gitter, dass man fürchten musste, dieses würde zerbrechen.

Als man schon nicht mehr wusste, wie man den Schaden verhindern sollte, zog man wieder den Forstwart zu Rate. Dieser meinte, es müsse ein Leichtes sein, den Adler zu erlegen. Bei der großen Kühnheit, mit der er seine Beute holte, würde er ihm sicher zum Schusse kommen. Er war nun ständig in der Nähe, wenn man die Haustiere ins Freie ließ, versteckte sich hinter Gestrüpp und wartete. Aber so gut er sich auch verbarg und so viele Tage er opferte, der Adler ließ sich nicht überraschen.

Befand er sich bei den Truthühnern auf dem Feld, so holte sich der Adler eine Gans vom Bach weg. Sein Angriff geschah immer dort, wo der Forstwart nicht war. Einmal auch griff er dicht in seiner Nähe ein Ferkel auf, doch da war eine Gruppe Bäume dazwischen, sodass der Forstwart auf den mit der Beute Abstreichenden nicht schießen konnte.

Nach zwei Wochen gab der Forstwart das vergebliche Harren auf, und man musste die Haustiere wieder versperrt halten.

Nicht einmal die Kinder wagten es, im Freien zu spielen, um nicht von dem Adler angegriffen zu werden.

Nach einiger Zeit hatte Ingenieur Paulus einen neuen Plan. Er ließ in einer Werkschmiede einen großen Schwanenhals anfertigen und köderte das Schlageisen mit einem weißen Huhn in der Art wie man einen Habichtskorb herrichtet. Der Adler, der hoch oben, für das menschliche Auge nicht mehr sichtbar, im Äther kreiste, bemerkte die zwei Menschen, die das Schlageisen aufstellten. Und dann, als diese sich entfernten, blieb ein weißer Punkt auf der Wiese zurück. Langsam senkte sich der Adler hinab, um die Sache deutlicher zu erkennen.

Er sah, dass es ein Huhn war, das scheinbar frei auf dem Felde, nur von einem kreisartigen Gegenstand überdeckt, verharrte, sich regte und Körner aufpickte. Aber der Adler stürzte sich nicht darauf. Auf einem Felsen ließ er sich nieder und beobachtete misstrauisch von dort das Huhn.

Was sollte das bedeuten? Wozu hatten die Menschen das Huhn dorthin gebracht, jene Menschen, die er vor einem Jahr als Feinde kennen gelernt, da sie ihn im Horst angegriffen und seine Mutter verwundet und gefangen genommen hatten.

Sollte er das Huhn wegnehmen oder nicht? Seine Raublust stieg immer höher, je mehr er darauf hinschaute – doch dass das Huhn immer auf einer Stelle blieb, immer unter dem kreisartigen, sonderbaren Ding, das nicht wie ein Zweig aussah, störte ihn. Und dann, als er in seiner Ungeduld doch darauf losstürzen wollte, bemerkte er einen Menschen, der fern und vorsichtig sich unter Bäumen näherte und zu dem Huhn hinüberblickte. Und dieser Mensch war einer von jenen, die scharfe Schläge zur Höhe gesandt hatten, mit denen auch seine Mutter im Flug herabgeholt worden war.

Der Adler wollte abwarten, was mit dem Huhn weiter geschehen wird. Er zog einen Bergrücken entlang, andere Beute zu suchen. Gegen

Abend kehrte er zurück – das Huhn befand sich noch immer auf der gleichen Stelle. Er war hungrig, denn er hatte an dem Tag nichts als einen Eichelhäher erbeutet. Wieder ließ er sich auf einem Felsen nieder, um zu beobachten, so lang, bis er doch den Angriff wagen würde.

Schräg der Wand entlang kam ein Habicht. Die Meisen warnten, Amseln schalten, zwei Dohlen stießen nach dem Raubvogel. Der Habicht wollte eben in einem Baumwipfel untertauchen, um seine Belästiger loszuwerden, da bemerkte er das Huhn auf der Wiese. Ohne sich lange zu besinnen, schoss er darauf zu. Er schien es schon zu fassen, da, plötzlich ein metallener Klang, und mit den Flügeln festgehalten, wand sich der Habicht in dem zusammengeschlagenen Bügel.

Überrascht sah der Adler das Ganze, hörte das Huhn erschreckt gackern, dann Jubelrufe von den Häusern her, Menschen kamen gelaufen und stürzten sich über den gefangenen Habicht – es war wie damals, als man seine Mutter fing, die noch immer von den Menschen dort drüben gefangen gehalten wurde.

Man hatte alle Hoffnung aufgegeben, des Adlers habhaft zu werden oder ihn auch nur von seinen Angriffen abzuhalten. Auch der Forstwart verzichtete darauf, den Räuber zu erlegen. Er sagte: „Wie es Wölfe gibt, die verflucht sind, für die es keine Kugel gibt, so ist dieser Adler ein Furchtbarer, den niemand erlegen kann. Er hat uns Feindschaft geschworen, weil wir ihn fangen wollten und seine Mutter abgeschossen haben. Und er wird uns verfolgen, bis er sich gerächt hat."

Ingenieur Paulus brummte aber, dass dies ein Unsinn sei; denn ein Tier handelt nicht überlegend. Die Leute jedoch, besonders die Frauen der Bergarbeiter, die den meisten Schaden an Geflügel zu tragen hatten, glaubten dem Forstwart. Ja, auf einmal entstand das Gerede, dass man die gefangene Adlerin entweder töten oder fortschaffen müsse, denn bis dies nicht geschieht, gibt der Furchtbare keine Ruhe.

Ingenieur Paulus wollte davon nichts wissen. Er war stolz auf den Raubvogel, den er jedem Fremden zeigte, der die Bergwerkskolonie besuchte. Aber im August fiel der Adler badende Kinder an. Ob er ihnen etwas tun wollte, war unklar, doch er schlug mitten unter sie hinein, die im Bache badeten, verletzte auch eines der Kinder durch Flügelschläge, und nur durch das entsetzte Geschrei der ganzen Schar ließ er von dem Angriff ab und verschwand wieder.

Es war nachmittags, da glitt plötzlich der fremde Adler dicht über die Kolonie hinweg und über den nun leeren großen Käfig

Und nun drängten alle darauf, den gefangenen Adler fortzuschaffen, selbst die Männer murrten, und Ingenieur Paulus fürchtete doch, dass man den Adler entweder heimlich töten oder freilassen würde, deshalb entschloss er sich, den Gefangenen lieber an einen Tiergarten zu verschenken. Er schrieb an die Leitung eines bekannten Tiergartens und bekam die Antwort, man würde das Geschenk mit großem Dank annehmen. Man zimmerte nun aus einer Kiste einen Transportkäfig, in welchem man das Adlerweibchen unterbrachte, um es den anderen Tag morgens zur Eisenbahnstation zu schaffen. Die Kiste mit der Gefangenen stellte man auf das Dach der Kaninchenställe im Geflügelhof.

Es war nachmittags, da glitt plötzlich der fremde Adler dicht über die Kolonie hinweg und über den nun leeren großen Käfig. Er schien die Gefangene zu suchen. Die Leute, die im Schatten der Bäume und unter den Vordächern der Häuser saßen, hörten das Flügelrauschen und erhoben ein Geschrei, um den Furchtbaren zu vertreiben. Doch dieser raubte keines der Hühner, sondern verschwand wieder.

Kaum hatten sich die Leute wieder beruhigt, gingen ihrer Arbeit nach – nur zwei Frauen blieben im Hof –, da ein Brausen, wie ein Felsblock schoss der Adler herab und schlug an die Kiste mit der Gefangenen an. Die Kiste wankte auf ihrem unsicheren Stand, stürzte zu Boden, zerbrach, die Frauen schrien entsetzt auf, sie sahen nur den fremden Räuber mit mächtigen Flügelschlägen die Kiste auf dem Boden umschweben, da brach diese völlig auseinander: Die Gefangene war frei, schüttelte die Schwingen, stieß ein triumphierendes Geschrei aus, und dann, als eben Ingenieur Paulus herbeikam, hoben sich der fremde Adler und die Gefangene empor, verschwanden über den Dächern und stiegen dann in mächtigen Kreisen immer höher.

Von diesem Tage ab behelligte kein Adler mehr die Kolonie. Fern und mächtig über den Menschen, unerreichbar für diese schwebten oft drei Adler dicht unter ziehenden leichten Herbstwolken, fremd und seltsam aus der unendlichen Weite kommend fiel ihr Ruf nieder.

Im nächsten Jahr war der Horst wieder besiedelt, aber die Adler, die den Horst aufsuchten, kamen und zogen zur Ferne, als gäbe es keine Menschen unten im Tal, die mit blinzelnden Augen zu ihnen aufsahen. ■

DAS NEUNTE LEBEN
Ein unbändiger Überlebenswille treibt Harriet zurück zur Familie Boyd und lässt sie schwerste Gefahren überwinden.
Mazo de la Roche

Harriet! Harriet! Harriet!“ Ihr Name tönte durch den Hochwald. Er tönte übers Wasser zur nächsten Insel, wurde von ihrem steilen Ufer in einem trauernden Echo zurückgeworfen. Sie kam immer noch nicht.

Die Barkasse lag wartend am Kai, der Gepäckdiener stand bereit, die Feriensaison war zu Ende. Der Sommer war vorbei, der Oktober fast vorüber, die Wildgänse spiegelten sich auf ihrem Flug gen Süden im See. In den nächsten acht Monaten hatten die Indianer und die Hirsche die Insel für sich.

Die Boyds waren die letzten Sommergäste, die abreisten. Sie genossen den Monat der Freiheit am Ende der Saison, wenn die Touristen weg waren. Sie stammten selber vom Lande, waren aus dem Distrikt. Wenn sie nicht auf ihrer Insel lebten, wohnten sie in einer kleinen Stadt am Ufer des Sees, dreißig Meilen entfernt. Das Jahr hatte für sie zwei Einschnitte: den Umzug zur Insel Mitte Juni, und die Rückkehr in die Winterwohnung im Oktober.

Sie waren gut situiert. Ihnen gehörte die Barkasse, die jetzt am Kai wartete und von John Nanabush, dem Indianer, gesteuert wurde. Er stand da, dunkel und unerschütterlich, während Mrs. Boyd, ihre Töchter und die Köchin laut nach Harriet riefen. Mr. Boyd streifte hinter dem Cottage herum, blickte in die Werkstatt, lugte in den Eiskeller und hinter den Holzofen, wo frisch gefällte Birken lagen und auf die Feuer des nächsten Jahres warteten. Ab und zu rief er mit Stentorstimme nach Harriet.

Ihretwegen hatten sie die Abfahrt seit Stunden hinausgeschoben. Jetzt mussten sie ohne sie fahren. Mrs. Boyd kam auf die breite Veranda, wo das Kanu unter einer Plane lag. Sie hob eine Ecke der Plane und schaute darunter.

„Na, Mutter, du kommst auf Ideen!“, sagte ihre Gatte. „Da ist sie bestimmt nicht drin.“

„Ich weiß ja“, sagte Mrs. Boyd. „Aber ich bin halt so verzweifelt!“

„Na ja, da müssen wir eben ohne sie fahren.“

„Wo's so kalt wird!“

Am Kai jammerten die Mädchen: „Aber Vater, wir können Harriet doch nicht auf der Insel lassen!“

„Such die Katz, Pat! Such Harriet!“ sagte Mr. Boyd zu dem Irish Terrier.

Pat sprang von der Barkasse, wo er den Korb mit Esswaren untersucht hatte, und rannte das felsige Ufer hinauf. Er kläffte und rief die Katze auf seine Art. Ein Chipmunk-Eichhörnchen sauste am Stamm einer Jack-Kiefer herab, flitzte über einen großen flachen Felsen, kletterte an einem flammend roten Ahorn bis zu halber Höhe und hielt dort mit dem Kopf nach unten inne, um die Gruppe am Kai zu beäugen. John Nanabush erhob seine weiche, dicke Indianerstimme. „Ihr Leut', geht man nach Hause. Ich find' Harriet schon. Ich heb' sie für euch auf."

„Das ist eine gute Idee", sagte Mr. Boyd.

„Harriet bleibt nie und nimmer bei John", sagte Mrs. Boyd. „Sie hängt an uns."

„Ich denk' mir, sie wird lieber bei mir bleiben als erfrieren", sagte der Indianer.

„Versprichst du, dass du morgen wieder auf die Insel kommst und suchst, bis du sie gefunden hast?"

„Och, ich werd' sie schon finden", sagte Nanabush mit seiner tröstenden Stimme. „Wir sollten jetzt losmachen, wenn ihr Leut' vor Dunkelwerden zu Haus sein wollt."

„Und wenn sie nun tot ist!", rief das jüngere Mädchen.

Pat kam aus dem Wald gejagt, raste auf die Barkasse zu, kletterte an Deck und setzte sich grinsend hin.

„Der hat mir jedenfalls Verstand", sagte der Indianer.

„Zieh die Pfeife, John", sagte Mrs. Boyd. „Vielleicht lockt sie das herbei."

„Und wenn sie nun tot ist!", rief das jüngere Mädchen.

„Eine Katze kriegst du nicht tot", sagte Nanabush. Er streckte seine dunkle Hand aus und ließ die Pfeife ertönen.

Alle Augen wandten sich zum Wald.

Die Köchin sagte: „Ich hab' eine Schüssel mit Milch und Brot für sie an die Hintertür gestellt."

„Komm, Mutter", sagte Mr. Boyd, „es hat keinen Sinn. Wir können nicht mehr warten."

Die Barkasse sah wie ein Spielzeugboot aus, als sie zwischen den Inseln herfuhr. Das Spiegelbild der Inseln lag auf dem dunkelblauen See – vollkommener als die Wirklichkeit. Sie waren verlassen.

Eine Stunde später kam Harriet zurück. Sie war müde und hungrig, denn sie war auf einer außergewöhnlich anstrengenden Jagd gewesen. Sie hatte sich in eine Pfote geschnitten, und die Jagd hatte keinen

Erfolg gehabt. Auf der entgegengesetzten Seite der Insel hatte sie sich in einem hohlen Baumstamm zusammengerollt und lange geschlafen. Sie hatte leises Rufen gehört, doch kätzischer Eigensinn bewog sie, sich nur noch fester einzurollen.

Jetzt strich sie ums Cottage, miaute vor den Türen, sprang auf die Fensterbretter und lugte in die Räume. Alles war trostlos. Sie ging zum Kai und sah, dass die Barkasse nicht da war. Die Famile würde in der Barkasse zurückkehren.

Sie huschte wieder zum Cottage und fand die Schüssel mit Brot und Milch. Gierig machte sie sich darüberher, aber bald verließ sie der Appetit. Sie fing an, sich das Gesicht zu waschen; dann leckte sie ihr Fell sauber und glänzend. Ihr Fell war ein hübsches lohfarbenes Gold und Braun. Sie hatte ein hartes, schlaues Gesicht, aber sie war auch gemütvoll.

In überwältigender Schönheit ging die Oktobersonne zwischen den Inseln unter. Es gab keine Dämmerung. Unmittelbar darauf senkte sich ein blauer, kalter Abend nieder. Ein paar glitzernde Sterne spiegelten sich im See. Die Luft wurde bitterkalt, und weiß überzog der Raureif das Gras. Harriet kroch in das Kanu, wo Mrs. Boyd die Plane gehoben hatte. Ein Kissen lag darin. Sie rollte sich zusammen und schlief.

Bei Sonnenaufgang sprang sie aus dem Kanu und lief zum Küchenfenster. Von seiner Brüstung aus lugte sie in den Raum. Kein Feuer brannte. Keine Köchin war da. Harriet gab ein leises Miauen der Enttäuschung von sich. Sie spannte ihren scharfen Gehörsinn an, um ein Lebenszeichen aus dem Cottage aufzufangen. Außer dem Flüstern der Brandung war nichts zu hören. Spitze Blätter der Silberbirken trieben in der goldenen Luft. Es war sehr kalt.

Harriet ging zu dem Napf mit Brot und Milch und fraß. Sie entdeckte, dass sie ausgehungert war. Aber es war so viel da, dass sie verschnaufen musste, ehe sie den Rest vertilgen konnte. Obwohl sie sehr satt wurde, stieß sie ein sehnsüchtiges Miauen aus. Sie war vier Jahre alt, und noch nie zuvor war

sie von den Boyds getrennt gewesen. Ihre Mutter und ihre Großmutter hatten den Boyds gehört. Sie kannte ihre Bewegungen und ihr Leben, wie sie die Ballen ihrer eigenen Pfoten kannte.

Die Schüssel war leer. So leer und öd wie die Welt, in der sie sich nun fand. Mechanisch begann sie, sich das Gesicht zu waschen und die zarten Haare hinter den Ohren zu bürsten, bis sie aufrecht standen wie der Flor feinen Samts. Sie streckte ihren Hinterlauf aus und leckte sich mit schnellen Bewegungen das Fell an der Hüfte. In dieser Haltung konnte man sehen, dass sie tragend war. Ihre kleinen Zitzen leuchteten rosig und frisch.

Sie hörte ein Rascheln in den abgefallenen Blättern und drehte ihre grünen Augen abwehrend und ängstlich in diese Richtung. Ein Stachelschweinpaar stand da, Seite an Seite, mit aufgerichteten Stacheln, und starrte sie an; in ihrer Bestürzung zeigten sie ihre gelben Zähne. Sie waren hergekommen, um das leere Cottage zu inspizieren. Harriet fauchte sie an und verzog ihr Gesicht so schreckenerregend wie möglich. Sie stand mit dem Rücken zur Küchentür und kreischte und schnitt Grimassen. Die Stachelschweine machten kehrt und zogen im Passgang ab, hinein in das dichte Wacholdergestrüpp.

Eine Eichel klapperte über das Dach des Cottage und fiel neben Harriet zu Boden. Sie richtete sich auf und fragte sich, was wohl noch alles kam. Der Chipmunk, der gestern die Abreise beobachtet hatte, schaute über die Dachrinne zu ihr herab. Er wusste, dass sie ihn nicht kriegen konnte, wo er war, aber er hätte zu gern seine Eichel wieder gehabt. Sein hübsch gestreifter Kopf ging hin und her, seine Augen waren fragend auf sie gerichtet. Ihr Schwanz gab eine unversöhnliche Antwort. Er legte seine kleine Pfote ans Gesicht und legte sich nieder, um sie zu beobachten.

Mit einem plötzlichen Satz sprang sie auf die Eichel zu, krümmte ihre Pfote drum herum, spielte damit. Unter ihrem Fell arbeiteten die Muskeln, da sie sich über die Eichel beugte, als gebe es nicht Geliebteres, und dann voller Geringschätzung zurücksprang.

Die Wange an der Pfote, so beobachtete sie der Chipmunk.

Aus der leeren Welt um sie her kam plötzlich das Elend, um sie zu verhöhnen. Sie war allein. Nur die hilflosen Jungen regten sich in ihrem Innern. Sie ließ sich auf den Bauch nieder und gab ein klägliches Miauen von sich.

Eine Weile lag sie mit geschlossenen Augen. Der Chipmunk sehnte sich nach seiner Eichel. Keine andere Eichel konnte sie ersetzen. Immer wieder reckte er seinen Hals, um in Harriets Gesicht zu schauen. Sie schien alles vergessen zu haben, aber er ließ sich nicht täuschen. Dennoch konnte er nicht widerstehen. Er flitzte die Mauer des Cottage hinunter, stürzte sich auf die Eichel, schnappte sie.

Fast hätte er's geschafft. Aber seine Nähe elektrisierte sie. In einem sanften Bogen sprang sie ihn an. Er ließ die Eichel fallen und machte einen Satz und raste an der Mauer des Cottage hinauf. Von der Dachrinne aus schnatterte er auf sie herab. Sie starrte auf den See hinaus und ignorierte ihn.

Aus der leeren Welt um sie her kam plötzlich das Elend, um sie zu verhöhnen. Sie war allein. Nur die hilflosen Jungen regten sich in ihrem Innern

Als die Sonne sich den Wipfeln der Kiefern näherte, hörte sie ein Kanu leise herankommen. Sie lief zu einem vorspringenden Felsen, duckte sich dort unter die Wacholder und hielt Ausschau.

Es war John Nanabush, der nach ihr sehen wollte. Der See lag ganz still, und Kanu und Indianer spiegelten sich in stummer Gemeinsamkeit auf dem gläsernen Wasser. Er tauchte sein Paddel ein und hob es, als liebkose er den See. Vom Blatt seines Paddels ließ er glitzernde Diamanten auf ihn niederfallen. Mit seiner indifferenten Indianerstimme rief er: „Horriet! Horriet! Du da?"

Sie duckte sich, starrte ihn an. Sie beobachtete ihn mit scharfer, gleichzeitig jedoch verachtungsvoller Aufmerksamkeit.

„Horriet! Horriet!" Das Kanu glitt weiter, kam hinter einem Felsgetürm außer Sicht, aber die Stimme des Indianers tönte verträumt fort. Zu ihm ging sie nicht! Auf keinen Fall. Da musste ein Irrtum vorliegen! Wenn sie ganz schnell zum Haus lief, würde sie die Familie dort vorfinden. Mit flinken, wellenförmigen Sprungbewegungen eilte sie den felsigen überwachsenen Steilhang zum Cottage hinauf.

Der Chipmunk beobachtete ihre Ankunft von der Dachrinne aus; seine kleinen Pfoten waren zusammengepresst, als bete er. Aber er schmähte sie gellend.

Sie lief die Veranda entlang und sprang auf den Sims des Küchenfensters. Innen war es fast dunkel. Keine Köchin. Die Bratpfanne hing an der Wand. Sie hörte, wie der Chipmunk eilens übers Dach hetzte, um zu schauen, was sie machte. Sie setzte sich aufs Fensterbrett und öffnete ihr Maul, aber es kam kein Ton.

Der Chipmunk lugte zu ihr hinunter, drehte seinen Kopf hierhin und dorthin und bebte vor Erregung. Sie schlug mit dem Schwanz, aber sie blickte nicht zu ihm hoch. Sie fing an, ihre wunde Pfote zu lecken. Das Rot des Himmels veränderte sich zu einer klaren Zitronenfarbe. Es herrschte eine ungewöhnliche Stille: Die Bäume erwarteten den ersten strengen Frost. Eine eisige Angst, eine schreckliche Einsamkeit legte sich auf Harriet. Sie würde nicht noch eine Nacht auf der Insel verbringen.

Fasziniert starrten sie sich an. Die Angst der Gans, der Strom ihrer Angst erweckte Harriet zum Leben

Auf dem Weg zum Ufer miaute sie ohne Unterlass, so, als protestiere sie gegen das, was sie tun musste. Ein keilförmiger Flug Wildgänse flog stark und sicher gegen den gelben Himmel.

Vor ihr erstreckte sich dunkelblau der See in klarer Kälte und griff eisig nach ihren Pfoten. Laut klagend trippelte sie hinein. Ein paar Schritte, und sie hatte keinen Grund mehr unter den Füßen.

Sie war noch nie zuvor geschwommen, aber sie konnte es. Verständig bewegte sie ihre Pfoten und trat das eiskalte Wasser in Angst und Hass. Ein über den See dahingleitender Taucher erschrak vor dem aus dem Wasser ragenden Katzenkopf und drehte ab, wobei er sein lautes, wildes Gelächter erschallen ließ.

Die nächste Insel war eine halbe Meile entfernt. Das letzte Sonnenlicht hielt sich in den obersten Zweigen der Kiefern. Harriet schien das Land fast unerreichbar, da sie mit verbissener Halsstarrigkeit darauf zuschwamm. Manchmal hatte sie das Gefühl unterzugehen. Die Eiseskälte reichte ihr fast bis ans Herz, und trotzdem kämpfte sie sich zur Schwärze der Felsen weiter.

Endlich war über ihr undeutlich die Insel zu sehen. Sie witterte den Geruch von Land. Ihr ganzer Hass auf das Wasser und ihre Sehnsucht nach daheim strafften ihr die Muskeln. Sie schwamm ingrimmig, und kurz vor der völligen Erschöpfung erklomm sie die Felsen.

Als sie oben anlangte, war sie erledigt. Flach lag sie da: ein Stück nasses, verschmutzten Fells. Der keuchende Mund und die wogenden

Flanken jedoch zeigten an, dass noch Leben in ihr war. Die nassen Haare des Fells bereiften weiß im Frost. Bald sah ihr Schwanz steif und spröde aus. Sie spürte, wie die Lebensgeister sie verließen und die bittere Kälte in sie eindrang. Das Abendrot am schwarzen Horizont verblasste. Bald würde es dunkel sein.

Harriet hatte das merkwürdige Gefühl, dass etwas Lebendiges ganz in der Nähe sei. Es regte sich nicht, sandte ihr nur einen dünnen heißen Strom zu. Vor Schreck, in dieser schwachen Verfassung angegriffen zu werden, weiteten sich ihre Augen. Sie blickte direkt in die Augen einer Wildgans, die nahebei auf dem Felsen lag.

Ein Flügel war verletzt, und sie war von dem Flug zum Sterben zurückgelassen worden. Sie war groß und stark, doch noch jung. Dies war ihr erster Flug gen Süden gewesen. Der verletzte Flügel lag wie ein Fächer ausgebreitet auf dem Fels. Darauf ruhte ihr glänzender Kopf.

Fasziniert starrten sie sich an. Die Angst der Gans, der Strom ihrer Angst erweckte Harriet zum Leben. Sie spannte die Bauchmuskeln an und stemmte die Pfoten gegen die Felsen. Sie starrten sich gegenseitig ins Auge, übereinstimmend wie zwei Instrumente. Sie zog das Kinn an die frostige Brust, während ihre Augen zu Feuerbällen wurden, die in die der Wildgans leuchteten.

Die Gans hob sich über dem verletzten Flügel und richtete den starken anderen Flügel auf, als wolle sie fliegen. Aber Harriet hielt sie mit den Augen fest. Die Gans öffnete den langen Schnabel, doch der Schrei erstarb ihr in der Kehle. Sie stellte sich auf die mit Schwimmhäuten versehenen Füße und sah Harriet an; der Flügel schleppte auf dem Stein. Sie kam einen Schritt näher.

So starrten und starrten sie, bis die Gans das Ende herbeisehnte. Sie hatte keinen anderen Willen als den der Katze. Harriets Blut pulste jetzt rasch. Sie fühlte sich stark und wild. Der lange Hals der Gans, ihre große flaumige Brust waren schutzlos. Harriet sprang, senkte ihre Zähne in den Hals, zerriss die Brust mit den Hinterkrallen, hielt sich fest. Die Gans peitschte mit der starken Schwinge die Luft, wenn sie auch wusste, dass sie starb.

Es war dunkel, als Harriet ihr Mahl beendet hatte. Sie saß auf dem Felsen, wusch sich ihr Gesicht, leckte ihre wunde Pfote. Die Luft war noch kälter geworden, und Schneeflocken trieben in der Dunkelheit. Das Wasser in den Lachen und Untiefen begann zu gefrieren. Harriet kroch dicht an den Körper der Gans, schmiegte sich eng an ihre warmen Daunen. Sie schob sich unter den Flügel, der sich schützend über ihr ausbreitete.

Sie miaute kläglich, als sie am nächsten Morgen auf der Insel umherstreifte. Die Menschen, denen sie gehörte, waren vor Wochen abgereist in eine ferne amerikanische Stadt. Die Fenster des Cottage waren verschalt. Die Fahnenstange, an der die große amerikanische Flagge geflattert hatte, war kahl. Harriet wanderte auf der Insel umher und blickte verlangend zum Festland hinüber – voller Abscheu vor dem eisigen Wasser. Als sie ans gefrorene Ufer kletterte, hob sie vor Ekel die Lippen. Eine Daune von der Gans hing an ihrem Kinn. Sie kroch auf das dünne Eis, und als es unter ihr knisterte, miaute sie wie vor Schmerzen. Endlich ging sie, mit einem verzweifelten Schlag ihres Schwanzes, in den See und schlug die Richtung zum Festland ein. Sie war eine drei viertel Meile entfernt.

Das Unternehmen war noch qualvoller als das des vergangenen Abends. Der See war noch kälter und grausamer. Aber er war glatt, erstreckte sich wie kalter Stahl unter dem Schneeflockentreiben. Harriets vier Pfoten gingen auf und nieder, als sei der See eine große Eisbarriere, die sie erkletterte. Ihr Kopf sah klein und glatt aus wie der einer Ratte. Ihre grünen Augen blinzelten nicht. Wie ein Magnet zog sie das Haus an, das am Ufer des Sees lag. Das Feuer seines Herdes entfachte ihren Willen und gab ihr Mut.

Mit Macht brach die Sonne hervor, verwandelte das Oktoberlaub der Bäume in ein Flammenmeer aus Scharlachrot und Gold

Eine Schlange schwamm ebenfalls aufs Festland zu. Ihr kaltes Blut spürte die Eiseskälte nicht. Ihr Ebenholzkopf ragte gebogen aus dem Stahl des Sees. Ein zarter Schnörkel folgte ihm auf der stählernen Oberfläche. Die beiden Schwimmer wussten sehr wohl voneinander, doch ihre kalten Augen gaben kein Zeichen des Erkennens.

Am Ufer kroch Harriet mühsam auf das krachende Eis und legte sich der Länge nach hin. Es war kaum noch Leben in ihr. Sie dachte weder an Fressen noch an Feuer oder Familie. Die Schlange glitt schlüpfrig und sicher neben ihr über die Steine. Harriet versuchte sich zu erheben, aber es ging nicht.

Der Flockenwirbel ging vorüber. Von Südwesten her zerriss der Wind die Wolken. Sie zogen nord- und ostwärts, ballten sich grau und purpurn am Horizont. Mit Macht brach die Sonne hervor, verwandelte das Oktoberlaub der Bäume in ein Flammenmeer aus Scharlachrot und Gold. Warm lag der Sonnenschein auf Harriets zuckenden Flanken.

Sie fühlte neues Leben in sich wiederkehren. Sie hob den Kopf und fing an, ihre wunde Pfote zu lecken. Dann zog sie ihre Zunge in langen, eifrigen Strichen über ihre Seiten. Ihr Fell stellte sich aufrecht. Ihr Fleisch wurde warm und geschmeidig.

Sie kroch auf einen Fels, in dessen Ritzen harte Farne und Huckleberry-Heidelbeerbüsche wuchsen. Ein paar Heidelbeeren schimmerten frostig blau zwischen den braunroten Blättern. Harriet lugte in den Eich unterhalb des Felsens. Sie sah ein paar kleine Fische dort in dem wässrigen Sonnenschein ruhen.

Sie duckte sich, beobachtete sie angespannt. Ihre Farben vermischten sich mit dem gebräunten Farn und dem bronzenen Blattwerk. Sie legte sich auf den Bauch, als wolle sie rasten, dann schossen ihre Pfoten in den Pfuhl – wie Fischhaken stießen ihre Krallen in die hellen Schuppen. Der Fisch lag auf dem Fels, sein goldenes Auge starrte sie an. Jetzt fühlte sie sich erquickt und stark. Sie fand den sandigen Pfad durch den Wald und trottete am Ufer des Sees entlang. Den ganzen Tag eilte sie weiter, traf niemanden. Sie hielt nur ein, um eine Maus zu fangen und zu verspeisen und nach dem Mahl auszuruhen.

Bei Sonnenuntergang trat ein Hirsch aus einem Dickicht und stand vor ihr; sein Geweih war gebogen wie die Zweige eines Baums; seine großen Lichter glühten. Er sah sie an, senkte dann sein Geweih, sicherte. Er hob seinen wohlgestalten Huf und verharrte. Harriet sah etwas Leuchtendes zwischen den Blättern. Ein scharfer Knall ertönte. Der Schock ließ Harriet aufspringen, brachte jedes Haar ihres Schwanzes zum Erzittern.

Der hohe Hirsch ging in die Knie. Die Seite seines Hauptes legte er auf den Boden, und seine großen Lichter waren flehentlich zum Gesicht des Jägers erhoben, der aus dem Wald trat. Wie von Mitleid gepackt kniete der Jäger neben ihm nieder. Dann schoss ein Blutstrom aus der Kehle des Hirsches. Ein Hund kam und beschnupperte seine Flanke. Harriet lugte von einem Baum herunter, auf den sie sich geflüchtet hatte. Es dauerte lange, ehe sie wagte, ihren Weg fortzusetzen.

Sie war nur ein kurzes Stück gegangen, da sah sie ein Reh mit einem Kitz wie wartend stehen. Das Reh hielt Harriet seinen gesenkten Kopf entgegen, das Kitz jedoch äugte stolz in die Ferne und hielt den Kopf hoch auf seinem starken Hals; sein Gesicht blickte so unschuldig wie das eines Kindes. Harriet glitt davon; ihre Pfoten streiften den Schnee von den toten Blättern. In einer Baumhöhlung rollte sie sich zusammen und leckte ihre wehe Pfote. Sie dachte an des toten Hirsches mächtigen Rumpf und die großen Stücke Fleisch, die sie den Mann hatte herausschneiden sehen.

Am Morgen war sie sehr hungrig, aber es gab nichts zu essen. Der Himmel war dunkel; der Schnee war in Regen übergegangen, der von den Bäumen tropfte und ihr Fell durchtränkte, bis es an ihr klebte. Aber unbeirrt lief sie weiter den Pfad entlang, immer von dem Magnet des Hauses am Ufer angezogen. Bisweilen stieß sie unterwegs ein jammerndes Miauen aus – so schwach und dünn wie das Fallen einer Kiefernadel.

Sie fraß ein paar Blaubeeren von den getrockneten Sträuchern. Sie kam zu einer Lichtung, die von glänzenden wintergrünen Blättern bedeckt war. Sie fraß sogar ein paar der scharlachroten Beeren mit vor Ekel geschürzten Lippen; aber die Jungen, die sie trug, ließen ihr keine Wahl. Nichts Lebendes schien unterwegs zu sein, nur sie allein.

Der Pfad durchquerte einen mit Kronsbeeren dicht bewachsenen Sumpf. Dahinter kam sie zum Cottage eines Siedlers. Es war sauber und adrett, und in einem Drahtauslauf scharrte Geflügel. Im Hof war eine Pute, der drei Küken auf flinken Beinen folgten. In einem offenen Schuppen melkte ein Mädchen eine Kuh. Harriet stand da und starrte, einsam und hungrig. Sie fühlte sich schlapp, war fast zu müde, um weiterzugehen.

Ein Mann mit einem Eimer kam aus dem Haus. Er sah sie, und ein schriller Pfiff lockte zwei Hunde heraus. Er hob einen Stein auf und warf. Er traf sie in die Seite.

Harriet wurde zu einer Furie, zu einer langgestreckten, gekrümmten, feueräugigen, fauchenden Furie. Die Hunde verhielten vor ihren Krallen, die nach ihren Augen kratzten. Sie wirbelte herum und floh den Pfad hinab. Die Hunde hetzten bellend hinter ihr her; lauthals rannten sie im Regen. Mit wütendem Gekläff trieben sie sich gegenseitig an. Mit letzter Kraft kletterte sie auf einen Baum und fauchte zu ihnen hinunter; ihre Flanken schlugen. Die Hunde standen auf den Hinterläufen am Stamm des Baumes und kläfften zu ihr hinauf.

Sie wechselten die Plätze, als könne ihnen das helfen. Sie warfen sich nieder, japsten unter dem Baum, sprangen bellend wieder auf. Doch als die schrille Pfeife wieder ertönte, liefen sie ohne Zögern zu ihrem Herrn zurück.

Weiter und weiter hinkte Harriet den holprigen Pfad entlang. Manchmal sah sie den See zwischen den Bäumen blinken, aber sie schaute kaum nach rechts oder links. Immer zwingender zog es sie heim. Schwerlich hätte man das gepflegte Haustier in diesem verschmutzten Tramp erkannt, in diesem lahmenden, schwarzäugigen, verwahrlosten Katzentier.

Sie konnte die blitzenden Lichter der Stadt jenseits der Bucht sehen, als die Wehen einsetzten. Es kam so stechend, so überraschend, dass sie sich mit einem wilden Aufschrei umdrehte, um dem entgegenzutreten, was sie von hinten anzugreifen schien. Aber dann wusste sie, dass die Schmerzen in ihr waren.

Sie krümmte sich auf der Erde, und bald darauf warf sie ein Junges. Sie fing an, es zu lecken. Dann merkte sie, dass es tot war. So schnell sie konnte, lief sie auf die Stadt zu.

Zwei Meilen war sie noch entfernt, als zwei weitere Kätzchen kamen. Eine Weile lag sie neben ihnen und fühlte sich matt und friedlich. Die Lichter der Stadt waren jetzt erloschen. Harriet hob ein Kätzchen auf und hinkte weiter. Mit dem Kleinen im Maul stolperte sie über die gepflasterte Straße. Vor Entzücken miaute sie laut, als sie die Hintertür ihres Zuhauses erreichte.

Sie legte das Kätzchen auf die Schwelle und hinkte auf der Schwelle hin und her und rieb sich an der Tür. Zum ersten Mal, seit sie die Insel verlassen hatte, schnurrte sie. Das Schnurren sprudelte in ihrer Kehle, durchzitterte sie in einer Ekstase der Heimkehr. Sie liebkoste die Hinterür mit ihrem ganzen Sein. Sie stellte sich auf die Hinterläufe und liebkoste den Türgriff mit zärtlicher Pfote. Nur der schwache Schrei ihres Jungen hielt sie zurück.

Sie trug es zum Werkzeugschuppen und legte es auf die Matte, wo der Terrier bei warmem Wetter schlief. Sie legte sich daneben und sang ihm ein schnurrendes Schlaflied. Es begrub sein nichts sehendes Gesicht an ihrem schlaffen Bauch. Sie legte sich auf die Seite, zu Tode erschöpft.

Aber die Gestalt des Jungen, das sie auf der Straße zurückgelassen hatte, tauchte jetzt vor ihren Augen auf. Es kroch auf seidigen Pfoten; der Schwanz war spitz wie der einer Ratte; seine Augenlider waren zusammengeklebt. So kroch es in der Qual des Verlassenseins im Kreis herum und zerriss ihr das Herz, wie seine Geburt ihr den Körper zerrissen hatte. Sie warf sich auf die andere Seite und versuchte es zu vergessen. Aber sie konnte es nicht.

Sie legte das Junge neben das andere und streckte sich aus, um sie beide zu säugen. Und als sie Leben aus ihr sogen, ging ihre Liebe über sie

Mit einem klagenden Miauen des Protests gegen den Instinkt, der sie nicht freigab, verließ sie ihr Kätzchen und ging in die Dämmerung hinaus. Der Regen hatte aufgehört. Ein scharfer, klarer Wind trieb die trockenen Blätter über die gefrorenen Wagenfurchen.

Ihre verletzte Pfote schmerzte auf dem vereisten Weg wie Feuer, aber sie eilte weiter, verschmutzt, hartgesichtig, angestachelt von der Sorge um ihr verlassenes Kätzchen.

Die furchtbare Straße lag vor ihr wie eine endlose, mit schrecklichen Hieroglyphen bedeckte Schriftrolle. Vor Hass miaute sie alle paar Schritte. Sie schleppte sich weiter, bis sie die Stelle ereichte, wo sie geworfen hatte. Dort, in dem groben nassen Gras, fand sie das Junge. Sie drehte es mit der Nase um und beschnupperte es, ob es sich lohne, das kleine Ding heimzutragen. Sie entschied, ja.

Wieder machte sie sich auf den Weg, hinkend; das Junge baumelte ihr vom unliebenden Maul; die toten Blätter umwirbelten sie, als wollten sie sie begraben; die vereisten Rinnen schnitten ihr in die Pfote.

Aber die Wolken waren aufgerissen, und die Altweibersommersonne brach hervor. Als sie auf den Hof hoppelte, war ihr Fell auf dem Rücken warm und trocken. Sie legte das Junge neben das andere und streckte sich aus, um sie beide zu säugen. Und als sie Leben aus ihr sogen, ging ihre Liebe über sie. Sanft schnurrte sie ihnen zu, legte ihre Vorderpfoten über sie, schlang ihren Schwanz um sie herum, band sie eng an sich. Sie leckte ihre fetten Körperchen und ihre plumpen Köpfe, bis sie glänzten.

Da schreckte sie plötzlich ein Geräusch in der Küche. Sie sprang auf, schüttelte die Säuglinge von ihren Zitzen. Es war das Klappern eines Herddeckels, was sie gehört hatte. Sie lief die Stufen hinauf und miaute an der Hintertür. Sie wurde geöffnet, und die Köchin stieß einen Freudenschrei aus.

„Harriet! Harriet! Harriet ist da!"

Pat kam zur Begrüßung angelaufen, legte ihr eine Pfote auf den Rücken. Sie machte einen Buckel und lächelte ihn süßsauer an. Die Köchin lief von Zimmer zu Zimmer und verbreitete die Neuigkeit. Aus einem Zimmer nach dem anderen kamen die Boyds, um Harriet zu begrüßen, um ihre Rückkehr zu bewundern.

„Sie muss früh gestern abend gekommen sein", sagte die Köchin, „denn sie hat Junge im Werkzeugschuppen geworfen."

„Na, die werden wir ersäufen müssen", sagte Mr. Boyd.

Vor lauter Schnurren konnte Harriet ihr Brot mit Milch nicht fressen. Schnurren sang in ihrer Kehle wie Wasser in einem Kessel. Sie ließ ihre Untertassen im Stich und ging zu Mr. Boyd und stieß ihren Kopf in seine Hand.

„Hört bloß, wie sie schnurrt!" sagte Mrs. Boyd. „Ich habe ja immer gesagt, dass sie eine liebevolle Katze ist." ■

Mein Leben mit Schimpansen

Schon die ersten Beobachtungen brachten verblüffende Ergebnisse. Schimpansen verhalten sich sehr menschenähnlich und stellen sogar Werkzeuge her.

Jane Goodall

Der 16. Juli 1960 war ein Tag, den ich in meinem ganzen Leben nicht vergessen werde. Damals setzte ich zum ersten Mal meinen Fuß auf den Kies- und Sandstrand von Schimpansenland – das heißt: vom Gombe-Nationalpark. Ich war 26 Jahre alt. Mutter und ich wurden von den beiden afrikanischen Wildhütern begrüßt, die für den

Schutz des fast 80 km^2 großen Nationalparks verantwortlich waren. Sie halfen uns, einen Platz zu finden, an dem wir unser altes, ehemaliges Militärzelt aufschlagen konnten.

Wir suchten uns ein wunderhübsches Fleckchen: unter einigen schattigen Bäumen in der Nähe des kleinen, aber reißenden Kakombe-Flusses. Noch bevor wir aus Kigoma abgereist waren, hatten wir dort einen Koch gefunden, er hieß Dominik. Er schlug sein kleines Zelt in einiger Entfernung von unserem auf, dicht neben dem Ufer des Flusses.

Als das Camp aufgebaut war, begann ich, die Umgebung zu erkunden. Bald nachdem ich das Camp verlassen hatte, traf ich auf eine Gruppe von Pavianen. Sie fürchteten sich vor dem fremden, hellhäutigen Wesen (das war ich) und stießen immer wieder den bellenden Alarmruf aus: „Waa-huu! Waa-huu!“ Ich entfernte mich wieder und hoffte, sie würden sich bald an mich gewöhnen, sonst hätte ich sämtliche Tiere in Gombe in Angst und Schrecken versetzt. Als ich eine schmale, mit niederen Bäumen und Büschen bestandene Schlucht durchquerte, kam ich dicht an einen wunderschönen Buschbock mit rotgoldenem Fell heran – eine Waldantilope, ungefähr so groß wie eine Ziege, aber mit langen Beinen. Ich wusste: Das Tier war ein Weibchen, denn es hatte keine Hörner. Als es meinen Geruch witterte, verharrte es einen Augenblick lang ganz still und starrte mich mit seinen großen dunklen Augen an. Dann drehte es sich mit einem lauten, bellenden Ruf um und galoppierte davon.

Als ich auf einen der hohen Bergrücken gelangte, sah ich ins Tal hinunter. Dort war der Wald dicht und dunkel. Dorthin wollte ich am folgenden Tag, um nach Schimpansen zu suchen.

Als ich ins Camp zurückkam, begann es zu dämmern. Dominik hatte ein Feuer gemacht und bereitete unser Abendessen zu. An diesem Abend und für die nächsten vier Tage hatten wir noch einen Vorrat an frischen Nahrungsmitteln aus Kigoma, aber danach mussten wir uns mit dem Inhalt unserer Konserven begnügen. Louis Leakey war es nicht gelungen, viel Geld für unsere

Expedition aufzutreiben. Darum hatten wir nur wenige, einfache Besitztümer: für jeden ein Messer, eine Gabel und einen Löffel, einige Blechteller und Blechbecher. Mehr brauchten wir auch nicht. Nach dem Essen saßen meine Mutter und ich am Lagerfeuer und unterhielten uns, bevor wir es uns in den beiden Feldbetten im Zelt bequem machten.

Am nächsten Morgen machte ich mich auf die Suche nach den Schimpansen. Der britische Wildaufseher, dem Gombe unterstand, hatte mich angewiesen, nicht allein in den Bergen herumzuwandern. Nur in unmittelbarer Umgebung des Camps durfte ich das. Im Übrigen musste ich immer einen seiner beiden Mitarbeiter mitnehmen. Also ging ich mit Adolf zusammen los. An diesem ersten Tag sahen wir zwei Schimpansen, die in einem hohen Baum saßen und fraßen. Aber im selben Augenblick, in dem sie uns ausfindig machten, sprangen sie herunter und verschwanden. Am nächsten Tag sahen wir überhaupt keine Schimpansen. Auch an den beiden darauffolgenden Tagen nicht.

Wenn die Schimpansen so zusammenkamen, waren sie mächtig aufgekratzt, machten jede Menge Lärm und waren leicht zu finden

So ging das eine ganze Woche, bis wir schließlich einen sehr großen Baum fanden. Er hing voller winzig kleiner, runder Früchte, die Adolf als *msulula* bezeichnete. Von der anderen Seite des Tales aus konnten wir beobachten, wie die Schimpansen zu dem Baum kamen, fraßen, dann wieder herunterkletterten und im Wald verschwanden. Ich beschloss, an der Stelle zu kampieren, von der aus man sie am besten sehen konnte, sodass sie das Erste waren, was ich am Morgen erblickte. Drei Tage lang blieb ich in diesem Tal und sah viele Schimpansen. Aber sie waren viel zu weit weg, und das Blätterkleid des Baumes war zu dicht, um mehr zu sehen. Ich war enttäuscht und und hatte meiner Mutter nicht sehr viel zu erzählen, als ich zurückkam. Es gab noch ein Problem, mit dem ich mich herumschlagen musste: Adolf war ungeheuer faul. Morgens kam er fast immer zu spät. Ich beschloss, es mit einem anderen Begleiter zu versuchen: mit Rashidi. Er war tatsächlich viel besser und half mit sehr: Er zeigte mir die Pfade durch die Wälder und die besten Möglichkeiten, wie ich von einem Tal zum nächsten gelangen konnte. Er hatte scharfe Augen und konnte die Schimpansen schon von weitem ausmachen.

Aber sogar nach mehreren Monaten hatten sich die Schimpansen immer noch nicht ans uns gewöhnt. Sie liefen davon, sobald wir irgendwo in ihre Nähe kamen. Ich bettelte den Aufseher an, mich allein in die Wälder gehen zu lassen, und versprach, Rashidi immer Bescheid zu sagen, in welche Richtung ich gehen würde, sodass er wusste, wo er nach mir suchen musste, wenn ich am Abend nicht wieder auftauchen sollte. Schließlich gab er nach. Endlich konnte ich mich mit den Schimpansen auf meine Weise anfreunden.

Jeden Morgen, wenn um 5.30 Uhr der Wecker klingelte, stand ich auf. Zum Frühstück aß ich ein paar Scheiben Brot und nahm aus der Thermosflasche eine Tasse Kaffee. Dann marschierte ich los und kletterte dort hinauf, wo ich die Schimpansen vermutete. Meistens stieg ich zuerst auf den Gipfel. Von diesem hoch gelegenen Punkt aus hatte ich einen phantastischen Blick in alle Richtungen. Ich konnte die Schimpansen sehen, wenn sie sich von Baum zu Baum schwangen, und ich konnte ihre Rufe hören. Zunächst beobachtete ich sie nur von weitem durch mein Fernglas und versuchte niemals, ihnen näher zu kommen. Hätte ich es probiert, wären die Schimpansen lautlos davongerannt.

Nach und nach lernte ich, wo die Schimpansen wohnten und wie sie lebten. Ich entdeckte, dass sie die meiste Zeit in kleinen Gruppen zu sechst oder weniger umherwanderten, nicht in einer großen Horde wie die Paviane. Häufig bildete eine Mutter mit ihren Jungen eine kleine Gruppe, oder es taten sich zwei bis drei erwachsene Männchen zusammen. Manchmal traten auch mehrere Gruppen zusammen auf, besonders wenn auf einem großen Baum köstliche reife Früchte wuchsen. Wenn die Schimpansen so zusammenkamen, waren sie mächtig aufgekratzt, machten jede Menge Lärm und waren leicht zu finden.

Schließlich stellte ich fest: Die Schimpansen, die ich vom Gipfel aus beobachtete, gehörten alle zu einer großen Gruppe: einer Gemeinschaft. Sie bestand aus etwa 50 Schimpansen. Sie lebten in drei Tälern nördlich des Kakombe-Tals (wo unser Zelt stand) und in zwei Tälern, die von dort aus in südlicher Richtung lagen.

Vom Gipfel aus machte ich mir Notizen, von welchen Bäumen die Schimpansen fraßen. Wenn sie verschwunden waren, kletterte ich auf allen vieren hinunter und sammelte einige Blätter, Blüten oder Früchte ein, um später feststellen zu können, wovon sich die Tiere ernähren. Ich

fand heraus, dass Schimpansen vor allem Früchte fressen, aber auch eine Menge Blätter, Blüten, Samen und Rinden. Später beobachtete ich, dass sie auch zahlreiche Insekten fressen, und als Fleischnahrung erlegen sie manchmal auch Beutetiere.

In diesen Monaten, in denen ich nach und nach solche Entdeckungen machte, begannen die Schimpansen sehr langsam zu begreifen, dass ich wohl kaum gefährlich für sie war. Trotzdem dauerte es fast ein ganzes Jahr, bis ich mich ihnen auf weniger als 100 Meter nähern konnte. Und das ist wirklich nicht besonders nah. Die Paviane gewöhnten sich dagegen viel schneller an mich. Sie wurden sogar ziemlich lästig, weil sie sich dauernd bei unseren Camps herumtrieben und alles Essbare klauten, das wir auf dem Tisch liegen ließen.

Ich brachte nun mehr und mehr auch über die anderen Lebewesen in Erfahrung, die die Wälder mit den Schimpansen teilten. Außer Pavianen gab es noch vier weitere Affenarten und viele kleinere Tiere wie die Eichhörnchen und Mungos. Dann gab es eine ganze Reihe von Nachttieren: Stachelschweine, Zibetkatzen (die eher wie Waschbären aussehen) und alle möglichen Arten von Ratten und Mäusen. Nur sehr wenige Tiere in den Wäldern von Gombe konnten unter Umständen gefährlich werden – vor allem die Büffel und die Leoparden. Buschschweine übrigens auch, aber nur wenn man sie oder ihre Jungen bedroht. Und natürlich gab es die Giftschlangen – sieben verschiedene Arten.

Als ich einmal am Morgen auf dem Gipfel ankam, es war noch nicht richtig hell geworden, sah ich die dunkle Gestalt eines riesigen Tieres vor mir auftauchen. Ich bewegte mich nicht. Mein Herz begann zu rasen, als ich erkannte, dass es ein Büffel war. Viele Jäger fürchten sich vor Büffeln mehr als vor Löwen oder Elefanten.

Es war ein glücklicher Zufall: Der Wind blies aus seiner in meine Richtung, sodass der Büffel mich nicht wittern konnte. Wiederkäuend glotzte er friedlich in die entgegengesetzte Richtung. Er hatte mich nicht gehört. Ganz leise und vorsichtig entfernte ich mich.

Ein anderes Mal, als ich auf dem Gipfel saß, hörte ich ein seltsames Geräusch, das klang wie Miauen. Ich blickte mich um: In einer Entfernung von knapp 15 Metern kam ein Leopard auf mich zu. Über den langen Grashalmen konnte ich nur seine schwarzweiße Schwanzspitze sehen. Der Leopard schlich den kleinen Pfad entlang, der direkt auf die Stelle zuführte, wo ich saß.

Wenn sie nicht verwundet sind, sind Leoparden im Allgemeinen nicht gefährlich. Aber damals hatte ich Angst vor ihnen. Deshalb schlich ich mich ganz leise weg und suchte in einem anderen Tal nach Schimpansen. Später kam ich zum Gipfel zurück und sah, der Leopard war, wie alle Katzen, einfach sehr neugierig gewesen. Genau an dem Platz, wo ich gesessen hatte, ließ er seine Markierung zurück.

Meist wurden meine Wachen auf dem Gipfel durch nichts gestört, das aufregender gewesen wäre als ein paar Insekten. Ich fühlte mich dort oben langsam zu Hause. Ich schleppte immer einen kleinen Blechkoffer mit mir herum. Darin hatte ich einen Wasserkessel, etwas Zucker, Kaffee und einen Blechbecher. Wenn ich müde geworden war, konnte ich mir mitten am Tag einen Kaffee kochen. Auf dem Gipfel ließ ich eine Decke liegen, und wenn die Schimpansen in der Nähe schliefen, übernachtete ich dort und konnte am nächsten Morgen in ihrer Nähe sein. Ich liebte es, in der Nacht dort oben zu bleiben, besonders bei Mondschein. Wenn ich das raue Knurren eines Leoparden hörte, schickte ich ein Stoßgebet zum Himmel und zog mir die Decke über den Kopf!

Schimpansen schlafen die ganze Nacht, genau wie wir. Vom Gipfel aus beobachtete ich oft, wie sie ihre Nester oder Betten bauten. Zuerst bog der Schimpanse einen Zweig über einer stabilen Unterlage herunter, etwa einer Astgabel oder zwei parallel verlaufenden Ästen. Während er diesen Zweig mit den Füßen festhielt, bog er einen weiteren Zweig darüber, faltete das Ende des ersten Zweiges über den zweiten und so weiter. Oft brach er am Schluss noch eine Menge kleiner, weicher Zweige mit vielen Blättern ab, um ein Kissen zu machen. Schimpansen lieben Bequemlichkeit. Junge Schimpansen schlafen in ihrem Nest bei der Mutter, bis sie etwa fünf Jahre alt sind oder bis das nächste Schimpansenbaby geboren wird und das ältere sich ein eigenes Bett bauen muss.

Ich kehrte nie vor Sonnenuntergang zum Camp zurück. Aber selbst wenn ich auf dem Gipfel schlief, ging ich immer vorher zum Camp, um mit meiner Mutter zu Abend zu essen und ihr zu berichten, was ich tagsüber gesehen hatte. Und sie erzählte mir, was sie gemacht hatte.

Meine Mutter richtete in dieser Zeit ein Krankenhaus ein. Sie verteilte Medikamente an alle kranken Afrikaner aus der Gegend. Einmal heilte sie einen alten Mann, der wirklich sehr krank gewesen war. Die Nachricht von seiner Genesung verbreitete sich in alle Winde, und manchmal kamen Patienten viele Meilen weit zu ihr, um sich von der wunderbaren weißen Doktorin behandeln zu lassen. Vom Krankenhaus meiner Mutter profitierte auch ich. Die Leute am Ort begriffen, dass wir ihnen helfen wollten. Als meine Mutter vier Monate später nach England zurück musste, boten die Afrikaner mir ihre Hilfe an.

Bald nachdem meine Mutter abgereist war, kam ich eines Abends zurück und wurde von einem aufgeregten Dominik begrüßt. Er erzählte mir, ein großer männlicher Schimpanse hätte eine Stunde lang auf einer der Ölnusspalmen auf unserer Lichtung gesessen und die Früchte verspeist. Danach war er heruntergeklettert, zu meinem Zelt gelaufen und hatte sich Bananen geholt, die dort für mich zum Abendessen lagen.

Das waren phantastische Neuigkeiten. Monatelang waren die Schimpansen weggerannt, wenn sie mich sahen – und jetzt hatte einer von ihnen tatsächlich mein Camp besucht! Vielleicht würde er wiederkommen.

Am nächsten Tag wartete ich auf ihn. Was für ein Luxus, bis um sieben Uhr morgens im Bett liegen zu können! Während die Stunden verflossen, begann ich zu fürchten, der Schimpanse würde sich nicht blicken lassen. Etwa um vier Uhr nachmittags hörte ich ein Rascheln im Unterholz gegenüber der Stelle, an der mein Zelt stand.

Ich erkannte ihn sofort. Es war der imponierende Schimpansenmann mit dem dichten, weißen Bart. Ich hatte ihm schon einen Namen gegeben: David Greybeard – David Graubart. Völlig gelassen kletterte er die Palme hinauf und ließ sich die Nüsse schmecken. Und dann bediente er sich an den Bananen, die ich für ihn hingelegt hatte.

An dem Baum gab es noch fünf Tage lang reife Palmölnüsse, und David Greybeard stattete uns noch drei weitere Besuche ab und erhielt dazu jedes Mal eine Menge Bananen.

Einen Monat später, als eine weitere Ölnusspalme im Camp reife Früchte trug, besuchte uns David wieder. Bei dieser Gelegenheit nahm er auch eine Banane aus meiner Hand an. Ich konnte es kaum glauben.

Von diesem Tag an wurden die Dinge einfacher für mich. Manchmal, wenn ich David Greybeard draußen im Wald traf, kam er zu mir, um nachzusehen, ob ich eine Banane für ihn in der Tasche hatte. Die anderen Schimpansen beobachteten uns mit Verblüffung. Ich war also gar nicht so gefährlich, wie sie dachten. Nach und nach ließen sie mich immer näher an sich heran.

David Greybeard war es schließlich, der mir zur aufregendsten Beobachtung verhalf. Eines Morgens überraschte ich ihn in der Nähe des Gipfels, als er über einem Termitenhügel hockte. Ich beobachtete, wie er einen Grashalm aufhob, ihn in einen der Gänge in den Hügel hineinsteckte und dann wieder herauszog: Der Grashalm war übersät mit Termiten, die sich daran festklammerten. Er streifte sie mit den Lippen ab und zerkaute sie. Dann fischte er weiter. Als sein Grashalm abknikkte, warf er ihn weg, hob statt dessen einen kleinen Zweig auf, von dem er die Blätter abstreifte, und benutzte diesen.

Später fand ich heraus, dass Schimpansen mehr Gegenstände als Werkzuge benutzen als jedes andere Lebewesen, abgesehen vom Menschen

Ich war völlig hingerissen. David hatte Gegenstände als Werkzeuge benutzt! Er hatte außerdem diesen Zweig bearbeitet und etwas daraus gemacht, was zum Termitenfischen besser geeignet war. Er hatte regelrecht ein Werkzeug hergestellt. Vor meiner Beobachtung waren Wissenschaftler der Ansicht gewesen, nur Menschen seien in der Lage, Werkzeuge herzustellen. Später fand ich heraus, dass Schimpansen mehr Gegenstände als Werkzuge benutzen als jedes andere Lebewesen, abgesehen vom Menschen. Diese Entdeckung begeisterte am allermeisten Louis Leakey.

Im Oktober ging die trockene Jahreszeit zu Ende, und es begann zu regnen. Bald waren die goldenen Bergrücken üppig mit grünem Gras bewachsen. Blumen blühten und verströmten lieblichen Duft. An den meisten Tagen regnete es nur ein bisschen, manchmal gab es einen Wolkenbruch. Ich war gern bei Regen im Wald. Und ich liebte die kühlen Abende, wenn ich den Reißverschluss des Zeltes zuziehen und es mir drinnen mit einer Sturmlaterne gemütlich machen konnte. Das einzige Problem: Alles wurde feucht und gammelte. Manchmal kamen Skorpione und riesige giftige Tausendfüßler ins Zelt – gelegentlich sogar eine Schlange. Aber ich hatte Glück – ich wurde weder gestochen noch gebissen.

Den Schimpansen schien es im Regen oft elend zu gehen. Sie sahen verfroren aus und fröstelten. Da sie clever genug waren, Werkzeuge zu benutzen, wunderte ich mich, dass sie keine Unterstände bauen konnten. Viele von ihnen bekamen Husten oder Erkältungen. Bei starkem Regen waren sie oft reizbar und schlecht gelaunt.

Als ich während eines Wolkenbruchs durch den dichten Wald ging, sah ich plötzlich einen Schimpansen in geduckter Stellung vor mir. Ich blieb sofort stehen. Dann hörte ich von oben ein Geräusch, sah hinauf und entdeckte einen zweiten großen Schimpansen. Als er mich sah, stieß er laut und deutlich einen klagenden Schrei aus – uuaaaah – einen Schrei, der einen erschauern lässt. Die Schimpansen benutzen ihn nur, wenn sie ein gefährliches Tier in die Flucht schlagen wollen. Ich sah eine große schwarze Hand, die an einem Ast rüttelte, und helle Augen, die drohende Blicke durch den Blättervorhang sandten. Dann schrillte hinter mir ein zweites wildes Uuaaah. Gleichzeitig tobte über mir der große Affenmann und schaukelte wütend in den Bäumen. Ich war umzingelt, ging in die Hocke und versuchte, möglichst wenig bedrohlich auszusehen.

Plötzlich kam einer der Schimpansen genau auf mich zu. Sein Fell sträubte sich vor Raserei. Im allerletzten Augenblick wandte er sich plötzlich seitwärts und rannte davon. Ich bewegte mich nicht. Noch zwei Schimpansen standen drohend in nächster Nähe. Dann, in Sekundenschnelle, merkte ich: Ich war wieder allein. Die Schimpansen waren verschwunden. Erst da fühlte ich meine schreckliche Angst. Als ich aufstand, zitterten meine Beine. Männliche Schimpansen haben, obwohl sie in aufrechter Haltung nur etwa 1,20 Meter groß sind, mindestens dreimal soviel Kraft wie ein erwachsener Mann. Dieser dramatische Zwischenfall passierte kurze Zeit, nachdem die Schimpansen ihre anfängliche Angst vor mir verloren hatten und bevor sie gelernt hatten, mich gelassen als einen Teil ihrer Waldwelt zu akzeptieren. Wenn David Greybeard dabei gewesen wäre, hätten sie sich wahrscheinlich nicht so verhalten.

Nach meinen langen Tagen in den Wäldern freute ich mich jedes Mal auf das Abendessen. Dominik hatte es fertig zubereitet, wenn ich abends zurückkam. Nach dem Abendessen holte ich das kleine Notizbuch, in das ich tagsüber alle Beobachtungen über die Schimpansen hineingekritzelt hatte, und trug alles in lesbarer Schrift in mein Tagebuch ein. Es war wichtig, das Abend für Abend zu machen, solange die Ereignisse noch frisch in meiner Erinnerung waren.

Nach und nach, während die Wochen verstrichen, begann ich die Schimpansen immer mehr als Individuen, als einmalige Charaktere zu begreifen. Einige, wie Goliath, William und die alte Flo, lernte ich gut kennen, weil David Greybeard sie manchmal mitbrachte, wenn er das Camp besuchte. Ich hielt immer einen Vorrat an Bananen bereit, für den Fall, dass die Schimpansen kamen.

Wenn man eine Zeit lang in der Nähe von Schimpansen gelebt hat, kann man sie so leicht auseinander halten wie seine Klassenkameraden. Die Gesichter sehen völlig unterschiedlich aus, und alle haben ihren eigenen Charakter. David Greybeard zum Beispiel war ein ruhiger Schimpanse, der sich am liebsten aus jedem Streit heraushielt. Allerdings konnte er auch sehr nachdrücklich den eigenen Willen durchsetzen. Wenn er ins Camp kam und keine Bananen finden konnte, rannte er in mein Zelt, um danach zu suchen. Hinterher war dort ein riesiges Chaos. Es sah aus, als hätte ein Einbrecher alles zerwühlt. Goliath dagegen war leichter erregbar und hatte ein aufbrausendes Temperament. William mit seinem lang geschnittenen Gesicht verhielt sich eher schüchtern und zaghaft.

Die alte Flo war leicht zu erkennen an ihrer Knollennase und den ausgefransten Ohren. Sie kam mit ihrer kleinen Tochter zum Camp, die ich Fifi nannte, und mit ihrem jungen Sohn Figan. Manchmal trottete auch der fast schon erwachsene Faben mit. Von Flo lernte ich, dass wild lebende weibliche Schimpansen nur alle fünf bis sechs Jahre ein Baby bekommen. Der ältere Nachwuchs, selbst wenn er unabhängig geworden ist, verbringt noch immer viel Zeit mit der Mutter, und sämtliche Familienmitglieder helfen sich gegenseitig.

Flo lehrte mich auch, dass weibliche Schimpansen nicht nur einen männlichen Partner haben. Einmal kam sie in mein Camp mit einer dicken Schwellung am Hinterteil. Es war das Zeichen, dass sie zur Paarung bereit war. In ihrem Gefolge kam eine lange Reihe von Freiern. Viele von ihnen hatten nie zuvor mein Camp aufgesucht, und sie hatten Angst. Aber sie waren so fasziniert von Flo, dass sie jede Furcht überwanden, um in ihrer Nähe bleiben zu können. Sie erlaubte allen Männchen zu verschiedenen Zeitpunkten, sich mit ihr zu paaren.

Bald nachdem die Schimpansen begonnen hatten, mein Camp zu besuchen, schickte die National Geographic Society, die Louis Leakey Geld für meine Forschungen zur Verfügung gestellt hatte, einen Fotografen nach Gombe, der einen Film drehen sollte. Hugo van Lawick war ein niederländischer Baron. Er liebte und respektierte die Tiere ebenso wie ich und drehte einen wunderbaren Film. Ein Jahr später heirateten wir in England.

Damals hatte ich Gombe für eine Weile verlassen, um mein Studium an der Universität von Cambridge aufzunehmen. Ich ging nur sehr ungern weg, war aber sicher, ich würde bald wieder zurückkommen. Louis versprach ich, hart zu arbeiten und meinen Doktor zu machen.

Als ich den Doktortitel in der Tasche hatte, kehrten Hugo und ich zusammen nach Gombe zurück. Es war eine sehr aufregende Zeit: Flo hatte gerade ein Baby bekommen, den kleinen Flint. Er war das erste wild lebende Schimpansenkind, das ich aus der Nähe sah, fast vier Jahre nachdem ich meine Forschungen begonnen hatte.

Flo kam sehr oft zum Camp, um nach Bananen zu suchen. Fifi, jetzt sechs Jahre alt, und Figan, fünf Jahre älter, waren immer noch ständig bei ihr. Fifi liebte ihren neuen kleinen Bruder. Als er vier Monate alt war, durfte sie mit ihm spielen und ihn pflegen. Manchmal erlaubte ihr Flo, den Kleinen zu tragen, während sie durch den Wald gingen. In dieser Zeit lernte Fifi, wie man sich als gute Mutter verhält.

As er sechs Monate alt war, lernte Flint gehen, klettern und auf dem Rücken seiner Mutter zu reiten, statt sich immer nur an ihrem Bauch festzuklammern. Mehr und mehr Zeit verbrachte er damit, mit seinen beiden älteren Brüdern zu spielen. Sie gingen sehr zärtlich mit ihm um, genau wie die anderen Jungen der Schimpansengemeinschaft. Das mussten sie auch. Wenn Flo nämlich den Eindruck hatte, dass irgendein anderer Schimpanse zu grob wurde, fuhr sie drohend dazwischen und griff sogar an.

Ich beobachtete, wie Flint sich allmählich verschiedene Rufe und Gesten aneignete, die Schimpansen benutzen, um sich untereinander zu verständigen. Einige dieser Gesten sind dieselben wie bei uns: Händchenhalten, Umarmen, Küssen, einander auf den Rücken klopfen. Sie bedeuten auch etwa dasselbe. Obwohl sie keine Sprache in dem Sinn bilden wie menschliche Worte, helfen die verschiedenen Rufe den Schimpansen, einander mitzuteilen, was passiert. Selbst wenn sie weit weg sind, wenn sie die Rufe hören. Es gibt mindestens dreißig verschiedene, vielleicht sogar noch mehr. Und jeder Ruf bedeutet etwas anderes.

Flo war die ranghöchste Schimpansin in ihrer Gemeinschaft und herrschte über alle anderen Schimpansinnen. Aber den männlichen Schimpansen hatte sie nichts zu sagen. In der Schimpansengesellschaft sind männliche Tier das dominante Geschlecht. Unter diesen männlichen Schimpansen wiederum gibt es auch eine Rangordnung. Der männliche Schimpanse an der Spitze der Hierarchie ist der Boss.

Der erste ranghöchste Schimpanse, den ich kennen lernte, war Goliath. Im Jahr 1964 übernahm Mike diese Position. Er setzte dafür seine ganze Intelligenz ein. Mike sammelte aus meinem Camp ein oder zwei leere Kerosinkanister auf und bedrohte eine Gruppe erwachsener männlicher Schimpansen. Er trommelte auf den Kanistern herum und kickte sie vor sich her. Das war eine spektakuläre Vorführung, die einen Höllenlärm machte. Die anderen Schimpansen stürzten Hals über Kopf davon. Auf diese Weise musste Mike nicht kämpfen, um an die Spitze zu kommen. Das war ausgezeichnet für ihn, denn er war ein sehr kleiner Schimpanse. Sechs Jahre lang blieb er Boss.

Erwachsene männliche Schimpansen verbringen viel Zeit miteinander. Häufig patrouillieren sie an den Grenzen ihres Territoriums und greifen Schimpansen fremder Gemeinschaften an, wenn sie sie treffen. Solche Kämpfe sind sehr brutal, und das Opfer kann dabei umkommen.

Nur junge weibliche Tiere können in eine andere Gemeinschaft wechseln, ohne dabei angegriffen zu werden. Manchmal machen sich große männliche Schimpansen auf die Suche nach solchen Überläuferinnen und versuchen, sie wieder auf das eigene Gebiet zurückzuholen.

Ich notierte mir unendliche Details, wenn ich die Schimpansen beobachtete. Ich benutzte dafür einen kleinen Kassettenrekorder. So konnte ich ohne Schreibarbeit die ganze Zeit die Schimpansen im Auge behalten. Am Abend gab es stets so viel zu tippen, dass ich merkte, ich konnte nicht mehr alles allein bewältigen. Ich brauchte einen Assistenten. Als dann immer mehr Schimpansen zum Camp kamen, brauchte ich noch mehr Leute, die mir bei den Beobachtungen halfen.

Was als kleines Camp für meine Mutter und mich begonnen hatte, war sechs Jahre später schließlich zu einem regelrechten Forschungszentrum geworden. ■

Besonders ergreifend ist das Schicksal des Schimpansenjungen Flint, der den Tod seiner Mutter Flo nicht überwand.

Jane Goodall

Mein Leben mit Schimpansen

In den 28 Jahren, die ich in Gombe gearbeitet habe, lernte ich viele Schimpansen kennen. Und weil Schimpansen den Menschen so ähnlich sind und jeder seinen einzigartigen Charakter hat, gab es einige Tiere, die ich nicht so gern mochte, andere, die ganz okay waren, und solche, die ich tatsächlich besonders gern hatte. Ich liebte die alte Flo. Weil sie schon in den Anfangzeiten so oft zu meinem Camp gekommen war, habe ich in den Stunden, die ich mit ihr und ihrer Familie zusammen war, unendlich viel über das Verhalten von Schimpansen gelernt.

1964, als Flint geboren wurde, war Flo die ranghöchste Schimpansin. In der Gesellschaftsordnung von Schimpansen dominieren erwachsene männliche Tiere immer die weiblichen. Die Männchen konnte Flo also nicht herumkommandieren, aber sie hatte das Sagen über alle anderen Schimpansen. Obwohl sie schon alt war – Schimpansen werden im Allgemeinen etwa 50 Jahre alt –, und Flo war damals ungefähr 35, war sie jederzeit bereit, Flint zu verteidigen, wenn er ihre Hilfe brauchte. Außerdem half der Rest der Familie – besonders Fifi, aber auch Figan und sogar der erwachsene Faben –, den kleinen Flint zu beschützen. Er wurde dadurch mächtig selbstsicher. Er bedrohte sogar Schimpansen, die viel älter und stärker waren als er. Denn er wusste genau, seine Mutter, seine Schwester oder einer der Brüder würden ihm zu Hilfe eilen, wenn einer es wagen sollte zurückzuschlagen. Als er vier Jahre alt war, konnte man Flint am treffendsten als „verzogenes Balg" bezeichnen.

Dann kam für Flint eine harte Zeit. Flo begann, ihn zu entwöhnen. Wenn er bei ihr trinken wollte, schubste sie ihn weg. Wenn er beim Laufen auf ihren Rücken sprang, schüttelte sie ihn ab. Viele Jungtiere geraten durch die Entwöhnung aus dem Gleichgewicht. Oft kriegen sie Wutanfälle, toben und schreien, bis sie fast ersticken. Flint, der total verzogen war, bekam entsetzliche Tobsuchtsanfälle. Er schlug und biss sogar seine Mutter. Er wurde so gewalttätig, dass Flo, als sie ihr nächstes Baby bekam, es nicht geschafft hatte, ihn zu entwöhnen.

Wenn sie einen Bruder oder eine Schwester bekommen, beginnen die meisten Jungtiere, ihr eigenes Nest für die Nacht zu bauen. Aber Flint bestand darauf, sich weiter bei Flo und seiner neuen Schwester Flame ins Bett zu kuscheln. Wenn Flo versuchte, ihm das zu verbieten, brüllte er so lang, bis sie nachgab.

Flint bestand selbst dann noch darauf, auf Flos Rücken zu reiten, als die kleine Flame ihr schon unten am Bauch hing. Weil Flo die meiste Aufmerksamkeit ihrem neuen Baby widmete, reagierte Flint frustriert. Er führte sich auf wie ein eifersüchtiges Menschenkind, drängte sich zusammen mit dem Baby an die Mutter und versuchte, an ihrer Brust zu trinken. Wenn Flo ihn wegschob, hatte er einen neuen Wutausbruch. Er schmollte beleidigt, und wenn Flo das Baby zärtlich pflegte, zog Flint oft ihre Hand weg und wollte selbst gestreichelt werden.

Eines Tages fand ich Flo am Boden liegend: Sie war sehr krank, Baby Flame war verschwunden und wir haben nie herausbekommen, was mit ihr passiert ist. Zu unserer Erleichterung erholte sich Flo schließlich. Und Flint, der wieder die ungeteilte Aufmerksamkeit seiner Mutter genoss, fand schnell zu seiner alten guten Verfassung zurück. Aber er schlief noch immer bei Flo im Nest, ritt weiter auf ihrem Rücken herum, forderte dauernd von ihr, dass sie ihn pflegte und streichelte. Und Flo gab ihm jedes Mal nach.

Jedes normale Jungtier im Alter von acht Jahren hätte angefangen, mehr Zeit ohne seine Mutter zu verbringen und mit den großen männlichen Tieren umherzuziehen, besonders wenn noch ein älterer Bruder dabei war. Flint hatte sogar zwei ältere Brüder. Aber er verhielt sich nicht normal. Er hing immer noch abgöttisch an Flo. Und sie sah damals schon stark gealtert aus. Ihre Zähne waren bis aufs Zahnfleisch abgenutzt, ihr Fell schien dünn und bräunlich statt glänzend schwarz. Sie war so zusammengeschrumpft und schwächlich wie eine alte Frau. Wenn Flint versuchte, auf ihr zu reiten, brach sie zusammen, dann musste er zu Fuß gehen. Trotzdem schlief er jede Nacht bei ihr. Weil sie so schwach war und mit den anderen nicht mehr mithalten konnte, blieben sie und Flint die meiste Zeit miteinander allein.

Der Tag, als die alte Flo 1972 starb, war unendlich traurig für mich. Ich hatte sie so lange Zeit gekannt. Sie starb, als sie versuchte, den klaren, reißenden Kakombe-Fluss zu durchqueren. Sie sah sehr friedlich aus. Es war, als habe ihr altes Herz plötzlich aufgehört zu schlagen. Ich weiß noch, wie ich sie ansah und dachte, ich hätte eine alte Freundin verloren. Gombe würde nie mehr so sein wie vorher.

Für Flint war der Tod seiner Mutter ein furchtbarer Schlag, von dem er sich nie mehr erholte. Es schien, als hätte er mit ihr seine ganze Welt verloren. Zusammengesunken und elend saß er am Ufer des Flusses neben Flos Leiche. Von Zeit zu Zeit ging er hinunter, um sie zu untersuchen. Es schien, als warte er verzweifelt auf ein Lebenszeichen. Er starrte sie an, zog an ihrer Hand, als wolle er sie bitten, ihn zu streicheln, zu trösten, wie sie es getan hatte, als sie noch lebte.

Aber Flo bewegte sich nicht mehr. Ihr Körper lag da: ruhig, kalt und tot, und schließlich schlich Flint davon. Er verfiel in eine tiefe Depression, aß beinahe nichts mehr, blieb fast immer allein, und in

diesem Stadium der Trauer wurde er krank. Das geschieht häufig, wenn es einem sehr schlecht geht: Die Abwehrkräfte des Körpers gegen Krankheiten sind geschwächt.

Flint erholte sich nicht mehr. Natürlich versuchten wir, ihm zu helfen, brachten ihm zu essen, blieben bei ihm, damit er sich nicht so einsam fühlte. Aber es nützte nichts: Etwa einen Monat nachdem Flo gestorben war, starb auch Flint. Seine Mutter war zu alt gewesen, um ihn zu zwingen, selbstständig und unabhängig zu werden. Es schien, als sei Flint nicht fähig, ein Leben ohne sie zu führen.

Uns blieben noch Faben, Figan und Fifi. Als Fifi im Alter von 13 Jahren ihr erstes Baby bekam, war das ein aufregender Tag. Es war ein Junge, und wir nannten ihn Freud. Was für eine Mutter würde Fifi sein? Mit der Zeit merkten wir, sie war Flo in ihrem Mutterverhalten sehr ähnlich: liebevoll und beschützend, tolerant und verspielt. Manches an Fifis Verhalten war vererbt – instinkthaft. Manches hatte sie von Flo gelernt, indem sie beobachtete, wie Flo mit Flint und Flame umging. Und schließlich wusste sie vieles auch aus eigener Erfahrung: aus jener Zeit, als Flo ihr erlaubt hatte, sich um Flint zu kümmern.

Wenn ich in Gombe bin, gehe ich gern zu Fifi und ihrer Familie in den Wald. Wenn ich weiß, wo sie die Nacht zuvor geschlafen haben, stehe ich früh auf und bin bei ihren Nestern, wenn es gerade hell zu werden beginnt. Dann schließe ich mich ihnen an, manchmal ein paar Stunden lang, manchmal den ganzen Tag.

Es ist nicht einfach, den Schimpansen zu folgen. In Gombe gibt es einige Pfade, auf denen man aufrecht gehen kann, aber die Schimpansen benutzen sie nicht oft. Sie haben ihre eigenen Wege und bewegen sich leichtfüßig durch dichtes, dorniges Gestrüpp. Um auf ihrer Spur zu bleiben, muss man auf allen vieren hinter ihnen herlaufen oder wie eine Schlange auf dem Bauch kriechen. Dornen verhaken sich in den Kleidern, Kletterpflanzen schlingen sich um die Schuhschnallen, und während man versucht, sich davon zu befreien, sieht man vor sich die dunklen Umrisse verschwinden und könnte heulen vor Enttäuschung.

Mit viel Glück findet man die Schimpansen wieder, wenn man heil aus den Gefechten mit der Vegetation herauskommt. Da hocken sie dann friedlich im Baum und lassen es sich schmecken, oder sie ruhen still auf dem Boden und lausen sich zärtlich. Dann kann man sich auch entspannen und Kräfte sammeln für den nächsten Ausflug.

Unsere tansanischen Mitarbeiter bringen wahre Wunder fertig, wenn sie den Schimpansen folgen, selbst unter schwierigsten Umständen, die steilsten und tückischsten Abhänge hinauf. Aber sogar sie müssen sich geschlagen geben, wenn die Schimpansen ein schmales, steilwandiges Tal überqueren: Die Affen schwingen sich von Baum zu Baum, und wenn sie eine nackte Felswand hochklettern, hangeln sie sich an schlanken Kletterpflanzen nach oben oder beschließen plötzlich, sich schnell und geräuschlos aus dem Staub zu machen.

Wie schwierig es auch sein mag, ihnen zu folgen, wie viele Kratzer und Wunden man sich dabei zuzieht: Es lohnt sich immer, wenn man es schafft mitzuhalten. Oft wird man nach einer mörderischen Kletterpartie durch eine besonders interessante Beobachtung entschädigt: wie etwa damals, als eine Gruppe männlicher Schimpansen nach Fifi und ihrer Familie rief. Fifi hatte keine Lust mitzukommen. Aber Freud wollte. Und obwohl er schon ziemlich erwachsen war, mochte er ohne seine Mutter nicht gehen. Nicht an diesem Tag. Was also tat er? Er lief hinüber zu Baby Flossie, die ganz friedlich für sich spielte. Er nahm sie hoch, und als sie sich an seinen Bauch klammerte, folgte er den anderen. Da musste Fifi wohl oder übel hinterherkommen!

Ich bin gespannt, ob Freud ein Alpha wird – das bedeutet Ranghöchster – genau wie sein Onkel Figan. Wie Figan an die Spitze gelangte, ist sehr interessant. Es ist eine der Geschichten, die ich durch Beobachtung der verschiedenen Familienmitglieder von Flo erfahren habe.

Ich habe schon erzählt, wie Mike es geschafft hatte, an die Spitze zu kommen, indem er mit Drohgebärden pausenlos auf leere Blechkanister eindrosch. Eines Tages, Mike war so um die 35 Jahre alt, wurde er von einem sehr großen aggressiven Männchen, Humphrey, abgesetzt. Aber Humphrey blieb trotz seiner Größe nur 18 Monate an der Spitze – dann wurde Figan Chef. Genau wie Mike war auch Figan klein. Und wie Mike schlug Figan kräftigere Rivalen, indem er seinen Verstand benutzte. Wie machte er das? Ganz einfach: Indem er sich der freundlichen Beziehung zu seinem Bruder Faben bediente. Faben bekam während einer Epidemie 1966 Kinderlähmung und konnte danach einen Arm nicht mehr bewegen. Aber selbst mit einem gelähmten Arm war er noch ein guter Verbündeter. Er hatte gelernt, in aufrechter Haltung fabelhafte Drohgebärden aufzuführen. Figan konnte sicher sein, dass Faben ihm fast immer zu Hilfe kam, wenn er eines der älteren männlichen Tiere herausforderte.

Darum stellte sich Figan nur dann dem viel größeren und massigeren Humphrey, wenn Faben in derselben Gruppe war. Dann reizte er Humphrey, bedrohte ihn wieder und wieder, und Faben stand Figan meistens bei, sodass zwei gegen einen standen. Humphrey wurde immer nervöser, wenn die Brüder in der Nähe waren, und Figan wurde immer selbstbewusster.

Eine Abends passierte es: Figan war mit einer Gruppe Schimpansen zusammen. Auch Faben und Humphrey waren dabei. Als die Sonne unterging, begannen die Schimpansen wie üblich, ihre Nester zu bauen. Plötzlich begann Figan, wie wild in den Ästen herumzuspringen. Laut schreiend stoben die Schimpansen vor ihm davon. Angefeuert von dieser Kraftprotzerei, schwang sich Figan plötzlich zu Humphrey hinunter, der schon im Nest lag, und überfiel ihn. Dieser zog sich laut brüllend vor Figan zurück und ließ sich auf den Boden fallen. Figan folgte ihm, ging noch einmal auf ihn los und kletterte dann auf den Baum zurück. Auch Humphrey kam zurück und baute sich ein zweites Nest.

Aber Figan war noch nicht fertig. Gerade war alles wieder friedlich, da schwang er sich erneut durch die Äste und fiel ein zweites Mal über Humphrey her. Armer Humphrey! Heulend saß er da, bis es fast dunkel war. Dann kletterte er zaghaft in den Baum zurück und baute sich zum dritten Mal ein Nest. Nie wieder, sein ganzes Leben lang, hat er versucht, Figan zu dominieren. So wurde Flos Sohn im Alter von etwa 23 Jahren der Ranghöchste. Er blieb ein Alpha, bis er 10 Jahre später starb.

Ich habe euch Geschichten aus dem Leben einer Schimpansenfamilie erzählt. Ich hoffe, bald noch mehr Bücher zu schreiben, um auch über andere Schimpansenfreunde zu berichten. Allerdings: Je mehr Zeit ich fürs Schreiben hergebe, desto weniger kann ich mit den Schimpansen in Gombe zusammen sein. Aber für Wissenschaftler ist es wichtig, das Wissen mit anderen Menschen zu teilen. Ich wünsche mir, dass jeder verstehen kann, was für wunderbare Tiere die Schimpansen tatsächlich sind. ■

DER SALAMANDER-TREFF

Es war ein ebenso seltenes wie rätselhaftes Schauspiel, das sich dem Autor eines Abends auf einem Waldweg bot.

Willi Glasauer

Ich habe den Salamander-Treff gesehen. Keiner glaubt mir die Geschichte, und jetzt, nach so vielen Jahren, denke ich manchmal selbst, ich habe sie nur geträumt. Aber meine Frau und mein damals 11-jähriger Sohn können es bezeugen, sie waren dabei – nur, wer glaubt schon Familienangehörigen? Die schwindeln doch pflichtgemäß.

Ich habe schon viele Salamander gesehen, vereinzelt, einen habe ich beim Umgraben mitten entzwei gestochen, das hat mir sehr Leid getan, ein anderer kam zu mir ins Atelier. Man solle sie nicht in die Hand nehmen, sagen die Bauern hier in den Pyrenäen, sie seien giftig, und einer kennt einen, der kannte einen, dessen Töchterchen gestorben war, nachdem sie einen Salamander angefasst hatte. Ich habe unter „Salamander" nachgelesen; es stimmt, sie sollen ein Sekret ausscheiden, das Juckreiz verursachen kann, aber ich habe schon viele Salamander in der Hand gehabt, und keiner hat jenes widerliche Sekret ausgestoßen, und gestorben bin ich auch erst ein- oder zweimal.

Aber so viele auf einmal hatte ich noch nie gesehen. Wir fuhren gegen Abend in den Wald, um nach getaner Arbeit die Sonne zu bewundern, wie sie hinter der „Pelade“ versank, das ist ein Berg, der alle Wolken aufhält und auf dem um die letzte Jahrhundertwende ein englisches Sportflugzeug abgestürzt war, das man erst Jahre später fand. Es war schon tief im Herbst und die Tage fielen wie die Blätter, da wäre ich doch beinah auf einen Salamander getreten. Beim Ausweichen kam ich ins Balancieren, da auch da, wo ich hintreten wollte, ein Salamander saß. Und plötzlich sahen wir sie alle, den ganzen Weg entlang, ein Salamander neben dem anderen. Vorsichtig gingen wir die 300 m bis zum Auto zurück und mussten für unsere Füße Inseln suchen in diesem Salamandergewusel. Wir sprachen kein Wort, weder ich, noch meine Frau, noch mein Sohn, wir haben empfunden, dass hier etwas sehr Sonderbares vor sich ging, etwas, das wir nicht befugt waren zu sehen.

Zurück im Auto schaltete ich Motor und Licht ein – es war inzwischen sehr dunkel geworden – und sehe auf der Straße hunderte von Salamandern, die sich auf die Vorderfüßchen stemmten und ins Scheinwerferlicht starrten. Da konnte ich natürlich nicht losfahren, ich hätte zu viele zerquetscht. Siebeneinhalb Kilometer waren es zu Fuß bis nach Hause durch den finstren Wald mit einem maulenden Söhnchen an der Hand und ohne Taschenlampe. Verdammte Salamander!

Ich habe seither viele kompetente Leute befragt, niemand hat so etwas gehört, geschweige denn gesehen. In einem alten Büchlein fand ich den Hinweis, dass sich in manchen Jahren Salamander treffen, um auf Wanderschaft zu gehen. Als ich tags darauf mein Auto zurückholte, war kein Salamander mehr zu sehen. Wo sie wohl hingewandert sind? ■

Die Botschaft der Tiere

Tiere können den Menschen Hoffnung schenken, Kraft spenden und eine unerschöpfliche Quelle der Lebensfreude sein.

Pascale Noa Bercovitch

In der Nähe von Tekirdag in der Türkei nimmt der pädagogische Bauernhof Moussa – benannt nach dem Propheten Moses – seit dreißig Jahren junge Erwachsene auf, die als „gestört" gelten und die bereits von Einrichtung zu Einrichtung weitergereicht wurden. Diese von ihren Eltern verlassenen, geschlagenen oder missbrauchten Kinder landen auf dem Hof der Familie Baylek. Dort, weit weg von hohen Mauern und weißen Kitteln, helfen ihnen die Natur und die Zuwendung, sich in Sicherheit zu fühlen und neues Selbstvertrauen zu entwickeln.

Vor ein paar Jahren fand Timur, ein verschlossener Junge von vierzehn Jahren, der in Moussa war, weil er straffällig geworden war – er hatte versucht, das Auto seines Onkels zu stehlen –, im Maisfeld einen Adler mit gebrochenem Flügel und verletztem Fuß. Mit großer Vorsicht transportierte der Junge ihn in einer Schubkarre auf den Bauernhof und bettete ihn auf ein Strohlager. Dann holte er Herrn Baylek herbei und fragte ihn um Rat. Auf dem Bauernhof war der Vogel eine Sensation. Alle Kinder interessierten sich für ihn, der durch diese neue Gesellschaft ganz verstört war. Der Tierarzt gab genaue Anweisungen, und die Kinder, allen voran Timur, verpflichteten sich, den Adler zu pflegen, bis er wieder fliegen könne.

Die am Down-Syndrom leidende zwölfjährige Bourjou, die von ihrer Familie völlig aufgegeben worden war, lebte noch nicht lange auf dem Bauernhof. Obwohl dort eigentlich keine als „behindert" bezeichneten Kinder aufgenommen werden, hatte Herr Baylek darauf bestanden, Bourjou bei sich zu behalten, denn ihr ansteckendes Lachen hatte sogleich sein Herz erobert. Sie sprach laut, sagte alles, was sie dachte, bewegte sich unaufhörlich. Wegen ihres ungewöhnlichen Verhaltens wurde sie zunächst ausgegrenzt, aber Frau Baylek erklärte eines Abends allen Anwesenden, was Down-Syndrom ist. Bourjou hörte am aufmerksamsten zu, denn niemand hatte sich je die Mühe gemacht, ihr ihr Anderssein zu erklären. Sie war begeistert: „Ich bin also so geboren, wie alle, bis auf eins!", wiederholte sie den ganzen Abend, sehr stolz auf ihre Entdeckung und auf das große Interesse, das die anderen ihr plötzlich entgegenbrachten.

Timur kam am nächsten Morgen mit roten Wangen auf sie zu und bat sie ganz schüchtern, ihm bei der Pflege des Adlers zu helfen: „Wenn du es aushältst, zeige ich dir, wie man den Verband sauber macht." Es war das erste Mal, dass ein Junge Bourjou ansprach, und es war auch das erste Mal, dass die Bayleks erlebten, wie Timur von selbst auf jemanden zuging. Beflügelt von ihrem Vorhaben standen die beiden Kinder am nächsten Morgen früh auf, lange bevor der Unterricht und die Landarbeit begannen. Die Betreuer hörten die kleine Bourjou laut lachen und abwechselnd ihre Bewunderung und ihre Verlegenheit äußern.

Der Raubvogel stand bald für alle auf dem Hof im Mittelpunkt des Interesses. Die Verantwortung wurde aufgeteilt, und dem Vogel ging es mit jedem Tag besser. Herr Baylek kündigte an, dass man ihn bald freilassen würde. Das war ein großer Augenblick. Keines dieser großen, vom Leben verletzten Kinder weinte beim Abschied, nur Bourjou schluchzte in den Armen von Frau Baylek. Der Adler, der auf das Dach seines Käfigs gesetzt worden war, schien jeden Einzelnen anzublicken. Er spürte den Ruf des Windes, aber zur großen Überraschung aller flog er nicht sofort davon. „Sehr ihr, er vertraut uns. Wenn er einfach sitzen bleibt, heißt das, dass er sich sehr wohl bei uns gefühlt hat!“, sagte Herr Baylek. Alle waren sehr stolz. Dann breitete der Adler langsam seine majestätischen Flügel aus und stieg in den Himmel auf, der ihn zu erwarten schien.

Damit ist die Geschichte noch nicht zu Ende. Der Raubvogel kehrte ein- bis zweimal pro Woche zurück und kreiste sehr tief über dem Bauernhof. Es war wie ein Gruß. Alle Kinder schauten oft in den Himmel, und wenn er auftauchte, riefen sie laut.

Familie Baylek beschloss, andere Tiere aufzunehmen, wenn die Kinder die Verpflichtung eingingen, sich ebenso gut um sie zu kümmern wie um den Adler. Das taten sie, und eine Anzeige wurde in die Lokalzeitung gesetzt: Ausgesetzte oder verwaiste Tiere, auch wenn sie krank oder verletzt waren, waren von nun an bei den Kindern des Moussa-Hofs willkommen.

So wurden eine kleine Ziege mit einer Missbildung, ein Dutzend Kühe, ein alter Zwergziegenbock, Pferde, Gänse und Küken aufgenommen, aber auch ein Igel, der bald das Maskottchen des Bauernhofes wurde und Timurs persönlicher Freund, für den Bourjou jeden Tag betete. Jetzt, wo die Tiere auf Moussa lebten, besserten sich auch die Beziehungen zu den Nachbarn, die nun weniger Angst vor den „nichtsnutzigen Bälgern“ hatten.

Es wurde ein Zeitplan aufgestellt, nach dem jedes Kind bestimmte Arbeiten übernahm. Einige übertrafen sich selbst an Erfindungsgeist beim Bau von Käfigen oder geräumigen Gehegen. Die Kinder identifizierten sich mit den zahmen Tieren und liebten sie von ganzem Herzen. Durch die Fürsorge, die sie ihnen zuteil werden ließen, wurden sich die Jugendlichen ihrer selbst bewusst. Sie wuschen sich häufiger und kümmerten sich um ihre Gesundheit; einige hörten sogar mit dem Rauchen auf, worüber ihre Gasteltern sehr erstaunt waren: „Wir können sie jetzt allein lassen“, stellte Herr Baylek fest, „die Tiere ersetzen uns. Sie beeinflussen die Kinder stärker als jede Moralpredigt. Es gibt keine bessere

Schule als diese Tiere. Die Jugendlichen entdecken auf gesunde, einfache Weise alle Aspekte des Lebens: Geburt, Tod, Gefahr, Fortpflanzung, aber auch Vertrauen und vor allem bedingungslose Liebe!"

Abid'allah war nie ein Kind wie die anderen. Als er klein war, fragten sich seine Eltern, ob er sich je seines Namens würdig erweisen würde: Abid'allah, Diener Gottes. Er war hyperaktiv und wild. Sehr früh schon bemerkte man seine Gabe, den Tieren zu gefallen. Heute kann ich erklären, wie es Abid'allah trotz eines schwierigen Lebens schaffte, mit fünfundzwanzig Jahren zum wichtigsten Mann seines Dorfes zu werden.

Oft, wenn ich mit ihm spazieren ging, fiel mir auf, welche erstaunliche Zutraulichkeit ihm die Tiere entgegenbringen. Die Hunde kommen angelaufen, um das Maul in seine Hand zu legen, als wollten sie ihn ihres Gehorsams versichern. Wenn er sich hinsetzt, nähern sich die Vögel, die Fische scheinen sich sogar an schlechten Tagen förmlich in seine Netze zu werfen. Und Oline, der Delfin aus dem Roten Meer, hat ihn gesucht und gefunden, um sein Schicksal zu verändern.

Die Kinder identifizierten sich mit den zahmen Tieren und liebten sie von ganzem Herzen

Abid'allah wäre mit fünf Jahren bei einem Sturz vom Baum beinahe ums Leben gekommen. Sein Vater erzählte mir, dass er, als er wieder zu Bewusstsein kam, fast vollständig taub war und dauerhaft unter Schock stand. Von einem Tag zum anderen hörte er auf zu sprechen und war unfähig, nur ein einziges Wort hervorzubringen. Keine Besserung war zu erhoffen.

Der kleine Abid'allah verweigerte jede Kommunikation mit den anderen, mit seiner Familie, seinen Freunden. Er flüchtete sich ans Meer. Er begann, stundenlang allein zu fischen. Er wurde ein außergewöhnlicher Taucher und trotz seiner Jugend der beste Fischer des Dorfes.

Jahre später sah er eines Tages vor sich eine Rückenflosse im Wasser, die ihn sehr erschreckte. Dieser Flosse folgte Tag für Tag hartnäckig sein Boot. Ängstlich, aber voller Neugier tauchte der Beduine ins Wasser, um das seltsame Tier kennen zu lernen, das offenbar menschlichen Kontakt suchte. Ich weiß, dass Abid'allahs „sechster Sinn" Olines Wahl gelenkt hat. Seine eindrucksvolle, durch das Sprechen mit Zeichen noch verstärkte Körpersprache und seine Fähigkeit, sich wie ein Fisch im Wasser zu bewegen, machen Abid'allah zu einer Art Tier-Mensch. Er ist großzügig, cholerisch, spontan, reizbar. Manchmal ist er wirklich unerträglich. Um ihn zu lieben und von ihm geliebt zu werden, muss man ihm vollkommene Freiheit gewähren und ihn so sein lassen, wie er ist. Er muss jederzeit tun können, was er will. Genau das konnte Oline ihm geben, und ich kann mir heute nicht vorstellen, dass sie sich je trennen werden. Abid'allah hat mir erzählt, dass sich ihre Freundschaft im Verlauf von fünf Wochen entwickelte, fünf Wochen um einander zu zähmen und zu berühren. Im Juni 1994 begann eine große Liebesgeschichte, die bis heute fortdauert.

Allmählich kehrte Abid'allahs Selbstvertrauen zurück, das er für immer verloren zu haben schien. Durch Olines bedingungslose Liebe bekam er Lust, auch mit seinen Mitmenschen neue Beziehungen zu knüpfen. Bei den Spielen unter Wasser, dem Lachen mit dem Delphin, dem Rufen nach ihm kamen wieder die ersten Silben aus seinem Mund: O-I für Dolphin (Delphin auf Englisch), dann O'line. Nach monatelangen Unterwasserspielen sprach Abid'allah im Dorf stammelnd die ersten Worte. Die Alten erklärten es für ein Wunder. Der Oline getaufte Delphin, durch den der taubstumme Beduinenjunge die Sprache wieder gefunden hatte, erlangte allmählich internationale Berühmtheit, und Abid'allah wurde wieder ein richtiges Familienmitglied und ein vollwertiger Angehöriger seines Dorfes.

Im Laufe der Zeit wurde im Dorf nichts mehr entschieden, ohne Abid'allahs Meinung zu hören. Er ist der Wortführer und Star der Mezaini, denn er ist der Held vieler Reportagen und meines letzten Buches, *Das Lächeln des Delphins,* jenes Delphins, der ihn zu einem wichtigen Mann gemacht hat.

Abid'allah und Oline sind zu einer wahren Legende geworden, die man anfassen kann, die kein Augenzeuge je vergisst. An jedem Tag, den Allah ihnen schenkt, schwimmen die beiden Freunde gemeinsam, und wenn ich sie so unter dem Wasser sehe, glücklich in ihrer Zusammengehörigkeit, frage ich immer, wer der Delphin ist und wer der Mensch. ■

VIEL VERKANNT. DER DACHS

Jahrtausende galt der Dachs als „griesgrämiger Grimbart". Erst Mitte des 20. Jahrhunderts gelang es, mit diesem Vorurteil aufzuräumen. Dachse sind vielmehr recht gesellig. Männchen und Weibchen leben vermutlich über viele Jahre hinweg treu zusammen, gelegentlich besuchen sie ihre Nachbarn, und zur Begrüßung reiben sie ihre Nasen aneinander.

Bernhard Grzimek

Rund fünfhunderttausend Jahre leben Dachse mit Menschen zusammen auf diesem Erdball.

Und ebenso lange, bis zum Jahr 1947, hat es gedauert, bis wir Menschen, auch die Jäger und Naturforscher, uns ein richtiges Bild davon machen konnten, wie dieser schwarz-weiß gestreifte Erdenbürger lebt, liebt und seine Tage verbringt. Im letzten Brehm steht zum Beispiel noch zu lesen, dass der Dachs sich nur zur Zeit der Paarung um die Weibchen kümmert, während er das übrige Jahr ein mürrischer Einzelgänger sei. Selten ist ein Lebewesen so verkannt worden.

Ein Lehrer in Südengland, Ernest Neal, hat sich drei Jahre lang in der Abenddämmerung, nachts und im Morgengrauen in einem Wald bei seinem Dorf gegenüber den Bauten der Dachse aufgestellt und sie beobachtet. 290 Besuche hat er ihnen gemacht und 341 Stunden lang spioniert. Damit aber wurden auch die meisten Rätsel über Meister Grimbart gelöst.

Von den Bauen, die manchmal schon seit fünfzig Jahren bestehen, führen Pfade in die Nachbarschaft. Man könnte denken, dass es Menschenwege sind, und tatsächlich werden sie auch von Menschen gern benutzt.

Weil sie aber streckenweise unter schräg liegenden Bäumen und durch dichtes Brombeergestrüpp verlaufen, müssen sie von kleinen Wesen angelegt sein. Diese Dachswege führen zu Trinkplätzen am Fluss, zu flach liegenden Steinen, die regelmäßig verschoben oder umgewendet und nach darunter sitzenden Kerbtierchen abgesucht werden, zu Spielplätzen, zu Außenschlafplätzen, oder sie verlieren sich wie die Feldwege der Menschen allmählich im Gelände, wo die Dachse ihre Nahrung finden.

Dachse spielen so gut wie immer erst eine Weile vor ihrem Bau, ehe sie auf Nahrungssuche gehen. Wie wenig passt das zu der landläufigen Behauptung, dass Meister Grimbart griesgrämig sei! Sie jagen herum, machen richtig Bockspringen übereinander, schreien vor Entzücken laut auf und verursachen überhaupt für ein Nachttier einen Heidenkrach dabei. Bevor die Jungen in der Dämmerung, eine Weile später als die Alten, herausdürfen, hört man sie schon ungeduldig im Bau schnaufen und jelpen. Sie umarmen einander zärtlich, springen an Baumstümpfen hinaus und herunter. Sie legen sich regelrechte Spielplätze an, wo Gras und Kräuter flach gewalzt sind. Wenn diese Spielgründe in einem Kornfeld liegen, kommt dann leicht die Fabel auf, dass die Dachse die Halme heruntertreten, um an die Körner gelangen zu können.

Sie sind überhaupt nicht sehr ängstlich, wohl im Vertrauen auf ihre große Körperstärke und die scheußlichen Wunden, die sie mit kräftigen Bewegungen ihres schmalen Kopfes verursachen

Kommen sie auf dem Wege zu ihren Futterplätzen an einem anderen Bau vorbei, so statten sie dem Nachbarn regelmäßig einen Besuch ab. Zur Begrüßung reiben sie die Nasen aneinander. Der Dachs, der wahrscheinlich völlig farbenblind ist, sieht nicht besonders gut. Lehrer Neal brauchte sich vor ihm kaum zu verstecken. Es genügte, wenn er sich vor einen Baumstamm stellte, damit sich seine Gestalt nicht etwa gegen den hellen Himmel abhob. Vor allem aber durfte er sich nicht bewegen – was in Mückenschwärmen manchmal nicht ganz leicht war. Dann konnte es geschehen, dass die schwarz-weiß leuchtenden Tiere bis auf dreißig Zentimeter an seine Füße herankamen. Sie gewöhnten sich auch bald an seine Gegenwart und scheuten zum Schluss selbst nicht mehr vor seinem Geruch. Weiter als neun Meter konnten sie ihn im allgemeinen auch nicht mit der Nase entdecken.

1944 baute Neal auf einem unbenutzten Truppenübungsplatz zwischen Gräben und Stacheldrähten seine Kamera mit dem Stativ gegenüber einem Dachsbau auf. Ein Grimbart kam heraus, der offensichtlich vorjährig war und vermutlich noch nie im Leben einen Menschen gesehen hatte. Er machte nicht etwa kehrt, sondern saß da und staunte. Neal nahm mit dem Blitzlicht ein Foto – der Dachs drehte sich um, als ob er wieder in den Bau gehen wollte, aber er änderte seinen Sinn und setzte sich wieder hin. Auch als der Beobachter den Film weiterdrehte und eine neue Blitzlichtbirne einschraubte, blieb das nur anderthalb Meter entfernte Tier sitzen. Der Forscher blitzte wieder und benahm sich ziemlich geräuschvoll, worauf der Dachs nur etwas näher kam, die Sache genauestens besah und sich dann, nachdem seine Neugierde offenbar befriedigt war, auf Nahrungssuche davontrollte. Thomae fand einen ungewöhnlich starken Dachs bei heller Sonne schnarchend im Freien schlafen. Ein Stein, den der Jäger daneben warf, weckte den selbstsicheren Grimbart nicht. Erst als Thomae ihm aus nächster Nähe „Aufstehen!“ zubrüllte, fuhr der Schläfer endlich auf.

Sie sind überhaupt nicht sehr ängstlich, wohl im Vertrauen auf ihre große Körperstärke und die scheußlichen Wunden, die sie mit kräftigen Bewegungen ihres schmalen Kopfes verursachen. Ihre Schwarzweißstreifung ist alles andere als eine Schutzfarbe, eher eine Warnung. Ihr bester Sinn ist das Gehör, aber die kleinen Burschen benehmen sich selber alles andere als geräuschlos. Sie trampeln und rascheln. Allerdings halten sie immer zwischendurch für eine kurze Spanne an, um zu lauschen. Man kann sich also an sie auch im welken Laub heranschleichen, wenn man nur vermeidet, regelmäßige Geräusche zu verursachen, und dafür möglichst mit ihnen zusammen Krach macht.

Schwierig war es festzustellen, wie viele Dachse eigentlich in den fünf Bauen des Wäldchens lebten. Es gibt da ein alteingeführtes Mittel: Man steckt Stöcke vor den Eingang des Baues und sieht früh nach, ob sie beiseite geschoben sind. Nun kam aber heraus, dass Dachse auch in unbewohnte Höhlen regelmäßig hineinsehen, wenn sie vorbeikommen, dass sie in einen anderen Bau ziehen, wenn gerade der erste gereinigt wird, und dass in einem Bau drei verheiratete Paare mit ihren Kindern gleichzeitig wohnten. Deswegen stellte Neal vor jeden Bau einen seiner Schüler und ließ sie mit der Uhr genau feststellen, wann die kleinen Kerle aus- und einfuhren. Wer an dem einen Bau war, konnte ja nicht gleichzeitig am anderen sein. So kam heraus, dass in dem Wäldchen in zwei Jahren neun, im dritten elf Dachse lebten. Übrigens hatten die Baue in den letzten drei Jahrzehnten zugenommen, wie überhaupt die Zahl der Dachse in England gestiegen ist. Man rechnet dort einen Dachs auf den Quadratkilometer. Nach dieser Rechnung müssten also in Westdeutschland rund eine Viertelmillion Dachse leben, und es lohnt schon, etwas über diese Bewohner zu wissen.

Schon ihre Art, Kinder zu kriegen, ist mehr als verblüffend. Bei fast allen Säugetieren mit Einschluss des Menschen wird die Eizelle befruchtet, wenn sie vom Eileiter abfällt. Sie wandert den Eileiter abwärts, wächst an der Wand der Gebärmutter fest und entwickelt sich dann rasch und stetig zum Embryo und zum fertigen Kind. Bei den Dachsen ist das anders, und gerade deswegen hat es so viel Rätselraten darum gegeben, wann sie Hochzeit feiern. Man findet bis in die neueste Zeit fast jeden Monat des Jahres als Paarungszeit angegeben. Bei der Dächsin wachsen die befruchteten Eier nämlich nicht sogleich in der Gebärmutterwand fest, sondern sie schwimmen vier bis fünf Monate herum, und erst dann siedeln sie sich an, werden ernährt, und die eigentliche Tragzeit und Keimentwicklung beginnt, die dann drei Monate braucht. Insgesamt vergehen also sieben Monate von der Hochzeit bis zur Geburt. Anscheinend aber kann sich das beliebig verlängern, sodass die Jungen immer zur rechten Zeit ankommen. Der Schwede Dr. Notini konnte durch sehr kalte Haltung und öftere Störung von Weibchen in Gefangenschaft künstlich eine Tragzeit von siebzehn Monaten erreichen.

Ende Februar, Anfang März kommen die Kinder blind und schmutzigweiß zur Welt. Wahrscheinlich sondert sich die Mutter dazu von ihrem Mann in dem weitläufigen Bau ab. Was aber wirklich da unter der Erde vor sich geht, hat noch niemand genau ergründen können. Nach sechs bis acht Wochen lassen die Kinder sich das erste Mal über der Erde sehen, und mit drei Monaten spielen sie begeistert herum. Erst Ende Oktober verlassen sie Vater und Mutter, meistens siedeln sie dann in einen anderen Bau um. Da also die Eltern noch während der Paarungszeit Ende Juli mit ihnen zusammenleben, bleiben die Dachspaare in Einehe zusammen. Sie halten demnach vermutlich ihr ganzes Leben – und das dauert wohl mindestens fünfzehn Jahre – treu zusammen.

Im August zogen alle Dachse aus den fünf Bauen in dem Wäldchen des Lehrers Neal in den größten und wohl auch ältesten Bau zusammen. Sie spielten hier viel, reinigten von hier aus aber sorgsam alle anderen Baue und legten zum Teil auch neue Wohnungen und neue Ausgänge an. Das Laub wurde herausgeschafft und vor die Baue geworfen. Dafür kratzten sie trockene Blätter zusammen, klemmten sie zwischen Kinn und Vorderpfoten und schleiften sie so rückwärts in den Bau – manchmal dreißig Zentimeter an den Füßen des Beobachters vorbei. Auch vor der Geburt wird gründlich ausgemistet, und dann immer alle vierzehn Tage, sodass die Jungen schön trocken und sauber sitzen. Daher kommt es wohl auch, dass die Dachse meistens parasitenfrei sind und wenig an Krankheiten leiden.

Sie legen dicht neben dem Ausgang ihrer Baue kleine Klosetts an. Auf einem Fleck von wenigen Quadratmetern graben sie sechs oder noch mehr kleine Löcher, in die sie ihren Kot absetzen. Auch die Kinder lernen sie bald zu benutzen. Wenn ein Loch voll ist, wird ein neues in Betrieb genommen. Selbst im Bau sollen besondere Kammern als Klosetts verwendet werden.

Über die Nahrung Meister Grimbarts gehen die unglaublichsten Märchen um. Er soll von jungen Fasanen, Vogeleiern, ja selbst von Rehkitzchen und kleinen Lämmern leben. Es gibt einen ausgezeichneten Weg, sich darüber Gewissheit zu verschaffen: Man untersucht den Kot genau unter dem Mikroskop, oder noch besser, man zergliedert den unverdauten Mageninhalt frisch geschossener Tiere. Notini tat dies in den letzten Jahren in Schweden bei 1889 Dachsen. Im Sommer essen sie demnach sehr viel Beeren, zu anderen Zeiten Käfer, Maikäfer, große Mengen Regenwürmer, Larven. Neal fand bei den englischen Dachsen fast regelmäßig im Darm und im Kot die Haare junger Kaninchen. Die Dachse hatten es dort fabelhaft heraus, senkrecht von der Oberfläche her genau in den Brutkessel von Kaninchenbaue hineinzugraben. Alte Kaninchen werden niemals angegriffen, obwohl ein Dachs sich sicher nie scheuen wird, ein in der Falle gefangenes Tier aufzufressen.

Man könnte gerade vermuten, dass ein Tier, welches so viel auf dem Boden herumschnüffelt, die Eier und jungen Tiere der Bodenbrüter aufsammelt. Die Magenuntersuchungen haben aber gezeigt, dass die Dachse sehr wenig Geschick darin haben. Dagegen fangen sie häu-

fig Maulwürfe und verschmähen den Igel nicht. Leer gegessene Igelhäute im Gebüsch sind meistens auf das Konto des Dachses zu setzen. Niemals gehen frei lebende Dachse an Aas. Von hundert genau untersuchten Einbrüchen in Hühnerställe waren dreiundachtzig von Füchsen und zwei von Dachsen verbrochen. Es ist also kaum glaublich, dass man so ein Tier, das geradezu ein von Menschen besoldeter Schädlingsbekämpfer sein könnte, schießt oder auch mühsam ausgräbt und totschlägt!

Es ist übrigens gar nicht einfach, Dachse aus der Erde zu holen. Ein Dachs kann sich innerhalb weniger Minuten völlig in der Erde vergraben. Wenn man also den Bau metertief aufschaufelt, gräbt er sich stets schneller weiter, als man nachkommt. Deswegen muss ein Hund hineingeschickt werden. Er darf sich beileibe nicht zu nahe an den Grimbart herantrauen, denn sonst wird er übel zerfetzt und womöglich getötet. Der Hund hat nur den Dachs in die breite Rückseite zu kneifen, sodass dieser sich umdreht und seinen Widersacher abwehrt. So wird er am Graben gehindert. Für gewöhnlich fängt man heutzutage die Dachse und bringt sie in eine andere Gegend, die man gern mit dem zebrabuntgestreiften, nützlichen Tier besiedeln möchte. Allerdings fährt nach meiner Erfahrung ein Dachs durch jeden Sack ohne weiteres hindurch, wenn er nur das kleinste Loch findet, in das er seine Nase stecken kann. Der Kopf ist ein wahrer Keil, und obwohl der ganze Bursche nur 12 bis 19 kg wiegt, hat er eine unglaubliche Kraft; er bohrt sich blindlings überall hindurch. Dachse sind wirklich wahre Meister im Ausbrechen.

Alte Dachse sind in Gefangenschaft oft unangenehme Pfleglinge. Man muss die Finger vor ihnen in Acht nehmen. Jung aufgezogene aber können freundlich und zutraulich werden. Weil sie nicht nagen und von Haus aus so übertrieben reinlich sind, werden sie angenehme Hausgenossen, sie spielen mit Hunden, sie legen ihrem Herrn den Kopf auf den Schoß und sie nehmen vorsichtig Leckerbissen von den Fingern ab. Es hat schon welche gegeben, die ihren Herrn wie ein Hund in der Freiheit begleiteten. Bastian Schmid hatte einen, der mit Begeisterung badete. Dem Vollbad ging stets ein besonderes Nasenbad voraus. Auch ein Dachs, den ich in der Soldatenzeit hegte, ging gern ins Wasser. Spielte Schmid Gitarre, Flöte oder Grammophon, so wurde der Ort des Instruments von dem Dachs sofort und sehr gründlich

ermittelt und das laute Ding stets angegriffen.

Solche zahmen Dachse schlittern im Winter auf Spaziergängen gern, das heißt, sie laufen schnell auf eine Eisfläche zu und gleiten dann mit allen Vieren darauf entlang, oder sie rutschen eine glatte Bahn mit Vergnügen hinunter.

Ein junger Dachs des Verhaltensforschers Eibl-Eibesfeld, der in der Barackenwohnung frei aus und ein gehen durfte, kennzeichnete diese Behausung bald, indem er seine Duftmarke auf die Schwelle setzte. Dachse haben dafür eine seichte, mit vielen Drüsen ausgekleidete Hauttasche oberhalb der Schwanzwurzel. Dort wird ein Stoff abgesondert, der scharf süßlich riecht. Auch ihr Revier versehen die Dachse so mit Eigentumsmarken, indem sie das Hinterteil auf die Erde drücken und eine Riechstelle aufstempeln.

Die Insassen der Wohnung von Eibl erhielten von dem Hausdachs sämtlich solche, stets erneuerte Abdrücke auf die Schuhe, das heißt, sie wurden als „Besitz“ oder „Freund“ gestempelt. Übrigens trugen ihnen solche Schuhe noch nach Monaten die wütenden Angriffe aller Hunde ein. Dieser Dachs unterschied sehr deutlich die Familienangehörigen von anderen Menschen, nur zu ersteren war er freundlich. Einen Mann, der ihn einmal geschlagen hatte, griff der Dachs stets wütend an, wenn er ihn nur roch.

Wie mag ein Dachs eigentlich sterben? Wahrscheinlich zieht er sich dazu in eine seiner unterirdischen Kammern zurück, und der Leichnam wird von den anderen zugeschüttet. Wenn spätere Generationen beim Graben auf das Skelett stoßen, schaffen sie wohl die Knochen mit der losen Erde hinaus. Deswegen findet man in den herausgeworfenen Erd- und Laubhaufen mitunter Knochen.

Eine seltsame Beobachtung machte Fitzgerald vor zehn Jahren. Ihm fiel eine Dächsin auf, die mit einem lauten Schrei aus einem Bau herauskam. Sie ging zu einem benachbarten Kaninchenbau und grub dort ein großes Loch, an dem sie längere Zeit arbeitete, zwischendurch lief sie mehrmals zum Bau. Nach Stunden erschien ein Dachsmännchen. Die beiden gingen in den Bau, einige Zeit später kam das Männchen wieder heraus und zog am Hinterbein einen toten Dachs nach, während das Weibchen schob. Sie schleppten die Leiche zu dem Loch und deckten sie mit Erde zu, worauf das Männchen sich entfernte, während das Weibchen wieder in seinen Bau zurückging. ■

Die Löwin Elsa

Nur einige wenige Tage alt war das Löwenjunge Elsa, als es durch einen Unglücksfall seine Mutter verlor. In menschlicher Obhut und in engem Kontakt zu Joy Adamson wurde Elsa vollkommen zahm. So konnte Joy Adamson die Entwicklung Elsas vom tapsigen Löwenbaby zur ausgewachsenen Löwin ohne trennende Gitter beobachten, bis sie die Löwin schließlich nach drei Jahren wieder in das Leben in der Wildnis zurückführte.

Joy Adamson

Viele Jahre lang war die nördliche Grenzprovinz von Kenia meine Heimat gewesen: ein weites Gebiet mit halbdürren Dornenbüschen.

Dieser Teil Afrikas ist von der Zivilisation noch kaum berührt; Siedler gibt es nicht, die ansässigen Stämme leben weitgehend wie ihre Vorfahren, und wilde Tiere aller Art sind in reicher Fülle vorhanden.

George, mein Mann, ist Wildheger in diesem Gebiet und hat viele Pflichten. Zu ihnen gehören die Überwachung der bestehenden Jagdgesetze, die Bekämpfung der Wilderer und die Vernichtung gefährlicher Tiere, die die Eingeborenen bedrohen. Seine Arbeit verlangt, dass er über riesige Strecken reist; wir nennen diese Reisen Safaris. Meine Geschichte fand ihren Anfang auf einer dieser Safaris. Ein Menschen fressender Löwe hatte einen Mann vom Stamm der Boran getötet. George wurde gemeldet, daß die Bestie mit zwei Löwinnen in den benachbarten Bergen hause, und sie zur Strecke zu bringen, gehörte nun zu seiner Pflicht. Aus diesem Grund lagerten wir im Gebiet des Stammes der Boran.

Früh am Morgen des 1. Februar 1956 befand ich mich im Lager allein mit Pati, einem Klippschlieferweibchen, das als Haustier seit sechseinhalb Jahren bei uns lebte. Es sah wie ein Murmeltier oder Meerschweinchen aus.

Pati saß auf meinem Nacken, schmiegte sich mit ihrem weichen Fell an mich und beobachtete aus dieser sicheren Stellung heraus alles, was um uns vorging.

Plötzlich hörte ich das Brummen eines Motors. Das konnte nur bedeuten, dass George, viel früher als erwartet, zurückkam. Bald darauf bahnte sich unser Landrover seinen Weg durch die Dornenbüsche, hielt nahe bei unseren Zelten an, und ich hörte George rufen: „Joy, wo bist du? Schnell, ich habe etwas für dich …“

Mit Pati auf meiner Schulter lief ich hinaus und erkannte das Fell eines Löwen. Aber noch ehe ich nach der Beute fragen konnte, deutete George hinten auf den Wagen. Dort lagen drei Löwenbabys, winzige, gefleckte Fellknäuel, und jedes versuchte, sein Gesicht zu verstecken. Sie waren nur wenige Tage alt, und ihre Augen waren noch von einer bläulichen Schicht bedeckt. Sie konnten kaum kriechen, trotzdem versuchten sie fortzukrabbeln. Ich nahm sie auf meinen Schoß, um sie zu trösten, während George mir bedrückt erzählte, was geschehen war.

Gegen die Morgendämmerung waren er und Ken, ein anderer Wildheger, in die Nähe des Ortes geführt worden, wo der Menschenfresser angeblich hausen sollte. Im ersten Tageslicht wurden sie von einer ausgewachsenen Löwin angegriffen, die hinter ein paar Felsen hervorschoss. Sie wollten sie zwar nicht töten, aber das Tier war ihnen zu nahe, und ein Rückzug war gefährlich. Darum gab George Ken ein Zeichen zu schießen.

Es war eine große Löwin in den besten Jahren, ihre Zitzen waren prall von Milch. Erst als er das sah, erkannte George, weshalb das Tier so gereizt und ihnen so mutig entgegengetreten war. Er machte sich Vorwürfe, dass er am Verhalten der Löwin nicht früher erkannt hatte, dass sie nur ihren Wurf verteidigte.

Darauf befahl er, nach den Jungen zu suchen.

Jetzt lagen die drei Babys auf meinem Schoß, und ob ich wollte oder nicht, ich hatte für nichts anderes Augen und Ohren.

Sie waren in jeder Hinsicht wunderbar sauber und besaßen keinen Geruch, außer einem sehr angenehmen nach Honig – oder war es eher Lebertran?

Zu meiner Überraschung legte sich Pati, die im Allgemeinen gegenüber jedem Rivalen sehr eifersüchtig war, zu ihnen und erkannte sie offensichtlich als willkommene Gefährten an. Von diesem Tage an waren die vier unzertrennlich.

Zwei Tage später nahmen die Babys zum ersten Mal Milch an. Bis dahin hatten sie auf alle meine Versuche, ihnen verdünnte, ungezuckerte Kondensmilch einzuflößen, nur ihre winzigen Schnauzen gehoben und protestiert: „ng-ng, ng-ng“, ganz ähnlich, wie wir es als Kinder machten, ehe wir bessere Manieren erworben und gelernt hatten, „nein, danke“ zu sagen.

Nachdem sie einmal die Milch angenommen hatten, konnten sie nicht genug davon bekommen. Und alle zwei Stunden musste ich Milch wärmen und den Gummischlauch reinigen, den wir zum Nähren verwendeten, bis wir eine richtige Säuglingsflasche beschaffen konnten. Wir hatten sofort einen Boten zum nächsten afrikanischen Markt ausgeschickt, nicht nur um einen Sauger zu besorgen, sondern auch Lebertran, Glukose und Kartons mit ungezuckerter Dosenmilch. Gleichzeitig hatten wir einen Hilferuf an den District Commissioner in Isiolo, rund hundertfünfzig Meilen entfernt, gesandt, der die Ankunft dreier königlicher Babys innerhalb von vierzehn Tagen ankündigte. Wir baten ihn, bis zu unserer Rückkehr ein bequemes, hölzernes Heim für sie bauen zu lassen.

Innerhalb weniger Tage hatten sich die Babys an uns gewöhnt und waren aller Lieblinge. Pati, ihre gewissenhafte, selbst ernannte Amme, blieb tonangebend. Sie hing an ihnen und machte sich nie etwas daraus, dass die drei schnell wachsenden kleinen Tyrannen auf ihr herumtrampelten oder sie hin und her stießen. Alle drei waren Weibchen.

Selbst in diesem Alter zeigten sie schon eindeutig ihren Charakter. Die „Große“ war von einer wohlwollenden Überlegenheit und zeigte sich den anderen gegenüber nachsichtig. Die zweite war ein Clown, lachte immer und klapste mit beiden Vorderpfoten ihre Milchflasche, während sie mit selig geschlossenen Augen trank. Ich taufte sie „Lustica“, die Lustige. Die dritte war der Größe nach die Schwächste, aber geistig die Lebhafteste. Sie schnüffelte überall herum und wurde von den anderen jedesmal zur Erkundung vorgeschickt, wenn ihnen etwas verdächtig erschien. Ich nannte sie Elsa, weil sie mich an jemand erinnerte, der so hieß.

Das Quartett – Pati und die drei Löwnbabys – verbrachte den größten Teil des Tages unter meinem Feldbett. Offensichtlich erschien ihnen das als ein sicherer Platz und einer, der mit ihrer natürlichen Kinderstube die größte Ähnlichkeit hatte. Sie waren von Natur aus stubenrein und immer sehr bemüht, rechtzeitig den Sand draußen zu erreichen. In den ersten Tagen gab es ein paar Missgeschicke, wenn später aber ganz selten einmal eine kleine Pfütze ihr Heim verunzierte, dann miauten sie und zogen komische kleine Grimassen des Abscheus. Sie waren in jeder Hinsicht wunderbar sauber und besaßen keinen Geruch, außer einem sehr angenehmen nach Honig – oder war es eher Lebertran? Ihre Zungen waren schon so rau wie Sandpapier. Als sie älter wurden, konnten wir sie sogar durch unsere Kleidung spüren, wenn sie uns leckten.

Zwölf Wochen lang ernährten wir sie mit einer Diät aus ungezuckerter Milch, in die Lebertran, Glukose, Knochenmehl und etwas Salz gemischt wurde. Bald zeigten sie uns, dass sie nur noch alle drei Stunden eine Mahlzeit brauchten, und nach und nach wurden die Abstände immer länger.

Ihre Augen waren jetzt geöffnet, sie konnten aber noch keine Entfernungen beurteilen und verfehlten häufig ihr Ziel. Wir gaben ihnen Gummibälle und einen alten Autoschlauch zum Spielen. Dieser erwies sich als ideal für Kampfspiele. Tatsächlich faszinierte sie alles, was aus Gummi bestand oder weich und biegsam war. Sie suchten ständig, einander den Schlauch abzujagen.

Bei all ihren Spielen war Überraschung das wichtigste Element. Von frühester Jugend an beschlichen sie sich gegenseitig – und uns auch – und wussten aus Instinkt, wie man es richtig macht.

Sie griffen immer von hinten an. Sich in Deckung haltend duckten sie sich zusammen, krochen dann langsam auf ihr argloses Opfer zu, bis mit einem fliegenden Sprung der endgültige Angriff kam, durch den die Angreiferin mit ihrem ganzen Gewicht auf dem Rücken ihres Opfers landete und es zu Boden warf. Wenn wir das Ziel eines dieser Überfälle waren, taten wir immer so, als bemerkten wir nichts. Entgegenkommend duckten wir uns zusammen und sahen in die andere Richtung, bis der letzte Ansturm kam. Die Löwenkinder waren von diesem Spiel begeistert.

Pati wollte immer an dem Spiel teilnehmen, achtete allerdings sorgfältig darauf, schweren Prankenschlägen auszuweichen und zu vermeiden, dass sie von ihren Pflegekindern erdrückt wurde, denn die Löwenbabys waren bald dreimal so groß wie sie. Bei allen anderen Gelegenheiten wahrte sie ihre Autorität einfach durch ihren Charakter: Wenn die Löwenbabys zu aggressiv wurden, wies sie sie zurecht, indem sie sich einfach umdrehte und ihnen entgegensah. Ich bewunderte Patis Mut, denn klein wie sie war, gehörte eine Menge dazu, die jungen Löwen von ihrer Furchtlosigkeit zu überzeugen.

Tatsächlich befand sie sich oft in Gefahr, aus Versehen von den Löwenjungen mit einem Gummiball verwechselt zu werden, vor der sie nur ihre ständige Bereitschaft bewahrte, sofort auf einer Fensterbank, einer Leiter oder einer anderen Erhöhung Zuflucht zu suchen. Ehe die Löwenbabys kamen, hatte Pati unter unseren Tierpfleglingen den ersten Platz eingenommen. Darum war ich sehr gerührt, dass sie die kleinen Schurken weiter liebte, obwohl sie die Aufmerksamkeit unserer Besucher von ihr selbst ablenkten.

Als sich die Löwinnen mehr und mehr ihrer Kraft bewusst wurden, erprobten sie sie an allem, was sie finden konnten. Zum Beispiel musste ein

Bodenbelag, wie groß er auch war, herumgezerrt werden, und sie fingen das in löwengerechter Weise an, indem sie ihn unter ihren Körper nahmen und zwischen ihren Vorderbeinen schleiften, so, wie sie später in ihrem Leben ihre Beute schleifen würden. Ein anderes Lieblingsspiel war „König der Burg". Eines der Jungen sprang auf einen Kartoffelsack und hielt die Angreiferinnen in Schach, bis sie plötzlich von einer ihrer Schwestern, die sie von hinten ansprang, entthront wurde. Die Siegerin war im Allgemeinen Elsa, die eine günstige Gelegenheit immer wahrnahm, wenn sie sah, dass die beiden anderen in den Kampf vertieft waren.

Auch unsere paar Bananenstauden wurden als herrliche Spielzeuge betrachtet, und ihre üppigen Blätter waren bald zerfetzt. Auf Bäume klettern war ein weiteres Lieblingsspiel. Die kleinen Löwinnen waren die geborenen Akrobaten, wagten sich aber oft so hoch hinauf, dass sie sich nicht mehr umdrehen und herunterkommen konnten und wir sie retten mussten.

Wenn Nuru [Hausangestellter, der bei der Tierpflege hilft] sie in der Morgendämmerung herausließ, schossen sie mit ihrer ganzen, durch die Nachtruhe aufgespeicherten Energie durch die Tür. Und diesen Augenblick konnte man mit dem Start bei einem Windhundrennen vergleichen. Bei einer solchen Gelegenheit entdeckten sie ein Zelt, in dem sich zwei Männer aufhielten, die uns besuchten. Innerhalb von fünf Minuten war es ein Wrack, und wir wurden durch die Schreie unserer Gäste geweckt, die vergeblich ihren Besitz zu retten suchten, während die jungen Löwinnen in wilder Aufregung unter die Trümmer tauchten und mit den verschiedensten Trophäen wieder erschienen: Hausschuhen, Pyjamas, Fetzen der Moskitonetze. Dieses Mal mussten wir mit einem kleinen Stock die Disziplin wiederherstellen.

Es war auch keine geringe Aufgabe, sie zu Bett zu bringen. Man stelle sich drei sehr nichtsnutzige kleine Mädchen vor, die es wie alle Kinder hassen, schlafen zu gehen, die aber zweimal so schnell laufen konnten wie ihr Kindermädchen und außerdem noch den Vorteil besaßen, im Dunkeln sehen zu können. Wir waren häufig gezwungen, Täuschungsmanöver anzuwenden. Ein sehr erfolgreicher Trick war, einen alten Sack an einen Strick zu binden und ihn gleichmäßig auf ihre Behausung zu und dann hineinzuziehen. Im Allgemeinen konnten sie nicht widerstehen, darauf Jagd zu machen.

Mit dem Spielen im Freien war alles schön und gut, aber die Löwenjungen entwickelten auch eine Vorliebe für Bücher und Kissen. Um also unsere Bibliothek und unseren anderen Besitz zu retten, wurden wir schließlich gezwungen, sie aus dem Haus zu verbannen. Dazu machten wir eine schulterhohe Tür aus einem mit starkem Maschendraht bespannten Holzrahmen und stellten sie vor den Zugang zur Veranda.

Sie verübelten uns das sehr, und um sie für ihren verlorenen Spielplatz zu entschädigen, hängten wir einen Autoreifen an einen Baum, und das erwies sich als eine großartige Sache: Man konnte daran herumkauen und ihn auch als Schaukel benützen. Als ein weiteres Spielzeug gaben wir ihnen ein Stück von einem hohlen Baumstamm, das einen hallenden Ton gab, wenn es angestoßen wurde. Das Beste von allem aber war ein Jutesack. Wir füllten ihn mit alten Autoschläuchen und banden ihn an einen Ast, von dem er einladend herunterbaumelte. Daran war ein zweiter Strick befestigt, und wenn die Jungen an dem Sack hingen, zogen wir an dem Strick und schaukelten sie hoch durch die Luft. Je mehr wir lachten, umso größer war ihr Vergnügen an dem Spiel.

Keines dieser Spiele ließ sie jedoch vergessen, dass sich vor der Veranda immer eine Barriere befand, und sie kamen oft und rieben ihre weichen Nasen gegen den Draht.

Doch keine Hindernisse oder Verbote konnten Lustica dazu bringen, ihre Absicht aufzugeben, ins Haus zu kommen. Wiederholt versuchte sie es an allen Türen. Eine Klinke herunterzudrücken erwies sich als sehr leicht. Selbst mit Drehknöpfen wurde sie fertig. Erst als wir überall Riegel anbrachten, war sie geschlagen, und selbst dann erwischte ich sie einmal dabei, wie sie versuchte, den Riegel mit ihren Zähnen aufzuziehen. Ihre Absicht wurde zwar vereitelt, aber bei dieser Gelegenheit rächte sie sich an uns, indem sie die Wäsche von der Leine riss und mit ihr in den Busch davongaloppierte.

Mit drei Monaten waren die Zähne der Löwenjungen groß genug, dass sie Fleisch fressen konnten. Ich gab ihnen jetzt also rohes, gehacktes Fleisch, und das war das Beste, was wir tun konnten, um der vorverdauten Nahrung von ihrer Mutter nahezukommen. Ein paar Tage lang weigerten sie sich, es anzurühren, und zogen angewiderte Grimassen. Dann versuchte Lustica es und stellte fest, dass es schmeckte. Die anderen ließen sich dadurch ermutigen, und bald gab es bei jeder Mahlzeit Streit.

Das bedeutete, dass die arme Elsa, die immer noch schwächer als die anderen war, geringe Aussichten hatte, ihren gerechten Anteil zu bekommen. Darum bewahrte ich Leckerbissen für sie auf und nahm sie für ihre Mahlzeiten zu mir auf den Schoß. Das liebte sie. Sie rollte ihren Kopf von Seite zu Seite, schloss die Augen und zeigte, wie glücklich sie war. Bei diesen Gelegenheiten saugte sie an meinem Daumen und massierte mit ihren Vorderpfoten meine Oberschenkel, als ob sie den Bauch ihrer Mutter knetete, um mehr Milch zu bekommen. Während dieser Stunden bildete sich das Band zwischen uns. Wir verbanden Spiel und Füttern, und ich verbrachte glückliche Tage mit diesen bezaubernden Geschöpfen. Sie waren von Natur aus träge, und es bedurfte großer Überredung, um sie dazu zu bringen, eine bequeme Stellung aufzugeben. Selbst der delikateste Markknochen konnte sie nicht dazu bringen aufzustehen, und sie rollten sich in eine Stellung, von der aus sie dann am leichtesten darankamen. Aber am liebsten hatten sie es, wenn ich ihnen ihren Knochen hielt und sie, auf dem Rücken liegend, Pfoten in der Luft, daran saugen konnten.

Es war das erste Mal, dass sie so große Tiere sahen, und ohne zu zögern zeigten sie den sprichwörtlichen Mut der Löwen

Wenn die Jungen in den Busch gingen, erlebten sie oft Abenteuer. Eines Morgens folgte ich ihnen, denn ich hatte ihnen ein Wurmpulver gegeben und wollte die Ergebnisse sehen. Ich entdeckte sie ein Stück weit entfernt beim Schlafen. Plötzlich bemerkte ich einen Strom schwarzer Kampfameisen, der sich ihnen näherte. Tatsächlich krabbelten ein paar schon über ihre Körper. Da ich wusste, wie wild diese Ameisen alles angreifen, was ihnen in den Weg kommt, und die Kraft ihrer Kiefer kannte, wollte ich die Jungen gerade wecken, als die Ameisen ihre Richtung änderten.

Bald danach näherten sich fünf Esel, und die Jungen wachten auf. Es war das erste Mal, dass sie so große Tiere sahen, und ohne zu zögern zeigten sie den sprichwörtlichen Mut der Löwen, denn sie griffen alle gleichzeitig diese an. Das Erlebnis stärkte ihr Selbstvertrauen so sehr, dass sie ein paar Tage später, als unsere vierzig Packesel und Maultiere nahe an das Haus kamen, die ganze Kavalkade furchtlos in die Flucht schlugen.

Mit fünf Monaten waren sie in ausgezeichneter Verfassung und wurden jeden Tag kräftiger. Außer nachts waren sie völlig frei. Dann schliefen sie in einem sandigen Gehege aus Felsen, das an ihre hölzerne Behausung grenzte. Das war eine notwendige Vorsichtsmaßnahme, denn häufig streiften wilde Löwen, Hyänen, Schakale und Elefanten um unser Haus herum, und jedes dieser Tiere hätte sie töten können.

Je besser wir die Jungen kennenlernten, umso mehr liebten wir sie, und es war hart für uns, uns mit der Tatsache abzufinden, dass wir nicht ständig drei schnell wachsende Löwinnen bei uns halten konnten. Voller Bedauern beschlossen wir, dass zwei fort mussten, und am besten die beiden großen, die ständig zusammen waren und weniger als Elsa von uns abhingen. Unsere afrikanischen Diener stimmten unserer Wahl zu. Als sie nach ihrer Meinung gefragt wurden, entschieden sie sich einstimmig für die Kleinste.

Von Elsa glaubten wir, dass sie nicht nur für das Leben in Isiolo, sondern auch als Reisegefährtin auf unseren Safaris leicht zu dressieren sei, wenn sie nur uns als Freunde hatte. Als Heim für Lustica und die Große wählten wir den Blydorp Zoo in Rotterdam und trafen Vorbereitungen für ihren Transport mit dem Flugzeug.

Da sie vom Flugplatz Nairobi abfliegen mussten, der hundertachtzig Meilen entfernt lag, entschlossen wir uns, sie langsam ans Autofahren zu gewöhnen, und nahmen sie auf kurzen täglichen Fahrten in meinem Anderthalbtonner mit, der einen Aufbau aus Maschendraht hatte. Wir fingen auch an, sie darin zu füttern, um sie an den Lastwagen zu gewöhnen und um sie zu lehren, ihn als einen ihrer Spielplätze zu betrachten.

Konnte es möglich sein, dass sie meine Rückkehr ahnte? Ein derartiges Verhalten ist schwierig, wenn nicht gar unmöglich zu erklären

Am letzten Tag polsterten wir den Wagen mit weichen Sandsäcken.

Als wir abfuhren, lief Elsa ein kurzes Stück den Weg entlang hinterher, blieb dann mit einem tieftraurigen Ausdruck in den Augen stehen und sah dem Wagen nach, in dem ihre beiden Schwestern verschwanden. Ich fuhr hinten mit den beiden Jungen und hatte mich mit Verbandszeug ausgerüstet, da ich damit rechnete, während der langen Fahrt von ihnen gekratzt zu werden. Indessen beschämten sie mich für meine Vorsichtsmaßnahmen, denn nach einer ruhelosen Stunde legten sich die Löwenjungen auf die Säcke neben mich und umarmten mich mit ihren Pranken. So fuhren wir elf Stunden lang, wobei wir noch durch zwei Reifenpannen aufgehalten wurden. Die Löwinnen konnten sich nicht vertrauensvoller verhalten. Als wir Nairobi erreichten, sahen sie mich mit großen Augen an, ratlos, was sie von all den fremden Geräuschen und Gerüchen halten sollten. Dann trug sie das Flugzeug für immer von ihrem Geburtsland fort.

Nach ein paar Tagen erhielten wir ein Telegramm, das uns die sichere Ankunft unserer Jungen in Holland mitteilte. Als ich sie etwa drei Jahre später besuchte, betrachteten sie mich als eine freundliche Person und erlaubten mir, sie zu streicheln. Sie erkannten mich aber nicht wieder. Sie lebten unter ausgezeichneten Verhältnissen, und im Ganzen war ich froh, als ich erkannte, dass sie sicherlich fast keine Erinnerung mehr an ein freieres Leben besaßen.

Während ich in Nairobi war, zeigte sich Elsa, wie mir George nachher erzählte, sehr verstört und wich keinen Augenblick von seiner Seite. Sie lief ihm überall nach, saß unter seinem Schreibtisch im Büro, wenn er dort arbeitete, und schlief in der Nacht auf seinem Bett. Jeden Abend nahm er sie mit auf einen Spaziergang, aber am Tag meiner Rückkehr weigerte sie sich, ihn zu begleiten, und setzte sich erwartungsvoll mitten auf den Fahrweg. Durch nichts war sie von der Stelle zu bewegen. Konnte es möglich sein, dass sie meine Rückkehr ahnte? Ein derartiges Verhalten ist schwierig, wenn nicht gar unmöglich zu erklären.

Als ich allein ankam, begrüßte sie mich aufgeregt, aber es war herzzerreißend zu sehen, wie sie überall nach ihren Schwestern suchte. Viele Tage lang spähte sie in den Busch hinaus und rief nach ihnen. Sie folgte uns überall hin. Offensichtlich fürchtete sie, auch wir könnten sie verlassen. Um sie zu beruhigen, nahmen wir sie ins Haus. Sie schlief auf unseren Betten, und oft wurden wir von ihr geweckt, wenn sie uns mit ihrer rauen Zunge das Gesicht leckte.

Sobald wie möglich nahmen wir sie dann mit auf eine Safari, um diese Stimmung des Wartens und des Trauerns zu brechen, und zum Glück begeisterte sie sich für alles, was mit einer Safari zusammenhängt, und liebte sie ebenso sehr wie wir.

Mein Lastwagen bildete eine ideale Reisegelegenheit für sie, denn aus bequemer Lage konnte sie alles um sich herum beobachten.

Wir lagerten an dem Fluss Uaso Nyiro, dessen Ufer von Doumpalmen und Akazienbüschen gesäumt werden. In der trockenen Jahreszeit fließt sein seichtes Wasser langsam dem Lorian-Sumpf zu, passiert ein paar Schnellen und bildet viele tiefe Tümpel, die voll von Fischen sind.

In der Nähe unseres Lagers erstreckten sich felsige Höhenzüge. Elsa erforschte ihre Klüfte, und im Allgemeinen endete es damit, dass sie sich oben auf einem Felsen niederließ, von wo sie den umliegenden Busch übersehen konnte.

Ich erinnere mich besonders an einen Abend. Elsa hatte ich an einem Baum vor unseren Zelten festgebunden, und sie begann ihre Mahlzeiten zu verzehren, während ich in der Dunkelheit saß und lauschte.

Pati hüpfte auf meinen Schoß und machte es sich bequem. Nahe dem Fluss zirpte eine Zikade, das fließende Wasser spiegelte den aufgehenden Mond wider. Plötzlich wurde das unverkennbare Grollen von Löwen hörbar, zuerst noch sehr weit entfernt, dann aber allmählich lauter und lauten.

Was für einen Eindruck machte dies auf Elsa? Tatsächlich schien sie die Annäherung von ihresgleichen völlig unberührt zu lassen. Sie zerrte an ihrem Fleisch, kaute mit ihren Backenzähnen Brocken davon ab, rollte sich dann auf den Rücken, streckte alle vier Tatzen in die Luft und schlummerte ein.

Während dieser Jahreszeit ist es sehr heiß. Darum verbrachte Elsa einen Teil des Tages im Wasser. Wenn die Sonne ihr das dann zu unbehaglich machte, erholte sie sich im Schilf, rollte sich dazwischen gelegentlich träge in den Fluss und landete mit einem großen Aufspritzen im Wasser.

Elsa steckte ständig voller Unsinn. Um uns an ihrem Vergnügen teilnehmen zu lassen, bespritzte sie uns immer, wenn wir nicht aufpassten, oder sprang flink aus dem Wasser und stürzte sich, nass wie sie war, auf uns, und wir rollten unversehens mit unseren Kameras, Feldstechern und Gewehren im Sand und wurden von ihrem schweren, pitschnassen Körper zu Boden gedrückt. Ihre Pranken verwendete sie auf vielfache Weise. Sie konnte sanft damit streicheln, aber auch mit voller Wucht einen spielerischen, gut gezielten Klaps abgeben, und sie beherrschte einen kleinen Jiu-Jitsu-Trick, mit dem sie uns unweigerlich flach auf den Rücken warf. Auch wenn wir noch so sehr darauf gefasst waren: sie drehte unsere Knöchel ein wenig mit ihrer Pranke, und wir fielen schlicht und einfach hin.

Vor dem Laut eines Schusses fürchtete Elsa sich nicht und lernte bald, dass das „Bumm“ einen toten Vogel bedeutete. Sie liebte zu apportieren, besonders Perlhühner, deren Federn sie zerknackte, obwohl sie sehr selten ihr Fleisch und niemals die Federn fraß. Der erste Vogel gehörte immer ihr. Sie trug ihn stolz zwischen den Zähnen herum, bis ihr das zu lästig wurde. Dann legte sie ihn mir zu Füßen und sah mich an, als wolle sie sagen: „Trage ihn bitte für mich“, und solange er vor ihrer Nase baumelte, trottete sie dann gut gelaunt hinterher.

Während eines unserer Spaziergänge erstarrte Elsa plötzlich vor einem dicken Sansevieriagebüsch und zog sich dann mit einem hohen Sprung hastig zurück. Dabei sah sie uns mit einem Blick an, als wolle sie sagen: „Warum macht ihr nicht das Gleiche wie ich?“ In diesem Augenblick bemerkten wir zwischen den spitzen, messerscharfen Blättern der Sansevieria eine große Schlange. Sie war in dem undurchdringlichen Dickicht der Pflanze gut geschützt, und wir waren Elsa für ihre Warnung dankbar.

Als wir nach Isiolo zurückkehrten, hatte die Regenzeit begonnen. Das Land war von kleinen Wasserläufen und Tümpeln überzogen. Für Elsa erwies sich das als ein großer Spaß. Sie planschte in jedem einzelnen und ging dazu über, uns stürmisch anzuspringen und mit dem zu bedecken, was sie offensichtlich für himmlischen Matsch hielt. Dieser Scherz ging denn doch zu weit. Wir mussten ihr beibringen, dass sie für solche übermütigen, wilden Sprünge viel zu schwer geworden war. Wir setzten ihr das durch den sparsamen Gebrauch eines kleinen Stockes auseinander. Sie verstand sofort und gab uns danach selten Anlass, wieder zu diesem Mittel zu greifen, obwohl wir den Stock zur Ermahnung stets bei uns trugen.

Inzwischen hatte Elsa auch die Bedeutung von „nein“ verstehen gelernt und gehorchte sogar, wenn sie durch eine Antilope in Versuchung geführt wurde. Alles, was sich bewegte, schien sie herauszufordern, darauf Jagd zu machen. Allerdings war ihr Instinkt zu töten noch nicht voll entwickelt. Sie hatte reichlich Gelegenheit, wilde Tiere zu sehen, aber da wir im Allgemeinen dann bei ihr waren, jagte sie sie lediglich als Spiel und kam immer nach kurzer Zeit zu uns zurück, rieb ihren Kopf gegen unsere Knie und erzählte uns mit leisem Miauen von ihrem Wild.

Um unser Haus lebten alle Arten von Tieren. Eine Herde Wasserböcke und Impala-Antilopen und etwas sechzig Netzgiraffen waren seit vielen Jahren unsere Nachbarn. Elsa begegnete ihnen auf jedem Spaziergang, und sie lernten Elsa sehr gut kennen und erlaubten ihr sogar, sich bis auf wenige Meter anzuschleichen, ehe sie sich ruhig von ihr abwandten.

Auch Mungos machten Elsa viel Spaß. Die kleinen Geschöpfe, die nicht größer als Wiesel sind, leben in verlassenen Termitenhügeln, die ideale Festungen bilden, da sie aus betonhartem Lehm bestehen. Die Hügel sind bis zu acht Fuß hoch und von zahllosen Lüftungskanälen durchzogen und bieten deshalb auch während der heißen Tagesstunden einen kühlen Schutz. Um die Teezeit kamen diese Spaßmacher aus ihren Festungen heraus und suchten sich bis zum Einbruch der Dunkelheit ihre Nahrung aus Larven und Beeren. Dann kehrten sie in ihre Behausungen zurück. Das war die Stunde, zu der uns unsere Spaziergänge oft an ihnen vorbeiführten. Elsa setzte sich völlig ruhig vor einen der Termitenhügel und belagerte die Mungos. Anscheinend fand sie es sehr befriedigend zu sehen, wie die kleinen Clowns ihre Köpfe aus den Luftschächten schoben, nur um einen scharfen Alarmpfiff auszustoßen und wie Schatten zu verschwinden.

Eine aufregende Stunde erlebten wir, als die junge Löwin zum ersten Mal einem Elefanten begegnete. Aber es war auch eine beängstigende, denn die arme Elsa hatte keine Mutter, die sie warnte. Eines Tages kam Nuru, der sie auf ihren Morgenspaziergang geführt hatte, keuchend nach Hause und berichtete, dass Elsa „mit einem Elefanten spiele“. Wir nahmen unsere Gewehre, und er führte uns zum Schauplatz. Dort fanden wir einen großen, alten Elefanten, der, den Kopf in einem Busch vergraben, sein Frühstück genoss. Plötzlich führte Elsa, die von hinten an ihn herangeschlichen war, einen spielerischen Schlag nach einem seiner Hinterbeine. Mit einem Schrei unwilliger Überraschung und beleidigter Würde beantwortete der Elefant diese Unverschämtheit. Er ließ von dem Busch ab und griff an. Elsa sprang flink zur Seite und begann dann völlig unbeeindruckt wieder anzuschleichen. Es war ein sehr komischer, aber auch beängstigender Anblick, und wir konnten nur hoffen, dass wir von unseren Gewehren keinen Gebrauch machen mussten. Zum Glück wurde beiden das Spiel bald zu langweilig. Der Elefant begab sich wieder an sein Frühstück, und Elsa legte sich ganz in der Nähe hin, um zu schlafen.

Aber nicht alle Elefanten, denen Elsa begegnete, benahmen sich so friedfertig. Bei einer anderen Gelegenheit gelang es ihr, eine riesige Panik unter den Tieren auszulösen. Als wir den Schauplatz erreichten, sahen wir eine Herde Elefanten bergab rasen und Elsa dicht hinter ihnen her. Schließlich wurde sie von einem einzelnen Bullen angegriffen. Sie war aber viel zu schnell für ihn, und er gab seine Attacken schließlich auf und folgte seinen Gefährten.

Es schien mir immer wie ein Wunder, dass diese riesigen Tiere sich geräuschlos durch den Busch bewegen können

Auch Giraffen machten ihr großes Vergnügen. Eines Nachmittags, als wir mit ihr unterwegs waren, ließ sie sich mit fünfzig von ihnen ein. Ihren Körper dicht an den Boden gedrückt und vor Aufregung zitternd, schlich sie sich an, näherte sich ihnen Schritt für Schritt. Die Giraffen waren nicht weiter beeindruckt, sondern standen nur da und beobachteten sie ungerührt. Sie sah die Giraffen an, dann zu uns zurück, als wolle sie sagen: „Warum steht ihr wie Zaunpfähle da und verderbt mir meine Jagd?“ Schließlich wurde sie wirklich ärgerlich, stürzte sich mit vollem Schwung auf mich und warf mich flach zu Boden.

Gegen Sonnenuntergang stießen wir auf eine Herde Elefanten. Es wurde dunkel, und wir konnten gerade noch die Umrisse der Elefanten rings um uns herum erkennen.

Es schien mir immer wie ein Wunder, dass diese riesigen Tiere sich geräuschlos durch den Busch bewegen können und dadurch in der Lage sind, einen ohne Warnung zu umzingeln. Dieses Mal bestand kein Zweifel, dass sie uns eingeschlossen hatten. Wo wir uns auch nach einer Lücke umsahen, um hindurchzuschlüpfen, überall blockierte ein Elefant den Weg. Wir versuchten, Elsas Aufmerksamkeit zu fesseln, denn die Situation war nicht gerade geeignet, sie eines ihrer Spielchen mit den Riesen beginnen zu lassen. Aber nur zu bald entdeckte sie sie und sprang mitten zwischen sie hinein. Danach war sie nicht mehr zu halten. Wir hörten das Trompeten der Dickhäuter und ihre schrillen, durchdringenden Schreie. Meine Nerven waren zum Reißen gespannt, denn wie vorsichtig wir uns auch durch den dunklen Busch weiterbewegten, immer stießen wir auf einen Elefanten. Endlich gelang es uns doch, einen Weg herauszufinden und nach Hause zu kommen. Aber natürlich ohne Elsa! Sie traf erst viel später ein. Anscheinend hatte sie sich ausgezeichnet unterhalten und verstand nicht, weshalb ich ein nervöses Wrack war.

Zur Belebung von Elsas Dasein trug jetzt auch ein Nashorn bei, das nahe unserem Haus lebte. Eines Abends bei Dunkelheit, als wir von einem Spaziergang zurückkamen, stürmte die junge Löwin plötzlich hinter die Hütten der Dienerschaft. Ein schrecklicher Tumult setzte ein. Wir liefen hin und sahen Elsa und das Nashorn, die einander gegenüberstanden. Nach ein paar unentschlossenen Augenblicken schnaubte das Nashorn wütend, zog sich zurück und wurde von dem Löwenjungen wild verfolgt.

Am folgenden Abend ging ich mit Elsa und Nuru spazieren. Wir hatten uns verspätet, und es begann bereits dunkel zu werden, als der Somali mich plötzlich an der Schulter packte und davon abhielt, direkt in das Nashorn hineinzulaufen, das uns zugewendet hinter einem Busch stand. Ich sprang zurück und rannte. Glücklicherweise glaubte Elsa, die das Nashorn nicht bemerkt hatte, ich spiele ein Spiel, und folgte mir. Das war ein Glück, denn Nashörner sind unberechenbare Geschöpfe, die es fertig bringen, alles anzugreifen, einschließlich Lastwagen und Züge. Dafür kam Elsa am nächsten Tag zu ihrem Vergnügen. Sie hetzte das Tier zwei Meilen weit durch das Tal, während Nuru treu ergeben hinter ihr herkeuchte. Nach diesem Erlebnis zog sich das Nashorn in ruhigere Gefilde zurück.

Inzwischen hatte sich für Elsas Leben ein fester Tagesablauf entwickelt. Morgens war es kühl. Um diese Tageszeit beobachteten wir häufig die anmutigen Sprünge der Impala-Antilopen und lauschten dem Chor der erwachenden Vögel. Sobald es hell wurde, ließ Nuru Elsa frei, und beide gingen ein kurzes Stück in den Busch. Das Löwenjunge jagte alles, was es finden konnte, einschließlich seines eigenen Schwanzes.

Als die Sonne dann heiß wurde, ließen sich Nuru und sie unter einem Schatten spendenen Baum nieder, und Elsa schlummerte, während er im Koran las und Tee schlürfte. Nuru trug immer ein Gewehr zum Schutz für sich und Elsa gegen wilde Tiere bei sich. Er erwies sich aber als sehr gewissenhaft in der Befolgung unserer Anweisung, „zu schreien, ehe er schoss“. Nuru war Elsa aufrichtig zugetan und behandelte sie sehr gut.

Um die Teezeit kehrten die beiden zurück, und wir übernahmen Elsa. Zuerst bekam sie etwas Milch, dann wanderten wir in die Hügel hinauf oder in die Ebene hinein. Sie kletterte auf Bäume, wetzte ihre Krallen, folgte erregenden Gerüchen oder beschlich Gazellen, die manchmal Versteck mit ihr spielten. Zu unserer großen Überraschung fand sie Schildkröten faszinierend und wälzte sie um und um. Sie spielte sehr gerne und versäumte nie eine Gelegenheit dazu. Wir waren ihr „Rudel“, und sie teilte alles mit uns.

Nashörner sind unberechenbare Geschöpfe, die es fertig bringen, alles anzugreifen, einschließlich Lastwagen und Züge

Bei Einbruch der Dunkelheit kehrten wir nach Hause zurück und brachten sie in ihre Gehege, wo ihre Abendmahlzeit auf sie wartete. Sie bestand aus großen Mengen rohen Fleisches, meistens Schaf und Ziege. Ihr Raufutter bekam sie durch Zermalmen der Rippen und Knorpel. Während ich ihr die Knochen hielt, beobachtete ich das kräftige Spiel der Muskeln auf ihrer Stirn. Ich musste ihr immer das Mark herauskratzen. Sie leckte es mir begierig von den Fingern, stützte ihren schweren Körper in aufrechter Haltung auf meine Arme. Inzwischen saß Pati auf der Fensterbank und beobachtete uns zufrieden, denn sie wusste, dass sie bald an der Reihe war.

Bis dahin saß ich bei Elsa, spielte mit ihr, zeichnete sie oder las. Diese Abende waren unsere intimsten Stunden, und ich glaube, dass ihre Liebe zu uns zum größten Teil während dieser Stunden entstand, wenn sie gefüttert und zufrieden, meinen Daumen noch in ihrem Maul, vor sich dahindämmern konnte. ■

Krambambuli

Die Treue zu seinem Herrn, dem Revierjäger, und die Erinnerung an seinen ersten Besitzer werden Krambambuli schließlich zum Verhängnis.

Marie von Ebner-Eschenbach

Vorliebe empfindet der Mensch für allerlei Dinge und Wesen. *Liebe,* die echte, unvergängliche, die lernt er – wenn überhaupt – nur einmal kennen. So wenigstens meint der Herr Revierjäger Hopp. Wie viele Hunde hat er schon gehabt, und auch gern gehabt, aber lieb, was man sagt lieb und unvergesslich ist ihm nur einer gewesen – der Krambambuli. Er hatte ihn im Wirtshause „Zum Löwen" in Wischau von einem vazierenden Forstgehilfen gekauft oder eigentlich eingetauscht. Gleich beim ersten Anblick des Hundes war er von der Zuneigung ergriffen worden, die dauern sollte bis zu seinem letzten Atemzug. Dem Herrn des schönen Tiers, der am Tisch vor einem geleerten Branntweingläschen saß und über den Wirt schimpfte, weil dieser kein zweites umsonst hergeben wollte, sah der Lump aus den Augen. Ein kleiner Kerl, noch jung und doch so fahl wie ein abgestorbener Baum, mit gelbem Haar und gelbem spärlichem Bart. Der Jägerrock, vermutlich ein Überrest aus der vergangenen Herrlichkeit des letzten Dienstes, trug die Spuren einer im nassen Straßengraben zugebrachten Nacht. Obwohl sich Hopp ungern in schlechte Gesellschaft begab, nahm er trotzdem Platz neben dem Burschen und begann sogleich ein Gespräch mit ihm. Da bekam er es denn bald heraus, dass der Nichtsnutz den Stutzen und die Jagdtasche dem Wirt bereits als Pfänder ausgeliefert hatte und dass er jetzt auch den Hund als solches hergeben möchte; der Wirt jedoch, der schmutzige Leuteschinder, wollte von einem Pfand, das gefüttert werden muss, nichts hören.

Herr Hopp sagte vorerst kein Wort von dem Wohlgefallen, das er an dem Hund gefunden hatte, ließ aber eine Flasche von dem guten Danziger Kirschbranntwein bringen, den der Löwenwirt damals führte, und schenkte dem Vazierenden fleißig ein. – Nun, in einer Stunde war alles in Ordnung. Der Jäger gab zwölf Flaschen von demselben Getränk, bei dem der Handel geschlossen worden – der Vagabund gab den Hund. Zu seiner Ehre muss man gestehen: nicht leicht. Die Hände zitterten ihm so sehr, als er dem Tier die Leine um den Hals legte, dass es schien, er werde mit dieser Manipulation nimmermehr zurechtkommen. Hopp wartete geduldig und bewunderte im Stillen den trotz der schlechten Kondition, in der er sich befand, wundervollen Hund. Höchstens zwei Jahre mochte er alt sein, und in der Farbe glich er dem Lumpen, der ihn hergab, doch war die seine um ein paar Schattierungen dunkler. Auf der Stirn hatte er ein Abzeichen, einen weißen Strich, der rechts und links in kleine Linien auslief, in der Art wie die Nadeln an einem Tannenreis. Die Augen waren groß, schwarz, leuchtend, von tauklaren, lichtgelben Reiflein umsäumt, die Ohren hoch angesetzt, lang, makellos. Und makellos war alles an dem ganzen Hund von der Klaue bis zu der feinen Witternase; die kräftige, geschmeidige Gestalt, das über jedes Lob erhabene Piedestal. Vier lebende Säulen, die auch den Körper eines Hirsches getragen hätten und nicht viel dicker waren als die Läufe eines Hasen. Beim heiligen Hubertus! Dieses Geschöpf musste einen Stammbaum haben, so alt und rein wie der eines deutschen Ordensritters.

Dem Jäger lachte das Herz im Leib über den prächtigen Handel, den er gemacht hatte. Er stand nun auf, ergriff die Leine, die zu verknoten dem Vazierenden endlich gelungen war, und fragte: „Wie heißt er denn?" – „Er heißt wie das, wofür Ihr ihn kriegt: Krambambuli", lautete die Antwort. – „Gut, gut, Krambambuli! So komm! Wirst gehen? Vorwärts!" – Ja, er konnte lang rufen, pfeifen, zerren – der Hund gehorchte ihm nicht, wandte den Kopf dem zu, den er noch für seinen Herrn hielt, heulte, als dieser ihm zuschrie: „Marsch!" und den Befehl mit einem tüchtigen Fußtritt begleitete, suchte aber sich immer wieder an ihn heranzudrängen. Erst nach einem heißen Kampf gelang es Herrn Hopp, die Besitzergreifung des Hundes zu vollziehen. Gebunden und geknebelt musste er zuletzt in einem Sack auf die Schulter geladen und so bis in das mehrere Wegstunden entfernte Jägerhaus getragen werden.

Zwei volle Monate brauchte es, bevor Krambambuli, halb totgeprügelt, nach jedem Fluchtversuch mit dem Stachelhalsband an die Kette gelegt, endlich begriff, wohin er jetzt gehöre. Dann aber, als seine Unterwerfung vollständig geworden war, was für ein Hund wurde er da! Keine Zunge schildert, kein Wort ermisst die Höhe der Vollendung, die er erreichte, nicht nur in der Ausübung seines Berufes, sondern auch im täglichen Leben als eifriger Diener, guter Kamerad und treuer Freund und Hüter. „Dem fehlt nur die Sprache", heißt es von andern intelligenten Hunden – dem Krambambuli fehlte sie nicht; sein Herr zumindestens pflog lange Unterredungen mit ihm. Die Frau des Revierjägers wurde ordentlich eifersüchtig auf den „Buli", wie sie ihn geringschätzig nannte. Manchmal machte sie ihrem Mann Vorwürfe. Sie hatte den ganzen Tag, in jeder Stunde, in der sie nicht aufräumte, wusch oder kochte, schweigend gestrickt. Am Abend, nach dem Essen, wenn sie wieder zu stricken begann, hätte sie gern eins dazu geplaudert.

„Weißt denn immer nur dem Buli was zu erzählen, Hopp, und mir nie? Du verlernst vor lauter Sprechen mit dem Vieh das Sprechen mit den Menschen."

Der Revierförster gestand sich, dass etwas Wahres an der Sache sei; aber zu helfen wusste er nicht. Wovon hätte er mit seiner Alten reden sollen? Kinder hatten sie nie gehabt, eine Kuh durften sie nicht halten, und das zahme Geflügel interessiert einen Jäger im lebendigen Zustand gar nicht und im gebratenen nicht sehr. Für Kulturen aber und für Jagdgeschichten hatte wieder die Frau keinen Sinn. Hopp fand zuletzt einen Ausweg aus diesem Dilemma; statt mit dem Krambambuli sprach er von dem Krambambuli, von den Triumphen, die er allenthalben mit ihm feierte, von dem Neid, den sein Besitz erregte, von den lächerlich hohen Summen, die ihm für den Hund geboten wurden und die er verächtlich von der Hand wies.

Zwei Jahre waren vergangen, da erschien eines Tages die Gräfin, die Frau seines Brotherrn, im Hause des Jägers. Er wusste gleich, was der Besuch zu bedeuten hatte, und als die gute, schöne Dame begann: „Morgen, lieber Hopp, ist der Geburtstag des Grafen …“ setzte er ruhig und schmunzelnd fort: „Und da möchten hochgräfliche Gnaden dem Herrn Grafen ein Geschenk machen und sind überzeugt, mit nichts anderem so viel Ehre einlegen zu können wie mit dem Krambambuli.“ „Ja, ja, lieber Hopp.“ Die Gräfin errötete vor Vergnügen über dieses freundliche Entgegenkommen und sprach gleich von Dankbarkeit und bat, den Preis nur zu nennen, der für den Hund zu entrichten wäre. Der alte Fuchs von einem Revierjäger kicherte, tat sehr demütig und rückte auf einmal mit der Erklärung heraus: „Hochgräfliche Gnaden! Wenn der Hund im Schloss *bleibt,* nicht jede Leine zerbeißt, nicht jede Kette zerreißt oder wenn er sie nicht zerreißen *kann,* sich bei den Versuchen es zu tun, erwürgt, dann behalten ihn Hochgräfliche Gnaden umsonst – dann ist er *mir* nichts mehr wert.“

Krambambuli erhob ein wahnsinniges Geheul, sprang an seinem Herrn empor, stemmte die Vorderpfoten auf dessen Brust und leckte die Freudentränen ab, die dem Alten über die Wangen liefen

Die Probe wurde gemacht, aber zum Erwürgen kam es nicht; denn der Graf verlor früher die Freude an dem eigensinnigen Tier. Vergeblich hatte man es durch Liebe zu gewinnen, mit Strenge zu bändigen gesucht. Er biss jeden, der sich ihm näherte, versagte das Futter, und – viel hat der Hund eines Jägers ohnehin nicht zuzusetzen – kam ganz herunter. Nach einigen Wochen erhielt Hopp die Botschaft, er könne sich seinen Köter abholen. Als er eilends von der Erlaubnis Gebrauch machte und den Hund in seinem Zwinger aufsuchte, da gab's ein Wiedersehen unermesslichen Jubels voll. Krambambuli erhob ein wahnsinniges Geheul, sprang an seinem Herrn empor, stemmte die Vorderpfoten auf dessen Brust und leckte die Freudentränen ab, die dem Alten über die Wangen liefen.

Am Abend dieses glücklichen Tages wanderten sie zusammen ins Wirtshaus. Der Jäger spielte Tarok mit dem Doktor und mit dem Verwalter, Krambambuli lag in der Ecke hinter seinem Herrn. Manchmal sah dieser sich nach ihm um, und der Hund, so tief er auch zu schlafen schien, begann augenblicklich mit dem Schwanz auf den Boden zu klopfen, als wollt er melden: „Präsent!“ Und wenn Hopp, sich vergessend, recht wie einen Triumphgesang das Liedchen anstimmte: „Was macht denn mein Krambambuli?“ richtete der Hund sich würde- und respektvoll auf, und seine hellen Augen antworteten:

„Es geht ihm gut!“

Um dieselbe Zeit trieb, nicht nur in den gräflichen Forsten, sondern in der ganzen Umgebung eine Bande Wildschützen auf wahrhaft tolldreiste Art ihr Wesen. Der Anführer sollte ein verlottertes Subjekt sein. Den „Gelben“ nannten ihn die Holzknechte, die ihn in irgendeiner übel berüchtigten Spelunke beim Branntwein trafen, die Heger, die ihm hie und da schon auf der Spur gewesen waren, ihm aber nie hatten beikommen können, und endlich die Kundschafter, deren er unter dem schlechten Gesindel in jedem Dorf mehrere besaß.

Er war wohl der frechste Gesell, der jemals ehrlichen Jägersmännern etwas aufzulösen gab, musste auch selbst vom Handwerk gewesen sein, sonst hätte er das Wild nicht mit solcher Sicherheit aufspüren und nicht so geschickt jeder Falle, die ihm gestellt wurde, ausweichen können.

Die Wild- und Waldschäden erreichten eine unerhörte Höhe, das Forstpersonal befand sich in grimmigster Aufregung. Da begab es sich nur zu oft, dass die kleinen Leute, die bei irgendeinem unbedeutenden Waldfrevel ertappt wurden, eine härtere Behandlung erlitten, als zu anderer Zeit geschehen wäre und als gerade zu rechtfertigen war.

Große Erbitterung herrschte darüber in allen Ortschaften. Dem Oberförster, gegen den der Hass sich zunächst wandte, kamen gut gemeinte Warnungen in Menge zu. Die Raubschützen, hieß es, hätten einen Eid darauf geschworen, bei der ersten Gelegenheit exemplarische Rache an ihm zu nehmen. Er, ein rascher, kühner Mann, schlug das Gerede in den Wind und sorgte mehr denn je dafür, dass weit und breit kund werde, wie er seinen Untergebenen die rücksichtsloseste Strenge anbefohlen und für etwaige schlimme Folgen die Verantwortung selbst übernommen habe. Am häufigsten rief der Oberförster dem Revierjäger

Hopp die scharfe Handhabung seiner Amtspflicht ins Gedächtnis und warf ihm zuweilen Mangel an „Schneid“ vor, wozu freilich der Alte nur lächelte. Der Krambambuli aber, den er bei solcher Gelegenheit von oben herunter anblinzelte, gähnte laut und wegwerfend. Übel nahmen er und sein Herr dem Oberförster nichts. Der Oberförster war ja der Sohn des Unvergesslichen, bei dem Hopp das edle Weidwerk erlernt, und Hopp hatte wieder ihn als kleinen Jungen in die Rudimente des Berufs eingeweiht. Die Plage, die er einst mit ihm gehabt, hielt er heute noch für eine Freude, war stolz auf den ehemaligen Zögling und liebte ihn trotz der rauen Behandlung, die er so gut wie jeder andere von ihm erfuhr.

Eines Junimorgens traf er ihn eben wieder bei einer Exekution.

Es war im Lindenrondell, am Ende des herrschaftlichen Parks, der an den „Grafenwald“ grenzte, und in der Nähe der Kulturen, die der Oberförster am liebsten mit Pulverminen umgeben hätte. Die Linden standen just in schönster Blüte, und über diese hatte ein Dutzend kleiner Jungen sich hergemacht. Wie Eichkätzchen krochen sie auf den Ästen der herrlichen Bäume herum, brachen alle Zweige, die sie erwischen konnten, ab und warfen sie zur Erde. Zwei Weiber lasen die Zweige hastig auf und stopften sie in Körbe, die schon mehr als zur Hälfte mit dem duftenden Raub gefüllt waren. Der Oberförster raste in unermesslicher Wut. Er ließ durch seine Heger die Buben nur so von den Bäumen schütteln, unbekümmert um die Höhe, aus der sie fielen. Während sie wimmernd und schreiend um seine Füße krochen, der eine mit zerschundenem Gesicht, der andere mit ausgerenktem Arm, ein dritter mit gebrochenem Bein, zerbläute er eigenhändig die beiden Weiber. In einer von ihnen erkannte Hopp die leichtfertige Dirne, die das Gerücht als die Geliebte des „Gelben“ bezeichnete. Und als die Körbe und Tücher der Weiber und die Hüte der Buben in Pfand genommen wurden und Hopp den Auftrag bekam, sie aufs Gericht zu bringen, konnte er sich eines schlimmen Vorgefühls nicht erwehren.

Der Hund, so tief er auch zu schlafen schien, begann augenblicklich mit dem Schwanz auf den Boden zu klopfen, als wollt er melden: „Präsent!“

Der Befehl, den ihm damals der Oberförster zurief, wild wie ein Teufel in der Hölle und wie ein solcher umringt von jammernden und gepeinigten Sündern, ist der Letzte gewesen, den der Revierjäger im Leben von ihm erhalten hat. Eine Woche später traf er ihn wieder im Lindenrondell – tot. Aus dem Zustand, in dem die Leiche sich befand, war zu ersehen, dass sie hierher, und zwar durch Sumpf und Geröll geschleppt worden war, um an dieser Stelle aufgebahrt zu werden. Der Oberförster lag auf abgehauenen Zweigen, die Stirn mit einem dichten Kranz aus Lindenblüten umflochten, einen ebensolchen als Bandelier um die Brust gewunden. Sein Hut stand neben ihm mit Lindenblüten gefüllt. Auch die Jagdtasche hatte der Mörder ihm gelassen, nur die Patronen herausgenommen und statt ihrer Lindenblüten hineingesteckt. Der schöne Hinterlader des Oberförsters fehlte und war durch einen elenden Schießprügel ersetzt. Als man später die Kugel, die seinen Tod verursacht hatte, in der Brust des Ermordeten fand, zeigte es sich, dass sie genau in den Lauf dieses Schießprügels passte, der dem Förster gleichsam zum Hohn über die Schulter gelegt worden war. Hopp stand beim Anblick der entstellten Leiche regungslos vor Entsetzen. Er hätte keinen Finger heben können, und auch das Gehirn war ihm wie gelähmt; er starrte nur und starrte und dachte anfangs gar nichts, und erst nach einer Weile brachte er es zu einer Beobachtung, einer stummen Frage: – „Was hat denn der Hund?“

Kambambuli beschnüffelt den toten Mann, läuft wie nicht gescheit um ihn herum, die Nase immer am Boden. Einmal winselt er, einmal stößt er einen schrillen Freudenschrei aus, macht ein paar Sätze, bellt, und es ist gerade so, als erwache in ihm eine längst erstorbene Erinnerung …

„Herein“, ruft Hopp, „da herein!“ Und Krambambuli gehorcht, sieht aber seinen Herrn in allerhöchster Aufregung an, und – wie der Jäger sich auszudrücken pflegte – sagt ihm: „Ich bitte dich um alles in der Welt, siehst du denn nichts? Riechst du denn nichts? … O lieber Herr, schau doch! Riech doch! O Herr, komm! Da her komm! …“ Und tupft mit der Schnauze an des Jägers Knie und schleicht, sich oft umsehend, als frage er: „Folgst du mir?“ zu der Leiche zurück und fängt an, das schwere Gewehr zu heben und zu schieben und ins Maul zu fassen, in der offenbaren Absicht, es zu apportieren.

Dem Jäger läuft ein Schauer über den Rücken, und allerlei Vermutungen dämmern in ihm auf. Weil das Spintisieren aber nicht seine Sache ist, es ihm auch nicht zukommt, der Obrigkeit Lichter aufzustecken, sondern vielmehr den grässlichen Fund, den er getan hat, unberührt zu lassen und seiner Wege – das heißt in dem Fall *recte* zu Gericht – zu gehen, so tut er denn einfach, was ihm zukommt.

Nachdem es geschehen und alle Förmlichkeiten, die das Gesetz bei solchen Katastrophen vorschreibt, erfüllt, der ganze Tag und auch ein Stück der Nacht darüber hingegangen sind, nimmt Hopp, ehe er schlafen geht, noch seinen Hund vor.

„Mein Hund“, spricht er, „jetzt ist die Gendarmerie auf den Beinen, jetzt gibt's Streifereien ohne Ende. Wollen wir es andern überlassen, den Schuft, der unsern Oberförster erschossen hat, wegzuputzen aus der Welt? – Mein Hund kennt den niederträchtigen Strolch, kennt ihn, ja, ja! Aber das braucht niemand zu wissen, das habe ich nicht ausgesagt ... Ich, hoho! ... Ich werd meinen Hund hineinbringen in die Geschichte ... Das könnt mir einfallen!“ Er beugte sich über Krambambuli, der zwischen seinen ausgespreizten Knien saß, drückte die Wange an den Kopf des Tiers und nahm seine dankbaren Liebkosungen in Empfang. Dabei summte er: „Was macht denn mein Krambambuli?“, bis der Schlaf ihn übermannte.

Seelenkundige haben den geheimnisvollen Drang zu erklären gesucht, der manchen Verbrecher stets wieder an den Schauplatz seiner Untat zurückjagt. Hopp wusste von diesen gelehrten Ausführungen nichts, strich aber dennoch ruh- und rastlos mit seinem Hund in der Nähe des Lindenrondells herum.

Am zehnten Tag nach dem Tod des Oberförsters hatte er zum ersten Mal ein paar Stunden lang an etwas anderes gedacht als an seine Rache und sich im „Grafenwald“ mit dem Bezeichnen der Bäume beschäftigt, die beim nächsten Schlag ausgenommen werden sollten.

Wie er nun mit seiner Arbeit fertig ist, hängt er die Flinte wieder um und schlägt den kürzesten Weg ein, quer durch den Wald gegen die Kulturen in der Nähe des Lindenrondells. Im Augenblick, in dem er auf den Fußsteig treten will, der längs des Buchenzauns läuft, ist ihm, als höre er etwas im Laub rascheln. Gleich darauf herrscht jedoch tiefe Stille, tiefe, anhaltende Stille. Fast hätte er gemeint, es sei nichts Bemerkenswertes gewesen, wenn nicht der Hund so merkwürdig dreingeschaut hätte. Der stand mit gesträubtem Haar, den Hals vorgestreckt, den Schwanz aufrecht, und glotzte eine Stelle des Zaunes an. Oho! dachte Hopp, wart' Kerl, wenn du's bist! trat hinter einen Baum und spannte den Hahn seiner Flinte. Wie rasend pochte ihm das Herz, und der ohnehin kurze Atem wollte ihm völlig versagen, als jetzt plötzlich, Gottes Wunder! – durch den Zaun der „Gelbe" auf den Fußsteig trat. Zwei junge Hasen hingen an seiner Weidtasche und auf seiner Schulter, am wohlbekannten Juchtenriemen, der Hinterlader des Oberförsters. Nun wär's eine Passion gewesen, den Racker niederzubrennen aus sicherem Hinterhalt.

Aber nicht einmal auf den schlechtesten Kerl schießt der Jäger Hopp, ohne ihn angerufen zu haben. Mit einem Satz springt er hinter dem Baum hervor und auf den Fußsteig und schreit: „Gib dich, Vermaledeiter!" Und als der Wildschütz zur Antwort den Hinterlader von der Schulter reißt, gibt der Jäger Feuer … All ihr Heiligen – ein sauberes Feuer! Die Flinte knackst nur anstatt zu knallen. Sie hat zu lang mit aufgesetzter Kapsel im feuchten Wald am Baum gelehnt – sie versagt.

Gute Nacht, so sieht das Sterben aus, denkt der Alte. Doch nein – er ist heil, sein Hut nur fliegt, von Schroten durchlöchert, ins Gras.

Der andre hat auch kein Glück; das war der letzte Schuss in seinem Gewehr, und zum nächsten zieht er eben erst die Patrone aus der Tasche …

„Pack an!" ruft Hopp seinem Hund heiser zu: „Pack an!" Und:

„Herein, zu mir! Herein, Krambambuli!" lockt es drüben mit zärtlicher, liebevoller – ach, mit altbekannter Stimme …

Der Hund aber – –

Was sich nun begab, begab sich viel rascher, als man es erzählen kann.

Krambambuli hatte seinen ersten Herrn erkannt und rannte auf ihn zu, bis – in die Mitte des Weges. Da pfeift Hopp, und der Hund macht kehrt, der „Gelbe" pfeift, und der Hund macht wieder kehrt und windet sich in Verzweiflung auf einem Fleck, in gleicher Distanz von dem Jäger wie von dem Wildschützen, zugleich hingerissen und gebannt …

Zuletzt hat das arme Tier den trostlos unnötigen Kampf aufgegeben und seinen Zweifeln ein Ende gemacht; aber nicht seiner Qual. Bellend, heulend, den Bauch am Boden, den Körper gespannt wie eine Sehne, den Kopf emporgehoben, als riefe es den Himmel zum Zeugen seines Seelenschmerzes an, kriecht es – seinem ersten Herrn zu.

Bei dem Anblick wird Hopp von Blutdurst gepackt. Mit zitternden Fingern hat er die neue Kapsel aufgesetzt – mit ruhiger Sicherheit legt er an. Auch der „Gelbe“ hat den Lauf wieder auf ihn gerichtet. Diesmal gilt's! Das wissen die beiden, die einander auf dem Korn haben, und was auch in ihnen vorgehen möge, sie zielen so ruhig wie ein paar gemalte Schützen.

Zwei Schüsse fallen. Der Jäger trifft, der Wildschütz fehlt.

Warum? Weil er – vom Hund mit stürmischer Liebkosung angesprungen – gezuckt hat im Augenblick des Losdrückens. „Bestie!“ zischt er noch, stürzt rücklings hin und rührt sich nicht mehr.

Der ihn gerichtet, kommt langsam herangeschritten. Du hast genug, denkt er, um jedes Schrotkorn wär's schad bei dir. Trotzdem stellt er die Flinte auf den Boden und lädt von neuem. Der Hund sitzt aufrecht vor ihm, lässt die Zunge heraushängen, keucht kurz und laut und sieht ihm zu. Und als der Jäger fertig ist und die Flinte wieder zur Hand nimmt, halten sie ein Gespräch, von dem kein Zeuge ein Wort vernommen hätte, wenn es auch statt eines toten ein lebendiger gewesen wäre.

„Weißt du, für wen *das* Blei gehört?“

„Ich kann es mir denken.“

„Deserteur! Kalfakter, pflicht- und treuvergessene Kanaille!“

„Ja, Herr, jawohl.“

„Du warst meine Freude. Jetzt ist's vorbei. Ich habe keine Freude mehr an dir.“

„Begreiflich, Herr“, und Krambambuli legte sich hin, drückte den Kopf auf die ausgestreckten Vorderpfoten und sah den Jäger an.

Ja, hätte das verdammte Vieh ihn nur nicht angesehen! Da würde er ein rasches Ende gemacht und sich und dem Hund viel Pein erspart haben. Aber so geht's nicht! Wer könnte ein Geschöpf niederknallen, das einen so ansieht? Herr Hopp murmelt

ein halbes Dutzend Flüche zwischen den Zähnen, einer gotteslästerlicher als der andre, hängt die Flinte wieder um, nimmt dem Raubschützen noch die jungen Hasen ab und geht.

Der Hund folgte ihm mit den Augen, bis er zwischen den Bäumen verschwunden war, stand dann auf, und sein mark- und beinerschütterndes Wehgeheul durchdrang den Wald. Ein paarmal drehte er sich im Kreis und setzte sich wieder aufrecht neben den Toten hin. So fand ihn die gerichtliche Kommission, die, von Hopp geleitet, bei sinkender Nacht erschien, um die Leiche des Raubschützen in Augenschein zu nehmen und fortschaffen zu lassen. Krambambuli wich einige Schritte zurück, als die Herren herantraten. Einer von ihnen sagte zu dem Jäger: „Das ist ja Ihr Hund." „Ich habe ihn hier als Schildwache zurückgelassen", antwortete Hopp, der sich schämte, die Wahrheit zu gestehen. – Was half's? Sie kam doch heraus; denn als die Leiche auf den Wagen geladen war und fortgeführt wurde, trottete Krambambuli gesenkten Kopfes und mit eingezogenem Schwanz hinterher. Unweit der Totenkammer, in der der „Gelbe" lag, sah ihn der Gerichtsdiener noch am folgenden Tag herumstreichen. Er gab ihm einen Tritt und rief ihm zu: „Geh nach Hause!" – Krambambuli fletschte die Zähne gegen ihn und lief davon, wie der Mann meinte, in die Richtung des Jägerhauses. Aber dorthin kam er nicht, sondern führte ein elendes Vagabundenleben.

Krambambuli lag verendet vor ihm, den Kopf an die Schwelle gepresst, die zu überschreiten er nicht mehr gewagt hatte

Verwildert, zum Skelett abgemagert, umschlich er einmal die armen Wohnungen der Häuser am Ende des Dorfes. Plötzlich stürzte er auf ein Kind los, das vor der letzten Hütte stand, und entriss ihm gierig das Stück harten Brotes, an dem es nagte. Das Kind blieb starr vor Schrecken, aber ein kleiner Spitz sprang aus dem Hause und bellte den Räuber an. Dieser ließ sogleich seine Beute fahren und entfloh.

Am selben Abend stand Hopp vor dem Schlafengehen am Fenster und blickte in die schimmernde Sommernacht hinaus. Da war ihm, als sähe er jenseits der Wiese am Waldessaum den Hund sitzen, die Stätte seines ehemaligen Glückes unverwandt und sehnsüchtig betrachtend – der Treueste der Treuen, herrenlos!

Der Jäger schlug den Laden zu und ging zu Bett. Aber nach einer Weile stand er auf, trat ans Fenster – der Hund war nicht mehr da. Und wieder wollte er sich zur Ruhe begeben, und wieder fand er sie nicht.

Er hielt es nicht mehr aus. Sei es, wie es sei ... Er hielt es nicht mehr aus ohne den Hund. – Ich hol ihn heim, dachte er und fühlte sich wie neugeboren nach dem Entschluss. Beim ersten Morgengrauen war er angekleidet, befahl seiner Alten, mit dem Mittagessen nicht auf ihn zu warten und sputete sich hinweg. Wie er aber aus dem Hause trat, stieß sein Fuß an denjenigen, den er in der Ferne zu suchen ausging. Krambambuli lag verendet vor ihm, den Kopf an die Schwelle gepresst, die zu überschreiten er nicht mehr gewagt hatte.

Der Jäger verschmerzte ihn nie. Die Augenblicke waren seine besten, in denen er vergaß, dass er ihn verloren hatte. In freundliche Gedanken versunken intonierte er dann sein berühmtes: „Was macht denn mein Krambam ...“ Aber mitten in dem Wort hielt er bestürzt inne, schüttelte das Haupt und sprach mit einem tiefen Seufzer: „Schad um den Hund.“ ■

Der Käpten und die alte Fregatte

Ein leer stehender Horst wird zum Schauplatz der Romanze zwischen dem Käpten, einem zugeflogenen Weißstorch, und seiner Partnerin, der alten Fregatte.

Otto von Frisch

Vor vielen Jahren wollte ich einmal die Geschichte eines Storches aufschreiben oder besser die Geschichte eines Storchenhorstes. Den Horst gab es nämlich zuerst. Ich hatte diesen Horst zusammen mit einigen Helfern aus einem alten Wagenrad, Drahtgeflecht und Zweigen gebaut und in der Spitze einer Pappel befestigt, an der Grenze meines Grundstücks am Rand eines Dorfes. In diesem Dorf waren immer ein bis zwei Storchenpaare gewesen, aber dann kamen auf einmal keine mehr. Der Storchenbestand nahm überall in der Umgebung ab. Ich hatte gemeint, mein Horst in der Pappel würde vielleicht doch noch einmal ein Storchenpaar zur Brut locken, zumal immer wieder Störche im Frühjahr zur Zugzeit vorüberflogen und auch manchmal auf dem einen oder anderen Dach eine Rast einlegten.

Aber aus der Geschichte wurde nichts, denn solange ich damals an meinem Buch schrieb, geschah nichts weiter am Horst, als dass einmal eine Störchin für einige Tage dort verweilte, um dann doch wieder weiterzuziehen.

Wie das so ist, mein Buch war kaum erschienen, da begann die Storchengeschichte sich anzubahnen. Die Ereignisse an meinem Horst hielten mich vier Jahre in Spannung, und nun will ich die Geschichte hier erzählen. Dabei muss ich einige Ereignisse noch einmal beschreiben, denn dieses Buch von damals gibt es nicht mehr

In meinem Garten lebten zwei zahme Störche, Max und Morine. Morine hieß ursprünglich Moritz, bevor ich herausbekam, dass es eine Störchin war. Beide konnten nicht gut fliegen, waren handaufgezogen und für ein Leben in Freiheit nicht geschaffen. Als Futter bekamen sie Eintagsküken, Mäuse und Fische und schluckten jeden Tag eine ganze Menge davon. Sie verbrachten Sommer und Winter in einem geräumigen Gatter mit einem Teich, einer Wiese und mit Bäumen. Die Pappel mit dem Horst stand unmittelbar am Rand des Gatters und am Ufer der Aue.

Wie gesagt, drei Jahre tat sich nichts Aufregendes am Horst, und ich hatte die Hoffnung längst aufgegeben, dass er bezogen werden könnte.

Aber dann, Ende April des vierten Jahres, kreiste hoch am Himmel über dem Dorf wieder einmal ein einzelner Storch. Ich sah gar nicht lange zu, denn allzuoft war ich schon enttäuscht worden, wenn die Störche weiterzogen, ohne sich um den Horst zu kümmern.

Aus den Augenwinkeln blinzelte ich aber doch hinauf und merkte bald, dass dieser Storch tiefer kam, ständig engere Kreise ziehend und fast ohne jeden Flügelschlag.

Woher er so vertraut war, woher er sofort mitbekommen hatte, dass es da aus den Eimern Futter gab, blieb sein Geheimnis

Jetzt war er bereits verdächtig tief, man konnte schon sehen, wie er den Horst in Augenschein nahm, einmal den Kopf nach rechts, dann wieder nach links drehend. Plötzlich zog er die Schwingen etwas an, fuhr seine langen Beine aus und kam mit allen Federn bremsend herunter. Sekunden später stand er auf dem Horst und fing an zu klappern, was das Zeug hielt.

Der Größe und der Form des Schnabels nach konnte es ein Männchen sein. Aber schön war der Storch nicht. Sein Gefieder war alles andere als weiß, hatte einen graugelben, schmutzigen Anflug und sah ruppig und zerzaust aus. Außerdem war er furchtbar mager und rundum ungepflegt. Wie ein Käpten, der von einer langen Seereise zurückkehrt.

Wie ein alter Käpten! Damit hatte dieser Storch seinen Namen weg.

Max und Morine unten im Gatter machten sich dünn und verdrückten sich hinter die Büsche. Da sie nicht fliegen konnten, waren sie im Fall eines Kampfes dem Wildstorch unterlegen. Instinktiv wichen sie daher zunächst einer Begegnung aus.

Der Neuankömmling hatte aber offenbar einstweilen nichts mit ihnen im Sinn. Er äugte zwar herunter, blieb aber oben im Horst, putzte sich ausgiebig, aber ohne Erfolg und klapperte zwischendurch mit weit auf den Rücken gebogenem Hals. Es schien, als würden ihm der Horst und auch die Umgebung nicht schlecht gefallen. Nur bedeutete das noch gar nichts.

Am Abend war er immer noch da. Nur einmal hatte er den Horst zu einem kurzen Rundflug verlassen, kehrte aber schon nach wenigen Minuten zurück.

Dann machte ich meine Runde, um meine Tiere wie jeden Abend zu füttern, in jeder Hand einen Eimer.

Im Gatter bei Max und Morine stellte ich die Eimer ab, und als ich zum Horst hinaufsah, stand der Käpten da oben am Rand und schaute mit langem Hals zu mir herunter. Ich dachte, er sei vielleicht misstrauisch und meine Nähe würde ihn beunruhigen, und bewegte mich langsam und vorsichtig, um ihn nicht zu verjagen.

Aber etwas völlig Unerwartetes trat ein. In dem Augenblick, als ich für meine zahmen Störche eine Hand voll toter Mäuse und Eintagsküken auf die Wiese warf, rauschte es über mir, und der Käpten kam fast im Sturzflug zwischen all den alten Bäumen, dicken Ästen und dem Gestrüpp herunter ins Gatter. Spornstreichs marschierte er auf das Futter zu, nur ein paar Meter von mir entfernt, und verspeiste die gesamte Portion.

Er nahm auch noch dankbar einen Nachschlag. Erst als sein Hals bis obenhin gefüllt war, schwang er sich wieder auf die Flügel, zog eine Runde über dem Garten und erreichte heftig rudernd schließlich wieder den Horst. Jetzt konnte ich auch Max und Morine zu ihren Rationen verhelfen, die sich nur zögernd aus ihren Verstecken wagten.

Der Käpten musste satt und zufrieden die Nacht auf dem Horst verbracht haben, denn als ich am anderen Morgen früh aus dem Fenster schaute, stand er dort und gähnte. Sein Frühstück, von mir serviert, holte er sich natürlich auch, als wäre dies die selbstverständlichste Sache der Welt, und dabei blieb es. Ich hatte den Käpten zu versorgen.

Woher er so vertraut war, woher er sofort mitbekommen hatte, dass es da aus den Eimern Futter gab, blieb sein Geheimnis. Aber sicher trug die Anwesenheit und Zahmheit von Max und Morine dazu bei, dass auch der Käpten wenig Scheu zeigte. Wo den beiden nichts passierte und womit diese sich die Bäuche füllten, das konnte auch für ihn nicht von Schaden sein.

Er benahm sich auch sonst recht ungeniert.

Im Garten gab es außer dem Teich im Gatter der Störche noch einen zweiten zwischen Blumenbeeten, der wesentlich flacher war und ein Zierteich sein sollte. In ihm hegte ich ein Dutzend Goldfische, die regelmäßig im Keller in einer alten Badewanne überwinterten und im Frühjahr erst in den Teich kamen.

Es dauerte nur drei Tage, bis der Käpten die ja nicht gerade unauffälligen Goldfische entdeckt hatte, sicherlich von seinem Horst aus. Flugs ging er zum Teich und holte sich einen nach dem anderen heraus. Alle zwölf hintereinander. Anschließend blickte er längere Zeit traurig auf die geleerte Fläche, versuchte in den nächsten Tagen oft aufs Neue, dort etwas zu finden, und musste sich wohl oder übel weiterhin mit Mäusen und Küken zufrieden geben.

Schließlich schwang er sich bereits vom Horst ab, wenn ich zur Futterzeit mit den Eimern aus der Haustür kam, und erwartete mich gierig im Gatter. Er flog auch schon hinaus in die Wiesen und Felder, aber ich hatte nicht den Eindruck, dass er sich dort übermäßig viel Mühe gab, nach Nahrung zu fahnden. Die bekam er bei mir einfacher.

Er blieb allein. Eine Störchin stellte sich nicht ein in diesem Jahr, und nachdem der Juni vorbeigegangen war, verschwand eines Tages auch der Käpten wieder, der Horst war verlassen und Max und Morine konnten sich endlich wieder normal verhalten.

Herbst und Winter gingen vorbei. Das nächste Frühjahr kam und der April. Mein Nachbar, auf dessen Dach die Störche in früheren Jahren einen Horst hatten, pflegte zu sagen: „An meinem Geburtstag kommen sie." Er meinte die Störche, und sein Geburtstag war der 23. April.

Es kam aber nichts am 23. und auch nicht am 24., und am 1. Mai auch nicht.

Am 6. Mai schrien dann meine Kinder: „Ein Storch, ein Storch!" Ich lief hinaus und fragte. „Wo denn?", weil der Horst zu dieser Jahreszeit schon fast völlig von Blättern verdeckt und von unten schlecht einzusehen war.

„Im Gatter steht er bei Morine", rief Julian, und wirklich turtelte da ein fremder Storch mit meiner Störchin herum, während Max sich unsichtbar gemacht haben musste. Ich konnte ihn jedenfalls nirgendwo entdecken.

Fremder Storch?

Dieses ruppige, dreckige Gefieder kam mir doch bekannt vor! Diese hagere Gestalt!

Kaum hatte mich der Storch gesehen, kam er auch schon daher. „Holt ein paar Küken, schnell“, sagte ich zu den Kindern. Sie spurteten ins Haus und kamen mit dem Futtereimer zurück.

Natürlich war es der Käpten. Die Art und Weise, wie er mein Futter verschlang und nicht die geringste Scheu zeigte, entlarvte ihn als diesen.

Da war er also wieder. Wieder alleine. Er hatte sich den gut gedeckten Tisch den langen Winter über wohl gemerkt. Und auch der Goldfischteich war nicht vergessen.

Nachdem er nämlich seine Portion aus dem Eimer verschluckt hatte, überflog er den Gatterzaun und stelzte zum Teich hin, in den ich kurz vorher einen neuen Schwarm goldener Fischchen gesetzt hatte.

Nach knapp zehn Minuten war der Teich leer.

Eines Tages verschwand auch der Käpten wieder, der Horst war verlassen und Max und Morine konnten sich endlich wieder normal verhalten

Ich dachte bei mir: „Wohl bekomm 's!“ Und ich freute mich über diesen schlauen Burschen. Auch wenn es nur der Käpten allein war, der meinen Horst und den Himmel über meinem Grundstück belebte, so brachte er doch einen Hauch von Storchenleben in diese Gegend.

In der folgenden Zeit machte der Käpten Morine gewaltig den Hof. Er war mehr im Gatter als oben im Horst, klapperte Morine an und verleitete sie zum Mitklappern. Und Morine, die früher ihrem Max gegenüber stets eher das zurückhaltende scheue Mädchen herausgekehrt hatte, ließ auf einmal jegliche Keuschheit sausen und schmiss sich dem Käpten an den Hals.

Sie scharwenzelte ständig um ihn herum, und wenn er einmal oben am Horst war, blickte sie sehnsüchtig hinauf und klapperte so lange, bis sie ihn wieder bei sich hatte.

Nun konnte Morine ja nicht fliegen. Sosehr sich der Käpten bemühte, sie seinerseits auf den Horst hoch in der Pappel zu locken, alles blieb umsonst.

Ich musste Hilfe schaffen.

Ein Horst musste her, und zwar unten im Gatter, etwas erhöht, aber zu Fuß über eine Art Laufsteg erreichbar. Ich brauchte nur einen Tag, um ihn zu bauen. Ein alter Baumstumpf diente als Unterlage. Darauf kam ein ausrangierter, von Mäusen durchlöcherter Gartenkorb, der mit Laub, Grassoden und Zweigen gefüllt wurde. Als Steg zu diesem Nest hinauf brachte ich ein paar grobe Äste an.

Es war ein wunderschöner Horst, in meinen Augen jedenfalls. Dem Käpten gefiel er nicht. Er wollte höher hinaus. Morine stieg einmal in den Horst hinein, zupfte gelangweilt einige Zweige mit dem Schnabel heraus und warf sie auf die Erde. Dann klettere sie wieder hinunter und würdigte ihn weiterhin keines Blickes mehr.

Ich war beleidigt. Ich versuchte, den beiden die Sache doch noch schmackhaft zu machen, indem ich dies und jenes verbesserte und verschönte, aber offenbar hatte ich völlig andere Ansichten vom Bau eines Storchennestes als die Störche selbst.

Aber zwischen den beiden ging nichts. Das ist so bei Tieren wie bei Menschen auch: Man mag sich oder mag sich nicht

Schließlich holte ich noch einen Freund aus dem Dorf zu Hilfe, der schon beim Bau des Pappelhorstes mit Rat und Tat dabei gewesen war, und zeigte ihm mein Machwerk. „Der Rand ist zu hoch“, sagte er, und wir schnitten den Rand des Korbes ab.

„Das Gras ist zu frisch und zu nass“, sagte er, und ich holte neues, trockeneres und altes Gras. Dann waren noch die Zweige zu grob und die Trittleiter zu steil. Auch das brachten wir in Ordnung.

Als wir gerade mit allem fertig waren, das Gatter verlassen hatten und uns draußen unterhielten, schwenkte der Käpten in einer eleganten Kurve herunter, landete einen Meter vor Morine, klapperte und stieg auf ihren Rücken.

Wir würden Zeugen einer Begattung.

„Na, jetzt aber geht's los“, sagte mein Freund. „Das macht mein neuer Horst!“ Und ging nach Hause.

Der neue Horst machte gar nichts. Er interessierte die Störche nach wie vor nicht im geringsten, und nachdem der Käpten wohl langsam merkte, dass er Morine nicht auf die Pappel bekam und weil das Nest unten ihm nicht gefiel, stellte er seine Bemühungen ein. Er ließ ganz einfach die kleine Störchin sitzen, verschwand oft tagelang, kam nur noch selten zum Fressen und vagabundierte in der Nachbarschaft herum.

Morine war frustriert. Das drückte sich darin aus, dass sie Max im Gatter umherscheuchte, als sei er schuld an dem Geschehen, und ihn wie einen Pantoffelhelden behandelte. Er hatte überhaupt nichts mehr zu sagen und durfte sich nur aus seiner Ecke wagen, wenn Morine satt und schläfrig auf dem Bauch saß und döste.

Ich versuchte, ihm ein wenig zu helfen, indem ich ihm zuerst Futter brachte und ab und zu Morine kräftig von ihm wegscheuchte, wenn sie ihn wieder einmal mit dem Schnabel traktierte, aber viel nützte das nicht.

Erst im Spätsommer – der Käpten war lange endgültig verschwunden – wurde Morine friedlicher und duldsamer Max gegenüber, und im Gatter kehrte der Frieden ein.

Man mag sich fragen, warum sich Max und Morine nicht miteinander paarten. Lange genug waren sie schon zusammen und mussten auf jeden Fall geschlechtsreif sein, denn Max kam ins fünfte Jahr und Morine ins vierte.

Aber zwischen den beiden ging nichts. Das ist so bei Tieren wie bei Menschen auch: Man mag sich oder mag sich nicht.

Gerade zwischen Vogelpartnern kommt es durchaus nicht immer zu einer Paarbildung, nur weil ein Männchen und ein Weibchen zusammen gehalten werden. Jeder Vogelhalter weiß das und muss oft immer wieder den einen oder anderen Partner austauschen, bis dann plötzlich der Funke überspringt.

Anfangs hatte ich schon gehofft, dass zwischen meinen beiden etwas zustande kommen würde. Störche brüten durchaus in Gehegen und ziehen Junge auf, genau in solchen Horsten, wie ich da einen gebaut hatte. Aber Max und Morine mochten nicht, irgendetwas passte nicht zwischen ihnen, sie vertrugen sich gerade so schlecht und recht. Jetzt also gaben sie wieder Ruhe untereinander, und wenn sie schon keine Lust auf gemeinsamen Nachwuchs zeigten, so waren die beiden doch schöne gesunde Störche mit schneeweißen Federn, roten Beinen und Schnäbeln. Im Winter blieben sie im Freien.

Die Kälte machte ihnen wenig aus, solange die Temperatur nicht unter fünfzehn Grad Celsius fiel. Wurde es doch einmal kälter, dann legten sie sich ins Heu und deckten die kälteempfindlichen langen Beine mit ihren Körpern zu.

Und auch dieser Winter verging.

Und abermals wurde es Frühling. Am 23. April gratulierte ich meinem Nachbarn. Es regnete in Strömen und war kalt. Kein Tag für Störche.

Es regnete zwei Wochen lang. Am 4. Mai kam die Sonne.

Am 5. Mai kamen die Störche.

Der Käpten kam, unverkennbar, und er brachte eine Störchin mit.

Sie sah genauso schmutzig und verschroben aus wie der Käpten und war ebenso mager. Da sie kleiner und zierlicher gebaut war, fiel das noch mehr auf als bei ihrem Gemahl.

Beim ersten Anblick der beiden schoss es mir durch den Kopf: „Der Käpten ist wieder da mit seiner alten Fregatte!“ Der Käpten und seine alte Fregatte.

Wo er sie aufgegabelt haben mochte? Im Winterquartier in Afrika? Oder waren sie sich auf dem Zug zurück nach Europa begegnet?

Sie sahen so recht nach Streunern aus, die zwei, aber sie schienen Gefallen aneinander gefunden zu haben. Vielleicht hatte der Käpten der alten Fregatte von den stets gefüllten Futtereimern erzählt, die bei mir zu finden waren, und von dem Teich voller Goldfische. Und sie war diesen Verlockungen erlegen.

Zunächst allerdings war es der Käpten allein, der sofort wieder seine alten Gewohnheiten aufnahm, Küken und Mäuse verspeiste und den Teich kontrollierte. Da fand er diesmal allerdings nichts.

Der Teich war im Winter bei starkem Frost rissig geworden, und das Wasser war ausgelaufen. Zum Flicken war ich noch nicht gekommen. So gab es dort auch keine Fische.

Merkbar enttäuscht schob der Käpten wieder ab und flog zurück auf den Horst, wo er von seiner Fregatte laut klappernd erwartet wurde.

Sie getraute sich noch nicht herunter in den Garten. Sie war misstrauischer oder vielleicht einfach vorsichtiger.

Der Käpten dachte nicht daran, ihr Futter hinaufzubringen. Wenn er seinen Hals noch so vollgestopft hatte, keine einzige Maus spuckte er oben aus.

Die alte Fregatte musste sich selbst versorgen, was sie auf den Wiesen und in den feuchten Niederungen der Umgebung auch tat.

Die große, spannende Frage war natürlich, ob dieses Paar wirklich am Horst bleiben würde, Eier legen und brüten würde. Die Chancen standen nicht schlecht, da der Käpten hier ja so gut wie zu Hause war.

Aber das Jahr war schon weit fortgeschritten. Anfang Mai saßen die meisten Störche schon auf ihrem Gelege. Sehr viel später durfte die Brutzeit nicht beginnen, denn mit dem Brüten und der Aufzucht der Jungen mussten die Störche fertig sein, wenn die Zugzeit im August begann, sonst kamen sie zu spät.

Doch schon am nächsten Tag sah ich den Käpten mit einer Ladung Gras im Schnabel zum Horst fliegen, und damit schien es wirklich ernst zu werden.

Er baute eifrig, brachte Zweige und Gras von jedem Ausflug mit, und dann fand er beim Nachbarn einen Misthaufen mit Pferdedung und altem Stroh. Dieses Material ergab eine besonders gut wärmende Unterlage im Horst, wenn es auch nicht gerade fein riechen mochte.

Die alte Fregatte blieb meist am Horst und bewachte ihn, und wenn sie wegflog, um Nahrung zu suchen, war der Käpten da, um aufzupassen.

Es schien nicht gerade wahrscheinlich, dass bei dem Mangel an Störchen und dem Überangebot an leer stehenden Horsten eine Konkurrenz eintreffen würde. Aber sicher war sicher.

Die Raufereien, die unter Störchen an einem Horst auftreten können, gehen weniger um den Horst selbst als um das Nahrungsgebiet in der Umgebung.

Dort, wo ein reiches Nahrungsangebot zur Verfügung steht, können mehrere Storchenpaare auf ein und demselben Baum oder Gebäude nisten, ohne dass es zu Streitigkeiten kommt.

Hier, bei meinen beiden Wildstörchen, dürfte ganz sicher das Futter, das ich ihnen im Überfluss anbieten konnte, einen wesentlichen Beitrag dazu geleistet haben, dass sie blieben und jetzt offenbar zur Brut kommen wollten. Denn dass der Storchenbestand im ganzen Land immer weiter abnahm, lag nicht am Mangel an Horsten, sondern am Fehlen von Feuchtgebieten, Wiesen und Weiden, auf denen es genügend Nahrung gab.

Die Störche merken dies offenbar schon gleich nach ihrer Ankunft im Brutgebiet, und wo es nichts zu holen gibt, versuchen sie eine Brut erst gar nicht. Sie würden dann die Jungen nicht großziehen können.

Und sicher stellten auch Max und Morine einen gewissen Anreiz für die Wildstörche dar. Denn wo diese sich länger aufhielten und offenbar satt und zufrieden waren, da konnte wohl auch noch ein dritter und vierter Storch sein Auskommen finden.

Es ist bekannt, dass Störche sich gerne dort einstellen, wo schon andere Störche sind. Sie sind im Grunde durchaus gesellige Vögel. Im Süden Europas kann man das zum Beispiel erleben. In Spanien etwa oder auch in Portugal. Dort habe ich selbst gesehen, dass auf dem Dach einer Kirche in irgendeinem kleinen Dorf bis zu zwölf Storchenhorste gebaut waren, von denen nur einer nicht besetzt schien.

An jeder Ecke des Hauptdaches befand sich ein Nest, ebenso an jeder Ecke des breiten Turmgebäudes, und die restlichen lagen dazwischen. Unter den Bewohnern gab es keinerlei Streit, denn in diesen noch wenig intensiv landwirtschaftlich genutzten Gegenden konnten sie Nahrung genug für alle bekommen. In Portugal war es auch, wo ich zum ersten Mal Weißstörche als Baumbrüter sah.

Wir sind ja gewohnt, dass der Weißstorch bei uns seinen Horst auf das Hausdach setzt, auf einen Schornstein oder eine eigens vorbereitete Unterlage. Weißstörche lebten aber schon längst, bevor der Mensch Häuser baute, und in jenen Zeiten waren Bäume oder auch Felsen die ursprünglichen Nistplätze. In manchen Gegenden wurde diese Gewohnheit beibehalten. So waren eben auch in Portugal riesige Eukalyptusbäume entlang der Landstraßen mit mehreren Horsten pro Baum besetzt. Für uns ein ungewohnter Anblick.

Aber dadurch ist zu verstehen, dass der Käpten und seine alte Fregatte ohne weiteres meinen Baumhorst annahmen, obwohl er nur von zwei Seiten her gut anzufliegen war. Beiderseits des Horstbaumes standen nämlich weitere hohe Pappeln, die zwar einen gewissen Windschutz boten, den An- und Abflug jedoch in diese Richtungen unmöglich machten.

Beim Schwarzstorch, dem dunklen Vetter unseres Weißstorchs, ist es bis heute beim Baumbrüten geblieben. Er ist ein Waldbewohner und hat sich dem Menschen nicht angeschlossen. Die wenigen Brutpaare, die es von dieser Art noch in Niedersachsen, Schleswig-Holstein gibt, müssen streng geschützt und bewacht werden. Sie reagieren auf Störungen durch Ausflügler und Freizeitbetrieb äußerst empfindlich.

Wie ganz anders verhielten sich da der Käpten und seine Frau. Sie ließen sich weder durch Menschen noch durch Hunde oder all das andere Getier, das meinen Garten bevölkerte, aus der Ruhe bringen. Sie nutzten diesen Garten wie das umliegende Gelände sogar, holten sich Futter und Nistmaterial vor unseren Nasen weg, und es fehlte eigentlich nur, dass der Käpten mir das Futter aus der Hand nahm. Aber näher als drei, vier Meter getraute er sich dann doch nicht heran.

Die Störchin brütete nicht allein. Sie löste sich regelmäßig mit dem Käpten ab und saß vor allem nachts auf den Eiern

Nachdem ein paar Tage eifriger Bautätigkeit am Horst vergangen waren, wobei der Käpten nicht nur weiches Nistmaterial eintrug, sondern dazwischen auch handfeste Äste und Zweige, war auf einmal von der alten Fregatte nichts mehr zu sehen.

Nicht, dass sie davongeflogen wäre, sie saß offenbar im Horst und brütete. Nur ab und zu, wenn sie sich etwas erhob, um sich anders hinzusetzen oder die Eier zu wenden, konnte man von unten ihren Kopf sehen. Auch wenn sie aufstand natürlich, um den heimkehrenden Mann mit Klappern zu begrüßen.

Das große Rätselraten setzte ein: Wie viele Eier mochte sie haben? Wie viele Jungen mochten schlüpfen? Wie viele würden die ersten Lebenstage überstehen und heranwachsen? Vorläufig hieß es Geduld haben. Der Horst war so hoch im Baum, dass ich auch vom Dachfenster aus nicht hineinschauen konnte, und einen der Nachbarbäume zu besteigen unterließ ich, um das Geschehen nicht noch zu gefährden. Die Brutzeit beträgt einunddreißig bis vierunddreißig Tage. So lange hieß es also zu warten. Über einen Monat.

Die Störchin brütete nicht allein. Sie löste sich regelmäßig mit dem Käpten ab und saß vor allem nachts auf den Eiern.

Während der eine Partner auf dem Horst war, flog der andere zur Nahrungssuche auf die Wiesen und Felder und in die nahe gelegene Flussaue. Der Käpten allerdings bediente sich nach wie vor aus meinen Futtereimern und holte sich von außerhalb vermutlich nur noch die Nachspeise. Nie kam er aber ohne Nistmaterial zurück, sodass der Horst an Umfang und Höhe während der Brutzeit beträchtlich zunahm.

Einmal kreiste ein fremder Storch über dem Horst. Zuerst war er sehr hoch am Himmel, doch die im Horst brütende Fregatte hatte ihn sofort mitbekommen und fing an zu klappern. Nicht etwa zur Begrüßung, vielmehr als ein Zeichen der Abwehr, und der Käpten, der in der

Nähe gewesen sein musste, erschien nach wenigen Minuten ebenfalls klappernd. Die Fregatte war aufgestanden, beide klapperten wie wild, zischten und flappten mit den Schwingen, als der andere Storch doch tiefer kam, um sich die Sache aus der Nähe zu betrachten.

Allein hatte er gegen das Paar keine Chance, auf dem Horst Fuß zu fassen, und sein Interesse daran schien ohnehin gering. Er kreiste einige Male über der Pappel und dem Grundstück und verschwand dann wieder.

Sogleich beruhigten sich die Horstbesitzer, wenn der Käpten auch noch ein wachsames Auge auf den Himmel richtete und noch eine gute Stunde am Horst blieb. Endlich kam der Tag, an dem sich oben etwas ereignen musste. Den Tag genau festzulegen war nicht möglich, weil ich nicht genau den Tag der ersten Eiablage wusste. Ich hatte nur verzeichnet, wann die Störchin zum ersten Mal längere Zeit im Horst gesessen hatte, also das erste Ei deckte. Und dann variierte die Brutzeit eben um einige Tage hin und her. Aber jetzt waren dreiunddreißig Tage nach meiner Rechnung vergangen, und wenn Junge geschlüpft waren oder an diesem oder dem nächsten Tag schlüpfen würden, musste ich Fütterungen beobachten können.

So kleine Jungstörche bekommen natürlich noch keine große Nahrung wie Mäuse, Frösche oder Küken. Sie werden mit Regenwürmern, Insekten und Insektenlarven versorgt, die von den Altvögeln in Mengen gesammelt und im Hals zum Horst gebracht werden. Dort würgen sie das Futter heraus, und die Kleinen nehmen es sich von der Horstunterlage mit dem Schnabel weg.

Ich hatte durchaus Bedenken, der Käpten würde sich derart an meine Mäuse und Küken gewöhnt haben, dass er versäumen könnte, mundgerechtes Futter für seine Kinder zu suchen, aber da täuschte ich mich gewaltig.

Es waren Junge geschlüpft. Ihre Anzahl war nicht festzustellen, aber der Käpten hatte meine Futtereimer und ihren Inhalt vergessen und flog davon, um Kleinzeug zu suchen. Ich sah, wie er zurückkam, am Horst stand, würgte und irgendetwas hineinspuckte. Das funktionierte also bestens, und meine Sorgen in dieser Hinsicht waren überflüssig gewesen.

Wieder mussten wir etwa drei Wochen warten, bis endlich vom Boden aus etwas vom Storchennachwuchs zu sehen war. Zunächst tauchte nur schemenhaft ab und zu etwas Grauweißes über dem Rand des Horstes auf – der Kopf eines Jungstorches. Dann konnte man neben dem hellen, lauten Klappern der Altstörche auch schon manchmal das leise und stumpfer klingende Klappern der Jungen hören, die einen mit Futter heimkehrenden Elternteil begrüßten. Ihre weichen und kurzen Schnäbel vermögen noch nicht das harte Geklapper der erwachsenen Störche hervorzubringen. Doch auch die Kleinen biegen schon den Hals dabei zurück. Dieses Zurückbiegen des Halses, wobei der Hinterkopf fast den Rücken berührt, ist ein sehr eindrucksvolles Verhalten innerhalb der Begrüßungszeremonie der Störche. Vermutlich hat es seinen guten Grund.

Ein Storchenschnabel, hart, lang und spitz, ist eine unter Umständen tödliche Waffe. Im Kampf wird er hemmungslos eingesetzt, und wenn zwei oder mehrere Störche ernsthaft aufeinander losgehen, kann es zu bösen Verletzungen und auch zu Todesfällen kommen.

Die Begrüßung mit Klappern findet aber gewissermaßen nur unter Freunden statt. Zwischen den Ehepartnern ist es üblich und zwischen diesen und ihren Jungen. Dass man dabei Verletzungen vermeiden möchte, ist ganz selbstverständlich. Und das sicherste Mittel, den spitzen Schnabel außer Reichweite des Gegenübers zu bringen, ist, ihn möglichst weit wegzuhalten; auf dem Rücken eben, nach hinten gerichtet, in die entgegengesetzte Richtung dessen, den es zu begrüßen gilt.

Wie sinnvoll dieses Verhalten von der Natur eingerichtet wurde, ist mir erstmals ganz plötzlich deutlich vor Augen gebracht worden, als meine zahmen Störche Max und Morine eines Tages im Streit um einen Futterbrocken aufeinander losgingen.

Sie standen sich frontal gegenüber und hieben mit den Schnäbeln gegeneinander los, wobei sie die am meisten gefährdeten Köpfe und Hälse allerdings geschickt durch Ausweichen in Sicherheit brachten. Ab und zu ging ein Schnabelhieb ins Rückengefieder des Gegners, was dem nichts ausmachte.

Irgendwie legten sie nach kurzer Zeit die Streitigkeiten bei und waren sich wieder gut, und in diesem Augenblick beugten beide die

Hälse zurück, fingen an zu klappern, und nichts konnte mehr passieren, weil die Schnäbel nun nicht mehr auf den Partner zeigten, sondern von ihm weggerichtet waren.

Nun hat die Klapperzeremonie noch einen zweiten Teil, bei dem der Hals wieder nach vorn kommt und der Storch eine ziemlich normale Stellung einnimmt. Aber auch dann zeigt der Schnabel nicht auf den gegenüberstehenden Storch, sondern wird direkt nach unten gehalten, in einer Stellung, in der er wiederum keinen Schaden anrichten kann.

Da jede Begrüßung, besonders zwischen Altstörchen, einen gewissen Anteil an Aggression beinhaltet – man muss auf dem Horst ja sehr dicht beieinander landen und stehen –, ist das Begrüßungsklappern mit dem Wegnehmen der spitzen Schnäbel also eine weise Einrichtung, um etwaigen Kampfhieben gar keine Möglichkeit einzuräumen. Sie könnten sonst, vermenschlicht ausgedrückt, doch einmal aus Versehen stattfinden.

Wenn dann durch das Klappern und das damit zusammenhängende sonstige Verhalten die erste Erregung abgebaut ist, kann man als Storch auch die unmittelbare Nähe des anderen Storches ertragen.

Ich will den weiteren Verlauf dieses Sommers abkürzen, da es für das kommende Jahr Weiteres zu berichten gibt. Drei Jungstörche zogen der Käpten und die alte Fregatte auf, ohne dass es zu besonderen Geschehnissen oder gar Zwischenfällen kam.

Nachdem die Jungen herangewachsen waren, standen sie oft im Horst und waren also gut zu beobachten. Und als sie eine gewisse Größe erreicht hatten, aus dem Regenwurmstadium heraus waren, fand nicht nur der Käpten wieder Geschmack an meinen Mäusen und Küken, sondern er verfütterte sie auch an die Kinderschar. Klar, dass diese dabei hervorragend gedieh. Obwohl es ein nasser Sommer war damals, bezweifle ich, ob das Storchenpaar derart reichlich Nahrung in den sumpfigen Wiesen gefunden hätte, wie ich sie ihm mit meinen Eintagsküken bot. Vielleicht hätte sie nur für zwei oder gar nur für ein Junges zum Überleben ausgereicht.

Im Juli machten die Jungstörche ihre ersten Flugversuche im Horst. Wenige Tage später kam der erste Ausflug vom Horst herüber auf das Dach des Hauses, vierzig Meter Luftlinie etwa, das dann auch in der nächsten Zeit der beliebteste Aufenthaltsort neben dem Horst selbst wurde. Auch übernachteten die Störche auf dem Giebel des Daches, in der Regel die drei Jungen, während die Eltern auf dem Nest standen. Und dann machten sie Ausflüge in die Umgebung, bis sie fristgerecht fortzogen.

Es war ein schönes Ergebnis: drei Jungstörche flügge, wo doch rundum kaum mehr ein Horst besetzt wurde, und dazu ein Storchenvater, den ich schon das dritte Jahr kannte. Würde es auch im kommenden Jahr wieder eine Brut geben?

Drei Jungstörche zogen der Käpten und die alte Fregatte auf, ohne dass es zu besonderen Geschehnissen oder gar Zwischenfällen kam

Am 27. April, nach einem sehr langen und schneereichen Winter, schwebte der Käpten wieder auf den Horst ein. Er war es, jeder Zweifel ausgeschlossen. Kaum gelandet, kam er herunter und schlug sich voll, ging dann zum Teich – ich kannte das alles bereits.

Aber wo hatte er die alte Fregatte gelassen?

Das Paar muss nicht gemeinsam am Horst erscheinen, das wusste ich wohl, und dass dies im letzten Jahr so der Fall gewesen war, konnte eher als Ausnahme gelten.

Zunächst blieb der Käpten allein, aber am 3. Mai kam sie dann auch wieder, die Fregatte, und da ich auch sie im letzten Jahr während der ganzen Brutzeit intensiv beobachtet hatte, gab es über ihre Identität ebenfalls keinerlei Zweifel.

Sie war immer noch eher zurückhaltend, wenngleich sie den gefüllten Futtertöpfen im Gatter schon im Vorjahr nicht sehr anhaltenden Widerstand leisten konnte und auch herunterkam. Aber sie wahrte weit größeren Abstand zu den Menschen und flog bei der geringsten Störung oder heftigen Bewegung der Zuschauer auf.

Kaum war sie da, begann wiederum eine eifrige Bauerei am Horst, alles verlief wie im Jahr vorher, und um den 10. Mai begannen sie zu brüten.

Dann kam ich eines Tages am Spätnachmittag von der Arbeit nach Hause, erwartet von meinem aufgeregten Nachbarn, der als Einziger berichten konnte, was in den Mittagsstunden passiert war.

Er war Zeuge eines Storchenkampfes geworden.

Ein fremdes Paar hatte über dem Dorf gekreist, sich bald dem Horst genähert, und es hatte ein ziemliches Getümmel am Horst gegeben.

Das Klappern und Zischen der Störche war weithin zu hören gewesen, mal war das Brutpaar am Horst, mal die anderen. Auch drei gleichzeitig, und sie hatten sich heftig bekämpft.

Mein Nachbar kannte den Käpten und die alte Fregatte nicht so genau, dass er sagen konnte, wer schließlich wen vertrieb.

Ich ging erst einmal und holte mein Fernglas. Dann holte ich die Futtereimer. Aber wer auch immer da am Horst stand, im Augenblick war kein Interesse zu bemerken.

Es musste aber der Käpten sein. Seinem Aussehen nach war ich dabei sicher. Ich konnte mir auch kaum vorstellen, dass dieser alte Haudegen sich vom Horst vertreiben lassen würde. Und wenn er so friedlich mit dem zweiten Storch zusammenstand, konnte es sich bei diesem auch nur um sein angetrautes Eheweib, die Fregatte, handeln.

Aber dass beide standen, verhieß nichts Gutes. Die Schlacht war schon drei Stunden vorüber, die anderen beiden Störche waren längst abgezogen, und einer der Alten hätte brüten müssen.

Weder er noch ein anderer Storch kehrten in den späteren Jahren auf den Pappelhorst zurück.

Ich ging hinüber zum Horstbaum und fand die Bescherung: da lagen drei Eier am Boden. Zwei waren zerbrochen, das dritte heil, da es an einer matschigen Stelle aufgekommen und beim Herunterfallen offensichtlich nicht gegen einen Ast geprallt war.

Damit schien die Sache für dieses Jahr gelaufen, denn die Störche machen kein Nachgelege, wenn das erste Gelege aus irgendeinem Grund zerstört worden ist.

Ob die Eier absichtlich vom fremden Paar herausgeworfen worden waren oder beim Kampf aus Versehen über den Rand gerieten, war schließlich gleichgültig. Es war ärgerlich, aber nicht zu ändern, auf Nachwuchs durfte ich nicht mehr hoffen.

Umso erstaunter war ich dann, als nach etwa einer Woche die Störche doch wieder zu brüten schienen. Stets stand nur einer am Horst, vom anderen sah ich höchstens einmal den Kopf. Auch bauten sie wieder.

Es sah alles nach einem ganz normalen Brutverlauf aus, und nachdem ich die ersten Fütterungen beobachtet hatte, war eindeutig sicher, dass es Junge im Horst gab.

Zwei waren es, wie sich später herausstelle. Diese zwei wurden auch groß und flügge.

Aber wie konnte das gegangen sein?

Drei Theorien waren möglich, beweisen ließ sich keine. Zum Ersten konnten fünf Eier im Gelege gewesen sein, und die Störche hatten nach anfänglicher Unterbrechung doch wieder mit dem Brüten begonnen. Wenn die beiden verbliebenen Eier frisch gelegt waren, hätten sie einige Tage ohne Bebrütung überstehen können. Es schien aber unwahrscheinlich, dass die Eltern nicht sofort weitergebrütet haben sollten.

Zum Zweiten konnte es sein, dass die alte Fregatte noch gar nicht mit dem Legen fertig gewesen war, als die ersten drei Eier aus dem Horst fielen. Sie brauchte dann nur noch zwei weitere zu legen und diese normal zu brüten. Fünf Eier im Gelege sind bei gutem Nahrungsangebot nichts Besonderes.

Schließlich, auch wenn ich dem Käpten das nicht so recht zutrauen mochte, blieb in Betracht zu ziehen, dass die alte Fregatte gar nicht die alte Fregatte war. Die konnte mit dem anderen Storchenmann auf und davon sein, und da oben lebte eine neue Störchin mit dem Käpten. Sie hatte dann ganz normal Eier gelegt, zwei eben nur, auch das ist nichts Ungewöhnliches.

Wie auch immer, trotz des Gemetzels gab es wieder Storchennachwuchs, der heranwuchs und im Herbst auf die weite Reise nach dem Süden ging.

Und dann endet die Geschichte vom Käpten und seiner alten Fregatte, denn weder er noch ein anderer Storch kehrten in den späteren Jahren auf den Pappelhorst zurück. Er blieb verwaist wie die vielen anderen Horste in der Umgebung, bis ihn ein mächtiger Sturm mitsamt dem Rad, auf das er gebaut war, herunterwarf. Nur ein paar Eischalenreste fand ich noch, als ich das Genist untersuchte. ■

Von Wölfen gejagt

Unbarmherzig verfolgt ein Wolfsrudel Bill und Henry. Immer dreister werden die Angriffe der hungrigen Meute, der Bill und die Schlittenhunde zum Opfer fallen. Allein kämpft Henry weiter, doch auch sein Ende scheint zu nahen.

Jack London

Dunkler Tannenwald erhob sich finster zu beiden Seiten des zugefrorenen Flusses. Erst vor kurzem hatte der Wind die weiße Schneedecke von den Bäumen gestreift; schwarz und Unheil verkündend schienen sie sich nun in dem schwindenden Tageslicht aneinander zu drängen. Tiefe Stille lag über dem Land. Es war eine Wildnis ohne Leben, ohne Bewegung, so einsam und kalt, dass einen etwas mehr ankam als nur Traurigkeit. Es lag zwar auch der Hauch eines Lachens in dieser Stimmung, aber eines Lachens, so freudlos wie das Lächeln einer Sphinx, kälter als das Eis und grausam selbstbewusst zugleich. Es war die unerbittliche unerforschliche Weisheit der Ewigkeit, die über die Nutzlosigkeit des Lebens und seiner Mühen lachte. Es war die Wildnis, die unbezähmbare, mitleidslose Wildnis des Nordens.

Und dennoch war Leben in dem Land und trotzte aufrührerisch der Wildnis. Über den zugefrorenen Fluss wurde ein Schlitten mühsam von einem Gespann wolfsähnlicher Hunde gezogen. Das gesträubte Fell war mit Reif bedeckt. Der Atem, der in Dampfwolken aus ihren Mäulern emporstieg, setzte sich als Eiskristalle in ihr Fell. Sie waren mit Ledergurten vor den Schlitten gespannt, der keine Kufen hatte, sondern, aus Birkenrinde gefertigt, mit der ganzen Fläche auf dem Schnee auflag. Vorn war er nach oben gebogen, um besser über den weichen Schnee zu gleiten und ihn zur Seite zu schieben. Der Schlitten trug eine vielfältige Fracht – Decken, eine Axt, einen Kaffeekessel und eine Bratpfanne, den meisten Raum aber nahm ein langer, schmaler Kasten ein.

Vor den Hunden ging auf breiten Skiern ein Mensch, hinter dem Schlitten schleppte sich ein zweiter. Im Kasten auf dem Schlitten lag der dritte, für den alle irdische Mühsal schon Vergangenheit war – die Wildnis hatte ihn bezwungen und besiegt. Nun rührt er sich nicht mehr, wird sich nie mehr bewegen. Die Eiswildnis liebt nämlich keine Bewegung; das Leben beleidigt sie gerade deshalb, weil es Bewegung ist, und so ist sie ständig bestrebt, alles, was sich bewegt, zu vernichten. Sie lässt das Wasser gefrieren, damit es nicht hinabfließen kann ins Meer; sie treibt den Lebenssaft aus den Bäumen, dass sie erstarren bis ins Mark; am grausamsten und schrecklichsten aber verfolgt sie den Menschen – das ruheloseste aller Lebewesen, das sich ständig auflehnt gegen den Willen, laut dem am Ende jegliche Bewegung zu erstarren hat.

Doch vor und hinter dem Schlitten mühten sich, unerschrocken und unbezwungen, jene zwei ab, die noch lange nicht tot waren. Sie waren in Pelze und weich gegerbtes Leder gehüllt. Wimpern, Wangen und Lippen waren so mit den Eiskristallen ihres gefrorenen Atems bedeckt, dass man die Gesichter nicht erkennen konnte. Äußerlich ähnelten sie Schreckgespenstern, einem spukhaften Leichenzug. Aber innerlich waren es Menschen, die durch das Reich des Verderbens, des Hohnes und der Stille zogen, nichtige Frevler, Abenteurer, die der Macht einer Welt zu trotzen wagten, die so fern, fremd und ohne Leben schien wie der Abgrund des Weltraums.

Sie zogen schweigend dahin, denn sie mussten den Atem für die körperliche Anstrengung sparen. Ringsum lag eine bedrückende, fast greifbare Stille. Sie lastete auf ihnen mit der Schwere des unendlichen Raums und der Unabwendbarkeit des Schicksals.

Sie zogen dahin – eine Stunde, eine zweite. Das bleiche Licht des kurzen, sonnenlosen Tages wurde schwächer, als in der Luft ein fernes Heulen aufstieg. Es stieg schnell bis zum höchsten Ton, wo es eine Weile zitternd verweilte, um dann langsam abzusterben. Man hätte es für das Klagelied einer verlorenen Seele halten können, wenn in dem Heulen nicht eine düstere Wildheit und hungrige Gier mitgeklungen hätte. Der Mann vorn dreht sich um und suchte den Blick seines Gefährten. Dann nickten sie sich über den langen, schmalen Kasten zu.

Äußerlich ähnelten sie Schreckgespenstern, einem spukhaften Leichenzug. Aber innerlich waren es Menschen, die durch das Reich des Verderbens, des Hohns und der Stille zogen

Ein neues Heulen durchschnitt die Luft wie ein Messer. Beide Männer versuchten herauszufinden, woher es kam. Es musste aus der Schneewüste kommen, die sie gerade hinter sich gebracht hatten. Ein drittes Aufheulen ertönte wie eine Antwort, ebenfalls von hinten, aber etwas weiter links vom zweiten.

„Sie sind hinter uns her, Bill", sagte der Mann vorm Schlitten. Seine Stimme klang heiser und unnatürlich, das Sprechen schien ihn anzustrengen.

„Es gibt zu wenig Fleisch", antwortete sein Gefährte. „Seit Tagen hab ich nicht mal eine Kaninchenspur gesehen."

Dann sagten sie nichts mehr, sondern lauschten nur angespannt dem Heulen des Wolfsrudels, das ständig hinter ihnen hertönte.

Bei Einbruch der Dunkelheit bogen sie mit dem Gespann zu einem Tannengebüsch am Flussufer ein und schlugen hier ihr Lager auf. Der Sarg wurde am Lagerfeuer zu Tisch und Bank. Die Hunde drängten sich dicht hinter dem Feuer zu einem Knäuel zusammen, zeigten aber keine Lust, im Dunkel herumzustreunen.

„Es kommt mir so vor, Henry, als ob sie sich heute recht dicht am Lager halten“, bemerkte Bill.

Henry hockte am Feuer und nickte nur. Er warf gerade ein Stück Eis in den Kaffeekessel. Er sprach nicht eher, als bis er auf dem Sarg Platz genommen und sich ans Essen gemacht hatte.

„Die wissen, wo sie sich ihrer Haut am sichersten sind“, sagte er dann. „Sie fressen lieber selber, als dass sie sich fressen lassen. Ja, mein Lieber, das sind schon Schlauköpfe.“

Bill schüttelte den Kopf: „Na, ich weiß nicht.“ Sein Gefährte sah ihn forschend an. „ Das ist das erste Mal, dass ich dich nicht ihre Schlauheit preisen höre.“

„Henry“, sagte der zweite, nachdenklich Bohnen kauend, „hast du nicht zufällig gemerkt, wie sie getobt haben, als ich sie fütterte?“

„Hm, sie waren wirklich wilder als gewöhnlich“, musste Henry zugeben.

„Wieviele Hunde haben wir eigentlich, Henry?“

„Sechs.“

„Also hör mal her, Henry …“ Bill legte eine Pause ein, um seinen Worten mehr Gewicht zu verleihen. „Wie gesagt, Henry, wir haben sechs Hunde. Ich hab auch sechs Fische aus dem Sack genommen und hab jedem einen gegeben. Und doch war's ein Fisch zu wenig.“

„Du hast nicht richtig gezählt.“

„Sechs Hunde haben wir“, wiederholte der andere seelenruhig. „Ich hab sechs Fische genommen, Einohr hat aber doch keinen abbekommen. Ich musste ihm noch einen aus dem Sack holen.“

„Wir haben nur sechs Hunde“, beharrte Henry stur.

„Ich will ja nicht behaupten“, fuhr Bill fort, „dass es alles Hunde waren, aber sieben haben Fisch gekriegt.“ Henry hörte auf zu essen und zählte über das Feuer hinweg die Hunde.

„Jetzt sind es nur sechs“, sagte er.

„Ich hab noch einen gesehen, er ist über den Schnee gerannt“, erklärte Bill bestimmt. „Ich hab sieben gesehen.“

Henry schaute ihn mitleidig an und sagte dann: „Werd ich aber aufatmen, wenn wir die Fahrt erst hinter uns haben!“

„Was meinst du damit?“ wollte Bill wissen.

„Ich meine, dass dir unsere Fracht schon auf die Nerven geht und du langsam anfängst, Gespenster zu sehen."

„Das dachte ich erst auch", antwortete Bill ernsthaft. „Und wie ich ihn so über den Schnee davonlaufen sehe, bin ich ja auch gleich nachsehen gegangen und hab doch wirklich eine Spur gefunden. Ich zählte die Hunde, es waren noch immer sechs. Die Spur ist noch da. Willst du dich überzeugen? Ich kann sie dir zeigen."

Henry antwortete nicht. Er kaute schweigend weiter, und erst, als er aufgegessen und den letzten Bissen mit einer Tasse Kaffee runtergespült hatte, wischte er sich den Mund mit dem Handrücken ab und sagte: „Du glaubst also, es war – "

Ein lang gezogenes Heulen aus der Dunkelheit unterbrach ihn. Er hielt inne, um zu lauschen. Erst dann beendete er den Satz und wies dabei in die Richtung, woher der Ton gekommen war – „einer von denen?"

Bill nickte. „Gerade das glaube ich. Und du hast ja selbst gesehen, wie die Hunde getobt haben."

Ein Geheul antwortete dem anderen, und die Stille verwandelte sich in das reinste Höllenkonzert. Von allen Seiten ertönte das Heulen der Wölfe, und die Hunde drängten sich vor Angst so dicht am Feuer zusammen, dass ihnen die Hitze das Fell versengte. Bill warf Holz ins Feuer und brannte sich seine Pfeife an.

„Dir scheint was auf der Leber zu liegen", sprach ihn Henry an.

„Du. Henry …" Bill schaute ein Weilchen nachdenklich ins Feuer, ehe er fortfuhr: „Mensch, ich hab nur eben daran gedacht, dass der da verdammt besser dran ist, als wir es je sein werden." Er zeigte mit dem Daumen auf den Sarg, auf dem sie saßen. Er meinte den dritten. „Wenn wir sterben, Henry, so können wir froh sein, wenn wir unter so viel Steinen zu liegen kommen, dass die Hunde nicht an uns ran können."

„Wir haben ja auch keine Verwandtschaft und kein Geld und überhaupt all das andere wie der da", entgegnete Henry. „Eine Beerdigung mit Leichenüberführung können wir uns nicht leisten."

„Mir will nur nicht in den Kopf, Henry, was so ein Kerl, der zu Hause in seiner Heimat Lord ist oder sonst was, was der hier in diesem gottverlassenen Stück Erde sucht – nein, das versteh ich wirklich nicht."

„Er hätte ganz schön alt werden können, wenn er zu Hause geblieben wäre", stimmte ihm Henry bei.

Bill öffnete schon den Mund, um noch etwas zu sagen, doch dann schloss er ihn wieder. Er zeigte in die Dunkelheit hinein, die sie von allen Seiten wie eine Mauer umgab. In der schwarzen Nacht konnte man zwar nicht mal den Umriss einer Gestalt entdecken, dafür aber ein Augenpaar, das wie glühende Kohlen leuchtete. Henry zeigte mit einer Kopfbewegung auf ein zweites und ein drittes Augenpaar. Ein Kreis leuchtender Augen zog sich um das Lager. Hin und wieder bewegten sich zwei glühende Kohlen oder verschwanden, um nach einer Weile an anderer Stelle wieder aufzutauchen.

Die Hunde wurden immer unruhiger; in einem Anfall plötzlicher Angst liefen sie auf die Seite des Feuers, wo die Männer saßen und drängten sich um deren Beine.

„Verdammtes Pech, Henry, dass uns die Munition ausgegangen ist!“ Bill rauchte die Pfeife aus und half dann dem Gefährten, auf den Tannenzweigen, die sie noch vor dem Essen auf dem Schnee ausgebreitet hatten, ein Nachtlager aus Fellen und Decken herzurichten. Henry brummte zustimmend und band seine Mokassins auf.

„Wie viele Patronen haben wir noch?“ fragte er.

„Drei“, lautete die Antwort. „Wenn es doch dreihundert wären! Da würde ich es diesen verdammten Bestien schon zeigen!“

Wütend drohte er den glühenden Kohlen mit der Faust und stellte vorsichtig seine Mokassins am Feuer auf.

„Wenn wenigstens der Frost nachließe“, sprach er weiter. „Seit vierzehn Tagen hat sich das Thermometer nicht mehr gerührt. Hätt’ ich mich nur nicht auf diese Fahrt eingelassen, Henry! Sie gefällt mir ganz und gar nicht. Ich fühle mich nicht mehr wohl in meiner Haut. Wenn … wenn … wenn wir das Ganze nur schon hinter uns hätten! Ich wollt, ich säß mit dir in Fort McGurry beim Kartenspiel.“

Henry murmelte etwas und kroch unter die Decken. Er war schon am Einschlafen, als ihn die Stimme seines Gefährten wieder weckte.

„Hör mal, Henry, als der andere sich den Fisch holte – wieso sind da die Hunde nicht über ihn hergefallen? Das lässt mir keine Ruhe.“

„Dir lässt heute überhaupt ständig irgendwas

keine Ruhe, Bill“, antwortete Henry müde. „Du bist doch sonst nicht so. Sei endlich ruhig und schlafe. Morgen früh bist du dann wieder der Alte.“

Die Männer schliefen ruhig atmend unter einer Decke nebeneinander. Das Feuer erlosch langsam, und die glühenden Augenpaare zogen einen immer engeren Kreis um das Lager. Die Hunde drängten sich in ihrer Angst aneinander und knurrten jedes Mal, wenn zwei Lichter zu nahe kamen. Einmal machten sie einen solchen Lärm, dass Bill davon munter wurde. Vorsichtig kroch er unter der Decke hervor, um den Freund nicht zu wecken, stand auf und warf neues Holz in die Glut. Das Feuer flammte höher auf, und die Lichter zogen sich etwas zurück. Bill warf einen Blick auf die Hunde, rieb sich die Augen und schaute genauer hin. Dann kroch er wieder unter die Decken.

„Henry“, sagte er. „Hörst du, Henry!“

Henry war verstimmt, als er aus dem Schlaf gerissen wurde, und fragte mürrisch: „Was hast du denn schon wieder?“

„Nichts“, erfuhr er, „nur dass es schon wieder sieben sind. Eben hab ich sie gezählt.“ Henry nahm die Nachricht mit einem Brummen auf, das sich sogleich wieder in lautes Schnarchen verwandelte.

Am Morgen erwachte Henry als Erster und trieb seinen Gefährten vom Lager. Bis zum Morgengrauen hatten sie noch drei Stunden Zeit, obwohl es schon sechs war. Henry machte sich im Dunkeln ans Kochen, während Bill die Decken zusammenpackte und sich anschickte, die Riemen über der Fracht festzuschnallen.

„Hör mal, Henry“, sagte er plötzlich, „was sagst du, wie viele Hunde haben wir?“

„Sechs“.

„Falsch!“ verkündete Bill triumphierend.

„Schon wieder sieben?“ zweifelte Henry.

„Nein, fünf. Einer ist verschwunden.“

Henry fluchte laut, ließ das Kochen sein und ging die Hunde zählen.

„Du hast recht, Bill“, stellte er fest. „Fatty ist weg.“

„Er sauste immer davon wie ein geölter Blitz, wenn er mal los war. Im Nu war er verschwunden.“

„Ja, da kann man nichts machen. Er hat sich lebendig verschlingen lassen. Ich wette, dass er ihnen noch im Magen gebellt hat, den verdammten Bestien.“

„Er war immer ein dummer Hund“, meinte Bill.

„Aber kein dummer Hund sollte so dumm sein, dass er freiwillig in den Tod rennt.“

Nachdem das Frühstück verzehrt und die armselige Lagerausrüstung auf den Schlitten gepackt war, kehrten sie dem anheimelnden Feuer den Rücken und brachen in die Dunkelheit auf. Sogleich ertönte wieder das Heulen, ein wildes und unheimliches Heulen von allen Seiten, mit dem sich die Wölfe durch die frostige Finsternis zu verständigen schienen. Den Männern war nicht zum Sprechen zumute. Um neun Uhr wurde es Tag. Gegen Mittag färbte sich der Himmel im Süden rosa und deutete an, wo die Erdwölbung die Mittagssonne von dem Reich des Nordens trennte. Doch auch der rosa Schein verblasste bald. Das graue Tageslicht hielt bis drei Uhr an, dann breitete die Polarnacht ihren dunklen Mantel über das öde, schweigsame Land.

Mit Einbruch der Dunkelheit kam auch das Geheul des jagenden Wolfsrudels von links und rechts und von hinten wieder näher – so nahe, dass die Hunde mehr als einmal in panischem Schrecken das Gespann durcheinander brachten.

Einmal, als es den Männern gelungen war, das Gespann wieder in Ordnung zu bringen, sagte Bill: „Ich wollt’, sie stoßen irgendwo auf Wild und lassen uns in Ruhe.“

„Sie gehen einem wirklich auf die Nerven“, musste Henry zustimmen.

Dann fiel keine Wort mehr, bis sie das Lager aufgeschlagen hatten. Henry beugte sich gerade über den Kessel, in dem Bohnen brodelten, und tat kleine Eisstückchen hinein, als ihn ein wütender Ausruf seines Gefährten und das Knurren der Hunde zusammenfahren ließen. Er richtete sich auf und sah, wie eine dunkle Gestalt über den Schnee lief und im Dunkeln verschwand. Dann erblickte er Bill, der halb triumphierend und halb bestürzt unter den Hunden stand und in der einen Hand einen Stock und in der anderen das Schwanzende eines gedörrten Lachses hielt.

Sogleich ertönte wieder das Heulen, ein wildes und unheimliches Heulen von allen Seiten, mit dem sich die Wölfe durch die frostige Finsternis zu verständigen schienen

„Die andere Hälfte hat er doch erwischt“, verkündete er. „Aber dafür hab ich ihm auch einen tüchtigen Schlag gegeben. Hast du gehört, wie er gewinselt hat?“

„Wie sah er aus?“ frage Henry.

„Ich konnt nicht gut sehen, es ist ja finster, aber auf jeden Fall hatte die Bestie vier Beine, ein Maul und Haare wie jeder Hund.“

„Wahrscheinlich ein zahmer Wolf.“

„Verdammt zahm, wenn er einfach zur Fütterung kommt und sich eine Portion holt!“

Als sie nach dem Essen auf dem langen Kasten saßen und an ihren Pfeifen zogen, erschienen wieder die glühenden Kohlen in einem noch engeren Kreis als in der vergangenen Nacht.

„Wenn sie zum Beispiel auf ein Elchrudel stoßen würden, dann zögen sie ab und ließen uns in Ruhe“, sagte Bill.

Henry brummte mürrisch, und dann fiel eine Viertelstunde kein Wort. Henry starrte unverwandt ins Feuer und Bill auf die Augen, die dicht hinter dem Lichtkreis, den das Feuer warf, aufleuchteten.

„Wenn wir nur schon McGurry vor uns hätten!“ begann er von neuem.

„Nun hör endlich auf mit deinem Geknurr und deinem ewigen wenn!“ fuhr Henry wütend auf. „Du hast Sodbrennen, das ist alles. Nimm einen Löffel Natron, vielleicht fühlst du dich dann besser und bist wieder zu ertragen.“

Am Morgen wurde Henry von einem wütenden Fluchen aus Bills Mund geweckt. Er stützte sich auf die Ellbogen und sah Bill, der mit wutverzerrtem Gesicht inmitten der Hunde neben dem Feuer stand und mit erhobenen Fäusten in die Finsternis drohte.

„Hallo!“ rief Henry. „Was ist denn nun schon wieder los?“

„Frosch ist weg“, erfuhr er.

„Nein!“

„Wenn ich dir sage – er ist weg!“

Henry sprang auf und lief zu den Hunden. Er zählte sie aufmerksam und verfluchte dann gemeinsam mit dem Gefährten die Wildnis, die ihnen einen weiteren Hund geraubt hatte.

Unlustig aßen sie ihr Frühstück und spannten dann die übrig gebliebenen vier Hunde vor den Schlitten. Der Tag ähnelte aufs Haar den vergangenen. Beide Männer schleppten sich stumm über die gefrorene Ebene. Die Stille wurde nur vom Heulen ihrer Verfolger unterbrochen, die sich ihnen, auch wenn sie unsichtbar blieben, an die Fersen geheftet hatten. Als es am Nachmittag langsam dunkler wurde, klang das Geheul immer näher, da die Wölfe sich wieder näher heranwagten. Die Hunde waren gereizt und verängstigt und brachten ständig das Gespann durcheinander, was die Stimmung der beiden Männer nicht gerade hob.

„So, ich werd euch die Ausflüge schon austreiben, ihr dumme Bande!“ sagte Bill zufrieden, als er sich gegen Abend von seiner Arbeit aufrichtete.

Henry ließ den Kochtopf stehen und ging sich Bills Werk anschauen. Bill hatte die Hunde diesmal nach Indianerart mit Stöcken angebunden. Er hatte jedem Hund um den Hals einen Riemen so eng geschlungen, dass ihn der Hund nicht mit den Zähnen erreichen konnte; diesen Riemen hatte er an einen etwa anderthalb Meter langen Stock gebunden. Das andere Ende des Stockes war mit einem Lederriemen an einen in der Erde geschlagenen Pfahl gebunden. Der Hund konnte so weder an den Lederriemen an seinem Ende noch an den am Pfahl gelangen.

Die Hunde waren gereizt und verängstigt und brachten ständig das Gespann durcheinander, was die Stimmung der beiden Männer nicht gerade hob

Henry nickte anerkennend.

„Nur so kann man Einohr beikommen“, sagte er. „Der beißt Leder so glatt und fast so schnell durch, wie wenn man es mit einem Messer durchschneidet. Morgen früh sind bestimmt noch alle da.“

„Darauf gehe ich jede Wette ein“, bestätigte Bill. „Ich will morgen früh keinen Kaffee trinken, wenn auch nur einer fehlt.“

„Als wüssten sie, dass wir kein Pulver haben“, bemerkte Henry, als sie bereits unter der Decke lagen, und zeigte auf den glühenden Kreis, von dem sie eingeschlossen waren. „Wenn wir ihnen ein paar Kugeln ins Fell brennen könnten, hätten sie gleich mehr Respekt. Jede Nacht kommen sie näher.“

Von der Stelle, wo die Hunde angebunden waren, klang plötzlich Lärm herüber. Einohr winselte aufgeregt, zog mit aller Kraft am Riemen, und zwar in Richtung vom Feuer weg, und unterbrach diese vergebliche Anstrengung nur, um von Zeit zu Zeit wütende Angriffe auf den Stock zu machen.

„Schau dir das an, Bill“, flüsterte Henry.

Im vollen Feuerschein schlich von der Seite ein hundeähnliches Tier heran. Es bewegte sich vorsichtig und misstrauisch, wobei es verstohlen die Männer beobachtete, seine Aufmerksamkeit aber auf die Hunde gerichtet hatte. Einohr strebte, soweit es ihm der Stock erlaubte, dem Eindringling entgegen und bellte verlangend.

„Dieser dämliche Einohr scheint gar keine Angst zu haben", sagte Bill gedämpft.

„Es ist eine Wölfin", antwortete Henry, ebenfalls flüsternd. „Jetzt weiß ich auch, wie das mit Fatty und Frosch war. Die Wölfin spielt für die Meute den Köder. Sie lockt die Hunde heraus, und dann stürzen sich alle drauf und fressen sie auf."

Das Feuer knisterte laut, ein Stück Holz fiel mit Geprassel heraus. Bei dem Geräusch sprang das seltsame Tier ins Dunkle zurück.

„Mir ist was eingefallen, Henry", verkündete Bill.

„Was denn?"

„Dass es dasselbe Luder ist, dem ich eines mit dem Stock übergezogen hab."

„Zweifellos", antwortete Henry.

„Hm, und dazu möchte ich noch bemerken", fuhr Bill fort, „dass es mir verdammt verdächtig vorkommt, wie sie sich am Feuer auskennt."

„Sie weiß auf jeden Fall mehr, als eine ordentliche Wölfin wissen sollte", sagte Henry zustimmend. „Ein Wolf, der weiß, wann er zur Hundefütterung erscheinen kann, der hat schon allerhand hinter sich."

„Der alte Villan hatte einen Hund, der ihm mit den Wölfen davongelaufen ist", überlegte Bill laut. „Ich weiß es genau, denn ich hab ihn damals am Kleinen Stock im Rudel abgeschossen, und der alte Villan hat geweint wie ein kleines Kind. Drei Jahre hatte er ihn, wie er sagte, nicht gesehen. Die ganze Zeit hat der Hund unter den Wölfen gelebt."

„Ich glaub, du hast den Nagel auf den Kopf getroffen, Bill. Der Wolf ist eigentlich ein Hund und hat schon so manchen Fisch aus der Hand eines Menschen gefressen."

„Und wenn er mir vor den Lauf kommt", erklärte Bill, „so wird aus dem Wolf, der eigentlich ein Hund ist, ein Kadaver. Wir können es uns nicht erlauben, noch mehr Hunde zu verlieren."

„Du hast nur noch drei Patronen", wandte Henry ein.

„Keine Angst, ich wird auf einen ganz sicheren Schuss warten", versicherte Bill.

Am Morgen schürte Henry das Feuer und kochte das Frühstück, wobei ihn das Schnarchen des Gefährten begleitete. „ Du hast so schön geschlafen“, sagte Henry, als er ihn schließlich zum Frühstück weckte, „dass ich's nicht übers Herz brachte, dich zu wecken.“

Bill machte sich noch ganz verschlafen ans Essen. Als er merkte, dass seine Tasse leer war, langte er nach dem Kaffeekessel, konnte ihn aber nicht erreichen, da Henry ihn dicht neben sich gestellt hatte.

„Hör mal, Henry“, brummte er, „hast du nicht was vergessen?“

Henry blickte sich mit gespielter Überraschung um und schüttelte den Kopf. Bill hielt ihm die leere Tasse hin.

„Ach so, Kaffee. Du bekommst keinen!“

„Wieso, haben wir keinen mehr?“

„Das nicht.“

„Da bin ich ja gespannt, wie du mir das erklärst“, sagte Bill wütend.

„Spanker ist weg“, antwortete Henry.

Ohne Hast, wie einer, der sich in sein Schicksal ergeben hat, drehte Bill sich um und zählte von seinem Platz aus die Hunde.

„Wie ist das passiert?“ fragte er verdattert.

Henry zuckte die Achseln. „Ich weiß nicht. Vielleicht hat ihm Einohr die Riemen durchgebissen. Er selbst kann es nicht getan haben, das steht fest.“

„Das verdammte Biest! Wenn er schon nicht an seine eigenen Riemen rankam, hat er sie wenigstens Spanker durchgebissen.“

„Na, Spanker hat jedenfalls ausgesorgt; ich schätze, sie haben ihn längst verdaut, und um diese Zeit läuft er im Bauch von mindestens zwanzig Wölfen durch die Gegend.“

Das war Henrys Grabrede auf einen weiteren verlorenen Hund.

Bill spülte sein Frühstück anstatt mit Kaffee mit Flüchen auf Einohr und den Streich, den er ihnen gespielt hatte, herunter. „Heute bind ich sie so an, dass einer nicht an den anderen herankommt“, sagte er, als sie wieder aufbrachen.

Sie waren kaum hundert Meter weit gekommen, als Henry, der vorn ging, sich bückte und etwas aufhob, an das er mit den Skiern gestoßen war. Er warf es nach hinten, wo es von dem Schlitten abrutschte und Bill direkt vor die Füße fiel.

„Vielleicht brauchst du es noch zum Anbinden“, rief er.

Bill entfuhr ein Ausruf. Das war also alles, was von Spanker übrig geblieben war – der Stock, an dem er angebunden gewesen war.

„Sie haben ihn mit Haut und Haaren verschlungen“, verkündete Bill. „Der Stock ist so sauber wie abgeleckt. Sogar die Riemen haben sie gefressen. Die müssen verdammt hungrig sein. Wir werden auf dieser Fahrt bestimmt noch mit ihnen zu tun kriegen.“

Henry lachte trotzig: „Zwar haben mich noch nie die Wölfe so gejagt, aber ich hab schon Schlimmeres erlebt und bin doch immer mit heiler Haut davongekommen. Da müssten sich die Bestien schon noch Verstärkung holen, wenn sie Bills Gefährten den Garaus machen wollen, mein Junge.“

„Na, ich weiß nicht“, murmelte Bill.

„Dann wirst du's wissen, wenn wir erst in Fort McGurry sind.“

„Mir ist gar nicht zum Lachen zumute“, beharrte Bill.

„Du bist ganz blass“, behauptete Henry. „Du brauchst Chinin; sobald wir in McGurry ankommen, stopfe ich dich voll damit.“

Bill brummte unwirsch zu dieser Diagnose und sagte nichts mehr.

Der Tag war wie all die anderen. Um neun wurde es hell. Um zwölf ließ die unsichtbare Sonne den Horizont rot aufglühen, und dann folgte ein grauer Nachmittag. Um drei Uhr wurde es wieder dunkel.

Kurz nach Mittag griff Bill unter die Zeltplane auf den Schlitten, wo seine Büchse lag, und sagte: „Fahr weiter, Henry, ich will mich nur ein bisschen umsehen.“

„Du solltest lieber beim Schlitten bleiben!“ schimpfte sein Gefährte. „Du hast nur noch drei Patronen, und wer weiß, was alles passieren kann.“

„Aha, wer sieht nun Gespenster?“, versetzte Bill triumphierend.

Schweigend zog Henry allein weiter. Ab und zu schaute er in die graue Schneewüste hinaus, in der sein Gefährte verschwunden war. Nach einer Stunde traf er wieder auf Bill, der den Weg abgekürzt hatte, da er ja nicht den Schlitten um jeden Hügel herumfahren musste.

„Sie haben sich verstreut und suchen die Umgebung ab“, meldete er. „Aber dabei halten sie mit uns Schritt. Sie wissen, dass sie uns kriegen, auch wenn sie noch etwas warten müssen. Inzwischen suchen sie nach Essbarem und sind gewillt, alles, was ihnen in den Weg kommt, zu verschlingen.“

„Du wolltest wohl sagen, sie glauben, dass sie uns kriegen“, stichelte Henry.

Aber Bill tat, als habe er nichts gehört.

„Ich hab sie gesehen. Sie sind schrecklich abgezehrt. Bestimmt haben sie schon einige Wochen nichts gefressen als Fatty, Frosch und Spanker; und es sind so viele, dass bestimmt nicht mal alle was abgekriegt haben. Du hättest sie sehen sollen! Rippen haben sie wie Waschbretter, und der Magen hängt direkt unterm Rückgrat. Ich sage dir, die werden noch wahnsinnig, und dann kannst du was erleben!"

Einige Minuten später stieß Henry, der jetzt hinter dem Schlitten ging, einen Warnpfiff aus. Bill schaute sich um und brachte langsam die Hunde zum Stehen. Hinter ihnen tauchte ganz deutlich eine geschmeidige Gestalt auf. Die Nase dicht am Boden, lief das Tier mit eigentümlich gleitenden, leichten Schritten direkt auf der Schlittenbahn. Als die Männer stehen blieben, blieb auch das Tier stehen, hob den Kopf, beobachtet die Männer und witterte.

„Es ist die Wölfin", flüsterte Bill und ging an den Hunden, die sich in den Schnee gelegt hatten, vorbei zu seinem Gefährten. Gemeinsam beobachteten sie das seltsame Tier, das sie seit Tagen verfolgte und sie schon um das halbe Gespann gebracht hatte.

Das Tier kam vorsichtig immer ein paar Schritte näher, bis es auf nicht ganz hundert Meter heran war. Dann setzte es sich neben einer Tannengruppe mit erhobenem Kopf auf die Hinterbeine, wie es Hunde tun, und studierte mit Auge und Nase den Schlitten und die beobachtenden Männer. Es schaute sie auch an wie ein Hund, aber in seinem Blick lag statt der Zuneigung eines Hundes die Gier des Hungers, grausam wie seine Zähne und unbarmherzig wie der Frost.

In seinem Blick lag statt der Zuneigung eines Hundes die Gier des Hungers, grausam wie seine Zähne und unbarmherzig wie der Frost

Für einen Wolf war das Tier sehr groß; die abgemagerte Gestalt verriet, dass es zu den größten seiner Art gehörte.

„Sie hat fast einen Meter Schulterhöhe", bemerkte Henry.

„Für einen Wolf hat sie eine sonderbare Farbe", versetzte Bill. „Noch nie hab ich einen roten Wolf gesehen. Sie sieht ja fast zimtfarben aus."

Nun war das Tier allerdings nicht zimtfarben. Sein Pelz war ein echter Wolfspelz. Er war grau, aber mit einem leichten rötlichen Schimmer, der kam und ging und mehr einer Sinnestäuschung glich.

„Er sieht aus wie ein großer Eskimoschlittenhund“, sagte Bill. „Fehlt nur noch, dass er mit dem Schwanz wedelt.“

„Komm her, du Eskimo!“ rief er. „Na, komm schon, wie heißt du denn?“

„Er hat nicht ein bisschen Angst vor dir“, lachte Henry.

Bill drohte mit der Faust und schrie, doch das Tier zeigte nicht die geringste Furcht. Noch immer schaute es die Männer mit der unbarmherzigen Gier des Hungers an. Es hatte Hunger, und die Männer waren Fleisch; es hatte nur noch nicht genug Mut, sich auf sie zu stürzen und sie zu fressen.

„Pass mal auf, Henry“, sagte Bill, und unwillkürlich senkte er die Stimme, als könne ihn die Wölfin verstehen. „Wir haben zwar nur noch drei Patronen, aber das hier ist ein sicherer Schuss. Sie hat uns drei Hunde gekostet, und das muss endlich aufhören. Was meinst du dazu?“

Henry nickte zustimmend. Bill griff vorsichtig unter die Plane und zog seine Büchse hervor. Doch noch bevor er anlegen konnte, verschwand die Wölfin mit einem großen Sprung in den Tannen.

Beide schauten sich verblüfft an, und Henry pfiff vielsagend.

„Das hätt ich mir denken können“, brummte Bill, als er die Büchse wieder wegpackte. „Ein Wolf, der weiß, wann er mit den Hunden zur Fütterung kommen kann, versteht natürlich auch was von Feuerwaffen. Das kann ich dir sagen, Henry, die Bestie ist an all unserem Unglück schuld. Wenn sie nicht wäre, hätten wir heute noch sechs Hunde statt drei. Aber eins sage ich dir, ich krieg sie! Auf offener Ebene lässt sie sich nicht erwischen, aber ich leg mich in den Hinterhalt und will nicht Bill heißen, wenn ich sie nicht umlege!“

„Aber geh nicht zu weit weg“, warnte Henry. „Wenn sich die ganze Meute auf dich stürzt, nützen dir auch die drei Patronen nichts.“

Diesmal schlugen sie ihr Lager zeitig auf. Drei Hunde konnten den Schlitten nicht so schnell und auch nicht so lange ziehen wie sechs. Man sah ihnen an, wie entkräftet sie waren. Auch die Männer legten sich zeitiger als sonst schlafen, nachdem Bill die Hunde so weit voneinander angebunden hatte, dass sie sich nicht gegenseitig die Riemen durchbeißen konnten.

Die Wölfe wurden immer dreister. Sie kamen so nah heran, dass die Hunde vor Angst rasend wurden. Mehrmals mussten die Männer aufstehen und Holz ins Feuer werfen, um die frechen Räuber in sicherer Entfernung zu halten.

„Ich hab Matrosen von Haifischen erzählen hören, die hinter einem Schiff herschwimmen“, bemerkte Bill, als er danach wieder unter die Decken kroch. „Das hier, das sind die reinsten Landhaie, diese Wölfe. Sie sind sich sicherer als wir und verfolgen unsere Spur nicht nur zum Spaß. Und sie kriegen uns. Ganz bestimmt kriegen sie uns, Henry!“

„Dich haben sie schon halb mit deinem Gerede!“ fuhr ihn Henry an. „Wer an seinen Sieg nicht glaubt, der hat schon halb verloren. Und du kommst mir mit deinem Geplärr vor, als hätten sie dich schon halb aufgefressen.“

„Die haben schon ganz andere Kerle verdrückt, als wir es sind“, meinte Bill.

„Nun hör schon endlich auf mit dem Gejammer! Wer soll denn das auf Dauer aushalten?“

Henry drehte sich verstimmt um, wunderte sich aber insgeheim, dass Bill nicht wütend wurde. Das war wirklich nicht normal, denn sonst brachte Bill jedes scharfe Wort gleich auf. Henry dachte vor dem Einschlafen lange über das Verhalten seines Gefährten nach, und sein letzter Gedanke war: „Bill ist tüchtig mitgenommen, ich muss ihn morgen ein bisschen aufheitern.“

Der Tag ließ sich gut an. Kein Hund war in der Nacht verschwunden, und so brachen die Männer ziemlich gut gelaunt auf in die Stille, Finsternis und Kälte. Bill schien seine Prophezeiungen vom Vorabend vergessen zu haben, und gegen Mittag war er sogar richtig lustig und spaßte mit den Hunden, die an einer schlechten Wegstelle den Schlitten umgeworfen hatten. Es war ein fürchterliches Durcheinander. Der Schlitten lag, mit der Fracht nach unten, zwischen einem Baumstamm und einem großen Felsblock eingeklemmt, und so mussten sie die Hunde ausspannen. Beide Männer beugten sich über den Schlitten und versuchten ihn umzudrehen, als Henry plötzlich bemerkte, dass Einohr davonschleichen wollte.

„Zurück! Einohr!“ rief er, indem er sich aufrichtete.

Aber Einohr lief schon über den Schnee davon und zog die Gurte hinter sich her. Er lief direkt auf die Wölfin zu, die hinten in der Schlittenspur auf ihn wartete. Erst als er ihr schon ziemlich nahe war, wurde er vorsichtiger. Er lief langsamer, machte kürzere Schritte und blieb schließlich stehen. Er betrachtete sie aufmerksam und misstrauisch und doch zugleich auch verlangend. Mehr schmeichlerisch als drohend bleckte sie die Zähne, sodass es aussah, als lächle sie ihn an. Dann lief die Wölfin kokett einige Schritte auf ihn zu und blieb stehen. Einohr ging näher, immer noch auf der Hut, mit gespitzten Ohren und erhobenem Schwanz.

Als er sie beschnuppern wollte, sprang sie scheu zurück, und das tat sie jedes Mal, wenn er sich ihr näherte, und lockte den Hund so Schritt für Schritt aus der sicheren Nähe seiner zweibeinigen Gefährten. Einmal sah es aus, als hätte ihn irgendetwas Unbestimmtes gewarnt; er schaute zurück zu dem umgeworfenen Schlitten, zu seinen Gefährten im Gespann und zu den beiden Männern, die ihn riefen. Doch was auch immer in seinem Kopf vorgegangen sein mochte, seine Bedenken wurden sogleich durch die Wölfin zerstreut, die auf ihn zukam, ihn einen kurzen Augenblick beschnüffelte und dann wieder vor seinen neuen Annäherungsversuchen scheu zurückwich.

Erst jetzt fiel Bill seine Flinte ein; doch die lag unter dem Schlitten, und ehe er mit Henrys Hilfe das Gefährt aufgerichtet und die Flinte hervorgeholt hatte, waren Hund und Wölfin schon zu dicht beisammen und für einen sicheren Schuss zu weit vom Schlitten weg.

Zu spät erkannte Einohr seinen Fehler. Er wandte sich plötzlich um und jagte zurück. Gleich darauf wussten die Männer auch, warum: Sie sahen, wie ein Dutzend grauer, hagerer Wölfe im rechten Winkel auf die Spur zujagten und dem Hund den Rückweg abschnitten. Augenblicklich war es auch vorbei mit der Scheu und spielerischen Laune der Wölfin. Knurrend fiel sie den Hund an. Der parierte den Sprung mit der Schulter, und da ihm der gerade Rückweg abgeschnitten war, versuchte er, im Bogen zum Schlitten zu gelangen. Immer neue Wölfe tauchten auf, und einige Schritte hinter dem Hund jagte die Wölfin.

„Warte, wohin willst du?“ fragte plötzlich Henry und legte dem Gefährten die Hand auf die Schulter.

Bill schüttelte die Hand ab. „Ich kann das nicht mehr ansehen“, sagte er. „Sie sollen keinen von den Hunden mehr bekommen!“

Mit der Flinte in der Hand sprang er in das Gebüsch neben der Bahn. Sein Vorhaben war Henry klar. Der Schlitten lag im Zentrum des

Bogens, auf dem Einohr lief. Bill wollte diese Bahn noch vor den Wölfen erreichen. Mit der Flinte und bei helllichtem Tag gelang es ihm vielleicht, die Wölfe in die Flucht zu jagen und den Hund zu retten.

„Bill!“, rief Henry ihm nach. „Sei vorsichtig! Riskier nichts!“

Henry setzte sich auf den Schlitten und wartete. Weiter konnte er nichts tun. Bill war schon bald verschwunden, und nur hier und da sah Henry Einohr zwischen einem Gebüsch und Tannen auftauchen und wieder verschwinden. Er wusste, dass für den Hund keine Hoffnung mehr bestand. Zwar war sich Einohr der Gefahr bewusst, doch er lief im weiteren Kreis, während die Wölfe den inneren, kleineren Kreis beschrieben. Es war nicht anzunehmen, dass Einohr einen solchen Vorsprung vor seinen Verfolgern gewann, um ihren Kreis zu durchbrechen und quer zum Schlitten laufen zu können.

Alle die Wege liefen auf einen Punkt zu. Irgendwo dort draußen in der Schneewüste, verdeckt von den Bäumen und Sträuchern, die Henry die Sicht versperrten, würden die Wölfe, Bill und Einohr aufeinander stoßen. Es geschah eher, als er erwartet hatte. Er hörte einen Schuss, dann einen zweiten, und gleich darauf fiel ein dritter. Dann hörte er ein wildes Knurren und Bellen. Er erkannte Einohrs Todesschrei und vernahm das Heulen eines getroffenen Wolfes. Das war alles, das Gekläff verstummte. Wieder legte sich tiefes Schweigen über das öde Land.

Lang saß der Mann auf dem Schlitten. Er brauchte nicht nachzuschauen, was geschehen war. Er wusste es so gut, als hätte sich alles vor seinen Augen abgespielt. Einmal fuhr er auf und holte mit zerfahrenen Bewegungen eine Axt unter der Plane hervor. Aber gleich danach saß er wieder trübsinnig auf dem Schlitten; die beiden letzten Hunde schmiegten sich zitternd an seine Beine.

Endlich erhob er sich, müde, als sei alle Widerstandskraft aus ihm gewichen, und spannte die Hunde vor den Schlitten. Er warf sich einen der Stricke über die Schulter und zog mit den Hunden. Er kam nicht weit; schon bei dem ersten Anzeichen

der Dämmerung schlug er das Lager auf und sorgte für einen reichlichen Holzvorrat. Er fütterte die Hunde, kochte und aß sein Essen und machte sich dicht neben dem Feuer ein Nachtlager zurecht. Doch Schlaf sollte ihm in dieser Nacht nicht vergönnt sein. Noch ehe er die Augen schließen konnte, waren die Wölfe gefährlich nahe gekommen. Er brauchte gar nicht die Augen anzustrengen, um sie zu erkennen.

Sie hatten einen engen Kreis um ihn und das Feuer geschlossen; ganz deutlich sah er sie im Feuerschein liegen, sitzen, auf dem Bauch kriechen und hin und her schleichen. Ja, hier und da lag sogar ein Wolf wie ein Hund zusammengerollt im Schnee und erfreute sich des Schlafes, der ihm versagt war.

Er ließ das Feuer hell lodern, denn er wusste, dass es das letzte Hindernis zwischen seinem Körper und ihren gierigen Zähnen war. Die beiden Hunde pressten sich, jeder von einer Seite, Schutz suchend an ihn, und hin und wieder knurrten sie wild, wenn einer der Wölfe sich zu nahe wagte.

Und dennoch zog sich der Kreis immer enger um Henry zusammen. Zentimeter um Zentimeter kroch ein Wolf nach dem anderen näher, bis sie nur noch auf Sprungweite entfernt waren. Da ergriff der Mann jedes Mal brennende Äste und warf sie zwischen die Meute. Eilig zogen sich die Wölfe zurück und bellten wütend oder heulten erschrocken auf, wenn ein gut gezielter Feuerbrand ein zu dreistes Tier getroffen und ihm den Pelz versengt hatte.

Am Morgen war der Mann bleich und unausgeschlafen. Er kochte, noch im Morgengrauen, das Frühstück, und um neun, als sich die Wölfe mit dem zunehmenden Tageslicht zurückzogen, machte er sich an die Ausführung eines Planes, den er sich in der Nacht ausgedacht hatte. Er schlug junge Tannen um und band sie mit Riemen hoch oben in der Krone eines Baumes zusammen. Dann zogen er und die Hunde mit einem Seil den Sarg auf dieses Gerüst hinauf.

Er ließ das Feuer hell lodern, denn er wusste, dass es das letzte Hindernis zwischen seinem Körper und ihren gierigen Zähnen war

„Bill haben sie erwischt, und mich kriegen sie vielleicht auch, aber wenigstens dich sollen sie nicht haben", sprach er zu dem Toten in seinem luftigen Grab.

Dann brach er auf. Der Schlitten sprang jetzt leicht und schnell hinter den willigen Hunden her. Auch sie fühlten, dass sie erst in Fort

McGurry in Sicherheit waren. Die Wölfe verfolgten sie jetzt ganz offen, sie liefen lässig in einigem Abstand hinter dem Schlitten und zu beiden Seiten. Die roten Zungen hingen ihnen aus dem Maul, und die dürren Rippen waren bei jeder Bewegung unter der Haut zu sehen.

Henry wagte nicht, bis Einbruch der Dunkelheit zu wandern. Gegen Mittag erwärmte die Sonne nicht nur den Horizont, sondern zeigte diesmal sogar einen blassen, goldigen Streifen. Der Mann sah darin ein gutes Zeichen; die Sonne war zurückgekehrt, die Tage würden wieder länger werden. Doch kaum war der freundliche Schein erloschen, schlug er schon sein Lager auf. Zwar blieben ihm noch einige Stunden grauen Tageslichts und trüber Dämmerung, doch die musste er nutzen, einen riesigen Holzvorrat zu schlagen.

Mit der Nacht kehrten die Schrecken wieder. Die Wölfe waren noch hungriger und wilder und Henry nach der durchwachten Nacht und den Anstrengungen des Tages todmüde. Wie er so am Feuer saß, eine Decke um die Schulter, die Axt auf den Knien und die Hunde zu beiden Seiten, fielen ihm wider Willen die Augen zu. Plötzlich fuhr er auf und sah keine fünf Meter vor sich einen großen, grauen Wolf, einen der größten im Rudel.

Obwohl er das Tier ansah, reckte es sich bedächtig wie ein fauler Hund, gähnte ihm ins Gesicht und betrachtete ihn, als sei er wirklich nichts anderes als eine hinausgeschobene Mahlzeit, die schon bald auf den Tisch kommt.

Eine solche Sicherheit zeigte das ganze Rudel. Er zählte an die zwanzig Wölfe, die ihn hungrig anstierten oder ruhig im Schnee schliefen. Sie kamen ihm vor wie Kinder, die um den gedeckten Tisch sitzen und nur auf die Erlaubnis zum Essen warten. Und das Essen, das war er! Er war neugierig, wie und wann die Mahlzeit beginnen würde.

Noch nie hatte er seinen Körper so bewundert wie in diesem Augenblick, da er Holz aufs Feuer warf. Er beobachtete das Spiel seiner Muskeln und studierte den sinnreichen Bau der Finger. Er warf einen scheuen Blick auf den Kreis der Wölfe, die ihn umzingelt hatten, und wie ein Blitz traf ihn die Erkenntnis, dass dieser bewundernswerte und lebendige Körper für die wilden Raubtiere nichts anderes war als Fleisch, Beute, etwas, was sie gierig mit den Zähnen zerreißen würden. Er war für sie Nahrung, genau so, wie ein Elch oder ein Kaninchen nur Nahrung für sie waren.

Einmal fuhr er aus dem Schlaf auf, der eher ein Alptraum war, und erblickte vor sich die rötliche Wölfin. Keine zwei Meter saß sie vor ihm im Schnee und beobachtete ihn gierig. Die beiden Hunde winselten und knurrten, aber die Wölfin schien diesen Lärm nicht zu beachten. Sie starrte ihn nur unverwandt an, doch er wusste, warum sie es tat. Er war für sie Nahrung, und schon sein Anblick erregte ihren Appetit. Der Speichel floss ihr aus dem offenen Maul, das sie sich leckte bei der Vorstellung des angehenden Schmauses.

Grauen stieg in ihm auf. Er streckte die Hand nach einem brennenden Ast aus, um ihn nach ihr zu werfen; doch noch ehe seine Finger das Wurfgeschoss hielten, sprang die Wölfin zurück und brachte sich in Sicherheit. Beim Wegspringen knurrte sie und entblößte die Zähne bis zur Wurzel. Alle Ruhe war aus ihrem Blick geschwunden und hatte einer wilden Raubgier Platz gemacht, vor der ihm schauderte.

Die ganze Nacht wehrte er mit brennenden Ästen die hungrige Meute ab. Sobald ihm gegen seinen Willen die Augen zufielen, weckte ihn das Knurren und Winseln der Hunde. Endlich kam der Morgen, doch zum ersten Mal konnte auch das Tageslicht die Wölfe nicht vertreiben. Der Mann wartete vergebens, dass sie sich verstreuen würden. Sie blieben im Kreis um den Mann und das Feuer, bewachten mit dreister Sicherheit, was ihnen gehörte, und erschütterten so seinen beim Morgenlicht erwachten Mut.

Er machte einen verzweifelten Versuch aufzubrechen. Doch im gleichen Augenblick, als er sich vom schützenden Feuer entfernte, sprang der kühnste der Wölfe auf ihn los, zum Glück zu kurz. Der Mann rettete sich durch einen Sprung zum Feuer. Zehn Zentimeter neben seiner Hüfte schlugen die Zähne des Wolfes zusammen. Der Rest der Meute drang auf ihn ein. Er musste nach allen Seiten Feuerbrände werfen, um sich ihrer zu erwehren.

Selbst als es schon heller Tag war, wagte er nicht, das Feuer zu verlassen, um frisches Holz zu schlagen. Etwa sieben Meter entfernt stand eine hohe, vertrocknete Tanne. Er brauchte einen halben Tag dazu, das Feuer Stück für Stück zu dem Baum zu verlagern, und ständig musste er ein halbes Dutzend Fackeln bereit haben, um sie nach seinen Feinden zu schleudern. Als er die Tanne erreicht hatte, studierte er den angrenzenden Wald, um den Baum in der Richtung fällen, wo es das meiste Brennholz gab.

Die Nacht glich der vergangenen, nur dass sein Bedürfnis nach Schlaf noch größer wurde.

Das Knurren der Hunde verlor an Wirksamkeit, und außerdem knurrten sie ständig, sodass seine überspannten Nerven schon die Unterschiede in der Tonhöhe nicht mehr wahrnahmen. Einmal fuhr er erschrocken im Schlaf auf. Die Wölfin stand keinen Meter vor ihm. Automatisch stieß er einen brennenden Ast in den offenen Rachen. Die Wölfin sprang zurück und heulte vor Schmerz auf, während er frohlockend den Gestank versengten Fleisches und Felles einsog und zuschaute, wie sie wütend knurrte und den Kopf hin und her schüttelte.

Diesmal band er sich, ehe ihm die Augen zufielen, einen brennenden Fichtenast an die rechte Hand. Nur wenige Minuten schlief er, und schon weckte ihn die Hitze der Flammen. Dies wiederholte er mehrere Stunden lang. Immer, wenn ihn die Hitze weckte, vertrieb er die Wölfe mit Feuerbränden, legte Holz auf und band sich einen Fichtenast an die Hand. Alles ging gut, bis er einmal vor Müdigkeit den Ast nicht fest genug band. Als er einschlief, rutschte der Ast aus der Hand.

Er träumte, er sei in Fort McGurry. Es war warm und gemütlich, und er spielte mit dem Agenten Karten. Selbst im Traum hatten Wölfe die Station umstellt. Sie heulten vor dem Tor, und die beiden Männer unterbrachen ab und zu ihr Spiel, lauschten hinaus und lachten über die vergeblichen Versuche der Wölfe, einzudringen. Und dann – ein so seltsamer Traum war es – ertönte ein Krachen. Die Wölfe hatten die Tür erbrochen. Er sah, wie sie in den großen Speisesaal gestürmt kamen, direkt auf ihn und den Agenten zu. Als die Tür nachgab, wurde das Geheul unerträglich laut. Der Traum verwandelte sich in etwas anderes – er wusste nicht was, aber das Geheul verfolgte ihn und war nicht zu ertragen.

Und dann erwachte er und hörte ein wirkliches Geheul, ein schreckliches Heulen und Knurren von allen Seiten. Die Wölfe fielen von allen Seiten über ihn her. Ein Wolf schlug ihm die Zähne in den Arm. Instinktiv sprang der Mann ins Feuer und spürte noch im Sprung, wie ihm die Zähne eines zweiten ins Bein drangen. Der wahrste Feuerkampf begann. Die dicken Fäustlinge schützten eine Zeit lang seine Hände, und so warf er nach allen Seiten glühende Kohlen, bis das Lagerfeuer wie ein Vulkan aus-

sah. Doch das konnte nicht lange dauern. Im Gesicht bekam er von der Hitze Brandblasen, Augenbrauen und Wimpern waren versengt, und die Füße brannten. Mit einem brennenden Ast in jeder Hand sprang er aus dem Feuer. Die Wölfe waren zurückgeschlagen. Überall, wo glühende Holzstücke hingefallen waren, zischte es im Schnee, und hier und da verrieten ein wilder Sprung und ein Knurren, dass einer der zurückweichenden Wölfe auf eines der glühenden Stücke getreten war.

Er schleuderte die Äste den letzten Feinden nach, warf die qualmenden Fäustlinge in den Schnee und stampfte umher, um die Füße abzukühlen. Beide Hunde waren verschwunden, und er wusste nur zu gut, dass sie zu einem weiteren Gang bei diesem in die Länge gezogenen Mahl geworden waren, das vor einigen Tagen mit Fatty begonnen hatte und dessen letzter Gang wahrscheinlich er selbst sein würde. „Noch habt ihr mich nicht!“ schrie er und drohte mit der Faust den hungrigen Raubtieren; beim Ton seiner Stimme geriet die ganze Meute in Aufregung, von allen Seiten erklang wütendes Knurren, und die Wölfin schlich sich näher heran und beobachtete ihn aus hungrigen Augen.

Inzwischen war ihm etwas eingefallen. Er dehnte das Feuer zu einem weiten Kreis aus. In die Mitte legte er Felle und Decken zum Schutz gegen den tauenden Schnee und sank darauf nieder. Kaum war er hinter dem Flammenmeer verschwunden, kam die Meute neugierig zum Feuer, um zu sehen, was mit ihm geschehen war. Bisher hatten sie sich nicht bis ans Feuer gewagt, doch nun kamen sie ganz nah heran, zwinkerten mit den Augen, gähnten und streckten ihre mageren Glieder in der ungewohnten Wärme. Dann setzte sich die Wölfin, hob die Nase zu den Sternen und begann zu heulen. Einer nach dem anderen schlossen sich ihr die übrigen Wölfe an, bis schließlich die Meute aufrecht um das Feuer herumsaß und den Sternen ihr Hungerlied entgegenheulte.

Endlich kam der Morgen und dann auch das Tageslicht. Der Holzvorrat ging zu Ende, und das Feuer brannte langsam herunter. Der Mann versuchte, aus dem Feuerkreis herauszutreten, doch sofort gingen die Wölfe zum Angriff über. Sie sprangen zwar vor den brennenden Scheiten zurück, doch sie ließen sich damit nicht vertreiben. Als der Mann schließlich sein vergebliches Mühen aufgab und in den Flammenkreis zurücktaumelte, sprang ihn einer der Wölfe an. Zum Glück war der Sprung zu kurz, und der Wolf fiel mit ins Feuer. Er winselte vor Schmerz und kroch zurück, um die Pfoten im Schnee zu kühlen.

Der Mann ließ sich auf die Decken sinken. Er saß vornübergebeugt; die hängenden Schultern und der Kopf, der mutlos auf den Knien lag, verrieten, dass er den Kampf aufgegeben hatte. Von Zeit zu Zeit hob er den Kopf und sah zu, wie das Feuer langsam herabbrannte. Im Flammenkreis erschienen Lücken, die immer größer wurden. Der ganze Kreis zerfiel in einzelne kleine Feuer.

„So, nun könnt ihr bald kommen", murmelte der Mann. „Bis dahin will ich wenigstens schlafen."

Einmal erwachte er wieder, kurz darauf, obwohl ihm war, als seien Stunden verstrichen. Eine seltsame Veränderung war vorgegangen, so seltsam, dass er sofort hellwach war. Etwas war geschehen. Was war es wohl?

Von allen Seiten erklang wütendes Knurren, und die Wölfin schlich sich näher heran und beobachtete ihn aus hungrigen Augen

Und dann merkte er es: Die Wölfe waren verschwunden. Nur der zertretene Schnee ringsum zeugte noch davon, wie nah sie gewesen waren. Wieder übermannte ihn der Schlaf, der Kopf sank auf die Knie, doch plötzlich fuhr er auf.

Er hörte Männer rufen, Schlitten im Schnee knirschen und Hunde bellen. Vier Schlitten waren vom Flussbett heraufgekommen. Ein halbes Dutzend Männer stand um den Mann herum, der auf seiner Decke inmitten des erlöschenden Feuerkreises saß. Sie schüttelten und zwickten ihn, um ihn zu wecken. Er schaute sie wie betrunken an und lallte schlaftrunken: „Rote Wölfin ... Kam mit den Hunden zum Füttern ... Erst fraß sie ihr Futter … dann die Hunde … und dann Bill …"

„Wo ist Lord Alfred?" schrie ihm einer der Männer ins Ohr und rüttelte ihn derb.

Er schüttelte langsam den Kopf: „Nein, den haben sie nicht gefressen … Der ist auf dem Baum im letzten Lager."

„Tot?" rief der Mann.

„Ja, und im Kasten", antwortete Henry. Er zuckte unwillig mit der Schulter, als wolle er die lästigen Frager abschütteln. „Lasst mich in Ruhe, hört ihr … Ich bin fertig, total fertig …Gute Nacht."

Das Kinn sank auf die Brust, und noch ehe ihn die Männer auf die Decken gelegt hatten, klang schon sein Schnarchen durch die eisige Luft.

Doch noch ein anderer Ton war schwach und aus weiter Ferne zu vernehmen: das Heulen der Wölfe. Der Mensch war ihnen entgangen, sie mussten sich andere Beute suchen. ■

SABRE LERNT

Das Leben im rauen Ozean ist nicht ungefährlich. Diese Erfahrung macht auch der junge Schwertwal Sabre. Wie man dennoch überlebt, das lernt er von seinem Vater Orion.

Jeremy Lucas

In der Nacht schwammen sie an Flotta und Ronaldsay vorüber. Der Nebel des späten Oktobers empfing die Wale, als sie sich langsam auf das Pentland Firth zu bewegten und die ruhigen Gewässer des Flow verließen. Jedes Mal, wenn sie an die Wasseroberfläche kamen, tönte in der Stille des Firth durch den Nebel weithin das Blasen ihres ausgestoßenen Atems. Zwei Robben ließen sich, behaglich treibend, von der Strömung mitnehmen. Sie hielten sich dabei senkrecht im Wasser; nur ihre Nasen ragten aus der spiegelblanken See. Wenn sie einschliefen, sanken sie langsam tiefer, bis sie merkten, dass ihnen aus Luftmangel die Brust zu eng wurde. Sofort brachte sie ein Schlag mit den Hinterflossen wieder nach oben.

Orions Echolot hatte ihm ihre Nähe gemeldet. Geräuschlos glitt seine Rückenflosse durchs Wasser, dann tauchte er dreißig Meter tief hinab, fast bis zum Meeresboden. Sehen konnte er nichts, denn dort unten herrscht ewiges Dunkel. Doch sein Gehör verriet ihm alles. Er ortete die Robben, schoss nach oben und stieß zu.

Der vollkommen stromlinienförmige Walkörper stieg, ungeheuer beschleunigt, mit solcher Geschwindigkeit in die Höhe, dass er die Wasseroberfläche durchbrach und in die Luft schnellte. Dabei nahm er eine der Robben mit. Der Tod hatte sie im Schlaf überrascht. Einen Augenblick lang hing der riesige Leib des Wals, zwischen Antriebs- und Schwerkraft im Gleichgewicht, reglos in der Luft, dann klatschte er, die Fluke voran, zurück in die See.

Die explosive Heftigkeit des Überfalls war im ganzen Firth zu hören. Seevögel, die sich, den Kopf unter die Flügel gesteckt, im Fels oder auf dem Wasser zum Schlaf zurückgesetzt hatten, flatterten aufgescheucht hoch. Schwertwale auf der Jagd! Da war man sicherer hoch oben am Himmel und so weit weg wie möglich.

Die andere Robbe kam mit dem Leben davon. Zweimal entging sie Orion mit knapper Not, dann endete die Hetzjagd im Flachwasser von Swona Isle. Dorthin wagte der Schwertwal sich nicht, weil er fürchtete, auf den Strand geworfen zu werden. Das erste Mal hatte sie ihm auf offener See entwischen können, weil ihre Lungen noch frisch mit Luft gefüllt waren. Sie verbarg sich am Meeresgrund zwischen den Felsen und Seegras, doch dann zwang sie der Luftmangel, wieder nach oben zu schwimmen, und sofort verfolgte Orion sie wieder. Während die Robbe nach Luft rang, gelang es ihm, ihr ganz nahe zu kommen. Im allerletzten Augenblick wechselte sie jedoch die Richtung und raste mit äußerster Anspannung ihrer Muskeln auf die Insel zu. Was ihr schließlich das Leben rettete, waren die scharfen Felsnadeln, über die sie hinwegzuschwimmen vermochte, während Orion einen Umweg machen musste. Und dann war sie auch schon im seichten Wasser, und der Schwertwal musste die Jagd aufgeben.

Völlig erschöpft schob sich die Robbe auf den Strand und schlief ein, schreckte aber immer wieder hoch. Den ganzen Tag lang – der Nebel hob sich inzwischen allmählich – träumte sie von scharfen weißen Zähnen, die nach ihrem Kopf schnappten. Dann wieder jagte sie im sonnengesprenkelten Seichtwasser nach Flundern, und plötzlich erschien oben ein Schatten – ein Schwertwal schwamm über sie hinweg. Als sie am Spätnachmittag erwachte und über die Riffe nach draußen spähte, sah sie die drohende hohe schwarze Rückenflosse bald da, bald dort. Aber es war nicht nur eine: Noch zwei Rückenflossen, kleiner und stärker geschwungen, leuchteten manchmal weiter draußen kurz in der Sonne auf. Doch davor hatte die Robbe keine Angst mehr; sie konnte hier am Strand liegen bleiben, bis die Schwertwale verschwanden.

So verbrachte Sabre seine ersten Lebenswochen in den rauen Gewässern eines nördlichen Meeres. Während der folgenden langen Wintermonate schwamm Orion mit ihm und seiner Mutter im Norden zu den Shetlandinseln und im Süden bis zur Insel Mull, die zu den Inneren Hebriden gehört. Sabre beobachtete seine Eltern, wenn sie Robben und Tümmler jagten, oder er schwamm mit ihnen hinunter auf den Grund der See, zu den Schiffswracks und den Felsen. Vater und Mutter fraßen alles, was den Hunger nach einem langen Wintertag stillen konnte. Kabeljau und Tintenfisch, Hummer und Seeaal. Sabre freilich durfte bei der Jagd noch nicht mitmachen. Er füllte den stets hungrigen Magen mit Milch, wann immer seine Mutter es zuließ.

Orion war unentwegt auf der Jagd, alles und jedes prüfend und untersuchend, ob es als Nahrung dienen könnte

Der kleine Schwertwal wuchs so schnell, dass ihm auch die raueste See nichts mehr anhaben konnte und seine Eltern sich nicht mehr um seine Sicherheit sorgen mussten.

Manchmal ruhten die Wale aus und ließen sich mit den Strömungen treiben. Weit öfter jedoch schwammen sie, immer von Orion bewacht, zu neuen Jagdgründen. Doch die Beute war immer magerer. Und als die Kälte strenger wurde, beherrschte die Wale nur noch ein Gedanke: genügend Futter zu finden.

Hin und wieder kreuzten sie die Wanderwege anderer Meeresbewohner – nicht immer zufällig, sondern manchmal mit Absicht und tödlicher Präzision. Dann erfuhr Sabre, wie vielgestaltig und seltsam die Geschöpfe waren, die wie er im Meer lebten. Sabre lernte in dieser Zeit unendlich viel, während Orion und Nachtschatten das Wenige, was lebend in der winterlichen See schwamm, töteten und fraßen.

Das wärmere Wasser des Golfstroms hielt wohl die von Norden kommenden Strömungen ein wenig ab, doch nicht so viel, dass die Wale ihren Hunger hätten wirklich stillen können. In diesen eiskalten Wintermonaten konnten nur die Starken und die Gewitzten überleben. Orion war ausschließlich Jäger: In einem Ozean, dessen Wasser fast den Gefrierpunkt erreicht hatte, blieb keine Zeit für anderes.

Es konnte vorkommen, dass Orions Echolot an einem Tag undeutlich zurückgeworfene Wellen empfing. Fünfzehn Meter unter ihnen, genau dort, wo es noch halbwegs hell war, schwamm einmal tiefgestaffelt ein Kabeljauschwarm. Die Fische waren unterwegs in wärmere Gewässer. Den Sommer hatten sie zwischen dem nördlichen Norwegen und Grönland verbracht; nun waren sie glattglänzend und gut herausgefüttert. Gierig schlangen die Schwertwale so viel wie möglich hinunter. An einem anderen Tag wieder stöberten sie riesige Meeraale auf, die ihnen zu entkommen trachteten, indem sie sich schlangengleich zwischen den Felsspalten am Meeresgrund hindurchwanden. Und dann gab es Tage, an denen die Wale überhaupt nichts fingen. Sabres Mutter plagte dann der Hunger, und Orion wurde ungeduldig. Die Tage dehnten sich so endlos, und noch länger waren die Nächte, in denen nichts geschah, höchstens einmal eine Möwe oder ein Papageitaucher geschnappt werden konnte, die das Pech gehabt hatten, Orions Schatten nicht zu bemerken. Manchmal verging eine ganze Woche, ehe Orion wieder eine Beute präsentieren konnte, eine Robbe vielleicht oder einen Delphin, den er draußen auf offener See erlegt hatte. In solchen Hungerzeiten konnten sie nur noch nahe dem Meeresboden nach Nahrung suchen. Manchmal hatten sie auch Glück, und nach einem Sturm trieben Kadaver umgekommener Tiere in den Wellen. Meist aber war ihnen das Glück nicht so hold, und Orion war unentwegt auf der Jagd, alles und jedes prüfend und untersuchend, ob es als Nahrung dienen könnte. Die Welt des jungen Sabre war unbarmherzig. Ein Lebewesen konnte der bitteren Kälte nur widerstehen, wenn eine andere Kreatur mit dem Leben dafür bezahlte.

Es kamen Zeiten, da es unmöglich war, auf die Jagd zu gehen: wenn das Wasser weiß hochschäumte und der Schneesturm mit rauen Stößen nach den Walen griff. Sie überstanden alle Stürme, weil sie in den Wellentälern ihre Atemluft ausbliesen und wegtauchten, ehe ihnen die haushohen Wassermassen auf den Rücken stürzen konnten. Häufig aber auch waren ihnen gerade diese Zeiten wüsten Schlechtwetters günstig. Denn wenn die Wale vor dem unablässigen Toben auf offener See in einer der landumschlossenen Buchten der schottischen

Inseln Zuflucht suchten, stießen sie auf Tiere, die dort ebenfalls ausruhen wollten.

In hellen Nächten, wenn der Mond kalt und böse vom eisigen Himmel schien, beobachtete Sabre die Sterne. Wie sein Vater hing er dann aufrecht im Wasser, hob den Kopf in die scharfe Winterluft und betrachtete die Planeten und Fixsterne, die sich fast unmerklich dem westlichen Horizont zu bewegten. Die fernen Lichter wurden Sabres Vertraute. Bald kannte er jedes einzelne, und so lernte er sie unterscheiden, mit jener Sicherheit, die nur ein langes Beobachten verleiht. Da war der Sirius, der Hundsstern. Er war hell und glitzernd, und oft sah es aus, als schleppe er einen kurzen grünen Schweif nach, wenn er über den Zenit wanderte. Sabre erkannte das Sternbild des Jägers Orion mit seinem Gürtel aus drei hell leuchtenden Sternen, wie er weithin sichtbar mit Riesenschritten seinen Weg durch die Nacht machte. Und dann gab es da noch das Sternbild des Großen Bären, und von ihm aus fand Sabre den Polarstern, weit unten am nördlichen Horizont. Eines Tages würde er Sabre den Weg durchs Eis weisen. Aber das lag noch in weiter Ferne. Vorderhand war Sabre einfach glücklich darüber, an der Seite seines Vaters aufrecht im Wasser zu schweben und die ganze Nacht das schimmernde Firmament zu betrachten. So lernte Sabre in diesem ersten Winter, in dem er so viel Neues erfahren hatte, ein Weiteres: sich nach den Sternen zu orientieren.

Er lernte auch den Menschen kennen – oder vielmehr seine Maschinen. Er vernahm das hohe Singen der Schiffsschrauben und das tiefe Gebrumm schwerer Motoren; das Rufen der Fischer, wenn Windstille herrschte, und das Rasseln und Aufklatschen der Netze, wenn sie sich ans Werk machten. Manchmal, wenn ein Matrose fahrlässig während der Arbeit eingeschlafen war, stank es widerlich nach Öl, und der Geruch von Tod und Verwesung lag über der See.

Im hellen Mittagslicht entdeckten sie die Schwärme junger Heringe. So weit das Auge reichte, erstreckte sich die Masse der winzigen Fischchen. Die riesigen Schwärme wechselten, gleich einer Amöbe, ständig ihre Form: Einmal ballten sie sich zu einer dicken Wolke zusammen, dann wieder streckten sie sich endlos in die Länge wie ein Aal. Jeder Fisch schwamm dicht neben seinem Nachbarn, sie alle den strengen Regeln des Schwarms unterworfen – einer gleichförmigen Masse, die sich in der trüb-grauen Entfernung verlor, aber unversehens zu einem silbrig aufblitzenden Spiegel werden konnte, der undurchdringlich schien. Nur die Schwächlichen, die Sterbenden und die Toten konnten dem Schwarm nicht mehr folgen und blieben zurück, doch war ihre Zahl unbedeutend, verglichen mit der Menge der Überlebenden.

Sabre lernte in diesem ersten Winter, in dem er so viel Neues erfahren hatte, ein Weiteres: sich nach den Sternen zu orientieren

Stunde um Stunde schluckten und schlangen die Wale gierig und gefräßig, bis sie endlich satt waren. Jedes Maulvoll riss ein Loch in den Schwarm, aber es wurde sofort wieder durch die kleinen Silberleiber geschlossen, und als sei nichts geschehen, zogen sie unbeirrt weiter mit dem Gezeitenstrom.

Jahrelang konnte das so weitergehen, denn der Hering wächst nur langsam: immer die gleichen riesigen Schwärme, und immer, im rechten Abstand lauernd, die Schatten der Jäger. Die Räuber wechselten mit den Jahreszeiten, doch alle wollten sie dasselbe – sich satt fressen. Und zuletzt kamen die Netze der Fischer, trieben die Heringe zusammen und schlossen sich fest über ihnen – und daraus gab es kein Entrinnen. Ein paar überlebten, aber es waren nur sehr wenige. Diese mussten nun für Nachkommenschaft sorgen, für das Entstehen der unzähligen winzigen Silberfischchen, damit der Kreislauf von neuem beginnen konnte.

Sabre schien es, als habe ihr Festmahl dem Schwarm nicht das mindeste anhaben können. Wie zuvor schwamm eine Riesenwolke aus Fischen in der trüben Undurchsichtigkeit der See. Nur fiel jedesmal, wenn sie sich auf den Schwarm gestürzt hatten, ein glitzernder Regen schimmernder Fischleiber ins Dunkel.

Als die Wale schließlich gesättigt waren, sahen sie dem Heringsstrom nach, wie er in der einbrechenden Dämmerung verschwand. Manchmal fanden sie die Schwärme am Tag darauf wieder, doch meistens hatten sie sie verloren. Und wieder begann die Suche nach Beute.

Langsam zehrte der Winter sich auf. Die Tage wurden länger, das Meer wärmer, besonders im Flachwasser und dort, wo die Flüsse in die See mündeten. Die Felsen umkleideten sich mit Grün, und verborgen im dichten Pflanzengewirr, das in der Strömung schwebte, verspürten alle Lebewesen des Wassers die neu erwachte Wärme und begannen sich zu regen. Der Frühling fand seinen Weg zur See. Auch die Schwertwale merkten, dass das Dasein nun leichter wurde: Es ging nicht mehr ums nackte Überleben. Die Herrschaft des Winters war gebrochen. ■

Rigoletto

Der Zufall verschonte Rigoletto vor dem Schicksal anderer Masthähne. Dafür entwickelte er sich zum Schwarm aller Hennen.

Elisabeth Castonier

Ein kleiner, schneeweißer Hahn spielte einmal in einem Disney-Film eine Starrolle: Er sang bei Sonnenaufgang „Ach, wie so trügerisch sind Frauenherzen“ und weckte damit seinen aus ältlichen Hennen bestehenden Harem – aber dann begleitete er doch lieber eine junge, zierliche Henne, die sich wie Marilyn Monroe gebärdete.

Ich nannte ihn, der nur einer unter vierhundert Masthähnchen war, Rigoletto, vielleicht wegen seiner hell jubelnden Stimme, vielleicht auch weil ich einmal mit einem Sänger verheiratet gewesen war.

Rigoletto hätte eigentlich mit den anderen Mastgockeln auf den Markt gebracht werden sollen.

Aber er hatte sich kurz vorher ein Bein verletzt, und so brachte ich ihn in die Mühle, ins „Spital zum Heiligen Krummschwanz“, das nach einer meiner verstorbenen Lieblingsenten benannt war, die einen verkrüppelten Schwanz gehabt hatte. Rigoletto blieb dort, bis er nicht mehr hinkte und wieder unternehmungslustig, wenn auch noch etwas ungeschickt wie ein Anfänger, krähte.

Jane liebte dergleichen nicht. Sie war durch und durch Farmerin und nannte es Sentimentalität, einen Gockel zu pflegen, der doch zum Sterben gemästet worden sei.

„Und wo soll er jetzt hin? Er ist zu alt für die Junghühner und zu jung für deine Uralten, über die jedermann schon lacht und die schon gar nicht mehr wissen, was ein richtiger Gockel ist. Am besten ist, ihn am Sonntag –“

Ich unterbrach sie, ehe sie unseren Bratofen erwähnte: „Ich bringe ihn vorläufig bei meinen alten Damen unter.“

„Das hat doch keinen Sinn“, sagte sie ungeduldig.

Und dann vergaß sie Rigoletto und sein Wohnungsproblem, denn es gab anderes zu tun, als sich um einen Mastgockel zu kümmern.

Sie hatte sich jedoch geirrt, als sie behauptete, meine alten Hennen wüssten schon nicht mehr, was ein richtiger Gockel sei.

Die alten Hennen in der Hütte „Pensionopolis“, die nur hin und wieder ein Ei, meistens aber keines legten, lange Ruhepausen einschalteten und selten brütig waren, wussten genau, was ein Gockel war, als sie Rigoletto zum ersten Mal erblickten.

Sie nahmen ihn mit ausgebreiteten Flügeln und entzückten Gluckrufen in jäh erwachter, tiefer Frühlingserregung auf. Sie eilten auf ihn zu, atemlos und eifrig, und die korpulente Henne Ernestine, deren blaugraues Federkleid schon ein wenig schäbig war, stolperte und fiel auf den Schnabel, als sie ihn unter einem blühenden Apfelbaum erblickte, schimmernd weiß, ein Jung-Siegfried, selbstbewusst und doch ein wenig schüchtern, denn er war ein unerfahrener Gockel, und der Anblick einer auf ihn zustürmenden Schar alter Hennen musste beängstigend wirken.

So stieß er denn auf alle Fälle einen hellen Ruf aus, bei dessen Klang die alten Hennen sich noch mehr beeilten, ihm näher zu kommen. Sie umdrängten ihn, und sogar die betagte Ente Bridget wackelte etwas näher.

Rigoletto tat schließlich das, was ein fescher Hahn tut, auch wenn die Hennen alt sind.

Er krähte, er scharrte, er schleifte sein weißes Federkleid wie einen Rittermantel im jungen Grad und begann jenen Tanz, den man in Bayern Schuhplattler nennt.

Die Hennen gerieten in Ekstase.

Nur Brigdet wich quakend zurück und begab sich in ihr eigentliches, schützendes Element, den Mühlbach

Rigoletto schuhplattelte weiter.

Die kleine rote Henne Lolla, ein kümmerliches, ältliches Wesen, schien ihm zuerst zu gefallen.

Aber schließlich warf er sein Knopfauge auf eine andere, wie dies so oft im Leben geschieht.

Und Lolla stand abseits, ein armseliges Mauerblümchen.

Rigoletto entwickelte sich mit der Zeit zu einem stolzen, verantwortungsbewussten Haremsbesitzer.

Er war stes besorgt, seine Damen zu schützen, krähte und flog Unbefugte erbost an, die die Wiese und die Hütte Pensionopolis betreten wollten, um die wenigen Eier aus den Nestern zu entfernen.

Er liebte seine betagten Damen auf seine Weise, teils väterlich, teils als leidenschaftlicher Liebhaber.

Sobald er einen fetten Wurm oder eine Schnecke ergattert hatte, hob er die Beute triumphierend empor, ließ sie fallen, krähte lockend und wartete, bis die Auserwählte dieses Tages sie holte.

Am Futtertrog stand er bescheiden wartend abseits und ließ den ohnehin Verfetteten galant den Vortritt, bis sie sich mit übervollen Kröpfen zur Verdauungssiesta zurückzogen.

Wenn die Hüttentür morgens geöffnet wurde, zog er krähend an der Spitze seiner Schar in den neuen Tag.

Wenn eine seiner Damen sich zurückziehen wollte, um das seltene Ei zu legen, begleitete er sie bis zur Hüttentür und benahm sich dort so diskret, wie ein Herr es tut, zu dem eine Dame leise und verschämt sagt: „Einen Moment, bitte, ich – ich komme gleich wieder."

Und wenn die vom Ei erlöste die Beendigung ihres Werkes laut gackernd verkündete, stürmte er zur Hüttentür zurück, um sie abzuholen und zu ihren Genossinnen zu begleiten. Mit den Jahren entwickelte er sich nicht nur zu einer Persönlichkeit, sondern auch zu einem außergewöhnlich bösen Gockel.

Er krähte, er scharrte, er schleifte sein weißes Federkleid wie einen Rittermantel und begann jenen Tanz, den man in Bayern Schuhplattler nennt

Man konnte sich der Pensionopolis nur noch mit einem Stock nähern, weil er sofort angriff und seine scharfen Sporen tiefe Wunden hinterließen.

Und so alterte Rigoletto, und Jane sagte hin und wieder, es wäre eigentlich schade, so viel Futter für ihn und für die alten Hennen auszugeben, wo sie doch nur sporadisch legten und zu alt zur Zucht wären.

Eines Tages fehlte die goldgelbe Henne Gloria.

Wir suchten sie überall und sagten schließlich, vielleicht ist sie in den Bach gefallen, vielleicht ist sie vom Fuchs geholt worden.

Aber Gloria war nicht umgekommen und erschien eines Tages wieder, als wir sie schon vergessen hatten.

Sehr stolz, mit leisem, zärtlichem Gackern, wanderte sie an der Spitze einer dottergelben, flaumigen, leise zwitschernden Schar aus einem abseits gelegenen Schuppen, in dem sie, die Alternde, noch einmal Mutterpflichten erfüllt hatte. Und ihre Jungen ähnelten später dem Vater: Sie waren schneeweiß, und Rigoletto, zuerst etwas erstaunt über diese neue Aufgabe, nahm sie bald unter seinen Schutz.

Er wurde sehr alt.

Aber es war ihm nicht vergönnt, eines natürlichen Todes zu sterben. Er wurde vom Fuchs geholt, der nachts jenseits der Marschweiden bellte.

Wir sahen ihn gerade noch, um die Mittagsstunde, mit dem weißen Federbüschel zwischen den Baumstämmen verschwinden, während die Hennen bestürzt und ängstlich zeterten.

Als der Mörder wiederkehrte, um noch mehr Hühnerbraten für seine Jungen zu holen, wurde er von Jane erschossen, obwohl man laut Tradition Füchse nicht erschießt, sondern hetzt. ■

Enten in der Badewanne

Ungewöhnlich verläuft die Rettung dreier Küken.

Elisabeth Castonier

Drei kleine Buben, Mitglieder des Tierschutzvereins, erschienen an einem arktisch kalten Wintertag. Unser Cottage, hinter Schneewehen verborgen, ähnelte einem riesigen Eskimo-Iglu, aus dem nur Schornstein und Fernsehantenne ragten. Einer hinter dem anderen, drei kleine vermummte Zwerge, kamen sie durch die Öffnung, die zur

Haustür führte. Jeder hielt einen länglichen, dunklen Gegenstand in den Armen, eisüberkrustet, schneebedeckt.

Es waren drei dunkel gefiederte Enten, drei ovale Eisblöcke, die Köpfe schon sterbensbereit unter ihren Flügeln verborgen.

Die drei kleinen Tierschützer, die uns schon so oft verletzte Vögel, Feldmäuse, Igel und erschöpfte Brieftauben gebracht hatten, waren zutiefst besorgt: Waren die Enten noch am Leben? Wie taut man sie auf, ohne ihnen zu schaden? Soll man sie einwickeln, auf eine Wärmflasche legen? Soll man ihnen Whisky einflößen?

Die drei Eisblöcke tropften Eiswasser auf unseren roten Fliesenboden.

Wir versuchten, den Tierarzt um Rat anzurufen – aber die Telefonleitung war wohl eingefroren, denn wir bekamen keine Antwort.

Und so wickelten wir die drei Eisklumpen zunächst einmal in Decken und stellten sie in den Zuber, nicht zu nahe an den Ofen. Die drei Retter hockten sich daneben und horchten.

„Kann man sie braten, wenn sie totgefroren sind?“ fragte Bobby, mein besonderer Freund.

Charly verwies ihn:

„Nein. Man isst nicht seine Freunde auf!“

Vorsichtig versuchten wir nach einiger Zeit, einen Kopf unter dem Flügel hervorzuholen. Aber es war noch nicht so weit, obwohl die Wolldecken schon vom Tauwasser durchnässt waren. Es war auch nicht festzustellen, ob die Erfrorenen überhaupt noch lebten.

Draußen heulte ein Schneesturm, rüttelte an den alten Fenstern, an der uralten Haustür, als spiele das Häuschen Kastagnetten, um sich zu erwärmen.

Unsere elf Katzen bildeten einen Kreis um die Fremdlinge, misstrauisch, verärgert über die Störung, denn die Ofennähe war ihr reservierter Platz, und nichts ist so konservativ wie eine Katze.

Die Jagdhündin Sally bewegte ihren Schwanz wie ein Pendel, schmatzte und jaulte leise – denn das war die Beute, die ihre Ahnen und Eltern gejagt und apportiert hatten – nur sie durfte es nicht.

Bobby legte seinen Blondkopf auf den Rücken der einen Ente und sagte erregt:

„Ihr kleines Herz schlägt“, und fuhr zurück, denn die wiederbelebte Ente riss den Kopf unter ihrem Flügel hervor und fuhr ihn mit erbostem „Quah“ an. Ihre kleinen, schwarzen Augen starrten ängstlich auf die fremde Umgebung, die so ganz anders war als das sanft dahinziehende, schlammige Kanalwasser, wie das Schilf mit seinen unsichtbaren Delikatessen.

Eine nach der anderen kam zu sich, quakte zuerst ängstlich, dann erbost. Die Katzen flohen zischend fort zur Treppe und blieben dort hocken. Jede auf einer schmalen Stufe, abwartend, beobachtend, wie in einem Amphitheater.

Wir waren uns darüber einig, dass wir die Enten hier behalten mussten – aber wo?

Für Jane gibt es niemals irgendwelche Schwierigkeiten, wenn es sich um Tiere handelt.

„In der Badewanne natürlich. Ich baue ihnen ein Ufer für ihren Mittagsschlaf und wenn sie an Land gehen wollen.“

„Dann können Sie nicht baden“, meinte Charly.

„Das ist doch sehr gut“, sagte James.

„Ich bade nicht gern“, sagte Johnny.

„Wenn ich bade, setze ich sie auf den Boden“, sagte Jane. Fieberhafte Tätigkeit begann nun in dem winzigen Badezimmer, unter erregter Teilnahme der Retter. Die Wanne wurde drei viertel mit Wasser gefüllt. Dann baute Jane ein „Ufer“ aus Brettern, die sie über den Rand legte und mit unserem grünen Badeteppich benagelte. Schließlich legte Jane noch einen kleinen Steg an, damit die drei Gäste bequem „an Land“ gehen konnten, wo ein Futternapf stand.

Sie wurden so hysterisch, dass ich schnell wieder kaltes Wasser auffüllte und sie hineinsetzte

Dann wurden die Enten hineingesetzt. Sie hatten wohl lange nicht schwimmen können, denn der Kanal war seit Tagen zugefroren. Sie schnatterten erregt, tauchten, schlugen mit den Flügeln, sodass die Wände, der ovale Sitz und wir nass wurden.

„Sonderbar, wie schnell das Wasser dreckig wird“, bemerkte James, und Bobby sagte, sie hätten uns die Enten gebracht, weil ihre Eltern sie nicht haben wollten. Der stille, kleine Johnnny sagte leise, er hätte sie so gern in seinem Schlafzimmer gehabt. Dann wanderten die drei hilfreichen, vermummten Zwerge wieder in die arktische Landschaft, in der Eiszapfen an den Zweigen wie kleine Glocken klirrten.

Die Enten blieben bei uns in der Badewanne, und das Dorf nahm

Anteil an ihrem Wohlbefinden. Mr. Cream brachte altbackenes Brot, der Postbote erkundigte sich täglich nach dem Befinden, ein Farmerfreund stiftete Weizen, betrachtete unsere Gäste nachdenklich und fragte dann:

„Und wie machen Sie das mit dem Baden?“

„Überhaupt nicht. Neulich nahm ich sie aus der Wanne und setzte sie auf den Boden, ehe ich die Wanne putzte – aber sie wurden so hysterisch, dass ich schnell wieder kaltes Wasser auffüllte und sie hineinsetzte.“

An Tagen, an denen das Wasser gewechselt werden musste, herrschte Panik, sodass alles besonders rasch vor sich gehen musste, um die ländliche Stille im Badezimmer wiederherzustellen.

Das Trio wurde immer zutraulicher. Wenn wir uns im Waschbecken wuschen, schnatterten sie lustig, hockten am „Uferrand“ oder tauchten. Sogar die Katzen gewöhnten sich allmählich an sie, sprangen auf den Holzsitz und beobachteten sie mit zuckendem Schwanz.

Nur Sally wartete auf eine Gelegenheit, sie traditionsgemäß apportieren zu dürfen.

Das Badezimmer roch nicht mehr nach Lavendelseife oder Badesalz, sondern nach dem, was Jane gelassen „Naturparfüm“ nannte. Als einmal Freunde aus der Stadt kamen, sich die Hände waschen wollten und wir sie in das Badezimmer wiesen, ertönte ein lauter Aufschrei. Wir hatten viel Whisky getrunken, und sie fürchteten – nach dem englischen Grundsatz: wer Gänse mit Strohhüten sieht, soll mit Trinken aufhören –, als sie nun die heiter schnatternden Enten in der Wanne sahen, die ersten Symptome vom Delirium tremens. Als wir sie aufklärten, waren sie befangen.

„Sind eben Städter, verstehen das alles nicht“, meinte Jane.

Am ersten warmen Tag nach der Schneeschmelze setzten wir die drei wieder in das träge dahinfließende Kanalwasser. Es fiel uns nicht leicht. Zwar konnten wir jetzt endlich wieder baden. Aber die leise Schnatternden waren Familienmitglieder geworden. Als sie eifrig zwischen Schilf und Wasserkresse tauchten und herumpaddelten, waren wir uns einig, dass wir ganz gern noch eine Zeit lang nicht gebadet hätten. ■

POLLYKEYE

Der eigensinnige Papagei Pollykeye bescherte seinen neuen Besitzern so manche Überraschung. Zunächst verstummte er, aber bald schon plauderte er alles aus, was er in seinem früheren Zuhause gehört hatte.

Elisabeth Castonier

Wir bekamen den Papagei Pollykeye durch ein Inserat in unserer Kleinstadtzeitung: „Weiblicher Papagei, etwa zwanzig Jahre alt, preiswert nur in gute Hände besonderer Umstände wegen abzugeben." Ein Papagei ist auf einer Farm ein ebenso überflüssiger Luxus wie etwa ein rosa Flamingo oder ein schwarzer Schwan.

Trotzdem brachten wir am nächsten Markttag außer unseren Einkäufen einen sorgsam verhüllten Papageienkäfig nach Hause.

Als wir bei der Verkehrsampel halten mussten, rief mit einem Mal eine schrille Frauenstimme: „Hilfe, Mörder, Diebe – get out!"

Der geruhsame Bobby, der den Verkehr regelte, blickte kurz auf, sah den verhüllten Gegenstand, lächelte und winkte uns zu.

Als wir die neue Farmbewohnerin auf dem Teewagen in der Küche am Fenster aufstellten und das Tuch fortnahmen, fauchten die Katzen erschrocken und verschwanden.

Nur Kater Rum besah sich den Neuankömmling aufmerksam mit

leuchtenden Augen, miaute leise und stellte sich auf die Hinterbeine, um den bunten Vogel besser zu sehen. Vielleicht überlegte er sich, ob dies nun ein Fasan oder ein Rebhuhn wäre, das bald schön gebraten auf dem Tisch stehen würde.

Schließlich sprang er auf das Fensterbrett, um von dort aus Pollykeye, sehr zu ihrer Entrüstung, zu belauern. Hin und wieder streckte er vorsichtig eine goldene Krallenhand gegen die Käfigstäbe aus, um zu fühlen, ob der Vogel fett genug für ihn wäre, während Pollykeye „oh“ und „go away!“ schrie.

Zuerst besah sie sich die neue Umwelt schweigend, missbilligend, mit unwirschem Grollen. Und dann verstummte sie völlig.

Als sie zu sprechen begann, hörten wir, was so ein altes englisches Offiziersehepaar miteinander sprach, denn Pollykeye wiederholte, was sie im Lauf der Jahre gehört hatte. Es war nicht viel, es war unendlich einförmig, aber aufschlussreich.

Da wurde zum Beispiel gefragt, ob Darling noch eine Tasse Tee haben wolle. Das Wetter wurde erwähnt, weil dies auf der Insel zum guten Ton in allen Gesellschaftsschichten gehört. Zuweilen fragte der Oberst, ob seine Frau einen kleinen Spaziergang machen wolle.

Wenn jemand anklopfte, schrie Pollykeye mit scharfer Männerstimme: „Postbote!“ Klingelte das Telefon, rief sie mit der Stimme der Gattin, ein wenig geziert: „Halloh!“

Man spricht nicht viel auf der Insel, aber dass es so wenig war, hatten wir nicht vermutet. Es fiel sogar Jane auf, die selbst eine schweigsame Engländerin ist.

Beim Lunch wurde dann etwa gesagt: „Nice soup“ oder „Salt, please“. Dann kam das Wetter wieder an die Reihe oder man bat um etwas mehr Pudding.

Zuweilen war der Oberst nervös oder unhöflich, dann rief seine Frau mit hoher Stimme: „Shut up!“ was Pollykeye erregte, dass sie beim Tanz auf der Stange eine herrliche, erdbeerfarbene Krause entfaltete und das erdbeerfarbene Flügelinnere zeigte.

Ganz selten nur schien der alte Oberst noch von dem gesprochen zu haben, was man poetisch „Lasset uns von Liebe reden!“ nennt, oder Mary gebeten zu haben, doch etwas nett zu ihm zu sein, was Mary, durch Pollykeyes Schnabel, mit einem „Lass den Unsinn – nonsense!“ ablehnte. All dies und manches nicht Druckfähige offenbarte uns die neue Hausgenossin, während ihre aufmerksamen Augen uns folgten.

Aber nach einigen Wochen versank sie wieder in tiefes Schweigen. Wir riefen den Tierarzt, der auch nicht wusste, was mit ihr los war, zuerst Lungenentzündung, dann Magenverstimmung vermutete und genauso ratlos war, wie Menschenärzte oft sind.

Aber nach einiger Zeit begann Pollykeye wieder zu sprechen und zwar um unsere Stimmen, unsere Gespräche nachzuahmen.

Sogar das lang gezogene „Muh" der vorüberziehenden Kühe gelang ihr, das Miauen der Katzen und der wehmütige Ruf des streunenden Katers, wenn er seine Liebesserenade anstimmte. Auch das Hohngelächter der ihr verhassten Gänse wurde täuschend nachgeahmt.

Wenn Schweizer Bill in die Küche kam, rief sie: „Milking time!" Wenn wir abends die Lampe löschten, murmelte sie schläfrig: „Night – night!", im selben Ton, in dem wir gute Nacht zu Bimbo sagten.

Sie gewöhnte sich nur langsam an Bimbo und befahl ihm zumeist, sich niederzulegen; und es bestürzte ihn, wenn sie schon morgens unser Signal gab, die Enten nach Hause zu treiben, um ihn loszuwerden oder bloß um Unfug zu stiften.

Irgend etwas musste das kleine Lied mit jener Zeit zu tun haben, als sie noch herrlich jung und zärtlich waren

Sie wusste genau, dass die Katzen sie fangen wollten, und lachte höhnisch, wenn sie immer wieder versuchten, sie zu erwischen. Eine Zeit lang schlief der Perserkater Omar auf ihrem Käfig und ließ eine silbergraue Krallenhand wie zufällig zwischen den Stäben über Pollykeyes Kopf herabhängen, was sie mit schief seitwärts geneigtem Kopf hohnlachend beobachtete – denn sie wusste, dass er sie nicht erreichen konnte.

Ihre früheren Besitzer hatten uns gesagt, dass sie niemals ein Ei gelegt hatte. Auch bei uns legte sie nicht, trotzdem Jane ihr hin und wieder zur Anregung ein Vogelei in den Käfig schob, was sie lediglich mit einem entrüsteten „Oh!" quittierte.

Etwas Geheimnisvolles, zuweilen sogar etwas Gespenstisches umschwebte diesen alles sehenden, scheinbar alles verstehenden Vogel.

Einmal, nur ein einziges Mal, hörte ich sie ein kleines französisches Liebeslied singen, das eine der reichsten und unglücklichsten Frauen um die Jahrhundertwende gedichtet und komponiert hat. Sie sang es zärtlich wie ein Liebender und mit aufgestellter Halskrause, indem sie ihren kleinen Stangentanz vollführte.

Wann hatte sie es gelernt? Warum sang sie es jetzt, nach Jahren, bei uns?

Hatte der pensionierte Oberst einmal eine französische Dame angesungen? War die Frau Oberst in ihrer Jugend von einem Franzosen geliebt worden, lange ehe sie den strengen, dürren Obersten geheiratet hatte? Was hatte das zärtliche kleine Lied mit den beiden ältlichen Leuten zu tun, die, schon etwas unsicher auf den Beinen, rheumatisch, runzlig und schweigsam auf Reisen gegangen waren und deswegen Pollykeye als Gelegenheitskauf abgegeben hatten?

Irgend etwas musste das kleine Lied mit jener Zeit zu tun haben, als sie noch herrlich jung und zärtlich waren wie die Worte, die vor so vielen Jahren geschrieben wurden:

„Si vous saviez comme je vous aime,
Surtout, si vous saviez, comment:
Vous entreriez peut-être même –
Tout simplement.“ ■

Besuch bei den Berggorillas

Völlig überraschend tauchten sie im Urwalddickicht auf, aber wie würde die weitere Begegnung mit den nächsten Verwandten des Menschen verlaufen?

Douglas Adams

Wir, das heißt Mark, unser BBC-Tontechniker Chris Muir und ich, waren ursprünglich nicht nach Zaire gekommen, um uns die Gorillas anzusehen. Nur ist es kaum möglich, den weiten Weg nach Zaire auf sich zu nehmen und sie sich dann entgehen zu lassen. Ich wollte das gerade damit begründen, dass sie unsere engsten Verwandten sind, bin aber nicht ganz sicher, ob diese Erklärung ausreicht. Meiner Erfahrung nach ist es normalerweise so, dass man sich bei einem Besuch in einem Land, in dem man Verwandte hat, am liebsten flach hinlegen und hoffen möchte, sie bekämen gar nicht mit, dass man in der Gegend ist. Bei den Gorillas setzt man sich aber wenigstens nicht der Gefahr aus, zum Essengehen gezwungen zu werden und sich ein paar Millionen Jahre Familiengeschichte anhören zu müssen, also kann man ungestraft vorbeischauen. Natürlich sind sie nur entfernte Verwandte. Wir stammen beide vom selben Vorfahren ab, der bedauerlicherweise nicht mehr unter uns weilt und seit Darwins Zeiten Anlass zu endloser Spekulation darüber gegeben hat, was für eine Art Lebewesen er/sie denn eigentlich gewesen ist.

Der Zweig der Primatenfamilie, dem wir angehören (als reiche, erfolgreiche Angehörige der Familie, diejenigen, denen es gut geht und die sich in jeder Hinsicht um die anderen, weniger gut weggekommenen Familienmitglieder kümmern sollten), ist der der großen Menschenaffen – wir sind große Menschenaffen.

Die anderen großen Menschenaffen sind die Gorillas (die in drei Unterarten eingeteilt sind: Berggorillas, Östliche Flachlandgorillas und Westliche Flachlandgorillas), zwei Schimpansenarten sowie die Orang-Utans von Borneo und Sumatra. Unter diesen sind wiederum die Groillas, die Schimpansen und wir am engsten verwandt. Von den Gorillas haben wir uns – evolutionsgeschichtlich gesehen – vor kürzerer Zeit getrennt als von den anderen großen Menschenaffen, und deswegen sind die Gorillas enger mit uns verwandt als mit den Orang-Utans. Wir sind wirklich sehr, sehr nahe Verwandte – einander so nah wie der Indische und Afrikanische Elefant, die ebenfalls einen gemeinsamen ausgestorbenen Vorfahren haben.

Die Virunga-Vulkane, auf denen die Berggorillas leben, erstrecken sich entlang der Grenze zwischen Zaire, Ruanda und Uganda. Etwa zwei Drittel der ungefähr zweihundertachtzig in diesem Gebiet ansässigen Gorillas leben in Zaire, das restliche Drittel in Ruanda. Ich sage ungefähr, weil die Gorillas hinsichtlich evolutionärer Rahmenbedingungen bisher noch nicht weit genug entwickelt sind, um den Nutzen von Pässen, Devisen-Einfuhrformularen und Beamtenbestechung herausgefunden zu haben, und deshalb dazu neigen, hin und her über die Grenze zu wandern, wann immer sie diese tierische, primitive Laune packt. Obwohl einige Versprengte ab und zu einen Abstecher nach Uganda machen, gibt es grundsätzlich keine ständig dort lebenden Gorillas, weil der ugandische Teil der Virunga-Vulkane nur fünfundzwanzig Quadratkilometer groß, ungeschützt und voller Menschen ist, denen die Gorillas, sofern man ihnen die Wahl lässt, lieber aus dem Weg gehen.

Die Fahrt von Goma dauert ungefähr fünf Stunden, und wir brachen zügig auf. Nach vielen Kilometern schläfrigen Geholpers in einem Lastwagen trafen wir in Bukima ein, jenem Dorf am Fuß der Virungas, an dem die Straße endet und von dem aus wir zu Fuß weiterreisen mussten. Oberhalb des Dorfes, vor einem großen Platz, stand ein lächerlich imposantes Ex-Kolonial-Gebäude, das, abgesehen von einem lächerlich kleinen, in den letzten Winkel gezwängten Büro, leer stand, in dem ein kleiner, uniformierter Mann sich düster grinsend in unsere Gorilla-Passierscheine vertiefte, als habe er so etwas noch nie gesehen. Danach beschäftigte er sich einige Minuten lang mit einem Kurzwellenfunkgerät, bevor er sich wieder uns zuwandte und sagte, er wisse genau, wer wir seien, habe uns erwartet und werde uns wegen unserer guten Kontakte zum World Wildlife Fund in Nairobi einen zusätzlichen Tag bei den Gorillas zugestehen, und wer zum Teufel wir eigentlich seien, und warum ihm niemand erzählt habe, dass wir kämen?

Da wir nicht meinten, ihm bei der Beantwortung dieser Fragen behilflich sein zu können, ließen wir ihn allein und machten uns auf die Suche nach ein paar Trägern, die uns auf dem dreistündigen Fußmarsch zu unserem Nachtquartier, der Hütte des Wildhüters, begleiten sollten. Sie waren nicht schwer zu finden. Vor unserem Transporter hatte sich eine hoffnungsvolle Schar von ihnen versammelt.

Der lange Aufstieg zur Wildhüterhütte war mühsam und häufig von Pausen unterbrochen, in denen wir unsere Zigaretten- und Coca-Cola-Vorräte mit den Trägern teilten, während sie unsere Taschen regelmäßig untereinander austauschten und verschiedene neuartige Methoden ausprobierten, sie auf dem Kopf zu behalten.

Feuchte, schwere Nebelschwaden hingen über der Gegend und verhüllten die weit entfernten Vulkangipfel fast vollständig. Den unerwartet kalten Abend verbrachten wir im Schein zischender Grubenlampen; wir aßen unsere Dosenbirnen und das letzte verbliebene Brötchen und unterhielten uns in gebrochenem Französisch mit unseren beiden Führern, die Murara und Serundori hießen.

Beide, unnachahmlich elegante Typen in Tarnanzügen und schwarzen Uniformmützen, hingen schlapp über dem Tisch und streichelten gelangweilt ihre Gewehre. Wie sie uns erklärten, liefen sie bloß in diesem Aufzug herum, weil sie früher zu einer Kommandoeinheit gehört hatten. Alle Führer müssten Waffen tragen, erzählten sie uns, zum einen zum Schutz vor den wilden Tieren, vor allem aber für den Fall, dass sie auf Wilderer stießen. Murara sagte, er selbst habe schon fünf Wilderer erschossen. Achselzuckend fuhr er fort, so was sei *pas de problème*. Kein Ärger mit Ermittlungen oder Ähnlichem; er hatte sie einfach erschossen und war nach Hause gegangen. Er lehnte sich auf seinen Stuhl zurück und befingerte beiläufig das Visier seines Gewehrs, während wir nervös mit unseren Birnenhälften herumspielten.

Kein öffentlicher Zoo würde heute mehr einen Gorilla annehmen, außer von einem anderen Zoo, weil er andernfalls Schwierigkeiten hätte, seine Herkunft zu erklären

Natürlich stellt jede Form von Wilderei die größte Bedrohung für das Überleben der Berggorillas dar, aber man fragt sich doch unwillkürlich, ob man das Problem wirklich löst, indem man die Jagdsaison auf Menschen für eröffnet erklärt. Noch sind wir zwar keine gefährdete Art, aber es ist nicht so, dass wir nicht oft genug versucht hätten, eine zu werden.

Die Wilderei verliert heutzutage allerdings an Bedeutung – zumindest teilweise. Vier Fünftel der derzeit in Zoos lebenden Gorillas wurden ursprünglich aus freier Wildbahn geholt, aber kein öffentlicher Zoo würde heute mehr einen Gorilla annehmen, außer von einem anderen Zoo, weil er andernfalls Schwierigkeiten hätte, seine Herkunft zu erklären.

Trotzdem besteht vonseiten privater Sammler noch immer Nachfrage, und der ungeschützte ugandische Teil der Virungas bleibt das schwache Glied in der Kette.

Schlimmer als jene, die Gorillas für ihre privaten Zoos sammeln, sind allerdings diejenigen, die Gorillateile sammeln. Jahrelang herrschte ein reger Handel mit Schädeln und Händen, die an Touristen und Auswanderer verkauft wurden, die irrtümlicherweise glaubten, die Gorillateile würden auf ihrem Kaminsims besser wirken als am Körper der ursprünglichen Besitzer. Auch das geht, Gott sei Dank, mittlerweile zurück, seit eine Vorliebe für beinharte Brutalität als nicht mehr ganz so schicke Lebensart wie früher gilt.

In ein paar Gebieten Afrikas erlegt man Gorillas noch immer, um sie zu essen, allerdings nicht in der Gegend um die Virunga-Vulkane – zumindest nicht vorsätzlich. Das Problem besteht darin, dass sehr viele andere Tiere gejagt werden und Gorillas häufig in Buschbock- oder Ducker-Fallen geraten. Beispielsweise verfing sich im August 1988 ein junger weiblicher Gorilla namens Jozi mit der Hand in einer Antilopen-Fußangel und starb schließlich an einer Blutvergiftung. Zum Schutz der Gorillas sind Patrouillen gegen Wilderer also nach wie vor notwendig.

Früh am nächsten Morgen erwarteten uns Murara und Serundori vor der Hütte, streichelten ihre Gewehre und Macheten und trugen dabei einen bedeutungsvollen Blick zur Schau, bei dem wir uns nicht sicher waren, ob er uns gefiel. Immerhin hatten sie gute Nachrichten für uns. Da Gorillas nicht dazu neigen, ihre persönlichen Verpflichtungen wegen zu Besuch kommender entfernter Verwandter umzustoßen, begegnete man ihnen manchmal erst nach einem achtstündigen Fußmarsch von der Wildhüterhütte aus. An diesem Tag allerdings, so die gute Nachricht, waren sie nur ungefähr eine Stunde von uns entfernt, also stand uns ein geruhsamer Tag bevor. Wir sammelten unseren Gorilla-Beobachtungs-Kram zusammen und machten uns gemeinsam auf die Suche nach den Gorillas. Im dunstigen Morgenlicht ragte vor uns der Buckel des Mikeno-Vulkans auf. Der Wald, in den wir eintauchten, war dicht und feucht, und darüber beschwerte ich mich bei Mark.

Der Wald war aber nicht nur dicht, sondern auch kalt, feucht und voller großer schwarzer Ameisen, die uns alle bissen

Er setzte mir auseinander, dass Gorillas gern in Gebirgsregenwäldern oder Wolkenwäldern leben. Und die befinden sich 3000 Meter über dem Meeresspiegel, über der Wolkengrenze und sind ständig klamm. Ständig tropft Wasser von den Bäumen.

„Das ist etwas anderes als der primäre Regenwald im Flachland“, sagte Mark. „Eher ein sekundärer Regenwald, der entsteht, wenn ein ursprünglicher Regenwald abbrennt oder abgeholzt wird.“

„Ich dachte immer, das Hauptproblem bei den Regenwäldern wäre, dass sie nicht nachwachsen, wenn man sie abholzt“, sagte ich.

„Es entsteht kein neuer primärer Regenwald. Na, vielleicht doch, das weiß man nicht. Vielleicht nach Hunderten oder Tausenden von Jahren.

Jedenfalls dauert es bedeutend länger, als unsere bisherigen Aufzeichnungen zurückreichen. Und der ursprüngliche Wildbestand wird bis dahin mit Sicherheit ein für allemal verschwunden sein.

Primärer Regenwald ist ein unglaublich komplexes System, aber wenn man dann wirklich mittendrin steht, sieht er halb leer aus. In der Wachstumsphase entsteht ein sehr hohes, dichtes Blätterdach, weil alle Bäume miteinander um das Sonnenlicht wetteifern. Da aber nur sehr wenig Licht durch dieses Dach dringt, hält sich das Pflanzenwachstum am Boden in Grenzen. Dafür entsteht das komplexeste ökologische System der Welt, das nur dazu da ist, die von den Bäumen absorbierte Sonnenenergie über den gesamten Wald zu verteilen.

Wolkenwälder wie dieser hier sind wesentlich einfacher. Die Bäume sind viel niedriger und stehen besser verteilt, deswegen ist auch der Boden dicht bewachsen, was den Gorillas gefällt, weil sie sich gut verstecken können. Und es gibt eine Menge Futter in Reichweite.“

Für uns allerdings wurde das Durchqueren des Waldes wegen der dichten, feuchten Vegetation zu einem harten Stück Arbeit. Murara und Serundori schwangen ihre Macheten so lässig durch das nahezu undurchdringliche Unterholz, dass mir erst nach einiger Zeit aufging, dass mehr dahintersteckte als vages Herumhacken.

Macheten haben eine ganz bestimmte Form, ein bisschen wie die Silhouette einer Banane mit verdicktem Ende. Nicht nur die Neigung und der Winkel der Klinge sind überall verschieden, sie ist auch an jeder Stelle unterschiedlich gewichtet. Es war faszinierend zu beobachten, wie unsere Führer die Richtung ihrer Schläge von einem Hieb zum anderen genau der Pflanzenform anpassten, die sie abzuschlagen versuchten – mal war es ein dicker Ast, mal waren es Nesselbänke und dann verheddert herunterhängende Kletterpflanzen. Es sah aus wie ein sehr lässiges Tennisspiel, bei dem ein äußerst geschicktes Spielerpaar auf dem Platz stand.

Der Wald war aber nicht nur dicht, sondern auch kalt, feucht und voller großer schwarzer Ameisen, die uns alle bissen.

Ein Signal unseres Führers forderte uns auf, uns still zu verhalten. Wir waren nahe bei den Gorillas.

Nur war es kein Gorilla, der die Aufmerksamkeit unserer Führer auf sich gezogen hatte, sondern ein Gorillabett. Im Unterholz neben dem Pfad, auf dem wir uns bewegten, war eine tiefe Einbuchtung, in der ein

Gorilla die Nacht verbracht hatte. Pflanzen waren abgerissen und übereinandergelegt worden, damit der Gorilla nicht auf dem nachts kalten und klammen Boden liegen musste.

Was Laien an Zoologen in hohem Maß eigenartig finden, ist ihre unersättliche Begeisterung für Tierexkremente. Ich verstehe ja, dass man aus diesen Exkrementen eine Menge Informationen über die Gewohnheiten und die Ernährungsweise der betreffenden Tier herauslesen kann, aber nichts erklärt in meinen Augen die ungetrübte Verzückung, die diese Objekte auszulösen vermögen.

Ein kurzer Freudenjapser sagte mir, dass Mark welche gefunden hatte. Er fiel auf die Knie und begann seine Nikon über einem kleinen Haufen Gorillakot abzufeuern.

Plötzlich hatte ich den merkwürdigen, unbehaglichen Eindruck, von einem Laster angestarrt zu werden. Wir blieben ganz ruhig und sahen uns sehr vorsichtig um. Es war nichts in unserer Nähe, es war nichts in den Bäumen über uns, und es war auch nichts in den Büschen, das uns verstohlen anspähte. Es dauerte ein paar Sekunden, bis wir überhaupt etwas sahen, aber dann bemerkten wir aus den Augenwinkeln eine kurze Bewegung. Ohne jede Deckung stand etwas dreißig Meter hinter uns auf dem Pfad etwas, das so groß war, dass wir es gar nicht bemerkt hatten. Es war ein Berggorilla oder vielleicht sollte ich besser sagen, Gorilla-Berg, der, auf seine Vorderknöchel gestützt, dastand und in dieser Haltung die Form eines großen, muskulösen, schrägen Hauszelts annahm.

Sie werden bestimmt schon häufiger gehört haben, dass diese Geschöpfe Furcht erregende Bestien sind, und ich möchte hier meinen ureigensten Eindruck hinzufügen: Diese Lebewesen sind Furcht erregende Bestien. Ich wüsste wirklich nicht, wie man sie sonst beschreiben sollte. Eine Art summende geistige Lähmung überkommt einen, wenn man einem derartigen Lebewesen zum ersten Mal in freier Wildbahn begegnet, und tatsächlich gibt es ja auch keine anderen derartigen Lebewesen. Alle möglichen wilden und Schwindel erregenden Gefühle steigen einem ins Hirn, die man nicht einordnen oder benennen kann, vielleicht weil es Tausende oder Millionen von Jahren her ist, seit diese Gefühle zum letztenmal erweckt wurden.

Das Gefühl, das mich angesichts meines ersten Silberrücken-Gorillas in der Wildnis überkam, war Schwindel erregend. Es war, als sollte ich irgendetwas tun, als würde eine Reaktion von mir erwartet, ohne dass ich wusste, was oder wie ich es tun sollte. Mein modernes Bewusstsein sagte einfach: „Lauf weg!“, aber ich konnte nichts weiter tun als dastehen, zittern und glotzen. Es war, als ob uns der richtige Zeitpunkt zwischen den Fingern hindurchglitt, zwischen uns und dem Gorilla in einen unüberbrückbaren Abgrund stürzte und uns hilflos gaffend auf unserer Seite zurückließ. Dem Gorilla war mittlerweile offenbar aufgegangen, dass wir gerade mit dem Fotografieren seines Kots beschäftigt gewesen waren, also stapfte er zurück ins Unterholz.

Wir nahmen die Verfolgung auf, waren aber – im Gegensatz zu ihm – nicht in unserem Element.

Der Gorilla, den wir gesehen hatten, war ein großer, männlicher Silberrücken gewesen. Silberrücken bedeutet, dass sein Rücken silbrig oder grauhaarig war. Nur die Rücken der Männchen verfärben sich, und das auch erst, wenn sie ausgewachsen sind. Gerüchte besagen, dass nur der männliche Anführer einer Gruppe einen silbernen Rücken bekommt, und zwar binnen weniger Tage oder gar Stunden, nachdem er die Führung übernommen hat, aber das ist offensichtlich Blödsinn. Und da wir schon beim Thema Blödsinn sind, sollte ich etwas erwähnen, das wir ein paar Tage später während eines Gesprächs mit Conrad Aveling erfuhren, einem Feldforscher aus Goma, der jahrelang für den Schutz der Gorillas in diesem Gebiet zuständig gewesen war.

Als wir Conrad erzählten, wie sehr uns Muraras und Serundoris Schilderungen vom Einfach-Losziehen und Wilderer-Umnieten beunruhigt hatten, ließ er sich in seinen Stuhl zurücksinken, klatschte sich auf die Schenkel und brüllte vor Lachen.

„Es ist einfach nicht zu fassen, was diese Burschen den Touristen so alles auftischen! Jetzt sagt bloß, die haben euch auch noch von ihrer Kommando-Vergangenheit erzählt?“

Einigermaßen schüchtern räumten wir ein, sie hätten. Conrad griff sich an die Augenbraue und schüttelte den Kopf.

„Das Einzige, was an denen kommandomäßig ist", sagte er, „ist ihre Uniform. Die kaufen sie nämlich von den Kommandos. Weil sie so gut wie nie bezahlt werden, verscherbeln die Kommandos die Dinger, um sich Essen leisten zu können. Das ist alles völliger Quatsch. Ich hab kürzlich schon mal so eine tolle Geschichte gehört. Ein Tourist hatte einen Führer gefragt – und zwar in Rawindi, wo es keine Gorillas gibt –, also dieser Tourist hatte gefragt: ‚Was passiert, wenn ein Gorilla auf einen Löwen trifft?' Statt zu antworten: ‚Tja, da Löwen und Gorillas in völlig verschiedenen Gegenden leben und gar nicht aufeinander treffen *können,* ist das eine ziemlich dämliche Frage', meinte dieser Führer, er müsse sich eine originelle Antwort einfallen lassen. Also sagte er: ‚Folgendes passiert: Der Gorilla prügelt den Löwen windelweich, rollt seinen Körper in Blätter und Zweige ein und trampelt dann darauf herum.' Ich hab von der Geschichte gehört, weil der Tourist anschließend zu mir kam und mir erzählt hat, wie irrsinnig faszinierend er das gefunden habe. Wenn man ihnen bloß klar machen könnte, dass sie, falls sie die Antwort nicht wissen oder für nicht besonders interessant halten, das lieber zugeben sollen, als sich kompletten Schwachsinn auszudenken."

Außer Frage aber stand, dass sich unsere Führer, wenn sie sich nicht gerade irgendwas ausdachten oder ihre Rambo-Phantasien auslebten, wirklich gut im Wald auskannten und eine Menge über Gorillas wussten. Sie hatten (wie Conrad Aveling durchgehend begeistert bestätigte) zwei Mitglieder der Gorillagruppe an den Kontakt mit Menschen „gewöhnt". Dieses „Gewöhnen" ist ein sehr langwieriges, kompliziertes und heikles Unterfangen, besteht aber, kurz gesagt, darin, Kontakt zu einer Gruppe in der Wildnis aufzunehmen, sie über einen Zeitraum von Monaten oder gar Jahren tagtäglich zu besuchen – sofern man sie findet – und sie so zu trainieren, dass sie die Gegenwart von Menschen dulden, um sie schließlich studieren und selbst in Begleitung von Touristen aufsuchen zu können.

Die Dauer dieser Gewöhnungszeit hängt allein vom dominanten Silberrücken ab. Er ist derjenige, dessen Vertrauen man gewinnen muss. Bei der Familiengruppe, die wir besuchten, hatte es drei Jahre gedauert. Conrad Aveling hatte die ersten acht Monate bei diesem Projekt damit verbracht, mit den Gorillas durchs Unterholz zu kriechen, ohne dabei jemals einen von ihnen tatsächlich zu Gesicht zu bekommen, obwohl er häufig nicht weiter als fünf oder zehn Meter von ihnen entfernt war.

„Eins der Probleme bei der Gewöhnung in einer solchen Umgebung ist“, erklärte er uns, „dass man sich vor lauter Dickicht nicht sehen kann und deshalb mit diesen plötzlichen Begegnungen in nur drei, vier Metern Entfernung rechnen muss, wobei man sich noch immer nicht sehen kann. Da fährt natürlich jeder aus der Haut. Der Gorilla fährt aus seiner Haut und ich aus meiner.

Hat der Silberrücken den Menschen erst einmal akzeptiert, schließt sich nicht nur der Rest der Gruppe zügig an, sondern lassen sich interessanterweise auch andere, im selben Gebiet lebende Gruppen gewöhnlich bedeutend schneller an die Gegenwart von Menschen gewöhnen. Ärger gibt es dabei so gut wie nie, vorausgesetzt, alle Beteiligten behandeln einander mit angemessenem Respekt. Die Gorillas sind absolut imstande, deutlich zu machen, wenn sie nicht gestört werden wollen. In einem Fall hatte eine Gorillagruppe einen besonders stressigen Vormittag verbracht und wollte um nichts in der Welt nachmittags von Menschen belästigt werden; als ein Spurenleser einige Touristen anschleppte und länger als erwünscht blieb, griff sich der Silberrücken die Hand des Spurenlesers und biss ihm ganz behutsam die Uhr ab.

Das Geschäft mit dem Tourismus ist und bleibt vertrackt. Ich selbst hatte die Gorillas schon seit Jahren besuchen wollen, mich jedoch aus Sorge, der Tourismus könne sowohl ihren Lebensraum als auch ihre Lebensgewohnheiten beeinträchtigen, abschrecken lassen. Außerdem besteht die Gefahr, die Gorillas Krankheiten auszusetzen, gegen die sie nicht immun sind. Bekanntlich war ja auch Dian Fossey, die berühmte, einzigartige Vorkämpferin des Gorillaschutzes, die meiste Zeit ihres Lebens eine leidenschaftliche Gegnerin des Tourismus und wollte die Welt von ihren Gorillas fern halten. Dennoch hat aber auch sie sich gegen Ende ihres Lebens, wenn auch schweren Herzens, zu einer anderen Auffassung durchringen können, und nach heute vorherrschender Meinung ist der Tourismus, solange er sorgfältig kontrolliert und über-

Als ein Spurenleser einige Touristen anschleppte und länger als erwünscht blieb, griff sich der Silberrücken die Hand des Spurenlesers und biss ihm ganz behutsam die Uhr ab

wacht wird, der einzige Garant für den künftigen Fortbestand der Gorillas. Es ist traurig, aber leider nicht von der Hand zu weisen, dass es letztlich auf simple Ökonomie hinausläuft. Ohne Touristen stellt sich nur die Frage, was zuerst passiert – entweder wird der Lebensraum der Gorillas vollständig zerstört, um als Anbaufläche oder Feuerholz zu dienen, oder die Gorillas werden von Wilderern gejagt, bis sie ausgerottet sind. Ungeschminkt formuliert, sind Gorillas heute für die Einheimischen (und die Regierung) tot weniger wert als lebendig.

Die Beschränkungen, die mit Nachdruck durchgesetzt werden, sehen so aus: Jede Gorillafamilie darf nur einmal täglich, normalerweise eine Stunde lang, von einer höchstens sechs Personen umfassenden Gruppe besucht werden, deren Mitglieder für dieses Privileg je 100 US-Dollar zu zahlen haben. Wofür sie die Gorillas unter Umständen nicht mal zu sehen bekommen.

Wir hatten Glück; wir fanden sie. Obwohl es nach unserem ersten kurzen Zusammentreffen mit dem Silberrücken eine Zeit lang nicht so aussah, als sollten wir auf weitere Gorillas stoßen. Wir bewegten uns langsam und vorsichtig durchs Unterholz, während Murara und Serundori regelmäßig Keuch- und Grunzlaute ausstießen. Sinn dieser Übungen war, den Gorilla unser Kommen anzukündigen und zu unterstreichen, dass wir nichts Böses im Schilde führten. Die Geräusche sind Nachahmungen von Lauten, die die Gorillas selbst von sich geben. Obwohl es wohl ziemlich egal ist, ob man sie nun zu imitieren versucht oder nicht. Reinlegen kann man damit sowieso niemanden. Es beruhigt die Gorillas einfach, wenn man immer dasselbe Geräusch macht. Ginge es nach ihnen, könnte man genauso gut die Nationalhymne absingen.

Als wir schon kurz davor waren, aufzugeben und umzukehren, versuchten wir es noch einmal mit einem Richtungswechsel, und plötzlich schien der Wald mit Gorillas regelrecht vollgestopft zu sein. In einem Baum, knapp einen Meter über unseren Köpfen, räkelte sich ein Weibchen, das träge mit den Zähnen Rinde von einem Zweig rupfte. Es nahm uns zur Kenntnis, war aber nicht interessiert. Zwei Babys alberten in vier Meter Höhe verwegen in einem ausgesprochen schmächtigen Bäumchen herum, und ein junges Männchen tuckerte auf der Suche nach Essbarem durchs nahe gelegene Unterholz. Wir starrten die beiden Babys an, erstaunt und fasziniert von der herrlich ausgelassenen Hingabe, mit der sie umeinander und um das grauenhaft dürre Bäumchen wirbelten, das sie für diese Übung auserkoren hatten. Es war kaum zu fassen, dass der Baum sie überhaupt tragen konnte, und tatsächlich konnte er das auch nicht. In völligem Irrglauben, was die Gravitationsgesetze betraf, rauschten sie plötzlich durch die Äste zu Boden und trollten sich verzagt ins Unterholz.

Wir folgten ihnen und begegneten einem Gorilla nach dem anderen, bis wir schließlich auf einen Silberrücken stießen, der unter einem Busch auf der Seite lag, sich mit seinem hinter dem Kopf verschränkten langen Arm am gegenüberliegenden Ohr kratzte und dabei ein einigermaßen untätiges Astbüschel betrachtete. Uns war sofort klar, was er tat. Er lungerte herum. Das war ganz offensichtlich. Oder besser: Die Versuchung, es ganz offensichtlich zu finden, war überwältigend.

Sie sehen aus wie Menschen, sie bewegen sich wie Menschen, sie halten Dinge in den Händen wie Menschen, und ihre Mimik und die ungemein menschlichen Blicke drücken etwas aus, das wir ganz instinktiv als Ausdruck menschlicher Gefühle empfinden. Wir sehen ihnen ins

Gesicht und denken: „Wir wissen, wie sie sind", aber genau das wissen wir nicht. Oder blockieren zumindest jeden möglichen Verständnisschimmer, indem wir uns mit ebenso einfachen wir verlockenden Mutmaßungen begnügen.

Auf Händen und Knien kroch ich langsam und ruhig dichter an den Silberrücken heran, bis ich nur noch einen halben Meter von ihm entfernt war. Er warf mir einen unbeteiligten Blick zu, als sei ich nur irgendwer, der gerade ins Zimmer gekommen war, und setzte seine Betrachtungen fort. Ich schätzte, dass das Tier ungefähr so groß war wie ich – fast zwei Meter –, hielt es aber für ungefähr doppelt so schwer. Größtenteils Muskeln, mit weicher schwarzgrauer Haut, die ihm ziemlich locker und, von groben schwarzen Haaren bedeckt, von der Vorderseite hing.

Als ich mich erneut bewegte, rückte er von mir ab, ungefähr fünfzehn Zentimeter, als ob ich mich etwas zu dicht neben ihn aufs Sofa gesetzt hätte und er jetzt grummelnd ein bisschen Platz machte. Dann legte er sich, die Faust unter das Kinn gestemmt, auf den Bauch und kratzte sich träge mit der anderen Hand die Wange. Ich blieb so ruhig und still wie möglich sitzen, obwohl mir aufging, dass ich gerade von Ameisen zu Tode gebissen wurde. Er sah uns ohne besondere Anteilnahme nacheinander an und wandte seine Aufmerksamkeit dann wieder seinen Händen zu, während er sich mit dem Daumen träge einige Schmutzflecken von einem der Finger kratzte. Ich hatte den Eindruck, dass wir für ihn ungefähr so interessant waren wie ein langweiliger Sonntagnachmittag vor dem Fernseher. Er gähnte.

Es ist so verflucht schwierig, Tiere nicht zu vermenschlichen. Derartige Eindrücke drängen sich einem ununterbrochen auf, weil sie so viel spontanes Wiedererkennen auslösen, wie illusorisch dieses Wiedererkennen auch immer sein mag. Nur auf diese Art und Weise lässt sich vermitteln, an was es *erinnerte*.

Nach einer längeren schweigsamen Pause zog ich vorsichtig mein rosa Schreibpapier aus der Tasche und begann mir die Notizen zu machen, von denen ich gerade abschreibe. Das schien ihn schon mehr zu interessieren. Ich nehme mal an, dass er vorher einfach noch nie rosa Schreibpapier gesehen hatte. Er verfolgte meine über das Blatt kritzelnde Hand eine Zeit lang mit den Augen, stand schließlich auf und berührte zuerst das Papier und dann die Spitze meines Kugelschreibers – nicht, um ihn mir wegzunehmen oder mich auch nur zu unterbrechen, sondern um zu sehen, was das war und wie es sich anfühlte. Ich war wirklich gerührt und wurde von dem albernen Impuls gepackt, ihm auch noch meine Kamera zu zeigen.

Er zog sich ein Stück zurück und legte sich etwa einen Meter von mir entfernt wieder hin, das Kinn auf die Faust gestützt. Mir gefielen sein ungewöhnlich nachdenklicher Gesichtsausdruck und die Art und Weise, wie sich seine Lippen durch den nach oben gerichteten Druck der Faust aufbauschten. Der beunruhigendste Hinweis auf Intelligenz allerdings schien mir aus den plötzlichen Seitenblicken hervorzugehen, die er mir nicht infolge bestimmter Bewegungen meinerseits zuwarf, sondern offenbar immer dann, wenn ihm gerade eine Idee gekommen war.

Ich hatte den Eindruck, dass wir für ihn ungefähr so interessant waren wie ein langweiliger Sonntagnachmittag vor dem Fernseher. Er gähnte

Ich begriff, welche Überheblichkeit hinter unserer Annahme steckt, wir könnten ihre Intelligenz beurteilen – als wäre die unsere irgendeine Norm, an der alles andere zu messen ist. Also versuchte ich mir vorzustellen, wie er uns sah, nur ist das natürlich so gut wie unmöglich, weil man beim Versuch, seine Vorstellungslücken zu überbrücken, unwillkürlich wieder bei den eigenen Annahmen landet und die irreführendsten Annahmen zudem ausgerechnet jene sind, von denen man gar nicht bewusst ausgeht.

Ich malte mir aus, wie er da unbeschwert in seiner eigenen kleinen Welt lag, meine Gegenwart darin tolerierte, obwohl er mir, wie ich glaube, womöglich Signale zuschickte, auf die ich nicht zu reagieren wusste. Und dann malte ich mir aus, wie ich da neben ihm saß, geschmückt mit meinen Intelligenzapparaten – meiner Gore-Tex-Kutte, meinem Stift und meinem Papier, meiner autofokussierenden, belichtungsautomatischen Nikon F4 – und meiner ganzen Unfähigkeit, auch nur irgend etwas von dem Leben zu begreifen, das wir hinter uns im Wald zurückgelassen haben. Aber irgendwo in der genetischen Geschichte, die wir alle in jeder einzelnen Körperzelle mit uns herumtragen, bestand eine innige Verbindung zu diesem Lebewesen – für uns so unerreichbar wie die Träume vom letzten Jahr, aber genau wie diese Träume immer unsichtbar und unergründlich gegenwärtig. ■

Hier Hühner

Den sagenumwobenen Feuer speienden Drachen ähneln die bis zu vier Meter langen Warane auf der indonesischen Insel Komodo. Mit hintergründigem Humor und feiner Ironie schildert der Verfasser die Begegnung mit diesen Riesenechsen.

Douglas Adams

Das erste Tier, nach dem wir uns auf die Suche machten, war die Drachenechse von Komodo. Wie bei den meisten Tieren, die wir uns ansehen wollten, handelte es sich dabei um ein Tier, über das ich nur sehr wenig wusste. Und das Wenige, wovon ich wusste, war nicht gerade liebenswert.

Sie sind Menschenfresser. Das ist an sich noch nicht so schlimm. Auch Löwen und Tiger sind Menschenfresser, und obwohl wir ihnen gegenüber höchst misstrauisch sind und sie mit ängstlichem Respekt behandeln, bewundern wir sie doch instinktiv. Wir wollen zwar nicht von ihnen gefressen werden, aber die Idee als solche verübeln wir ihnen nicht. Was vermutlich daran liegt, dass wir wie sie Säugetiere sind. Es scheint hier so etwas wie ein erzkonservatives Vorurteil gegenüber anderen Arten am Werk zu sein: Ein Löwe ist einer von uns, aber eine Echse nicht. Das Gleiche gilt übrigens auch für Fische und erklärt unsere wahnwitzige Angst vor Haien.

Außerdem sind die Echsen von Komodo groß. Sehr groß. Zur Zeit lebt eine auf Komodo, die fast vier Meter lang und im Stehen knapp einen Meter hoch ist, was einem unwillkürlich als völlig unpassende Größe für eine Echse erscheint, vor allem wenn sie ein Menschenfresser ist und man beabsichtigt, sich auf derselben Insel wie sie aufzuhalten.

Obwohl sie Menschenfresser sind, fressen sie nur selten Menschen, sondern ernähren sich größtenteils von Ziegen, Schweinen, Wild und ähnlichen Tieren, die sie jedoch nur töten, wenn sie nichts bereits Totes finden, weil sie im Grunde ihres Herzens Aasfresser sind. Sie mögen ihr Fleisch am liebsten verdorben und stinkend. Wir mögen unser Fleisch am liebsten anders und neigen dazu, Viechern mit solchen Geschmacksvorstellungen nicht über den Weg zu trauen. Was diese Echsen anging, traute ich ihnen überhaupt nicht über den Weg.

Wir trafen uns in einem Hotelzimmer in Melbourne und inspizierten die Ausrüstung für unsere Expedition. „Wir“, das waren Mark, ich und Gaynor Shutte, eine Rundfunkjournalistin, die unsere Großtaten für die BBC mitschneiden wollte. Unsere Ausrüstung bestand aus einem gewaltigen Haufen von Kameras, Kassettenrecordern, Zelten, Schlafsäcken, Notapotheken, Moskitonetzen, unidentifizierbaren Gegenständen aus Zeltstoff und Nylon mit Metallösen und Plastikhaken, Regenkutten, Stiefeln, Fackeln und einem Kricketschläger.

Keiner von uns wollte zugeben, den Kricketschläger mitgebracht zu haben. Uns war vollkommen schleierhaft, was er zwischen den anderen Sachen zu suchen hatte. Wir riefen beim Zimmerservice an und baten, man möge uns ein paar Dosen Bier hochbringen und den Kricketschläger wegschaffen, aber niemand wollte ihn haben. Der Zimmerkellner meinte, falls wir uns wirklich auf die Suche nach einer Menschen fressenden Echse machen wollten, wäre ein Kricketschläger doch ein ziemlich praktischer Begleiter. Wir versteckten den Kricketschläger unter dem Bett, öffneten die Bierflaschen und ließen uns von Mark erklären, was auf uns zukommen würde.

„Seit Jahrhunderten", sagte er, „erzählt man sich in China Geschichten von großen, schuppigen, Feuer speienden Ungeheuern, nur hielt man sie früher für Mythen und schrullige Fantasiegebilde. Die alten Seefahrer haben von ihnen berichtet und ‚Hier Drachen' auf ihre Karten geschrieben, wenn sie Land entdeckten, das ihnen schon von weitem nicht geheuer war. Dann, zu Beginn dieses Jahrhunderts, unternahm ein holländischer Flugpionier den Versuch, von Insel zu Insel über den indonesischen Archipel nach Australien zu hüpfen, bekam dabei Probleme mit dem Motor und musste auf einer kleinen Insel namens Komodo notlanden. Im Gegensatz zu seiner Maschine überstand er den Absturz unbeschadet.

Er suchte nach Wasser. Bei dieser Suche stieß er am Strand auf eine seltsame breite Spur, folgte ihr und sah sich plötzlich einem Ding gegenüber, dessen Anblick ihm ganz und gar nicht geheuer war. Nämlich einem großen, schuppigen, Menschen fressenden, gute dreieinhalb Meter langen Ungeheuer. Und was er da anstarrte, ist, wonach wir suchen werden – der Komodo-Waran oder die Drachenechse von Komodo."

„Hat er überlebt?" frage ich ohne Umschweife.

„Ja, hat er, im Gegensatz zu seinem Ruf. Er schlug sich drei Monate lang durch und wurde dann gerettet. Aber als er nach Hause kam, hielten ihn alle für verrückt und glaubten ihm kein Wort."

„Dann gehen also die chinesischen Drachenlegenden auf die Komodo-Warane zurück?"

„Tja, so genau kann man das natürlich nicht sagen. Ich zumindest nicht. Aber einiges spricht dafür. Die Echse ist ein Lebewesen mit Schuppen, sie ist ein Menschenfresser, und obwohl sie nicht gerade Feuer speit, hat sie von allen uns bekannten Lebewesen den mit Abstand übelsten Mundgeruch. Und es gibt noch etwas, was ihr über die Insel wissen solltet."

„Was?“

„Auf Komodo“, sagte Mark, „gibt es pro Quadratmeter Boden mehr Giftschlangen als in jedem vergleichbaren Gebiet auf Erden.“

Per Flugzeug über Bali gelangten wir nach Labuan Bajo. Labuan Bajo liegt auf der Insel Flores und ist der Komodo nächstgelegene Hafen. In Labuan Bajo zu landen war interessant, weil die Piloten nicht in der Lage waren, die Landeklappen auszufahren. Besonders interessant war für uns auch die Frage, ob wir angesichts der immer näher rückenden Bäume am Ende der Landebahn und der mit vereinter Kraft an einem Hebel in der Kabinendecke zerrenden Piloten weiterleben würden oder nicht. Im letzten Moment gab der Hebel nach, und in gedämpfter und besinnlicher Stimmung knallten wir auf die Rollbahn.

Wir kletterten aus dem Flugzeug und brachten das Flughafenpersonal nach längeren Verhandlungen dazu, auch unser Gepäck auszuladen, da wir es letztlich für eine gute Idee hielten, es mitzunehmen.

In der Ankunftshalle oder vielmehr -hütte des Flughafens erwarteten uns zwei Männer. Sie hießen Kiri und Moose und waren wie die meisten Indonesier klein, gertenschlank und drahtig. Wir hatten keine Ahnung, wer sie waren.

Obwohl sie nicht gerade Feuer speit, hat sie von allen uns bekannten Lebewesen den mit Abstand übelsten Mundgeruch

Kiri war ein charmanter Mann mit einem nahezu quadratischen Gesicht, einem schwarzen, gewellten Haarschopf und einem dichten schwarzen Schnurrbart, der wie ein Riegel Schokolade auf seiner Oberlippe klebte. Er hatte eine tiefe Stimme, die aber gleichzeitig so dünn und ohne jegliches Volumen war, dass er nur eine Art supercooles Krächzen hervorbrachte. Die meisten seiner Bemerkungen setzten sich aus einem behäbigen, faulen, ausgebufften Lächeln und ein paar abgewürgten, rasselnden Kehllauten zusammen.

Wir hatten eigentlich jemand anderen erwartet, einen Mr. Condo, unseren Führer. Kiri und Moose erläuterten uns, er werde in Kürze wieder auftauchen, und sie seien gekommen, um uns das zu sagen.

Wir bedankten uns, verstauten unser gesamtes Gepäck auf der Ladefläche des Lieferwagens, setzten uns obendrauf und holperten von der Ankunftshütte in Richtung der Innenstadt von Labuan Bajo.

Eine Pension oder ein kleines Hotel heißt in Indonesien „Losmen“, und im größten dieser Losmen warteten wir auf Mr. Condos Erscheinen. Da wir noch am selben Nachmittag nach Komodo weiterreisen wollten und das Losmen ohnehin so gut wie leer war, hielten wir es für überflüssig, ein Zimmer zu buchen.

Wir vertrieben uns die Zeit im überdachten Innenhof, tranken Bier und plauderten mit den sonderbaren Gästen, die von Zeit zu Zeit eintrudelten. Als wir, da der Nachmittag sich ohne Mr. Condo seinem Ende näherte, endlich kapierten, dass wir an diesem Tag bestimmt nicht mehr nach Komodo kommen würden, hatte sich das Losmen anständig gefüllt, also versuchten wir einigermaßen panisch, einen Schlafplatz aufzutreiben.

Ein kleiner Junge kam zu uns heraus, sagte, es sei noch ein Zimmer frei, falls wir das haben wollten, und führte uns über eine wacklige Treppe nach oben. Wie sich herausstellte, führte der Gang, den wir betraten, nicht in unser Zimmer, sondern war das Zimmer. Wir hatten uns von der Tatsache, dass in ihm keine Betten standen, in die Irre führen lassen, erklärten uns jedoch trotzdem einverstanden und kehrten in den Innenhof zurück, wo wir endlich von Mr. Condo begrüßt wurden, einem kleinen, charismatischen Mann, der sagte, dass alles organisiert sei und wir am nächsten Morgen um sieben in See stehen könnten.

Die Farbe des Meeres um uns verwandelte sich vom schweren, tintigen Schwarz der letzten Stunden in ein sehr viel helleres, durchlässiges Blau

Was ist mit der Ziege? fragten wir besorgt.

Er zuckte die Achseln. Welcher Ziege? fragte er.

Ob wir denn etwa keine Ziege bräuchten?

Er versicherte uns, auf Komodo gäbe es eine Menge Ziegen. Oder bräuchten wir eine für die Reise?

Wir sagten, das sei unserer Auffassung nach wohl nicht unbedingt nötig, worauf er erwiderte, er habe es nur erwähnt, weil es allem Anschein nach das Einzige sei, was wir nicht mitzunehmen beabsichtigten. Wir verstanden das als eine Art satirische Anspielung auf den uns umgebenden kühnen Gepäckberg, lachten höflich und ließen uns von ihm eine angenehme Nachtruhe wünschen.

Verschlafen und nervös standen wir am nächsten Morgen inmitten unserer Berge von Expeditionsgepäck am Wasser. Winzige Wellen von weit entfernten Fischerbooten breiteten sich über das endlose Meer in Richtung Strand aus. Das Licht der Morgensonne lag auf dem Wasser wie auf einem Laken.

Wir waren da, Mr. Condo nicht. Nach ungefähr einer Stunde tauchte aber immerhin Kiri auf, um seiner gewohnten Rolle entsprechend zu erklären, Mr. Condo werde nicht kommen, aber dafür sei ja er, Kiri, da und habe seine Gitarre mitgebracht. Außerdem sei der Kapitän eigentlich gar nicht der Kapitän, sondern dessen Vater. Und wir würden mit einem anderen Boot fahren. Die gute Nachricht war, dass wir definitiv nach Komodo fahren würden und dass die Reise höchstens vier Stunden dauern werde. Das Boot war ein wirklich schmucker, sieben Meter langer Fischerkahn namens *Raodah*, und die vollständige Besatzung bestand, nachdem wir alles verladen und vertäut hatten, aus uns dreien, Kiri, dem Vater des Kapitäns, zwei ungefähr zwölfjährigen Jungen, die das Boot steuerten, und vier Hühnern.

Es war ein ruhiger, herrlicher Tag. Die beiden Jungen tollten über das Boot wie Katzen, entrollten und hissten die Segel blitzartig, sobald sich ein Windhauch regte, holten sie dann wieder ein, starteten den Motor und schliefen ein, wann immer der Wind erstarb. Zum ersten Mal gab es nichts, was wir tun mussten oder tun konnten, also schlenderten wir an Deck herum, blickten auf das vorbeirollende Meer, beobachteten die Haubenseeschwalben und Seeadler, die über uns kreisten, und die fliegenden Fische, die gelegentlich um das Boot herumschwirrten.

Die vier Hühner saßen im Bug des Bootes und beobachteten uns.

Eine der verwirrendsten Begleiterscheinungen des Reisens in abgelegenen Gegenden ist die Notwendigkeit, seine Nahrung in unverderblicher Form mit sich zu führen. Für einen Mitteleuropäer, der seine Hühner gewöhnlich in Zellophan verpackt aus dem Supermarkt bezieht, ist es eine unangenehme Erfahrung, während einer langen Bootsreise von vier lebenden Hühnern mit tiefem, grauenvollem Argwohn angestarrt zu werden, ohne diesen zerstreuen zu können.

Endlich lag die Insel Komodo vor uns und kroch uns langsam vom Horizont aus entgegen. Die Farbe des Meeres um uns verwandelte sich vom schweren, tintigen Schwarz der letzten Stunden in ein sehr viel helleres, durchlässiges Blau, aber die Insel selbst erschien uns, vielleicht auch nur unseren überaus empfänglichen Sinnen, als eine düstere, finstere Masse, die bedrohlich über die See heranrückte.

Im Näherkommen lösten sich ihre düsteren Konturen allmählich zu großen, schroffen Felsformationen und dahinter liegenden, mächtigen Verwerfungen auf. Kurz darauf gelang es uns, Einzelheiten der Vegetation auszumachen. Es wuchsen Palmen, allerdings nur sehr wenige. Sie steckten sporadisch in den Abhängen, als habe die Insel Stacheln oder jemand Dartpfeile in die Hügel geschleudert. Der Anblick erinnerte mich an eine Zeichnung aus *Gullivers Reisen,* auf der Gulliver von den Liliputanern am Boden festgezurrt worden ist und Dutzende von winzigen Liliputanerspeeren in seinem Körper stecken.

Die Bilder, die die Insel der Fantasie aufnötigte, waren hartnäckig. Die felsigen Ausläufer hatten die Form massiver Schneidezähne, und die dunklen, düster stimmenden, graubraunen Hügel waren gewellt wie die schweren Hautlappen einer Eidechse. Ich wusste, dass ich, wäre ich ein Seefahrer in unbekannten Gewässern gewesen, „Hier Drachen" auf meine Seekarte geschrieben hätte.

Wir legten an einem langen, wackligen Holzsteg an, der von einem breiten Sandstrand aus ins Wasser regte. Am landwärts gelegenen Ende des Stegs stand ein Torbogen, von dessen höchstem Punkt uns ein Holzbrett auf Komodo willkommen hieß und so einen bescheidenen Beitrag leistete, unser Gefühl der Unerschrockenheit weiter zu verringern. Als wir den Torbogen durchquerten, drang uns plötzlich ein starker Geruch in die Nase. Man musste den Torbogen hinter sich lassen, um ihn wahrnehmen zu können. Solange man auf dem Steg stand, war man noch nicht richtig da und kam nicht in den Genuss des starken, deftigen, abgestandenen Geruchs von Komodo.

Den nächsten schweren Schlag bekam unsere Unerschrockenheit von einem ziemlich ordentlich angelegten Weg. Er führte vom Ende des Stegs aus parallel zum Ufer bis zum nächsten und entscheidenden Schlag gegen unser Gefühl der Unerschrockenheit – einem Besucherdorf. Das Dorf bestand aus einer Ansammlung leidlich zusammengezimmerter Holzbauten: einem Gebäude, von dem aus die Insel (die ein Naturschutzgebiet ist) verwaltet wird, einer Terrasse mit Cafeteria und einem kleinen Museum. Hinter diesen Gebäuden stand, aufgereiht vor einer abschüssigen, halbkreisförmigen Böschung, ungefähr ein halbes Dutzend Besucherhütten – auf Pfählen.

Es war Mittagszeit, und ein gutes Dutzend Leute saß auf der Terrasse, aß Nudeln und trank Seven-Up; Amerikaner, Holländer, alles, was das Herz begehrt. Wo waren die hergekommen? Und wie waren sie hergekommen? Was war hier eigentlich los?

Vor der Verwaltungshütte stand ein Schild voller Vorschriften, wie zum Beispiel „Melden Sie sich im Nationalpark-Büro“, „Ausflüge außerhalb des Besucher-Zentrums nur in Begleitung von Führern“, und „Achten Sie auf Schlangen“.

Auf dem Boden unter diesem Schild lag ein kleiner, ausgestopfter Drache. Ich sage klein, weil er höchstens einen Meter zwanzig lang war. Er lag flach auf dem Bauch, die vor sich ausgestreckten Vorderbeine und die an seinen langen, spitz zulaufenden Schwanz angelegten Hinterbeine platt auf dem Boden. Als ich ihn entdeckte, war ich zuerst etwas erschrocken, dann ging ich hinauf, um ihn mir anzusehen.

Er öffnete die Augen und sah mich an. Mit einem überraschten Aufschrei machte ich einen Satz rückwärts, was eine Welle höhnischen Gelächters auf der Terrasse auslöste.

„Das ist doch nur ein Drache“, rief ein amerikanisches Mädchen.

„Das hatte ich mir vollkommen anders vorgestellt“, sagte Mark, der inmitten unseres kühnen Gepäckberges stand und die vier Hühner in der Hand hielt. „Hätten wir die mitbringen müssen?“ fragte er Kiri.

Kiri sagte, es sei immer eine gute Idee, Hühner für die Küche mitzubringen. Andernfalls gebe es nur Nudeln und Fisch zu essen.

„Ich glaube, ich ziehe Fisch vor“, sagte Gaynor.

Kiri erklärte ihr, das sei falsch und dass sie eigentlich Huhn Fisch vorzöge. Leute aus dem Westen, setzte er uns auseinander, zögen grundsätzlich Huhn vor. Das wisse praktisch jeder. Fisch sei nichts weiter als ein billiges Essen für Bauern. Wir würden also Huhn essen, weil das aufregend sei und wir es bevorzugten. Er nahm die Hühner, die mit einem langen Band zusammengebunden waren, stellte sie neben unserem Gepäck ab und drängte uns die Stufen zum Büro des Nationalparks hinauf, wo uns einer der Parkwächter Fragebogen und Stifte in die Hand drückte. Wir hatten gerade mit dem detaillierten Eintragen unserer Reisepassnummern, Geburtstage, Heimatländer, Geburtsorte und Ähnlichem begonnen, als es draußen mit einem Mal zu einem heftigen Tumult kam.

Zuerst beachteten wir den Lärm nicht, aber als der Radau zunahm, begriffen wir plötzlich, dass es sich um das ängstliche Kreischen von Hühnern in Not handelte. Unserer Hühner.

Wir rasten nach draußen. Der ausgestopfte Drache griff unsere Hühner an. Er hatte eins von ihnen im Maul und schüttelte es, verschwand jedoch, als er uns kommen sah, in einer Staubwolke um die Hausecke und über die Lichtung, die misshandelten, noch immer zusammengebundenen, kreischenden Hühner hinter sich herzerrend.

Als der Drache ungefähr dreißig Meter von uns entfernt war, blieb er stehen, biss die Schnur mit einem Kopfzucken durch und ließ die restlichen Hühner in Richtung der Bäume wegrennen, wo sie sich kreischend und schreiend in immer kleiner werdenden Kreisen bewegten, während die Parkwächter ihnen hinterherjagten und sie zu umzingeln versuchten. Der Drache, nun befreit von den überzähligen Hühnern, galoppierte ins dichte Unterholz. Er war auf einen großen, vom Unterholz überwucherten Erdwall gekrochen und dort stehen geblieben. Wir konnten wegen der dichten Vegetation nicht näher als bis auf einen Meter an ihn heran, gaben uns allerdings auch keine besondere Mühe.

Er lag ruhig da. Zwischen seinen Zähnen ragte das Hinterteil des Huhns heraus, dessen dürre Beine lautlos in der Luft herumruderten. Die Drachenechse beobachtete uns unbeteiligt mit jenem Auge, das uns zugewandt war – einem runden, dunkelbraunen Auge.

Es hat etwas zutiefst Verstörendes, in ein Auge zu starren, das einen anstarrt, besonders wenn das starrende Auge beinahe ebenso groß wie das eigene und das Ding, aus dem es starrt, eine Echse ist. Das Blinzeln der Echse war ebenfalls verstörend. Es war nicht die übliche, reflexartige Bewegung, die man von einem Reptil erwartet, sondern ein langsames, bedachtes Blinzeln, das einem das Gefühl vermittelte, die Echse sei sich dessen bewusst, was sie tat. Nachdem sich das Hühnerhinterteil kurze Zeit freizukämpfen versucht hatte, lockerte der Drache seinen Biss ein wenig, damit sich das Huhn durch seine Bewegungen weiter in den Drachenschlund hineinstoßen konnte. Das wiederholte sich mehrmals, bis nur noch ein einziges dürres Hühnerbein zu sehen war, das grotesk aus dem Maul der Kreatur ragte. Ansonsten bewegte sich die Echse nicht. Sie sah uns einfach nur an. Am Ende waren wir diejenigen, die, von blankem Entsetzen geschüttelt, davonschlichen.

Warum? fragten wir uns, als wir wieder auf der Terrasse saßen und uns mit Seven-Up zu beruhigen versuchten. Alle drei waren wir so aschfahl, als wären wir gerade Zeugen eines geheimen, heimtückischen Mordes geworden. Aber hätten wir einen Mord beobachtet, hätte uns der Mörder wenigstens nicht so ungerührt ins Auge gesehen wie diese Echse. Vielleicht war es der Eindruck kühler, unerschütterlicher Arroganz, der uns derart aus der Fassung brachte. Nur wussten wir bei all den bösartigen Gefühlen, die wir der Echse anzudichten versuchten, dass es überhaupt keine Echsengefühle waren, sondern unsere eigenen. Diese Echse tat nicht mehr, als ihren Echsen-Beschäftigungen auf einfache, unkomplizierte, echsige Art nachzugehen. Sie wusste nichts von dem Entsetzen, der Schuld, der Schändlichkeit und Widerwärtigkeit, die wir, beispiellos schuldige und schändliche Tiere, ihr aufs Auge zu drücken versuchten. Also prallten all diese Empfindungen, gespiegelt in jenem einen unbeweglichen, desinteressierten Auge, auf uns zurück.

Auf ihr Verhalten mit Abscheu zu reagieren bedeutete, fälschlicherweise nach Kriterien zu urteilen, die nur bei der Beurteilung menschlichen Verhaltens angemessen sind

Überwältigt von der Vorstellung, dass wir uns vor unserem eigenen Spiegelbild dermaßen erschrocken hatten, saßen wir stumm da und warteten auf das Mittagessen.

Angesichts der bisherigen Ereignisse dieses Tages fiel es uns plötzlich schwer, ein Mittagessen auch nur in Erwägung zu ziehen. Wie sich herausstellte, gab es zum Essen kein Huhn. Es gab kein Huhn, weil der Drache es gegessen hatte. Wie die Küche herausgefunden hatte, dass ausgerechnet das Drachenfutter-Huhn jenes gewesen war, das wir andernfalls zum Mittagessen verspeist hätten, war uns nicht ganz klar, aber immerhin hatten wir es diesem Umstand offenbar zu verdanken, dass wir Nudeln ohne alles bekamen. Wir unterhielten uns darüber, wie leicht man den Fehler begeht, Tiere zu vermenschlichen und seine eigenen Gefühle und Wahrnehmungen unangemessener- und unpassenderweise auf sie zu übertragen. Wir konnten uns einfach nicht vorstellen, wie es ist, eine extrem große Echse zu sein.

Auf ihr Verhalten mit Abscheu zu reagieren bedeutete, fälschlicherweise nach Kriterien zu urteilen, die nur bei der Beurteilung menschlichen Verhaltens angemessen sind. Wir alle richten uns in der Welt häuslich ein und lernen auf unterschiedliche Art und Weise zu überleben. Ein für uns erfolgreiches Verhalten funktioniert bei den Echsen nicht und umgekehrt.

„Zum Beispiel“, sagte Mark, „essen wir unsere eigenen Kinder nicht auf, wenn sie zufällig in Reichweite sind und wir gerade Kohldampf haben.“

„Was?“, sagte Gaynor und ließ Messer und Gabel sinken.

„In den Augen eines Erwachsenen ist ein Jungdrache nichts weiter als Futter“, fuhr Mark fort. „Er bewegt sich und hat ein bisschen Fleisch auf den Knochen. Das ist Futter. Natürlich wäre es nicht besonders sinnig, wenn sie all ihre Nachkommen auffressen würden, weil die Art aussterben müsste. Die meisten Arten überleben, weil die Erwachsenen den Instinkt entwickelt haben, ihre Kinder nicht zu fressen. Die Drachen überleben, weil ihre Kinder den Instinkt entwickelt haben, auf Bäume zu klettern. Die Erwachsenen sind dazu zu schwer, also sitzen die Kleinen oben in den Bäumen, bis sie groß genug sind. Trotzdem werden einige Babys gefressen, aber das erfüllt auch seinen Zweck. Es hilft den Drachen, wenn das Futter knapp ist, und trägt dazu bei, die Population auf einem gleich bleibenden Niveau zu halten. Manchmal fressen sie die Kleinen auch einfach so.“

Wir haben den Punkt erreicht, an dem ein aktives Einschreiten zum Schutz seltener Arten notwendig ist

„Wie viele von den Dingern gibt es denn noch?“ fragte ich leise.

„Ungefähr fünftausend.“

„Und wie viele waren es ursprünglich?“

„Ungefähr fünftausend. Man geht davon aus, dass, grob geschätzt, immer so viele da waren.“

„Also sind sie eigentlich nicht besonders gefährdet?“

„Doch, sind sie, weil von diesen fünftausend nur dreihundertfünfzig tragende Weibchen sind. Ob das die normale Anzahl ist oder nicht, wissen wir nicht, aber sie erscheint uns eher niedrig. Außerdem sind Tiere, die, wie die Drachen auf diesen paar Inseln hier, in geringer Anzahl auf begrenztem Raum zusammenleben, besonders anfällig für Veränderungen ihrer Lebensräume, und wenn irgendwo Menschen auftauchen, verändern sich diese Lebensräume ausgesprochen schnell.“

„Also sollten wir nicht hier sein.“

„Darüber kann man streiten“, sagte Mark. „Es würde höchstwahrscheinlich etwas schiefgehen, wenn das alles hier niemanden interessieren würde. Ein einziger Waldbrand oder eine krankheitsbedingte

Abnahme der Wildbestände könnte die Drachen auslöschen. Ferner stünde zu befürchten, dass die wachsende Inselbevölkerung zu dem Schluss käme, dass es sich ganz gut ohne diese Viecher leben lässt. Es sind äußerst gefährliche Tiere. Es besteht ja nicht bloß die Gefahr, von ihnen gefressen zu werden. Auch wenn man nur gebissen wird, hat man schon richtigen Ärger am Hals. Also wenn ein Drache ein Pferd oder einen Büffel angreift, wird er nicht unbedingt davon ausgehen, sein Opfer an Ort und Stelle umbringen zu können. Falls der Drache nun in einen Kampf verwickelt wird, könnte er verletzt werden, und da das eigentlich nichts bringt, beißt er sein Opfer manchmal einfach und geht wieder weg. Da die Bakterien, die sich im Speichel des Drachen befinden, allerdings so virulent sind, dass die Wunden nicht verheilen, wird das gebissene Tier normalerweise innerhalb weniger Tage an Blutvergiftung eingehen, und anschließend kann der Drache es in aller Ruhe fressen. Für die Art ist es gut und wichtig, dass die Versorgung mit schwerverletzten und sterbenden Tieren überall auf der Insel sichergestellt ist.

Es gab mal einen sehr bekannten Fall, bei dem ein Franzose von einem Drachen gebissen wurde und schließlich zwei Jahre später in Paris gestorben ist. Die Wunde eiterte und heilte einfach nicht. Da es in Paris unglücklicherweise keine Drachen ab, die davon hätten profitieren können, ist die Strategie in diesem einen Fall gescheitert, aber normalerweise funktioniert sie prima.

Der Punkt ist einfach, dass man diese Scheißkerle hier auf der Türschwelle liegen hat, und trotz der Toleranz der Dorfbewohner von Komodo und Rinca hat es eine ganze Reihe von Angriffen und Todesfällen gegeben. Also könnte mit der Bevölkerungszunahme auch ein größerer Interessenkonflikt entstehen und gleichzeitig die Bereitschaft abnehmen, sich bei jedem Ausflug in die Gefahr zu begeben, ein Bein abgebissen zu kriegen.

Wie wir ja gesehen haben, ist Komodo mittlerweile ein geschützter Nationalpark. Wir haben den Punkt erreicht, an dem ein aktives Einschreiten zum Schutz seltener Arten notwendig ist, was üblicherweise durch öffentliches Interesse unterstützt wird. Und öffentliches Interesse wird durch öffentlichen Zugang aufrechterhalten. Wenn man diesen Zugang sorgfältig kontrolliert und die Zerstörung auf ein Minimum begrenzt, funktioniert es prima und ist schön und gut. *Glaube* ich. Obwohl ich nicht behaupten kann, dass mir dabei ganz wohl ist.“

„Mir ist bei dieser ganzen Insel überhaupt nicht wohl", sagte Gaynor fröstelnd. „Als ob hier von überallher irgendwas Heimtückisches auf einen zukriecht."

„Bildest du dir nur ein", sagte Mark. „Für einen Naturforscher ist es das Paradies."

Vom Dach der Terrasse war plötzlich ein Glitschen zu hören, und eine große Schlange fiel neben uns zu Boden. Sofort kamen einige Wächter angelaufen und jagten sie zurück in den Busch.

„Das hab ich mir ja wohl nicht eingebildet", sagte Gaynor.

„Ich weiß", sagte Mark begeistert. „Es ist einfach herrlich."

Wir erwachten früh am nächsten Morgen. Wieder fiel uns der Geruch der Insel an, kaum dass wir den Torbogen hinter uns gelassen hatten, und empfing uns in der heimtückischen anderen Welt, auf Komodo. Man hatte uns angekündigt, dass wir die Drachen an diesem Morgen definitiv zu sehen bekämen. Große Drachen. Wir wussten nicht genau, was uns erwartete, aber es war nicht das, womit wir ursprünglich gerechnet hatten. Es hatte nicht den Anschein, als müssten wir eine tote Ziege am Boden festpflocken und uns dann den ganzen Tag über auf einem Baum versteckt halten.

An diesem Tag sollten sich fast nur Dinge ereignen, mit denen wir nicht gerechnet hatten, was schon mit der Ankunft von ungefähr zwei Dutzend amerikanischen Touristen auf einem extra gecharterten Boot begann. Die meisten waren im Frührentner-Alter, ausgerüstet mit Kameras, Freizeitanzügen aus Polyamid und goldgeränderten Brillen. Durch ihre Ankunft gingen wir schwer angeschlagen in die Knie und spürten, dass sich in diesem Moment auch der letzte Hauch von Unerschrockenheit verabschiedete, an den wir uns noch geklammert hatten.

Wir fanden einen Wächter und fragten ihn, was eigentlich los sei. Er sagte, wir könnten vorausgehen, falls wir der großen Gruppe aus dem Weg gehen wollten, also brachen wir unverzüglich auf. Wir wanderten über einen drei oder vier Meilen langen Waldweg, der offenbar sorgfältig angelegt und ebenso sorgfältig ausgetreten war. Die Luft war heiß und stickig, und wir hatten ein flaues, unsicheres Gefühl in der Magengegend. Nach einiger Zeit hörten wir irgendwo vor uns das leise Läuten einer Glocke und beschleunigten unsere Schritte, um die Ursache herauszufinden. Wir bogen um eine Ecke und sahen uns mit einer Realität konfrontiert, die einem wirklich den Magen umdrehte.

Bis zu diesem Augenblick hatte dem ganzen Erlebnis etwas Traumartiges angehaftet. Jetzt aber beschlich mich das Gefühl, der Traum verwandle sich in genau die Art Alptraum, aus dem man erwacht und feststellen muss, dass der beißende Rauchgeruch tatsächlich daher rührt, dass einem gerade das Dach über dem Kopf abbrennt.

Vor uns stand eine junge Ziege. Sie trug ein Halsband mit Glocke und ließ sich widerwillig von einem Wächter über den Weg führen. Betäubt schlichen wir ihr nach. Gelegentlich trottete sie unschlüssig einige Schritte hinter dem Wächter her, schien dann jedoch plötzlich von einer grauenhaften Vorahnung gepackt zu werden, stemmte die Vorderbeine in den Boden, senkte den Kopf und wehrte sich, verzweifelt meckernd und blökend, gegen das Zerren des Mannes. Der Wächter riss energisch am Seil und schlug der Ziege mit einem Büschel belaubter Zweige, das er in der anderen Hand hielt, gegen die Hinterbeine, bis sie schließlich, weggetreten vor Angst, ein paar Schritte weitertaumelte und -trottete. Für die Ziege bestand kein sichtbarer Anlass, sich derartig zu fürchten, und soweit wir das beurteilen konnten, auch kein hörbarer; aber wer weiß schon, was die Ziege von jenem Ort her, auf den wir zusteuerten, riechen konnte.

Eine runde Betonfläche, die sich mitten auf einer Lichtung befand. Der Kreis hatte einen Durchmesser von zirka sechs Metern und war mit zwei parallel verlaufenden Streifen bemalt, die in der Mitte durch einen geraden schwarzen Strich verbunden waren. Dann begriffen wir. Es war ein „H“, nichts weiter. Der Kreis war ein Hubschrauberlandeplatz. Um sich anzusehen, was dieser Ziege bevorstand, reisten also Leute mit dem Hubschrauber an. Betäubt und benebelt trotteten wir weiter, bis wir schließlich eine breite, drei Meter tiefe Grube erreichten, in deren Nähe es einiges zu sehen gab. Links von uns war eine Art Tribüne. Mehrere Sitzbänke waren, von einem schrägen Dach gegen die Sonne oder andere Witterungseinflüsse geschützt, hintereinander aufgereiht. Am

vorderen Geländer der Tribüne waren die beiden Enden eines langen blauen Nylonseils befestigt, das hinunter in die Grube führte und über eine Flaschenzugrolle lief, die ihrerseits an den Ästen eines kleinen, krummen Baumes befestigt war. Am Seil hing ein kleiner Eisenhaken. Um den Baum herumgruppiert aalten sich sechs große, matschig graue Drachenechsen im trüben Licht dieses heißen, aber bedeckten Tages und im Verwesungsgestank des Todes.

Die größte von ihnen war ungefähr drei Meter lang.

Anfangs fiel es mir wirklich schwer, ihre Größe zu schätzen. Wir waren noch nicht nahe genug, das Licht war zu dunstig und zu grau, um sie mit dem Auge richtig erfassen zu können, und das Auge war schlicht und einfach nicht daran gewöhnt, etwas dermaßen Großes mit einer Echsenform in Verbindung zu bringen.

Ich starrte sie eine Zeit lang entgeistert an, bis ich merkte, dass Mark mir auf den Arm klopfte. Ich sah mich um. Ein großer Drache näherte sich uns von der anderen Zaunseite her.

Er war aus dem Unterholz aufgetaucht, wohl wissend, dass die Ankunft von Menschen mit der Fütterungszeit gleichzusetzen war. Später erfuhren wir, dass die in Grubennähe herumhängende Drachengruppe sich kaum mehr von dort entfernte und eigentlich nur noch darauf beschränkte, herumzuliegen und auf die Fütterung zu warten.

Der Waran tappte auf uns zu, klatschte seine Füße aggressiv auf den Boden, zuerst den linken Vorder- und rechten Hinterfuß, dann das andere Beinpaar, und bewegte sich trotz seines Gewichtes leicht und federnd mit der schwingenden, entschlossenen Gangart eines Schlägers. Er ließ seine lange, dünne, bleiche, gespaltene Zunge vor- und zurückschnellen und versuchte, den Geruch toter Dinge aus der Luft zu schmecken. Er erreichte die gegenüberliegende Zaunseite, begann dort unwirsch auf und ab zu wandern und schwang und schürfte seinen schweren Schwanz erwartungsvoll über den staubigen Boden. Die grobe, schuppige Haut hing ihm locker wie ein Kettenhemd vom Körper und bildete unmittelbar hinter seinem länglichen Totenschädel von einem Gesicht eine Reihe kuhartiger Hautfalten. Die Beine des Warans waren stämmig und muskulös und endeten in Klauen, die man normalerweise am Ende von Messingtischbeinen vorzufinden erwartet.

Das Ding ist nur ein Waran und doch bis zu einem geradezu unwirklichen Grad massiv. Wenn er den Kopf über den Zaun hebt und beim Abdrehen mitschwenkt, fragt man sich unwillkürlich, wie es funktioniert und was für ein Trick dahintersteckt.

In diesem Augenblick kam die Touristengruppe fröhlich, unbeeindruckt und neugierig auf das, was anstand, über den Pfad in unsere Richtung gezottelt. Guck mal, da ist einer von diesen Drachen. Ooh, das ist aber ’n Großer. Sieht ja übel aus, der Bursche! Das Schlimmste sollte aber noch kommen.

Das Auge war schlicht und einfach nicht daran gewöhnt, etwas dermaßen Großes mit einer Echsenform in Verbindung zu bringen

Die Ziege wurde in taktvoller Entfernung hinter der Tribüne geschlachtet. Unmittelbar danach schnitten die Parkwächter ein Hinterbein für den Drachen hinter dem Zaun ab, nahmen den Rest des Ziegenkadavers und befestigten ihn mit dem Haken an dem blauen Nylonseil. Er schaukelte und schwankte im Wind hin und her, als sie ihn zu den in der Grube liegenden Drachen hinunterkurbelten.

Eine Weile zeigten sich die Drachen allenfalls mäßig interessiert. Es waren wohlgenährte und schläfrige Drachen. Schließlich raffte sich einer auf, näherte sich dem hängenden Kadaver und schlitzte sanft dessen weichen Bauch auf. Ein Riesenschlamassel aus Gedärm glitschte aus der Ziege und ergoss sich über den Kopf des Warans. Dort blieb es eine Zeit lang dampfend liegen. Der Waran schien, jedenfalls für den Augenblick, nicht weiter daran interessiert.

Dann wuchtete sich einer der anderen Drachen in Bewegung und kam näher. Er beschnüffelte und bezüngelte die Luft und begann daraufhin, dem ersten Drachen die Innereien der toten Ziege vom Kopf zu fressen, bis dieser ihn anschnauzte und einen Teil der Mahlzeit für sich beanspruchte. Tatsächlich dauerte es fast eine Stunde, bis die Ziege restlos verschwunden war, und zu diesem Zeitpunkte hatte die Touristengruppe bereits schnatternd den Rückweg zum Dorf angetreten.

Nachdem sie alle verschwunden waren, sagte uns der Wächter, wir könnten, falls wir wollten, in die Grube hinunterklettern und uns die Drachen aus der Nähe ansehen, was wir dann auch unter heftigen Schwindelgefühlen taten. Zwei Wächter begleiteten uns, bewaffnet mit langen Stöcken, die sich am Ende gabelten. Damit drückten sie die Drachen am Nacken weg, wenn sie uns zu nahe kamen und anfingen, aggressiv zu wirken.

Viel zu verängstigt, um wirklich zu begreifen, was wir eigentlich taten, kraxelten und rutschten wir durch eine Rinne nach unten, und binnen weniger Minuten fand ich mich vor dem größten Drachen wieder. Da er schon reichlich gefressen hatte, betrachtete er mich ohne besonderes Interesse. Ein Streifen tropfendes Gedärm hing ihm aus dem offenen Maul, und sein Gesicht glänzte von Blut und Speichel. Das Innere seines Maules war blass hellrosa gefärbt, und sein stinkender Atem sorgte zusammen mit dem der heißen, fauligen Grubenluft für einen dermaßen überwältigenden Gestank, dass unsere Augen brannten und tränten und wir vor Ekel halb bewusstlos wurden.

Wir entschuldigten uns und verschwanden.

Das erste der restlichen drei Hühner hatte seinen Auftritt beim Mittagessen, aber uns war nicht nach Huhn. Lustlos schubsten wir die knochigen Teile über unsere Teller und fanden kaum Gesprächsstoff.

Am Nachmittag fuhren wir mit dem Boot zur Hauptsiedlung auf Komodo und trafen uns dort mit einer Frau, die als einzige Überlebende eines Drachenangriffs galt. Sie war bei der Feldarbeit von einer riesigen Echse angefallen worden, und bis die Nachbarn und deren Hunde auf ihre Schreie hin herbeigeeilt waren und die Bestie in die Flucht geschlagen hatten, war eines ihrer Beine vollkommen zerfetzt gewesen. Langwierige Operationen auf Bali bewahrten sie vor einer Amputation, und wie durch ein Wunder schüttelte sie die Infektion ab und überlebte, wenn auch ihr Bein verstümmelt blieb. Man erzählte uns, auf Rinca, der Nachbarinsel, sei ein vierjähriger Junge von einem Drachen geschnappt worden, als er auf der Treppe vor seinem Elternhaus gelegen und

gespielt hatte. Die Lebenden bauen ihre Häuser auf Pfählen, aber auf diesen Inseln sind nicht einmal die Toten sicher, und über ihren Gräbern werden scharfkantige Felsbrocken aufgetürmt.

Ich ging und setzte mich neben einem Mangrovenbaum an den Strand und betrachtete die sich kräuselnde See. Ein paar Fische hüpften über den Strand und auf einen Baum, und obwohl ich es eher komisch finde, wenn Fische solche Dinge tun, gab ich mir Mühe, sie nicht dafür zu verdammen. Ich hatte ein ziemlich flaues Gefühl, was meine eigene Art anging, und verspürte keine Neigung, wegen anderen spöttisch die Augenbrauen hochzuziehen. Wenn es ihnen Spaß machte, sollten diese Fische in den Bäumen spielen, so viel sie wollten; solange sie nicht versuchten, sich zu rechtfertigen oder einander weiszumachen, ein heimtückischer Gott sorge dafür, dass sie gern in den Bäumen spielten.

Was meine eigene Art anging, hatte ich ein ziemlich flaues Gefühl, weil wir uns anmaßen, eine Entscheidung zwischen dem, was wir als gut, und dem, was wir als böse bezeichnen, zu treffen. Die Verkörperung dessen, was wir als böse bezeichnen, entdecken wir in Dingen, die nicht in uns sind, sondern in Lebewesen, die von all diesen Fragen nichts wissen, weshalb wir uns von ihnen abgestoßen und uns im Gegensatz zu ihnen gut fühlen können. Und falls ihnen nicht aus eigener Kraft gelingt, uns ausreichend anzuwidern, heizen wir sie mit einer Ziege an. Sie wollen die Ziege nicht, sie brauchen sie nicht. Falls sie eine wollten, würden sie sie ohne fremde Hilfe finden. Das einzig wirklich Abstoßende, was mit der Ziege geschieht, verursachen in Wirklichkeit wir.

Die Fische hoppelten noch immer unschuldig den Baumstamm rauf und runter. Sie waren ungefähr acht Zentimeter lang und braun-schwarz, mit kleinen Bommelaugen, die dicht nebeneinander auf ihren Köpfen klebten. Sie hoppelten vorbei und benutzten ihre Flossen als Krücken.

„Schlammspringer“, sagte Mark, der in diesem Moment vorbeikam. Er ging in die Hocke, um sie sich anzusehen.

„Was machen sie auf dem Baum?“ fragte ich.

„Man könnte sagen, dass sie am Experimentieren sind“, sagte Mark. „Sollte sich herausstellen, dass sie an Land besser zurechtkommen als im Wasser, entwickeln sie sich im Laufe der Zeit möglicherweise zu Landbewohnern. Im Augenblick nehmen sie eine bestimmte Sauerstoffmenge durch die Haut auf, aber von Zeit zu Zeit müssen sie zurück ins

Meer, um sich einen Mund voll Wasser zu holen und es durch die Kiemen zu schleusen. Aber das kann sich ändern. Hat es ja schon gegeben."

„Was meinst du?"

„Na, es ist mehr als wahrscheinlich, dass das Leben auf diesem Planeten im Wasser begonnen hat und dass die Meereslebewesen auf der Suche nach neuen Lebensräumen aufs Festland gezogen sind. Vor mehr als 350 Millionen Jahren gab es mal einen Fisch, der große Ähnlichkeit mit dem Schlammspringer hatte. Er kam an Land, indem er seine Flossen als Krücken benutzte. Durchaus möglich, dass das der Urahn aller an Land lebenden Wirbeltiere war."

„Ehrlich? Wie hieß der?"

„Ich glaube nicht, dass er damals schon einen Namen hatte."

„Also ist dieser Fisch, was wir vor 350 Millionen Jahren waren?"

„Gut möglich."

„Also könnte in 350 Millionen Jahren einer seiner Nachkommen hier mit einer Kamera um den Hals am Strand sitzen und andere Fische aus dem Meer hoppeln sehen?"

„Keine Ahnung. Über so was sollen sich Science-Fiction-Autoren den Kopf zerbrechen. Als Zoologen können wir nur sagen, was unserer Meinung nach bisher passiert ist."

Ich fühlte mich plötzlich, tja, entsetzlich alt, als ein Schlammspringer mit seinem mir jetzt so wunderbar hoffnungslos, grenzenlos und naiv erscheinenden Optimismus an mir vorbeihoppelte. Er hatte einen noch so schrecklich, schrecklich, schrecklich weiten Weg vor sich. Ich hoffte, dass sein Nachfahre, falls er in 350 Millionen Jahren mit einer Kamera um den Hals an diesem Strand säße, das Gefühl hätte, die Reise habe sich gelohnt. Ich hoffte, dass er ein besseres Verständnis seiner selbst und seiner Umwelt haben würde als wir. Ich hoffte, dass ihm etwas Besseres einfallen möge, als andere Lebewesen in Horror-Zirkusnummern zu verwandeln, um ihr Überleben zu sichern. Ich hoffte, dass er, falls jemand nur der schaurigen Show zuliebe versuchte, den entfernten Nachkommen einer Ziege an den entfernten Nachkommen eines Drachens zu verfüttern, dies für falsch halten würde. ■

Der berühmte Springfrosch von Calaveras

Kein anderer Frosch sprang so weit wie Daniel Webster. Darauf konnte man wetten. Eines Tages versagte er jedoch.

Mark Twain

Der Bitte eines Freundes entsprechend, der mir aus dem Osten geschrieben hatte, suchte ich den gutmütigen, geschwätzigen alten Simon Wheeler auf und erkundigte mich, wie ich gebeten worden war, nach meines Freundes Freund *Leonidas* W. Smiley und legte im Folgenden das Ergebnis dar. Ich hege den leisen Verdacht, dass *Leonidas* W. Smiley eine Erfindung ist, dass mein Freund einen solchen nie gekannt hat und nur vermutete, dass, wenn ich den alten Wheeler nach ihm frage, ihm nur sein berüchtigter Jim Smiley einfallen würde und er sich dann ins Zeug legen und mich zu Tode langweilen würde mit irgendeiner zermürbenden Erzählung über ihn, die ebenso weitschweifig und ermüdend wie nutzlos für mich wäre. Wenn das die Absicht war, so hat er sie erreicht.

In der alten baufälligen Kneipe der ehemaligen Goldgräbersiedlung Angel's Camp fand ich Simon Wheeler am Ofen des Schankraums in behaglichem

Halbschlummer, und ich bemerkte, dass er dick und kahlköpfig war und auf dem ruhigen Gesicht den Ausdruck gewinnender Güte und Einfalt trug. Er wachte auf und sagte mir guten Tag. Ich erzählte ihm, einer meiner Freunde habe mich beauftragt, Ermittlungen über einen Jugendgefährten namens *Leonidas* W. Smiley – *Ehrwürden* Leonidas W. Smiley, einen jungen Geistlichen, anzustellen, der, wie er gehört hatte, einmal in Angel's Camp wohnhaft gewesen war. Ich fügte hinzu, dass ich Mr. Wheeler zu großem Dank verpflichtet wäre, wenn er mir etwas über diesen Ehrwürden Leonidas W. Smiley sagen könnte.

Was immer dem anderen recht war, war ihm recht – wenn er nur zu einer Wette kam, ganz gleich wie, war er zufrieden

Simon Wheeler drückte mich rückwärts in eine Ecke und blockierte mich dort mit seinem Stuhl, setzte sich dann hin und haspelte den monotonen Bericht herunter, der diesem Abschnitt folgt. Dabei lächelte er nie, runzelte nie die Stirn, seine Stimme änderte nie den ruhig dahinfließenden Tonfall, in dem er den ersten Satz angestimmt hatte, er verriet nie den geringsten Anflug von Begeisterung; aber den ganzen nicht enden wollenden Bericht hindurch spürte man Aufrichtigkeit und einen ergreifenden Ernst, was mir deutlich machte, dass er, weit von der Vorstellung entfernt, irgendetwas an seiner Geschichte könnte lächerlich oder komisch sein, sie für wirklich wichtig hielt und seine beiden Helden als Männer von wahrhaft überragender und genialer Raffinesse bewunderte. Für mich war das Schauspiel, wie ein Mann gelassen solch ein fragwürdiges Garn abspann, ohne jemals zu lächeln, ausgesprochen absurd. Wie ich schon sagte, bat ich ihn, mir zu erzählen, was er von Leonidas W. Smiley wisse, und er antwortete mir wie folgt. Ich ließ ihn auf seine Art erzählen und unterbrach ihn nicht ein einziges Mal.

Wir hatten hier mal einen Burschen namens *Jim* Smiley im Winter neunundvierzig, oder vielleicht war's im Frühjahr fünfzig – ich kann mich irgendwie nicht genau erinnern, doch war's, glaub ich, neunundvierzig oder fünfzig, denn ich besinne mich darauf, dass der große Kanal noch nicht fertig war, als der Bursche zum ersten Mal im Camp auftauchte. Aber wie dem auch sei, das war der merkwürdigste Kerl in der Gegend, da er ständig auf irgendetwas, das ihm gerade über den Weg lief, eine Wette abschloss, wenn er jemand finden konnte, der dagegenhielt; und wenn er keinen fand, wechselte er die Seite. Was immer dem anderen recht war, war ihm recht – wenn er nur zu einer Wette kam, ganz gleich wie, war er zufrieden. Aber trotzdem hatte er Glück, ungewöhnlich viel Glück; fast immer blieb er der Gewinner. Ständig war er bereit und lauerte auf eine Gelegenheit; man konnte nicht eine einzige Sache in den Mund nehmen, ohne dass der Bursche anbot, darauf zu wetten und die Seite zu vertreten, die einem grad recht war, wie ich Ihnen eben gesagt hab. Wenn ein Pferderennen stattfand, schwamm er am Ende in Geld, oder er war pleite; gab's einen Hundekampf, wettete er; gab's einen Katzenkampf, wettete er; gab's einen Hahnenkampf, wettete er; na, wenn da zwei Vögel auf einem Zaun saßen, wettete er, welcher zuerst auffliegen würde; oder wenn im Freien Gottesdienst gehalten wurde, war er regelmäßig dabei, um auf Pfarrer Walker zu setzen, den er für den besten Bußprediger im Umkreis hielt, und das war er auch – ein guter Mann. Sogar wenn er einen langstelzigen Käfer sah, der sich irgendwohin auf den Weg machte, schloss er eine Wette ab, wie lange der wohl bis dahin brauchen würde, wo er hin wollte, und wenn man auf die Wette einging, lief er dem Käfer nach bis Mexiko, nur um herauszubekommen, wohin er wollte und wie viel Zeit er für den Weg brauchte. Eine Menge von den Jungs hier haben diesen Smiley gekannt und können Ihnen von ihm erzählen. Wirklich, ihm hat das nichts ausgemacht – der hat auf alles gewettet, der verrückte Kerl. Einmal lag Pfarrer Walkers Frau längere Zeit schwer krank danieder, und es sah schon so aus, als wäre sie nicht mehr zu retten; aber eines Morgens kam der Pfarrer herein, und Smiley ging auf ihn zu und erkundigte sich nach ihrem Befinden, und der Mann sagte, es ging ihr wesentlich besser -- Dank dem Herrn für seine unendlich Gnade – und sie erhole sich so gut, dass sie mithilfe der Vorsehung noch einmal gesund würde; und Smiley sagte: „Na, jedenfalls wett ich zweieinhalb Dollar, dass sie nicht wieder auf die Beine kommt."

Dieser Smiley hatte einen Gaul – die Jungs nannten ihn den Viertelstundenklepper, aber das war nur ein Spaß, müssen Sie wissen, denn natürlich war er schneller – und er gewann fortwährend auf den Gaul, obwohl der so langsam war und ständig Asthma hatte oder die Staupe oder die Schwindsucht oder sonst was Ähnliches. Er bekam gewöhnlich zwei- oder dreihundert Yard Vorgabe und wurde dann überholt; aber immer gegen Ende des Rennens packte es ihn, und er wurde verwegen und kam angestrampelt, die Beine gespreizt und gelenkig in alle Richtungen geworfen, manchmal in die Luft und manchmal nach einer Seite zwischen die Zaunstaketen, und er wirbelte immer mehr Staub auf und machte immer mehr Spektakel mit seinem Husten und Niesen und Naseschnauben – und kam am Ziel immer gerade eine Nasenlänge voraus an, so knapp, dass man es kaum feststellen konnte.

Und er hatte eine kleine, kurzbeinige junge Bulldogge, wenn man die ansah, schien sie einem keinen Cent wert, höchstens dazu da, herumzusitzen und gemein auszusehen und auf der Lauer zu liegen, um was zu stehlen. Aber sobald man Geld auf sie setzte, wurde sie ein anderer Hund; der Unterkiefer schob sich vor das Vorderdeck von 'nem Dampfer, und die Zähne entblößten sich und flackerten wild auf wie die Kesselfeuer. Und ein Hund konnte ihn anfahren und ihm zusetzen, ihn beißen und zwei-, dreimal über die Schulter werfen, und Andrew Jackson – so hieß der junge Köter nämlich – tat immer nur so, als ließe er sich alles gefallen und habe nichts anderes erwartet, und die Einsätze auf den Gegner wurden dauernd verdoppelt und verdoppelt, bis alles Geld angelegt war; und nun plötzlich packte er den anderen Hund genau am Hintergelenk und biss sich fest – nicht tief, verstehen Sie, er schnappte nur zu und hängte sich dran, bis sie das Handtuch warfen, und wenn 's ein Jahr dauerte. Smiley hat mit dem Köter jede Wette gewonnen, bis er sich einmal einen Hund vorknöpfte, der keine Hinterbeine mehr hatte, weil er damit in die Kreissäge geraten war. Und als die Sache lange genug gedauert hatte und alles Geld gesetzt war und der Köter jetzt nach seinem Lieblingshalt schnappen wollte, da merkte er sofort, wie man ihn hereingelegt hatte, und er schien überrascht, und dann sah er irgendwie entmutigt aus und machte keinen Versuch mehr, den Kampf zu gewinnen, und so musste er übel zugerichtet das Feld verlassen. Er warf Smiley einen Blick zu, als wollte er sagen, sein Herz sei gebrochen und es sei Smileys Schuld, weil er ihm einen Hund vorgesetzt hatte, der keine Hinterbeine hatte, an denen man sich festhängen konnte, worauf er sich doch beim Kampf hauptsächlich verließ, und so hinkte er dann ein Stückchen zur Seite, legte sich nieder und starb.

Es war ein guter Köter, dieser Andrew Jackson, und er hätte sich einen Namen gemacht, wenn er am Leben geblieben wäre, denn er hatte das Zeug dazu, und er war begabt – ich weiß das, denn er hatte ja keine Gelegenheiten, die der Rede wert waren, und es ist durchaus nicht

selbstverständlich, dass ein Hund unter diesen Umständen einen solchen Kampf liefert, wenn er kein Talent hat. Es macht mich immer ganz traurig, wenn ich an seinen letzten Kampf denke und das Ende, das er nahm.

Also, dieser Smiley hatte Rattenterrier und Kampfhähne und Kater und alles mögliche, das man gar nicht aufzählen kann, und man konnte ihm auf nichts eine Wette anbieten, die er nicht annahm. Eines Tages fing er einen Frosch, nahm ihn mit nach Hause und sagte, er habe vor, ihn zu trainieren; und so tat er drei Monate nichts anderes, als sich in den Garten zu setzen und dem Frosch das Springen beizubringen. Und Sie können sich darauf verlassen, er brachte es ihm bei. Er gab ihm hinten einen kleinen Schubs, und im nächsten Augenblick sah man den Frosch wie ’nen Pfannkuchen durch die Luft wirbeln – einen Salto schlagen oder auch zwei, wenn er gut abgekommen war, und unversehrt plattfüßig wieder herunterkommen wie eine Katze. Er dressierte ihn ebenso zum Fliegenfangen und hielt ihn ständig in Übung, sodass er jede Fliege erwischte, so weit er sehen konnte. Smiley sagte, ein Frosch brauche nur die richtige Ausbildung, dann bringe er fast alles fertig – und das glaub ich ihm.

Na, ich hab erlebt, wie er Daniel Webster hier auf den Fußboden setzte – Daniel Webster, so hier der Frosch – und dann rief: „Fliegen, Daniel, Fliegen“, und bevor man richtig gucken konnte, sprang der senkrecht hoch, schnappte eine Fliege von der Theke dort, plumpste wieder auf den Boden wie ein solider Dreckklumpen und fing an, sich so gleichgültig mit dem Hinterbein am Kopf zu kratzen, als habe er keine Ahnung, dass er etwas gemacht hatte, was nicht jeder Frosch kann. Sie haben noch nie einen Frosch gesehen, der trotz seiner Begabung so bescheiden und schlicht war. Und wenn ’s zum offenen und ehrlichen Weitsprung kam, da brachte er mit einem Satz mehr Boden hinter sich als jedes andere Tier seiner Art. Weitsprung war seine Stärke, müssen Sie wissen; und wenn ’s dazukam, setzte Smiley so lang auf ihn, wie er noch einen roten Heller besaß. Smiley war ungeheuer stolz auf den Frosch, und er hatte Grund dazu, denn Leute, die weit herumgekommen und überall gewesen waren, sagten alle, er steche jeden Frosch aus, den sie jemals gesehen hätten.

Nun, Smiley hielt das Vieh in einer kleinen Kiste mit Gitter, und er nahm ’s manchmal mit in die Stadt und schloss eine Wette darauf ab. Eines Tages hatte er seine Kiste mit, und ein Kerl begegnete ihm – er war fremd im Camp – und sagte: „Was mögen Sie da wohl in der Kiste haben?“ Und Smiley antwortete, als wäre es ihm gleichgültig: „Vielleicht einen Papagei oder vielleicht einen Kanarienvogel, könnte sein, stimmt aber nicht – ’s ist nur’n Frosch.“

Und der Kerl nahm ihn, sah ihn sich genau an, drehte ihn so herum und anders und sagte dann: „Hm – stimmt. Na und wozu ist der gut?“ „Na“, sagte Smiley so leichthin und lässig, „der ist zu *einem* gut, sollte ich meinen – der springt weiter als jeder andere Frosch von Calaveras County.“

Noch einmal nahm der Kerl die Kiste und guckte sich den Frosch wieder lange und gründlich an, gab ihn Smiley zurück und sagte sehr bedächtig: „Also, ich finde nichts an dem Frosch, dass er besser wär als andere.“

„Vielleicht nicht“, sagte Smiley. „Vielleicht verstehn Sie was von Fröschen, vielleicht auch nicht; vielleicht haben Sie Erfahrung damit, vielleicht sind Sie aber sozusagen nur ein Laie. Jedenfalls hab ich meine Meinung, und ich wette vierzig Dollar, dass er weiter springt als jeder andere Frosch von Calaveras County.“

Und der Kerl überlegte eine Minute und sagte dann fast traurig: „Nun, ich bin hier nur ’n Fremder, und ich hab keinen Frosch; aber wenn ich einen hätte, würde ich die Wette annehmen.“

Und Smiley sagte: „Schon recht – schon recht – wenn Sie die Kiste eine Minute halten wollen, geh ich Ihnen einen Frosch holen.“ Und so nahm der Kerl die Kiste, legte seine vierzig Dollar neben Smileys und setzte sich hin, um zu warten.

Er kam nicht vom Fleck; er saß so fest am Boden wie ein Amboss, und er konnte sich nicht bewegen, als wäre er verankert

Eine ganze Weile saß er so da, überlegte und überlegte, und dann nahm er den Frosch heraus, sperrte ihm das Maul auf, nahm einen Teelöffel und füllte den Frosch mit Schrotkugeln – stopfte ihn fast bis zum Kinn voll – und setzte ihn auf die Erde.

Smiley ging unterdessen zu einem Sumpf, stapfte dort lange Zeit im Morast herum und fing schließlich einen Frosch; er brachte ihn, gab ihn diesem Kerl und sagte: „Also, wenn Sie soweit sind, setzen Sie ihn neben Daniel, die Vorderbeine auf einer Linie mit Daniels, und dann geb ich das Zeichen." Dann sagte er: „Eins – zwei – drei – los!" und er und der Kerl stupsten die Frösche von hinten, und der neue Frosch hüpfte los, aber Daniel hievte an und zog die Schultern hoch – so, wie ein Franzose –, aber es hatte keinen Zweck, er kam nicht vom Fleck; er saß so fest am Boden wie ein Amboss, und er konnte sich nicht bewegen, als wäre er verankert. Smiley war reichlich erstaunt und ärgerte sich auch mächtig, aber er hatte natürlich keine Ahnung, was los war.

Der Kerl nahm das Geld und schob ab, und als er zur Tür hinausging, wies er mit dem Daumen über die Schulter – so hier – auf Daniel und sagte wieder sehr bedächtig: „Also, ich finde nichts an dem Frosch, dass er besser wär als andere."

Smiley stand da und kratzte sich den Kopf, blickte lange zu Daniel hinunter und sagte schließlich: „Ich möcht wissen, warum in aller Welt der Frosch aufgesteckt hat – ich möcht wissen, ob nicht irgendwas mit ihm los ist – irgendwie sieht er, scheint's, mächtig geschwollen aus." Und er packte Daniel beim Genick, hob ihn hoch und sagte: „Na, nu brat mir einer 'nen Storch, wenn der nicht fünf Pfund wiegt!" und er stellte ihn auf den Kopf, und der Frosch spuckte zwei Hand voll Schrotkugeln aus. Da merkte er, was los war, und wurde fast verrückt. Er setzte den Frosch wieder hin und rannte hinter dem Kerl her, aber er holte ihn nicht ein. Und …"

Hier hörte Simon Wheeler aus dem Vorgarten seinen Namen rufen und stand auf, um nachzusehen, was man von ihm wolle. Als er wegging, wandte er sich zu mir um und sagte: „Bleiben Sie ruhig dort sitzen, wo Sie sind, Fremder, und machen Sie sich 's bequem – ich bin keine Minute weg."

Doch bitte, ich glaubte nicht, dass die Fortsetzung der Geschichte des unternehmungslustigen Strolches Jim Smiley Wesentliches über Ehrwürden Leonidas W. Smiley zutage fördern würde, und so machte ich mich auf die Socken.

An der Tür begegnete mir der redselige Wheeler, der zurückkam, und er hielt mich beim Knopf fest und begann von neuem: „Nun, dieser Smiley hatte eine gelbe, einäugige Kuh, die keinen Schwanz hatte, nur einen kurzen Stummel wie eine Banane, und …"

„Oh! Zum Teufel mit Smiley und seiner elenden Kuh!" murmelte ich gutmütig, verabschiedete mich von dem alten Herrn und ging. ■

Ein Hase im Haus

Ein kleines Tier sorgt dafür, dass der ruhige Alltag eines Ehepaars plötzlich total auf den Kopf gestellt wird.

Nicolas Poulain

Letzten Sommer erlebten wir in unserem Landhaus in Südfrankreich eine wahre Invasion von Feldmäusen. Ich stellte Fallen auf, doch die Eindringlinge ignorierten sie. Ich streute vergiftete Weizenkörner aus, die „garantiert tödlich für Nager aller Art" sein sollten – die Mäuse wurden noch fetter. Erbost entschloss ich mich zu brutaler Gewalt. Eines Abends stürmte ich mit einer Keule bewaffnet die Hochburg der Feinde im Stall. Ein Fellknäuel schnellte vor Entsetzen in die Luft und huschte in eine Ecke. Ich erhob den Knüppel.

„Halt! Halt!" schrie meine Frau Rose, „das ist ein Kaninchen!"

Es war wirklich ein neugeborenes Kaninchen, so winzig, dass es in meine hohle Hand gepasst hätte.

„Auf keinen Fall werden wir es hier lassen; es würde vor Hunger und Kälte umkommen", sagte Rose. Wenn meine Frau eine Entscheidung trifft, sagt sie immer „wir".

„Wir" nahmen also das Tierchen hoch, setzten es in eine alte Hutschachtel und stellten sie in unser Schlafzimmer. „Wir wollen es Pimpin (Fläumchen) nennen", bestimmte Rose.

Es war kein besonders origineller Name für ein Kaninchen, aber derlei Gedanken behielt ich lieber für mich. Wir gingen zu Bett und löschten das Licht. Ein paar Minuten hörten wir Pimpin noch in seiner Schachtel rumoren. Dann wurde es still.

Am nächsten Morgen rief Rose triumphierend: „Siehst du, wie gut Pimpin sich benimmt. Die ganze Nacht kein Piepser."

Das war nicht zu leugnen, aber es hatte einen guten Grund: Pimpin war weg.

Unser Haus hat zehn Zimmer. Ich schaute, auf allen vieren kriechend, unter sämtliche Möbel. Nach zwei Stunden fand ich Pimpin unter dem Klavier, einen schalkhaften Schimmer in den braunen Augen. Ich hätte schwören können, dass das kleine Fellknäuel mich auslachte.

Rose fiel mir um den Hals. Dann machte sie sich daran, den verlorenen Sohn zu füttern. Alle zwei Stunden flößte sie ihm mit einer Pipette Milch ein und gab ihm winzige Löffelchen voll zerdrückter Früchte. Ich verbrachte den ganzen Vormittag damit, einen stattlichen Drahtkäfig zu bauen. Pimpin hatte seinen Platz in unserem Leben eingenommen.

Bereits nach sechs Wochen kam er angerannt, wenn wir ihn beim Namen riefen, und streckte uns wie ein Kätzchen den Kopf mit den Barthaaren zum Streicheln hin. Aber er konnte auch wild und launisch sein. Beim geringsten Geräusch zitterte er, und wenn er schlecht gelaunt war, kämpfte er mit Klauen und Zähnen, um sich aus unseren Händen zu befreien.

Pimpin gedieh prächtig. Er bekam eine farbenfrohes Fell, rötlich auf dem Rücken, strahlend weiß am Bauch. Kopf, Ohren und Hinterläufe wuchsen und wuchsen! Sie wurden so merkwürdig lang, dass meine Frau und ich uns eines Tages, als wir gerade in seinen Anblick versunken waren, verwirrt ansahen.

„Du denkst wahrscheinlich das Gleiche wie ich", sagte sie.

„Und das wäre?"

„Pimpin ist gar kein Kaninchen."

Wir fragten einen älteren Bauern, der unseren Verdacht bestätigte. Kaninchen haben rundere Nasen, kleinere Ohren und ihre Hinterläufe sind weniger muskulös. Unser Gast war ein Hase – genauer gesagt ein Rammler.

Der Mann versetzte uns einen weiteren Schock, als er uns erklärte, es sei noch keinem gelungen, einen Hasen zu zähmen. „Er wird eher mit dem Kopf gegen die Wand rennen, bis er eingeht, als in Gefangenschaft zu leben", prophezeite er.

Wir waren tief betroffen. „Setzen wir ihn doch im Nationalpark aus", schlug ich Rose schließlich vor. „Jagen ist dort verboten."

Wir hatten beide einen Kloß im Hals, als wir unseren kleinen Hasen nach einem letzten Streicheln im Pyrenäen-Nationalpark freiließen. Er sauste blitzschnell davon. Trunken von Freiheitslust. „Siehst du“, sagte ich und lächelte gezwungen, „er ist viel glücklicher so.“

Nie zuvor hatten wir einen Laut von ihm gehört, jetzt fing er an zu wimmern und gab Töne von sich wie eine alte Autohupe

Aber kaum hatte ich ausgeredet, da machte Pimpin kehrt. Zielbewusst hopste er ins Auto und sprang auf den Sitz. Uns schien es wie ein Zeichen, dass er sich hier zu Hause fühlte.

Als unsere Ferien zu Ende gingen, verstauten wir Pimpin in seinem Käfig zusammen mit dem Gepäck im Wagen und fuhren nach Paris zurück. Bei der Ankunft entdecken wir, dass er das Drahtgeflecht durchgenagt und sich friedlich neben dem Käfig niedergelassen hatte.

Den Winter über beschränkte sich Pimpins Auslauf auf unsere Wohnung. Zwar war er ans Haus gewöhnt, doch knabberte er gelegentlich an Pflanzenblättern oder wetzte seine Krallen am Teppich. Aber wir mochten ihn so gern, dass wir ihm nicht böse sein konnten.

Unsere Freunde ließen sich jetzt viel öfter bei uns sehen. Pimpin war die Attraktion, und er wusste das. Wenn wir Gäste hatten, setzte er sich mächtig in Szene und stolzierte einher, sprang in die Höhe und machte einen Salto wie ein Zirkusartist am Trapez.

Als das Frühjahr kam, veränderte Pimpin sich zusehends. Er saß tagelang verdrossen in einer Ecke, oder er schlug um sich wie ein Besessener, stieß seine Wasserschüssel um und trampelte wütend auf seinem Futter herum. Nie zuvor hatten wir einen Laut von ihm gehört, jetzt fing er an zu wimmern und gab Töne von sich wie eine alte Autohupe.

Eines Abends entwischte er in die Dämmerung. Wir riefen nach ihm, wir suchten die nähere und weitere Umgebung ab, machten Nachbarn mobil, durchstreiften noch bei Dunkelheit die Straßen. Wir schauten in jeden Rinnstein, immer in Angst, ein schlaffes Ohr, einen blutigen Fellklumpen zu entdecken. Weder Rose noch ich konnten in dieser Nacht schlafen. Am nächsten Morgen klopfte es an die Haustür. Pimpin war wieder da; der Besitzer einer nahen Zoohandlung, der ihn im

Gärtchen hinter seinem Laden entdeckt hatte, brachte ihn in einem Käfig zurück.

Wir gingen mit ihm zum Tierarzt. Der belehrte uns, Pimpins Geschlechtstrieb sei erwacht. Es gab nur eine logische Folgerung – unseren Freund der freien Natur zurückzugeben. Aber diese Aussicht erschien uns allzu bedrückend.

Natürlich fand Rose die Lösung. „*Wir* werden Pimpin verheiraten", verkündete sie.

Ein Freund von uns hat in der Umgebung von Paris ein Wildgehege. Er versprach uns, eine „Verlobte" für unseren schwer geplagten Hasen zu suchen. Allerdings, füge er hinzu, werde mich das kleine Paarungsspiel 400 Franc kosten. Doch solche Details kümmerten mich schon nicht mehr.

Der Züchter erschien pünktlich mit der zukünftigen Madame Pimpin, und alsbald ereignete sich das Unvermeidliche. Wir mussten uns entscheiden.

„Eins ist klar", sagte Rose, „wir können nicht zwei Hasen in der Wohnung halten. Von dem Nachwuchs ganz zu schweigen. Da stimmst du mir doch zu?"

Ich pflichtete ihr bei. Und wie!

„Dann", fuhr sie fort, „gibt es nur eine Möglichkeit. Du gibst deinen Posten im Büro auf und übernimmst das Weingut deines Vaters. Er bittet dich doch jetzt schon seit Jahren darum."

Auf einmal erschien mir dieser Vorschlag überaus verlockend. Wir hatten ja seit langem den Wunsch, in unser Haus aufs Land zu ziehen.

Und Pimpin sicher auch. ■

DIE SEELE DES WEISSEN BÄREN

Riesenpandas haben sich auf Bambus als Kost festgelegt und verbringen zwei Drittel ihrer Zeit mit Fressen. Ein verringerter Bambusbestand ist für sie aber lebensbedrohend. Experten versuchen daher, den Lebensraum der letzten wilden Riesenpandas zu retten.

George B. Schaller

Unsere Finger waren oft vor Kälte so klamm, dass sie kaum den Bleistift halten konnten. Dennoch stiegen wir immer wieder von unserem Zeltcamp in Wuyipeng die weglosen Bergflanken hinauf. Durch Birken- und Tannenwälder, durch Rhododendrondickichte und Bambuszonen. Schneelasten bogen die Rohre des mächtigen Grases nieder. An manchen Stellen wuchsen die Stangen so dicht, dass wir auf allen vieren kriechen mussten. Gelegentlich fanden wir frische Spuren: Fährten, die in 3000 Meter Höhe auf einem Bergsporn entlangführten, Futterplätze, wo zerkaute Bambusstängel, beiseite geworfene Äste und spindelförmige Losung herumlagen. Wir sammelten solche bescheidenen Fakten und zeichneten unsere Bobachtungen auf.

Dann, eines Tages noch vor Morgengrauen, entdeckte ich nur 30 Meter vom Camp entfernt eine frische Spur im Schnee. Ein Panda war neben meinem Zelt vorübergestrichen. Sofort brach ich auf. Den ganzen Tag lang verfolgte ich die Fährte. Eine zweite kam dazu. Endlich, am späten Nachmittag, sah ich, was mich alle Anstrengung vergessen ließ: Auf einer Fichte, die einzeln aus dem Bambusdickicht emporragte, saß in 15 Meter Höhe ein kleiner Panda – und ein mächtiger, 100 Kilogramm schwerer Artgenosse hockte einige Meter tiefer auf demselben Baum. Vermutlich ein männliches Tier. Der Große hatte es irgendwie auf den Kleinen abgesehen. Zwei langgezogene Klagerufe des Jungbären hallten durch die stille Bergwelt. Bald nachdem ich dazugekommen war, glitt der schwere Bursche am Stamm hinab. Die Rinde fetzte nur so. Er verschwand. Ich blieb und starrte hinauf, bis Nebel und Dunkelheit den Kleinen ausblendeten.

Als ich Ende 1980 nach Wolong kam, war ich der erste westliche Forscher, den die Chinesen eingeladen hatten, mit ihren Wissenschaftlern das Leben des Riesenpandas zu studieren. Eine neue Ära sollte beginnen, in der es nicht mehr darum ging, Riesenpandas zu erbeuten, sondern sie der Welt zu erhalten. Ich freute mich, dabei an Ort und Stelle mithelfen zu dürfen.

1869 hatte die wissenschaftliche Welt überhaupt zum ersten Mal von der Existenz dieser Tiere erfahren. Seitdem trugen westliche China-Reisende wenig zur Erhaltung des Bambusbären bei. Vielmehr jagten sie ihn für Museen, als Trophäe und um ihn in Zoos auszustellen. Erst als China die Regionen um 1945 vor dem Ausland verschloss, war damit Schluss.

Fossile Funde belegen, dass Pandas früher im größten Teil Ostchinas verbreitet waren. Wie aus historischen Quellen zu erfahren ist, galten sie als selten und kostbar – was die Chinesen aber weder daran hinderte, Pandas zu jagen, noch ihren Lebensraum in Äcker zu verwandeln. Heutzutage siedeln kleine verstreute Populationen der schwarz-weißen Bärenkatze – wie der Riesenpanda in China heißt – nur noch in einem 29 500 Quadratkilometer großen Gebiet am östlichen Rand des tibetischen Hochlands.

Etwa die Hälfte lebt in Reservaten, wovon Wolong mit 2000 Quadratkilometern das größte ist. Hier wurde Mitte der Achtzigerjahre eine Panda-Population von gut 80 Tieren gezählt. Experten schätzen, dass es früher etwa 140 gewesen sein müssen. Unsere Aufgabe war herauszufinden, was diese bedrohliche Entwicklung bewirkt haben mochte.

Die meisten Tierkenner wissen inzwischen, dass Pandas hauptsächlich Bambus fressen. Damit leben sie ziemlich bequem. Die Pflanze ist leicht zu finden, und es ist genug davon da. Ihr Nährstoffgehalt ist während des ganzen Jahres etwa gleich, denn sie behält ihre grünen Blätter auch im Winter. Außerdem hat der Allesfresser Bambusbär sich auf zweierlei Weise an seine grüne Weide angepasst: Ungewöhnlich breite, flache Backenzähne zermahlen die zähen Pflanzenschäfte. Und weil ihnen ein zusätzlicher „Daumen", ein verlängerter Knochen, sozusagen aus dem Handgelenk gewachsen ist, können Pandas Bambusstängel in der Tatze halten und beim Fressen einfach abbeißen.

Trotzdem hat diese ideal anmutende Abstimmung des Pandas auf seine Nahrungsgrundlage auch ihre Schattenseiten. Eine davon hat der Mensch verursacht. Zwischen 3400 Meter Höhe, oberhalb der kein Bambus mehr wachsen kann, und 1200 Meter, bis wo die Bauern inzwischen ihre Felder bearbeiten, bleibt den Pandas nur ein relativ schmaler Vegetationsstreifen zum Äsen.

Ein anderer, vermutlich von jeher existierender Nachteil ist der merkwürdige Vermehrungszyklus des Bambus. Jedes Jahr treibt das Gras neue Schößlinge. Aber alle 40 bis 120 Jahre, genau weiß bis heute kein Botaniker darüber Bescheid, beginnen die verschiedenen Bambusarten zu blühen. Samen reifen heran, und die Mutterpflanze stirbt. Oft ist die Blüte synchronisiert: Alle Pflanzen einer Art vergehen gleichzeitig. Aus den Samen wachsen neue Pflanzen heran. Bis sie groß genug sind, um Pandas satt zu machen, vergehen allerdings fünf Jahre und mehr. Wenn der gesamte Bambus einer Gegend abstirbt, gehen viele Bambusbären ebenfalls zugrunde.

Zu einer solchen Katastrophe kam es Mitte der siebziger Jahre, als im Min-Gebirge mindestens drei Bambusarten nach der Blüte eingingen: 138 Pandas wurden verhungert aufgefunden. Aber viel mehr müssen umgekommen sein.

Etwa die Hälfte lebt in Reservaten, wovon Wolong mit 2000 Quadratkilometern das größte ist

Wann würde hier im Qionglai-Gebirge die verhängnisvolle Blüte einsetzen? Uns allen war bewusst, wie dringlich unsere Anstrengungen waren, als wir Ende 1980 unsere gemeinsame Forschungsarbeit hier aufnahmen.

Vier Jahre lang arbeitete ich an dem Projekt: Unser Ziel war ein Management-Programm, das die noch lebenden Bambusbären schützen und ihren Lebensraum erhalten sollte. Die wissenschaftliche Arbeit legten wir entsprechend breit an. Zunächst aber konzentrierten wir uns auf die Lebensweise einzelner Pandas. Wir gaben ihnen Namen, diskutierten über ihre Probleme, feierten ihre Erfolge. Wenn ich heute zurückdenke, erinnere ich mich an Individuen, nicht an eine Tierart.

Der erste Panda, dem wir einen Kragen mit Minisender verpassten, war ein junges männliches Tier, das wir Long-Long nannten, was „ruhender Drache" heißt. Sein Sender sollte uns auf dem Laufenden halten über das, was Long-Long den ganzen Tag anstellte, wo er sich herumtrieb oder ob er ruhte.

Als der Panda in unserer Falle saß, näherten wir uns behutsam, um ihm ein Beruhigungsmittel zu spritzen. Dabei hätte ich selbst eines gebrauchen können: Es ist nie vorherzusehen, wie diese Medikamente wirken. Hinzu kam das Bewusstsein, dass wir es nicht mit irgendeinem beliebigen Tier zu tun hatten, sondern mit dem geliebten Symbol des Artenschutzes.

Long-Long war kooperativ: Er saß ruhig da und ließ alles über sich ergehen. Wir wogen und vermaßen ihn und wachten besorgt über ihn, während er allmählich wieder zu sich kam. Als wir ihn freiließen, eilte er schnurstracks einen Bergrücken hinauf und über den Grat ins Nachbartal, sein Lieblingsrevier, wie der Sender uns im Laufe der Zeit verriet. Ein Jahr später, als er dreieinhalb war, fingen wir ihn noch einmal.

Wir ersetzten Long-Longs Sender und registrierten auf der Waage, dass er kräftig zugelegt hatte: Aus dem 55 Kilo schweren Jugendlichen war ein fülliger Teenager von 70 Kilo geworden. Auch sonst verriet er uns allerhand Details: Sein Wohngebiet war nur 5,7 Quadratkilometer groß – obgleich doch praktisch überall Bambus wuchs. Die Gebiete der anderen Wolong-Pandas waren nicht größer. Im nördlicheren Tangjiahe-Reservat wandern die Bambusbären viel weiter herum. Wohngebiete der dortigen Männchen können mehr als 20 Quadratkilometer umfassen. Long-Long teilte seinen Grundbesitz mit anderen Pandas. Männchen beanspruchen keine Exklusivität, während Weibchen am liebsten etwa ein Viertel Quadratkilometer Land für sich allein haben und keine anderen Weibchen dulden. Wie alle Pandas lebte Long-Long in dem gemeinschaftlichen Wohngebiet einzelgängerisch, wenn man ihn auch oft in der Nähe des gleichaltrigen Weibchens Ning-Ning sah. Er verbrachte seine Tage wie die meisten Artgenossen: 14 Stunden lang beschäftigte ihn sein Futter. Er fraß zu jeder Tages- und Nachtzeit, am häufigsten aber gegen Morgengrauen und am späten Nachmittag. Zwischen den Mahlzeiten legte er gern ein Nickerchen ein – damit verging die übrige Zeit.

Solche vergleichsweise banalen Fakten zusammenzutragen war mühsame Plackerei. Im Sommer stapften wir auf der Suche nach Pandas unter stehenden Regenwolken, die Berge waren verhangen, die Trails aufgeweicht, der Bambus triefte. Im Winter, wenn wir die Frequenzen unserer Panda-Sender abhörten, lagen wir bei minus 15 Grad Celsius in einem kleinen Zelt und lauschten in der schneegedämpften Stille des von Nebel durchwobenen Waldes auf die Pieptöne der Panda-Radios.

Dem mittelalten Wei-Wei blieb ich einmal fünfeinhalb Tage ununterbrochen auf den Fersen. Seine Fährte im froststarren Bambus war einen Tag alt und enthüllte mir Alltagsgewohnheiten, die kein Peilton verrät. Ich sah und roch, dass Wei-Wei ab und zu einen Nadelbaum markierte, indem er die Drüsen um seinen After an der Rinde entlangstrich und eine kräftige Duftnote hinterließ. Um ganz sicher zu gehen, spritzte er noch etwas Urin dazu. Ein Netz von duftenden Wegweisern kennzeichnet die Wohngebiete einzelner Pandas – ohne dass sie ihre

Ansprüche persönlich austragen müssen. Zum Glück hatte Wei-Wei es nicht eilig: Er legte allenfalls 1300 Meter am Tag zurück. Umso mehr Zeit hatte er zum Fressen: 14 Kilo Pfeilbambus waren seine Tagesration.

Im Frühling, als der Schirmbambus in den tieferen Zonen des Gebirges dicke, saftige Sprosse trieb, bequemte sich Wei-Wei regelmäßig hinunter, um maßlos zu schlemmen: Meine Notizen verzeichnen 650 Schößlinge täglich – immerhin 40 Kilo Rohkost.

Zuweilen ergänzen Pandas ihr Einheitsfutter durch anderes Grünzeug wie Schachtelhalm und Pastinak. Und bereitwillig, wenn sie welches finden oder fangen, auch durch Fleisch. Denn Pandas sind Allesfresser. Mit ihrem kurzen, unspezialisierten Verdauungstrakt setzen sie nährstoffreiche Nahrung wie Fleisch ausgezeichnet um, den nährstoffarmen Bambus hingegen schlecht. Im Gegensatz zu typischen Pflanzenfressern wie Rind oder Pferd können Bambusbären pflanzliche Zellulose nicht aufschließen. Und Bambus besteht zu erheblichen Teilen aus Zellulose. Die einseitigen Fresser nehmen entsprechend wenig Proteine, Kohlenhydrate und andere Nährstoffe auf. Den Mangel gleichen sie zum Teil dadurch aus, dass sie lieber die nährstoffreicheren Blätter statt der Stängel verputzen und enorme Grünzeugmengen in nur fünf bis acht Stunden umsetzen. Sechs Kilo Losung auf dem Rastplatz eines Pandas sind keine Mär.

Bambusbären leben von der Hand in den Mund: Die Kalorienmenge, die sie einführen, ist nur wenig höher als die, die sie verbrau-

chen. Bei derart knappen Reserven können sie nur überwintern, indem sie dauernd wach bleiben und konsumieren, statt wie andere Bären Fett anzusetzen und die kälteste Zeit zu verschlafen.

Weil wir wussten, wie umtriebig unsere Studienobjekte sind, waren wir irritiert, als Han-Hans Peiltöne anzuzeigen schienen, dass sie den ganzen Tag auf der Bärenhaut lag. Das ungewöhnlich hübsche Weibchen musste, so mutmaßten wir, ihren Radiokragen abgelegt haben. Als wir nach ihr suchten, fanden wir den Kragen unter einem Felsbrocken versteckt. Nicht weit davon lagen ihre Eingeweide. Aber der Kadaver war verschwunden. Han-Han war einem Wilderer zum Opfer gefallen. Binnen kurzem war der Übeltäter entlarvt: Leng Zhizhong, ein Bauer aus der Umgebung. Das Hohe Gericht des Volkes von Sichuan trat in Wolong zum Verhör zusammen. Der Richter fragte Leng: „Wie hast du den Panda gefangen?" – „Mit einer Drahtschlinge." – „Wie viele Schlingen hast du ausgelegt?" – „Etwa 60 bis 70." „Was wolltest du fangen?" – „Moschustiere."

„Was hast du mit dem Fleisch des Pandas gemacht?" – „Ich nahm es mit heim, und meine Frau kochte es mit Rüben. Aber es schmeckte uns nicht. Darum haben wir die Schweine damit gefüttert. Die Reste habe ich meiner Schwester gebracht." – „Was hast du zu deiner Entschuldigung vorzubringen?" – „Ich bin zu Recht angeklagt. Aber ich bin ein armer Mann. Ich habe Fallen gestellt, um meiner Familie zu helfen. Ich habe dem Volk großen Schaden zugefügt. Im Gefängnis werde ich lernen, wieder ein neues Leben anzufangen."

Gefangene Pandas wirken auf uns oft wie niedliche Spielzeugbären – Tiere, mit denen man herumtollen, die man knuddeln möchte

Die Strafe war zwei Jahre Gefängnis. Ein hartes Urteil. Trotzdem legen die Bergbewohner weiter ihre Schlingen aus: Die Preise, die für Moschus gezahlt werden, sind zu verführerisch. Dieser Stoff spielt in der asiatischen Medizin eine große Rolle. Und den Moschus-Wilderern tappen viele Bambusbären in die Fallen. Neben der Zerstörung ihrer Lebensräume ist dies die zweite sehr ernste Bedrohung. Für die angeschlagene Gemeinschaft der 18 Pandas in unserem Tal kam Han-Hans Tod einer Tragödie gleich. Ein Panda-Weibchen kann frühestens mit fünfeinhalb bis sechseinhalb Jahren zum ersten Mal schwanger werden.

Es zieht stets nur ein Junges auf, das eineinhalb Jahre lang bemuttert wird, bevor es selbstständig ist. Rein rechnerisch kann ein Weibchen demnach bestenfalls alle zwei Jahre ein Junges großziehen. Da aber die natürliche Sterblichkeit beim Nachwuchs hoch zu sein scheint, muss ein Weibchen bereits für sehr erfolgreich gelten, wenn es alle drei Jahre einen kleinen Panda aufzieht. Solch langsame Vermehrung macht den unnatürlichen Tod auch nur eines Tieres zu einer ernsten Sache.

Mitte März kündeten lavendelfarbene Primeln den Frühling an. Bald stand der Rhododendron in Blüte. Im dämmrigen Wald leuchtete es weiß, gelb, purpurn, rot. Jetzt begann die Paarungszeit der Pandas: Die männlichen Tiere kletterten in die Bäume und riefen ihre Liebeslieder über die Berge – Klagen, Heulen, Quieken und Bellen hallte und widerhallte auch in Wolong.

Pi-Pi, der „Tapfere“, war das dominante Männchen in unserem Gebiet. Ein kräftiges Tier mit wuchtigen Schultern. An einem verschneiten Apriltag hörten wir die Laute einer heftigen Auseinandersetzung. Sie kamen von einem entfernten Bergrücken.

Wir eilten hin und fanden Pi-Pi, Wei-Wei und drei weitere Männchen um eine Tanne versammelt, auf der ein einzelnes Weibchen saß. Vor der Glut zu vieler Freier hatte es sich dorthin zurückgezogen.

Sogar Long-Long trieb sich in der Nähe herum, war aber mit viereinhalb Jahren noch nicht ernst zu nehmen. Pi-Pi behauptete das Feld mit Gebrüll. Den einen oder anderen Konkurrenten musste er davonjagen, bevor er den Baum – und dann das Weibchen – besteigen konnte: ein artistischer Akt auf den biegsamen Ästen der Tanne.

Zwei Pandas, die sich gefunden haben, paaren sich gewöhnlich öfter – ich habe in drei Stunden bis zu 48 Kopulationen beobachtet – und bleiben eine Weile zusammen. Manche nur wenige Stunden, andere halten es ein paar Tage miteinander aus.

Am nächsten Tag saß das Weibchen auf einem anderen Baum. Vier Bewerber hielten sich immer noch in der Nähe auf. Wieder und wieder griff Pi-Pi andere, gleich große Männchen an. Er rannte von einer höheren Position am Berg mit viel Schwung auf einen Gegner zu. Beide richteten sich auf, brüllten und rissen mit ihren kräftigen Zähnen am Nacken und an den Schultern des Konkurrenten.

Gefangene Pandas wirken auf uns oft wie niedliche Spielzeugbären – Tiere, mit denen man herumtollen, die man knuddeln möchte.

Aber hier zwischen den aufragenden Tannen, umfangen von Schneegestöber und Nebel, wirkten die Kämpfer eindrucksvoll, ja furchteinflößend.

Pi-Pi siegte. Dann geschah etwas Merkwürdiges. Die beiden Riesen sanken in sich zusammen und machten erst mal Pause. Das Weibchen interessierte sie nicht: Sie ließen sogar zu, dass zwei kleinere Bewerber sich ihr näherten. Es ging ihnen offenbar mehr um ihren sozialen Status als um eine Eroberung.

Mehr als jeder andere Panda schien Zhen-Zhen, die „Kostbare", unser Projekt zu symbolisieren. Unser Camp in Wuyipeng gehörte zu ihrem Wohngebiet. Zum erstenmal begegnete ich ihr im Frühling 1981, als sie in einem Bambusdickicht plötzlich auf mich zutrottete. Halb scheu, halb keck sah sie mich an. Ihr runder weißer Kopf leuchtete aus dem dunkelgrünen Laub wie der Mond in einer frostklaren Nacht. Ihr Gesichtsausdruck verriet weder Erregung noch Milde. Zehn Meter entfernt von mir setzte sie sich hin und blökte leise. Sie war beunruhigt. Allmählich aber sank ihr der große runde Kopf auf die Brust: Sie schlief ein. Fürchtete sie nichts? Hatte sie gar keine Phantasie? Was ging vor in diesem breiten harten Schädel?

Eines Tages sahen wir zu, wie Zhen-Zhen sich paarte, und warteten im Herbst gespannt auf die Geburt. Die Schwangerschaft kann bei Pandas 97 bis 163 Tage dauern. Das befruchtete Ei nistet sich nicht sofort ein, sondern schwimmt bis zu vier Monate lang frei im Uterus umher. Die echte Wachstumszeit des Fötus beträgt nur einen bis eineinhalb Monate. Entsprechend unfertig sieht das Neugeborene aus: Es ist blind, fast haarlos, knapp 100 Gramm schwer und so winzig, dass seine Mutter es vorsichtig in ihrer mächtigen Pfote umhertragen muss.

Gesehen hatte ich die rosa Würmer bisher nur im Zoo. Aus dieser Quelle stammte auch die Information, dass oft zwei Junge geboren werden. Da die Mutter den zweiten Sprössling aber durchweg ignoriert, hat der keine Chance zu überleben.

Anfang September sahen wir Zhen-Zhen immer wieder in der Nähe einer mächtigen Tanne, deren Basis hohl war: die ideale Geburtshöhle. Jetzt wussten wir, dass sie bald werfen würde. Weil wir sie nicht stören wollten, wagten wir uns nicht in die Nähe. Aber Mitte Oktober streifte die junge Mutter schon wieder so weit von ihrer Höhle entfernt herum, dass wir dachten, ihr Junges sei vielleicht tot. Da ein Panda-Sprössling erst mit etwa fünf Monaten läuft, tragen die Weibchen ihre Sprösslinge entweder bei sich oder lassen sie zurück.

Ich beschloss, die Höhle zu inspizieren. Als ich durch kopfhohen Pfeilbambus in die Nähe des Baumes vordrang, griff Zhen-Zhen kreischend an. Ich kletterte auf den nächsten Baum. Von dort hörte ich das Krächzen des Kleinen, das offenbar lebte. Heftig verteidigt von seiner leicht erregbaren Mutter. Trotzdem hat Zhen-Zhen ihr Junges später verloren; wie, wissen wir nicht. Dem Sprössling des folgenden Jahres erging es nicht besser.

Ihr runder weißer Kopf leuchtete aus dem dunkelgrünen Laub wie der Mond in einer frostklaren Nacht

Im Frühling 1983 geschah etwas, das nicht nur Zhen-Zhens Leben, sondern das aller Pandas dieser Gebirgsregion veränderte: Der Pfeilbambus blühte. Wie schon in den Jahren 1893 und 1935. Zu befürchten war, dass viele Pandas sterben würden, möglicherweise fast zwei Drittel aller Tiere in Wolong.

Wir machten uns an eine Bestandsaufnahme der am schwersten betroffenen Gebiete und kamen zu dem Ergebnis, dass die Pandas von Wolong und vieler anderer Regionen wahrscheinlich nicht verhungern müssten. Denn es blieben Talhänge übrig, in denen der Bambus nicht geblüht hatte, und andere Bambusarten konnten die ausfallenden ersetzen. Aber es gab auch Täler, wo die Bambusarten der gemäßigten Lagen durch Landwirtschaft verdrängt worden waren und nur noch auf den Bergkuppen Pfeilbambus wuchs. Hier drohte eine schwere Krise. Mehrere tausend Menschen wurden von der chinesischen Regierung mobilisiert. Sie zogen durch die Wälder und suchten nach hungernden Pandas. Man richtete Stationen ein, in denen geschwächte Tiere aufgepäppelt werden sollten. Viele Länder schickten Spenden oder Ausrüstungen.

Wie viele Pandas in den Jahren nach der Blüte gestorben sind, weiß keiner, eine Menge sind gerettet worden. Man hat sie in Gebiete umgesiedelt, wo noch reichlich Bambus wuchs.

Inzwischen erzeugte Zhen-Zhen in Wolong eine selbstgemachte Krise: Der größte Teil des Pfeilbambus in ihrem Territorium war abgestorben, die Schäfte standen dürr und entlaubt. Aber es gab noch Bambusreste mit frischen grünen Blättern. Zum Beispiel um unser Camp in Wuyipeng herum. Hier wuchsen noch größere Partien Schirmbambus. Zhen-Zhen musste nur etwas weiter umherschweifen.

Eines Januartags tauchte sie in unserem Camp auf. Vielleicht hatte sie der Duft von Schweinebraten, frisch gebackenem Brot und Reisbrei angelockt. Jedenfalls schien sie zu wissen, was gut für sie ist, und zog bei uns ein. Natürlich wurde sie dabei von dem gesamten dort arbeitenden Panda-Stab ermuntert.

Gelegentlich schlief Zhen-Zhen sogar auf meinem Feldbett. Als Panda-Forscher hätte ich wahrscheinlich entzückt sein sollen von der Aussicht, mein Zelt mit ihr zu teilen. Aber sie zeigte gewisse Charakterschwächen, die ein angenehmes Zusammenleben ausschlossen.

Mit unstillbarem Appetit terrorisierte sie das Camp. Die Küchenbaracke wurde mehrfach von ihr geräumt. Auf der Suche nach Leckerbissen trottete sie dreist durch unseren Gemeinschaftsraum. Sie entwickelte sich zu einer Landplage. Aber sie war auch gefährlich. Einem chinesischen Forscher riss sie mit einem einzigen Prankenhieb das Bein auf. Einen amerikanischen Zoologen trieb sie mitten in der Nacht aus seinem Zelt hinaus in den Schnee.

Vergebens mahnte ich, sie nicht zu füttern. Schließlich schlug ich vor, sie in einen anderen Teil des Reservats umzuquartieren. Statt dessen wurde sie gefangen und in einem der Käfige im Forschungszentrum von Wolong dreieinhalb Monate eingesperrt. Bis sie schließlich doch wieder in die Wildnis ausgesetzt wurde 15 Kilometer vom Camp entfernt.

Fünf Wochen später war Zhen-Zhen wieder bei uns: Wir sahen, wie sie oberhalb unserer Station umhertrabte. Nie wieder jedoch kam sie in unsere Zelte. Wir hatten Glück; sie war der Wildnis und dem Wildsein wieder zurückgegeben. Uns sollte das eine Lehre sein, kein frei lebendes Tier unbedacht zu manipulieren.

Immerhin hatte Zhen-Zhen viel durchgemacht, bevor sie ihr einsames Leben im Wald wieder aufnehmen durfte. Nach einem ungewöhnlich ereignisreichen Leben starb sie am 18. April 1985 eines natürlichen Todes. Trotzdem darf ihr Schicksal uns nicht verführen, zu meinen, die Flexibilität wilder Geschöpfe reiche aus, dass sie unsere vielfältigen Eingriffe unbeschadet bestehen. Das Dasein von Zhen-Zhen und ihresgleichen ist heute nicht mehr von natürlichen Gegebenheiten abhängig, sondern von unserem guten Willen – vielleicht nur von unserem Wohlwollen.

Ein vorläufiger, von uns erarbeiteter Management-Plan empfiehlt relativ radikale Eingriffe, damit den etwa 1000 Riesenpandas in China keine größere jährliche Todesrate zugemutet wird als die acht Prozent, die sie gerade noch verkraften. So sollen zum Beispiel Gebiete unbedingt erhalten bleiben, in denen das gelockerte Kronendach der Wälder günstige Voraussetzungen für das Gedeihen von Bambus schafft. Das bedeutet, dass in diesen Regionen kein Holz mehr geschlagen werden darf.

Wir hatten Glück; sie war der Wildnis und dem Wildsein wieder zurückgegeben

Anderswo muss man den Wald wieder aufforsten, damit dort der „richtige“ Bambus wachsen kann. Denn wo Wälder fehlen, wächst der Bambus zu dicht. Er behagt den Bambusbären weder als Futter noch als Aufenthalt. Auch Baumsämlinge gedeihen nicht im Bambusdickicht. In einigen Tälern, wo nur eine Art oder gar kein Bambus mehr wächst, sollen verschiedene Arten angepflanzt werden. Zum Teil müsste auch auf den Feldern und Wiesen der Bauern wieder Wald und Panda-Futter wachsen.

Das sind lauter Aktionen, die den Riesenpandas zusätzliche Lebensräume schaffen, in die sie ausweichen können, wenn in ihrem Wohngebiet der Bambus stirbt.

Damit die Region, in der die letzten Pandas leben, sich beruhigt und zwischen ihnen und der Vegetation, die sie trägt, wieder ein dynamisches Verhältnis entstehen kann, muss der Einfluss des Menschen zurückgenommen werden. Im Klartext heißt das zum Beispiel auch: 1500 Menschen müssten das obere Pitiao-Tal verlassen und weiter unten im Gengda-Tal wieder angesiedelt werden. Nur mit solchen Maßnahmen könnte es gelingen, den Riesenpandas eine Zukunft in ihren nebelumhüllten Bergen zu sichern. ■

Ein Igel kam zum Abendbrot

Igel sind reizende Individualisten, wie der Verfasser an einem Exemplar erlebte, das beschlossen hatte, bei ihm Kost und Logis zu nehmen.

Peter Browne

Er erschien an einem Sommerabend – angekündigt durch das Aufjaulen unseres Foxterriers, der gerade entdeckt hatte, wie scharf die Waffen eines Igels sind. Behutsam hob ich die eng zusammengerollte Stachelkugel auf und setzte sie an ein sicheres Plätzchen auf der anderen Seite des Zauns.

Das hätte ich mir sparen können. Ein paar Stunden später hörte meine Frau ein sonderbares Grunzen vor der Küchentür und fand dort den Igel, der mit prüfendem Blick zu ihr aufschaute, während der Hund vorsichtig um ihn herumschlich. Eine Schale Milch, die wir unserem Gast hinstellten, schleckte er aus, kippte das Schälchen mit seiner spitzen Schnauze etwas an, um sich zu vergewissern, dass keine Milch mehr darunter war, und trollte sich. Als er tags darauf in der Abenddämmerung wiederkam, vor Ungeduld brabbelnd, bis ihm seine Milch gebracht wurde, begriffen wir. Er hatte sich bei uns einquartiert.

Zuerst dachten wir, er sei eine ganz besondere Attraktion unseres Gartens, doch stellte sich heraus, dass es nur wenige Rasenflächen in unserem Vorortviertel gab, wo man nicht schon Igel beobachtet hatte. Immer gut Freund mit dem Menschen, siedeln sie sich sogar in Großstadtparks an; manchmal wagen sie sich nachts sogar auf die Hauptstraßen. Mit seinen kurzen Beinen und dem trippelnden Gang eines aufziehbaren Spielzeugs ist der Igel ein komisch-korpulenter Geselle, der mit seinem 25 Zentimeter langen Rumpf bis zu einem Kilo wiegt. Er hat einen pfiffigen Gesichtsausdruck, seine blanken Äuglein blicken über die Schnurrhaare an der Schnauze hinweg forschend in die Welt, und die Stacheln auf seinem Kopf stehen aufrecht wie ein Bürstenschnitt. Auf dem Rücken trägt er ein normalerweise anliegendes Stachelkleid und am Bauch eine bräunliche Pelzweste.

Nicki, wie wir ihn nennen, ist ein gewöhnlicher Igel, *Erinaceus europaeus,* der zu der gleichen Säugetierfamilie wie Maulwürfe und Spitzmäuse gehört und dessen Vorfahren man bis vor die Eiszeit zurückverfolgen kann. Seine Vettern sind weit nach Osten bis nach China verbreitet. Die Igel, die das Alleinsein der Sicherheit gemütlichen Gemeinschaftslebens vorziehen, streifen nachts als Einzelgänger herum und verbringen den Tag in irgendeinem geeigneten Unterschlupf. Nicki kampiert draußen unter unserem Gartenschuppen und schnarcht laut beim Schlafen, wie ein Hund auf der Seite liegend.

Seine weniger glücklichen Brüder in Wald und Feld nehmen mit einem Erdloch, einem Brombeerdickicht oder einem verfaulten Baumstumpf vorlieb. Doch im Vertrauen auf ihr feines Gehör und ihren scharfen Geruchssinn geben sie sich wenig Mühe, sich zu verstecken.

Wenn Nase oder Ohren Gefahr anzeigen, läuft der Igel nur selten davon. Er verlässt sich auf seine schützenden, nadelscharfen Stacheln – 6000 an der Zahl und etwa zwei bis drei Zentimeter lang, eingebettet in eine lose sitzende, sehr kräftige Hautmuskelkappe, die den Rücken bedeckt. Zieht sie sich zusammen, so sträuben sich die Stacheln und bilden eine von scharfen Spitzen starrende Kugel, in die der Igel Kopf und Füße einzieht. Das Weibchen macht, wenn es sich bedroht fühlt, ein Geräusch wie eine rostige Säge; einmal erschien daraufhin sogar ein Streifenwagen, herbeigerufen von einem Hausbesitzer, der bei den Raspeltönen glaubte, ein Einbrecher wolle ein Vorhängeschloss auffeilen.

Greifvögel und Eulen sind die einzigen Vögel, die den Igel angreifen, wobei sie ihre gepanzerten Fänge durch seine Stachelrüstung schlagen; Dachse und Füchse holen seine Jungen aus dem Nest und wagen sich manchmal auch an einen ausgewachsenen Igel heran. Bauern sagen, der Fuchs wende dabei zwei Methoden an. Die eine ist, den

Eingekugelten ins Wasser zu schieben, das er so sehr verabscheut, dass er sich aufrollt und seine unbewehrte Unterseite preisgibt. (Wenn Nicki in unwürdiger Hast vor dem Regen zu seinem Unterschlupf trippelt, erinnert mich das immer an eine alte Dame, die mit aufgenommenen Röcken flüchtet.) Die andere Methode ist, eine Pfote unter den Stachelball zu schieben und ihn gegen einen Baum zu werfen; der Anprall hat dann die gleiche Wirkung. Eine Kreuzotter jedoch ist kein Problem für den Igel. Ungeachtet ihrer gefährlichen Angriffe, die er mit den nach vorn gerichteten Kopfstacheln abfängt, tötet er sie durch einen Biss in die Wirbelsäule und lässt sich zu einem üppigen Mahl nieder, wobei er Giftdrüsen und alles andere mitfrisst. (Als auf einer Insel vor der norwegischen Südküste die Kreuzottern überhand nahmen, wurde man der Plage bald Herr. Man wandte sich an eine Nachbarinsel, wo es reichlich Igel gab.)

Jeden Abend im Dämmerlicht kommt Nicki munter aus seinem Versteck und folgt seiner hochempfindlichen Nase, die alles Fressbare bis zu drei Zentimeter unterm Erdboden aufspürt. Sie führt ihn kreuz und quer durch den Garten, wobei er, damit ihm ja kein Häppchen entgeht, ständig begierig schnüffelt; ja manchmal schnauft er wie ein alter Traktor. Gut geschützt in seinem Stachelpanzer, macht er so viel Lärm, wie er will. Er winselt, quiekt und schnattert, knirscht, schmatzt und raschelt mit seinen Stacheln, wenn er sich kratzt. Ab und zu vernimmt man ein lautes Schnauben, dann hat er einen schmackhaften Bissen gefunden.

Die Natur hat ihm eine eiserne Konstitution mitgegeben, die ihn befähigt, fast alles zu fressen – selbst Wespen und Bienen. Einem Igel, der zweiundfünfzig Bienenstiche hatte, machte das gar nichts aus. Immer nach Nahrung herumwühlend – er kann ein Drittel seines Gewichts verzehren –, schlingt Nicki Spinnen und Käfer zu Tausenden hinab, dazu Schnecken, Frösche und (für ihn eine besondere Delikatesse) fette Regenwürmer. Und wenn meine Frau mit seinem Schälchen klappert, kommt er, als sei es ein Gong, der zum Essen ruft.

Freunde mit gärtnerischer Erfahrung versichern uns, dass wir froh sein können, ihn zu haben, denn

Nickis Artgenossen vertilgen fast alle für die Pflanzenwelt schädlichen Insekten – weit wirksamer als chemische Mittel. Bauer und Förster sind den Igeln wohl gesinnt, weil sie die Insekten vernichten, die jungen Bäumen Schaden tun, und weil sie bessere Mäusefänger sind als Katzen.

Unser Nicki, der es auf eine Höchstgeschwindigkeit von zehn Kilometern in der Stunde bringt, bleibt meist in seinem Jagdrevier von etwa 250 Quadratmetern. Hindernisse auf seinem Weg machen ihm nichts aus; er zwängt sich durch enge Gatter, klettert über Mauern und Zäune. Eine grasbewachsene Rampe an unserer Garage nimmt er oft, indem er sich zusammenrollt und hinabkullern lässt. Fremden Artgenossen begegnet er mit äußerstem Mißtrauen. Als meine Kinder ihm sein Bild im Spiegel zeigten, griff er es sofort an. Kämpfende Igel berennen einander wie schwere Panzer, bis einer kapituliert und sich unterwürfig zu einem Bündel zusammenknäuelt, das der Sieger als Zeichen des Triumphes über den Boden rollt.

Bei den Igeln regt sich der Paarungstrieb im April, und ihre Brunstzeit dauert bis in den August hinein. Das Weibchen stößt ein schnaubendes Geräusch aus, das jedes Männchen in Hörweite erwartungsvoll durch die Büsche brechen lässt. Im vergangenen Sommer sahen wir mehrmals, wie Nicki im Kreis auf dem Rasen herumtrottete, wohl zehn Minuten lang, bis er sich dann zielbewusst nach Norden wandte. Zoologen sagten uns, dieses Karussell sei vielleicht ein Mittel des Igels, die Richtung festzustellen, aus der die entfernten, lockenden Laute einer künftigen Partnerin kommen; außerdem sei es ein wichtiger Bestandteil des Werbungszeremoniells. Sind die Flitterwochen vorbei, so gibt das Weibchen seinem Gefährten den Laufpass und wirft fünf Wochen später zwei bis sieben Junge.

Die blind geborenen, nackten Kleinen richten schon instinktiv ihre weichen, gummiartigen Stacheln auf, wenn man sie anfasst. Während die Mutter sie säugt, balgen sie sich um den besten Platz, puffen einander und quieken wie Ferkel. Mit zwei Wochen können sie sehen, nach einem Monat gehen sie bereits mit auf Pirschgang, bleiben eng gedrängt hinter der Alten, die ihnen zeigt, wie man Spinnen und Käfer sucht. Sie ist eine fürsorgliche Mutter. Auf das klägliche Piepsen eines Kleinen, das zu weit weggelaufen ist, eilt sie ihm sofort zu Hilfe. Ein Landarbeiter beobachtete einmal, wie ein Igelweibchen aus einem brennenden Reisighaufen herauskam, zu einem Teich lief, das Maul voll Wasser nahm und es auf die Flammen spritzte. Er trat die Zweige auseinander und entdeckte ein Nest mit fünf neugeborenen Jungen. Nach der sechsten Woche hat dann die Alte von ihren Sprösslingen genug und jagt sie weg, damit sie für sich selbst sorgen. Ihr Stachelkleid gibt ihnen eine gute Überlebenschance – nur auf Straßen nicht, wo ihr Instinkt, sich bei Gefahr zusammenzurollen statt zu flüchten, sich als verhängnisvoll erweist.

Ihre Lernfähigkeit sei gut, sagt Dr. Konrad Herter vom Frankfurter Zoo, und lasse auf eine höhere Intelligenz schließen als etwa bei einem Kaninchen oder Fuchs. Herter hat Folgendes festgestellt: Setzt man Igel in einen Käfig, der durch eine Trennwand mit drei gleichartigen Schiebetüren abgeteilt ist, von denen nur eine sich öffnet, haben sie in wenigen Minuten heraus, welche Tür aufgeht. Andere Igel lernten rasch, auf einen Pfeifton oder ein besonderes Wort zu reagieren.

Der Igel richtet sich mit seinem Winterschlaf nicht nach dem Kalender, sondern nach der Außentemperatur. Nicki schnupperte noch im Dezember auf unserem Rasen herum, bis er dann plötzlich in der Woche vor Weihnachten verschwand. Bei etwa 10 Grad Celsius lässt sein inneres Thermometer ihn alljährlich nach einem Winterlager suchen. Versehen mit einer unter der Haut angespeicherten Fettreserve, besonders an Genick und Schultern, deckt er sich mit einer Laubschicht zu oder nimmt einen alten Kaninchenbau in Besitz, dessen Eingang er sorgfältig verrammelt. Liegt er dann warm und geschützt in seinem Nest, gleitet er langsam in einen Zustand stark herabgesetzter Lebensfunktionen hinüber. Atmung und Herzschlag lassen bis auf ein kaum feststellbares Mindestmaß nach, während seine Körperwärme automatisch bis auf die Außentemperatur absinkt. Naht der Frühling, so kommt ein abgemagerter, ausgehungerter Igel zum Vorschein, um zu sehen, was das neue Jahr zu bieten hat. Als Nicki im April wieder auftauchte, machte er sich mit ungeduldigem Grunzen nach seinem Futter bemerkbar. Igel werden ungewöhnlich zahm und schließen sich oft eng an ihre Besitzer an. Doch die beste Art, einen zu bekommen, ist, dass man von ihm auserkoren wird. Sicherlich würden wir Nicki sehr vermissen, wenn er uns verließe, aber ein Igel ist ein zu ausgeprägter Individualist, als dass man ihn für dauernd an sich binden kann. Solange er zufrieden mit uns ist, freuen wir uns über ihn, den reizenden Genossen und kurzbeinigen Einzelgänger mit der schwarzen Nase, die immerzu schnauft und schnüffelt und schnuppert. ■

DIE SPECHTE – ZIMMERLEUTE DES WALDES

Es war eine besonders schwierige Aufgabe, die sich das Team gestellt hatte – das Leben der Spechte im Inneren der Bruthöhle zu beobachten und mit der Filmkamera festzuhalten. Und gerade dies hielten Experten für unmöglich.

Heinz Sielmann

Es gibt acht verschiedene Arten der Spechte in unserer Heimat von jeweils anderer Färbung, Größe und auch anderer Lebensweise. Die bekanntesten sind: Buntspechte, Grünspechte und Schwarzspechte. Wenn Spechte trommeln, glaubt fast jeder, dass sie mit der Herstellung ihrer Nisthöhle beschäftigt sind oder dass sie Beutetiere suchen. Doch in Wahrheit hat ihr rasches Getrommel eine ganz andere Bedeutung. Sie verfolgen damit den gleichen Zweck wie Singvögel mit ihrem Gesang. Nur benutzt der Specht ein Instrument. Das ist zumeist ein ausgedörrter Ast. Auf diesem werden mit kräftigem Schnabel in rasender Schnelle die Trommelschläge ausgeführt.

Mit dieser Musik markiert der Spechtmann sein Territorium, es dient dem Fernhalten von Rivalen und zugleich dem Anlocken eines Weibchens. Hat ein Paar zusammengefunden, beginnt es Ende April mit dem Bau der Nisthöhle. Die Zimmerleute des Waldes meißeln zunächst ein keilförmiges Loch in den ausgewählten Baum. Sie vertiefen, bei abwechselnder Arbeit, die Höhlung und verbreitern das Schlupfloch. Bald ist die Höhle so weit gediehen, dass die Zimmerleute von außen nicht mehr zu sehen sind. Je nach der Beschaffenheit des Holzes wird die Arbeit nach 12 bis 20 Tagen zu Ende sein. Nistmaterial hereinzubringen ist nicht nötig. Man hat ja nur die groben Späne hinausgeworfen, aber feine Holzfasern und Holzstaub darin gelassen. Auf dieser weichen Unterlage werden später die Eier ruhen und noch etwas später auch die Nestlinge selbst.

Die Höhlen des Buntspechts sind 12 bis 16 Zentimeter breit und 32 bis 40 Zentimeter tief. Die Höhe im Baumstamm beträgt meistens zwei bis sechs Meter über dem Boden. Damit kein anderer Vogel oder sonst ein Geschöpf des Waldes die fertige Wohnung bezieht, bleibt einer der Partner fast immer zu Hause.

Die Spechthöhlen sind bei Wohnungssuchenden, die selber nichts dergleichen fertig bringen, so beliebt, dass sich rasch ein neuer Mieter findet, wenn die Besitzer auch nur vorübergehend ihr Heim verlassen. Nur wenige Spechte beziehen im nächsten Frühjahr wieder ihre alte Nisthöhle. Was die Zimmerleute des Waldes mit ihrer Kunst und Mühe schaffen, wird früher oder später von anderen Tieren übernommen, die nicht in der Lage sind, eigene Höhlen zu bauen. Die Brutpflege in der Baumhöhle, die noch niemand von Anfang bis Ende gesehen oder gar gefilmt hatte, war für mich so verlockend, dass ich das Leben der Spechte im Film dokumentieren wollte.

„Was Sie sich jetzt vorgenommen haben“, meinte Professor Konrad Lorenz, „hat kaum Aussicht auf Erfolg. Wenn Sie die Nistkammern der Spechte öffnen, fliegen die Vögel davon, und mit dem Brutgeschäft ist es vorbei.“

Ich entwarf einen recht kühnen Plan, an dessen Gelingen ich selbst noch nicht glaubte. Wir mussten mit völlig freien Tieren arbeiten und sie in der eigenen Wohnung überlisten. Mein Ziel war es, vor der Spechthöhle eine Dunkelkammer zu bauen, um von dort aus die vorsichtig geöffnete Wohnung mit Scheinwerfern zu beleuchten. Nur auf diese Weise konnten wir hoffen, dass es möglich war, bisher unbekannte Vorgänge im Innern der Bruthöhle zu filmen.

Für unser Vorhaben wählte ich die Nisthöhle eines Buntspechts. Sie befand sich nur drei Meter über dem Boden in einem Wildkirschenbaum von etwa 30 Zentimeter Durchmesser. Nach dem Verhalten der beiden Vögel war anzunehmen, dass schon Eier im Nest lagen, aber dass bis zum Schlüpfen der Jungen noch einige Zeit vergehen würde.

Zunächst einmal war es notwendig, die Baumkrone etwa drei Meter über der Nisthöhle zu fällen. Weil schon die Spechtwohnung bis etwa zur Hälfte den Stamm ausgehöhlt hatte und wir von der Rückseite her auch noch etwa ein Drittel des Stammes beseitigen mussten, war zu befürchten, dass schon der nächste Windstoß den wilden Kirschbaum abknickte, und zwar genau in Höhe der Nisthöhle. So wurde eine Leiter angelegt, ein Waldarbeiter stieg hinauf, und schon bald stürzte der Wipfel rauschend zu Boden. Die Störung war so laut und die Veränderung des Baumes so bedeutend, dass keiner von den Forstleuten glaubte, die beiden Spechte würden das hinnehmen. Tatsächlich flatterten sie sehr aufgeregt um den arg verstümmelten Stamm. Er war ja kaum noch wiederzuerkennen. Aber die Spechteltern ließen das angebrütete Gelege nicht im Stich. Für einen Tag gönnten wir ihnen völlige Ruhe, dann stiegen wir auf zwei Leitern bis zur Höhe der Spechtwohnung hinauf und setzten an der Rückwand die Zugsäge ein. Wir trennten sie nicht in einem Stück vom Stamm, sondern sehr vorsichtig in schmalen Schichten, bis die urnenförmige Höhle im Längsschnitt freigelegt war. Die Öffnung wurde mit einem Brett vernagelt, aber vorher hatten wir den Längsschnitt auf eine Schablone übertragen, um danach die Glasscheibe herzurichten. Sie wurde am nächsten Tag eingesetzt, doch von außen mit Baumrinde verkleidet.

Danach beobachteten wir aus etwa 50 Meter Entfernung, was weiter geschah. Jetzt musste sich herausstellen, wie die beiden Vögel die Einengung ihrer Wohnung und die Berührung mit der glatten Scheibe aufnahmen. Wir hörten nur, dass einer der Spechte die Scheibe beklopfte und der andere schimpfte. Doch schon nach wenigen Minuten hatten sich beide beruhigt. Das Gelege wurde weiter im gewohnten Rhythmus betreut.

Während der Nacht wurde 30 Meter vom Spechtbau entfernt ein Hochsitz gebaut und dann von kräftigen Männern bis an den Stamm getragen. Wir verkleideten den Sitz mit Zeltplanen und frischem Grün. Doch in der Spechtwohnung war Unruhe ausgebrochen. Das Weibchen vertiefte die Nisthöhle nach unten, das Männchen wollte scheinbar nicht mehr brüten. Offenbar hatten wir ihre Umwelt doch zu stark verändert.

Wir gönnten den Spechten zwei Tage lang völlige Ruhe. Danach mussten wir erkennen, dass ihr Bruttrieb nachließ. Vorsichtig nahmen wir die Eier heraus und stellen bei der Durchleuchtung fest, dass sie gar nicht befruchtet waren. Die Spechte hatten es wohl gewusst und deshalb mit dem Brüten aufgehört. Uns traf daran keine Schuld. Danach konnte es meines Erachtens nur noch möglich sein, die Filmarbeit zu retten, wenn es gelang, eben geschlüpfte Junge aus einer anderen Nisthöhle für unsere beiden Spechte zu beschaffen. Wir hatten inzwischen noch andere Wohnungen des Buntspechts entdeckt und wussten auch, wo jetzt Nestlinge darin waren. Ein Spechtküken konnte ich herausholen und mit einem der toten Eier in unserer Nisthöhle vertauschen. Gleich gingen die Spechte daran, es mit Futter zu versorgen. Dasselbe Manöver glückte auch beim zweiten und dritten Mal. Mein Gewissen wurde durch die Umquartierung der Spechtkinder nicht belastet. Den beraubten Eltern blieben noch drei Nestlinge, und bei unseren Spechten herrschte vollste Zufriedenheit. Sie adoptierten die fremden Kinder mit solcher Selbstverständlichkeit, als wären sie ganz normal aus dem eigenen Gelege geschlüpft. So intensiv waren sie mit der Pflege beschäftigt, dass wir unser Lampenlicht vor der Glaswand bis auf 3000 Watt verstärken konnten, um alle Einzelheiten des Verhaltens in der Kinderstube zu filmen.

Alle drei bis fünf Minuten erschien ein Altvogel mit Futter im Schnabel. Den Kopf nach unten, stieg er in die Höhle hinab, berührte die Schnabelwülste eines Nestlings und veranlasste ihn dadurch, das Schnäbelchen weit aufzureißen. Weil die Eltern immer nur kleine Portionen heranschafften, musste die Futtergabe „am laufenden Band" erfolgen. Während eines Tages haben wir bis zu 284 Fütterungen gezählt.

Die Entwicklung der Jungspechte ging sehr schnell voran. Im Alter von fünf Tagen begann schon die Ausbildung der Federn, mit sieben Tagen öffneten sie die Augen, mit 13 Tagen kletterten sie bis zum Einflugloch hinauf. Dort empfingen sie von diesem Zeitpunkt an ihre Nahrung. Die Eltern stiegen nur noch bis auf den Grund der Nisthöhle hinab, um die Kotballen der Kleinen fortzuschaffen. Sie legten auf Sauberkeit in der Wohnung den größten Wert.

Schon nach dem Öffnen der Augen hatten Streitigkeiten unter den Jungvögeln begonnen. Jeder versuchte, die besondere Aufmerksamkeit der futterbringenden Eltern zu erregen. Sie schlugen sich mit den Schnäbeln und kämpften um die Nahrung. Das zarte Wimmern hatte aufgehört, statt dessen riefen die Jungen „kicks ... kicks ... kicks" schon fast so scharf und laut wie die Altvögel.

Als die Jungspechte herangewachsen waren, entstand eine neue, nicht erwartete Schwierigkeit. Durch die fettigen Flügel der Spechte wurde die Scheibe ständig beschmutzt, sodass wir keine brauchbaren Aufnahmen machen konnten. Da die Spechtkinder jetzt fast ausschließlich auf das Einschlupfloch konzentriert waren, wo sie die Eltern mit Futter erwarteten, konnten wir es wagen, die Scheibe während der Filmaufnahmen zu entfernen.

Sie adoptierten die fremden Kinder mit solcher Selbstverständlichkeit, als wären sie ganz normal aus dem eigenen Gelege geschlüpft

Drei Wochen nach dem Schlüpfen breiteten sie ihre Schwingen aus und flatterten zu den nächsten Zweigen. Noch für etwa 14 Tage blieb die Familie zusammen, dann war es mit dem Gemeinschaftsleben vorbei. Erst verschwanden die jungen, bald darauf die alten Spechte. Jeder wählte sich sein eigenes Revier, und die Nisthöhle stand für andere Tiere zur Verfügung.

Für den geplanten Film vom Leben der Spechte konnten wir uns nicht allein auf den Buntspecht beschränken. Denn es gibt bei anderen Spechten arteigene Vorgänge, von denen unser Film zumindest typische Beispiele zeigen sollte. Beim Grünspecht war mir aufgefallen, dass er nur einmal in der Stunde zur Fütterung der Jungen durch den Höhleneingang schlüpft. Er musste demnach eine andere Methode zur Ernährung des Nachwuchses anwenden als der Buntspecht, und das wollten wir aufklären. Aber nach vielen schon länger zurückliegenden Begegnungen mit dem besonders heimlichen Grünspecht hielt ich es für ausgeschlossen, dass er elektrisches Licht in seiner Nisthöhle dulden würde. Vielleicht konnte das relativ neue Verfahren mit Infrarot dabei helfen. Es war bisher in freier Wildbahn noch nicht ausprobiert worden. Ein Grund mehr, den Versuch zu unternehmen.

Es war für unsere Zwecke jedenfalls ein großer Vorteil, dass für solche Aufnahmen schon eine matte Rotstrahlung genügt. Andererseits mussten wir uns und die Kamera in einem völlig verdunkelten Raum befinden. Als wir mithilfe der Forstbeamten und Waldarbeiter in besonders günstiger Lage die Nisthöhle eines Grünspechtpaares entdeckt hatten, wurde mit denkbar größter Vorsicht erst eine naturechte

Tarnung angelegt und in deren Schutz ein dicht geschlossenes Zelt auf der Höhlenrückseite an dem Stamm aufgerichtet. Für Infrarot benötigten wir Strom, der aus 800 Meter Entfernung herangeführt wurde. Das Unternehmen war also insgesamt eine äußerst komplizierte und nicht gerade billige Sache. Als weitere Schwierigkeit kam noch hinzu, dass wir nach dem Öffnen der Grünspechtwohnung selbst fast gar nichts sehen konnten. Nur sehr langsam gewöhnten sich unsere Augen an das schwache Dämmerlicht. Umso besser ertrugen es die empfindlichen Vögel. Das Geheimnis der Fütterung nur einmal in der Stunde war bald gelöst. Später auf der Leinwand konnten wir es deutlich erkennen, besser noch als nur wenige Zentimeter vom unmittelbaren Vorgang entfernt. Der Grünspecht holt die für seine Jungen gesammelte Atzung durch wiederholtes Würgen aus dem Kropf hervor. So kann er länger ausbleiben und doch genug mitbringen, um alle Nestlinge für mindestens eine Stunde zu sättigen. Noch um vieles schwieriger wurde im folgenden Frühjahr die Filmarbeit an der Nisthöhle eines Schwarzspechts. Sie befand sich zwölf Meter hoch in einer zumindest hundertjährigen Buche. Es war ein hartes Stück Arbeit, eine abgedeckte Kanzel für Menschen und viele Zentner schweres Material an diesem mächtigen Stamm zu errichten. Der Schwarzspecht als größter aller Spechte (sein Gewicht beträgt zwischen 290 und 315 Gramm) bedarf auch einer entsprechend großen Höhle, und dazu gehört ein besonders starker Baum. Für das vorsichtige Öffnen nach bewährter Methode brauchten wir fast die dreifache Zeit wie bei den Buntspechten und Grünspechten. Wir mussten einen elektrischen Bohrer verwenden, worauf der Schwarzsprecht mit heftigem Getrommel antwortete. Aber nach langer Arbeit und ständiger Furcht, dass die Störungen zu stark seien, gelang auch der wohl kühnste Versuch, den wir bisher unternommen hatten. Zum erstenmal schauten Menschenaugen in eine Kinderstube der Schwarzspechte. Kamera und Mikrofon waren dabei. Und diesmal gelang es sogar, die heimlichen Vögel an normales Kunstlicht zu gewöhnen.

Die Spechteltern stiegen mit dem Kopf nach unten den tiefen Schacht hinab. Der eben eingetroffene Schwarzspecht würgte das angesammelte Futter aus seinem Kropf in den Schnabel. Dann berührte er die rundlichen Schwellungen an den Mundwinkeln der Jungen. Erst nach diesem Kontakt reckten die Spechtkinder ihre Hälschen in die Höhe und nahmen gierig das Futter in Empfang. So tief wie möglich wurde die Speise hineingestoßen. Jeder Nestling erhielt bei einem Besuch drei Portionen. Was nicht mehr aufgenommen wurde, würgte der Altvogel wieder herunter. Nach jeder Fütterung wurden die Jungen von einem der Eltern 30 bis 50 Minuten lang gewärmt.

Kommt ein Altvogel zurück, während der andere noch mit den Nestlingen beschäftigt ist, so meldet er sich draußen durch ein Klopfzeichen, das von drinnen beantwortet wird. Gleich erfolgt Ablösung.

Es gibt so vieles, was bei den Spechten eigentümlich, ja sogar einmalig ist. Dazu gehört neben der Technik ihres Nisthöhlenbaus die so genannte Spechtschmiede. Von dieser Schmiede könnte man fast sagen, dass die Vögel ein Werkzeug benutzen, um Bucheckern, Nüsse und Tannenzapfen aufzumeißeln. Wenn im Frühling die Insekten erwachen, besteht die Nahrung des Buntspechts und der meisten anderen Spechtarten vorwiegend aus Käfern, Spinnen, Fliegen, Schmetterlingen und deren Larven und Puppen, Blattläusen, Tausendfüßlern und Ameisen. Vor allem der große Buntspecht liebt aber auch vegetarische Kost: Heidel- und Preiselbeeren, Fichten-, Kiefernsamen und Haselnüsse. Um die leckeren Samen aus Zapfen herauszuschlagen oder Haselnüsse zu sprengen, braucht der Specht einen Amboss als Werkzeug. Oft genügt hierzu ein passender Riss im Baumstamm. In vielen Fällen aber zimmert sich der Vogel an der Ausbuchtung eines Astes eine so genannte Spechtschmiede. Unter ihr ist der Waldboden oft mit großen Mengen entleerter Zapfen oder Nussschalen bedeckt. ■

Sprunggewaltig und elegant – Impalas in der Savanne

Bis zu zehn Meter weite Riesensätze helfen den anmutigen Impalas, ihren Feinden zu entkommen. Dennoch führen sie ein gefährliches Dasein und müssen täglich um ihr Überleben kämpfen.

Reinhard Radke

Der Wind spielte in den Ähren wie auf einem Kornfeld. Welle um Welle lief über die Halme des Rothafers, die geschmeidig nachgaben, um sich sogleich wieder aufzurichten. Drei Antilopen standen auf der gegenüberliegenden Seite des flachen Tals im wogenden Gras. Das Morgenlicht ließ ihr Fell rotbraun glänzen, die schlanken Hälse waren anmutig aufgerichtet, die Ohren spielten. Das satte Kastanienrot ihrer Rücken changierte an den Flanken in ein dezentes Ocker, strahlenweiß leuchteten Bauch und die Innenseiten der grazilen Läufe.

Doch die hübschen Tiere da drüben schwebten in Lebensgefahr, und – soweit man das bei einer Antilope sagen kann – sie schienen sich ihrer Lage bewusst zu sein. Um sie herum, verteilt in dem flirrenden Gras, lagen drei Löwinnen. Die Antilopen konnten sie nicht sehen. Aber von meinem Standpunkt, auf der anderen Talseite, waren die Katzen wenigstens für ein paar Sekunden sichtbar gewesen, als sie sich an die Gruppe heranschlichen. Der Wind hatte die Jäger allerdings verraten; Löwen schleichen ohne Rücksicht auf die Windrichtung an. Die Antilopen, zwei Weibchen und ein Kitz, waren also gewarnt. Ihr Problem war, dass

das Spiel des Windes den näheren Standort der Jäger nicht verriet. So standen sie Rücken an Rücken, das Junge stocksteif zwischen ihnen.

Ich hatte versucht, meinen VW-Bus in dem halbmeterhohen Gras zwischen Felsen und Baumstümpfen in eine Position zu manövrieren, die mir einen halbwegs klaren Blick auf die Tiere ermöglichte, ohne Jäger oder Gejagte zu beeinflussen. Man mag sich fragen, warum ich nicht den Antilopen beistand, indem ich einfach dazwischen gefahren wäre. Ich war eigentlich nur fieberhaft neugierig: Wie lösen die Antilopen – oder die Löwen – das anstehende Problem? Mir wäre nie eingefallen, dem einen oder dem anderen „in den Arm zu fallen", in irgendeiner Weise „Gott zu spielen". Für die Löwen ist das Leben keinen Deut leichter als für die Antilopen, ein Grundthema, das ich in späteren Filmen immer wieder aufgegriffen habe. An dem Morgen bedeutete dies, wie so oft, stundenlanges Kauern hinter drehbereiter Kamera, bis der Rücken schmerzt, die Augen brennen und man unbedingt ein paar Sekunden Pause machen will.

Ich hatte schon längst jedes Zeitgefühl verloren, als die Antilopen die Entscheidung suchten. Und ich lernte mehr über Impalas, als ich zu erträumen gewagt hätte. Tastend machte ein Weibchen erste Schritte den Hang hinauf, das zweite Impala und das Junge folgten angespannt. Es war klar: Der Geruch des Todfeindes war überall, sie mussten sich entscheiden. Die Löwin, auf die sie direkt zugingen, konnte die Beute aus ihrer Lauerposition nicht sehen und bemerkte sie im Wirbel der Halme etwa in fünf bis sechs Meter Entfernung. Eine todsichere Sache. Wie von einem Katapult geschleudert warf die Jägerin sich voran.

Die Antilopen spritzen auseinander und schienen dabei plötzlich schwerelos zu werden. Schlanke Beine schleuderten rassige Körper fast aus dem Stand mehrere Meter durch die Luft, weiße Schwanzwedel flackerten auf, rauschendes Gras verbarg jede weitere Bewegung. Die eher massige Katze versuchte ihren Vorwärtsschwung zu stoppen, wirbelte herum, stand lauschend, ohne Sicht und ohne Ziel zwischen den tanzenden Halmen. Die beiden Jagdgenossinnen waren aus ihren Positionen eher blindlings losgelaufen, als das Gras lebendig wurde. Nun standen alle drei frustriert da und reckten die Köpfe, um Kontakt zu den Kolleginnen aufzunehmen. Weit außerhalb ihrer Reichweite sprangen die beiden Weibchen in den typischen Alarmsätzen davon: Die Hinterläufe übertrieben nach hinten ausgeworfen, die schwarzen Flecken an ihren Fesseln weithin sichtbar. Diese haben ihnen auch den Namen „Schwarzfersen-Antilope" eingetragen. Es sind Haarbüschel, die um Duftdrüsen herum angeordnet sind. Die Drüsen werden bei jedem Signalsprung geöffnet und verbreiten ein Duftfeld. Welche Funktion dieser Geruch hat, ist umstritten: Für einen Warnhinweis wäre es in so einer Situation ohnehin zu spät. Es dürfte sich eher um eine Markierung eines gefährlichen Gebietes handeln, was erst verständlich wird, wenn man sich den typischen Lebensraum von Impalas anschaut.

Zwei Weibchen rannten also davon. Damit hatte ich sogar noch halbwegs gerechnet, aber wo war das Kitz? Das war schließlich der Teilnehmer, für den die ganze Veranstaltung sicher am brenzligsten war. Es war schlicht verschwunden, und ich hatte keine Ahnung wie.

Hier muss ich den chronologischen Ablauf unterbrechen. Am Filmschneidetisch sah ich erst Monate später, was eigentlich geschehen war. Das Kitz ließ sich nach wenigen Sätzen einfach fallen. Klingt simpel, aber erst nach vielfachem Wiederholen der Szene konnte ich ungefähr ein Bild ausmachen, in dem das Kleine verschwand. Es war einfach weg – für mich genauso wie für die Löwen. Das sensationelle Ergebnis der Jagdkünste einer überwältigenden Übermacht war, dass die Impalas ihnen – mal eben so – aus nächster Nähe davonliefen, und das hilflos schwache Kitz – mal eben so – verschwand. Ich war perplex.

Die Antilopen schienen dabei plötzlich schwerelos zu werden. Schlanke Beine schleuderten die Körper fast aus dem Stand mehrere Meter durch die Luft

Das etwa zwei bis drei Wochen alte Junge wurde von der Mutter schon mal mit in die Herde aufgenommen. Impalaweibchen leben in lockeren Verbänden miteinander verwandter Tiere, so genannter Clans. Wenn sie ihre Jungen zur Welt bringen, sondern sie sich aber ab und setzen das Kitz irgendwo im Verborgenen. Es kann aber im völlig freien Grasland sein. Eine Geburt, die ich später filmte, fand ohne jede Deckung weit und breit in hohem Gras statt. Die Kleinen sind anfangs nicht in der Lage, den Erwachsenen länger zu folgen, und sie könnten bei der Flucht der Herde nie mithalten. Deshalb böte ihnen die Gruppe keinen Schutz. So verstecken die Jungen sich halt und werden von der Mutter nur zum Säugen aufgesucht. Nach etwa zehn Tagen nimmt die Geiß sie hin und wieder schon mit in die Herde, bis sie nach

einigen Wochen ständig im Verband bleiben. Es war für das Kitz also im Prinzip nahe liegend – und seine einzige Chance – sich bei einer Gefahr zu verstecken. Dass dies aber aus vollem Lauf geschehen kann und tatsächlich funktioniert, das verblüffte mich völlig.

Ich würde es gern bei der Erfolgsgeschichte belassen, aber die Episode endete leider nicht glücklich für das Kitz. Nach etwa einer halben Stunde stand es auf und begann die Mutter zu suchen. Die Löwen, die sich wieder zur Ruhe begeben hatten, wurden aufmerksam, und der Rest ist leicht vorstellbar. Trotzdem: Die Taktik war grundsätzlich erfolgreich, bei etwas mehr Geduld wäre das Junge davongekommen. Rund die Hälfte aller Impalakitze überlebt nicht das erste Jahr. Das scheint zunächst eine hohe Verlustrate, aber eigentlich stehen Impalas besser da als Löwen, Leoparden oder Geparde. Raubtiere leben riskanter als Pflanzenfresser, was Außenstehende oft übersehen.

Impalas sind, so gesehen, erfolgreiche Tiere. Sie haben ein weites Verbreitungsgebiet, das sich von Südafrika bis nach Nordkenia und Uganda erstreckt. Sie brauchen ganzjährig nährstoffreiches, möglichst saftiges Futter, und das finden sie nicht überall. Besonders oft sind sie in den Übergangsgebieten von Grasland und Busch zu finden. Hier fressen sie während der Regenzeit fast nur Gras. Bei Dürre ziehen sie in die Buschländer und ernähren sich dort großteils von Laub. Diese Flexibilität erlaubt ihnen, aus zwei Lebensräumen das Beste mitzunehmen.

Die meisten Buschbewohner leben als stille Einzelgänger bzw. Paare. Ihre Taktik ist, gar nicht erst gesehen zu werden und bei Gefahr zu erstarren. Impalas leben aber in großen Verbänden; im Masai Mara Reservat in Südkenia, wo ich sie beobachtete, waren Ansammlungen von 100 Weibchen keine Seltenheit. Sie können sich also nicht verstecken und müssen aktiv mit der Bedrohung umgehen. Dabei hilft natürlich der Schutz der Gruppe, denn viele Augen sehen mehr. Die Böcke leben jedoch zeitweise völlig allein auf sich gestellt. Sie gleichen den Weibchen in Gestalt und Färbung, sind allerdings leicht massiger und tragen elegant geschwungene Hörner von mehr als einem halben Meter Länge. Die brauchen sie auch, um in erbitterten Hornkämpfen, die manchmal tödlich enden können, kleine Reviere von wenigen Hektar zu erobern. Dort warten sie auf die durchziehenden Weibchenverbände.

Weibchen nutzen dagegen je nach Nahrungsangebot mehrere hundert Hektar und passieren dabei die Reviere vieler Männchen. Diese markieren ihr Gebiet intensiv mit Stirndrüsen und liefern sich laute Rufduelle. Mit hoch erhobenem Kopf stoßen sie ein lautes Röhren aus, das in einem prustenden Röcheln endet. In ihrem Revier haben nur sie das Paarungsrecht, und die Weibchen testen jeden Bewerber ausgiebig, bevor sie sich mit ihm einlassen. Nur ranghohe Revierinhaber, die sich ihren Status mühsam erkämpft haben, werden in Ruhe gelassen, wenn es darum geht, paarungsbereite Weibchen zu betören.

Die Männchen tragen zwangsläufig oft die Last der Verteidigung gegen Raubfeinde allein. Aber es ist alles andere als einfach, so einen Bock zu überraschen. In Masai Mara verfolgte ich einmal fast einen ganzen Tag eine Leopardin, die immer wieder versuchte, sich an einzelne Böcke anzuschleichen. Es war erstaunlich, wie gelassen die Böcke die Versuche vereitelten. Die geringste Bewegung allarmierte sie, was aber keine Flucht auslöste, sondern nur ein intensives Mustern der Jägerin. Die wusste dann sofort, dass weitere Mühe vergebens wäre.

Kommt es zum Angriff, zeigen Impalas eine unglaubliche Sprunggewalt. Aus vollem Lauf springen sie an die zehn Meter weit und auch aus dem Stand kann ein Satz sie aus der Gefahrenzone retten. Durch die Duftabgabe bei den Signalsprüngen wird der Platz, wo sie einem Raubfeind begegneten, von den Impalas eine Weile gemieden.

Am äußersten nördlichen Verbreitungsrand der Impalas, im Samburu und Shaba Nationalreservat in Zentralkenia, sind Impalas auf die schmalen Galeriewälder entlang des Ewaso-Nyero-Flusses angewiesen. Die Reservate in den trockenheißen Halbwüsten sind weitgehend mit dornigem Gestrüpp von Akazien und Myrrhen bewachsen. Zu meiner Überraschung fand ich hier erstaunlich viele Geparde, und deren beliebteste Beute waren Impalas! Geparde können in so einem Gelände ihre Höchstgeschwindigkeit nicht ausspielen, aber das müssen sie auch nicht: Anders als Löwen oder Leoparden, die einen Jagdversuch meist sofort aufgeben, wenn die erste Attacke fehlschlägt, hetzen Geparde über längere Strecken. Und da scheint den Impalas, deren Körperbau vor allem blitzschnelles, aber eher kurzes Ausweichen ermöglicht, dann doch vergleichsweise schnell die Puste auszugehen.

Es gibt eben keine für jede Situation perfekte Problemlösung in der Evolution. Das gilt sowohl für die Jäger als auch für die Gejagten. ■

Meine Kanarienvögel

Papachen, der Kanarienvogel, war ein außergewöhnlicher Lehrmeister – er gab seinen Jungen Gesangsunterricht.

Gustav Eckstein

An sich war mein Labor, wenn ich auch einen Radioapparat und einen Steinway-Flügel darin stehen hatte, nur ein kahler Arbeitsraum mit einem Experimentiertisch in der Mitte, diversen wissenschaftlichen Apparaturen und vier Hundertwattlampen, hygienisch bis ins Letzte. Aber die Kanarienvögel machten etwas daraus, machten den Raum zu ihrer Welt.

Den ersten Vogel kaufte ich einmal kurz vor Weihnachten in einer zoologischen Handlung. Es war ein Weibchen. Auch ohne etwas von Kanarienvögel zu

verstehen, konnte man sehen, dass dem Tier der Holzkäfig zu eng war, und so ließ ich es heraus. Anfangs noch unsicher beim Fliegen und Steuern, konnte es anderntags zu Mittag schon auf die unteren Flügel aller vier Fenster, auf die Querbalken der Fensterkreuze, den Radioapparat und den Aktenschrank fliegen.

In den Nachmittagsstunden am Heiligen Abend bekommt man manchmal seltsame Anwandlungen. Ich bildete mir ein, die Kanariendame fühle sich einsam, und kaufte noch ein Männchen dazu. Dieser Vogel, den ich Papachen taufte, sollte der Stammvater der Familie werden. Im März zeigte es sich, dass Papachen zuviel für Mamachen war. Mamachen sah ganz mitgenommen aus, und so kaufte ich Papachen noch eine Frau, ein Exemplar mit gestreiftem Gefieder, das ich Streifenmamachen nannte. Damit war die erste Generation vollzählig.

Zur Brutzeit half ich mir mit Drahtsieben. Kanarienvögel brauchen ein Tragwerk für ihre Nester, und das gab mir in jedem Frühjahr die Möglichkeit, ein paar Monate lang ein bisschen dem lieben Gott unter die Arme zu greifen. Ich brachte das Gerüst – ein kleines Teesieb – an einem geeigneten Platz an, und dann kamen die Jungen, so viele, dass ich in einem schwachen Moment eine Versicherung abschloss, die demjenigen zugute kommen sollte, der dafür sorgte, dass die Gesellschaft nicht verhungerte, wenn ich plötzlich einen Herzschlag bekam.

Eines Abends – über ein Jahr nach jenem ersten Weihnachten – sah ich Streifenmamachen den Kopf unter dem Aktenschrank hervorstrecken und zu mir aufblicken. Zu meiner Verblüffung waren es nicht meine Füße und nicht mein Körper, was sie an mir am meisten interessierte, sondern meine Augen. Das war der eigentliche Beginn dieser Geschichte – der Moment, da ich zum erstenmal die Faszination der Kanarienvogelseele auf mich wirken fühlte.

Ich war auf Streifenmamachen überhaupt nur deshalb aufmerksam geworden, weil sie den Kopf so ulkig verdreht hatte, fast um hundertachtzig Grad. Dabei hatte sie es da unten doch in erster Linie mit meinen Füßen zu tun, und die konnte sie bequem sehen, ohne sich den Hals so zu verrenken. Sie war wie jedes Lebewesen bestrebt, sich gegen die Gefahren ihrer Umwelt zu sichern. Ich war für sie der wichtigste Bestandteil dieser Umwelt, und nun wollte dieses kleine Ding doch sage und schreibe noch in meinen Augen lesen, was es von mir zu halten hatte. So wie ich den Vogel, suchte auch er mich zu verstehen.

Das kleine Erlebnis brachte mir eine andere Beobachtung in Erinnerung. Wenn ich den Weibchen bei der Materialsuche für den Nestbau zusah, hörten sie sofort damit auf, obwohl das doch eine weitgehend instinktgebundene Tätigkeit ist. Auch wusste ich seit langem, dass ich Kanarienvogelmütter auf diese Art vom Füttern der Jungen abhalten oder zumindest nervös machen konnte. Am merkwürdigsten aber war, dass ich auch das gegenseitige Füttern ausgewachsener Vögel, ein häufiger Ausdruck der Zuneigung, nicht mit ansehen durfte. Tat ich es doch, so hielten sie gleich inne, als genierten sie sich plötzlich.

Ich merkte bald, dass Papachen sehr von sich überzeugt war. Wenn er sich, was er mit Vorliebe tat, über den Tasten des Flügels auf dem oberen Rand des Notenheftes aufpflanzte und zu singen anhob, musste mir jeder bestätigen, dass er enorme Ähnlichkeit mit dem hünenhaften belgischen Geiger Ysaye hatte, der sich auch immer so hinstellte, als wollte er seine Weisen durch den Körper von unten herauf aus der Erde holen.

Papachen war aber nicht nur ein außergewöhnlicher Sänger, sondern auch ein außergewöhnlicher Lehrmeister. Ich hatte gar nicht gewusst, wie förmlich Gesangstunden bei den Vögeln sein können und was für eine Geduld die Lehrer dabei entwickeln. Gewöhnlich unterrichtete Papachen immer nur einen oder zwei seiner Söhne gleichzeitig; wenn mehr kamen, aber auch mehr. Er sang die Melodien so lange mit ihnen durch, bis sie saßen, fing etwa mit drei Tönen an, die immer länger und länger ausgehalten werden mussten, knüpfte daran dann neue, auf- oder absteigende Tonfolgen, und zum Schluss kamen die Triller. Manchmal, wenn der Künstler in ihm übermächtig wurde, schweifte er auch vom Lehrstoff ab. Dann musste alles still sein, und wenn sich trotzdem einer muckste, konnte es passieren, dass er dem Störenfried eins versetzte. Papachens Lektionen aber waren Lektionen, ganz unverkennbar; und weil er so oft das Klavier spielen hörte, konnte er Dinge, die andere Kanarienvögel nie lernen. In ihren besten Zeiten modulierten die Männchen allesamt genauso schnell wie ich auf dem Klavier. Wohl hielten sie sich nicht an meine Melodien, aber wenn ich die Tonart wechselte, dann taten sie es auch.

Kanarienvogelstimmen werden von allem möglichen beeinflusst. Wenn ich tagelang auf der Schreibmaschine zu schreiben hatte, so wurden sie höher. Eines Abends bei Dunkelwerden gab einer der kleinen Gesellen Töne von sich, die meine Aufmerksamkeit erregten, obwohl ich mitten in der Arbeit steckte. Es hörte sich gar nicht wie Kanarienvogelgesang an und war eigentlich mehr ein unglaublich flinkes Gezischel. Als Urheber erkannte ich Küken, einen der jungen Vögel. Wo außer in seiner Fantasie konnte das kleine Ding je so etwas gehört haben?

Ich dachte schon lange nicht mehr daran, da hörte ich eines Tages, wieder in der Abenddämmerung, als im College alles still war, vom anderen Ende des Korridors herüber und durch zwei Türen hindurch unendlich leise das Tippen auf einer geräuscharmen Schreibmaschine. Ich hatte es früher nie bemerkt, und wenn es mir jetzt plötzlich aufgefallen war, dann nur deshalb, weil mein Gehör durch Kükens Laute darauf eingestellt war. Das gedämpfte Maschinengeklapper hatte aber auch wirklich große Ähnlichkeit mit dem Gezirp des Vögelchens. Ich sah ein, dass ich fortan sehr vorsichtig sein musste mit meinem Urteil darüber, was ein Kanarienvogel hören kann und was nicht.

Er konnte das Pathos seines Ausdrucks regulieren wie einen Hydranten und war in jeder Figur des Liebesreigens eine Nuance brillanter als seine Brüder und Neffen

In der Hauptsache sind es, wie jedermann weiß, die Männchen, die singen. Der Gesang ist ihre Liebeswerbung. Wenn einer einem Weibchen ein Ständchen bringt, dann singt er mit dem ganzen Körper. Wer zum ersten Mal sieht, wie ein in Liebe entbrannter Kanarienvogel sich auf Zehenspitzen seiner Angebeteten nähert, muss unwillkürlich an einen Schmierenschauspieler denken. Papachens zweiten Sohn Puck, einen Schürzenjäger, wie er im Buch steht, habe ich vier Damen zugleich ansingen sehen. Puck machte jeder den Hof, und alle ergaben sich ihm. Er betörte sämtliche Weibchen mit demselben Lied, demselben Schmalz, denselben Mätzchen. Er konnte das Pathos seines Ausdrucks regulieren wie einen Hydranten und war in jeder Figur des Liebesreigens eine Nuance brillanter als seine Brüder und Neffen.

Manchmal entwickelte sich aus solchen Ständchen ein regelrechter Sängerwettstreit; dann wurden die Stimmen immer schriller, die Töne immer höher, und eine halbe Minute später war die ganze Szene verändert. Ein menschlicher Sänger hat Mühe, einen kräftigen Ton eine dreiviertel Minute lang zu halten, aber der Kanarienvogel hat viel mehr Ausdauer, wenn er den Sieg erringen will. Das ist umso erstaunlicher, als er eine wesentlich raschere Atemfrequenz hat als unsereins – 90 bis 120 pro Minuten gegenüber 12 bis 18 beim Menschen. Wenn er richtig in

Fahrt ist, möchte er am liebsten überhaupt nicht mehr absetzen, um Luft zu holen. Es soll vorkommen, dass Kanarienvögel sich bei solchen Sängerfesten so anstrengen, dass ihnen eine Ader platzt und sie ihren Ehrgeiz mit dem Leben bezahlen müssen. Gewöhnlich entbrennt der Wettstreit zunächst nur zwischen zwei Vögeln; dann werden nach und nach immer mehr mit hineingezogen, bis das, was als eine Art Liederabend begonnen hat, schließlich in ein wüstes Spektaktel ausartet.

Die Laute, die die Pärchen im Laufe des Tages immer wieder wechselten, hatten zweifellos den Charakter einer Sprache. Dann waren da noch die verschiedenen Rufe, der der Mutter nach ihren Jungen, der des Anführers nach seinen Getreuen und die Tag und Nacht ertönenden Alarmrufe. Am meisten beeindruckt hat mich die große Rede, die Papachen nach dem unseligen Februarabend hielt, wo der größte Teil der Vögel infolge eines dummen Versehens in die Kälte hinausgeflogen war.

Was sollte ich tun? Für alle Fälle setzte ich mich ans Klavier und spielte. Das schien mir am vernünftigsten. Leider blieb der Erfolg an dem Abend aus. Am anderen Morgen bei Tagesanbruch versuchte ich es noch einmal, und siehe da! – kaum hörten die Vögel mein Spiel, kamen sie schon näher. Es kostete sie viel Mut und Anstrengung, denn sie mussten sich jeden Meter mühsam erkämpfen, einmal weil ihnen die Spatzen so zusetzten, und zum anderen, weil sie so lange Flugstrecken, wie sie sie da draußen zurücklegen mussten, gar nicht gewohnt waren. Papachen und zwei seiner Söhne kamen gleich bei den ersten Klängen herein, und dann erlebte ich, was so ein Kanarienvogel alles mit seinem Gesang ausrichten kann, wenn es darauf ankommt. Papachen trommelte die Familie wieder zusammen. Er saß auf dem Fensterbrett und sang und sang, dass man glaubte, ihm müsse die Kehle bersten, und mit der Zeit kehrten seine Schäfchen tatsächlich alle zurück.

Als es abermals Weihnachten wurde, ging ich wieder zum Tierhändler und kaufte den Kanarienvögeln noch einen Genossen. Ich nannte ihn Streifenmännchen. Wie der aus seinem Gefängnis herausschoss! Mit seiner grellgelben und braunen Zeichnung, der kecken Kopfhaltung und dem gewölbten Rücken der reinste Tambourmajor. Er hüpfte an den Rand des Flügels, taxierte, wie weit es bis zu meinem Tisch war, riskierte es und hatte es schon geschafft. Allzu leicht war es

ihm nicht gefallen, sich in der Luft zu halten. Trotzdem flog er, sobald er nach der Landung wieder sicher auf den Beinen stand, gleich zum Schrank weiter.

Eine lähmende Stille breitete sich aus. Auf dem Tisch mit der Zinkplatte vor dem Bücherschrank fraßen noch ein paar, aber dann erstarrten auch sie. Er guckte von oben auf sie herab, gesellte sich zu ihnen. Im Laden hatte er außer Wasser und Körner nicht viel bekommen, aber er wusste offenbar trotzdem, dass es auch noch etwas Besseres gibt. Jedenfalls beschloss er, alles, was er da vorfand, für sich zu reklamieren, und bearbeitete die anderen Vögel so lange mit Schnabelhieben, bis sich alle in die äußersten Ecken des Labors verzogen hatten. Dann machte er sich ruhig über das Futter her.

Das ging so fort. Wenn Streifenmännchen Ei fraß, fraß sonst niemand Ei. Fraß er Banane, durfte kein anderer Banane fressen. Wollte er sich irgendwo niederlassen, wo schon ein anderer saß, musste ihm der Platz machen.

Nach menschlichen Maßstäben war Streifenmännchen ein Rüpel, und doch erwählte just das zarte Streifentöchterchen, das sich zuvor mit keinem anderen gepaart hatte, ihn zum Gefährten. Die beiden waren unzertrennlich. Er wurde auch nach der Hochzeit nicht müde, ihr den Hof zu machen. Alles, was ihm sonst erstrebenswert erscheinen mochte, stellte er hintan, um sich ganz der Geliebten zu widmen. Natürlich schlug er sie manchmal, aber es muss billigerweise gesagt werden, dass ein Leben getrennt voneinander für die beiden ein Leben ohne Sinn gewesen wäre. Sie schwirrten von früh bis spät gemeinsam durch den Raum, immer haarscharf nebeneinander her. Auch die verrücktesten Launen der jungen Dame konnten das gute Einvernehmen nicht trüben. Mit einem Wort, sie waren ein Herz und eine Seele.

Ein Jahr später kaufte ich wiederum zu Weihnachten einen neuen Vogel, ein Weibchen, dem ich den Namen Knusperchen gab. Ihretwegen geschah, was ich nie für möglich gehalten hätte: Streifenmännchen verließ Streifentöchterchen. In den folgenden Wochen beobachtete ich Streifentöchterchen sehr genau, doch wenn sie es sich zu Herzen genommen hatte, dann verbarg sie das, wo keines Menschen Auge es sehen konnte. Sie war quicklebendig und geschäftig wie eh und je und tat, als ginge es sie nichts an, dass Streifenmännchen nun einer anderen getreuer Sklave war.

Knusperchen verstand ihren Mann den ganzen Winter über zu halten. Ich wurde jedoch das Gefühl nicht los – besser gesagt, ich war überzeugt –, dass Streifenmännchen hin und wieder Streifentöchterchen besuchte. Ob diese Sinnesänderung sich bei ihm allmählich vollzog oder ob sie über Nacht eintrat, weiß ich nicht. Was ich weiß, ist, dass Streifenmännchen und Streifentöchterchen am ersten März wieder parallele Striche durch das Labor zogen. Der Mann war zu seiner Frau zurückgekehrt. Streifentöchterchen hatte von ihrer Unternehmungslust nichts eingebüßt. Wenn man sie ansah, hätte man wieder glauben können, es wäre nichts geschehen. Bei ihm war man da nicht so sicher.

Doch zurück zum Gesang. Den vor allem wollte ich ja schildern. Wenn sonntags das Konzert der New Yorker Philharmoniker im Radio übertragen wurde, zog ein anderer Geist in mein Labor ein. Der Radioapparat stand an der Südseite zwischen den Fenstern, und nach einer Weile glaubte man immer, das Orchester sei leibhaftig dort in dem Kasten drin. Da war es dann, als sei der Raum davor ein großer Saal mit den singenden Kanarienvögeln als Publikum ringsum auf den Galerien. Stentor, Papachens Erstgeborener, hatte seinen Stammplatz ganz hinten, dicht unter der Decke. Die anderen Sänger gruppierten sich rechts und links darunter in einem großen Halbkreis. Manchmal sang er ununterbrochen während des ganzen Konzerts, und wenn das Programm seinen Höhepunkt erreichte, ging er am meisten aus sich heraus. ■

EIN JAGUAR IM REGENWALD

Von Feinden umgeben, schlich der Einzelgänger lauernd durch das grüne Dickicht des Amazonasurwaldes.

Franklin Russell

Die bernsteingelben Augen des schwarzen Jaguars blickten hinauf zum majestätischen Laubdach des Amazonasurwaldes. Er sah dicke Lianenstränge, die sich wie mächtige Trossen emporwanden, Orchideen, die aus Baumstammspalten hervorquollen; er sah Ameisenkolonnen die gewaltigen Bäume erklimmen und Gespenstschrecken wie die Wandelnden Blätter, deren Tarnung so meisterlich war, dass in ihrer Flügelzeichnung Wassertröpfchen zu funkeln schienen.

Aus der Nase des Jaguars floss Blut, Blut rann ihm über Flanken und Keulen. Durch sein glänzend schwarzes Fell zogen sich zahlreiche Wunden. Prankenhiebe hatten ihm die Ohren zerfetzt. Nach seinem letzten Kampf mit einem noch größeren Jaguar war er aus dem höher gelegenen, offeneren Waldland nach Süden geflohen in den undurchdringlichen Urwald am Amazonasstrom.

Hier befand er sich in fremdem Gebiet. Er war in einer Gegend aufgewachsen, wo es reichlich Hirsche und Schweine gab. Dort hatte er in einer flachen, aus Geröll und Steinen ausgescharrten Mulde das Licht der Welt erblickt und die folgenden zwei Jahre in der Obhut seiner Mutter verbracht. Jetzt, inzwischen 70 Kilogramm schwer, war er selbstständig geworden und musste als einsamer Jäger eigene Wege gehen.

Der Urwald gehörte jedoch zum größten Teil schon anderen Katzen. Wohl ein Dutzend Mal im Lauf eines Monats war er geschlagen worden. Einmal hatte er einen schnüffelnden Ameisenbär angegangen; da hatte ihn das starke Tier mit seinen krallenbewehrten Schraubstockarmen gepackt und fast erdrückt. Als Junges hatte er gesehen, wie seine Mutter sich auf die krokodilähnlichen Kaimane am Fluss stürzte und ihnen den weichen Unterbauch wegfraß. Doch als er es selbst einmal versuchte, hatte ihn ein fast fünf Meter langer Kaiman mit einem Schwanzhieb ins Wasser geschleudert und dann verfolgt. Der Jaguar entkam nur, weil er so ein hervorragender Schwimmer war.

Nun, nachdem er die ganze Nacht gelaufen war, suchte er nichts als ein Versteck, um sich auszuruhen. Er hörte das Gurgeln des Flusses. Das Netz aus Lianen, Laubdach, Luftwurzeln und Gebüsch um ihn war so dicht, dass es einem riesigen, nur schwach erleuchteten Amphitheater glich, wo Pflanzen über die Tiere triumphiert hatten. In den höchsten Ästen 45 Meter über ihm flüsterte der Wind, und er blieb stehen und lauschte.

Der Jaguar verharrte so lange aufmerksam und reglos, dass er einem seiner Feinde ein Angriffsziel bot. Hoch über ihm hing eine sieben Meter lange Anakonda wie ein Schlinggewächs im Geäst. Der Jaguar nahm eben noch ein bedrohliches Gleitgeräusch wahr, da hatte ihn die Schlange auch schon zu Boden gestoßen. Blitzschnell ringelte sie sich um ihn. Mit tiefen Bissen in die dicke Spirale um seinen Hals befreite der Jaguar seinen Kopf. Doch immer mehr Windungen legten sich um seinen Leib und zogen sich fester und fester zusammen. All seine Kraft gegen den Würger aufbietend, zog der Jaguar langsam den winzigen, zischenden Kopf des Reptils zwischen die Zähne und zermalmte ihn. Die Umschlingung der Riesenschlange lockerte sich. Dann fiel sie von ihm ab.

Die Hinterbeine nachziehend, kroch der Jaguar durch das Unterholz zu einem verborgenen Bach. Geschrei und Gekreisch regneten auf ihn herab. Zwischen den Wipfeln flitzten Scharen bunter Papageien hin und her. Prunkende Morphofalter flatterten am dichten Rankengeflecht entlang. Behutsam schob sich der Jaguar durch ein hohes Bambusdickicht an den Gewässerrand, trank dort und bettete den langen schwarzen Leib neben einen umgestürzten Baumstamm. Nachdem er sich gründlich die Wunden geleckt hatte, döst er ein wenig vor sich hin.

Das Netz aus Lianen, Laubdach, Luftwurzeln und Gebüsch um ihn war so dicht, dass es einem riesigen, nur schwach erleuchteten Amphitheater glich

Gegen Spätnachmittag hatte er sich erholt. Seine Wunden bluteten nicht mehr. Als er verschlafen die Glieder streckte, übertönte ein tiefes Brummen die übrigen Urwaldgeräusche. Vorsichtig ging er in Lauerstellung. Jetzt schlug das Brummen in das laute Gebrüll kämpfender Jaguare um. Der Schwarze knurrte und stieß mehrere halberstickte, keuchende Schreie aus. Dann schnellte er mit einem Satz vom Baumstamm weg.

Er hatte die roten Brüllaffen nicht gesehen, aber er selbst war den Wächtern des Dschungels und Nachahmern seiner Laute nicht entgangen. Nun gaben sie seinen Standort preis. Er sprang auf einen nahen Baum und kletterte rasch hinauf.

Ringsum hallte der wüste Tumult der Affen wider, ein gellender Chor in den oberen Zweigen der Bäume. Der Jaguar hielt inne. Die Affen verstummten, dann fingen sie an zu trillern wie eine Singvogelschar. Schließlich mischte sich das imitierte Kieferknallen der Pekaris in ihr Geschrei.

Das war zu viel für den Jaguar. Sein tiefes, kehliges Aufbrüllen, der wildeste, grausamste Ton im Urwald, brachte die Affen zum Schweigen. Einige flüchteten auf höhere Äste, andere umklammerten einander. Mit einem weichen, kraftvollen Sprung sauste der Jaguar den Stamm entlang. Ein Brüllaffe hatte sich in einem Zweiggewirr versteckt, von wo er weder nach oben noch zur Seite entweichen konnte. Jetzt richtete der Jaguar seinen funkelnden Blick auf ihn.

Zuerst versuchte das erschreckte Tier diesem Blick auszuweichen. Aber immer wieder musste es hinschauen, bis seine Augen von der schwarzen Katze nicht mehr loskamen. Wimmernd und starr vor Angst sah es zu, wie der Jaguar leichtfüßig heraufkletterte. Nun war er heran. Mit einem Prankenschlag tötete er den Affen. Dann streckte er sich auf dem Ast aus und verzehrte die Beute.

Als es dämmerte, tönte das Brüllen eines anderen Jaguars durch den Dschungel. Der Schwarze wartete, sorgsam jedes Geräusch vermeidend, das dem Feind, in dessen Revier er eingedrungen war, seine Anwesenheit verraten hätte. Die schaurigen Schreie der Eulen gellten durch den Regenwald. Millionen Insekten gingen auf nächtliche Jagd. Große Leuchtkäfer schossen winzige Lichtblitze, während sie das dichte Blattwerk durchstöberten. Am Urwaldboden wimmelten in der Dunkelheit pirschende Ameisen und Termiten.

Die Katzen kämpften erbittert, schlugen mit den Krallenpranken zu und stürzten schließlich aus sechs Meter Höhe zu Boden

Dann schnupperte der Jaguar Pekarigestank. Die grimmigen, fast einen Meter langen Nabelschweine waren dem Jaguar zwar einzeln wehrlos preisgegeben, aber im Rudel gefährlich. Stöhnend und mit den Kiefern wie mit Kastagnetten klappernd, stürmten die Pekaris auf die Lichtung unter dem Jaguar. Ihre argwöhnischen kleinen Augen spähten blinzelnd umher. Sogleich hatten sie die Katze erblickt und schlossen zum dichtgefügten Trupp auf.

Fast im selben Augenblick tauchte der andere Jaguar, ein gefleckter, auf einem Ast über der Lichtung auf. Sein wütendes, schnarrendes Knurren übertönte das Klappern der Pekaris, die sich jetzt zum Angriff und gleichzeitig zur Abwehr formierten. Die Front der Rotte bildeten die jüngeren Eber, draufgängerische Tiere, die auch vor einem selbstmörderischen Gruppenvorstoß gegen den Feind nicht zurückschrecken würden. Doch während sie sich sammelten, bemerkten sie den zweiten Jaguar, und das verwirrte sie.

Wenn zwei Jaguare miteinander kämpfen, geht es in der Regel nicht ohne ein langwieriges Ritual ab mit Fauchen, Drohgebärden, Scheinattacken und Täuschungsmanövern. Das blieb jetzt aus. Jäh sprang der Gefleckte von seinem Ast und klomm an einer herabhängenden Ranke empor. Von dort ließ er sich direkt auf den anderen Jaguar fallen. Die Katzen kämpften erbittert, schlugen mit den Krallenpranken zu und stürzten schließlich aus sechs Meter Höhe zu Boden.

In Sekundenschnelle waren die jungen Eber über ihnen. Mit ihren dolchscharfen Eckzähnen rissen sie ihnen das Fell auf. Die Katzen schrieen, hieben auf die Schweine ein, töteten viele und setzten dann zurück auf den Baum. Beide Tiere bemühten sich nun, ihre Kampfarena auf einen Ast zu beschränken. Der schwarze Jaguar erwischte den gefleckten am Gesicht und zog ihm die Hintertatzenkrallen durch die Flanken. Die beiden Tiere schwankten gefährlich auf ihrem Ast, und plötzlich stürzte der Gefleckte abermals zwischen die Schweine.

Der schwarze Jaguar hörte den dumpfen Schlag der Tatzenhiebe, mit denen der Gefleckte die gierigen Schweine verwundete und tötete. Er hörte das Quieken und Grunzen, als die Leiber durcheinander wirbelten. Der Kopf des Gefleckten tauchte aus dem Schweinegewimmel auf. Dann überwältigten ihn die Gegner wieder. Der Aufruhr schwoll erneut an und legte sich schließlich.

Noch eine Stunde lang quirlten die Schweine unten herum, wühlten zwischen den Kadavern und starrten misstrauisch zu der schwarzen Katze empor. Schließlich trotteten sie eines nach dem anderen los und verschwanden im dunklen Urwald.

Der schwarze Jaguar wartete die ganze Nacht. Beim Morgengrauen erhob sich in der Ferne ein Brüllaffenchor. Das Geheul hallte durch den Wald, wurde schwächer, erstarb, nahm wieder zu. Unten am Boden fiel ein breiter Sonnenstrahl auf Hautfetzen und verstreutes Gebein.

Der schwarze Jaguar wartete immer noch. Rings um ihn erwachten die Stimmen des Urwalds in einem Revier, das nun ihm allein gehörte. ■

Leben in der Mauer

Die Liebe des Autors zu den Skorpionen, den scheuesten Bewohnern einer alten Gartenmauer, sorgt in seiner Familie für Aufregung.

Gerald Durrell

Die bröckelige Mauer, die den tiefer liegenden Garten längs des Hauses umgab, war ein ergiebiger Jagdgrund für mich. Es war eine alte Ziegelmauer, die einmal verputzt gewesen war. Jetzt aber war sie grün von Moos, mit Buckeln und Löchern von der Feuchtigkeit vieler Winter. Die ganze Oberfläche war eine verworrene Zeichnung von Rissen, einige davon einige Zentimeter breit, andere so fein wie ein Haar. Hier und da hatten sich große Stücke losgelöst und die rosaroten Ziegel freigelegt, die wie Rippen darunter lagen. Wenn man genau hinsah, gab es auf dieser Mauer eine richtige Landschaft. Die Dächer hunderter kleiner Giftpilze, roter, gelber und brauner, bildeten an den feuchteren Stellen Flecken, die wie Dörfer aussahen. Hügel aus flaschengrünem Moos wuchsen in so symmetrischen Tuffs, als ob sie gepflanzt und gestutzt worden wären. Wälder kleiner Farne sprossen aus den Spalten im Schatten und neigten sich schmachtend wie winzige grüne Fontänen. Die Mauer oben war verlassenes Land, zu trocken für irgendetwas außer einigen rostroten Moosen, zu heiß für alles außer für Sonnenbäder der Libellen. Am Fuß der Mauer wuchs eine Fülle von Pflanzen. Alpenveilchen, Krokus und Asphodill zwängten ihre Blätter durch die Haufen zerbrochener und zersplitterter Dachziegel, die dort lagen. Der ganze Streifen wurde von einem Labyrinth von Brombeeren bewacht, im Spätsommer von Früchten behangen, die prall und saftig waren und schwarz wie Ebenholz.

Die Bewohner der Mauer waren ein zusammengewürfelter Haufen. Es waren Tag- und Nachtarbeiter, Jäger und Gejagte. Bei Nacht jagten die Kröten, die unter den Brombeeren hausten, und die Geckos, die bleich und durchsichtig mit vorgequollenen Augen in den höher gelegenen Spalten der Mauer lebten. Ihre Beute war das Volk der dummen, geistesabwesenden Bachmücken, die summend ihren Weg durch die Blätter steuerten; Motten aller Größen und Formen, gestreifte, gewürfelte, karierte, gefleckte und bekleckste Motten, die in leichten Wolken um den verwitterten Bewurf flatterten; und Käfer, die, rundlich und korrekt gekleidet wie wohlbeleibte Geschäftsleute, voll Emsigkeit ihrer Nachtarbeit nachgingen. Wenn das letzte Glühwürmchen sein kaltes Smaragdlämpchen über die Mooshügel zu Bett geschleppt hatte und die Sonne aufging, wurde die Mauer von der anderen Gruppe übernommen. Bei diesen war es schwerer, zwischen Beute und Räuber zu unterscheiden, denn jeder schien unterschiedslos jeden zu fressen. So suchten die Grabwespen nach Raupen und Spinnen, die Spinnen jagten nach Fliegen, die großen gebrechlichen Libellen in roten Jagdröcken ernährten sich von den Spinnen und Fliegen, und die geschwinden, geschmeidigen und vielfarbigen Eidechsen in der Mauer fraßen alles.

Die Allerscheusten und Unauffälligsten der Mauergemeinschaft waren die Gefährlichsten. Man sah sie fast nie, wenn man nicht nach ihnen suchte, und doch müssen einige hundert in den Mauerspalten gelebt haben. Man fahre mit einer Messerklinge sorgfältig unter ein loses Stück Mörtel und hebe es vorsichtig von dem Ziegel ab. Dann wird man darunter einen kleinen, zwei Zentimeter langen Skorpion finden, der aussieht, als sei er aus glänzender Schokolade. Es waren unheimliche kleine Dinger, mit ihren flachen ovalen Körpern, mit ihren niedlichen krummen Beinen und den riesigen krebsartigen Scheren, die sauber gerundet wie ein Panzer zusammengefügt waren. Der Schwanz sah aus wie eine Kette brauner Perlen und endete in einem Stachel wie ein Rosendorn. Der Skorpion lag ganz still da, wenn man ihn beobachtete. Er hob nur seinen Schwanz mit einer Bewegung, die halb Verteidigung, halb Warnung war, wenn man ihn zu stark anhauchte. Setzte man ihn zu lang der Sonne aus, kehrte er einem einfach den Rücken, ging davon und glitt langsam und entschlossen unter eine andere Stelle des Mörtels.

Ich gewann diese Skorpione lieb. Ich entdeckte, dass sie freundliche, anspruchslose Geschöpfe waren und im Allgemeinen die reizendsten Manieren hatten. Vorausgesetzt, dass man nichts Törichtes und Ungeschicktes tat – ihn zum Beispiel mit der Hand berührte –, behandelte einen der Skorpion voller Respekt. Er hatte nur einen Wunsch, fortzukommen und sich so schnell wie möglich zu verstecken. Sie müssen mich als rechte Plage empfunden haben, denn ich brach immer Mörtelstücke heraus, um sie zu beobachten, oder ich fing sie und ließ sie in Marmeladengläser herumspazieren, um zu sehen, wie ihre Füße sich bewegten.

Durch meine plötzlichen und unvorhergesehenen Angriffe auf die Mauer entdeckte ich eine Menge über die Skorpione. Ich fand heraus, dass sie Schmeißfliegen fraßen, obgleich es mir stets ein Rätsel blieb, wie sie sie fingen, Grashüpfer, Motten und Florfliegen. Mitunter ertappte ich sie dabei, wie sie sich gegenseitig verschlangen, eine Angewohnheit, die ich bei einem sonst so tadellosen Wesen höchst abstoßend fand.

Nachts hockte ich mit einer Taschenlampe unter der Mauer, und es gelang mir, einige kurze Blicke auf die wundervollen Liebestänze der Skorpione zu werfen. Sie standen mit ineinander gelegten Scheren und aufgerichtetem Körper da, die Schwänze liebend verflochten, Schere in Schere walzten sie langsam im Kreis zwischen den Moosplatten herum. Aber der Anblick dieser Vorführung war viel zu kurz, denn sobald ich die Taschenlampe anknipste, hörten die Partner auf, hielten einen Augenblick an, und wenn sie sahen, dass ich das Licht nicht löschte, drehten sie sich um und schritten, Schere in Schere und Seite an Seite, entschlossen von dannen. Es waren unzweifelhaft Tiere, die es vorzogen, unter sich zu bleiben. Wenn ich eine

Kolonie von ihnen in Gefangenschaft hätte halten können, hätte ich wahrscheinlich den ganzen Liebestanz sehen können, aber die Familie hatte mir verboten, Skorpione im Haus zu halten, trotz allem, was ich zu ihren Gunsten vorbrachte.

Dann fand ich eines Tages ein fettes Skorpionweibchen in der Mauer, das auf den ersten Blick einen lichten, rehfarbenen Pelz zu tragen schien. Eine eingehende Besichtigung ergab, dass dies merkwürdige Kleidungsstück aus einer Unzahl winziger Babys zusammengesetzt war, die sich an den Rücken der Mutter klammerten. Ich war begeistert von dieser Familie und entschloss mich, sie ins Haus und in mein Schlafzimmer hinaufzuschmuggeln, damit ich sie behalten und beobachten konnte, wie sie heranwuchsen. Unendlich behutsam beförderte ich Mutter und Familie in eine Zündholzschachtel und eilte dann ins Haus. Es war Pech, dass gerade, als ich zur Tür hereintrat, das Mittagessen aufgetragen wurde. Daher stellte ich die Zündholzschachtel vorsichtig auf den Kamin im Wohnzimmer, damit die Skorpione ja genügend Luft bekämen. Ich ging ins Speisezimmer hinauf und setzte mich mit der Familie zum Essen. Ich trödelte bei der Mahlzeit, fütterte Roger verstohlen unter dem Tisch, hörte der Unterhaltung zu und vergaß darüber völlig meine aufregende Neuerwerbung. Als Larry fertig war, holte er aus dem Wohnzimmer die Zigaretten. Er lehnte sich im Sessel zurück, steckte eine in den Mund und griff zur Zündholzschachtel, die er mitgebracht hatte. Ohne das nahende Verhängnis zu ahnen, beobachtete ich ihn interessiert, als er noch mitten im Redefluss die Zündholzschachtel öffnete.

Nun halte ich bis auf den heutigen Tag fest, dass der weibliche Skorpion nicht gefährlich ist. Dieser war aufgeregt und ein wenig verärgert, weil er so lange eingesperrt war, und so ergriff er die erste Gelegenheit, um zu entwischen. Er wand sich mit großer Geschwindigkeit aus der Schachtel, mit den Jungen, die sich verzweifelt an ihn klammerten, und krabbelte auf Larrys Handrücken.

Dort blieb er, nicht ganz sicher, was er tun sollte, den Stachel zum Angriff gekrümmt. Larry, der das Gekrabbel fühlte, schaute nach, was es sei, und von diesem Augenblick an wurden die Dinge zusehends verwickelter.

Er stieß einen Schreckensschrei aus, sodass Lugaretzia eine Schüssel fallen ließ und Roger mit wildem Gebell unter dem Tisch hervorstürzte. Mit einem Schlenker der Hand schüttelte er den unglücklichen Skorpion ab, der über den Tisch flog und mitten zwischen Margo und Leslie landete. Die Jungen wurden wie Konfetti umhergestreut, als er auf dem Tischtuch aufschlug. Bis ins Tiefste über diese Behandlung empört, eilte das Tier auf Leslie zu, und sein Stachel zitterte vor Erregung. Leslie sprang auf, warf seinen Stuhl um und schlug verzweifelt mit seiner Serviette um sich. Dadurch rollte der Skorpion auf Margo zu, die ein Geheul ausstieß, das jeder Lokomotive zur Ehre gereicht hätte. Mutter, die völlig verwirrt war über diesen plötzlichen und schnellen Wechsel von Frieden zu Aufruhr, setzte ihre Brille auf und blickte über den Tisch, um zu sehen, was diesen Höllenlärm verursacht hätte. Gerade in dem Augenblick goss Margo bei dem vergeblichen Versuch, den Vormarsch des Skorpions aufzuhalten, ein Glas Wasser auf ihn. Die Dusche verfehlte das Tier, durchnässte Mutter aber erfolgreich, die kaltes Wasser nicht vertragen konnte. Es verschlug ihr sofort den Atem. Sie saß keuchend am Ende der Tafel und war nicht einmal fähig zu protestieren. Der Skorpion war jetzt unter Leslies Teller gekrochen, die Jungen schwärmten wie wild über den ganzen Tisch aus. Roger, durch diese Panik verwirrt, war entschlossen, sein Teil dazu beizutragen, und rannte mit hysterischem Bellen im Zimmer umher.

Roger und ich verbrachten den Nachmittag am Hang, denn mir schien es klug, der Familie einen Nachmittagsschlaf zu gönnen, ehe ich sie wiedersah

„Immer der verflixte Bengel“, brüllte Larry.

„Pass auf! Pass auf, sie kommen!“ schrie Margo.

„Alles, was wir brauchen, ist ein Buch“, schrie Leslie, „erschreckt ihn nicht, erschlagt ihn mit einem Buch.“

„Was ist nur mit euch los?“ schimpfte Mutter und wischte ihre Brille ab.

„Der verflixte Bengel – er wird uns alle umbringen … Schau dir den Tisch an – übersät mit Skorpionen.“

„Schnell, schnell – los … Pass auf, pass auf!“

„Hör auf zu kreischen, und hol um Himmels willen ein Buch … Du bist ärger als der Hund – hör auf, Roger …"

„Gott sei Dank bin ich nicht gebissen worden …"

„Pass auf, da ist wieder einer … Schnell – schnell!"

„Oh, hör endlich auf und bring mir ein Buch oder sonst was …"

„Aber wie sind die Skorpione auf den Tisch gekommen, Liebster?"

„Dieser verdammte Junge – jede Zündholzschachtel im Haus ist eine Todesfalle …"

„Pass auf, er kommt zu mir … Schnell, schnell mach schon …"

„Schlag ihn mit dem Messer tot – mit dem Messer – los, schlag zu …"

Da niemand sich die Mühe gemacht hatte, Roger den Vorgang zu erklären, stand er unter dem irreführenden Eindruck, die Familie werde angegriffen, und es sei seine Pflicht, sie zu verteidigen. Da Lugaretzia die Einzige im Raum war, die nicht zur Familie gehörte, schloss er, dass sie der schuldige Teil sein müsse, und biss sie in den Knöchel. Auch das half der Sache nicht viel weiter.

Mittlerweile war wieder eine gewisse Ordnung hergestellt worden, alle Skorpione hatten sich unter den verschiedenen Tellern und Bestecken verkrochen. Schließlich wurde auf meine leidenschaftlichen Bitten hin, mit Mutters Unterstützung, Leslies Vorschlag, man solle sie alle erschlagen, abgewiesen. Während die Familie, die noch immer vor Wut und Angst kochte, sich ins Wohnzimmer zurückzog, verbrachte ich eine halbe Stunde damit, die Jungen einzukreisen, sie mit einem Löffel aufzulesen und auf den Rücken ihrer Mutter zurückzusetzen. Dann trug ich sie, sehr gegen meinen Willen, auf einer Untertasse hinaus und gab ihnen auf der Gartenmauer ihre Freiheit wieder. Roger und ich verbrachten den Nachmittag am Hang, denn mir schien es klug, der Familie einen Nachmittagsschlaf zu gönnen, ehe ich sie wiedersah. Die Folgen dieses Erlebnisses waren mannigfaltig. Larry entwickelte eine Animosität gegen Zündholzschachteln und öffnete sie nur mit größter Vorsicht und mit einem Taschentuch um die Hand. Lugaretzia humpelte im Haus herum, den Knöchel in meterlange Binden gewickelt, noch Wochen, nachdem der Biss geheilt war. ■

Das alte Jagdpferd

Mr. Mullen, der Morrissey auf einer Auktion ersteigert hatte, wurde um das alte Jagdpferd nicht beneidet, dennoch versetzte es alle in Erstaunen.

Liam O'Flaherty

Mr. Stephan Mullen, Pferdehändler aus Ballyhaggard, fuhr eines Tages auf eine Auktion. Er war groß und schlank und hatte ein rotes Gesicht und weiße Augenbrauen. Da er wegen seines trockenen Humors und seiner ständigen guten Laune beliebt war, traf er in der Stadt, in der die Auktion abgehalten wurde, viele Freunde. Das Ergebnis war, dass er den ganzen Morgen trinkend verbrachte. Leicht angesäuselt erschien er auf der Auktion, als schon alle Tiere verkauft waren, abgesehen von einem alten Jagdpferd namens Morrissey.

Mr. Mullen trat zu dem Auktionator, auch einem Freund, und fragte ihn, ob er noch etwas für ihn habe. Der Auktionator deutete auf das alte Jagdpferd.

„Das ist der Rest", sagte er.

„Was ist denn das?" rief Mr. Mullen, legte den Kopf auf die Seite und kniff ein Auge zu.

„Hoho!" sagte der Auktionator. „In dem alten Knaben steckt mehr Feuer als in manchem Vulkan. Ich will dir nämlich mal was sagen: Die Ladenjünglinge und Bankbeamten, die sich heutzutage mit ihrem unredlich erworbenen Geld ein Pferd kaufen, verstehen nichts …"

„Hü-Hott!“ rief Mr Mullen. „Wolln ihn mal besichtigen! Vielleicht gebe ich dir so viel für ihn, dass du dir einen Schoppen leisten kannst.“

Sie traten auf das Pferd zu. Es war ein gut gebautes Tier, aber es sah genauso aus wie ein Mann, der nach einem ersten Nervenzusammenbruch das Sanatorium verlässt. Die Knochen stachen durchs Fell, und obwohl der Gaul den Kopf hoch trug, konnte man doch sehen, dass er's nur aus Respekt vor seinem Stammbaum tat und nicht etwa aus Kraftüberschwang.

„Nun sieh dir das an!“ sagte Mr. Mullen. „Den hast du wohl von nem Kesselflicker gekauft?“

„Gott bewahre!“ wehrte sich der Auktionator. „Der Bursche hat einen Stammbaum – so lange wie mein Arm! Komm, sieh ihn dir an!“

„Lass nur“, winkte Mr. Mullen ab, „was nützt der Stammbaum einem lebenden Leichnam? Vielleicht braucht jemand Futter für seine Meute und gibt dir ein paar Schilling?“

„Nun lass bloß die Possen“, sagte der Auktionator, „und kauf's, wenn du es haben willst. Ich brauche dir nicht zu erzählen, was ein Pferd ist: Den Unterschied von einem Pferd und einem Maulesel kennst du. Mann Gottes, ein paar tüchtige Mahlzeiten, und der Bursche sieht so verändert aus, dass ihn niemand wiedererkennt! Sieh dir mal seine …“

„Jawohl ja“, nickte Mullen, „wollen uns mal was ansehen, nämlich sein geehrtes Innere. Sicher hat er ein Raucherherz, und seine Leber ist wahrscheinlich mit dem allerbesten Seidenfaden zusammengeflickt. Wenn ich ihn kaufe, gibst du mir dann ein Fuhrwerk, auf dem ich ihn nach Hause befördern kann?“

„Ach so, du willst mich bloß zum Narren halten“, murrte der Auktionator und wandte sich zum Gehen.

„Also meinetwegen“, lenkte Mullen ein. „Ich mach dir einen Vorschlag.“

„Was für einen?“ rief der Auktionator und drehte sich rasch um.

„Ich hab dreißig Shilling bei mir“, sagte Mullen und zog seine weißen Augenbrauen zusammen, „die sollst du allesamt haben, auch wenn's die reinste Geldverschwendung ist!“

Der Auktionator spitzte den Mund und starrte Mullen ein paar Sekunden lang an, als sei er vom Donner gerührt.

„Ist das dein Ernst?“ fragte er dann.

Mullen nickte.

„Nimm ihn, nimm ihn um Gottes willen!“ rief der Auktionator.

Mr. Mullen bezahlte und nahm den Gaul mit nach Hause. Er führte ihn neben seinem eigenen Pferd her, und es war ein verteufeltes Stück Arbeit, den Gaul zu bändigen. Junge, Junge, wie er die Nase in den Wind steckte und mit den Zähnen knirschte und sich bäumte und lospreschen wollte!

„Meine Güte", dachte Mullen, „was für ein Prachtkerl! Wenn er bloß nicht so alt wäre!"ihm die Beine wieder gelenkig machen!"

Am Abend ging Mullen zu einer Einladung, und es wurde schwer getrunken. In seiner Bezechtheit prahlte er und erzählte von dem alten Jagdpferd, das er für dreißig Shilling erstanden habe. Alle verspotteten ihn, und da prahlte er noch mehr und brüstete sich, er würde den alten Gaul am nächsten Tag zur Fuchsjagd mit der Ballyhaggard-Meute reiten.

Wenn dort in der Gegend Fuchsjagd ist, erscheinen sie alle. Von Lord Clonmore angefangen bis hinunter zum Metzger von Murren. Und alle möglichen Schreckgespenster von Pferden erschienen, ja Mr. Harrison, der junge protestantische Hilfspfarrer, beteiligte sich sogar mal auf einem Karrenpferd, das ihm ein Halunke namens Donnelly als irisches Jagdpferd angedreht hatte. Seit dem Krieg leben in der Gegend dort oben alle möglichen Leute, sodass, wie Mr. Mullen sagte, „von Rasse heutzutage keine Rede mehr sein kann". Als aber Mr. Mullen selber nun auf Morrissey erschien, waren sich alle einig, dass die Welt noch nie ein so erstaunliches Vieh gesehen habe.

Von den Anstrengungen des gestrigen Tages war der alte Gaul ganz steif geworden. Doch er trug den Kopf immer noch hoch und wieherte, als er Mr. Mullen sah

„Bravo, Mullen!" rief Lord Clonmore, „die Toten stehen auf, wie?"

Mr. Mullen war schwer beleidigt. Aber als die Kavalkade aufbrach, beim Zeus, wie wunderbar benahm sich da der alte Morrissey! Wie ein Vollblutpferd von der alten Schule bewies er mit jedem Zoll, was an ihm dran war. Er sprang so mühelos über Gräben und Zäune, als wäre er eins von den berühmten Galway-Blazers, jenen herrlichen Pferden, die sich eine Woche lang von einer einzigen Rübe ernähren können und trotzdem über ein Sumpfloch springen, ohne sich die Fesseln nass zu machen. Mr. Mullen stärkte sich von Zeit zu Zeit mit belebenden Getränken und ritt infolgedessen noch waghalsiger als sonst. Das alte Jagdpferd aber trug ihn den ganzen Tag, ohne ein einziges Mal zu stolpern – bis er zuletzt, kurz vor dem Finish, etwa eine Meile außerhalb der Stadt an den Schmutzgraben kam, der die Abwässer des Armenhauses abführt. In der ganzen Welt kann es keine Kloake geben, die so schmutzig ist und so stinkt.

Als nun Morrissey diesen Schmutzgraben erreicht hatte, stutzte er. Zweifellos war das Tier zu vornehm erzogen, und so ein Gestank war ihm noch nie vorgekommen. Er stutzte so plötzlich, dass Mr. Mullen sich überschlug und Hals über Kopf in die stinkende Suppe fiel. Ein paar Zuschauer erschienen, als Mr. Mullen unversehrt herauskrabbelte. Die Leute wanden sich in Lachkrämpfen. Er sah unbeschreiblich, ja sogar unkenntlich aus. Morrissey neigte sein Haupt, schnupperte an seinem Herrn und machte in tollem Galopp kehrt.

„Dem ist übel geworden!“ lachte ein rothaariger Bauer.

„Gemeine Bande!“ schalt Mr. Mullen, rappelte sich auf die Beine und streckte die tropfenden Hände aus, die so schwarz und schleimig waren, als hätte er sie in Teer getaucht.

Morrissey wurde eingefangen und wieder in den Stall geführt. Mr. Mullen ging nach Hause, ließ sich mit dem Gartenschlauch absprengen und nahm ein Bad. Inzwischen war sein Ärger verraucht, und er konnte über den Jux lachen. Am nächsten Morgen ging er in den Stall und besah sich den alten Morrissey. Von den Anstrengungen des gestrigen Tages war der alte Gaul ganz steif geworden. Doch er trug den Kopf immer noch hoch und wieherte, als er Mr. Mullen sah. Da wurde Mr. Mullen weich ums Herz.

„Verdammt noch eins“, sagte er zum Stalljungen, „er ist ein großartiger alter Gaul! Ich will ihn an den Strand bringen: Das Salzwasser wird ihm die Beine wieder gelenkig machen!“

Er ritt auf Morrissey an den Strand. Es war herrliches Wetter, doch die Grunddünung war ziemlich stark, sodass sich die Wogen mit Donnergetöse am Strand überschlugen. Dieses Donnergetöse und der bedrohliche Anblick der dunkelgrünen Wellen, die so dicht vor dem Strand jählings ein paar Fuß hoch aufstiegen und mit dumpfem Dröhnen niederschlugen, jagten dem Pferd entsetzliche Angst ein. Es war nicht zu überreden, in die Flut hineinzuwaten. Endlich war es Mullen gelungen, seinen Gaul dicht an die Brandung zu führen, und zwar in jenem Augenblick, als die Hauptwoge besonders weit zurückgeflutet war, wie sie das nach einer bestimmten Anzahl von kurzen Wellen ja immer tut. Doch als der Gaul noch herumstampfte und schnaubte und aus dem Wasser wollte, erhob sich unversehens eine riesige Welle und bedeckte ihn fast völlig. Morrissey war durch diese Sturzflut unter seinem Bauch so verwirrt, dass er, anstatt sich an Land zu retten, sich ins offene Meer warf. Mr. Mullen wollte ihn herumreißen, doch vergebens. Und schon erhob sich eine ebenso riesige Welle und ging über Reiter und Ross hinweg, sodass sich beide überschlugen. Mr. Mullen wurde aus dem Sattel geworfen und verstrickte sich irgendwie in den Beinen des Tieres. Als er sich befreit hatte und an die Oberfläche kam, war das Pferd schon fünf Meter weiter weg, und Mr. Mullen hatte keinen Grund mehr unter den Füßen. Er schwamm ein paar Stöße, bekam Grund und Blickte sich um. Da war sein Gaul: Mit aller Kraft schwamm er aufs offene Meer hinaus!

„Barmherziger Gott!“ schrie Mullen. „Er hat für zehn Pfund Sterling Sattelzeug auf dem Rücken!“ Mr. Mullen hastete den Strand hinauf und rief ein paar Bootsleute zusammen.

„Gotts Donner!“ staunten sie, als sie die dunkle Masse gewahrten, die sich wie ein dunkler Delphin auf- und abschaukelnd von dannen machte. Sie schoben schnell ein Boot über den Sand und fuhren hinter dem Pferd her. Als sie fast eine Meile hinausgerudert waren, sahen sie, dass der Gaul auf sie zukam.

„Da ist er!“ schrie einer von den Bootsleuten.

„Er treibt natürlich“, sagte Mullen. „Dreht mal bei und nehmt ihm das Sattelzeug ab!“

„Der treibt nicht – er schwimmt wie ein Held!“ rief einer.

„Mein Gott!“ flüsterte Mullen.

Sie waren alle ganz sprachlos und legten sich in die Riemen, während Morrissey an ihnen vorüberjagte und aufs Land zielte – aber in was für einem Tempo! Sie folgten ihm, und als sie landeten, stand Morrissey da und zitterte und war erschöpft. Mullen nahm den Hut ab und schlug sich auf den Schädel.

„So was von Pferd ist noch nie dagewesen!“ rief er. „Da muss ich ’ne Flasche Whisky spendieren! Bitte schön, meine Herren!“

Von da an waren Mr. Mullen und der Gaul, der zur See ging, in der ganzen Gegend berühmt, sodass Mullen das Tier immer lieber gewann und es den Winter über mit reichlich gutem Futter im Stall hielt. Doch unternahm er keine weiteren Versuche, es zu reiten. Und obwohl sich der Ruhm des Pferdes weithin im Land verbreitete, machte kein Mensch ein Angebot. Denn wenn es auch dafür berühmt war, eine Meile weit hinaus und wieder zurückgeschwommen zu sein, so war es doch auch dafür berühmt, Mr. Mullen in den Schmutzgraben vom Armenhaus geworfen zu haben. Jeder Käufer bewunderte Morrissey – und ging weiter. Dann aber kam Mr. Stanley Edwards ins Städtchen.

Mr. Mullen und der Gaul, der zur See ging, wurden in der ganzen Gegend berühmt, sodass Mullen das Tier immer lieber gewann

Mr. Edwards könnte genau wie Morrissey ein alter Klepper genannt werden. Alljährlich verbrachte er den größten Teil des Jahres in Sanatorien. Den Rest des Jahres vertrieb er sich die Zeit mit extravaganten Vergnügungen, die nicht immer zum Besten gewählt waren. Sein Geld war im Lande „eingefroren“, ansonsten er höchstwahrscheinlich nie auch nur eine Woche hier verlebt hätte. Doch wenn er in London kräftig herumgekneipt hatte, musste er immer wieder nach Irland zurückkehren und Geld loseisen. Nach einem solchen Gelage mit anschließendem Sanatoriumsaufenthalt mietete er eine Villa in Ballyhaggard, um die stärkende Seeluft zu genießen. Wenige Tage nach seiner Ankunft suchte er Mr. Mullen auf. Mr. Mullen betrachtete ihn von oben bis unten und war verwundert, dass ein solcher Schwächling überhaupt etwas von ihm wollte.

„Und was kann ich für Sie tun?“ fragte er. „Sehen Sie“, sagte Mr. Edwards, „ ich muss ein paar Monate in dieser gräulichen Stadt leben. Ich bin krank, und ich habe nur sehr wenig Geld. Seit drei Tagen bin ich jetzt hier, und es hängt mir schon zum Hals heraus, immer am Strand auf- und abzurennen und mich mit den Idioten dort zu unterhalten. Ich möchte ein Pferd haben. Können Sie mir eins besorgen?“

„Mal überlegen“, erwiderte Mullen und sah ihn schlau an. „Es soll ein sanftes Tier sein, was?“

„Ich will ein Pferd haben“, erklärte Mr. Edwards eigensinnig, „einerlei was für eins. Es wäre keine üble Idee, wenn ich mir dabei das Genick bräche.“

„Ich verstehe“, rief Mr. Mullen. „Ich glaube, ich habe genau das, was Sie suchen!“

„Oh, halt mal!“ warf Mr. Edwards etwas nervös ein. „Ich meinte nicht, dass ich nun durchaus … eh … ein verrücktes Tier haben will. Sondern … eh … eigentlich…“

„Überlassen Sie es mir!" beruhigte ihn Mullen. „Sie können es ausprobieren, ehe sie es kaufen!"

Morrissey wurde aus dem Stall geholt, und Mr. Edwards bestieg ihn und ritt davon.

Mr. Mullen sah den beiden nach, kratzte sich das Kinn und dachte im Stillen, er wäre recht froh, wenn er eine Fünfpfundnote für Morrissey bekäme.

Nach einer Stunde war Mr. Edwards wieder da – verschwitzt, aber sehr glücklich. Ein munterer einstündiger Trab bei schönem Wetter auf einem Vollblüter kann beinahe eine Leiche wieder zum Leben erwecken.

„Ging er gut?" Mr. Mullen lächelte sein gewinnendstes Lächeln, als er es fragte.

„Herrlich", rief Mr. Edwards, brachte das Pferd zum Stehen und wischte sich den Schweiß ab, als wollte er gar nicht absteigen. „Wie viel wollen Sie dafür?"

„Im Notfall bin ich mit dreißig Pfund zufrieden", antwortete Mullen, nachdem er scheinbar ernsthaft kalkuliert und Mr. Edwards angesehen hatte, als erweise er ihm einen besonderen Gefallen, der ihn sauer genug ankäme.

„Oh!" rief Mr. Edwards ein wenig überrascht.

Dann stieg er ab und sah Mr. Mullen seltsam an.

„Es ist furchtbar viel Geld", sagte er.

„Tja", sagte Mullen und hob die Hand, „ein Ross ist nun mal kein Fahrrad!"

„Stimmt schon", erwiderte Mr. Edwards. „Aber wollen ihn mal betrachten!"

Er ging um das Pferd herum und ließ seine Hand über verschiedene Körperstellen des Pferdes gleiten. Mr. Mullen bemerkte mit Genugtuung, dass es die verkehrten Stellen waren. Dann trat Mr. Edwards etwas zurück und betrachtete das Pferd von weitem. Es schien ihm schwer zu fallen, sich von dem Tier zu trennen. Mullen wurde immer vergnügter.

Endlich sagte Mr. Edwards: „Ich möchte morgen wiederkommen, und ihn noch einmal reiten. Darf ich?“

„Oh, natürlich“, sagte Mr. Mullen sehr liebenswürdig. „Wollen Sie sich jetzt seinen Stammbaum ansehen?“

„Was, hat er einen Stammbaum?“

„Meine Güte, ja, einen meterlangen“, sagte Mullen.

Hier muss eingefügt werden, dass Mr. Edwards sich Autos anstelle von Pferden hielt und nichts von Tieren verstand. Daher erschien ihm ein Stammbaum als ein genauso einwandfreies Garantiezeichen wie die Fabrikmarke auf einem Rolls-Royce.

„Lassen Sie mal sehen!“ sagte er.

Mr. Mullen holte den Stammbaum, und Mr. Edwards prüfte ihn. „In dem Fall“, sagte er, „kaufe ich das Tier sofort!“

Während Mr. Edwards den Scheck ausschrieb, dachte Mr. Mullen: „... als wenn man einem Kind die Milch wegnimmt!“

Alle Welt erwartete, dass Mr. Edwards sich das Genick brechen würde, und manche Leute fanden, Mullen habe gemein an dem armen Menschen gehandelt. Aber den ganzen Sommer hindurch waren Pferd und Reiter fast täglich zu sehen, wie sie in glänzender Verfassung dahintrabten. Mr. Edwards war ein neuer Mensch geworden. Ob es nun die Seeluft oder die Ritte waren, jedenfalls erholte er sich prächtig. Er wurde nicht gerade robust, doch war er kein Patient mehr. Kurz bevor er die Stadt verließ, ging er zu Mr. Mullen:

„Wissen Sie was? Morrissey hat mir das Leben gerettet!“

„Freut mich“, sagte Mullen, ohne mit der Wimper zu zucken. ■

Das Gänsekind Martina

Kaum war das Graugansküken aus dem Ei geschlüpft, schloss es sich eng an Konrad Lorenz an, der ihm den Namen Martina gab. Sie hielt den Verhaltensforscher für ihre Mutter und wich nicht mehr von seiner Seite. Die neue Rolle als Gänsemutter machte ihn um eine Erkenntnis reicher – auch ein Gänsekind großzuziehen ist nicht leicht.

Konrad Lorenz

Heute war der große Tag. Neunundzwanzig Tage lang hatte ich auf meinen zwanzig kostbaren Wildganseiern gebrütet. Das heißt, selbst gebrütet hatte ich nur die letzten zwei Tage, die vorher hatte ich mich auf eine dicke, weiße Hausgans und eine ebenso dicke und weiße Truthenne verlassen, die das viel lieber und sachgemäßer taten als ich. Erst für die beiden letzten Tage also hatte ich der Truthenne die zehn mattweißen Eier weggenommen und in meinen Brutapparat gelegt. (Die Hausgans musste mit ihren zehn selbst fertig werden.) Ich wollte nämlich das Schlüpfen der Kinder genau überwachen. Und nun war es soweit.

Wichtige Dinge müssen in so einem Wildgansei vor sich gehen. Legt man das Ohr daran, hört man es drinnen knacken und murksen, und jetzt, ja jetzt hörst du ganz deutlich ein leises, süß flötendes „Piep". Erst eine Stunde später hat das Ei ein Loch, und in diesem Loch sieht man das erste, was vom neuen Vogel zu sehen ist: die Nasenspitze mit dem darauf sitzenden Eizahn. Die Bewegung des Kopfes, mit welcher der Eizahn von innen her gegen die Eihülle gedrückt wird, bewirkt nicht nur ein Aufknacken der Schale, sondern hat auch eine Bewegung des zusammengerollt darin liegenden Vögelchens zur Folge, das sich auf diese Weise langsam und ruckweise um die Längsachse des Eies dreht. Der Eizahn bewegt sich also innen an der Eischale entlang und bricht eine zusammenhängende Reihe von Lücken, bis schließlich, wenn der Kreis geschlossen ist, das ganze stumpfe Ende der Eischale von einer Streckbewegung des Halses abgehoben werden kann.

Mühselig und langsam befreit sich der lange Hals, der das schwere Köpfchen noch nicht frei zu tragen vermag. Weitere Stunden dauert es, bis die kleine Gans erstmalig ihren Kopf frei und aufrecht tragen kann.

Sie grüßte genau, aber auch schon haargenau wie eine erwachsene Graugans und wie sie es noch tausende Male in ihrem Leben tun wird

Das nasse Etwas, das hier aus der Schale kriecht, sieht unglaublich hässlich und geradezu bedauernswert aus, vor allem aber nasser, als es wirklich ist. Fühlt man es nämlich an, so spürt man es nur feucht. Der Eindruck, das armselige Federkleidchen sei nass und verklebt, entsteht dadurch, dass jede Daunenfedern noch eng zusammengefaltet in einer hauchdünnen Hülle steckt. Trocknen diese Federhüllen, zerfallen sie zu Staub und geben die eingeschlossenen Daunen frei. Das Platzen der Federhülsen wird natürlich durch die Bewegungen des frisch geschlüpften Jungvogels gefördert und beschleunigt, der sich „gegen den Strich" an Geschwistern und Bauchgefieder der brütenden Mutter reibt. Fehlt diese Reibung, wie bei meiner ersten, im Brutkasten geschlüpften Graugans, bleiben die Federhülsen länger als gewöhnlich erhalten.

Meine erste kleine Graugans war also auf der Welt, und ich wartete, bis sie unterm elektrischen Heizkissen, das den wärmenden Bauch der Mama ersetzen musste, so weit erstarkt war, dass sie den Kopf aufrecht zu tragen und ein paar Schrittchen zu gehen imstande war.

Den Kopf schief gestellt, sah sie mit großem, dunklem Auge zu mir empor. Mit *einem* Auge, denn wie die meisten Vögel fixiert auch die Graugans, will sie etwas ganz genau sehen, einäugig. Lange, sehr lange sah mich nun das Gänsekind an.

Und als ich eine Bewegung machte und ein kurzes Wort sprach, löste sich mit einem Male die gespannte Aufmerksamkeit, und die winzige Gans *grüßte*: Mit weit vorgestrecktem Hals und durchgedrücktem

Nacken sagte sie sehr schnell und vielsilbig den graugänsischen Stimmfühlungslaut, der beim kleinen Küken wie ein feines, eifriges Wispern klingt. Sie grüßte genau, aber auch schon haargenau wie eine erwachsene Graugans und wie sie es noch tausende Male in ihrem Leben tun wird. Sie grüßte aber auch so, als hätte sie schon tausendmal in genau derselben Weise gegrüßt. Selbst der beste Kenner dieser Zeremonie hätte ihr nicht ansehen können, dass sie es soeben zum allerersten Male in ihrem Gänseleben tat. Noch wusste ich nicht, welche schwere Verpflichtungen ich damit auf mich genommen hatte, dass ich mit einem unbedachten Wort die erste Begrüßungszeremonie ausgelöst hatte.

Ich wollte nämlich die von der Truthenne ausgebrüteten Gänseküken nach dem Schlüpfen der erwähnten Hausgans anvertrauen. Als mein Küken „fertig" war, waren eben unter der Hausgans drei weitere geschlüpft. Ich trug mein Kind in den Garten, wo die dicke Weiße in der Hundehütte saß, aus der sie den rechtmäßigen Besitzer, Wolfi den Ersten, rücksichtslos vertrieben hatte. Ich steckte mein Gänsekind tief unter den Bauch der Alten und war überzeugt, das Meinige getan zu haben. Aber da blieb wohl noch viel zu lernen.

Es dauerte ein paar Minuten, da ertönte unter der Weißen hervor, wie fragend, ein leises Wispern: Wiwiwiwiwi? Sachlich und beruhigend antwortete die alte Gans mit demselben Stimmfühlungslaut, nur in ihrer Tonlage: Gangangangang. Doch anstatt sich daraufhin zu beruhigen, wie jedes vernünftige Gänsekind getan hätte, kam meines rasch unter dem wärmenden Gefieder hervorgekrochen, sah mit einem Auge empor, der Pflegemutter ins Gesicht und – lief laut weinend von ihr weg: Pfühp … pfühp … pfühp … So etwa klingt das „Pfeifen des Verlassenseins" der kleinen Graugans, das allen Jungen nestflüchtender Vögel in irgendeiner Form zu eigen ist.

Hoch aufgerichtet, ununterbrochen laut pfeifend stand das arme Kind auf halbem Wege zwischen der Gans und mir. Da machte ich eine kleine Bewegung – und schon war das Weinen gestillt und das Kind kam, mit lang vorgestrecktem Halse, eifrigst grüßend auf mich zu: Wiwiwiwiwi … Das war gewiss rührend, aber ich hatte nicht die Absicht, Gänsemutter zu spielen. Ich packte also das Kind, steckte es wieder tief unter den Bauch der Alten und lief davon. Ich kam keine zehn Schritte weit, da hörte ich schon hinter mir: Pfühp … pfühp …

pfühp … und das arme Kind kam verzweifelt gelaufen. Stehen konnte es noch nicht, nur auf den Fersen sitzen, auch bei langsamem Gehen war es noch recht unsicher und wackelig. Aber unter dem Druck der Not hatte es doch schon die Bewegungsweise des schussartigen, sehr schnellen Laufens in seiner Gewalt.

Es hätte einen Stein rühren können, wie das arme Kind mit überschnappendem Stimmchen weinend hinter mir herkam, stolpernd und sich überkugelnd, aber mit erstaunlicher Geschwindigkeit und einer Entschlossenheit, deren Bedeutung nicht misszuverstehen war. Ich, nicht die weiße Hausgans, sei ihm Mutter! Seufzend trug ich es ins Haus zurück.

Das Gänsekind erhielt in feierlicher Taufe den Namen Martina.

Der Rest des Tages verging mir, wie er eben einer Gänsemutter zu vergehen pflegt. Wir gingen auf eine Wiese zartes junges Gras weiden, und es gelang mir, mein Kind davon zu überzeugen, dass gehacktes Ei mit Brennnesseln ein gutes Essen ist. Und dem Kinde seinerseits gelang es, mir überzeugend beizubringen, dass es, wenigstens vorläufig, völlig ausgeschlossen sei, auch nur eine Minute von ihm wegzugehen und es allein zu lassen. Es geriet nämlich dann sofort in eine so verzweifelte Angst und weinte so herzzerreißend, dass ich nach einigen Versuchen klein beigab und ein Umhängekörbchen baute, in welchem ich es dauernd bei mir tragen konnte. Schlief das Kind, war es mir wenigstens möglich, mich in der Zwischenzeit frei zu bewegen.

Es schlief nie lange in einem Zuge durch, was mir während des ersten Tages nicht weiter auffiel. Wohl aber während der Nacht. Für die Nacht hatte ich meinem Gänsekind eine wunderbare elektrisch gewärmte Wiege bereitgestellt, die schon manchen Nestflüchterkindern die wärmende Mutterbrust ersetzt hatte. Als ich ziemlich spät abends meine kleine Martina unter das Wärmekissen schob, sagte sie sofort zufrieden das sehr rasche Wispern, das bei jungen Gänsen Ausdruck der Einschlafstimmung ist und wie „Wirrrrrr“ klingt. Ich stellte die Kiste mit der Wärmewiege in eine Ecke des Zimmers und kroch selbst ins Bett. Eben als ich daran war einzuschlafen, hörte ich, wie Martina leise und verschlafen noch einen „Wirrrrrr“ sagte. Ich rührte mich nicht.

Da kam, etwas lauter und wie fragend, der Stimmfühlungslaut: Wiwiwiwiwi? – Hier bin ich, wo bist du? Ich antwortete nicht, wühlte mich tiefer in die Kissen und hoffte inständig, dass das Kind wieder einschlafen würde. Aber nein. Wiwiwi – noch Stimmfühlungslaut, jedoch mit einer bedrohlichen Beigabe vom Pfeifen des Verlassenseins, hier bin ich – wo bist du? mit herabgezogenen Mundwinkeln und nach außen gerollter Unterlippe, das heißt bei der Gans mit lang aufgerichtetem Hälschen und gesträubtem Kopfgefieder. Und im nächsten Augenblick ging es los, scharf und durchdringend: Pfühp ... pfühp ...

Ich musste heraus aus dem Bett und hinüber zur Kiste. Martina empfing mich beglückt und grüßend: Wiwiwiwiwiwi. Es wollte kein Ende nehmen vor Erleichterung darüber, dass sie nicht mehr in Nacht und Nebel allein war. Ich schob sie sanft unter das Wärmekissen: Wirrrrr, wirrrrr. Sie entschlummerte sofort und programmgemäß. Ich tat das Gleiche. Aber nach kaum einer Stunde, etwa um halb elf, kam aufs Neue das fragende Wiwiwiwiwi, und der eben geschilderte Vorgang wiederholte sich. Und um viertel vor zwölf noch einmal. Um um ein Uhr wieder. Da raffte ich mich um viertel vor drei zu einer durchgreifenden Veränderung auf. Ich packte die Wiege und stellte sie in Griffweite neben das Kopfende meines Bettes. Als um halb vier Uhr voraussagegemäß wieder das fragende „Hier bin ich – wo bist du?" kam, antwortete ich in gebrochenem Graugänsisch: Gangangang und klopfte ein wenig auf das Heizkissen. Wirrrrr, sagte Martina, ich schlafe schon, gute Nacht. Ich habe es bald gelernt, ohne aufzuwachen, gangangang zusagen. Ich glaube, ich würde heute noch so antworten, wenn ich fest schlafe und jemand sagte leise zu mir: Wiwiwiwiwi?

Am frühen Morgen allerdings, als es hell wurde, nützte auch mein Gangangang und Beklopfen des Kissens nichts mehr. Martina merkte bei Tageslicht, dass das Kissen nicht ich sei, wollte zu mir und weinte. Was tun, wenn das reizende, heißgeliebte Menschenkindchen um halb fünf Uhr früh plärrt? Ganz richtig, du holst es mit einem Griff zu dir ins Bett mit der leisen Bitte zum Himmel, der Engel da möge wenigstens noch eine

Viertelstunde ruhig weiterschlafen. Und er tut es auch. Und du schläfst genießerisch wieder ein und schlummerst, bis, ja, bis es an deiner Seite feucht und kühl wird … Diese nachteiligen Folgen traten bei meiner kleinen Martina *nie* ein. Solange eine junge Gans sich nämlich im Seelenzustand des „Bei-der-Mutter-untergekrochen-Seins" befindet, ist sie verlässlich zimmerrein. Wacht sie jedoch auf und will aufstehen, dann muss man sie allerdings schleunigst aus dem Bett entfernen.

Martina war überhaupt ein wunderbar braves Kind. Dass sie nicht einen Augenblick allein sein konnte, war nicht Eigensinn. Man muss bedenken, dass es für einen derartigen Jungvogel normalerweise in freier Wildbahn den sicheren Tod bedeutet, wenn er Mutter und Geschwister verliert. Es ist biologisch sinnvoll, dass ein solches verlorenes Schäfchen weder an Essen noch an Trinken oder Schlafen denkt, sondern jeden Funken Energie, bis zur völligen Erschöpfung, für Hilferufe aufwendet, die es vielleicht die Mutter wiederfinden lassen.

Diese tief instinktmäßige Abneigung gegen das Alleinsein band Martina fest an meine Person. Martina folgte mir überallhin und war vollkommen zufrieden, wenn ich am Schreibtisch arbeitete und sie sich unter meinem Sessel hinlegen durfte. Sie war gar nicht lästig: es genügte ihr, wenn ich mit einem unartikulierten Grunzen antwortete, so oft sie mit ihrem Stimmfühlungslaut anfragte, ob ich noch da und am Leben sei. Am Tage tat sie das alle paar Minuten, nachts etwa jede Stunde. Ich möchte den Menschen kennen, oder besser, ich möchte ihn nicht kennen lernen, den die Anhänglichkeit eines derartigen Gänsekindes nicht entzückte und rührte.

Da ich Martina zuliebe ja sowieso Gänsemutter spielen musste, versuchte ich erst gar nicht, die weiteren neun Gänschen, die innerhalb der beiden folgenden Tage unter der Truthenne schlüpften, der Hausgans unterzuschieben, wie ich ursprünglich beabsichtigt hatte. Zehn kleine Graugänse verlangen nicht mehr, sondern weniger Zeit vom Pfleger als eine einzelne, und zwar deshalb, weil es bei ihnen weniger kritisch ist, sie allein zu lassen.

Unglaublich viel Zeit habe ich in jenem ersten Gänsesommer mit meinen zehn Kindern verbracht und unglaublich viel habe ich von ihnen gelernt. Glückliche Wissenschaft, in der ein wesentlicher Teil der Forschung darin besteht, dass man in Gesellschaft einer Schar Wildgänse in den Donau-Auen herumkriecht und schwimmt. Das Herrliche an einem solchen rein beobachtenden Leben und Arbeiten mit wildlebenden Tieren ist, dass die Tiere selbst so wundervoll faul sind. Die blödsinnige Arbeitshast des modernen Zivilisationsmenschen ist dem Tiere völlig fremd. Die Tiere lassen sich nicht drängen. Will man Wildgänse kennen lernen, muss man mit ihnen leben, und will man mit ihnen leben, muss man sich ihrem Lebenstempo anpassen. Ein Mensch, der nicht von Natur mit einer gottgewollten Faulheit ausgestattet ist, kann das gar nicht. Ein fleißiger Mensch würde wahnsinnig werden, mutete man ihm zu, einen Sommer lang als Gans unter Gänsen zu leben, wie ich es (mit Unterbrechungen) getan habe. Mindestens die Hälfte des Tages liegen die Wildgänse still und verdauen. Von der anderen Hälfte brauchen sie zum Weiden, gering gerechnet, drei Viertel. Die zwischen Perioden des Weidens und Verdauens eingestreuten Zeiten jener Tätigkeiten, auf deren Beobachtung es ankommt, machen zusammengerechnet höchstens ein Achtel der wach verbrachten Tageszeit aus. Wildgänse wären stinklangweilige Viecher, wenn das, was sie in diesem einen Achtel des Tages tun, nicht so interessant wäre.

Will man Wildgänse kennen lernen,
muss man mit ihnen leben,
und will man mit ihnen leben, muss man
sich ihrem Lebenstempo anpassen

Wenn du dich mit einer Schar Wildgänse in den Donau-Auen herumtreibst, kannst du mit bestem Gewissen faulenzen, denn du bist ja gezwungen, sieben Achtel des Tages in der Sonne zu liegen, zwar mit griffbereiter, geladener und aufgezogener Kamera, aber keineswegs dazu genötigt, dauernd auf die Vögel aufzupassen; denn das geschulte Ohr hört ja sofort an ihren Stimmäußerungen, wenn die Tiere zu schlafen oder zu weiden aufhören und sich interessanteren Dingen zuwenden.

So schnell wie aus dem Frühling der Sommer wird, wird aus der liebenswerten Daunenkugel der schöne graue Vogel mit den silbernen Schwingen. Und wie wundervoll ist der Augenblick, wenn die Schwingen sich zum ersten Flug entfalten. ■

Der Ameisenkrieg

Erbarmungslos bekämpfen sich die Ameisenvölker, wenn es um die Verteilung der Beute geht.

Otto von Frisch

Die Felsküsten der ehemals jugoslawischen Adria sind für einen Zoologen der richtige Urlaubsort. Mich zieht es dort immer wieder hin.

In den Sommermonaten ist einem die Sonne ziemlich sicher. Etwas entfernt von den Touristenzentren findet man stets noch einen Platz in den Klippen, wo man ungestört seinen Tag verbringen kann, dicht unter sich das Meer und über sich eine Schatten spendende Pinie für die heißen Stunden am Mittag.

Bewaffnet mit Taucherbrille, Schnorchel und Gummiflossen lässt sich die Lebewelt im Wasser erforschen. An Land sorgt eine Vielzahl von Insekten für immer neue Entdeckungen, und auch die Eidechsen lassen sich aus nächster Nähe zusehen, solange man sie nicht durch hastige Bewegungen erschreckt.

Leider hat der Tourismus, zumindest in den nördlichen Teilen der ehemals jugoslawischen Küstenstriche, für die Tierwelt seine schlechten Seiten. Über und unter Wasser ist ein rapider Artenschwund zu bemerken. So begegnet man den Landschildkröten oder dem Scheltopusik, dem großen Verwandten unserer heimischen Blindschleiche, nur mehr sehr selten. In den Küstengewässern, aber auch weiter draußen gibt es, wie einem die Fischer bestätigen, kaum mehr größere Fische. Was in den kleinen Booten vom nächtlichen oder morgendlichen Fang mitgebracht wird, ist kaum genug für die eigene Familie. Fisch im Restaurant gehört zu den teuersten Speisen. Er kommt von weit her.

Seesterne, Schlangensterne oder größere Muscheln findet der Schnorchler und Taucher nur noch an sehr abgelegenen Stellen. Die Badenden, besonders die Kinder, holen alles heraus, was interessant erscheint. Und dann vertrocknen die Tiere in den Felsen unter der Sonne zu unansehnlichen Klumpen.

Aber auch die Einheimischen selbst treiben Raubbau an der Unterwasserfauna und verkaufen die getrockneten Seesterne, Seepferdchen und Seenadeln, die Muschelschalen und die Schneckengehäuse an die Touristen.

Zugenommen haben nur die Seeigel und die Feuerquallen. Den Seeigeln, die an den meisten Uferfelsen so dicht bei dicht sitzen, dass man am besten mit Kopfsprung ins Wasser geht – wobei man bedenken muss, dass man nicht auf die gleiche Art und Weise aus dem Wasser herauskommt –, scheinen die Algen zu munden, die wiederum eine Folge der oft ungeklärt ins Meer strömenden Abwässer sind und sich sehr vermehrt haben.

Adrianeulinge, die ohne Badeschuhe oder geschlossene Schwimmflossen ins Wasser steigen, sieht man dann mit schmerzverzogenen Gesichtern in den Klippen sitzen und die Stachelspitzen aus Füßen und Händen stochern. Es kann zu bösen Entzündungen kommen, denn die abgebrochenen Stacheln der Seeigel haben die unangenehme Eigenschaft, in der Muskulatur zu wandern.

Aber ich kann auch Gutes von diesen Stachelträgern berichten. Wenn man nämlich unbedingt etwas sammeln und als Souvenir mit nach Hause nehmen möchte, dann kann man dies mit den toten Gehäusen abgestorbener Seeigel tun. Sie liegen als rundliche Gebilde zwischen den Felsen im Wasser oder auf dem sandigen Grund, viele davon völlig unbeschädigt. Stacheln tragen sie dann keine mehr, und auch alles Fleisch, das vielleicht unangenehm riechen könnte, ist längst von Fischen, Garnelen und anderem Meeresgetier aufgefressen.

Sucht man genau, so findet man die Seeigelhüllen aus Kalk in allen Größen, von ausgewachsenen Exemplaren bis hin zu knapp einem Zentimeter kleinen Jungtiergehäusen. Und auch die Farben der Kalkgebilde wechseln von Rötlich über Rosa bis Grün und Blau.

Merkwürdiger als die Zunahme der Seeigel ist das in den letzten Jahren oft massenhafte Auftauchen der Feuer- oder Nesselquallen.

Einheimische berichteten mir, dass es diese Tiere vor etwa zehn Jahren so gut wie niemals in Küstennähe gegeben hat. Jetzt sind die kleinen Buchten zwischen den Klippen, aber auch das Oberflächenwasser weiter draußen oft derart voll von Quallen, dass man nicht ins Wasser gehen kann.

Kommt man mit den Fangarmen dieser Quallen in Berührung, durchfährt einen ein Schmerz wie ein Peitschenhieb. Auf der Haut bleiben bei den meisten Menschen Marken zurück, die an Brandwunden erinnern. Besonders für an Allergien Leidende sind die Folgen oft nicht ungefährlich. Auch hier ist also Vorsicht geboten. Da die Quallen fast durchsichtig sind und nur eine leicht violette Farbe haben, sieht man sie im Wasser kaum.

Immerhin, trotz dieser Gefahren lässt sich eben mit Schnorchel und Taucherbrille nach wie vor einiges unter Wasser beobachten und entdecken, wenn einem auch die Begegnung mit größeren Fischen versagt bleibt.

Ich will hier aber eigentlich von einer Begegnung in den Klippen an Land erzählen. Einer Begegnung mit Ameisen. Ich lag nach einer Tauch- und Baderunde nass und faul auf meinem Handtuch auf den Felsen. Über mir in den hohen Pinien hielten die Zikaden ihr Nachmittagskonzert ab. Die Felsen um mich herum hatten zahllose Löcher und Risse. Aus einem solchen Riss, einem dünnen Spalt nur, erschienen ab und zu winzige Ameisen, kaum größer als zwei Millimeter, und liefen anscheinend recht ziellos auf der sonnenwarmen Steinfläche hin und her.

Eigentlich interessierten mich die Ameisen nicht, ich fragte mich allerdings, wovon sie sich ernähren könnten, denn außer Stein und ein paar dürren Halmen hier und dort gab es nichts, was einer Ameise gefallen konnte.

So blieb ich also doch etwas wachsam und verfolgte die eine oder die andere mit halbgeschlossenen Augen. Die meisten der hin und her irrenden winzigen Geschöpfe verschwanden nach einiger Zeit wieder in eben der Spalte, aus der sie einige Minuten zuvor herausgekommen waren. Andere kamen mir irgendwo am Rande der Klippen aus den Augen.

Dann stieß eine, vielleicht 20 Zentimeter von ihrer Heimatspalte entfernt, auf ein kleines Stückchen Käse, das mir beim Mittagessen ausgekommen sein musste. Die Ameise blieb vor diesem für sie enorm großen Brocken sitzen und betastete ihn mit den Fühlern. Ein Versuch, ihn mit ihren Greifzangen zu packen und heimzutragen, scheiterte. Sie schaffte es nicht. Sie konnte das Käsestückchen nicht einmal ein wenig bewegen. Da ließ sie ab und spurtete auf geradem Weg zurück zu ihrer Spalte, in der sie untertauchte.

Sie war noch keine Sekunde darin verschwunden, da strömte ein Gewimmel von Ameisen hervor. Es waren Arbeiterinnen wie die, die eben den Käse entdeckt hatte, aber auch Soldaten mit dicken Köpfen und mächtigen Beißzangen. Es floss nur so aus dem Spalt heraus, einige Dutzend Tiere bestimmt, und alle schlugen sofort den Weg zum Käse ein, der Bahn folgend, die die Finderin zurück zum Spalt im Felsen gelaufen war.

Sie musste eine Duftspur gelegt haben, um mit deren Hilfe die Artgenossen zur Beute zu locken, und zwar auf dem kürzesten Weg und so schnell wie möglich.

Es dauerte auch nur Sekunden, da war die Schar beim Käse angekommen, und nach einigem Betasten und Untersuchen packten ein paar Arbeiterinnen, unterstützt von den Soldaten, zu und transportier-

ten ziehend und schiebend das gefundene Fressen in Richtung Nest. Natürlich gab es ein Nest, einen Ameisenbau irgendwo am Grund der Spalte. Sehr individuenreich waren diese Ameisenvölker nicht. Kein Vergleich mit den Tausenden von Tieren etwa in einem Staat der Roten Waldameise, die in unseren Wäldern ihre Nesthaufen aus Tannennadeln und anderen kleinen Pflanzenteilchen aufbaut. Aber wie mir gerade vorgeführt worden war, gab es auch in kleinen Staaten schlagkräftige und tatkräftige Truppen. Nach einiger Zeit hatten die Ameisen das Käsestück an die Spalte heranbugsiert und verschwanden schließlich mitsamt ihrer Fracht im Dunkeln.

Es musste ein Festmahl geben drunten im Bau, denn ganz sicher kamen diese Ameisen nur sehr selten an einen solchen Nahrungsbrocken

Jetzt war ich aber neugierig geworden. Da ließen sich vielleicht während eines Sonnenbades einige kleine Experimente durchführen.

Zunächst galt es, weitere Beute für die Ameisen zu finden. Ich hatte bald eine kleine grüne Heuschrecke erlegt, die mir ebenfalls zu groß erschien, als dass sie von einem dieser Winzlinge allein abtransportiert werden könnte. Die tote Heuschrecke legte ich auf den Felsen, diesmal aber etwas weiter vom Ameisenbau entfernt. So leicht wollte ich es dem Völkchen diesmal nicht machen.

Jetzt hieß es warten, denn die Kundschafter aus dem Bau waren nicht sehr zahlreich. Oft erschien längere Zeit gar keiner. Und wenn dann die kleinen Krabbler dahin und dorthin über die Steine liefen, fanden sie den Köder noch längst nicht. Sie mussten direkt darauf stoßen oder wenigstens in einer Entfernung von vielleicht einem Zentimeter daran vorbeikommen, um den Braten zu riechen.

Endlich stieß eine Kundschafterameise auf die tote Heuschrecke. Sie verhielt sich genauso wie ihre Kollegin vorher am Käse. Sie stutzte zunächst, betastete die Beute dann von allen Seiten und kam offenbar zu dem Schluss, dass sie damit alleine nicht fertig werden konnte.

Sie lief zum Bau zurück. Um dorthin zu gelangen, konnte sie aber diesmal nicht den geraden und direkten Weg einschlagen, sondern musste einen Umweg um einen größeren Riss im Fels machen. Sie musste diesem Riss einige Zentimeter nach links ausweichen.

Dann war sie am Bau und tauchte in der Spalte unter.

Und wieder erschienen unmittelbar darauf zahlreiche Arbeiterinnen und Soldaten und machten sich auf den Weg. Sie folgten der Spur der

Kundschafterin, umgingen den Riss im Fels rechtsherum und gelangten sehr schnell zu der Heuschrecke, die sie in gemeinsamer Arbeit bis zur Heimatspalte zerrten.

In den Spalt hinein passte diesmal die Beute nicht. Sie war zu groß. Also wurde sie von den Ameisen außerhalb des Baues zerlegt. Und dies geschah wiederum mit erstaunlichem Geschick und höchster Präzision.

Zunächst zwickten einige Soldaten die Beine der Heuschrecke ab. Mit ihren kräftigen Zangen brauchten sie nicht lange dazu. Dann kamen die Flügel an die Reihe. Damit hatten die Ameisen etwas mehr Mühe, aber es klappte schließlich. Und dann bissen sie der Heuschrecke ein Loch in den Körper und räumten ihn von innen her aus. Aber auch der Chitinpanzer wurde noch zerkleinert und in den Bau transportiert. Nichts blieb übrig.

Nicht das kleinste Krümelchen der Heuschrecke verkam. Es musste ein Festmahl geben drunten im Bau, denn ganz sicher kamen diese Ameisen nur sehr selten an einen solchen Nahrungsbrocken. Solange ich sie unter Beobachtung hatte, schleppten sie nur diejenigen Dinge zum Bau, die ich ihnen hingelegt hatte. Wovon sie üblicherweise lebten, blieb auch weiterhin ihr Geheimnis.

Nun wollte ich wissen, ob ich mit der Duftspur, die von den Kundschafterinnen gelegt wurde, auf dem richtigen Weg war. Ich wusste wohl, dass verschiedene Ameisenarten solche Duftspuren legen; das war nichts Neues, und hier schien es ganz offensichtlich auch so zu sein. Aber ich konnte ja einmal dazwischenfunken.

Beim nächsten Mal, als eine Kundschafterin eine von mir vorbereitete Nahrung gefunden hatte und in der Spalte des Baues verschwand, betupfte ich auf halbem Wege ihre unsichtbare Duftspur mit einigen Tropfen Sonnenöl und harrte der Dinge, die nun kommen würden.

Zunächst kamen die Ameisen in dicht gedrängter Schar. Fix wie zuvor auch verfolgten sie den Weg der Genossin in umgekehrter Richtung. Dann stießen sie auf das Öl. Und aus war es.

Völlig verwirrt stob die Gruppe nach allen Richtungen auseinander, um die Spur wiederzufinden. Es herrschte ein heilloses Durcheinander, bis eine Ameise zufällig jenseits der Öltropfen wieder Kontakt mit der Spur bekam. Sie lief zurück zu ihren Baugenossen, legte offenbar die fehlende Spurstrecke neu, und schon war alles wieder im Lot, und die Schar erreichte jetzt ohne weitere Schwierigkeiten ihr Ziel.

Dieses Herumsuchen und Laufen nach allen Richtungen schien zunächst völlig planlos, aber natürlich stieg die Wahrscheinlichkeit, auf eine Spur oder eine Beute zu stoßen, mit dem Hin und Her an, zufallsbedingt allerdings. Wären die Ameisen immer nur geradeaus marschiert, hätten sie unter Umständen das Ende der Welt erreichen können, ohne auf das zu stoßen, was sie suchten.

Mein nächster Köder war eine tote Hummel, die ich im Wald unter den Pinien gefunden hatte und die mir noch frisch genug schien, um den Ameisen zu schmecken. Das war nun ein gewaltiger Brocken, der an Größe alles übertraf, was ich meinem Völkchen bisher anbieten konnte. Ein dichter Pelz schwarzer und gelber Haare bedeckte den Hummelkörper.

Ich legte sie abermals in einiger Entfernung vom Bau auf den Stein, bis sie entdeckt wurde und die Finderin eiligst zurücklief, um die freudige Botschaft neuen Nahrungsnachschubs zu überbringen.

Doch diesmal musste nicht nur die Nachricht „es gibt etwas einzutragen“ mit der Duftspur übermittelt worden sein, sondern eher „es gibt etwas enorm Großes einzutragen“, denn die Zahl der ausschwärmenden Ameisen schien gar keine Ende nehmen zu wollen.

Mir kam es auch so vor, als seien mehr Soldaten zu Hilfe gerufen worden, und alle machten den Eindruck größter Aufregung. Nun mag ich dies Letztere zumindest ein wenig subjektiv gesehen haben in meiner eigenen Begeisterung, ganz bestimmt jedoch erschienen wesentlich mehr Tiere als bisher.

Um die tote Hummel entstand ein rechtes Gewimmel, aber sofort begannen die Ameisen ihre Arbeit. Diesmal wurden die durchsichtigen

Flügel gleich am Fundort abgebissen. Anscheinend enthielten sie keinerlei nahrhafte oder sonst im Bau zu verwertende Anteile.

Als dies erledigt war, ging es daran, die Hummel zum Bau zu schaffen. Der Weg dazu führte etwas bergan, und auf dem glatten Stein geriet der dicke, rundliche Insektenkörper immer wieder ins Rollen und purzelte eine kleine Strecke zurück. Jedesmal waren die Ameisen dann von Panik ergriffen. Aus menschlicher Sicht mussten sie denken, die Beute sei wieder zum Leben erwacht und wolle sich davonmachen. Aber sie fanden sie natürlich schnell wieder, und nach mehrmaligem Hin und Her hatten sie die Hummel bis an den Rand der Spalte geschafft.

Dieser ging es nun im wahrsten Sinne des Wortes an den Pelz.

Zuvor, für den Transport zum Nest, war der Pelz für die Ameisen recht praktisch gewesen, konnten doch viele gleichzeitig mit ihren Zangen in die Haare greifen und ziehen. Jetzt war er überflüssig und offenbar genauso wertlos wie die Flügel.

Die Hummel wurde kahl geschoren. Der Rest von ihr aber konnte Verwendung finden, und so ging die Zerkleinerung vor sich, wie früher schon bei der Heuschrecke beschrieben, nur dass es diesmal um einiges länger dauerte. Aber als ich nach einem kleinen Ausflug zwei Stunden später zurückkehrte, war nichts mehr zu sehen.

Der Leser möge mir nun verzeihen, wenn ich jetzt ein Experiment schildere, das manch einem etwas grausam erscheinen mag. Vergessen wir jedoch dabei nicht, dass alles, was die Ameisen tun, völlig instinktiv und nach einer von der Natur vorgegebenen Automatik abläuft und dass ihnen irgendwelche Gefühle, wie wir sie bei höherstehenden Wirbeltieren durchaus mit Recht voraussetzen können, fehlen. Auch könnte das im folgenden Geschilderte sich jederzeit auch ohne menschliches Zutun ereignen.

Was, so fragte ich mich, als das Auffinden und Abtransportieren von Beutestücken keine Neuigkeiten mehr bot, was würde geschehen, wenn zwei der kleinen Ameisenvölker gleichzeitig auf eine für sie interessante Nahrung stoßen sollten? Es gab nämlich in den Klippen mit ihren Spaltensystemen zahlreiche Ameisenvölker, deren Wohnsitze manchmal nur einen halben Meter voneinander entfernt lagen. Das Territorium eines Volkes war nicht sehr weit reichend. Ab und zu begegneten sich auch Mitglieder verschiedener Völker zufällig, aber dabei passierte nichts weiter, als dass die zwei Aufeinandertreffenden einen kurzen Augenblick stutzten, dabei offensichtlich über den Eigengeruch feststellten, dass sie nicht zusammengehörten, und dann eiligst ihre eigenen Wege weiterliefen.

Man vermied Streitigkeiten dabei, und stets blieb der Frieden gewahrt.

Was ich untersuchen und beobachten wollte, war dies: Ein Beutetier musste möglichst gleichzeitig oder zumindest kurz nacheinander von Kundschafterinnen verschiedener Ameisenvölker aufgefunden und im Bau gemeldet werden. Auf die Alarmierung hin würden sich dann zwei Ameisenscharen auf den Weg machen, um die Beute zu bergen, an der sie zusammentreffen mussten. Wie würden sie sich dort verhalten, was würde darüber entscheiden, welche Schar schließlich die Beute abtransportieren konnte? Eine Heuschrecke als Köder war schnell gefangen. Ich legte sie genau in die Mitte zwischen die Wohnspalten von zwei Ameisenvölkern.

Arbeiterinnen und Soldaten liefen aus nördlicher und südlicher Richtung herbei, und kurz darauf stießen die Spitzen der Trupps bei der Heuschrecke aufeinander

Aber nun begann eine endlose Warterei, denn es mussten wirklich die beiden Kundschafter ziemlich zur selben Zeit die Heuschrecke entdecken. Andernfalls wäre sie ganz normal von einer Schar zu deren Nest geschleppt worden, und die Ameisen vom anderen Nest hätten gar nichts mitbekommen.

Jedes Mal, wenn ein Kundschafter der Heuschrecke so nahe kam, dass die Gefahr des tatsächlichen Entdeckens bestand, aber kein Kundschafter der anderen Truppe in Reichweite war, musste ich schnell die Heuschrecke wegnehmen und konnte sie erst wieder platzieren, wenn die Ameise weitergezogen war.

Nachhelfen ließ sich auch nicht. Ich versuchte zwar, die eine oder andere Ameise etwas in die Richtung der Beute zu dirigieren, indem ich mit der Hand Schatten machte oder sie mit einem Halm stupste, aber das wurde übel genommen. Sie ließen sich nicht drängen und nicht beeinflussen. Geduld war angesagt. Nur der Zufall konnte den Erfolg herbeiführen. Aber Geduld ist sowieso eine Eigenschaft, ohne die man als Naturforscher nicht auskommt. Ich hatte ja auch nichts anderes vor, und ob ich mich eine Stunde auf den Klippen dem Müßiggang des Urlaubs hingab oder drei oder vier, war ja gleichgültig. Nur dürfte ich meinen Platz nicht verlassen, ohne die Heuschrecke mitzunehmen, sonst wäre nach meiner Rückkehr vielleicht alles vorbei gewesen.

Am dritten Tag wurde ich des Wartens auf den Zufall müde. Das Ende meines Urlaubs näherte sich auch. Gerade noch rechtzeitig kam mir die Idee, wie ich die Geschichte angehen musste.

Ich benutzte die Heuschrecke wie einen Köder am Angelhaken. Ich nahm sie mit einer kleinen Pinzette hoch und hielt sie einer suchenden Ameise hin. Wenn diese bei der Begutachtung auf die Heuschrecke krabbelte, trug ich beide schnell zum ursprünglichen Lageplatz der Beute und legte sie dort ab. Da es sich bei dieser Strecke nur um etwa zehn Zentimeter handelt, merkte die Ameise den Betrug gar nicht und lief, ihre Duftspur legend, zum Bau zurück. Während sie noch unterwegs war, verfuhr ich ebenso mit einer Kundschafterin aus dem Nachbarbau.

Und damit wurde es spannend.

Lassen Sie mich den beiden Ameisenstaaten, die in mein Experiment verwickelt wurden, die Bezeichnung Nord- und Südstaat geben, der einfacheren Bezeichnung wegen. Tatsächlich lag auch der eine Bau nördlich und der andere südlich des ausgelegten Köders.

Kaum waren die beiden Kundschafterinnen in ihren Spalten verschwunden, kamen auch schon, wie gehabt, die Scharen der Helfer hervor. Arbeiterinnen und Soldaten liefen aus nördlicher und südlicher Richtung herbei, und kurz darauf stießen die Spitzen der Trupps bei der Heuschrecke aufeinander.

Was nun folgte, geschah für mich, der ich ja erstmals Zeuge wurde, in so blitzartiger Schnelligkeit, dass ich dem Geschehen kaum als neutraler Beobachter gerecht werden konnte.

Sowie ein Südstaatler auf einen Nordstaatler traf, verkrallten sich die Beteiligten ineinander, und es kam nur darauf an, wer wen schneller mit seinen Zangen totgebissen hatte. Arbeiterin hatte gegen Arbeiterin gleiche Chancen. Die Zangen suchten sofort nach der dünnsten und am leichtesten durchtrennbaren Stelle zwischen Kopf und Brustteil. Wer hier als Erste zuzwicken konnte, blieb Sieger.

Überall entwickelten sich Kämpfe zwischen den beiden Parteien. Aber die Methoden des Kampfes waren unterschiedlich.

Traf ein Soldat des Nordstaates auf eine Arbeiterin des Südstaates oder umgekehrt, war die Arbeiterin von vornherein verloren. Gegen die mächtigen Zangen des Soldaten gab es für eine einzelne Arbeiterin keine Verteidigungsmöglichkeit. Mit einem einzigen gekonnten Zugriff wurde sie geköpft.

Aber an manchen Stellen kämpften mehrere Arbeiterinnen gegen einen einsamen Soldaten. Und dabei gingen sie taktisch einfach gekonnt vor. An jedem der sechs Beine des Soldaten verbiss sich eine Arbeiterin und machte ihn dadurch bewegungsunfähig. Er wurde festgehalten, bis ein Soldat aus dem Staat der Arbeiterinnen zu Hilfe eilte und dem gefesselten Kampfgenossen wiederum durch Abtrennen des Kopfes den Garaus machte.

Die Köpfe rollten reihenweise. Das Schlachtgetümmel war perfekt. Die Heuschrecke, eigentlicher Anlass des Ganzen, schien völlig vergessen und lag inmitten des Kampffelds. Natürlich kämpften auch Soldaten untereinander.

Sie hatten wesentlich mehr Mühe unter sich. Sie waren ein gutes Stück größer und kräftiger als die Arbeiterinnen, und auch der Hals war dicker. Aber nach einigem Gerangel schafften auch sie es, den Gegner zu köpfen oder den Hinterleib von der Brust zu trennen.

Ich muss sagen, sosehr mich dieses Schauspiel faszinierte, ein leichtes Grausen überkam mich doch dabei.

Minuten waren erst vergangen, seit die Ameisen zusammengestoßen waren, aber der Stein war bedeckt mit Toten. Ich befürchtete ernstlich, die Staaten, zumindest soweit sie aus den Bauen hervorgekommen waren, würden sich völlig aufreiben und vernichten.

Doch plötzlich trat eine Wende ein.

Irgendwie mussten die Ameisen ein Übereinkommen getroffen haben, den Kampf zu beenden. Ameisen, die sich eben noch verkrallt hatten, ließen voneinander ab. Traf ein Nordstaatler auf einen Südstaatler, verbiss er sich nicht mehr mit ihm, sondern rannte hastig weiter. Dabei zogen sich die feindlichen Scharen langsam, aber deutlich in Richtung ihrer Baue zurück.

Eine Nachhut aus einigen Soldaten bildete auf beiden Seiten den Abschluss der Formationen.

Keine drei Minuten später waren alle Ameisen wieder in ihren Spalten verschwunden, und wären da nicht die einsame Heuschrecke und die Köpfe und Körper der Hingemetzelten gewesen, ich hätte das alles geträumt haben können.

Auf die Gefahr hin, dass ich mir endgültig den Ruf eines grausamen Schlächters einhandle, muss ich gestehen, dass ich diesem Kampf noch einige wenige weitere Kämpfe folgen ließ, die ich auf die beschriebene Art und Weise provozierte und die alle ebenso verliefen.

Der Kampf entwickelte sich offensichtlich wegen der in Aussicht stehenden Beute. Denn wenn sich sonst einzelne Ameisen aus verschiedenen Staaten trafen, ließen sie sich in Ruhe.

Um die Beute wurde mit absoluter Härte gekämpft und dem Gegner zunächst kein Pardon gegeben. Warum aber ließen die Gegner dann auf einmal voneinander ab?

Worin bestand das Signal zum Rückzug?

Es hatten sich nicht immer beide Parteien gleichzeitig zurückgezogen. Zweimal trat zunächst die eine Partei den Rückzug an, kurzfristig noch vom Gegner verfolgt, bis dieser dann seinerseits aufgab.

Und warum kümmerte sich keine einzige Ameise um das begehrte Beutetier?

Für die Frage, wann der Kampf abgebrochen wird, kam mir nur eine mögliche Erklärung. Wahrscheinlich entsteht durch die getöteten und verwundeten Ameisen ein bestimmter Duftstoff, der, wenn er eine gewisse Konzentration übersteigt, signalisiert, mit dem Gemetzel aufzuhören. Es ist dann wichtiger, den Ameisenstaat nicht weiter zu schwächen und ihn am Überleben zu halten, als sich um einen Beutebrocken zu streiten. Für dessen Nichtbeachtung fand ich noch keine Erklärung.

Ich muss wohl dazu bald wieder einmal die Adriaküsten aufsuchen. ■

UNSCHULDIGE MÖRDER – GOLDSCHAKALE

Zu Unrecht eilt den Schakalen der Ruf nach, sie seien grausame Mörder. Sie jagen ihre Beute, nur um sich und ihren Welpen die Nahrung zu sichern.

Hugo van Lawick-Goodall

Als wir im Januar zum Krater kamen, hatten gerade schwere Regenfälle eingesetzt, und regelrechte Wolkenbrüche ließen das Gras grün und üppig bleiben, sodass die Pflanzenfresser eine Fülle von Nahrung hatten. Als wir durch die grasenden Herden fuhren, waren ringsum trächtige Gnukühe. Die Wurfzeit begann etwa zwei Wochen, nachdem wir unsere Beobachtung von Jason und Jewel aufgenommen hatten. Eines Tages, als wir schon eine Reihe ganz kleiner Kälber gesehen hatten, die noch wacklig auf ihren dunklen, nassen Beinen waren, stießen wir auf eine junge Gnukuh, die gerade gebar. Sie lag schon, als wir heranfuhren, und wir sahen die starke Kontraktion ihrer Bauchmuskeln. Niemals habe ich eine so schnelle, so glatte, so komische Geburt gesehen: Nachher wurde ich mir darüber klar, dass es fast sicher ihr erstes Kind gewesen war. Als das Kalb auf den Boden glitt und sein Kopf den glänzenden, transparenten Sack durchstieß, machte die Mutter einen Luftsprung, drehte sich mittendrin und landete auf den Knien vor ihrem Neugeborenen. Wenn ich je ein Tier vor Staunen die Augen habe aufreißen sehen, dann hier. Als das Kalb sich rührte, sprang die Mutter zurück, landete wieder auf den Knien und wendete den Blick keine Sekunde von dem seltsamen Geschöpf ab, das so plötzlich hinter ihr aufgetaucht war. Wir fürchteten damals, sie könnte ihr Kleines verlassen, denn jedes Mal, wenn es sich auf sie zubewegte, sprang sie zurück, als sei sie erschreckt. Schließlich, nachdem sich das Kalb über eine halbe Stunde bemüht hatte, das Euter der Mutter zu erreichen, ließ sie es doch trinken.

Tatsächlich verhindert auch eine erfahrene Kuh gewöhnlich, dass ihr Neugeborenes in den ersten paar Minuten nach der Geburt trinkt. Durch ständiges Wegziehen ihres Hinterteils von dem Kalb zwingt sie es, in Bewegung zu bleiben; je mehr es sich bewegt, umso schneller lernt es, seine wackligen Beine zu gebrauchen, und umso besser sind seine Aussichten, den Raubtieren zu entkommen. Die Methode ist so wirkungsvoll, dass ein neugeborenes Kalb, so unglaublich es klingt, drei bis zehn Minuten, nachdem es das Licht der Welt erblickt hat, schon ziemlich schnell neben seiner Mutter herlaufen kann. Manchmal kommt dann ein anderes Gnu und stößt ein neugeborenes Kalb mit dem Kopf an, was oft dazu führt, dass es hinfällt, und stößt es dann wieder an, wenn es aufsteht, bis schließlich Kalb und Mutter davonrennen. Einmal haben Jane und ich beobachtet, wie eine ganze Gruppe von Gnus hinter einem Neugeborenen her jagte, das trotz der Tatsache, dass seine Beine schräg standen und sich auf die seltsamste Weise bewegten, es fertig brachte, während der ganzen Verfolgung nicht hinzufallen. Es erschien brutal, doch trug wahrscheinlich auch das dazu bei, die Zeit völliger Hilflosigkeit nach der Geburt möglichst abzukürzen.

Im Lauf der Zeit und trotz der Tatsache, dass sie immer noch regelmäßig Milch tranken, schienen die Welpen die hervorgewürgte Nahrung immer mehr zu schätzen

Eine weitere Schutzmaßnahme der Natur besteht darin, dass ein sehr hoher Prozentsatz der Gnukühe (und vieler anderer weiblicher Herdentiere) ihre Kälber zu fast genau derselben Jahreszeit werfen. Das bedeutet, dass die Raubtiere rasch übersättigt sind und zu guter Letzt von vielen Jungtieren gar keine Notiz mehr nehmen.

Gleich zu Beginn der Wurfzeit, als ich Jason auf einem seiner Beutezüge folgte, war ich erstaunt, dass er auf ein neugeborenes Gnukalb zustürzte, das neben seiner Mutter lag, und es ins Bein biss. Die Mutter war wie der Blitz auf den Beinen und ging mit gesenktem Kopf auf Jason los. Der Schakal griff das Kalb nicht wieder an, und ich war verblüfft: Jason war wirklich ein mutiger Schakal, aber gewiss würde doch selbst er nicht versuchen, ein Gnukalb zu töten, das zumindest dreimal schwerer war als er und neben seiner Mutter lag. Es wäre etwa so, wie wenn ein europäischer Rotfuchs ein domestiziertes Kalb mit seiner Mutter auf einer Weise angreift – nur dass das Gnu behänder ist als eine Kuh.

Zwei Tage später wurde mir in etwa klar, was Jason zu seinem seltsamen Verhalten veranlasst haben konnte. An diesem Tag verließen Jason und Jewel den Bau, um gemeinsam zu jagen – es war das erste Mal, dass ich es sah, seit die Welpen geboren worden waren, denn der Goldschakal ist oft ein einsamer Jäger. Nachdem er eine Weile durch die Gnuherden getrottet war, blieb Jason plötzlich stehen und schnüffelte in der Luft. Dann ging er mit Jewel an seiner Seite zielstrebig auf eine Gnukuh zu, die dastand und ein kleines Kalb neben sich hatte. Als die Mutter sich umwandte und ihn mit gesenkten Hörnern bedrohte, rannten Jason und Jewel ein kleines Stück weg, drehten sich aber gleich wieder um und folgten der Gnukuh mit ihrem Kalb, als diese weiterzogen. Eine halbe Stunde später hielten sich die Schakale immer noch in der Nähe der beiden auf, und ich war immer verblüffter.

Plötzlich wurde die Gnumutter unruhig, legte sich hin und stieß die Nachgeburt aus. Ich wurde mir darüber klar, dass das Kalb, obwohl es trocken war, nicht mehr als ein paar Stunden alt sein konnte. Jason und Jewel hatten, vermutlich durch ihr Geruchsvermögen, gewusst, dass die Plazenta noch in der Kuh war: Ihre Geduld war schließlich belohnt worden. Das gab mir eine mögliche Erklärung für Jasons Angriff auf das neugeborene Kalb. Vielleicht war der Geruch des Fruchtwassers so stark gewesen, dass er einen Augenblick verwirrt war und dem Kalb ins Bein biss in dem Glauben, es sei ein Stück der Nachgeburt.

Kurz nachdem die Wurfzeit der Gnus begonnen hatte, waren Jasons Welpen gerade etwas über vier Wochen alt und fingen an, feste Nahrung zu sich zu nehmen. Genau wie Wildhunde füttern Schakale ihre Jungen mit hervorgewürgtem Fleisch: Das erste Mal, als wir Jason dabei zuschauten, trottete er hinüber zu den vier Welpen, würgte etwas Fleisch auf den Boden und fraß dann selbst wieder einen Teil davon, während sich die Kleinen um ihn scharten und mit ihrem Vater fraßen. Später am selben Tag machte Jewel dasselbe. In den ersten paar Tagen ließen die Welpen, obwohl sie die neue Nahrung ohne Zögern fraßen, oft etwas übrig. Damals säugte sie Jewel noch etwa dreimal während des Tages, und die wenigen nächtlichen Beobachtungen, die wir durchführten, ließen vermuten, dass sie sie während der Dunkelheit noch zweimal nährte, obwohl der Mond in dieser Jahreszeit so oft hinter Wolken verborgen war, dass wir nicht sicher sein konnten.

Im Lauf der Zeit und trotz der Tatsache, dass sie immer noch regelmäßig Milch tranken, schienen die Welpen die hervorgewürgte Nahrung immer mehr zu schätzen, und bald sprangen sie hoch, wenn einer der Eltern zum Bau zurückkam, wedelten mit den Schwänzen und leckten den Großen die Lippen und das Gesicht – ein Verhalten, das man auch bei einem ausgewachsenen Schakal beobachten kann, wenn er einen ranghöheren begrüßt. Allmählich schien das Hervorwürgen für die Eltern immer schwieriger zu werden – sie wandten sich ab von ihren stürmischen Sprösslingen und sperrten die Schnauze auf, aber die Kleinen waren schon da und sprangen hoch und leckten. Wieder drehten die Eltern sich um: offenbar hinderten die Welpen die Eltern daran, den Kopf tief genug zu senken, damit sie würgen konnten. Einmal sah ich, wie Jewel tatsächlich pirouettierte, während sie würgte, und das Fleisch spritzte aus ihr heraus wie Funken aus einem Feuerrad.

Manchmal, wenn ein Welpe hartnäckig weiterbettelte, nachdem ein Elternteil schon ein- oder zweimal Fleisch hervorgewürgt hatte, drehte sich der große Schakal um und biss den kleinen in die Nase, eine übliche Form der Bestrafung bei allen drei Schakalarten und auch bei Wildhunden.

Ironischerweise war es oft Cinda, die auf diese Weise gebissen wurde, denn beim ersten Hervorwürgen schien, wenn es ihr endlich gelungen war, dicht an ihre Eltern heranzukommen, immer der größte Teil des Fleisches schon aufgefressen zu sein. Ziemlich oft bekam sie überhaupt nichts und musste sich damit begnügen, das Gras abzulecken, wo das Fleisch gelegen hatte.

Ziemlich viele Gnukälber wurden in der Nähe von Jasons Bau geworfen, und dann sahen wir die Schakaleltern oft mit Fetzen der Nachgeburt im Maul zu den Welpen zurückkommen. Bei diesen Gelegenheiten erkannten wir, was für eine zweckmäßige Methode, die Welpen zu füttern, das Hervorwürgen ist. Fünfmal sahen wir Raubadler auf die Eltern herabstoßen, wenn sie Futter im Maul hatten, und dreimal schlugen die Vögel tatsächlich den Schakalen ihre Krallen in den Rücken. Bei einer dieser Gelegenheiten ließ Jewel ihr Fleisch offenbar vor Schreck fallen: Ehe sie sich umdrehen konnte, um den Adler zu bedrohen, war er schon herabgestoßen und trug das Futter davon. Ein anderes Mal ließ Jewel einen dicken Fleischbrocken fallen, als sie von einer Hyäne gejagt wurde.

In diesen Tagen gab es manchmal eine Überfülle von Nahrung. Einmal kehrte Jason zum Beispiel zum Bau zurück und würgte nicht einmal, sondern viermal. Die Welpen konnten die vier Gänge einfach nicht schaffen, und mehrere Stücke Fleisch lagen noch auf dem Boden. Plötzlich sausten die Welpen auf einen Schlag zum Bau, und im selben

Augenblick sprang Jason in die Luft, und seine Zähne schlugen zu, als ein Schwarzmilan auf das Fleisch herabstieß. Ich war überrascht, denn diese Milane sind zwar klein, aber verwegen. In Städten habe ich gesehen, dass sie sich Knochen schnappen, die gerade von Hunden benagt wurden; und einmal, als Janes Mutter auf dem Viktoriasee Boot fuhr, schoss ein besonders kühner Milan herab und grapschte nach ihrem Kopf, denn er hatte ihr Haar offenbar mit irgendeinem braunen Säugetier verwechselt. Viermal sprang Jason hoch, um nach dem Milan zu beißen, ehe der Vogel es aufgab, und mich amüsierte es, als ich merkte, dass Rufus, nachdem er seinen ersten Schreck überwunden hatte, vorsichtig die Nase aus dem Bau streckte, um zu beobachten, was vor sich ging.

Doch trotz seiner Tüchtigkeit in der Rolle des Aasvertilgers ging Jason weit häufiger auf die Jagd und erlegte seine Nahrung selbst

Gewöhnlich vergraben Schakale überschüssige Nahrung nach Art der Füchse, Wölfe, Bären und einer Reihe anderer Raubtiere. Jason und Jewel vergruben immer einzelne kleine Fleischstücke und verteilten ihre Vorräte auf ein großes Gebiet. Ich ahnte, warum, als ich in einer von Jasons Speisekammern eine Hyäne langsam und methodisch von einem Stückchen Nahrung zum anderen gehen sah: Weil das Fleisch so weit verstreut war, war die Wahrscheinlichkeit viel größer, dass sie etwas übersehen würde. Der Fuchs in Europa hat in dieser Hinsicht weniger zu befürchten und kann seine gesamten Vorräte an einer Stelle vergraben – in einem einzigen Versteck wurden ein Hase, ein Waldhuhn und zehn Mäuse gefunden.

Die Wurfzeit der Gnus war die einzige Jahreszeit, in der ich sah, dass die Goldschakale im Krater mehr Aas vertilgten als jagten: Normalerweise taten sie das nur, wenn größere Raubtiere zufällig in ihren Jagdgründen ein Tier erlegt hatten.

Doch trotz seiner Tüchtigkeit in der Rolle des Aasvertilgers ging Jason weit häufiger auf die Jagd und erlegte seine Nahrung selbst. Tatsächlich ist eins der Bilder von Jason, das mir am lebhaftesten vor Augen steht, das einer angespannten Gestalt, die reglos neben einem hohen Grasbüschel steht und dann, als habe eine unsichtbare Hand einen Auslöser betätigt, hoch in die Luft springt und meistens auf einem ungesehenen Nagetier landet, das er mit seinen scharfen Ohren gehört hat.

Meine Assistenten und ich folgten Jason und Jewel auf vielen ihrer Beutezüge. Am häufigsten fingen sie Insekten, gruben im Boden oder in Kothaufen, um Mistkäfer oder ihre Larven, Termiten und dergleichen auszubuddeln; oder sie sprangen hoch und schnappten mit den Kiefern zu, um Käfer oder Motten im Flug zu fangen; oder sie stürzten sich auf Heuschrecken, Grillen und dergleichen, während sie durch hohes Gras schlichen. Oft fingen sie auch Nagetiere wie Ratten und Mäuse, und zu manchen Jahreszeiten machten sie Jagd auf am Boden nistende Vögel und ihre Jungen. Mehrmals sah ich sie des Nachts Springhasen jagen, und einmal spielten die Welpen morgens mit einem Stück Fell eines Springhasen; ob ihre Eltern ihn erlegt hatten, wusste ich nicht.

Gelegentlich sahen wir Jason und Jewel einem gewöhnlichen Hasen nachjagen, aber erfolglos; öfter beobachteten wir, dass die Schakale stehen blieben und einem Hasen nachsahen, den sie aufgescheucht hatten, als ob sie sich darüber klar seien, dass eine Verfolgung zwecklos wäre. Selbst in Gegenden, wo es weniger reichlich Nahrung gibt als im Krater und wo Schakale oft Hasen jagen, haben wir nie gesehen, dass sie einen fingen oder fraßen.

Ich werde nie vergessen, wie ich Jason zum ersten Mal mit einer Schlange kämpfen sah. Ich kam gerade rechtzeitig, um zu sehen, wie er zurücksprang, während sich die Schlange um seinen Hals geschlungen hatte. Jason schüttelte sich heftig, und die Giftzähne der Schlange rutschten von der langen, schützenden Mähne des Schakals ab. Den Bruchteil einer Sekunde später hatte Jason die Schlange zwischen seinen Kiefern. Er schüttelte sie kurz, dann ließ er sie los und sprang wieder zurück. Die Schlange landete auf dem Boden und rollte sich im Nu zusammen, den Kopf auf Jason gerichtet. Plötzlich schoss sie vor, ihre Giftzähne schimmerten in der Morgensonne kurz auf. Gerade als sie zustoßen wollte, sprang Jason beiseite, packte wie der Blitz ihren Körper und schüttelte ihn wieder. Danach folgten Jasons Angriffe rasch nacheinander, bis sein Opfer nach ein paar Minuten fast reglos auf dem Boden lag. Dann fraß Jason langsam, am Schwanz beginnend, den schlaffen Körper auf.

Damals glaubte ich, dass Kämpfe zwischen Schakalen und Schlangen selten seien, doch bald fand ich heraus, dass Schlangen zum normalen Speisezettel eines Schakals gehören. Einmal sah ich Jason eine Schlange fressen, die er anscheinend nicht vorher getötet hatte, und ich frage mich seitdem, ob Schakale instinktiv wissen, welche Schlangen tödlich sind. Sein erstes, von mir beobachtetes Opfer war eine gestreifte Sandschlange, die für Menschen nur mäßig giftig ist, aber für ein so kleines Geschöpf wie einen Schakal möglicherweise gefährlicher.

Noch einen anderen Tag werde ich lange in Erinnerung behalten. Jason und Jewel wanderten durch eine Herde Thompson-Gazellen, als Jason plötzlich stehen blieb und nach vorne starrte. Jewel trat neben ihn, und als ich ihren Blicken folgte, sah auch ich das kleine Kitz, das sich flach auf den Boden presste. In der Nähe graste die Mutter und hatte noch nicht gemerkt, dass ihr Kind in Gefahr war.

Einen Augenblick später schoss Jewel vor und packte das Kitz am Ohr. Doch die Gazellenmutter war ebenso schnell wie der Schakal und griff Sekunden später an, um das Kitz zu verteidigen, den Kopf gesenkt, ihre kleinen, spitzen Hörner auf das Raubtier gerichtet. Rasch flitzte Jewel weg, doch als ihr die Gazellenmutter folgte, lief Jason hin und packte das Kitz. Nun wandte sich die Gazelle schnell um und griff Jason an. Wie Jewel vorher, ließ Jason die Beute fallen und rannte vor der Gazellenmutter weg. Immer wieder griff die Mutter die Schakale an, erst den einen und dann den anderen, doch obwohl sie Jason zweimal so heftig berannte, dass er kopfüber weggeschleudert wurde, trug er offensichtlich keinen Schaden davon. Nach acht Minuten gelang es Jewel, sich mit der Beute davonzumachen, und, vermutlich um der Aufmerksamkeit der Mutter zu entgehen, zerrte sie das Kitz in einen nahe gelegenen Bau. Sobald ihr Kleines nicht mehr zu sehen war und nicht länger blökte, ging die Gazelle weg. Jason, der nicht gesehen hatte, wohin seine Fähe gelaufen war, stand da und blickte sich um, bis Jewel nach einer Weile mit dem Kadaver des Kitzes wieder heraufkam. Dann fraßen sie ihre Beute auf.

Der Speisezettel eines Schakals scheint teilweise davon abzuhängen, wo er lebt. Einige von Jasons Nachbarn, die in dem mehr hügeligen Gelände jagten, wo das Gras lang war, hatten mehr Aussicht, Vögel, Schlangen und sogar Nagetiere zu fangen, als Jason und Jewel, deren Jagdgründe hauptsächlich aus Kurzgrasstepe bestanden. Der Bereich einiger Schakale schloss die Ufer des Munge-Flusses ein, und wenn die Feigen reif waren, schmausten sie die herabgefallenen Früchte – eine Delikatesse, die, soweit ich weiß, Jason und seiner Familie versagt war. Tatsächlich waren wenig Früchte in Jasons Jagdgründen zu finden. Wenn es welche gibt, werden viele Arten von Schakalen gern gefressen. Zu manchen Jahreszeiten wuchsen indes Pilze aller möglichen Arten in Jasons Lebensbezirk, die in dem hohen Grasland der Jagdgründe seiner Nachbarn weniger häufig sind. Mehrere Arten davon wurden von Jason und seiner Familie gefressen. Ich werde nie vergessen, wie Rufus einen Pilz von einer Art fraß, die ich Schakale noch nie hatte fressen sehen. Zehn Minuten später schien Rufus verrückt zu werden. Er raste immerzu im Kreis herum und ging dann schlankweg zuerst auf eine Thompson-Gazelle und dann einen Gnubullen los. Beide Tiere, die vielleicht ebenso überrascht waren wie ich, gingen ihm schleunigst aus dem Weg. Konnte der Pilz Halluzinationen hervorgerufen haben? War Rufus auf einem Trip? Die Frage muss unbeantwortet bleiben, denn ich konnte keinen zweiten Pilz dieser Art finden, um ihn zu bestimmen.

Es scheint daher, dass sich der Schakal während eines großen Teils des Jahres eine ausgewogene Kost aus Fleisch, Insekten und manchmal Früchten zu Gemüte führt. Bisher wissen wir noch nicht, in welchem Ausmaß die Ernährungweise der Schakalwelpen bestimmt wird durch die Art der Nahrung, die ihre Eltern ihnen bringen. Ich werde oft gefragt, ob Schakalwelpen dadurch das Jagen lernen, dass sie ihre Eltern beobachten. Auf einige Nahrungsmittel trifft das gewiss nicht zu. Rufus und seine Geschwister begannen Insekten zu jagen, im Gras zu wühlen und Schnappbewegungen mit den Kiefern zu machen, als sie erst ungefähr drei Wochen alt waren. Sie reagierten vermutlich auf die Bewegungen von Insekten. In diesem Alter waren die Jagdbewegungen entweder spielerisch oder wirkungslos, denn wir sahen sie selten Insekten fressen, ehe sie einen Monat alt waren. Erst später, nachdem sie entwöhnt waren, betrieben die Welpen die Insektenjagd ernstlich.

Jewel begann ihre Sprösslinge zu entwöhnen, als sie knapp über zwei Monate alt waren. Manchmal ließ sie sie noch wie gewohnt saugen, aber zu anderen Zeiten riss sie ihr Hinterteil weg. Waren die Welpen hartnäckig, dann ging sie eilig weg und stolperte dabei manchmal über einen oder zwei der Kleinen. Gelegentlich versuchten die Welpen viele Male, die Zitzen ihrer Mutter zu erreichen, und obwohl Jewel sie manchmal mit einem sanften Biss in die Nase bestrafte, kam es häufiger vor, dass sie die Übeltäter putzte: eine auch von Schimpansen- und anderen Affenmüttern angewandte Strategie, die gewöhnlich dazu dient, die Jungen vorübergehend von ihrem Verlangen nach Milch abzulenken.

Es scheint daher, dass sich der Schakal während eines großen Teils des Jahres eine ausgewogene Kost aus Fleisch, Insekten und manchmal Früchten zu Gemüte führt

Nachdem sie abgestillt waren, wurden die Welpen plötzlich selbstständiger. Gewöhnlich unter Führung von Rufus, entfernten sie sich bis zu 20 oder mehr Meter vom Bau, wenn sie Insekten jagten oder einfach die Umgebung erkundeten. Bei einer solchen Gelegenheit entdeckte Nugget einen Frosch. Er sprang auf ihn zu, aber ehe er ihn hatte, hüpfte der Frosch weg. Nugget sprang noch einmal, und ich musste laut lachen, als ich sah, wie diese beiden so verschiedenen Geschöpfe einer hinter dem anderen herhopsten. Als der Frosch schließlich in einer Regenpfütze verschwand, blieb Nugget wie angewurzelt stehen, und nach einem Augenblick sah ich, wie er unverwandt sein Spiegelbild in der Pfütze betrachtete. Vorsichtig näherte er seine Nase der Nase des Spiegelbilds, sprang zurück, als er das Wasser berührte, nieste und schüttelte den Kopf. Einen Augenblick später gab er seinem Spiegelbild noch einmal einen Nasenstüber und sprang wieder zurück.

Als er zum dritten Mal zurückkam, schloss sich Rufus ihm an, und die Brüder starrten einen Augenblick gemeinsam auf ihre beiden Spiegelbilder. Dann zertrümmerte Rufus die Bilder mit einer forschenden Bewegung der Pfote. ■

Geschichten vom Hektor

Der treue Hektor bewährt sich nicht nur bei Botendiensten, auch sonst sorgt er oftmals für Verwirrung und Staunen.

Peter Rosegger

Ich habe einen Freund, der Dichter ist. Er hätte aber gar nicht nötig zu dichten, denn er besitzt einen so reichen Schatz von Lebenserfahrung, dass er nur diese aufzuschreiben brauchte, um etwas zu leisten. Aus dem Vielen, was dieser Mann schon erzählt hat, teile ich hier mit: die Geschichte von seinem Hektor.

„Da hatte ich", so sagte er eines Tages, „viele Jahre lang einen Vorstehhund. Und dieser Kamerad – ich gestehe es offen – brachte mich

bisweilen ganz merkwürdigerweise in den Ruf eines Aufschneiders, bis der stattliche weiß und braun gefleckte Junge in der ganzen Stadt bekannt war und mir also genügend Zeugenschaft für meine Aussagen zur Seite stand.

Ich will von diesem Tier nur ein paar Stücke erzählen, und zwar zuerst eines der stadtbekanntesten: Hektor als Küchenbote. Wir wohnten in der Vorstadt, und unser Hauspersonal bestand aus mir, meiner Frau und dem Hektor. Da ich im Amt zu tun, meine Frau die häuslichen Arbeiten zu besorgen hatte, so lag es nahe, den Hektor, der höchst gelehrig und ein ausgezeichneter Apporteur war, für gewisse Botendienste abzurichten. Die kleine Mühe ward glänzend belohnt. Am Morgen, nachdem Hektor sein Frühstück genossen hatte, strich er stets schon in der ganzen Wohnung herum und suchte den Fleischkorb. In diesen legte meine Frau einen Zettel an den Fleischer auf dem I.-Platz, samt dem gezählten Geld. Dann legte sie den Korbhenkel dem Hektor in die Schnauze, und der Hund eilte damit munter davon. Nach 18 Minuten kam er allemal wieder zurück und hatte im Korb das verlangte Fleisch.

Häufig begegnete er auf dem Rückweg mir – seinem Herrn, der ins Amt ging – dem wedelte er wohl ein wenig über die Gasse mit dem Schweif zu, als wollte er sagen: „Grüß dich, aber jetzt muss ich Fleisch tragen!“, nahm weiter nicht von ihm Notiz, sondern vollführte seinen Auftrag.

Da geschah es einmal, dass Hektor in der Fleischbank ein altes Weib anknurrte, wofür er von dem Ausschroter einen Fußtritt erhielt. Das verdross ihn derart, dass er von diesem Tage an nicht mehr zum Fleischer am I.-Platz ging, sondern in einer Marktbude einkaufte. Auf dem Markt kannte man ihn bereits. Meiner Frau fiel es auf, dass nun Hektor allemal von dem Gelde vier Kreuzer zurückbrachte, sie sagte mir, es sei das Fleisch um vier Kreuzer billiger geworden, aber mehr als um vier Kreuzer schlechter. Als ich hierauf einmal mit dem Fleischer vom I.-Platz im Wirtshaus beisammensaß, stellte ich ihn darob zur Rede, dass er nun wohl lauter Stiere und alte Kühe schlachten müsse, worauf er mir mitteilte, sein Fleisch ändere sich weder in der Qualität noch im Preis; mein Hund komme schon seit längerer Zeit nicht mehr in seine Bank, er sei dort – wesweg der Ausschroter auch schon seinen Verweis erhalten – beleidigt worden.

Bei den Marktbuden hatte sich mittlerweile Hektor alle Krämer und Hökerinnen zu Freunden gemacht, und es war ein großes Klagen, als der Hund von mir den strikten Auftrag erhielt, das Fleisch wieder in der Fleischbank auf dem I.-Platz zu holen.

Manchmal, wenn er seine Dienste zu ganz besonderer Zufriedenheit verrichtete, bekam Hektor von mir ein Vierkreuzerstück geschenkt, mit dem er sich in einer Selcherei der H.-Gasse eine Wurst kaufte. Er trug das Geldstück zwischen den Zähnen hin und nahm dafür die Wurst in Empfang, von der er genau wusste, dass er sie nicht nach Hause tragen müsse, sondern verzehren dürfe.

Einmal, als ich in mein Amt ging und Hektor, da er just kein Geschäft hatte, mich begleitete, ersuchte mich meine Frau, ihr ein Paar Strumpfbänder mit nach Hause zu bringen, bei W. in der H.-Gasse bekäme man sie, das Paar zu 40 Kreuzer. Ein Ehemann muss endlich auch solche Kommissionen ausführen können. Ich gehe zu W., kaufe die Strumpfbänder – kirschrote, die gefallen mir am besten – und wie ich sie zahlen will, habe ich kein Geld im Sack. Der Kaufmann beteuert, das habe nichts zu sagen, ich solle die Bänder nur mitnehmen und sie gelegentlich einmal begleichen. Das mag ich aber nicht; es könnte vergessen werden. „Herr W.", sage ich, „geben Sie mir gütigst ein Stück Papier." Ich schreibe darauf: „Frau! Schicke durch den Überbringer dieser Strumpfbänder 40 Kreuzer!" So gebe ich es dem Hunde mitsamt den Bändern in die Schnauze: „Das trag zum Frauerl! Und dann komm wieder her da!"

Er läuft davon und kommt sehr lange nicht zurück. Ich muss ins Amt und denke: „Wart, Hektor! Wir wollen einmal ganz kurios miteinander reden, wenn du leichtsinnig werden willst!" Endlich kommt er zum Kaufmann W., hat in Papier gewickelt die 40 Kreuzer in der Schnauze. Es ist in Ordnung.

Wie ich nach Hause komme, fällt es mir auf, dass die Frau nicht ganz eben gestimmt ist. „Von dir kann man auch nichts haben", sagt sie ein ums andere Mal. Da frage ich, ob die Strumpfbänder recht wären? – „Welche Strumpfbänder? Du hast mir ja keine nach Hause gebracht." – „Ich bitte, ich habe sie dir ja durch Hektor geschickt, und du hast durch den Hund die 40 Kreuzer zum W. gesandt, wie ich dir's im Zettel aufgetragen." Da stutzt meine Frau und sagte: „Was du für Bekanntschaften haben musst in der Stadt, dass der Hektor gewohnt ist, die

Strumpfbänder anderswo hinzutragen! Zu mir ist der Hund mit den Strumpfbändern nicht gekommen.“ – Die Situation war grauenhaft. Ich hatte keine Ahnung, wo das Vieh die Bänder verkauft haben konnte.

Am nächsten Tag gehe ich wieder zu W., kaufe ein Paar Strumpfbänder, gebe sie dem Hund und spähe, wohin er sie trägt. Er läuft schnurstracks zum Selcher, wo er sich die Würste zu kaufen pflegt. Dort hatte man ihm das erste Mal die Bänder um den angegebenen Preis abgenommen, weil man meinte, er sei nun Warenausträger geworden, und man wollte sich seine Wurstkundschaft nicht verscherzen. So war das zur allgemeinen Zufriedenheit aufgeklärt.

Hektor hatte eine Leidenschaft und an der ist er auch zugrunde gegangen. Er stellte sich auf der Straße stets vor die Pferde und bellte sie an

Ich hatte den Hektor auch dahin gebracht, dass er – wenn ich am Klavier saß – mit mir sang. Damit produzierten wir uns oftmals in lustiger Wirtshausgesellschaft. Hektor tat es sehr ungern und gähnte allemal, so oft ich ihn aufforderte, zu mir auf die Bank zu steigen und mit mir zu singen; doch weigerte er sich nicht weiter, nur durfte er niemand essen sehen, sonst starrte er auf den Teller und leckte die Schnauze und kam vor lauter Zerstreutheit zu keinem Ton. Gewöhnlich setzte er zu laut ein, auf meinen Befehl: „Piano! Hektor! Piano!“ sang er nach mehrfachen Versuchen höchst dezent. Die Komik war so unwiderstehlich, dass den Leuten vor Lachen die Tränen in den Augen standen.

Einmal war ein Streit unter den Jägern. Der eine wollte im Wald zwei Wildschnepfen geschossen haben, was man ihm nicht glaubte, weil nur eine aufgefunden wurde. Es kam zu einer Wette, und der Jäger ließ mich ersuchen, dass ich ihm meinen Hektor leihe, die zweite Schnepfe aufzusuchen. Ich führte den Hund zum Jäger, fasste diesen am Rockflügel und sagte zum Hund: „Hektor, pass auf! Jetzt gehst du mit diesem Herrn! Das ist jetzt dein Herr!“ Hektor wedelte mir noch mit dem Schweif zu und läuft mit dem Jäger davon. Sie gehen in den Wald, der Hund soll die geschossene Wildschnepfe suchen. Er schnüffelt im Buschwerk hin und her, und schon nach wenigen Minuten bringt er den Vogel.

Der Jäger ist entzückt, und da der Hund sehr zutunlich ist und nicht von ihm weicht, als sie an meinem Hause vorübergehen, ja selbst als sie mir auf der Gasse begegnen, nicht von ihm weicht, so will er sich ihn zu eigen erwerben. Im Wirtshaus ist's, wo wir wieder beisammen sind.

Der Jäger an seinem Platz und Hektor neben ihm, der wedelt ein wenig mit dem Schweif, wenn ich ihn anblicke, kümmert sich aber nicht weiter um mich, sondern bleibt steinfest hocken bei dem grünen Jäger. „Freund", ruft mich der Jäger an, „den Hund kaufe ich dir ab." – „Er ist nicht feil", sage ich. „Was nutzt's dir denn", sagt er, „du bist kein Jäger, und der Hektor geht doch nicht mehr von mir und du magst wohl singen: Will sich Hektor ewig von mir wenden? Er will nicht mehr zu dir!" –„So?" sagte ich, „Wenn du das glaubst, so verstehst du meinen Hund sehr wenig. Versuch's, geh jetzt zur Tür hinaus und rufe ihn." – Gut. Der Jäger geht zur Tür, ich gehe zum Hund und sage ganz ruhig: „Hektor, dein Dienst bei diesem Herrn ist aus, du gehörst wieder mir." Vor Freuden winselnd, springt er mir an die Brust. –„Hektor!" ruft der Jäger an der Tür, „komm!" – Der Hund achtet's nicht und schmiegt sich an meinen Fuß.

Der Jäger tritt näher und lockt ihn mit den schmeichelhaftesten Worten und Gebärden. Der Hektor weist ihm die Zähne und knurrt. – Nun erst hat's der Jäger geglaubt, dass der Hund noch mein gehört.

Hektor hatte eine Leidenschaft und an der ist er auch zugrunde gegangen. Er stellte sich auf der Straße stets vor die Pferde und bellte sie an. Eines Tages wurde er von einem Tramwaypferd niedergetreten und ein Wagenrad schnitt ihm den Fuß weg. Ich ließ das arme Tier sofort in das Tierspital bringen, aber der Arzt erklärte den Hund für verloren und gab ihm Gift. Es wirkte nicht. Die Portion wurde verdoppelt, der Hund lebte. Das Gift wurde verstärkt, der Hunde wollte nicht sterben. „Herr!" rufe ich, „um Gottes willen, so befreien Sie das Tier von seinem Leiden!" Der Arzt zuckte die Achseln und vervielfacht die Stärke des Giftes. Der Hund ringt mit den fürchterlichsten Martern, blickt mich mit verglasten Augen herzdurchdringend an und kann nicht sterben.

Da streichle ich mit der Hand sein Haupt und sage: „Hektor! Jetzt wirst du fortgehen, weit von deinem Herrl fortgehen – weit!" – Er legt den Kopf hin und ist tot …"

Ich weine so leicht nicht, aber diesmal – verzeihe mir – weinte ich. Dies also hatte eines Tages mein Freund Karl Morré erzählt, und sein Hektor soll ein Denkmal haben in diesem Buch. ■

Der Alte vom Berge

Nur mit sprichwörtlicher List und geschärften Sinnen gelingt es Reineke, im harten Winter zu überleben.

Hermann Löns

Hell scheint die Sonne gegen den weißen Berg. Die Buchenjungenden brennen, der Stangenort lodert, der Fichtenhorst steht im Flammenschein.

Meisen zwitschern, Goldfinken flöten, Häher schwatzen. Das Geschwätz bricht ab, setzt als Gezeter wieder ein, flaut ab, schwillt an und endet in einem schneidenden Gekreische.

An der steilsten Stelle der grauen Wand, auf dem schimmernden Schneefleck, leuchtet ein roter Fleck auf. Schimpfend und lästernd fallen die bunten Vögel in der krummen Linde über der Felsplatte ein, stellen sich entsetzlich giftig an und stieben ärgerlich keifend ab.

Einen schiefen Blick schickt ihnen der Fuchs nach; dann reckt er sich, gähnt herzhaft, reckt sich abermals, fährt zusammen und beginnt sich heftig mit dem Hinterlaufe hinter dem Gehör zu kratzen, wohlig dabei knurrend, fährt dann mit dem Fange nach der Keule, flöht sich auch dort ausgiebig, kratzt sich stöhnend und murrend den Nacken und sitzt dann würdevoll da, ab und zu den Kopf wendend.

Vom Vorholze tief unter ihm hallen hastige Axtschläge herauf; es stört ihn nicht. Das eilige Kreischen der Säge ertönt; ihn kümmert es nicht. Ein knirschender Laut wird hörbar, dem ein Prasseln folgt, das in einem dröhnenden Poltern endigt; ihm ist es gleich. Der Berg zittert leise, dann stärker, ein wildes Gebrüll donnert durch die Luft; auch das lässt ihn kalt. Die Arbeit der Holzfäller ist er seit sieben Jahren gewöhnt, und die Sprengschüsse der Steinbrucharbeiter erst recht.

Auch das Piepsen der Goldhähnchen, das Zetern des Zaunkönigs und das Trillern der Schwarzmeisen bringt ihn nicht aus seiner Ruhe; vor sechs Jahren reizte es ihn, einen Versuch zu wagen; jetzt weiß er, dass das keinen Zweck hat. Er gähnt, reckt sich, kratzt sich abermals, räkelt sich in der Sonne und hockt dann wieder unbeweglich da.

Eine ganze Weile sitzt er so, bis die Flöhe unter der warmen Decke gar zu frech in seinem graubereiften Balge werden und er sie wieder mit Klaue und Zahn zur Ruhe bringen muss. Aber mitten in dieser Beschäftigung hält er ein; seine bernsteingelben Seher erweitern sich, seine schwarzen Gehöre stellen sich aufrecht. Da, halbrechts unten, sind sie wieder, die beiden Töne, die er vernahm. Und noch einmal das Brechen und noch einmal das Husten. Der Fuchs steckt wieder die sorglose Miene auf. Es ist nichts, wenigstens nichts Schlimmes. Ein Mensch zwar, aber ein guter Bekannter, der alte Oberholzhauer, in dessen tranduftender Fährte sich immer etwas Gutes findet, ein Endchen Wursthaut, ein Stückchen Butterbrotrinde, ein Bücklingskopf.

Ach ja. Wursthaut und Bücklingskopf! Der Fuchs zieht Geschmacksfäden, die silbern in der Sonne blitzen, und in seinem Wanst rumpelt und pumpelt es. Vorgestern Plattfrost und steifer Nordost, gestern Schlackschnee, das waren zwei magere Tage. Eine verluderte Krähe, ein scheußlich salziger Heringsschwanz, ein steinharter Knochen mit nichts dran und zwölf Nachtschmetterlinge, die hinter der losen Rinde eines Buchenstammes überwinterten, das war alles.

Aber heute wird es mehr geben. Den ganzen Morgen hat es geschneit und es wird noch mehr schneien, denn die Luft ist still und weich. Aber brach da unten nicht etwas? Natürlich! Ein Hase ist es, den der alte Mann aus dem Lager trat. Die dicke Lunte des Fuchses zuckt hin und her, dass die weiße Blume blitzt. Der Hase hoppelt gerade auf die Steinplatte zu. Langsam schiebt sich der Fuchs voran, da bröckelt der Schneerand der Steinplatte ab, fällt rauschend in das Buchenlaub, der Hase hält inne, macht einen Kegel und hoppelt im rechten Winkel fort. Also dieses Mal gelang es nicht, wie meistenteils.

Aber nun merkt der alte Fuchs recht, wie sehr es ihn hungert. Ganz elend wird ihm inwendig. Es hat keinen Zweck, hier sitzen zu bleiben. Sonne auf dem Balge wärmt ja, aber frisches Fleisch im Balge hält wärmer. Es ist noch heller Tag, aber hier oben am Berge ist die Luft rein, und wenn ein Bummel durch Busch und Stangenort auch nicht viel einbringt, etwas kommt immer dabei heraus.

Meist bringt diese Jagd nichts ein, aber einen Augenblick kann man schon daran wenden; vielleicht glückt es

Fort ist er; ein leises Knirren der langen Grashalme, ab und zu das Zerstäuben des Schneebehanges zeigt, wo er blieb. Jetzt taucht er in der alten Holzriese auf, sichert einen Augenblick zum Abhange hin und ist wieder fort. Der Wanderfalke, der auf der höchsten Zacke des zopftrocknen Buchenüberhälters hakt, äugt unter sich, denn Reineke macht sich dort zu schaffen. Irgend etwas findet er dort immer, auch heute. Viel ist es ja nicht, nur der Rest einer Krähe. Der Hunger treibt es hinein. Weiter geht es auf dem engen, hochverschneiten Passe zwischen Jungbuchen. Ab und zu unterbricht eine Flucht über einen faulen Stamm oder eine hinderliche Klippe das langsame Schnurren, hin und wieder verhofft er auch ein wenig. Allzu verlockend schwirrt und schnurrt das Meisenvolk, nach Frostspannern suchend, über den Schnee hin. Meist bringt diese Jagd nichts ein, aber einen Augenblick kann man schon daranwenden; vielleicht glückt es. Aber schon schnürt er weiter. Die Finkmeise hat ihn spitz; sie schlägt Lärm, und schimpfend stiebt der ganze Trupp in die Kronen.

Nun aber schnell fort, denn diese Gesellschaft ist lästig. Also umgedreht, in die Dickung, den Berg hinauf und von oben her in das Stangenholz hinein. Langsam, hier riecht es nach Maus, ganz frisch sogar. Mit schiefem Kopfe steht er vor dem schwarzen Loche in dem Schnee. Etwas Graubraunes will heraus. Er fasst zu, es quietscht, eine schnelle Bewegung des Kopfes, ein heftiges Wedeln der Lunte, ein lautes Schmatzen, und weiter schnürt er. Hier riecht es nach Reh, darum halt! Auch ganz frisch, darum entlang in der Doppelfährte! Ricke mit Kitz, aber beide gesund. Dann hat es keinen Zweck!

Einen Augenblick überlegt er. Hier irgendwo wurde er einmal sehr satt. Richtig, halblinks, um die grauen hohen Felsen herum, an dem Fichtenhorst vorbei, unter den losen Steinplatten hindurch in das große Trümmerloch hinein! Hier hatte er an einem schönen Spätherbstmorgen gelegen und sich den Balg vom Nachttau getrocknet. Da hatte er es knallen hören, nicht sehr weit, und nach einem Weilchen brach es über der Schlucht, Steine polterten, Schutt rieselte und rasselnd fiel es in Laub und Kraut.

Er hatte sich schnell in Sicherheit gebracht, aber abends, als die Eule schrie, war er auf Umwegen an die Schlucht herangeschnürt. Da war er auf Rehschweiß gestoßen, hatte immer mehr gefunden und hatte die Rotfährte gehalten bis an die steile Wand, war das Zickzackband der Wand hinabgeschlichen und als er im Grunde war, da schlug ihm die volle Rehwitterung entgegen. Das war ein Fest! Eine Flucht machte der Bock noch, aber keine zweite mehr, da hatte er ihn an der Drossel, und lange Zeit zum Klagen ließ er ihm nicht. In der Nacht war er satt geworden, dass es für zwei Tage hinlangte. Aber alle Tage sind nicht so. Heute riecht es hier nur nach Schnee und Moos und Mulm. Also weiter, die Klippen hinauf, an der Wand entlang in den Hohlweg hinein, wieder in die Klippen und wieder heraus. Aber die Höhle könnte man mitnehmen; einmal gab es dort einen angeschweißten Hasen, der sich da versteckt hatte, ein anderes Mal einen Jungdachs, der vergeblich an den Wänden herumfuhr, als Reineke in dem Ausgang erschien, und einige Siebenschläfer wurden dort auch erbeutet, ja, einmal sogar eine Eule. Hier ist nichts da, nur Eiszapfen und Schnee. Ein paar dicke Motten finden sich schließlich noch; die werden mitgenommen. Aber die Fledermaus bleibt hängen, nichts wie Haut und Knochen, und sie riecht schlecht.

Missmutig überlegt er, wohin er sich nun wenden solle. Da fährt er zusammen. Über ihm erschallt des Hasen Todesklagen. Mit jäher Flucht nimmt er den Kopf der Klippe und will auf die folgende, von der er in das helle Holz äugen kann, da verhofft er.

Hasenklage verspricht oft mehr, als sie hält. Es ist schon lange her, aber wer das einmal durchgemacht hat, der vergisst es nicht. Das war auch so ein weicher, milder Wintertag nach steifem Nordost, und er hatte auch zwei Tage gehungert und noch länger. Er war um die Mittagszeit durch das Stangenholz geschnürt. Es schneite breit und langsam, und kein Lüftchen ging.

Da erscholl über ihm der jämmerliche Laut. Er kannte ihn gut. So hatte der Has geklagt, den er acht Tage vorher riss. Ein merkwürdiger Has, denn er saß mit dem Halse in einer der dünnen, langen Ranken, von denen oft Stücke an den guten Wursthäuten sind. Und da dachte Reineke, es säße wieder so ein Häslein fest, und war, ohne erst Wind zu nehmen, losgetrabt, bis vor den Baum, von woher das Klagen kam. Und da hatte sich der Baum so merkwürdig schnell bewegt, Reineke fühlte ein Stechen und Schneiden an der linken Seite, sah es blitzen, hörte es krachen und kam erst wieder recht zur Besinnung, als er in seinem Feldloch saß und sich die brennende Seite leckte. Seit der Zeit holt er sich immer erst Wind. Seher und Gehör trügen, die Nase nie.

Eine Weile windet er. Dann schleicht er vorsichtig den Hang entlang, bis er unter dem Winde ist. Und da bleibt er. Noch einmal klagt der Hase, matter, schwächer, immer gedämpfter klingt es. Der Fuchs schleicht langsam näher, immer den Kopf hoch, immer mit den Nasenflügeln heftig schnuppernd und die Seher auf jeden Stamm richtend. Dort, geradeaus, muss es sein. Aber er gewahrt auf dem Schnee kein zuckendes, zappelndes Ding. Ringsumher ist es still und stumm und es riecht nur nach Stein und Holz und Moos und Schnee.

Die Sache stimmt nicht. Reineke setzt sich auf die Keulen. Er hat ja viel Hunger, aber er hat auch viel Zeit. War es ein Has, so kriegt er ihn immer noch, und war es keiner, dann ist es umso besser. Aber jetzt lässt sich da etwas vernehmen; es war, wie wenn eine Eichkatze am Stamm kratzt. Aber dann ist wieder alles still. Jetzt hat sich da an dem Baume etwas bewegt, Reineke windet sich. Hier kesselt der Wind. Ganz leise und langsam schleicht der Fuchs nach rechts, alle Augenblicke verhoffend, dann wieder weiter schleichend, um abermals zu verhoffen. Auf einmal fährt er zurück, stößt ein kurzes heiseres Gebell aus, wendet jäh um und trollt, so schnell er kann, dem dichten Bestand zu, dass der Schnee stäubt.

Es war nicht Has, es war Mensch. Reineke ist sehr vorsichtig geworden. Er traut sich aus den Dickungen nicht heraus und erst, wie der Himmel alles Rot verloren hat, die Goldhähnchen schon tiefer suchen, die Zeisige in den Fichten einfallen, im hellen Holze die Eule heult und die Steinbruchsarbeiter laut singend hinter dem tanzenden Lichte den Steinweg hinabtrampeln, da bekommt er die alte Sicherheit wieder. Aber viel länger als vorhin holt er sich in jeder Schlucht und auf jedem Kamme erst Wind.

Es ist schon recht dunkel, da schnürt er den Holzfahrweg entlang, findet am Frühstücksplatz eine Wursthaut, an einem Stück Papier etwas Schmalz, greift am Bach eine Maus, regt sich zwischen Holz und Feld an den frischen Hasenspuren auf, prüft alle Rehfährten daraufhin, ob sich nicht Schweißwitterung an einer davon findet, scharrt auf dem Felde aus dem Mist einen faulen Hühnerkopf, würgt ein stinkendes Darmende hinein, das er aus einem anderen Misthaufen kratzt, stattet dem Fischteich einen erfolglosen Besuch ab und schleicht in der späten Dämmerung um das Gut herum, bis laute Menschenstimmen ihn verjagen.

So trabt er in großem Bogen zum Dorfe, findet am letzten Hause auf dem Dungplatz einen Ballen fettiger Schweinehaare vom Schlachtfest, die er mit Widerstreben hinunterwürgt, gedenkt traurig der Nacht, als er hier die halbwüchsige Katze erwischte, muss eilig abtrollen, weil ein kläffender Spitz in den Hof hinausfährt, stellt am Bache fest, dass die Enten und Gänse wohl da waren, aber nicht mehr dort sind, findet am Luderplatze nur blanke Pferdeknochen, am Kalkofen überhaupt nichts, bei der Mühle dasselbe, und macht auf seiner meilenlangen Fahrt durch die Feldmarken und die sieben Berge hinter ihnen die Erfahrung, dass der Has viel zu hellhörig ist und dass die Hühner verschwunden zu sein scheinen. Eine einzige Maus scharrt er mit viel Mühe noch aus, dann ist die Nacht hin und er trollt dem Holze wieder zu, in der stillen Hoffnung, in den Schlehenbüschen noch einen Igel im Winterlager zu finden oder auf der Luzerne davor einige Mäuse zu greifen.

Der Igel aber liegt unter schützendem Schnee, und Mäuse gibt es auch nicht. Als er ganz trübselig den Bach entlangschnürt, stößt er auf frische Rehwitterung. Gewohnheitsmäßig, aber ohne Hoffnung, schnürt er die Fährte zu und steckt die Nase hinein. Sofort ist er wieder munter, denn in der Fährte liegt ein Tröpfchen Schweiß. Bei dem Wurfboden einer Buche findet er wieder Schweiß in der Fährte, einen breiteren Tropfen, und je näher er an den Buchenaufschlag kommt, umso stärker werden die Schweißflecken im Schnee, umso frischer sind sie und immer heftiger weht Reinekes buschige Rute.

Ganz vorsichtig schleicht er in dem Hauptwechsel entlang, bis er in dem Buchenaufschlag ist. Da hat er auch dicht vor sich die volle Rehwitterung. Noch vorsichtiger schleicht er näher, da rauscht es auch schon über ihm, poltert es, rasselt es, stiebt es, und nun schleicht er nicht mehr, er schnürt eiliger, immer hastiger, und je schneller es vor ihm bricht und rauscht, umso flüchtiger wird er, immer unter dem Winde neben der kranken Fährte, die Nase einen halben Fuß über dem Schnee. Das laufkranke Kitz flüchtet bergan, Reineke immer hinter ihm drein. Es schlägt einen Haken, macht einen Wiedergang, lässt den Fuchs hinter sich, aber der hält die Fährte, und als es zitternd und keuchend verhofft, weil bei jeder Flucht die Schalen durch die harte Schneekruste treten und die Läufe immer mehr schmerzen, da vernimmt es des Verfolgers lautes Hecheln schon unter sich. Es flüchtet bergauf, über faule Stöcke, zwischen Klippen hindurch, in die verschneiten Dickungen hinein, in das Stangenholz, aber Reineke ist immer dicht an ihm. Immer kürzer wird das Reh, immer länger der Fuchs. Einmal schon fasst er Haar, aber laut aufklagend reißt es sich los, bricht seitwärts aus und poltert in der vereisten Holzriese den Hang hinab.

Seine Seher glühen, lang hängt die Zunge aus den schwarzen Lefzen, fest angelegt sind die spitzen Gehöre

Ihm nach trabt der Fuchs. Seine Seher glühen, lang hängt die Zunge aus den schwarzen Lefzen, fest angelegt sind die spitzen Gehöre, die Lunte flattert wie eine Fahne über seinen Rücken, Schaum spritzt rechts und links in den Schnee. Jetzt ist er bei dem Reh, es wird noch einmal hoch, flüchtet durch den verschneiten Aufschlag, aber der Fuchs ist jetzt immer Seite an Seite mit ihm und springt bei jeder dritten Flucht an ihm herauf. Jetzt fasst er an, zieht nieder, jämmerlich klingt das Angstgeschrei durch den Wald, frecher antwortet der Bass eines Altrehes, ein Schmalreh schmält, und dann ist es still.

In dem kleinen Erdwalle, neben dem breiten Steinblock unter dem sparrigen Holunderbusch schlagen des Kitzes Hinterläufe den Schnee von dem Buchenlaube. An der Kehle zerrt und reißt knurrend und keuchend der Fuchs, bis es ihm nass und heiß entgegenquillt. Da hält er inne und leckt und leckt, fasst noch einmal an, reißt noch einmal, stößt seine Nase zwischen die Lauscher, unter das Vorderblatt, in die Dünnungen, in den Spiegel des Rehes, zupft erst hinter dem Blatt, reißt heftiger, verhofft, windet und schneidet an.

Es ist nicht mehr der saubere Fuchs, dessen eisgrau bereifter Balg wie geleckt aussieht. Das Gesicht ist rot besudelt, der weiße Brustlatz ist fort. Er zieht und zerrt, reißt die Öffnung weiter und hält plötzlich inne. Sein Rückenhaar sträubt sich, heiser faucht, dumpf murrt er, und giftig keckernd fährt er einem anderen Fuchse entgegen, der seit einer Stunde der Rotfährte gefolgt ist. Wieder wird es laut im Walde, so laut, dass die Steinbrucharbeiter, die in dem Hohlweg hintereinander herstampfen, erstaunt stehen bleiben und eine Weile dem gellenden Kreischen zuhören, das sich den Berg hinaufzieht, bis es auf dem Kamme verhallt.

Der Alte vom Berge hat den Schmarotzer abgebissen. Eilig, aber immer windend und verhoffend, schnürt er zu seiner Beute zurück und füllt sich bis zum Platzen. Erst als es ganz licht ist und die Forstarbeiter mit Axt und Säge laut werden im hohen Holze, als die Zeisige die Fichten verlassen, die Krähen über den Berg streichen, Goldfink, Häher und Zaunkönig sich melden, schiebt er mit der Nase den Schnee von allen Seiten über das Reh, es für die kommende Nacht aufhebend.

Faul und dick schnürt er den Steig entlang, bis zu dem Loche, in dem sich die Quelle sammelt. Da schlappt und schlappt er das eisige Wasser, bis sein Brand gestillt ist, rollt sich im weichen Schnee und schnürt dann den Hang hinauf bis vor seine Burg.

Die Sonne kommt rot und rund an der Flanke des Berges hoch und trifft eben noch die weiße Spitze von Reinekes Lunte, die gerade in der Spalte verschwindet, die in seinen Bau führt.

Da wird der Tag verschlafen und vielleicht die Nacht dazu, und am Ende noch ein Tag, wenn ihn der Durst nicht hinaustreibt. ■

TIGER-SCHICKSALE

Um die majestätischen Großkatzen ranken sich oft verblüffende Berichte.

Bernhard Grzimek

Gar nicht selten werde ich, besonders von Zeitungsleuten, gefragt: „Welches Tier lieben Sie am meisten? Gorillas, Löwen, Elefanten oder Geparden?“

Offen gesagt – ich liebe nicht Gorillas schlechthin, sondern die Gorilla-Mutter Makula, die von Kleinkind an in meiner Familie groß geworden ist, die Hündin Senta, meinen Wolf Dschingis, die Gepardin Cheetah; ich liebe ja auch nicht Menschen allgemein, sondern ganz bestimmte Menschen.

Tiger habe ich beinahe dreißig Jahre gezüchtet, habe sie alle jeden Tag gesehen. Aber nur ein Tigermann war darunter, der mich, wenn ich herankam, stets nach Tigerart ganz leise begrüßte, indem er die Luft zwischen den geschlossenen Lippen hinausstieß. Er erwiderte auch meinen eigenen Tiger-Lippengruß.

Tiger ist nicht gleich Tiger. Aber auch der einzelne Tiger kann sich zu verschiedenen Menschen sehr, sehr unterschiedlich verhalten. Ich selbst habe ja als Soldat während des Urlaubs 1942, um eine wissenschaftlich Vermutung zu erhärten, die sechs Königstiger des großen Zirkus Sarrasani statt des Dompteurs alleine vorgeführt. Auch die Zuschauer ahnten in den Abendvorstellungen nicht, dass ich nicht der dazugehörende Tierlehrer war. Alles ging gut. Aber ein paar Monate später griff die Tigerin Tibet, die willig durch den brennenden Reifen über meinen Kopf gesprungen war, den berühmten und sehr erfahrenen Tigerdompteur Togare sehr hart an. Er musste mit schwersten Verletzungen ins Krankenhaus gebracht werden. Die französische Filmschauspielerin Gina Manès wollte meinen Versuch im Pariser Zirkus Medrano wiederholen – aber klugerweise in Begleitung des eigentlichen Dompteurs. Sie wurde von dem Tiger Royal zwei Minuten lang durch den Käfig geschleppt und blieb für immer linksseitig gelähmt.

Vor einigen Jahren war im Privatzoo bei Clermont-Ferrand versehentlich ein Käfig offen geblieben; ein vier Zentner schwerer Tiger tötete den 33-jährigen Leiter des Zoos und verletzte ein Pony schwer. Die Polizei konnte ihn gerade noch erschießen.

„Was für ein netter Hund!" rief dagegen eine sehr kurzsichtige alte Dame freudig aus, nachdem ein Tiger durch das Fenster in ihr Schlafzimmer gesprungen war. Sie streichelte die Raubkatze liebevoll. Das Tier war in der nordspanischen Hafenstadt Gijong aus dem Zirkus entflohen. Der „nette Hund" machte noch einen Rundgang durchs Haus, focht einen kurzen Kampf mit seinem Ebenbild im Spiegel aus und legte sich gemütlich aufs Bett, bis ihn schließlich sein Wärter abholte.

Als 1870 ein Tiger die 18-jährige Tierlehrerin Helen Bright von hinten angefallen und sie mit einem Kehlbiss erstickt hatte, untersagte die Königin von England den Dompteusenberuf für Frauen. Das Verbot blieb mehrere Jahre in Kraft.

Der riesige Tiger Bobby des Tierlehrers August Mölker war so zahm und anhänglich, dass ihn sein Herr mit ins Zimmer nehmen konnte. Eines Tages erwischte diesen aber der Sunda-Tiger Java, griff ihn an und verbiss sich wütend in ihn. Frau Mölker ließ daraufhin Bobby heraus, der zu dem leblos daliegenden Mölker raste. Er biss den Sunda-Tiger so tief in die Schultern, dass der nachher in einem Zeltleinen weggetragen werden musste. Bobby aber rieb schnurrend seinen mächtigen Kopf an Mölker. Tiger können übrigens, als einzige Großkatzen, regelrecht schnurren.

Ich könnte ihnen noch viele solcher Vorfälle berichten. 1970 tötete ein Tiger in Moskau die Tierlehrerin Lidia Jiga; ein anderer verletzte das neunzehnjährige Fotomodell Merylin Lamb, das ihn gestreichelt hatte, so schwer, dass man acht Stunden lang operierte, um ihren Arm zu retten. Die Tigerin Diva, die in der Sowjetstadt Fergane aus ihrem Käfig entkam, vertilgte dagegen in einem Lebensmittelladen 13 kg Wurst, stillte ihren Durst am Wassergraben und ging zufrieden in ihren Käfig zurück.

Tiger ist nicht gleich Tiger. Aber auch der einzelne Tiger kann sich zu verschiedenen Menschen sehr, sehr unterschiedlich verhalten

Auch wild lebende Tiger benehmen sich in ihrer Heimat sehr verschieden zu uns Menschen. Ein einziger Menschen fressender Tiger verhinderte 1862 für geraume Zeit den Weiterbau der Eisenbahn von Bombay nach Allahabad durch das Narbada-Tal. Er tötete über 100 Leute. Etwa ein halbes Jahrhundert später haben Menschen fressende Löwen in Ostafrika den Bahnbau von Mombasa nach Nairobi für lange Zeit unterbrochen. In beiden Fällen hatten die geschäftstüchtigen Bahnunternehmer die vielen Arbeiter auf die billige Weise ernährt, indem sie ringsum alles Wild abschossen. Den Tigern oder Löwen blieb als Nahrung schließlich nur noch der Mensch übrig …

Wegen einer Menschen fressenden Tigerin verließen an anderer Stelle in Indien die Einwohner 13 Dörfer. 6000 ha Ackerland lagen brach. Die Tigerjagd war damals bei den Maharadschas und ebenso bei englischen Offizieren ein beliebter Sport. Die Maharadschas des Fürstentums Rajasthan schossen seit dem Anfang dieses Jahrhunderts beinahe 2700 Tiger und verzeichneten sie in ihren Jagdlisten. Die verstorbene Maharani Fateh von Odaipur hatte 375 Tiger erschossen, der Nawag von Tonk 295 und Sir Ganga Singhji von Beikaner 265. Der Maharadscha Bhim Singh von Cotta hat 334 Tiger zwischen 1920 und 1965 erlegt; Bahadur Singh von Bundi 234. Im Jahr 1930 hatte man die Tigerbevölkerung von Indien noch auf 40 000 Köpfe geschätzt. 1960 waren es lediglich 4000, 1972 nach sorgfältiger Zählung 1827 Stück.

Daran waren aber gar nicht einmal so sehr diese schießwütigen Jäger schuld. Selbst wo es für einen Tiger noch viel Nahrung gibt, braucht er einen Bezirk von etwa 10 km^2. Er muss im Jahr etwa 70 Hirsche oder 30 Wildrinder, meist Gaurs und Büffel, erbeuten. Die wieder brauchen Wald und grünes, feuchtes Wildgelände, um sich zu ernähren. Gerade das benötigen aber auch die 620 Millionen menschlichen Einwohner Indiens, deren Zahl sich alle 28 Jahre verdoppelt, in 65 Jahren also vervierfacht, in 84 Jahren verachtfacht. Der größte Teil der Inder ist unterernährt, immer wieder verhungern Millionen. Selbst wenn sie genug Reis haben, fehlt es an Holz, um ihn zu kochen.

Jeder Busch, jeder Baum wird abgeschlagen. So trocknen Feuchtgebiete aus, die zu kilometerbreiten trockenen, steingefüllten Flussbetten werden. Alle paar Jahre gibt es immer schlimmere Überschwemmungen, die ganze Städte wegreißen, weil die Abhänge des Himalaya abgeholzt sind und die Wälder nicht mehr das Wasser zurückhalten und speichern können. Die Regengüsse spülen die Erde an den Bergen ab, bis schließlich blanke Felsen übrig bleiben.

Wo die Wälder abgeholzt werden, verwandeln sich nach etwa fünfzehn Jahren Zehntausende Quadratkilometer oft völlig in Wüste, ähnlich wie im Amazonasgebiet Brasiliens. Deswegen war es eine wahre Wohltat auch für die menschliche Bevölkerung, dass die indische Regierung unter Indira Gandhi die Jagd auf Tiger ganz verbot und acht Tierschutzgebiete einrichtete. Denn jedes muss mindestens 3000 km^2 umfassen, in denen weder Landwirtschaft betrieben noch Rinder geweidet werden. Dazu kommt eine Pufferzone, in welche die Tiger gelegentlich hineingehen. Macht sich dort einer unbeliebt, so wird er betäubt und in andere Gegenden gebracht. Die National-

parks und Naturschutzgebiete erhalten also wenigstens in einigen Gegenden Indiens den Naturboden und auch die Wasserläufe für die Nachbarschaft. Erstaunlicherweise hat die örtliche Bevölkerung sie daher im Allgemeinen begrüßt.

In einem dieser Tiger-Schutzgebiete hat mein Freund George Schaller das Leben der Tiger, insbesondere einer bestimmten Tigerfamilie, über ein Jahr lang fast unaufhörlich beobachtet. George Schaller, der mit seinen Eltern siebenjährig aus Deutschland ausgewandert war, ist Professor in New York. Er hat erst das Leben der Gorillas in Zaire (Kongo) erforscht, dann jahrelang in der Serengeti gelebt und sich mit Löwen beschäftigt. Seine wissenschaftliche Arbeit hat unser Bild vom Tiger Indiens völlig verwandelt.

Er ist nicht – wie man bis dahin annahm – der wilde, übermächtige Räuber, der mit seinen Zähnen und Krallen alles umbringen kann, was er nur will. Er muss schwer dafür arbeiten, meist viel mehr als Löwen. Erst nach etwa 30 Angriffen und Verfolgungen packt und tötet ein Tiger endlich einmal eine Beute. Von morgens bis abends legt er 25 bis 30 km Pirschgänge im Wald zurück. Er muss sich auf 10 bis 25 m an das Opfer heranpirschen, um es wirklich zu packen. Oft müssen Tiger von Fröschen, Affen, Krabben, ja von Vogeleiern leben. Von 200 Tieren, die von Tigern getötet wurden, war die Mehrzahl entweder sehr alt oder Jungtiere.

Die Tiger sind auch nicht Einzelgänger, wie man früher glaubte, sondern verträglich und gesellig. Sie rufen die Kameraden herbei, wenn sie etwas erbeutet haben, und verspeisen die Mahlzeit gemeinsam. Löwen dagegen verteidigen bekanntlich jeden Bissen, meist selbst gegen die eigenen Kinder.

Wenn ein Tiger einen Hirsch erlegt hat, zieht er ihn oft in eine Bodensenke und deckt ihn teilweise mit Gras und Zweigen zu, um ihn vor Raben und Geiern zu schützen. Fünf bis sechs Tage lang hält sich der Tiger verborgen in der Nähe der Beute auf – wenn sie nicht vorher von Menschen weggeholt worden ist.

Als George Schaller mühsam auf einen Felsen im Wald hinaufkletterte, stand er oben plötzlich einen Meter vor einem ruhenden Tiger – der sich ohne große Aufregung entfernte. Hungrige Tiger, besonders Weibchen, die Junge haben, gehen auch am Tag auf Jagd. Aber sie greifen kaum erwachsene Wildrinder, die Gaurs, an, die etwa 700 kg wiegen, sondern nur Kälber. Von Gaurs und Wildrindern sind Tiger schon getötet worden.

Ein indischer Hirte wollte einen Tiger, der eine seiner Kühe angriff, mit einem Stock vertreiben. Der Tiger griff ihn an und verletzte ihn schwer. Aber auf einmal gingen alle 30 Kühe auf den Tiger los und töteten ihn mit ihren Hörnern und Hufen. Trotzdem sind die ausgewachsenen Tiger ungemein kräftig. Einer schleppte einen Gaur, den 13 Männer nicht bewegen konnten, 12 m weit weg, ein anderer trug ein Pferd 500 m. In Südvietnam packte bei Danang ein Tiger einen schlafenden amerikanischen Soldaten an der Schulter und sprang mit ihm in einem großen Satz in einen Bombentrichter. Die Kameraden konnten den Tiger gerade noch erschießen und den Verwundeten ins Krankenhaus bringen.

Die Schallersche Tigerfamilie aber war, wie gesagt, sehr friedlich. Einmal verspeisten die Tiger – zwei Weibchen, vier Junge, ein Männchen – friedlich gemeinsam einen Ochsen. Ein andermal legte sich der Tigermann 6 m entfernt nieder, bis die Weibchen und Jungen fertig waren, obwohl er selbst offensichtlich Hunger hatte. Die Kinder gingen zu ihm hin und rieben sich zärtlich an seinem Kopf.

Schaller hat einmal ein Gaur-Kalb gewogen, das die Mutter erbeutet hatte, während sie wegging, um ihre Jungen nachzuholen. Es wurde in einer Nacht verzehrt. Als er die Überreste wog, konnte er feststellen, dass sie zusammen 38 Pfund Fleisch gegessen hatten. Die Jungtiere sind erst mit zwei Jahren selbstständig. Aber schon vorher holte ein besonders kühner Jüngling dieser Tigerfamilie den Schallers ein Lamm aus dem Schuppen, das der Weihnachtsbraten werden sollte, und ebenso alle Hühner.

Tiger können freie Sprünge von 5 bis 6 m machen, auf abfallendem Gelände sogar 10 m weit. Sie überschwimmen Meeresarme. Den Sibirischen Tigern, die bis 5 cm Fett unter der Haut haben, macht Kälte von bis zu 40 Grad nichts aus. Ein Sibirier kann sogar hintereinander 30 bis 40 kg Fleisch hinunterwürgen.

Wie alt ein Tiger wird, wissen wir eigentlich nur aus zoologischen Gärten. Im Zoo von Dakar, Westafrika, wurde eine kränkliche Tigerin mit 20 Jahren eingeschläfert, die schon 32 Junge geboren hatte, mit 21 Jahren lebte eine andere noch im Zoo von San Francisco. Dass allerdings im Wellington-Zoo auf Neuseeland eine Tigerin mit 44 Jahren gestorben ist, nachdem sie bis zum 36. Jahr regelmäßig Junge bekommen hatte, und zwar über hundert, das glaube ich nicht. Diese Tigerin war dem Zoo nämlich 1919 vom Prince of Wales geschenkt worden.

Auch in der berühmten Kaiserlichen Menagerie in Wien wurden im 17.–19. Jahrhundert viele Tiere ganz ungewöhnlich alt – wenn sie dem Tiergarten von einem Fürsten oder gar dem Kaiser oder einem Erzherzog geschenkt worden waren. Erst in neuerer Zeit machte Zoodirektor Dr. Antonius klar, dass die Tiere offensichtlich immer wieder durch neue ersetzt worden waren ...

Die Tiger sind auch nicht Einzelgänger, wie man früher glaubte, sondern verträglich und gesellig

Wir Europäer kennen übrigens den Tiger viel weniger lange als andere Tiere ferner Länder. Er ist den alten Völkern um das Mittelmeer recht fremd geblieben. Die Griechen machten mit dem indischen Königstiger erst durch den Feldzug Alexanders des Großen Bekanntschaft. Ein Tiger kam gegen Ende des 4. Jahrhunderts v. Chr. als Geschenk des syrischen Königs nach Athen und erregte dort großes Erstaunen. Aber erst unter Augustus wurde im Jahr 11 v. Chr. bei der Einweihung des Theaters des Marcellus ein Tiger in einem Käfig zur Schau gestellt, während beim gleichen Anlass immerhin schon 600 Leoparden und andere Wildtiere getötet wurden. Später regierten bis etwa 180 v. Chr. in Rom nacheinander fünf hervorragende und vor allem menschliche Kaiser. Dieses Wohlwollen äußerte sich nur den freien Bürgern gegenüber, nicht zu den Sklaven und Tieren. Unter dem besten dieser Kaiser, unter Trajan, wurden in nur fünf Monaten 11 000 Tiere im Amphitheater getötet. Kaiser Hadrian tötete im Zirkus 100 Löwen auf einmal. Der größenwahnsinnige Kaiser Heliogabalus spannte Tiger vor seinen Wagen und ließ bei einem Zirkusspiel 51 von ihnen umbringen. Seinen Gästen setzte er 600 Straußenköpfe vor, von denen nur das Gehirn verzehrt werden sollte. Bei der Tausendjahrfeier der Stadt Rom, im Jahr 227 v. Chr., wurden in der Arena zur Feier des Tages 40 Wildpferde, 32 Elefanten, 10 Elanantilopen, 10 Tiger, 60 Löwen, 30 Leoparden, 10 Hyänen, ein Flusspferd, ein Nashorn, 10 Giraffen, 20 Wildesel usw. umgebracht!

In Nepal, dem Königreich im Himalaja, nördlich von Indien, hausten im Jahr 1979 noch etwa 200 Tiger. Der Biologe Melvin Sunquist beobachtete dort seit längerer Zeit diese Tiere. Einmal, so erzählte er mir, schloss er aus dem Benehmen einer Tigerin, sie könnte Junge haben. Er ritt darauf mit seinen Mitarbeitern auf drei Elefanten in ihre Nähe und stieg selbst 6 m hoch auf einen Baum. Aber zu seinem Schrecken kletterte die Tigerin auch an dem Baum empor, der nur 15–20 cm Durchmesser hatte. Er versuchte, sie mit seiner Radioantenne abzuwehren, was ihm aber nicht gelang. Die Tigerin erwischte ihn am Oberschenkel und biss ein dickes Stück Fleisch heraus. Beide stürzten herunter, wobei sich Sunquist am Rücken verletzte und unbeweglich liegenblieb. Daraufhin griff die Tigerin seinen Reitelefanten an und verjagte ihn. Dann legte sie sich, wahrscheinlich um in üblicher Form ihre Beute zu bewachen, neben Sunquist. Er konnte sie atmen hören, rührte sich aber nicht. Schließlich kamen die Elefanten zurück; sie verjagten die Tigerin. Da der Verletzte nicht mehr reiten konnte, holte man einen Wagen, mit dem man Sunquist zu dem Flughafen Bharaput brachte, etwa 20 km entfernt. Im letzten Augenblick gelang es, ein gerade startendes Verkehrsflugzeug noch anzuhalten. Drei Fluggäste mussten aussteigen, um für den Verletzten Platz zu machen. Schon drei Stunden nach dem Unfall lag er auf dem Operationstisch. Drei Monate musste er im Krankenhaus bleiben. Er war dann völlig gesund, bis auf seine sehr eindrucksvollen Narben.

Eine besonders ungewöhnliche Tigerrasse haben, nebenbei gesagt, wir Menschen geschaffen: die weißen Tiger. Im Jahr 1951 kam der Maharadscha von Rewa (das heute zu dem indischen Staat Madhja Pradesch gehört) auf einer Treibjagd in den Besitz einer Tigerin mit vier – neun Monate alten – Jungen. Eines davon war weiß und größer und stärker als die anderen. Dieses Junge wurde nicht abgeschossen, sondern in einem Käfig gehalten. Schließlich gab man ihm eine üblich gefärbte Tigerin als Gefährtin. Alle ihre Kinder in drei Würfen waren jedoch wildfarbig. Also verpaarte man eines der jungen Weibchen mit dem weißen Vater – und siehe da, 1985 gebar sie vier weiße Junge, alle gefärbt wie der Vater: auf weißem Grund grau braune Streifen, eisblaue Augen und rosarote Sohlen. Diese weißen Tiger sind also, ähnlich wie Pferdeschimmel, keine Albinos, Weißlinge, denn sonst müssten sie rote Augen und gar keine Streifen haben. 1922 sind aber einmal zwei halbwüchsige wilde Tigerkinder geschossen worden, die beide rosarote Augen hatten.

Einer der weißen Tiger, ein Weibchen, wurde 1960 in den zoologischen Garten von Washington gebracht, als Geschenk einer amerikanischen Rundfunkgesellschaft an den Präsidenten. Dann aber erließ die indische Regierung ein Ausfuhrverbot für weiße Tiger. So musste der Maharadscha diese Tiere selber ernähren, was nicht billig war. In Freiheit entlassen wollte man sie auch nicht, denn diese Tiere, die an ein angenehmes Leben gewöhnt waren, konnten dort leicht anderen Tigern und Wilddieben zum Opfer fallen. Erst 1963 durfte der Maharadscha ein paar weiße Tiger an den Zoo von Bristol in England verkaufen, andere kamen in die Zoos von Kalkutta und Neu-Dehli. Diese Tiere sind in den zoologischen Gärten erfolgreich weitergezüchtet worden. Ich selbst finde, offen gesagt, weiße Tiger viel weniger schön als die gelbroten. ■

Mein Freund Walter, der Uhu

Seltsame Bindungen zwischen Mensch und Tier

Otto Alscher

Kein Tier besitzt solch ausdrucksvolle Augen wie der Beherrscher der Nacht, der Uhu. Sein Blick ist verstehend, er hängt an den Augen des Menschen, als suche er ihn zu erforschen, und man glaubt diesem Tier Gedanken zuschreiben zu müssen, wie sie im Menschen leben. Fragende Nachdenklichkeit scheinen diese leuchtend gelben Augen auszudrücken. Ärger, wenn man ihn stört, blinzelnde Zufriedenheit, wenn man ihm die Nackenfedern krault, nie aber Unterwürfigkeit oder gar Angst.

Wenn ich Walter, den ich wegen seines offenen Wesens so nannte, mit der Hand nahte, fuhr er mir wohl mit dem Schnabel entgegen, ergriff jedoch nur meinen Finger und knabberte daran, wie kosend. Dabei hingen seine Augen an den meinen, wie um mich zu fragen, ob mir das recht sei.

Ich hatte ihn mit zweien seiner Geschwister als Daunenjunge erhalten, zog drei auf und fand dabei wieder Gelegenheit festzustellen, dass auch unter den Uhus verschiedene Charaktere oder doch Temperamente vorhanden sind. Da war einer darunter, der spreizte regelmäßig die Flügel und klappte mit dem Schnabel, wenn ich vor ihn hintrat, ein anderer zog stumm den Nacken ein und schaute mich misstrauisch von der Seite an. Walter allein hatte mich schon längst am Schritt erkannt, schaute mir erwartungsvoll entgegen, wobei er sich vorher durch einen raschen Blick nach meinen Händen überzeugte, ob ich nicht eine Maus oder einen anderen Leckerbissen mitgebracht habe.

Seine zwei Gefährten gab ich nach einem Jahr an einen befreundeten Schiffskapitän weiter, der sie ins Reich brachte. Walter aber behielt ich für die Hüttenjagd. Und hier konnte ich mich wieder überzeugen, dass das Sehvermögen der Eulen bei hellem Sonnenschein ebenso scharf ist wie das der Tagraubvögel, die einen nahenden Habicht von einer Krähe schon unterscheiden, wenn diese im Jagdglas erst als ein Punkt zu erkennen sind.

Im Jahr 38 entzog man mir das Jagd- und Waffenrecht wie vielen anderen Deutschen. Ich verzichtete darauf, durch Protektion nachträglich das Jagdrecht zu erlangen; Walter aber als Gefangenen zu halten, war zwecklos, ich beschloss daher, ihn in die Freiheit zu setzen. Nun ist das solch eine Sache mit den Tieren, die bei Menschen aufgewachsen sind, sie sehen in ihm nur den Freund, dem sie vertrauen können, der sie ernährt. Die Freiheit musste ihm Gefahren bringen, und es würde ihm auch schwer fallen, gleich die Umstellung zur eigenen Futtersuche zu finden. Da ich aber im Wald wohnte, würde er sich nicht weit entfernen, ich ließ daher an einem Juniabend die Tür seines Käfigs offen, in der Erwartung, dass er später, wenn ich zum Arbeitshaus, an welchem der Käfig angebaut war, zurückkehrte, schon verschwunden sein würde.

Ja, er hatte die offene Tür gefunden. Die Ratte, die ich ihm hingelegt, hatte er gekröpft. Ob er wohl weit fortgeflogen war? Doch als ich nachts zum Wohnhaus zurückging, löste sich von der Bergwand oberhalb des Gartens ein Schatten, schwebte heran und hakte vor mir in einem Apfelbaum fest. Ich blieb stehen, sprach mit ihm, weil ja auf ein Tier die Stimme des Menschen beruhigend wirkt. Er hörte mich gelassen an, eine ganze Weile, schwang sich dann plötzlich auf, hoch über die Baumwipfel, als freue er sich des Fliegens, und verschwand in der schwarzen Wand des Waldes.

Andern Tages zeigten Amseln an, dass er ein Versteck im überhängenden Ufer des Bachs, unterhalb des Hauses, gefunden. Sobald aber der Abend begonnen, hörte ich ein Schnabelklappen aus den Haselsträuchern vor dem Fenster, an dem der Schreibtisch stand; Walter machte sich bemerkbar, er wartete auf sein Futter. Dieses hatte ich schon vorbereitet. Das ging so einige Tage. Da er jedoch oft erst spät in der Nacht erschien und das hingestellte Futter kaum berührte, erkannte ich, dass er es schon verstand, Beute zu machen. Eines Nachmittags hörte ich das Geschrei von Buben. Sie warfen Steine nach der Stelle des Bachufers. Ich eilte hin, da kam mir auch schon der Uhu entgegen und verschwand im dichten Geheck eines von Weinreben umsponnenen Baums. Aber auch mich ließ er nicht näher kommen.

Was wissen wir überhaupt von den wahren Empfindungen der Tiere, wir ahnen noch immer nicht die Grenze, wo bei ihnen Erfahrungen und Triebe in Überlegung übergehen

In den Winternächten hörte ich oft den dröhnenden Ruf eines Uhus aus einer Schlucht. Ob es wohl Walter war oder einer jener, die die eisigen Stürme des Hochgebirges jedes Jahr in die Vorberge trieben. Immerhin dürfte er schon zu seinen wilden Gefährten zurückgefunden haben.

An einem frühen Märzabend, nachdem der Winter vergangen war, komme ich nach Hause. Es ist noch ganz hell, die ersten Schwarzdrosseln singen schon, verspätete Meisen fliegen zirpend ihren Schlafplätzen zu. Wie ich zum Gartentor komme, fliegt plötzlich ein Uhu aus den hohen Akazien neben dem Tor weg. Ich schaue dem Uhu nach, bis er in der Krone eines Nussbaums im Garten verschwindet, will nun die Tür öffnen, bemerke plötzlich einen Schatten über mir, hebe den Kopf, auf dem Querholz, welches die Torpfosten verbindet, sitzt ein Uhu. Den Kopf geneigt, schaut er mich an, seine großen gelben Augen sind klar und offen, als erwarte er etwas.

Viel geht mir durch den Kopf. Will sich der Uhu überzeugen, ob noch das alte Verhältnis zwischen uns besteht? Ist es nur die Erinnerung, die ihn hergeführt hat, das unverwischte Wissen um die Zeit eines stets für ihn gedeckten Tisches? Das wird es sein, denke ich. Und damit fällt mir ein, ich habe ja etwas bei mir, das er nicht verschmähen dürfte. Rasch wickle ich das Fleisch aus dem Papier und halte es ihm hin. Doch er wendet nicht einmal den Kopf danach. Nur meine Augen suchen seine Blicke, groß und seltsam rätselvoll, als wolle er sich mein Gesicht, mein ganzes Wesen für sein volles, späteres Leben einprägen. Beschämt wickle ich das Fleisch wieder ein und spreche mit ihm.

Behaglich in sich zusammengesunken hörte er mich an. Seine Augen suchen etwas in der Ferne, wie eine warme Erinnerung. Dann kehrt er zu sich selbst zurück. Seine Blicke schweifen rasch umher, er schwingt sich auf, gleitet davon, der Gefährtin nach, die seiner dort im Nussbaum harrt.

Um eine frohe Erfahrung bin ich reicher. Bindungen bestehen zwischen Tier und Mensch, die wir noch lange nicht alle geklärt haben. Was wissen wir überhaupt von den wahren Empfindungen der Tiere, wir ahnen noch immer nicht die Grenze, wo bei ihnen Erfahrungen und Triebe in Überlegung, vielleicht sogar zusammenhängendes Denken übergehen. Eines aber ist mir gewiss: dass das starke freie Tier, das Raubtier, dem Menschen nicht unbedingt als Feind, sondern als Partner, als Wettbewerber gegenübersteht, wenn es in ihm die gleiche Stärke und Freiheit spürt. ■

DER ELCH UND DIE WÖLFE

Er hatte 15 Winter überlebt. Aber nun war er alt und müde, und seine Feinde witterten ihre Chance.

Franklin Russell

Der Nachtwind trug das anhaltende Geheul der Wölfe durch das Tal. Der große Elchbulle wandte sich um. In einer Stunde würde der Schnee für einen Angriff zu tief sein, und für die Nacht wäre er dann sicher. Aber er war immer noch unruhig. Er hörte die Stimme eines großen Wolfs mit weißer Schnauze heraus – das war der Anführer des Rudels, das ihm schon seit zwei Jahren hartnäckig zusetzte.

Das Geheul wurde zum Chor, kam aber nicht näher. Schließlich ließ sich der Elch für die Nacht nieder und grub seinen 700 Kilogramm schweren Körper in den Schnee. Am Morgen würde er zugeschneit sein, es aber warm haben.

Das graue Licht der Morgendämmerung gab den schneeverhüllten Wald preis. Ein Puma tauchte auf, verharrte und verschwand dann lautlos. Der Elch rührte sich nicht. Im Gegensatz zu den weit umherstreifenden Wölfen verbrachte er sein Leben auf einem zwei Kilometer langen Uferstreifen eines Sees. Eine Insel inmitten des Sees bot ihm sein Lieblingsfutter, die jungen Schösslinge der Balsamtanne. Im Winter lief er über das Eis zur Insel, im Sommer schwamm er hinüber.

Mit einer raschen Bewegung erhob sich der Elch und schüttelte den Schnee in einer Wolke ab. Er lauschte angespannt. Nichts. Als er ein paar Espen erblickte, lief er auf sie zu. In diesem Winter waren Schösslinge – selbst Weidenzweige – rar geworden.

Zwischen den Espen überfiel ihn die Unruhe wieder. Die Wölfe würden zurückkommen, und hier konnte er sich schlecht verteidigen. Nur die Insel mit ihrem dichteren Baumbestand bot Zuflucht. Schon kam von Norden her das Grollen eines Wolfs.

Trotz der Kälte war das Eis auf dem See trügerisch. Unterwasserquellen schickten Warmwassersäulen nach oben, die es stellenweise dünn werden ließen. Weit draußen bei der Insel konnte der Elch den dunklen Umriss des Kopfes einer Elchkuh erkennen. Sie hatte versucht, das Eis zu überqueren, war eingebrochen und dann festgefroren.

Doch wenn er blieb, stand ihm ein Kampf bevor, in dem er kaum Chancen hatte. In der Gewissheit, dass das Rudel näher kam, betrat er das Eis. Auf halbem Weg sah er die Wölfe zwischen den Bäumen des Ufers hervorbrechen, und er beschleunigte sein Tempo. Etwa 30 Meter vor der Insel barst das Eis unter seinen Spreizhufen, die Vorderfüße brachen ein, und er schlug mit dem Maul auf das Eis. Während er sich abmühte, versank er immer mehr im Wasser. Im Nu hatten ihn die knurrenden Wölfe eingekreist, und als er aufsah, blickte er unmittelbar in die glühenden Augen des Wolfs mit der weißen Schnauze.

Er saß in der Falle – über einer seiner liebsten Futterstellen auf dem Seegrund. Der Elch kannte dort unten jeden Zentimeter Boden, denn in seinen 15 Lebensjahren hatte er in jedem Frühling und Sommer die Tiefen hier durchstreift, war bis zu sechs Meter getaucht und eine volle Minute lang unten geblieben, um Pflanzen büschelweise auszuraufen.

Wenn ihm dann die Luft ausging, schwamm er an die Oberfläche und schüttelte sich das Wasser in einem Sprühregen vom Kopf.

Jetzt tauchte er auf und versuchte den Wolf mit der weißen Schnauze aufs Geweih zu nehmen. Der Gischt spritzte, gefror an seinen Schaufeln und hing in Eiszapfen herab. Er kämpfte sich voran, aber das Eis brach weiter. Der Wolf, der den Elch angegriffen hatte, verlor den Halt und strampelte fieberhaft, um nicht ins Wasser zu fallen oder erdrückt zu werden.

Das Eis schnitt dem Elch in die Brust, und Blut strömte auf die zerbrochenen, tanzenden Schollen. Mit äußerster Anstrengung stieß er sich vom Grund ab. Das Wasser floss in Strömen von seinem massigen Körper, als er hochkam und auf festes Eis kletterte. Sofort drangen die Wölfe auf ihn ein. Einer wurde mit einem Tritt sechs Meter weit fortgeschleudert, ein anderer mit dem Vorderhuf aufs Eis geschmettert; mit gebrochenem Rückgrat schleppte er sich davon.

Nun lief der Elch mit einer Geschwindigkeit von 25 Stundenkilometern auf die Insel zu. Trotz Eis und Schnee und obwohl die Wölfe sich in seine Flanken, in Hinterbeine und Hals verbissen hatten, gab er nicht auf. Er pflügte durch eine anderthalb Meter hohe Schneewehe, als wäre sie nichts.

Und dann erreichte er die Insel, brach durch das Walddickicht, sein Geweih ständig drehend, damit er hindurchkam. Baumstämme streiften die jaulenden Wölfe von ihm ab.

Das letzte Wegstück brachte ihn auf eine windgepeitschte steinige Hügelkuppe in der Mitte der Insel. Dort angelangt, blickte er auf den See zurück. Sechs Wölfe, darunter der mit der weißen Schnauze, zogen blutige Kreise im Schnee. Der Rudelführer hob den Kopf und ließ seine unverkennbare Stimme erschallen. Heulend gesellten sich noch andere zu der Gruppe.

Im Keuchen des eigenen Atems konnte der Elch das Heulen kaum hören. Seine Lunge war wie die der meisten Elche von Bandwürmern durchlöchert, und sein Durchhaltevermögen bei langen Fluchtläufen war geschwächt.

Allmählich ging sein Atem langsamer. Er riss Zweige von einer nahen Tanne ab und kaute mit halb geschlossenen Augen. Vor 13 Jahren war seine Mutter in den See geglitten und hatte Kurs auf die Insel genommen. Als täppisches, 200 Kilogramm schweres Jungtier von 18 Monaten war er ihr ohne Zögern gefolgt.

Doch an jenem Tag hatte sie sich gegen ihn gewandt, ihn angegriffen und in tieferes Wasser getrieben. Verletzt und verblüfft war er allein zum Ufer zurückgewatet. Seine Abhängigkeit von der Mutter war zu Ende. Doch er schwamm noch oft zur Insel hinaus, und nachdem seine Mutter den Wölfen zum Opfer gefallen war, wurde ihre Insel zum Mittelpunkt seines eigenen Reviers.

Verletzt und verblüfft war er allein zum Ufer zurückgewatet. Seine Abhängigkeit von der Mutter war zu Ende

Als die blutigen Kämpfe mit anderen Elchen begannen, in denen die Tiere einander manchmal töteten oder sich mit den Geweihen verfingen und verhungerten, war die Insel seine Zufluchtsstätte. In der Brunftzeit, wenn die Kühe nach den Bullen riefen, brüllte der Elchbulle von seiner Insel her Uuumpf, Uuumpf!, dass die Luft von den dumpfen Rufen widerhallte. Dann stürzte er sich in den See und schwamm ans Ufer.

Blindwütig warf er sich auf feindliche Bullen, die seine Ansprüche auf das Territorium und die Kühe missachteten. Einmal hatte er in einem wilden Angriff einem Bullen das Genick gebrochen. Über sieben Jahre lang war seine Kraft unüberwindlich gewesen. Aber mit zunehmendem Alter unterlag er in Kämpfen mit jüngeren Bullen; so blieb er öfter am Ufer der Insel und trompetete seine Enttäuschung in die Lüfte.

Plötzlich schreckte ihn das erneute Heulen eines einzelnen Wolfs auf. Der Elch spürte die beißende Kälte auf der Haut. Er hatte Hunger, brauchte einen Teil seiner täglichen 30-Pfund-Ration. Als er sich zögernd umwandte, erschien der Wolf mit der weißen Schnauze am Rand der Lichtung. Der Elch beobachtete ihn und hörte auf zu kauen. Aber der Wolf legte sich gelassen hin; im Augenblick spähte er nur und wartete. Ein paar Raben ließen sich auf einem nahen Baum nieder. Wenn der Wolf riss, gab es auch für sie etwas zu fressen. Und sie kannten diesen Wolf.

Der Elch zögerte, dann nahm er Kurs auf das Ostende der Insel, wo Bäume den Wind abhielten und tiefe Schneewehen entstanden waren. Dort konnte ihn kein Wolf angreifen. Seine feinen Ohren, die aus 700 Meter Entfernung Tritte wahrnehmen, erfassten das knirschende Geräusch, mit dem der Wolf ihm folgte. Dann witterte er plötzlich den Wolfsgeruch.

Mit einem Grunzen stürzte der Elch blindlings voran. Sein Geweih verfing sich zwischen zwei Bäumen und brach knackend ab. Jetzt floh er in panischer Angst. Er trat mit den riesigen Hufen kleine Bäume nieder und stieß gegen Baumstümpfe.

Raben flatterten ihm voran, sein Ende erwartend. Aber der Elch blieb unberechenbar – die blinde Panik verwandelte sich jäh in blinde Wut. Keuchend machte er kehrt. Als der Wolf mit der weißen Schnauze zuversichtlich näher kam, ging der Elch zu seiner Verblüffung zum Angriff über. Der Wolf sprang beiseite – mitten in eine tiefe Schneewehe. Die unerschrockenen Bernsteinaugen sahen noch den gewaltigen Huf, der den grauen Himmel über ihm für immer auslöschte.

Als der Frühling über den See kam, war der alte Elch immer noch auf der Insel. Er fand die letzten Schösslinge der Balsamtanne nahe bei der Stelle, an der er den Wolf getötet hatte. Als dann das Eis geschmolzen war, tauchte der Elch in das noch kalte Wasser des Sees und kam mit einem Maul voll saftiger grüner Pflanzen wieder herauf.

Die Insel gehörte jetzt ihm allein. Auch im kommenden Sommer. ■

Ein Köter namens Meko

Der kleine, struppige Meko hilft Ellen, die an Schwerhörigkeit leidet, im Alltag und schenkt ihr auch neuen Lebensmut.

Jack Fincher

Ihre Geburt im Jahr 1953 war schwierig. Bei der eingeleiteten Notfallmaßnahme war zu wenig Sauerstoff in ihren kleinen Körper gepumpt worden, sodass noch unfertige Nerven geschädigt wurden und Ellen Richau einen Teil ihres Hörvermögens verlor. Aber nicht nur das. Ihre Ärzte in Billings, Montana, sagten, dass sich die Schwerhörigkeit mit zunehmendem Alter noch verschlimmern würde.

Als sie ihrer goldblonden Tochter beim Spielen mit ihren beiden Brüdern zusahen, fassten Jan und Lavio Richau den Entschluss, sie nicht auf eine Schule für Schwerhörige zu schicken. „Dein Vater und ich sind der Meinung, dass du in der Welt der Hörenden aufwachsen sollst“, sagte ihre Mutter zu ihr. „Du bist ein kluges Kind, Ellen. Du wirst es schaffen.“

Ellen versuchte es. Und mit der Zeit konnte sie so gut von den Lippen ablesen, dass ihr Vater, ein Tischler, ihre Behinderung oft ganz vergaß. Aber sobald sie in die Schule kam, änderte sich alles. Ihre Klassenkameraden hielten Ellen für geistig zurückgeblieben und ignorierten oder hänselten sie. Und als sie einmal die Aufforderung des Lehrers, ihr Pult aufzuräumen, nicht mitbekam, schlug er ihr mit einem Lineal auf die Finger. Sie schämte sich zutiefst und brach in Tränen aus. Daraufhin zog sich das schüchterne kleine Mädchen noch mehr in sich zurück.

In der Grundschule trug Ellen ein unförmiges Hörgerät. Die primitive Elektronik verstärkte nicht nur die Stimmen, sondern auch das Dröhnen der vorbeifahrenden Autos und das Heulen des Präriewindes. Eines Tages begann das Gerät während des Unterrichts schrill zu pfeifen. Ellen konnte es nicht hören, aber die anderen Schüler hielten sich die Ohren zu, zeigten mit dem Finger auf sie und lachten sie aus.

Mein Leben steckt in einer Sackgasse. Wie soll ein struppiger kleiner Köter mich da wieder herausholen?

Ab da stopfte Ellen jeden Morgen, sobald sie das Haus verließ, das Hörgerät in ihre Schultasche und zog sich in die Stille zurück. Wenn sie mit einer außergewöhnlichen oder kritischen Situation konfrontiert wurde, wandte sie sich ab. Als eines ihrer Wasserfarbbilder einen Preis erhielt und sie in Kontakt mit anderen brachte, hörte sie auf zu malen.

Als Teenager lernte sie John Raines kennen, einen jungen Farmarbeiter. Kurze Zeit später ging sie von der Schule ab, heiratete John und arbeitete mit ihm zusammen auf ihrer kleinen Farm. Dann hatte sie einen Autounfall, der ihre Schwerhörigkeit noch verschlimmerte. Bald danach ließ sich das Paar scheiden.

Ellen war entschlossen, ihren beiden kleinen Kindern ein Zuhause zu geben, und eine Zeit lang ging sie aus sich heraus. Sie holte den Schulabschluss nach, schloss eine Ausbildung als Buchhalterin ab und fand Arbeit. Sie belegte sogar einen Kurs für Gesellschaftstanz, wobei sie den Rhythmus über die Schwingungen des Bodens fühlte und die Liedtexte mitsang, um die Länge des Tanzes einschätzen zu können.

Zum damaligen Zeitpunkt durchgeführte Untersuchungen ergaben einen 95-prozentigen Verlust ihres Hörvermögens. Komplikationen nach mehreren Nierenoperationen sowie die nötigen Schmerzmittel zwangen sie dazu, ihre Arbeit aufzugeben. Nach einer raschen Gewichtszunahme hängte sie auch das Tanzen an den Nagel und zog sich wieder in ihr Schneckenhaus zurück.

Dann stieß Ellen eines Tages im Jahr 1985 im Geschäft ihres Hörgeräteakustikers auf eine Anzeige über Hunde, die ausgebildet wurden, um Gehörlosen zu helfen, so wie es Hunde für Blinde gibt. Warum eigentlich nicht, dachte sich Ellen. Ich liebe Tiere. Was kann ich schon verlieren? Sie nahm Kontakt auf zu Dogs for the Deaf, Inc., einer gemeinnützigen Organisation in Oregon, die Hunde für Gehörlose ausbildete. Die Warteliste war lang, aber nach 15 Monaten wurde Ellen ein Hund zugeteilt. Schon bald tauchte ein seltsames Paar bei ihr in Billings auf.

„Ellen?" fragte eine schlanke Frau Ende 20. „Ich bin Carole Neff, Ihre Ausbilderin. Und das hier ist Meko."

Ellen erblasste. Auf der Schwelle saß eine kleine schwarzbraunweiße Promenadenmischung mit struppigem Fell und Schlappohren.

„Meko sieht nicht besonders eindrucksvoll aus", sagte Carole, als sie Ellens Skepsis bemerkte. „Aber sie ist intelligent, und sie hat ein sechsmonatiges Training absolviert. Heute Nachmittag werden Sie beide sich zunächst mal kennen lernen. Morgen beginnen wir dann damit, Meko mit den wichtigsten Geräuschen in Ihrem Haus vertraut zu machen."

In jener Nacht lag Ellen im Bett und dachte: „Worauf habe ich mich da bloß eingelassen?" Sie betrachtete Meko, die sie von der anderen Bettseite aus anstarrte. „Mein Leben steckt in einer Sackgasse. Wie soll ein struppiger kleiner Köter mich da wieder herausholen?"

Als Ellen am nächsten Morgen aufwachte, lag Meko dicht an sie geschmiegt, Kopf an Kopf auf demselben Kissen.

„Meko!" Die Stimme kam von der Haustür, dann ertönte die Klingel. Meko sprang an Ellens Beinen hoch und lief zur Tür, wobei sie sich umschaute, ob Ellen ihr auch folgte. Es war Carole.

„Loben Sie sie, zeigen Sie ihr, dass Sie mit ihr zufrieden sind", forderte Carole Ellen auf, als sie hereinkam.

„Braver Hund!" murmelte Ellen halbherzig und tätschelte ihr die feuchte Schnauze. Als Belohnung hielt sie Meko einen winzigen Teddybären hin. Schwanzwedelnd nahm Meko ihn entgegen und stolzierte damit von dannen. Die Ausbildung hatte begonnen.

Allmählich lernte Meko Ellens Leben kennen: Telefon, Wecker, Mikrowellen-Zeitschalter, Pfeifen des Wasserkessels, Summer am

Backofen, Rauchalarm. Auf jeden Ton machte Meko Ellen aufmerksam.

„Was halten Sie von ihr?“ fragte Carole Ellen am zweiten Tag.

„Sie ist so … kurzhaarig“, antwortete Ellen, nach wie vor nicht von Meko überzeugt. Carole schwieg einen Augenblick und lächelte. „Geben Sie sich selbst eine Chance, Ellen“, sagte sie sanft.

Am dritten Tag erklärte Carole: „Sie und Meko müssen lernen, in der Öffentlichkeit zusammen zurechtzukommen. Heute Mittag gehen wir essen.“ Eine Welle der Angst ergriff Ellen. „Das können wir nicht“, widersprach sie. „Hunde dürfen nicht mit ins Restaurant.“

Sie zog das warme Bündel eng an sich. „Ich liebe dich, Meko“, flüsterte sie zärtlich. „Was würden wir zwei bloß ohne einander machen?“

„Das stimmt nicht. Zertifizierte Signalhunde sind erlaubt. Sie müssen nur diese Karte vorzeigen. Darauf sind die Rechte Ihres Hundes vermerkt“, versicherte ihr Carole.

Ellen verspannte sich. Sie hasste Konfrontationen, denn sie machten alle immer nur auf ihre Gehörlosigkeit aufmerksam. Als die drei ins Restaurant gingen, musste Ellen gegen ihre Tränen ankämpfen. Sie schluckte und hielt der Bedienung die Karte hin, die sie daraufhin zu einem Tisch führte. Sofort legte Meko sich zu Ellens Füßen schlafen.

„So“, meinte Carole, „das Schlimmste hätten wir geschafft.“

„Nein, das stimmt nicht“, platzte Ellen heraus. „Schauen Sie, alle reden über uns.“ Es dauerte eine Weile, bis sie sich entspannen konnte.

Nachdem Carole an jenem Abend zu ihrem Motel gefahren war, machte Ellen mit Meko noch einen Spaziergang. Sie war verwirrt und unsicher. Wollte sie Meko wirklich? Nein, sie wollte einen Hund, der nicht jeden Tag Bewegung brauchte und sie in der Öffentlichkeit nicht lächerlich machte. Dann fiel ihr Caroles Rat wieder ein: „Geben Sie sich selbst eine Chance, Ellen.“ Sich selbst. Nicht Meko.

Ellen schaute sich um. Seit Jahren war sie nicht mehr so weit gegangen. Die frische Luft tat ihr gut, und sie hatte weniger Schmerzen. Dieser kleine Köter hatte bereits etwas erreicht, dachte sie anerkennend. Dann begriff sie, dass vielmehr sie selbst etwas erreicht hatte, mit Mekos Hilfe.

Ellen machte die Erfahrung, dass Signalhunde in Montana noch unbekannt waren. Als sie eines Tages in einem Park spazieren ging, kam ein Aufseher auf sie zu gerannt.

„Haben Sie die Schilder nicht gesehen?“ zischte er sie an. „Hunde sind hier verboten!“ Ellen bekam weiche Knie, aber sie setzte sich durch. „Das ist ein Signalhund, und laut Gesetz dürfen wir uns zusammen in öffentlichen Parks aufhalten.“ Daraufhin zeigte sie dem Mann die Karte und die Tüte für das „Hundegeschäft“.

„Von mir aus dürfen Sie um den Park herumspazieren, aber nicht hineingehen“, brummte der Aufseher widerwillig

Jetzt war Ellen erst recht entschlossen. „Meko und ich sind hier, um uns an den Vögeln und Blumen zu freuen“, gab sie zurück, überrascht über ihren selbstbewussten Ton. „Hier ist unsere Adresse. Falls Ihr Vorgesetzter uns in dieser Sache zu sprechen wünscht, werden wir ihn gerne aufsuchen.“ Mit einem Schnauben marschierte der Mann davon, und Ellen und Meko setzten ihren Spaziergang fort.

Ein paar Monate später war Meko plötzlich verschwunden. Ellen durchsuchte das Haus, lief zum Park und wieder zurück, in der Hoffnung, Meko habe sich allein auf ihren täglichen Spaziergang gemacht. Schließlich ging sie zu ihrem Wagen, um zum Stadtteich zu fahren. Da fiel ihr ein, dass sie noch nicht in der Garage nachgesehen hatte.

Als sie das Tor öffnete, schoss eine kleine Fellkugel heraus, flog ihr gegen die Knie und brachte sie auf dem Schotter zu Fall. Ellen bemerkte eine Stelle am Tor, an der die Farbe abgekratzt war – der Hund hatte vergebens versucht, auf ihr Rufen zu antworten. Sie zog das warme Bündel eng an sich. „Ich liebe dich, Meko“, flüsterte sie zärtlich. „Was würden wir zwei bloß ohne einander machen?“

In den Jahren ihres Zusammenseins hat Meko ihre Aufgaben gut gelernt. An einem Winterabend, als Ellen in der Waschküche war, kam Meko aufgeregt gerannt. Ellen lief dem Hund hinterher – mitten in dicke Rauchschwaden hinein. Ein tragbares Heizgerät hatte ein Bett in Brand gesteckt, und der Rauchalarm war nicht ausgelöst worden.

Heute ist Ellen Raines vollkommen taub. Aber mit Meko an ihrer Seite arbeitet sie ehrenamtlich als EDV-Hilfskraft. Und nachdem sie durch die regelmäßigen Spaziergänge mit Meko 50 Pfund abgenommen hat, geht sie auch wieder zum Gesellschaftstanz. „Meine Freunde sagen mir, dass ich noch nie so gut getanzt hätte“, sagt sie. „Ich versuche nicht mehr, die Führung zu übernehmen. Ich folge meinem Partner.“ Sie streichelt das kleine schlafende Bündel zu ihren Füßen. „Das habe ich von Meko gelernt – und noch viel mehr.“ ■

IM HERZEN DES TALS

Was die Heckenbraunelle – einer unserer heimischen Singvögel – bei der Aufzucht ihres Nachwuchses leistet, lässt uns das Wunder des Lebens begreifen. Die Geschichte schildert ihre vielfältigen Erlebnisse und den Kampf gegen den Kuckuck, den tückischsten aller Feinde.

Nigel Hinton

Die Zeit verging dem Kuckucksweibchen nur langsam. Da die Wirtsvögel es auf keinen Fall sehen durften, musste sie sich in ihrem Versteck vollkommen ruhig verhalten, auch wenn das Ei in ihrem Leib allmählich Unbehagen bereitete.

Das Rohrsängerweibchen legte das fünfte Ei zeitig am Morgen, und das Kuckucksweibchen hoffte, dass es danach auf Futtersuche fliegen würde, bevor es zu brüten begann. Stattdessen aber schob und rückte der als Adoptivmutter vorgesehene kleine Vogel die Eier zurecht und setzte sich drauf, als wollte er dort sitzen bleiben, bis sie ausgebrütet waren. Das Kuckucksweibchen wurde immer ungeduldiger – sein Ei musste an diesem Tag gelegt werden. Von seinem Aussichtsplatz aus beobachtete es jede Bewegung der Teichrohrsänger und wartete auf ein Anzeichen dafür, dass das Weibchen das Nest verlassen wollte. Inzwischen bekam es vom Stillsitzen schon Muskelkrämpfe, und der Druck auf ihre Kloake wurde allmählich schmerzhaft.

Am frühen Nachmittag stand das Rohrsängerweibchen auf und hüpfte auf den Nestrand. Der Kuckuck ließ das Rohrsängerweibchen nicht aus den Augen und wartete darauf, dass dieses aufflog, aber offenbar war es nur durch ein lautes Klatschen in der Mitte des Teiches aufgeschreckt worden, wo eine Ringelnatter einen Molch verschlang. Sobald das Rohrsängerweibchen die Ursache des Lärms erkannt hatte, setzte es sich wieder auf die Eier und kümmerte sich nicht mehr um den geräuschvollen Kampf im Wasser. Das Kuckucksweibchen dagegen beobachtete fasziniert, wie der unglückliche Molch sich wand, während er quälend langsam im Rachen der Schlange verschwand.

Zehn Minuten später schwamm die Ringelnatter mit schlängelnden Bewegungen zum Ufer. Das Kuckucksweibchen sah zu, wie sie an Land kroch und davonglitt, und blickt dann wieder zum Nest hinüber. Die Teichrohrsänger waren fort.

Das Kuckucksweibchen schob sich auf dem Ast vor und überblickte die Lage. Am anderen Ende des Sees jagte eine Bachstelze nach Insekten, aber von den Rohrsängern war keine Spur zu sehen, also verließ es seinen Aussichtsplatz und flog zum Nest hinunter. Die Schilfrohre schwankten ein wenig, als es aufsetzte, aber das Nest war so fest gebaut, dass es das Ei direkt hineinlegen konnte. Es beugte sich vor, um eines der Rohrsängereier in den Schnabel zu nehmen, doch dann beschloss es, zuerst seines zu legen, und drehte sich um, sodass sich sein Hinterteil über der Mulde befand. Als es den Schwanz senkte und sich vorbeugte, erschrak es über ihre Spiegelbild im ruhigen Wasser. Es sperrte den

Schnabel auf, drohte der Rivalin und geriet dann vollkommen in Verwirrung, denn im gleichen Augenblick öffnete nicht nur die Rivalin den Schnabel, sondern gleichzeitig ertönte über ihm und hinter ihm ein schrilles, drohendes Gezeter.

Die zurückkehrenden Teichrohrsänger hatten den Kuckuck erspäht, und nun kamen sie wie Pfeile herangeschossen, um ihre Eier zu verteidigen. Sie flitzten am Kopf des Kuckucksweibchens vorbei, stießen empörte Schreie aus und umkreisten den Feind mit Schwindel erregender Schnelligkeit. Das Kuckucksweibchen flatterte in Panik vom Nest auf, doch die Rohrsänger stießen schon wieder auf es zu. Es zuckte zusammen und tauchte instinktiv nach unten. Ihr großer, schwerer Körper eignete sich jedoch nicht für rasche Flugmanöver in einem engen Raum, und beinahe wäre sie in den See abgestürzt. Ihre Flügelspitzen und der lange Schwanz streiften das Wasser, und einen Augenblick fühlte sie sich in die Tiefe gezogen, doch die Angst verlieh ihr die Kraft, sich nochmals hochzureißen. Sie änderte ihre Richtung, gewann an Höhe, und obwohl das kleine Paar sie zornig zwitschernd weiter verfolgte, wusste sie, dass sie sich nun in Sicherheit befand.

Dennoch war der Angriff der Rohrsänger ein Schock für das Kuckucksweibchen gewesen, und es flog schnell weiter, um vom See wegzukommen. Es überquerte den Fluss und hielt erst an, als sie die andere Talseite erreicht hatte. Hier landete sie auf einer großen Eiche und rastete im dichten Laub. Über eine Stunde blieb sie gespannt und unruhig sitzen, bis die Schließmuskeln ihrer Kloake sich schmerzhaft verkrampften und sie daran erinnerten, dass sie ihr Ei legen musste. Wenn sie nicht binnen kürzester Zeit ein Wirtsnest fand, musste sie das Ei einfach ausstoßen und verloren geben.

Das Braunellenweibchen plusterte die Brustfedern auf und setzte sich wieder auf die vier himmelblauen Eier. Es fühlte sich vollkommen zufrieden, wenn es auf den Eiern saß, und bisher hatte es das kostbare Gelege immer nur für wenige Minuten im Stich gelassen. Weil aber in der Nähe des Nistplatzes offenbar keinerlei Gefahren lauerten, war sie mehr und mehr versucht, selbst auf Futtersuche zu gehen.

Von der Eiche aus beobachtete das Kuckucksweibchen, wie die Braunelle hinter der Scheune hervorkam und über das Feld flog. Diese Begebenheit interessierte sie nicht weiter, und als sich ihre Kloake wieder schmerzhaft verkrampfte, wollte sie sich schon abwenden, als die Braunelle plötzlich umkehrte und zurückflog. Sie war sichtlich unruhig und unentschlossen, und das erregte die Aufmerksamkeit des Kuckucksweibchens. So verhielt sich ein Vogel, der etwas beschützte – vielleicht ein Gelege? Das Kuckucksweibchen beobachtete aufmerksam, wie die Braunelle hinter dem Stall verschwand, und flog sofort auf die kleine Esche links von der Eiche, um sich eine bessere Übersicht zu verschaffen. Von diesem Beobachtungsposten aus konnte sie den Schlehdorn sehen.

Einen Augenblick später tauchte die Braunelle aus ebendiesem Strauch wieder auf; sie hatte sich offenbar beruhigt, denn sie flog nun entschlossen über das Feld. Das Kuckucksweibchen beobachtete sie, sah, wie sie den Fluss überquerte und auf dem Weideland am anderen Ufer landete. Sobald die Braunelle außer Sicht war, flog sie zum Schlehdorn.

Zwischen dem Astgewirr und den scharfen Dornen kam sie nur mühsam voran, doch endlich hatte sie sich bis in die Mitte des Busches vorgearbeitet. Noch zwei kurze Sprünge, und sie war beim Nest. Sie spürte, dass das Leben in den vier blauen Eiern schon weit entwickelt war und dass die jungen Vögel vor ihrem Küken schlüpfen würden. Seine Überlebenschancen wurden dadurch zwar verringert, aber es war ein Versuch wert. Sie konnte ohnehin nicht mehr warten. Sie nahm eines der Braunelleneier in den Schnabel und setzte sich auf das Nest. Ihre Schließmuskeln waren so verkrampft, dass sie stechende Schmerzen empfand, als sie sie entspannen wollte. Sie war nicht imstande, das Ei hinauszupressen.

Sie hob kurz ihr Hinterteil und ließ sich dann wieder nieder. Diesmal zwang sie sich zu pressen. Als sich der breiteste Teil des Eis durch die Kloake zwängte, nahm der Druck zu, bis er beinahe unerträglich wurde. Dann ließ er plötzlich nach, und sie spürte, wie das Ei hinausglitt. Ihre Muskeln entspannten sich, der Schmerz klang ab. Sie hüpfte auf den Zweig und sah sich um: Ihr Ei lag neben den anderen drei Eiern, als gehöre es dazu.

Es war einfacher, den Busch zu verlassen, als in sein Inneres einzudringen, und das Kuckucksweibchen hüpfte und flatterte hinaus, ohne einen Blick zurückzuwerfen. Sie sprang mit halb ausgebreiteten Flügeln auf den Boden, rückte das Ei in ihrem Schnabel zurecht und strich dann dicht über dem Boden davon.

Noch bevor die Heckenbraunelle das Nest erreicht hatte, spürte sie, dass etwas geschehen war. Es beschlich sie das Gefühl, dass sich ein Eindringling an ihrem Nest zu schaffen gemacht hatte, und sie hüpfte entsetzt auf den Nestrand. Die Eier lagen noch darin; ihre Erleichterung war so groß, dass sie sofort hineinsprang und sich auf ihnen niederließ.

Während der langen Brutzeit war es ihr gelungen, die Eier so zurechtzurücken, dass sie genau unter ihren Leib passten. Doch jetzt konnte sie sie rollen und wenden, so oft sie wollte – sie fand keine bequeme Sitzposition mehr. Schließlich sprang sie auf, hüpfte auf den Rand des Nestes und betrachtete die Eier kritisch von allen Seiten.

Das Kuckucksei war größer als die ihren, und seine braungrüne Schale mit den dunklen Sprenkeln hob sich deutlich von ihren himmelblauen Eiern ab. Sie bemerkte den Unterschied, der sie verwirrte und ihr sogar Angst einflößte, doch ihr Brutpflegeinstinkt war stärker als die Unsicherheit. Sie ließ sich wieder auf den Eiern nieder und schaffte es schließlich dann doch, sie alle vier mit ihrem Körper zu schützen.

Das Braunellenweibchen entfernte sich nicht wieder vom Busch. Es verschaffte sich die nötige Bewegung, indem sie durch die Zweige hüpfte und huschte. Gelegentlich flog sie auch auf die andere Seite des Stalls, um Samen zu suchen, doch diese kurzen Pausen waren ihre einzige Erholung. Die übrige Zeit kauerte sie auf den Eiern und schützte sie vor der Kälte.

Am achten Bruttag befand sich das Kuckucksei, das vier Tage jünger war als die anderen, noch im Anfangsstadium seiner Entwicklung. Der winzige Embryo hatte zwei Ausbuchtungen bekommen, aus denen sich Kopf und Körper entwickeln würden, doch der künftige Vogel war noch nicht zu erkennen. Die drei Braunelleneier waren schon viel weiter. Innerhalb der kleinen Schalen hatten sich die Glieder gebildet, und am

Ende der Beinchen wuchsen sogar schon winzige Zehen. Alle wichtigen Organe waren bereits vorhanden, und auch der Schnabel hatte Gestalt angenommen.

Am elften Tag der langen Wache des Weibchens lösten sich die Wolken auf, und der Wind ließ nach. Die Sonne schien plötzlich heiß, sie wärmte die Erde und lockte alle Lebewesen aus ihren Verstecken, sodass am Abend bereits Wolken von Insekten im goldenen Licht tanzten. Als spürte der Embryo im Kuckucksei, dass er im Nachteil sein würde, wenn er zu spät schlüpfte, durchlief er seine Entwicklung im Eiltempo, blieb aber trotzdem dreieinhalb Tage hinter den Braunellenembryos zurück. Diese waren jetzt vollkommen ausgebildet und würden in 48 Stunden schlüpfen.

Sie bemerkte den Unterschied, der sie verwirrte und ihr sogar Angst einflößte, doch ihr Brutpflegeinstinkt war stärker als die Unsicherheit

Am Abend des zwölften Tages bemerkte die Braunelle zum ersten Mal, wie die kleinen Geschöpfe sich im Ei bewegten. Eine Zeit lang nahm sie die Bewegungen nur in einem der Eier wahr, doch im Lauf der Nacht rührten sich auch die anderen beiden Küken und kratzten an den Schalen. Das Weibchen geriet in fieberhafte, erwartungsvolle Erregung und brach beim ersten Schimmer des Tages in erregte Rufe aus. Die endlose Wartezeit war vorbei – das neue Leben, das sie so geduldig gehütet hatte, war im Begriff, zum Vorschein zu kommen. Die Spannung übertrug sich auf das Männchen, und es begann unermüdlich Samen zum Nest zu tragen. Zufällig befand es sich gerade beim Nest, als das fortgeschrittenste Küken im Ei zu rufen begann, und vernahm das feine Piepsen. Es blieb einen Augenblick verblüfft und beinahe entsetzt stehen, dann schoss es wild ins offene Gelände hinaus, denn jetzt musste es sich seiner Aufgabe mit doppeltem Eifer widmen.

Das Weibchen hatte erkannt, aus welchem Ei das Geräusch kam, hatte es an die Vorderseite des Nestes gerollt und zwitscherte jetzt aufmunternd. Sie klopfte sogar zweimal mit dem Schnabel an die Schale und forderte damit das Küken auf, mit der langen, mühsamen Arbeit anzufangen. Das Küken – ein Männchen – spürte das Pochen und fühlte die ferne Stimme, die es rief, mehr, als es sie hörte. Der erste Kontakt mit dem Leben außerhalb seiner kleinen, beengten Welt regte es zu einer Instinkthaltung an: Es begann, an die Eischale zu pochen. Diese ungezielten Stöße zeigten keinen Erfolg, doch als es sich umdrehte und dann weiterpochte, zerriss sein Schnabel die innere Membran an jener Stelle, an der sie sich von der Schale gelöst hatte, als das Ei ausgekühlt war. Die Luft füllte seine Lunge, und nachdem es das köstliche Element kennen gelernt hatte, von dem es nicht genug bekommen konnte, begann es wild auf die Schale einzuhacken.

Gezackte Risse überzogen die Schale, einen Augenblick später löste sich der erste Splitter, und die Braunelle sah kurz die Bewegung im Ei. Die Anstrengung hatte das Küken erschöpft, und es sank keuchend im Ei zusammen.

Sobald es seine Kraft wiedererlangt hatte, richtete es sich auf und setzte seine Arbeit fort. Es hämmerte mit dem Schnabel gegen die Schale und stemmte die Bruchstücke mit dem stumpfen, hornigen Eizahn an der Spitze seines Schnabels weg. Einige Stunden später schaffte es den Durchbruch. Nackt und vollkommen hilflos wand es sich aus dem Ei und kuschelte sich an das warme Gefieder seiner Mutter. Die seltsamen lauten Geräusche, das raue Nest an seiner Haut und das rote Leuchten, das durch die geschlossenen Augenlider drang, erfüllten es mit Schrecken und Verwirrung. Dann setzte der Hunger ein, der jedes andere Gefühl verdrängte. Es spannte alle Kräfte an, streckte seinen kahlen Hals vor und sperrte den Schnabel auf.

Das Männchen hatte Samen im und um das Nest verstreut, doch das Weibchen beachtete sie nicht, sondern flog fort, um etwas Besseres zu suchen. Als es zurückkehrte, saß das Männchen wieder im Busch und betrachtete von einem Zweig aus seinen immer noch bettelnden Sprössling. Der offene Schnabel und der dünne Hals mündeten in einem runzeligen rosa Körper, dessen Haut beinahe durchscheinend war, sodass man die inneren Organe als dunkle Schatten sah. Es war kein anziehender Anblick, und das Männchen war ratlos, weil das Weibchen verschwunden war. Doch wenig später kam seine Gefährtin mit einer kleinen Raupe im Schnabel zurück. Er sah zu, wie sie auf dem Nestrand landete und dem Jungen das Futter in den Schlund stopfte.

Das Küken verschlang die Nahrung gierig, doch noch bevor diese seinen Magen erreicht hatte, sperrte es den Schnabel schon wieder auf, piepste, streckte den Hals vor und bettelte um mehr; Futter, Futter, das einzige, was die Angst und das Unbehagen vertreiben konnte, die seinen zarten Körper seit dem Verlassen der Eischale quälten. Diese unersättliche Gier war die notwendige Voraussetzung für das rasche Wachstum, das sich im Lauf der nächsten Wochen vollziehen musste, wenn das Vogelkind überleben sollte.

Im Lauf der nächsten Stunde kehrte das Männchen zwölfmal mit kleinen Insekten zurück und stopfte sie in den stets aufgerissenen Schnabel. Sobald er dem Nestling das Futter in den Schlund gestopft hatte, beugte er sich vor, drängte den Kopf in das überfüllte Nest und suchte nach Bruchstücken der zerbrochenen Schale. Er hatte bereits zwei große Stücke fortgetragen und in einiger Entfernung vom Busch fallen lassen, damit sie keine Räuber anlockten. Aber er holte pedantisch auch die Splitter heraus, denn es war wichtig, dass das Nest sauber blieb.

Das zweite Küken – ein Weibchen – begann am späten Nachmittag zu schlüpfen, und die Sonne war bereits untergegangen, als es damit fertig war. Jetzt ragten zwei gierig aufgesperrte Schnäbel aus dem Nest, die jämmerlich bettelnd piepsten.

Die wenigen Stunden Vorsprung, die das männliche Küken vor seiner Schwester hatte, machten sich bereits am nächsten Tag bemerkbar. Bei der leisesten Erschütterung des Nestes reagierte es als Erstes, und sein ausgestreckter Hals mit dem weit aufgerissenen Schnabel bot sich den Eltern als Ziel an. Die Mutter war für sein Dominanzverhalten empfänglich und fütterte ihn, der Vater dagegen wartete oft absichtlich, bis sich das weibliche Küken aufgerichtet hatte, um diesem den Bissen zukommen zu lassen. Dennoch schlüpfte, als die Nacht die Altvögel an der weiteren Futtersuche hinderte, das männliche Küken mit vollem Bauch unter den warmen Körper seiner Mutter und schlief bald tief und fest, während seine immer noch hungrige Schwester nur unruhig döste.

Die durch die hektische Aktivität des Tages erschöpften Eltern fielen ebenfalls in tiefen Schlaf, aber es war nur eine kurze Nacht. Als noch die letzten Sterne auf dem heller werdenden Himmel schimmerten, begann das dritte Küken im Ei zu rufen. Die Mutter wurde hellwach. Sie stand auf, rollte das Ei an den Rand des Nestes und weckte damit die beiden Küken. Während sie das Ei zurechtschob, richteten sich die beiden auf, fielen um, richteten sich wieder auf und schrien aufgeregt vor Hunger. Das Männchen, das die Nacht auf einem Zweig neben dem Nest verbracht hatte, wurde durch ihr Piepsen geweckt, flog aus dem Busch und machte seine Arbeit.

Dann, kurz nachdem die Sonne die Wipfel der Bäume auf den Felsen erreicht hatte, schlüpfte das dritte Junge. Es war wieder ein Weibchen, das von Anfang an kräftiger und aggressiver war als seine Schwester. Seine Ankunft verschärfte den Konkurrenzkampf um die Nahrung, und von nun an herrschte im Nest ständiges Gezänk und Gepiepse, weil jedes der Jungen versuchte, die Aufmerksamkeit der Eltern auf sich zu lenken. Das dritte Küken schaffte es, halb so viel Futter zu ergattern wie sein kräftigerer Bruder, aber das war immer noch mehr als genug, um sein Überleben zu sichern. Nur wenn die beiden gefräßigen Küken für kurze Zeit erschöpft und gesättigt Ruhe gaben, konnte sich ihre schwächere Schwester aufrichten und mit schwachem Piepsen um Nahrung betteln. Sie bekam genug, um nicht zu verhungern, aber während die anderen beiden stündlich kräftiger wurden, gelang es ihr lediglich, mehr schlecht als recht am Leben zu bleiben. Die meiste Zeit hockte sie auf dem Boden des Nestes und war hauptsächlich damit beschäftigt, sich von ihren kräftigeren Geschwistern nicht erdrücken zu lassen.

Zweimal war sie nahe daran gewesen, es aus dem Nest zu werfen, doch sie spürte, dass es Leben enthielt, und ihr Mutterinstinkt hinderte sie daran, dieses zu zerstören

Die Notlage des schwächsten Kükens beunruhigte das Männchen oft, wenn es mit einem frisch gefangenen Insekt im Schnabel auf dem Nestrand saß, doch gab der Vater meist dem hartnäckigen Betteln der anderen beiden nach und stopfte ihnen das Futter in die zitternden Hälse. Die Mutter zeigte nicht die geringste Sorge um den Schwächling, sondern fütterte immer nur den ersten Schnabel, der sich ihr entgegenreckte. Allerdings bereitete ihr das vierte Ei, das in der Mitte des Nestes lag, Sorgen.

Sie wusste, dass die Jungen ungefähr gleichzeitig schlüpfen sollten; dass dieses eine so spät kam, verstieß gegen alle Instinkte, die ihr Leben beherrschten. Wenn ihr etwas nicht geheuer war, mied sie es normalerweise. Nach und nach empfand sie das Ei als Bedrohung, und sein Vorhandensein störte sie. Zweimal war sie nahe daran gewesen, es aus dem Nest zu werfen, doch sie spürte, dass es Leben enthielt, und ihr Mutterinstinkt hinderte sie daran, dieses zu zerstören.

Auch die nächsten Tage der Braunellen verliefen nach dem gleichen Muster. Das Männchen widmete sich Stunde um Stunde dem Herbeischaffen von Nahrung; das Weibchen säuberte das Nest, hielt die Jungen während der kühlen Stunden des Tages warm und half dem Männchen bei der Futtersuche.

Der Kuckuck schlüpfte unheimlich schnell, hämmerte heftig auf die Schale ein und drängte mit solcher Kraft heraus, dass er, als das letzte Stück endlich abbrach, aus dem Ei fiel. Noch blind und nass lag er keuchend neben dem schwächsten Braunellenküken. Dessen Geschwister hatten sich um den Neuankömmling nicht gekümmert, weil sie nur damit beschäftigt gewesen waren, um Futter zu betteln.

Der Muttervogel war beim Nest geblieben, hatte das Ausschlüpfen des Kuckucks beobachtet und gelegentlich aufmunternd gezwitschert. Jetzt beugte er sich vor und packte eine der Eihälften mit dem Schnabel. Dabei streifte ihr Kopf den Hals des Kuckucks; das kleine Geschöpf drehte sich angriffslustig um, und sein Schnabel traf sie genau über dem Auge. Die Braunelle fuhr überrascht zurück und betrachtete das Kuckucksbaby einen Augenblick lang erstaunt, bevor sie davonflog und die Eierschale am anderen Ende des Feldes fallen ließ.

Als die letzten Eierschalen entfernt waren, hob der Kuckuck bereits den Kopf und öffnete futterheischend den Schnabel. Sein hochgereckter, knochiger Hals und der weit aufgesperrte Schnabel wirkten auf die Braunelle noch unwiderstehlicher als das gewohnte Betteln der älteren Braunellennestlinge. Es wurde rasch finster, und sie hatte im Nest bleiben wollen, um die Sprösslinge vor der kühlen Nachtluft zu schützen, aber der hartnäckigen Aufforderung des Spätlings konnte sie nicht widerstehen. Sie flog in die Dämmerung hinaus und suchte nach Insekten.

Auch das Männchen spürte die Vorrangstellung des Kuckucks, als es mit einer kleinen Spinne im Schnabel zurückkehrte. Es hatte die Jagd einstellen wollen, weil es jetzt kaum noch etwas sah, aber die Art, wie der Neuankömmling die Spinne verschlang und den Schnabel sofort wieder aufsperrte, war unwiderstehlich. Also hüpfte das Männchen aus dem Busch und flog nochmals hinaus in die Dämmerung.

Die beiden kräftigeren Braunellenküken, die untertags erbitterte Konkurrenten waren, schmiegten sich jetzt eng aneinander und schliefen ein. Ihre schwächere Schwester dagegen hatte das Gefühl, dass sie nun in eine günstigere Position für die nächste Fütterung gelangen könnte, und krabbelte an den Rand des Nestes. Dabei streifte sie den Kuckuck, der sie sofort wegschob, aber sie war so daran gewöhnt, von den anderen Nestlingen herumgeschubst zu werden, dass sie ihn gar nicht beachtete.

Der Kuckuck verhielt sich jedoch anders als die beiden kräftigen Braunellenküken. Obwohl er noch keine zwei Stunden alt war, strebte er bereits die Alleinherrschaft an, und sein Tötungsinstinkt verlieh ihm ungeahnte Kräfte.

Als das schwache weibliche Küken den Nestrand erreichte hatte und sich schwankend erhob, schob sich der Kuckuck unter seinen Bürzel. Er drängte sich weiter vor, bis das Küken die empfindliche Vertiefung oben auf dem Rücken des Kuckucks berührte. Die Berührung war federleicht, aber dem Kuckuck war, als durchzuckte ein Stromstoß seinen Körper, der sich bei diesem Signal verkrampfte. Sein Hinterteil zuckte in die Höhe und riss der Braunelle die Füße weg, sodass sie rücklings auf dem Kuckuck landete. Jetzt streckte dieser reflexartig die Beine nach hinten, bis seine kleinen Krallen im verflochtenen Nistmaterial Halt fanden, und schob sich, seine nackten Stummelflügel als Stütze verwendend, rückwärts an der Nestwand hoch.

Zuerst war die Braunelle zu überrascht gewesen, um sich zu wehren, doch als sie spürte, dass sie hochgehoben wurde, versuchte sie zu entkommen. Sie drehte sich nach links und nach rechts, konnte sich aber nicht befreien, weil die Schulterblätter des Kuckucks sie in ihrer Lage festhielten. Ein letztes Mal versuchte sie sich aufzurichten, doch die schwachen Nackenmuskeln konnten ihre Schultern nur ein wenig hochheben. Durch ihre Anstrengungen erleichterte sie dem Kuckuck seine Aufgabe sogar, denn jetzt hatte sein Hinterteil den Nestrand erreicht; er musste seine Flügelstummel nur noch etwas höher heben und den Rücken aufrichten, damit seine Last hinunterglitt. Er spannte

die Muskeln an und ruckte so heftig in die Höhe, dass die Braunelle von seinem Rücken geschleudert wurde.

Die beiden Vögel stürzten gleichzeitig – der Kuckuck zurück in das weich gepolsterte Nest und die Braunelle hinab auf den nackten Boden unter dem Busch. Sie schlug mit dem Kopf voran auf und brach sich den Hals.

Als einige Minuten später erst das Männchen und dann das Weibchen zurückkehrten, war der Kuckuck zu erschöpft, um das Futter entgegenzunehmen, und auch die Nestlinge waren wieder eingeschlafen. Die Eltern hielten ihnen das Futter einige Augenblicke lang hin, dann fraßen sie es selbst. In der Dunkelheit konnten sie nicht weiter jagen, deshalb setzte sich das Männchen auf den Zweig neben dem Nest, zog die Schultern hoch und schlief ein, während sich das Weibchen vorsichtig auf der Mulde niederließ und die Flügel ausbreitete, um die Jungen vor Kälte und Tau zu schützen. Einen Augenblick später erhob sie sich verwirrt wieder, weil sie den gewohnten Druck des großen Eis vermisste. Dann spürte sie die drei Körper, die sich unter ihr bewegten, und setzte sich beruhigt wieder zurecht.

Das Braunellenmännchen, dem selbst im Schlaf sein unsicherer Halt auf dem Zweig bewusst war, erwachte, als der Busch schwankte. Einen Augenblick später schreckte auch das Weibchen auf. Die Angst war stärker als ihr Instinkt, sich still zu verhalten, und als das große Tier unter dem Strauch sich wieder bewegte, kreischte sie vor Entsetzen. Das Männchen hatte sich nicht gerührt, um nicht entdeckt zu werden, aber jetzt blieb ihm nichts anderes mehr übrig, als die Aufmerksamkeit des Fuchses vom Nest abzulenken. Er stieß einen schrillen Warnruf aus, flog aus dem Busch und machte dabei so viel Lärm wie möglich. Sobald er fort war, duckte sich das Weibchen in das Nest, um die Küken still zu halten.

Diesmal war die Tapferkeit des Männchens unnötig. Der Fuchs hatte das Weibchen gehört, doch nachdem er den kleinen Körper des Nestlings, den er gewittert hatte, gefunden und mit einem einzigen Biss verschlungen hatte, wollte er seine Zeit nicht mit einem Abenteuer vergeuden, bei dem bestimmt keine reichliche Mahlzeit zu holen war. Es lockt ihn keineswegs, auf der Jagd nach einem kleinen Vogel einen

Dornbusch hinaufzuklettern, deshalb trollte er sich wieder und trottete am Stall entlang davon.

Am Vormittag konzentrierte sich der Kuckuck darauf, möglichst viel Futter zu ergattern und seine Kräfte aufzubauen, doch am frühen Nachmittag war sein Magen so weit gefüllt, dass er einem anderen Trieb folgen konnte. Er wusste, dass im Nest noch zwei Konkurrenten saßen, und spürte genau, dass der eine schwächer war als der andere. Der aktivere von beiden stellte zwar die größere Bedrohung im Kampf um das Futter dar, aber der Kuckuck war noch nicht stark genug, um ihn aus dem Nest zu werfen, also konzentrierte er sich auf das schwächere Weibchen.

Kaum hatten die Altvögel das Nest verlassen, jagte er das weibliche Küken, verfolgte es unbarmherzig, stieß und piekte es, wenn es sich hinlegte, und versuchte es in eine ungeschützte Stellung zu drängen, wenn es aufstand.

Sobald ein Elternteil zurückkehrte, ließ der Kuckuck von seinem Opfer ab – aber nur, weil er um das Futter kämpfen musste, und bestimmt nicht, weil er seine Mordabsichten geheim halten wollte. Der Drang, seine Rivalen zu vernichten, war in ihm von Natur aus genauso stark ausgeprägt wie der Drang zu fressen. Es war auch gar nicht notwendig, dass er heimlich vorging, denn die Eltern waren nicht fähig, die Gefahr zu erfassen. Wäre der Kuckuck eine Ratte, eine Schlange oder ein anderes der zahlreichen Tiere gewesen, die sie fürchteten, hätten sie bis zur Selbstaufgabe gekämpft, um ihre Jungen zu beschützen. Der Kuckuck aber war für sie nur ein weiterer Nestling.

Drei Stunden lang konnte der weibliche Braunellennestling das Unheil noch abwenden – sei es durch Zufall, sei es, weil es dem Küken gelang, aus der Vertiefung auf dem Rücken des Kuckucks zu entkommen. Doch die ständigen Angriffe zermürbten das Braunellenküken, und als das Entsetzen ein unerträgliches Maß erreicht hatte, hörte es auf auszuweichen und fügte sich stumm in die Rolle des Opfers.

Plötzlich fühlte es sich auf den Rand des Nestes gehoben und starrte wie hypnotisiert in die Tiefe. Zwar wehrte es sich noch mit schwachen Strampelbewegungen, aber es hatte die Hoffnung aufgegeben.

Von der anderen Seite des Nestes aus sah das männliche Küken zu, wie seine Schwester auf den Rücken des Kuckucks gehievt wurde, der sie bis über den Nestrand stemmte. Sie glitt über den Rücken des Kuckucks, wurde dann durch seine rasche, plötzliche Bewegung in die Luft geschleudert und verschwand in der Tiefe. Ihr Bruder empfand es nicht als Verlust, doch als der Kuckuck vom Nestrand zurücktorkelte und auf ihn zukam, erfasste auch ihn die Angst um sein Leben.

Der Kuckuck entwickelte sich schnell – einerseits, weil er nahezu drei Viertel des Futters bekam, und andererseits, weil sein Stoffwechsel darauf programmiert war, dass er doppelt so schnell zunahm und wuchs wie seine Rivalen im Nest. Schon am dritten Tag seines Lebens hatte er beinahe das Gewicht des einzigen noch verbliebenen Braunellennestlings erreicht, obwohl dieser bereits sechseinhalb Tage alt war. In jeder anderen Beziehung war das Braunellenküken jedoch wesentlich reifer, und dieser Tatsache verdankte es der Jungvogel, dass er noch am Leben war. Seine Augen waren ganz geöffnet, und aus dem weichen Flaum, der jetzt seinen ganzen Körper bedeckte, sprossen die Kiele der ersten richtigen Federn. Er hatte auch allmählich gelernt, sich im Gleichgewicht zu halten, und konnte schon recht geschickt im Nest umherhüpfen.

Der Kuckuck hingegen war trotz seiner Größe noch blind und fast nackt, und er konnte es in Bezug auf Beweglichkeit nicht mit dem Braunellenküken aufnehmen. Dieses war dennoch auf der Hut, denn der Kuckuck war zwar nicht schnell, aber hartnäckig.

An dem Tag, an dem der Kuckuck das zweite Braunellenjunge aus dem Nest geworfen hatte, wäre es dem letzten Küken um ein Haar genauso ergangen. Im engen Nest konnte es nicht sehr weit von ihm abrücken, und nach jeder erfolgreichen Flucht war ihm nur eine kurze Atempause vergönnt, bis der Kuckuck wieder hinter ihm herjagte. Selbst wenn es sich wehrte und wild auf den Kopf oder Rücken des Kuckucks einhackte, konnte es den Feind nie lange außer Gefecht setzen. Sobald der Schmerz nachließ, griff der Kuckuck wieder an.

In jeder anderen Beziehung war das Braunellenküken jedoch wesentlich reifer, und dieser Tatsache verdankte es der Jungvogel, dass er noch am Leben war

Die Eltern nahmen diesen Existenzkampf überhaupt nicht wahr. Wenn sie mit Futter zum Nest zurückkehrten, erlebten sie nur das übliche Gezänke zweier ständig hungriger Jungvögel. Das Männchen war allerdings etwas sensibler – die „Fremdartigkeit“ des Kuckucks bereitete ihm ein leises Unbehagen. Gelegentlich widerstand es dem hartnäckigen Betteln des seltsamen Jungvogels und fütterte den eigenen Sprössling. Das Weibchen hingegen machte keinen Unterschied, sondern überließ die Nahrung einfach dem Schnabel, der ihm am nächsten war, und das war fast immer der des Kuckucks.

Die Tage der Altvögel waren mit Nahrungssuche und Füttern ausgefüllt. Bei gutem Wetter, wenn reichlich Nahrung vorhanden war, flogen sie bis zu dreißigmal in der Stunde zwischen Jagdgebiet und Nest hin und her. Wenn es schwieriger war, Futter aufzutreiben, kamen sie seltener, strengten sich dafür aber noch mehr an, denn sie mussten größere Strecken zurücklegen und intensiver suchen. Da die Tage länger wurden, blieben sie abends länger aus, um auch noch den letzten Lichtschein auszunützen, und morgens waren sie bereits unterwegs, bevor der Himmel ganz hell war. Sie wurden bis an die Grenze ihrer Leistungsfähigkeit belastet, und während der kurzen Nächte sanken sie in bleiernen Schlaf.

Die beiden Nestlinge entwickelten sich so schnell, dass schon Stunden und erst recht eine ganze Nacht eine merkliche Rolle spielten. Obwohl der Kuckuck bereits größer war als das Braunellenjunge, brach bei Morgengrauen für ihn erst der achte Tag seiner Entwicklung an, die mindestens drei Wochen beanspruchte. Sein Körper war nur von einem schwachen Flaum bedeckt, und seine Muskeln waren noch nicht so kräftig, dass er imstande gewesen wäre, längere Zeit hindurch koordinierte Bewegungen auszuführen. Er hinkte deshalb in der Entwicklung weit hinter dem Braunellenjungen her, das nun elf Tage alt war und in wenigen Tagen ausgewachsen sein würde.

Durch den weichen Flaum des Braunellenjungen schoben sich bereist die dicken Kiele seiner Schwungfedern, und die zweitausend Federn, die seinen Körper schließlich bedecken würden, waren größtenteils schon so weit ausgebildet, dass man die Hauptfarben seines Federkleids – grau an Hals und Brust und braun auf dem Rücken – erkennen konnte. Seine Augen waren seit Tagen offen, sodass es gelernt hatte, Gestalten zu unterscheiden und Entfernungen abzuschätzen, wenn auch nur innerhalb der engen Grenzen des Nestes. Außerdem stand es recht sicher auf den Beinen und konnte sich im Gleichgewicht halten, indem es die Flügel leicht anhob. Doch seine relative Reife nützte ihm angesichts der Hartnäckigkeit und rohen Kraft des Kuckucks wenig, als am nächsten Morgen der Kampf um die Alleinherrschaft im Nest neu entbrannte.

Kaum war das Braunellenweibchen an diesem Morgen fort, drehte sich der Kuckuck zu dem Braunellenjungen um und hackte nach seinem Hals. Das Junge sah den Schnabel auf sich zukommen, wich rasch aus und fiel um. Noch ehe es sich aufrichten konnte, stand der Kuckuck über ihm und hackte auf die ungeschützten Stellen an Hals und Bauch ein.

Die Hiebe schmerzten, brachten ihm aber keine schweren Verletzungen bei, weil der Kuckuck sich weit vorbeugen musste und deshalb nicht mit voller Kraft zuschlagen konnte. Dann trat ihm der Kuckuck bei dem Versuch, eine günstigere Stellung einzunehmen, zufällig auf den Kopf. Von Schmerz gepeinigt, rollte sich das Braunellenjunge zur Seite und riss sich dann, auf den halb weggestreckten Flügel gestützt, so unvermittelt los, dass der Kuckuck das Gleichgewicht verlor und gegen die Nestwand taumelte.

Das Junge rappelte sich hoch und erkletterte die gegenüberliegende Nestwand, um sich so weit wie möglich von seinem Feind zu entfernen. Als es den Rand erreicht hatte, umklammerte es ihn mit den Krallen. Es war immer noch besser, hier oben zu bleiben, als sich in der engen Mulde der Gefahr einer Verletzung auszusetzen.

Im schwankenden Dickicht der Blätter und Äste verlor das Junge die Orientierung, und die Angst vor der Tiefe untergrub seine Willenskraft

Der Kuckuck gab sich jedoch nicht damit zufrieden, dass er die Herrschaft über das Nest errungen hatte – er wollte den Feind nicht mehr sehen. Sobald er wieder auf die Füße gekommen war, griff er neuerlich an. Er warf sich so wuchtig gegen die Wand, dass das ganze Nest bebte.

Das Braunellenjunge schwankte, flatterte, fand sein Gleichgewicht wieder und hüpfte dann am Nestrand entlang vom Kuckuck fort. Der gähnende Abgrund schien es in die Tiefe ziehen zu wollen, doch sobald es sich der Nestmulde näherte, schoss der Schnabel des Kuckucks vor und trieb es wieder an der äußeren Rand. Im schwankenden Dickicht der Blätter und Äste verlor das Junge die Orientierung, und die Angst vor der Tiefe untergrub seine Willenskraft. Schließlich trat es mit einem Fuß in die Leere und kippte so weit über den Rand, dass sein verzweifeltes Geflatter ihm nichts mehr nützte. Es blieb noch einen Augenblick am Nest hängen, dann stürzte es ab.

Der Kuckuck zischte triumphierend, als das Junge aus seinem Blickfeld verschwand. Endlich hatte er erreicht, was er von Anfang an angestrebt hatte – die Alleinherrschaft im Nest. Er sank befriedigt am Boden der Mulde zusammen, richtete sich aber gleich darauf verblüfft und wütend wieder auf, als für einen Augenblick neuerlich der Kopf des Braunellenjungen in sein Blickfeld geriet. Es war auf die parallel verlaufenden Zweige gefallen, auf denen das Nest ruhte, und zunächst in Gefahr gewesen, durch den Spalt dazwischen abzustürzen, doch schließlich war es ihm gelungen, Halt zu finden.

Nach den Gesetzen der Natur hätte die Verstoßung aus dem Nest eigentlich das Todesurteil für das Braunellenjunge bedeuten müssen. Da es noch flugunfähig war, konnte es weder Futter suchen noch Gefahren entfliehen. Außerdem war es außerhalb des Nestes allen Unbilden der Witterung ausgesetzt. Doch in seinem Fall erwies sich die Vertreibung als Segen, und es gedieh von da an weit besser als zuvor.

Erstens war es endlich sicher vor der ständigen Verfolgung durch den Kuckuck und verschwendete seine lebensnotwendige Energie nicht länger darauf, dessen Angriffen auszuweichen. Zweitens, und das war wesentlich, bekam es jetzt genug zu fressen. Seine Mutter entdeckte ihren Sprössling nämlich sofort, als sie mit Futter zurückkehrte, und weil diese neue Situation sie mit Sorge und Neugierde erfüllte, überhörte sie das flehende Geschrei des Kuckucks und hüpfte zu ihrem Sohn, der auf zwei dicht nebeneinander liegenden Ästen saß. Sie schalt ihn und versuchte ihn ins Nest zurückzulocken; da er sich jedoch absolut nicht vom Fleck rühren wollte, flog sie davon und brachte ihm darauf die nächste Futterration.

Von diesem Augenblick an war das Junge dem Kuckuck gegenüber nicht mehr im Nachteil. Wen die Braunelle fütterte, hing nur davon ab, ob sie zum Nest oder zum Sitzplatz ihres Jungen flog. Bisher hatte sie die Beute automatisch in den Schnabel gestopft, der ihr am nächsten war; seitdem die beiden Jungvögel aber getrennt waren, konnte sie sich frei entscheiden. Das Junge war ihr ähnlich, und seine Verletzlichkeit rührte sie, deshalb fütterte sie es beinahe genauso oft wie den Kuckuck.

Während der ersten Stunden außerhalb des Nestes zitterte das Braunellenjunge vor Angst und Kälte. Die Strahlen der Junisonne waren nicht sehr warm, und sobald der Schatten den Busch erreicht hatte, wurde die Luft noch kühler. Weil aber sein Magen bald so gut gefüllt war wie noch nie zuvor, glich die steigende Körpertemperatur diesen Nachteil einigermaßen aus. Als sie Nachmittagssonne den Busch streifte, war das Junge schon so aufgewärmt, dass es ihr goldenes Licht als angenehm empfand, ihrer Wärme aber nicht mehr unbedingt bedurfte. Auch seine Angst schwand allmählich, als der Tag verging und keine unmittelbaren Gefahren auftauchten.

Erst als es dunkel wurde und die tieferen Zweige des Busches nicht mehr zu sehen waren, versetzten das Flüstern und Seufzen des Windes und die hundertfältigen Geräusche der Nacht das Junge neuerlich in Angst und Schrecken. Als seine Mutter am Ende des langen Tages zurückkehrte und es mit einem leisen Glucksen zu sich lockte, hüpfte es sofort zum Nest zurück. Es kletterte an der Außenwand hinauf und wollte schon hineinspringen, aber sobald sich das Braunellenweibchen erhob, um ihm Platz zu machen, richtete sich der Kuckuck krächzend und zischend auf. Eingeschüchtert ließ das Junge sich auf den Ast zurücksinken.

Die Braunelle hockte sich wieder über den Kuckuck, und erst als alles ruhig war, kletterte das Junge nochmals hinauf und blieb, halb auf den Nestrand, halb auf den Rücken seiner Mutter gekauert, sitzen. In dieser Stellung, in der es etwas von ihrer Wärme abbekam, verbrachte es eine lange, schreckliche Nacht. Es zitterte vor Kälte, bis die scharfe Nachtluft schließlich den oberen Teil seines Körpers betäubte, und nur sein wohlgefüllter Magen und die Wärme, die vom Rücken seiner Mutter aufstieg, verhinderten, dass es an Unterkühlung starb. Als der Himmel endlich hell wurde und der zwölfte Tag seines Lebens anbrach, hatte es seine bisher schwerste Prüfung bestanden.

Noch bevor seine Mutter erwachte und auf die Jagd ging, sprang es vom Nestrand, schlug kräftig mit den Flügeln, um seine steifen Rückenmuskeln zu lockern, hüpfte selbstsicher den Ast entlang und hockte sich an eine Stelle, an der das warme Sonnenlicht schon durch das Laub drang.

Eine innere Unruhe trieb es dazu an, sich zu bewegen und seine Umgebung zu erforschen, und bei jedem Sprung zuckten seine Flügel

Die reichliche Nahrung, die seine Mutter den Vormittag über herbeischaffte, sorgte dafür, dass seine Körpertemperatur sich bald wieder normalisierte. Schönwetter bedeutete, dass es viele Insekten gab, und so gelang es dem Weibchen sogar, den Hunger des gefräßigen Kuckucks zu stillen. Das Braunellenjunge aber war so wohlgenährt, dass es, um seine überschüssige Energie abzureagieren, den Großteil des Tages damit verbrachte, über die Spalte zwischen den beiden Zweigen zu springen. Eine innere Unruhe trieb es dazu an, sich zu bewegen und seine Umgebung zu erforschen, und bei jedem Sprung zuckten seine Flügel. Am Ende des Tages verließ es sich nicht mehr ausschließlich darauf, dass seine Beinmuskeln ihm den nötigen Schwung verliehen, sondern setzte die Flügelmuskeln ein, die nach ernsthafter Betätigung verlangten. Sein gesamter Körper war nun bereit für den nächsten Entwicklungsschritt: das Fliegen. ■

Die Löwin Bachida

Die Vertrautheit mit den Menschen prägte ein Leben lang das Verhalten der Löwin.

Alfred Brehm

Als ich einmal meinen Freund und Gönner Latif Pascha besuchte, zeigte er mir eine junge, allerliebste Löwin von der Größe eines halb erwachsenen Pudels, die er vor kurzem als Geschenk von einem der „Aschiach“ oder Befehlshaber der ihm untergebenen Araberstämme erhalten hatte. Das Tierchen war im höchsten Grade zahm, sehr liebenswürdig, possierlich und dabei vollkommen an den Menschen gewöhnt. Es hatte gelernt, diesen als seinen Herrn, Gebieter, Ernährer und Beschützer anzusehen, und ließ sich deshalb alle Unbilden, die der Mensch seinen ihm untergebenen Haustieren angedeihen zu lassen pflegt, ohne Murren gefallen. „Bachida“, zu deutsch „die Glückliche“, hatte man die Löwin benannt. Sie spielte nach Art junger Kätzchen furchtlos mit dem Beherrscher eines ganzen Landes, dessen Befehl Leben gewähren oder Tod bringen konnte, und sprang auf dem ernsten Mann tollkühn mit all ihrer angeborenen Anmut herum, als sei er eben auch nur ein gewöhnliches Menschenkind. Latif Pascha hatte eine große Freude an dem zierlichen Geschöpf.

Ich will nicht leugnen, dass die Löwin augenblicklich auch mein Herz gewonnen hatte. Allein ich bedachte im Stillen, wie viel mich ihre Unterhaltung und später ihre Fortschaffung kosten würde, und konnte bei meiner Armut den Gedanken nicht in mir aufkommen lassen, mir das liebenswürdige Wesen als Gesellschafterin zu erwerben. Mein Freund Bauerhorst aber, der mich begleitete, kannte solche Bedenken nicht. Da auch ihn die Liebenswürdigkeit Bachidas bezaubert hatte, gab es bald für ihn nur einen Wunsch: das Tier sein Eigen nennen zu können. Er bestürmte mich fortwährend, meinen „Einfluss beim Pascha“, wie er es nannte, geltend zu machen und die Löwin für ihn zu erbitten. Ich aber war mir dessen wohl bewusst, was ich dem großartigen Mann, meinem väterlichen Freund und Gönner, alles verdankte, und ahnte schon damals, dass es mir nur mit seiner Hilfe gelingen könnte, die heimatliche Erde wiederzusehen. So wollte ich anfangs nicht recht daran, meinem Beschützer das Gesuch des Freundes zu unterbreiten, bis dieser mich endlich doch für sich gewann und ich dem eines Tages besonders gut gelaunten Pascha sagte, seine Löwin habe das Herz meines Freundes gewonnen, und er sei förmlich verliebt in sie.

Für einen Türken genügt eine solche Äußerung, um den betreffenden Gegenstand sofort als Geschenk anzubieten, und Latif Pascha war viel zu sehr Türke, als dass er eine solche Artigkeit hätte unterlassen können. Kurz nach meiner Heimkehr erschien ein Arnaut mit der Löwin im Arm und der Botschaft im Mund, sein Herr mache sich ein großes Vergnügen daraus, dem Gast in seinen Landen, seinem Freund, hiermit diese geringfügige Gabe als Zeichen seiner Achtung zu übersenden. So waren wir in den Besitz des allerliebsten Tieres gelangt, und ich meinerseits fühlte nun auf einmal Wünsche in mir rege werden, vor allem den, ausschließlich der Erzieher und Beschützer des jugendliches Tieres sein zu dürfen. Bauerhorst war damit natürlich einverstanden, und so erhielt ich denn die Löwin zu ganz besonderer Pflege und Wartung anvertraut. Ich glaube, diesem Vertrauen keine Schande gemacht zu haben.

Sie spielte nach Art junger Kätzchen furchtlos mit dem Beherrscher eines ganzen Landes, dessen Befehl Leben gewähren oder Tod bringen konnte

Es währte nicht lange, bis das Tier in unserem Gehöft vollkommen eingewöhnt war, obwohl Bachida sich noch lange Zeit ihres früheren Herrn erinnerte. Denn wenn dieser einmal an unserem Haus vorüberritt und Bachida zufällig in der Tür stand, unterließ sie es nie, ihn bis zu seinem Palast zu begleiten, und musste von dort aus regelmäßig zu uns zurückgebracht werden. Wir ließen die Löwin frei herumlaufen, wie dies bei allen meinen Tieren, die sich eines solchen Vorrechts würdig erwiesen, zu geschehen pflegte. Sie durchstreifte nach Belieben Haus und Hof, Kammern und Speicher, Stallungen und Schuppen, wenn ich für die verschiedenen Höhlen unseres Hauses überhaupt derartige Unterscheidungen treffen darf.

Sie ging in den Garten, bestieg zuweilen die niedrigen, platten Dächer der untergeordneten Räume unseres Hauswesens und benahm sich bald mit sehr großer Sicherheit und Zuversichtlichkeit.

Nach kurzer Zeit hatte ich mir ihre Freundschaft erworben. Bachida liebte mich zärtlich, folgte mir wie ein Hund, liebkoste mich bei jeder Gelegenheit und wurde nur zuweilen lästig, wenn sie nämlich nachts auf den Einfall kam, mich auf meinem Lager zu besuchen und durch ihre Liebkosungen aufzuwecken. Dann war sie gewöhnlich so leicht nicht wieder wegzubringen und raubte mir in dieser Weise manche Stunde Schlaf.

Sehr bald hatte sie die Herrschaft über alles Lebende auf unserem Hof errungen. Die Affen schnitten entsetzliche Gesichter, wenn sie sich zeigte, oder gerieten ganz außer Fassung, wenn sie gar zu ihnen hinsprang, um mit ihnen zu spielen. Die Kamele, die bei uns vorübergingen, machten verzweiflungsvolle Sätze, wenn sie das in ihren Augen furchtbare Wesen erblickten. Oft kam es vor, dass die vorübergehenden Kamele eines Zugs sich plötzlich ihres Gepäcks entledigten, wenn Bachida in einer Mauerluke oder auf der Mauer erschien und mit einigen, nach unseren Begriffen gar nicht entsetzlichen Lauten die Kamele über die Anwesenheit eines so furchtbaren Raubtieres belehrte. Die gute Löwin erntete dann oft reichliches Fluchen und Schelten vonseiten der Kameltreiber, obwohl selbstverständlich keiner der Sudanesen es wagte, sich ihr in böswilliger Absicht zu nähern. Es kam vielmehr bald dahin, dass jedermann in Khartum die Löwin als Wächter unseres Hauses betrachtete oder wenigstens achtete. So hatten wir das Glück, von allem lästigen Gesindel für immer befreit zu sein. Ich muss allerdings im Voraus bemerken, dass Bachida sich zuweilen Scherze erlaubte, die den Sudanesen über den Spaß gingen und sie durchaus berechtigten, in ihr ein wahres Ungeheuer zu erblicken.

Als sich die Zahl meiner zahmen Tiere nach und nach vermehrte, bekam Bachida Gelegenheit, sich nach Herzenslust unter ihnen zu vergnügen. Sie brachte oft den ganzen Hof in Unordnung, weil sie keines der dort mit ihr lebenden Tiere in Ruhe ließ. Es war keineswegs Böswilligkeit von ihrer Seite, sondern nur eine unbegrenzte Lust, die andern Geschöpfe zu necken und zu foppen. Zu den Antilopen, die wir hin und wieder bekamen, aber immer nur kurze Zeit am Leben erhielten, durfte sie allerdings nicht gelassen werden, weil diese Tiere bei ihrem Erscheinen verzweifelt gegen die Wände rannten und sich so verletzten, dass sie zugrunde gingen. Dagegen waren die Affen und unsere Raubvögel die beständige Zielscheibe ihres Übermuts.

Solange sie klein war, ging die Sache, denn Bachida fand in einem alten Pavian einen würdigen Gegner, jedoch nur dann, wenn sie besonders zudringlich wurde. Auch er zitterte bei ihrem Erscheinen und verzog das Maul auf grauenhafte Weise, griff sie aber, wenn sie sich näherte, ohne weiteres mutig mit seinen Händen an und rieb ihr die Ohren dergestalt um den Kopf herum, dass ihr Hören und Sehen verging und sie gewöhnlich eiligst das Weite suchte. Mit der Zeit wurde die Löwin jedoch so stark, dass der Pavian ihrer nicht mehr Herr werden konnte und nunmehr wie sämtliche Tiere unter ihrem Übermut zu leiden hatte.

Da erhielt ich neuen Zuwachs zu meiner Tiergesellschaft, und zwar einen Marabu. Dieser gewaltige Vogel wurde augenblicklich von der Löwin angegriffen. Er war sich jedoch des Gewichts seines furchtbaren Schnabels so bewusst, dass er den Angriff nicht nur ruhig abwartete, sondern auch siegreich zurückschlug. Bachida hatte lange Zeit lauernd und ganz nach Katzenart mit dem Schwanz wedelnd auf dem Boden gelegen und den neuen Ankömmling starr betrachtet, der sie seinerseits gar nicht zu beachten schien und ruhig auf und nieder stolzierte. Jetzt gedachte sie, ihn in ihrer gewöhnlichen Weise zu erschrecken, und machte, als er ihr genügend nahe gekommen war, einen gewaltigen Satz nach ihm hin. Der Vogel erschrak allerdings und sprang hoch in die Höhe. Er besann sich aber keinen Augenblick, schritt mutig mit halb gebreiteten Schwingen auf die verwunderte Löwin zu und versetzte ihr rasch hintereinander mit seinem gewaltigen Keilschnabel mehrere Püffe, und zwar in so nachdrücklicher Weise, dass er sie wenigstens gründlich überzeugte, hier sei ohne ernsten Kampf kein Sieg zu erringen. Zum ersten Mal sahen wir das sonst so sanfte Tier jetzt in Wut geraten. Ergrimmt über die erlittene Schmach, stürzte Bachida sich brüllend auf den Vogel, der sich inzwischen schon zu einem neuen Angriff vorbereitet hatte. Sie versuchte, ihn mit den Tatzen anzugreifen, allein der Marabu ließ sie dazu gar nicht kommen, sondern brachte ihr wiederum mit außerordentlicher Schnelligkeit und Sicherheit eine Anzahl von Schnabelhieben bei. Wutbrüllend antwortete die Löwin und stürzte sich nochmals auf den gefährlichen Gegner. Dieser aber, der vielleicht ahnte, dass der jetzige Angriff entscheidend sein würde, nahm seine ganze Kraft zusammen und bediente sie nochmals so reichlich, dass sie plötzlich umdrehte und die Flucht ergriff. Schnabelklappernd verfolgte sie der übermütige Sieger in alle Winkel und Ecken, durch alle Gebäude des Hofs. Bachida wusste schließlich keinen Ausweg mehr und kletterte, bestürzt über dieses Ereignis, an der Wand eines niedrigen Gebäudes empor. Diese Lehre vergaß die Löwin nicht wieder und ließ fortan stets den Storchvogel achtungsvoll in Ruhe, trieb es jedoch mit den andern Tieren wie früher.

Nur mit einem einzigen ihrer Hofgenossen schien sie in besonderer Freundschaft zu leben. Das war ein mutiger Widder, stets geneigt, einen Strauß mit ihr auszufechten. Es war allerliebst, dem Spielen und Kämpfen der beiden zuzusehen. Sobald sich Bachida dem Widder näherte, erhob sich dieser und stellte sich mit gesenktem Kopf zum Gefecht. Die Löwin legte sich nieder, sah ihn starr an und schlich dann entweder an ihn heran oder sprang mit einem, höchstens zwei Sätzen auf ihn zu. Gewöhnlich bekam sie gleich beim ersten Zusammentreffen einen tüchtigen Hornstoß von ihrem Spielgefährten und schien dann vollkommen befriedigt zu sein. In einzelnen Fällen aber gelang es ihr auch, dem Widder einen Tatzenschlag zu versetzen, und dann war sie natürlich übermütiger denn je. Dieses schöne Verhältnis wurde grausam zerrissen. Bei einem der Zweikämpfe mochte der Widder etwas zu derb zugestoßen und die Löwin erzürnt haben. Wenigstens war sie, wie meine Diener mir erzählten, plötzlich wütend auf ihn losgestürzt und hatte ihm derb mit Tatzenschlägen zugesetzt. Am andern Tag war er tot.

Einen großen Spaß bereitete uns Bachida eines Tages, freilich sehr zum Nachteil eines Mitbewohners unseres Hauses. In den zweiten Teil unserer Wohnung, den so genannten „Harem", war nämlich ein dicker griechischer Kaufmann eingezogen, der uns durch sein eingebildetes Wesen schon vielfach geärgert hatte. Er besaß zu seinen Spazier- und Geschäftsritten einen dicken Esel, den wir öfter als Reitpferd für unsere Paviane benutzten und dadurch den guten Mann bisweilen sehr in Harnisch brachten. Die Regenzeit hatte eingesetzt, als Bachida sich einmal besonders mit diesem Griechen beschäftigte. Halb Khartoum und damit auch unser Hof war durch die Gewittergüsse überschwemmt, und die Löwin machte sich ein Vergnügen daraus, mit mächtigen Sätzen durch dick und dünn zu springen und die übrigen Tiere dadurch in Angst zu versetzen. Wir saßen in der Vorhalle des Hauses, weil wir bei diesem Wetter nicht ausgehen konnten, und erfreuten uns an den Sprüngen unseres Lieblings. Da tritt plötzlich eine weiße Gestalt aus der Hintertür. Es ist unser Grieche in der frisch gewaschenen Jellabie, dem talarähnlichen Obergewand aller vornehmen Sudanesen, der sich in diesem sauberen Anzug zu seinem „Freunde", dem

Pascha, begeben will. Mühsam watet er durch den Kot, um zu dem Stall zu gelangen, in dem sein Reittier eingesperrt ist. Bachida liegt im dicksten Schmutz und sieht lange Zeit verwundert auf die weiße Gestalt. Plötzlich duckt sie sich platt auf den Boden, fasst den Griechen fest ins Auge, macht einen furchtbaren Satz auf ihn zu und bewirkt dadurch, dass der Mann, halb ohnmächtig vor Schreck, ohne weiteres die schöne, sauber gewaschene Jellabie mit dem Lehmwasser des Hofes färbt, beziehungsweise rücklings in die Lehmpfütze stolpert.

Die Löwin machte sich ein Vergnügen daraus, mit mächtigen Sätzen durch dick und dünn zu springen und die übrigen Tiere dadurch in Angst zu versetzen

Bachida hätte wahrscheinlich genug an dem Schrecken des Griechen gehabt, wenn dieser nicht laut zu schreien angefangen hätte. Auf dieses Zeichen hin musste das neckische Tier seinen Mutwillen fortsetzen. Ein zweiter Sprung bringt unseren Griechen völlig zum Liegen, und gleich darauf sitzt ihm das Ungeheuer mit beifälligem Gebrüll auf dem Leibe, umarmt ihn sehr zärtlich, wälzt ihn dabei aber, da er entrinnen will, so im Schmutz herum, dass von dem blendend weißen Gewand auch nicht ein handgroßer Flecken rein bleibt. Er fleht alle Heiligen um Hilfe an, aber keiner hilft ihm. Endlich wendet er sich an uns, und wir befreien ihn auch glücklich aus den Klauen seines Peinigers, der ihn natürlich nicht im Geringsten verletzt hatte. Der dicke Her kam wieder auf die Beine, allein er begann jetzt so furchtbar zu schimpfen, dass wir ihm die erlittene Unbill als gerechte Strafe von Herzen gönnten. Er schwor, sich zu rächen und unsere Fahrlässigkeit sofort dem Pascha zu berichten. Nach einer halben Stunde erschien er denn auch wieder, umgekleidet und noch immer wutschnaubend, und begab sich zum Pascha. Leider traf aber das alte Sprichwort: „Wer den Schaden hat, braucht für den Spott nicht zu sorgen“, auch bei dem Griechen zu. Der Pascha war nicht weniger ergötzt über den lustigen Einfall der Löwin als wir, und der Grieche hatte das zweifelhafte Vergnügen, statt der erhofften Rache den Spott und das Gelächter des Paschas und seines Hofstaates zu ernten.

Gegen uns benahm sich Bachida immer sehr liebenswürdig. Nur einmal musste sie von mir derb gezüchtigt werden, was mir aber beinahe übel bekommen wäre. Bachida hatte meinen Lieblingsaffen zuerst erschreckt, später misshandelt und zuletzt getötet und gefressen. Ich musste fürchten, dass sie sich mit der Zeit auch an andere Tiere machen und mir dadurch großen Schaden verursachen würde. Ich führte sie also, mit der Peitsche in der Hand, zu den einzigen Überresten ihres Schlachtopfers, die ich noch vorgefunden hatte, zum Kopf und Schwanz des Affen, und prügelte sie tüchtig ab. Sie suchte zu entfliehen, wurde jedoch von mir verfolgt und schließlich in einen Raum unseres Gehöfts getrieben. Als sie sah, dass es kein Entrinnen mehr gab, nahm sie plötzlich eine andere Miene an und stellte sich mir so herzhaft zur Wehr, dass ich fürchten musste, von dem zu jener Zeit mehr als halb erwachsenen Tier erheblich verletzt zu werden.

Ich bin überzeugt, dass sich die im höchsten Grad erzürnte Löwin auf mich gestürzt hätte, wenn ich auch nur einen Schritt zurückgewichen wäre. Allein mir lag nur daran, ihr einen freien Ausweg zu verschaffen. Ohne Unterlass bearbeitete ich ihr Fell mit der Peitsche, drückte mich auf die Seite und gab ihr so den Ausweg frei, den sie auch flink benutzte. Schon nach einer halben Stunde war ihr Zorn verraucht. Freundlich wie immer kam sie zu mir, liebkoste mich wie vorher, gleichsam abbittend, sodass mich jetzt die ihr zugeteilte Strafe fast ebenso schmerzte, wie sie die Hiebe geschmerzt haben mochten. Das war der einzige Streit, den wir beide jemals miteinander hatten. Sonst erlaubte sich Bachida nie eine Unart gegen uns und bekundete auch in keiner Weise die Wildheit eines Raubtiers.

Alt und Jung strömten herbei, um die Fremden zu sehen, die ein ganzes Schiff mit „wilden Tieren“ oder „Kindern des Waldes“ befrachtet hatten

Meine Armut zwang mich, zur Rückreise die gefährlichste Straße zu wählen, das heißt, ein gerade nach Ägypten abgehendes Schiff zu benutzen, auf dem wir über alle Stromschnellen des Nils hinwegtanzen sollten. Der Tiere wegen war dieser Weg in gewisser Weise den anderen Straßen durch die Wüste vorzuziehen, da wir auf ihm niemals Wassermangel verspürten. Auf unserem Boot lebten wir in sehr inniger Gemeinschaft mit unserem sämtlichen Vieh zusammen, und namentlich Bachida war der erklärte Liebling aller Schiffsbewohner. Ihre Reinlichkeitsliebe war merkwürdig. Niemals verunreinigte sie während der Fahrt ihren Käfig. Sie wartete vielmehr mit Schmerzen auf den Augenblick, der das Schiff dem Ufer zuführen und ihr die gewohnte Freiheit gewähren sollte. Ihretwegen legten wir gewöhnlich ziemlich entfernt von den Dörfern an und ließen sofort nach der Landung das Tier aus seinem Käfig. Sobald dies geschah, stürzte Bachida eilig aufs Land, um sich zu entleeren. Das geschah stets an einer verborgenen Stelle und ganz nach Katzenart, indem die Löwin für ihre Losung jedes Mal eine Grube scharrte und diese, nachdem sie ausgefüllt worden war, auch regelmäßig wieder mit Erde bedeckte. Nach Beendigung dieses wichtigen Geschäfts wurde sie lustig und übermütig. Wie ein junges Füllen sprang sie mit mächtigen Sätzen herum, machte kürzere oder längere Ausflüge, kehrte aber immer wieder bald zum Schiff zurück.

In den Dörfern brachte unsere Ankunft stets freudige Aufregung hervor. Alt und Jung strömten herbei, um die Fremden zu sehen, die ein ganzes Schiff mit „wilden Tieren“ oder „Kindern des Waldes“ befrachtet hatten. Gewöhnlich war schon eine halbe Stunde nach unserer Landung das Schiff von einer großen Menschenmenge umgeben, sodass der Besuch uns zuweilen recht lästig wurde. Dies schien auch Bachida einzusehen, und da sie die gute Absicht hegen mochte, uns von solcher Belästigung zu befreien, erlaubte sie sich oft tolle Scherze nach ihrer Art, indem sie plötzlich den einen oder anderen Besucher durch einen wilden Satz erschreckte, sich hinter Buschwerk oder Felsen auf die Lauer legte und unverhofft brüllend hervorschoss oder andere Streiche ausführte, die den Mut der guten Dorfbewohner auf allzu harte Proben stellten. Ich muss hervorheben, dass Bachida hier wirklich sehr verständig handelte und stets erfreut schien, wenn ihr ein solcher Streich besonders gut gelungen war.

Zweimal ging sie jedoch zu Tätlichkeiten über, die ich nicht ganz billigen konnte und die mich daher zum Einschreiten zwangen. Das eine Mal war sie vom Nilufer hinauf in ein ärmliches Dorf geklettert und hatte dort die eben heimkehrende Schafherde nicht nur vollständig zersprengt, sondern auch einen Zoll aus ihr erhoben, nämlich ein Lamm gegriffen, jedenfalls in der edlen Absicht, es abzuwürgen. Die Dorfbewohner erhoben ihr Kriegsgeschrei, aus allen Hütten hervor stürzten sie mit Waffen aller Art, um dem bösen Feind zu Leibe zu gehen. Die brüllenden Weiber hielten sich allerdings in entsprechender Entfernung, um sicher zu sein, und die mutigen Männer beratschlagten glücklicherweise noch, wie sie es anfangen sollten, das Ungeheuer möglichst gefahrlos zu besiegen, als ich ankam und der ganzen Aufregung dadurch ein Ende machte, dass ich wie weiland Simson meine Löwin am Kopf packte, ihr den Rachen aufriss und das erfasste Lamm mit dem Fuß beiseite schob.

Von der Dorfbewohnerschaft erntete ich Bewunderung und Schmeicheleien für meine Heldentat, nicht aber von Bachida, die Lust zu haben schien, störrisch zu werden und ihre Beute zurückzuerobern. Um auch sie zufrieden zu stellen, wurde das ohnehin etwas mitgenommene Lamm eingehandelt und zum Schiff gebracht, wo es Bachida noch am selben Abend wohlgemut verspeiste.

Der zweite Fall war ernster. Wir lagen bei Theben, und Bachida wurde der großen Menschenmenge wegen mit ihrer Kette an eine der Säulen des Tempels von Luxor gefesselt. Natürlich versammelten sich außer neugierigen Reisenden aus aller Herren Länder, die man dort stets antrifft, auch sämtliche Dorfbewohner, um die „Tochter Abu Fatmes", wie die Sudanesen die weiblichen Löwen nennen, in gehöriger Nähe gefahrlos betrachten zu können. Unter ihnen befand sich ein kleiner, zudringlicher Negerknabe, der Bachida wohl zu nahe gekommen war oder sie gar erzürnt hatte. Denn plötzlich teilte sich der dichte Kreis, der sie bisher umgeben hatte, unter entsetzlichem Geschrei und Geheul, unter Verwünschungen, Flüchen und Jammern. Mir wurde eiligst die Nachricht hinterbracht, dass mein „Scheusal" soeben einen kleinen Adamssohn erfasst habe und im Begriff stehe, ihn ohne Umstände zu verschlingen. Er sei zwar nur ein Sklave, allein ich möge bedenken, dass er tausend Piaster gekostet habe und dass ich ihn bezahlen müsse, wenn die Löwin ihn fressen würde.

Eilig stürzte ich zu meiner Freundin, um den gefangenen Buben zu befreien. Bachida spielte mit ihm wie eine Katze mit der Maus, drehte ihn in ihren Pranken hin und her, beroch ihn, zog ihn zu sich heran, ließ ihn wieder los, um ihn augenblicklich von neuem festzuhalten, hatte ihm aber bisher nicht das geringste Leid zugefügt und ihn nirgends auch nur geritzt. Meine Ankunft brachte sie augenblicklich zur Besinnung. Sie ließ ihr Spielzeug, den kleinen schwarzen Schreihals, fahren, noch ehe ich Miene machte, ihn ihr zu entreißen.

In Ägypten wurde der Zudrang der Menge zu unserem Schiff so arg, dass wir Bachida öfter zur Abwehr benutzten, das heißt, sie an einem Strick führten und so die Leute zurücktrieben. Gewöhnlich half nur dieses Mittel, und zwar sehr gründlich. Kein Mensch konnte begreifen, dass sich ein Löwe so zähmen ließ, wie es hier geschehen war, und auch die Zudringlichsten machten sich eilig auf die Socken, wenn wir mit Bachida auf sie zukamen. Während unseres Aufenthalts in Kairo gab Bachida den „Söhnen des Begnadeten" mehrmals ein außergewöhnliches Schauspiel. Um ihr zuweilen den Genuss der freien Luft zu verschaffen, führte ich sie nämlich an der Kette spazieren, und einige Male bin ich mit ihr sogar über die stets von Spaziergängern erfüllte Esbekie gegangen. Man kann sich denken, welche Menschenmenge sich augenblicklich versammelte, um dieses nie gesehene Schauspiel gehörig genießen zu können. Jeder, der uns sah, folgte uns mit Ausrufen der Bewunderung, sodass unser Gefolge bald zu Hunderten anwuchs. Die Bewunderung schien jedoch vorwiegend der Löwin, nicht aber meiner Wenigkeit zu gelten, denn ich vernahm Ausrufe wie: „Bewahre uns der Allmächtige vor dem aus seinen Himmeln hervorgestürzten Teufel!" – „Behüte uns der Herr vor diesem offenbaren Zauber!" Zuweilen bekam ich freilich auch ein „Gott verdamme diesen Christen!" zu hören. Gewöhnlich wurde der Zulauf so unerträglich, dass ich schon nach einem kurzen Spaziergang zurückkehren musste. Dabei wurde ich aber keineswegs durch die Menge der Zuschauer gehindert, denn wie in Oberägypten machte auch hier jeder eilig Platz, wenn das bewunderte Tier erschien, auf dessen Gutmütigkeit man sich doch nicht ganz verlassen zu können glaubte.

Sie ließ ihr Spielzeug, den kleinen schwarzen Schreihals, fahren, noch ehe ich Miene machte, ihn ihr zu entreißen

Bauerhorst schenkte die Löwin dem Berliner Tiergarten, und ich übernahm gern ihre Begleitung und die einer Menge anderer Tiere, wie sie der preußische Generalkonsul derselben Anstalt geschenkt hatte, obwohl sich darunter auch ein erwachsener männlicher Löwe befand, mit dem nicht gut Kirschen essen war. Unsere Überfahrt von Alexandrien aus war rasch und glücklich, wenn sich auch die Tiere mit dem finsteren Schiffsraum nicht recht befreunden konnten. Selbst Bachida schien darüber sehr missmutig und ärgerlich zu sein, obwohl ich sie täglich zum großen Ergötzen und Erstaunen der Reisenden auf Verdeck holte. Sie musste dabei eine leiterartige Treppe hinaufsteigen, was ihr stets viel Mühe zu machen schien, jedoch nach Katzenart mit

Geschick bewerkstelligt wurde. Sooft sie auf Deck erschien, war sie artig und liebenswürdig. In den dunklen Schiffsraum kehrte sie jedoch stets sehr missmutig zurück.

Einmal aber verkannte sie mich ganz und ließ ihrem Groll freien Lauf, als ich an ihrem Käfig vorüberging. Ich wollte sie streicheln, wurde aber plötzlich so heftig von ihr am Arm gepackt, dass ich noch heute die Narben der dabei erlittenen Verletzung an mir trage. Allerdings war sie außer sich, als ich sie anrief und sie ihr Unrecht erkannt hatte. Ich aber merkte, dass in dieser Lage nicht mit ihr zu spaßen sei. Gleich nach unserer Ankunft in Triest, fünf Jahre nach meiner Ausreise, war sie wieder das liebe gute Tier wie früher. Und als ich sie nach viertägigem Getrenntsein wiedersah, kannte ihre Zärtlichkeit keine Grenzen. Es wurde für mich fast gefährlich, zu ihr in den Käfig zu gehen, da sie mich mit Gewalt dort festhalten wollte und ich jedes Mal nur durch List von ihr loskommen konnte. Unser Abschied ging mir sehr nahe. Ich muss offen bekennen, dass ich mich von Hunderten von Menschen getrennt habe, ohne auch nur im Entferntesten so stark ergriffen worden zu sein wie in jenem Augenblick, der mich für Jahre von meiner treuen Freundin scheiden sollte. Auch sie schien unsere Trennung zu ahnen, denn sie jammerte so kläglich, dass ich immer noch einmal zu ihr zurückkehren musste, um sie von neuem zu liebkosen.

In der Tat vergingen Jahre, ehe ich Bachida wiedersah. Erst zwei Jahre nach meiner Rückkehr aus Afrika kam ich nach Berlin, und meine erste Frage galt natürlich Bachida. Ich erfuhr zu meiner Freude, dass sie sich wohl befinde, groß und schön geworden sei und sich ihre alte Liebenswürdigkeit bewahrt habe. Da trieb es mich fast mit Gewalt zu ihr. Es bedurfte keiner neuen Vorstellung durch den Wärter, denn ich erkannte meine Löwin auf den ersten Blick wieder. Vor ihrem Käfig stand eine ziemlich zahlreiche Gruppe von Neugierigen, als ich mich mit einem Freunde näherte. Man warnte mich, nicht zu nahe an den Käfig heranzutreten. Allein diesmal glaubte ich der Warnung nicht zu bedürfen. Ich beruhigte die Besorgten, indem ich sagte, dass mir die Gewalt gegeben sei, die Tiere durch meinen Blick zu bändigen, und ich ihnen dieses gleich beweisen würde. Das höhnische Gelächter, mit dem einige der Anwesenden meine Worte beantworteten, kam zu früh, denn der Erfolg bestätigte meine Erwartungen. In der völlig veränderten Kleidung erkannte mich Bachida zwar nicht augenblicklich, doch beim ersten Wort, das ich an sie richtete, lauschte sie hoch auf, ihre Augen funkelten, sie legte sich wie zum Sprung zurecht und lauschte nochmals. Als ich dann wie in alten Zeiten zu ihr sagte: „Bachida, ja Bachida, habibti, kef chalak, kef salamtak?“, das heißt, als ich sie begrüßte, wie man eine teure Freundin begrüßt, in der Sprache, in der man zur Freundin redet, da war Bachida mit einem Satz am Gitter und reichte mir durch dieses beide Pranken hin. Ich gab ihr furchtlos meine Hand, sie zog sie an sich, legte sich nieder und auf den Rücken, wie sie es zu tun pflegte, wenn sie sich recht glücklich fühlte, und ließ sich nun höchst befriedigt von meiner Seite streicheln und hätscheln wie in vergangenen Tagen. Es bedurfte einer großen Überwindung, um mich wieder von ihr zu trennen. Noch einmal nahm ich ebenso traurig Abschied, wie ich ihn in Wien genommen hatte.

Es war der Letzte, denn Bachida ist tot. ■

Die singenden Wale von Hawaii

Geht die Legende vom Lockruf der Sirenen etwa auf den Gesang der Buckelwale zurück? Beobachtungen scheinen dies zu bestätigen.

Vitus B. Dröscher

Als der feurige Ball der Sonne im Meer versank, riskierte die Ozeanographin Dr. Katy Payne einen letzten Tauchabstieg. Kaum hatte sie ihre vor der Küste der Hawaii-Insel Maui dümpelnde Segelyacht verlassen, begann das Meer zu vibrieren.

Langsam schwamm Katy Payne mit einem Unterwasserscheinwerfer auf die Schallquelle zu. Dann sah sie den Buckelwal, „wie eine Ameise den Elefanten sieht“: ein 17 Meter langes und 45 Tonnen schweres Ungetüm. Im gleichen Augenblick dröhnte die zweite Strophe, wie bei

diesen Tieren üblich mit fest geschlossenem Maul vorgetragen, an die 20 Kilometer weit durch den Pazifischen Ozean.

Die Zoologin und ihr Mann, der international renommierte Walforscher Professor Roger Payne, sind der festen Überzeugung, dass der Gesang dieser einzigen Sänger unter den Walen (unter den Meeressäugern singen nur noch die Bartrobben) der Wahrheitskern einer uralten Legende ist: der von den Sirenen. Dies waren Meerweiber, die einst auf einer sagenhaften Insel im Mittelmeer die vorüberfahrenden Seeleute, wie auch Odysseus, mit betörenden Sirenenklängen anlockten. Waren die Männer gelandet, verwandelten sich die liebreizenden Jungfrauen flugs in Menschen fressende Monster von überwältigender Kraft und verspeisten die Seeleute.

Früher lebten Buckelwale nachgewiesenermaßen auch im Mittelmeer. Mit ihren Liebesliedern ließen sie die hölzernen Schiffskörper vibrieren und versetzten die Matrosen an Bord in jene seltsame erotische Erregung vor rätselhaften Urgewalten. Heute erzeugen allerdings zahlreiche Schiffsmaschinen einen solchen Lärm, dass fast niemand mehr dieses Abenteuer erleben kann. Es sind übrigens Liebeslieder, die männliche Buckelwale erklingen lassen, um die Weibchen aus den Weiten der Weltmeere heranzulocken.

Vier Tage und vier Nächte sang der Koloss fast pausenlos. Dann stellte sich ein etwas größeres, etwa 19 Meter langes Weibchen ein, eng begleitet von seinem einjährigen Kind. Der Bulle bemerkte sofort, dass die „Braut" noch nicht ganz empfängnisbereit war, beschloss aber, sie von nun an ständig gegen andere Männer zu „beschützen".

Ein hohler, seltsam melodiöser Klang brachte den Ozean zum Schwingen. Er begann im tiefen Bass, stieg langsam zu höheren Tönen empor, ähnelte für Sekunden dem Duo einer Oboe mit einer gedämpften Trompete und verlor sich nach einer unheimlichen, auf- und abschwellenden Klage wie bei einem melancholischen Dudelsack in tiefem Schweigen.

Der Körper der Forscherin vibrierte mit und versetzte sie in eine Art Weltraumangst, die jedoch von einer überwältigenden erotischen Erregung übertönt wurde, während sich der mächtige Schall am Meeresboden und an der Oberfläche in mehrfachem Echo brach wie in einer riesigen Kathedrale. Als mehrere Bullen beisammen waren, entbrannte ein regelrechter Sängerkrieg. Alle Bewerber um die Gunst des Weibchens sangen dasselbe Lied, aber nicht im Chor, sondern zeitlich versetzt im Kanon.

Die beiden Forscher staunten: Im Jahr zuvor hatten die Wale nämlich ganz andere Melodien vorgetragen. Nach mehrjährigen Beobachtungen fanden sie heraus, was hier gespielt wird: Die Buckelwale verhalten sich musikalisch wie Teenager mit den Schlagern. In einer Saison ist ein fester Song bei allen der große Hit, und wer ihn am schönsten singt, hat bei den Weibchen die besten Chancen.

Nach der Brunstzeit verstummen die unterseeischen Schlagerstars für etwa neun Monate, während sie in arktische Seegebiete reisen.

Wenn sie sich im folgenden Jahr wieder bei Hawaii (die nordatlantischen Tiere bei den Bermudas) zum Stelldichein treffen, singen sie zunächst das alte Lied. Sie haben also ein gutes Melodiengedächtnis. Bald aber erscheint ihnen der Song zu abgedroschen. Als echte Komponisten des Tierreichs ändern sie erst einige Passagen und, wenn die anderen Wale die Variation übernehmen, allmählich immer mehr. Sie sind in ihrer schöpferischen Phantasie also auch von der Gunst des Publikums abhängig. Obwohl Rivalen im sexuellen Bereich, müssen sie sich im künstlerischen Sektor einig sein.

In einer Saison ist ein fester Song bei allen der große Hit, und wer ihn am schönsten singt, hat bei den Weibchen die besten Chancen

Nach fünf Jahren unterscheiden sich ihre Kompositionen wie die „Beethovens von denen der Beatles“, wie die Paynes es formulieren. Tiere, die Moden kreieren und mit der Mode gehen!

Nach und nach versammeln sich vor der Küste der Insel Maui immer mehr Bullen und Kühe mit ihren Jungen. Bringt der Sängerkrieg keine Entscheidung, wandelt sich das Minnelied zum disharmonischen Drohkrawall. Plötzlich springt ein Bulle mit seiner 45-Tonnen-Masse aus dem Wasser und klatscht weit hörbar auf die Oberfläche. Das ist das Startsignal zum Imponiertanz der männlichen Wale. Die kräftigsten wuchten ihren Leib mit der Höchstgeschwindigkeit von 27,6 Kilometern pro Stunde durchs Wasser und springen dann bis zu vierzigmal hintereinander in die Luft. Eine für uns unvorstellbare Kraftdemonstration.

Zu Kämpfen kommt es nur selten. Und die Paarung ist dann auch nur eine Sache von Sekunden. Hierbei erheben sich beide Partner, Bauch an Bauch, senkrecht aus dem Wasser. Wenn sie zurücksacken, ist die Vorstellung auch schon zu Ende.

Geradezu einzigartig sind die Tischsitten der Buckelwale, übrigens so benannt nach dem großen Buckel, den sie an der Meeresoberfläche unmittelbar vor dem Abtauchen in größere Tiefen durch Abknicken des Rückgrats machen. Der Gigant geht auf die Jagd nach winzigen Garnelen.

Zwar jagen Blau-, Finn- und Zwergwal dieselbe Beute. Aber auch sie teilen den „Kuchen“ mit Finesse unter sich auf: Der Größte, der

Blauwal, schaufelt Garnelen dort in sich hinein, wo sie am zahlreichsten vorkommen: in der Nähe des arktischen oder antarktischen Packeises. Der Zweitgrößte, der Finnwal, macht sich zirkumpolar weiter in Richtung auf die gemäßigten Zonen über die Garnelenschwärme her, die dort allerdings nicht mehr in solcher Größe und Häufigkeit vorkommen. Also muss er viel und weit reisen. Deshalb ist er der Schnellste unter den Bartenwalen. Und deshalb schluckt er auch, wenn er keine Garnelen finden kann, Fische aus Anchovis- oder Heringsschwärmen.

Der Buckelwal taucht ab, zeigt noch einmal seine Fluke und schwimmt in etwa fünfzig Meter Tiefe unter einen Krebs-Kleinschwarm

Noch weiter äquatorwärts schließt sich das Garnelenfanggebiet der Zwergwale an, die mit maximal zehn Meter Länge und neun Tonnen Gewicht so zwergenhaft nun auch wieder nicht sind. In ihren Zonen sind die Krillkrebschen noch seltener, und umso häufiger macht der „Minke“, wie er auch genannt wird, Jagd auf Schwärme von Fischen und Tintenfischen. Je kleiner der Wal, desto größer seine Beutetiere!

Seit die Blauwale durch unverantwortliches Massenabschlachten an den Rand des Aussterbens gebracht wurden, ist in antarktischen Gewässern übrigens eine regionale Verschiebung der Fanggebiete zu verzeichnen. Die zurzeit noch existierenden etwa 80 000 Finnwale und die noch einige hunderttausend zählenden Zwergwale sind in die einstigen Reviere der Blauwale eingedrungen und profitieren nun von den Krillmengen, die die fast ausgerotteten Riesen nicht mehr nutzen können.

Doch wo bleibt in dieser Gesellschaft der Buckelwal? Er zieht sich in jene Seegebiete zurück, in denen die Garnelen in so kleinen Schwärmen schwimmen, dass der Blauwal glatt verhungern müsste, wollte er hier jagen. Aber dem Buckelwal ist eine geniale „Erfindung“ gelungen, mit der er hier trotzdem existieren kann. Wollte er, wie der Blau- oder Finnwal, den kleinen Garnelenschwarm im Frontalangriff attackieren, würden die winzigen Krebse wie ein Sack Flöhe nach allen Seiten auseinander stieben. Für den Jäger bliebe so gut wie nichts. Aber ein toller Trick hilft ihm weiter. Der Buckelwal taucht ab, zeigt noch einmal seine Fluke und schwimmt in etwa fünfzig Meter Tiefe unter einen Krebs-Kleinschwarm. Dann zirkuliert er einen Kreis und stößt aus seiner Riesenlunge Luftblasen aus. Diese perlen nach oben und bilden einen hohlzylinderförmigen Vorhang, der die Beutetiere umschließt.

Zwar ist ein Vorhang aus Luftblasen kein undurchdringliches Hindernis, aber eine psychologische Barriere. Seebäder an der südafrikanischen und australischen Küste werden durch am Meeresboden verlegte Rohre, aus denen Pressluft austritt, vor Haien geschützt. Weder Haie noch Kleinkrebse wagen es, durch das Blasengitter hindurchzuschwimmen.

Das nutzt der Buckelwal für sich aus. Er schwimmt von unten in seinen drei Meter durchmessenden Luftblasenzylinder hinein, öffnet seinen Oberkiefer, der besser als „Topfdeckel“ zu bezeichnen ist, steigt mit weit aufgerissenem Riesenmaul nach oben und schnappt sich alle von seiner Bluffmethode umzingelten Beutetiere.

Wenn wir uns noch an den Grauwal erinnern, der Flohkrebse aus dem Sand des Meeresgrundes herausfiltert, um sie zu verspeisen, dann haben wir schon ein gutes Bild von der geradezu unglaublichen Verschiedenartigkeit der Fangmethoden, mit denen sich die Riesen der Meere alle nur erdenklichen Sorten von Kleinkrebsen einverleiben – und mit denen sie untereinander ruinöse Konkurrenz vermeiden.

So bliebe der Vollständigkeit halber nur noch anzumerken, welche Fangmethoden Grönlandwal und Nordkaper entwickelt haben. Sie verfügen als Glattwale über ein scheunentorgroßes Riesenmaul. Dieses reißen sie so weit auf, wie es geht, und schwimmen sehr langsam, meist sogar in Familiengruppen mit bis zu fünfzig Tieren, in einer breiten Treiberkette durch ein Seegebiet. Sie bilden also gleichsam eine große Formation von „Schleppnetzen“, in denen sich nur vereinzelt Krillkrebse verfangen. Aber nach einigen hundert Seemeilen pro Tag haben sie doch so viel Nahrung in der großen Klappe, dass sie existieren können. ■

Ich kaufe einen mexikanischen Buschklepper

Es sollte ein Schnäppchen sein, doch erwies sich das Pferd als so störrisch und unzähmbar, dass alle ihre liebe Not mit ihm hatten.

Mark Twain

Ich beschloss, mir ein Reitpferd zuzulegen. Niemals hatte ich außerhalb eines Zirkus solch eine wilde, freie großartige Reitkunst gesehen, wie sie diese malerisch gekleideten Mexikaner, Kalifornier und mexikanisierten Amerikaner jeden Tag in den Straßen von Carson zum Besten gaben. Wie sie ritten! Sich unmerklich aus der Senkrechten vorlehnend, lässig und gleichmütig, mit hochgeklappter Sombrerokrempe und über dem Kopf schwingender langer Riata, fegten sie jeden Tag wie der Wind durch die Straßen der Stadt! Im nächsten Augenblick waren sie nur noch ein treibendes Staubwölkchen draußen in der Wüste.

Wenn sie Trab gingen, saßen sie graziös und elegant

im Sattel und schienen mit dem Pferd verwachsen. Sie hüpften nicht nach „Tante Emma"-Art wie in den Reitschulen albern auf und ab. Ich hatte rasch gelernt, ein Pferd von einer Kuh zu unterscheiden, und brannte vor Neugier, mehr zu lernen. Ich war entschlossen, ein Pferd zu erwerben.

Während dieser Gedanke mir im Kopf herumging, kam der Auktionator auf einem schwarzen Biest über die Plaza gebraust, das so viele Ausbuchtungen und Ecken hatte wie ein Dromedar und entsprechend hässlich war. Doch der Auktionator rief: „Auf, auf, Leute, zweiundzwanzig Dollar – Pferd, Sattel und Zügel für zweiundzwanzig Dollar, Gentlemen!", und ich konnte kaum widerstehen.

Ein Mann, den ich nicht kannte (wie sich herausstellte, der Bruder des Auktionators), bemerkte den verlangenden Blick in meinen Augen und sagte beiläufig, das sei für diesen Preis ein sehr beachtliches Pferd, und er fügte hinzu, allein der Sattel sei das Geld schon wert. Es war ein spanischer Sattel mit schweren Tapaderos und dem sperrigen Bezug aus Sohlenleder mit dem unaussprechlichen Namen. Ich sagte, ich wäre vielleicht nicht abgeneigt zu bieten. Darauf schien dieser scharfäugige Mann mich zu „taxieren"; als er jedoch sprach, wies ich jeden Verdacht von mir, denn seine ganze Art war geprägt von unschuldiger Offenheit und Ehrlichkeit.

„Ich", sagte er, „kenne dieses Pferd – ich kenne es gut. Da Sie hier fremd sind, wie ich annehme, könnten Sie es für ein amerikanisches Pferd halten, vielleicht, sage ich, aber ich versichere Ihnen, das ist es nicht. Es ist nichts dergleichen, sondern – verzeihen Sie, dass ich so leise spreche, aber es sind Leute in der Nähe – es ist ohne den mindesten Zweifel ein waschechter mexikanischer Buschklepper!"

Ich wusste nicht, was ein waschechter mexikanischer Buschklepper war, aber in der Art, wie der Mann es sagte, lag etwas, das mich innerlich schwören ließ, mir entweder einen mexikanischen Buschklepper zuzulegen oder zu sterben. „Hat er noch andere … äh … Vorzüge?" fragte ich, meinen Eifer nach Kräften unterdrückend.

Er hakte seinen Zeigefinger in die Tasche meines Armee-Hemds, führte mich auf die Seite und hauchte mir beschwörend die Worte ins Ohr: „Kann alles in Amerika überbocken!"

„Vierundzwanzigeinhalb Dollar zum Zweiten, meine … "

„Siebenundzwanzig!" rief ich wie von Sinnen.

„Zum Dritten!“ sagte der Auktionator und übergab mir den echten mexikanischen Buschklepper.

Ich konnte meinen Triumph kaum verbergen. Ich bezahlte das Geld und brachte das Pferd in einen nahen Mietstall, damit es zu Mittag essen und sich ausruhen konnte.

Am Nachmittag führte ich den Gaul auf die Plaza, einige Bürger hielten ihn am Kopf, andere am Schwanz, während ich mich in den Sattel schwang. Sobald sie losließen, ordnete er seine vier Füße zu einem Bündel an, drückte den Rücken durch, wölbte ihn dann plötzlich hoch und beförderte mich drei bis vier Fuß pfeilgerade in die Luft! Ebenso gerade kam ich wieder herunter, schlug schwer in den Sattel, flog sogleich wieder hoch, kam beinahe auf den hohen Sattelknauf herunter, schoss erneut nach oben und landete auf dem Hals des Pferdes – alles innerhalb von drei, vier Sekunden. Dann stieg es beinahe senkrecht auf die Hinterhand, und ich, mich verzweifelt an den Hals klammernd, rutschte in den Sattel zurück, wo ich mich festhielt. Kaum war sie wieder unten, warf die Mähre die Hacken in die Luft, gab dem Himmel einen hinterlistigen Tritt und stellte sich auf ihre Vorderfüße. Dann kam sie wieder mal herunter und fing von neuem mit der bekannten Übung an, mich kerzengerade in die Luft zu schießen. Als ich zum dritten Mal aufstieg, hörte ich einen Fremden sagen: „Mensch, wie der bockt!“

Während ich gerade oben war, versetzte jemand mit einem Lederriemen dem Pferd einen klatschenden Schlag, und als ich wieder unten ankam, war der echte mexikanische Buschklepper nicht mehr da.

Ein Jüngling aus Kalifornien verfolgte ihn, fing ihn wieder ein und fragte, ob er ihn mal reiten dürfe. Ich gewährte ihm dieses Vergnügen.

Er bestieg den Echten, wurde einmal in die Luft geschleudert, aber beim Herunterkommen gab er dem Pferd die Sporen und es schoss davon wie ein Telegramm. Vogelgleich setzte es über drei Zäune und verschwand die Straße hinunter in Richtung Washoe Valley.

Seufzend setzte ich mich auf einen Stein, und einem Trieb der Natur folgend, legte ich eine Hand auf die Stirn, die andere auf meine Magengrube. Ich glaube, bis dahin war mir noch nie richtig aufgegangen, wie schlecht es um die menschlichen Gliedmaßen bestellt ist – denn ich hätte noch zwei weitere Hände benötigt, um sie anderswo draufzulegen. Keine Feder kann beschreiben, wie ich durchgerüttelt war – ich war

innerlich, äußerlich und überhaupt verstört, aufgerührt und völlig aus dem Gleichgewicht. Doch eine teilnahmsvolle Menge umstand mich.

Ein ältlicher Tröster sagte: „Du bist reingelegt worden, Fremder. Jedermann im Camp kennt diesen Gaul. Jedes Kind, jeder Indianer hätte dir sagen können, dass er bockt. Im Bocken ist er der allerschlimmste Teufel von ganz Amerika. Mir kannst du glauben. Ich bin Old Curry, Old Abe Curry. Außerdem ist's ein echter, durch und durch, originaler, verdammter mexikanischer Schandgaul, und dazu ein ganz gemeiner. Warum, du Einfaltspinsel, hast du nicht den Schnabel gehalten und abgewartet? Für ein paar Lappen mehr, als du für dieses alte, verdammte ausländische Gerippe bezahlt hast, lässt sich doch ein amerikanisches Pferd kriegen!"

Ich ließ mir nichts anmerken, beschloss jedoch, falls der Bruder des Auktionators beerdigt werden sollte, solange ich mich im Territorium aufhielt, alle anderen Vergnügungen aufzuschieben und daran teilzunehmen.

Nach einem Galopp von sechszehn Meilen kamen der kalifornische Jüngling und der echte mexikanische Buschklepper in die Stadt zurückgetobt und spritzten mit Schaumflocken um sich wie ein Taifun mit Gischt. Zum Abschluss setzten sie über einen Schubkarren und einen Chinesen und warfen dann vor dem „Landhaus" Anker.

Welch ein Keuchen und Schnaufen! Wie sich die roten Nüstern des Pferdes zusammenzogen und blähten und wie die wilden Augen funkelten! Doch war das königliche Tier gezähmt? Mitnichten. Seine Lordschaft, der Präsident des Hohen Hauses, glaubte es jedenfalls und schwang sich in den Sattel, um zum Kapitol zu reiten. Aber der erste Satz, den das Vieh machte, führte über einen Stapel von Telegraphenmasten, halb so hoch wie ein Kirchturm, und seine Zeit bis zum Kapitol – es sind eindreiviertel Meilen – ist bis heute nicht unterboten. Aber er verschaffte sich einen Vorteil, indem er die Meile ausließ und nur die drei Viertel lief. Er wählte die kürzeste Entfernung querfeldein und zog Zäune und Gräben einer gewundenen Straße vor; und als der Präsident am Kapitol angelangt war, äußerte er, er sei so viel in der Luft gewesen, dass er glaube, auf einem Kometen geritten zu sein.

Am Abend kam der Präsident zurück. Er ging zu Fuß, um sich ein wenig Bewegung zu machen, und den Buschklepper hatte er hinten an einen Quarzwagen angebunden. Am nächsten Tag lieh ich das Pferd dem Schriftführer des Hohen Hauses, der damit zur sechs Meilen entfernten Dana-Silbermine reiten wollte, und auch er kam zu Fuß zurück und führte das Pferd am Zügel. Jeder, dem ich dieses Pferd lieh, beendete den Ritt mit einem Fußmarsch; sie konnten sich auf keine andere Art Bewegung verschaffen.

Doch ich verlieh den Klepper weiterhin an jeden, der ihn mal haben wollte, denn ich hoffte, es würde ihn einer zum Krüppel machen und ihn dann am Hals haben oder es würde ihn einer zu Tode reiten, der ihn mir bezahlen müsste. Aber irgendwie geschah dem Klepper nie etwas. Er überstand Gefahren, die kein anderes Pferd überstanden hätte, und kam immer mit heiler Haut davon. Es gehörte zu seinen liebsten Gewohnheiten, Dinge zu versuchen, die bislang als unmöglich gegolten hatten, er jedoch schaffte sie immer. Manchmal verkalkulierte er sich ein bisschen und kriegte seinen Reiter nicht unversehrt durch, aber er kam immer davon. Natürlich versuchte ich ihn zu verkaufen, doch das hieß auf die Dummheit anderer spekulieren, was auf wenig Gegenliebe stieß. Der Auktionator raste auf dem Biest vier Tage lang durch die Straßen, verjagte die Einwohner, verursachte Verkehrsstaus, zertrampelte Kinder und erhielt kein einziges Angebot – zumindest kein ernst gemeintes, abgesehen von den achtzehn Dollar, die ein bestochener notorisch abgebrannter Landstreicher bot. Die Leute lachten sich ins Fäustchen und zügelten ihre Kauflust, falls sie überhaupt eine hatten. Dann schickte mir der Auktionator die Rechnung, und ich zog das Pferd vom Markt zurück.

Ich verlieh den Klepper weiterhin an jeden, der ihn mal haben wollte, denn ich hoffte, es würde ihn einer zum Krüppel machen und ihn dann am Hals haben

Jetzt versuchten wir, ihn auf eigene Rechnung loszuwerden, indem wir ihn mit Verlust gegen gebrauchte Grabsteine, Alteisen oder Temperenzler-Traktate anboten – gegen jede Art beweglicher Habe. Doch die Leute, die solche besaßen, blieben stur, und wir zogen uns wiederum vom Markt zurück. Ich versuchte nie mehr, diesen Gaul zu reiten. Für einen Mann wie mich war Laufen als Bewegung ausreichend, zumal mir außer Knochenbrüchen, innere Verletzungen und dergleichen weiter nichts fehlte.

Schließlich versuchte ich, ihn zu verschenken. Aber es klappte nicht. Die Leute sagten, an der Pazifikküste gäbe es Erdbeben genug – sie legten keinen Wert darauf, eines im Stall zu haben. Als letzte Verzweiflungstat bot ich ihn dem Gouverneur für die Brigade an. Zuerst leuchtete sein Gesicht lebhaft auf, verfinsterte sich aber wieder, und er sagte, das Manöver wäre denn doch zu durchsichtig.

Genau um diese Zeit kam der Mann vom Mietstall mit der Rechnung für sechs Wochen: für den Stall fünfzehn Dollar, für Heu zweihundertfünfzig Dollar! Der echte mexikanische Buschklepper hatte eine Tonne Heu gefressen, und hätte er ihn gewähren lassen, sagte der Mann, hätte er hundert gefressen. An dieser Stelle möchte ich in vollem Ernst etwas feststellen: Während jenes Jahres und teilweise auch während des nächsten betrug der reguläre Preis für eine Tonne Heu in der Tat zweihundertfünfzig Dollar. Im Jahr zuvor hatte er zeitweise fünfhundert Golddollar pro Tonne betragen, und während des vorangegangenen Winters war Heu so knapp gewesen, dass selbst kleine Mengen nicht selten achthundert Dollar hartes Geld eingebracht hatten! Auf die Folgen brauche ich wohl nicht besonders hinzuweisen: Die Leute ließen ihr Vieh los, damit es verhungerte, und bevor es Frühling wurde, waren Carson Valley und Eagle Valley buchstäblich mit Kadavern bedeckt! Jeder alte Siedler dort wird diese Angaben bestätigen.

Ich schaffte es, die Stallrechnung zu bezahlen, und am selben Tag gab ich den echten mexikanischen Buchklepper in die Hände eines durchziehenden Auswanderers aus Arkansas, den die Glücksgöttin mir in die Hände spielte. Sollte ihm jemals dieses Buch unter die Augen kommen, wird er sich der Gabe gewiss erinnern.

Nun, wer einmal das Vergnügen gehabt hat, einen echten mexikanischen Buschklepper zu reiten, wird das in diesem Kapitel beschriebene Tier wiedererkennen und die Schilderung kaum als übertrieben ansehen – die Nichteingeweihten aber dürfen sich jedenfalls berechtigt fühlen, sein Porträt als eine frei erfundene Skizze zu betrachten. ■

Thea, die Schildkröte

Unverhofft war sie im Garten aufgetaucht, und ebenso plötzlich verschwand sie wieder. Ihr Kommen hatte aber einen besonderen Grund.

Otto von Frisch

Ich saß im Garten und hatte mein Fernglas an den Augen, verfolgte damit einen Eichelhäher, der mit Nistmaterial im Schnabel hin- und herflog und offensichtlich irgendwo ein Nest baute.

Das Nest wollte ich finden und konzentrierte mich ganz auf den Häher.

Es war ein warmer, sonniger Maitag, und plötzlich signalisierten mir meine Augenwinkel und mein Gehirn eine ungewohnte Bewegung links von mir.

Ich nahm das Glas herunter und schaute mich um, was ich eigentlich gar nicht wollte, weil mir dadurch der Eichelhäher entging, der eben wieder zum Nest geflogen war oder jedenfalls in dessen Richtung.

In der Rabatte links von mir unter einem Haufen Laub und Erde rührte sich etwas. Da schob wohl ein Maulwurf. Ich war schon dabei, das Glas wieder an die Augen zu heben, als in dem Gemulme etwas auftauchte, das überhaupt nicht nach einem Maulwurfszubehör aussah. Ein nackter Kopf. Ein Schildkrötenkopf.

Er sah so alt aus, wie eben Schildkrötenköpfe aussehen. Nasenlöcher und Augen waren mit Erde verklebt. Langsam hob und senkte sich die Haut an der Kehle beim Atmen. Ich stand auf, ging die paar Schritte hinüber und fasste nach. Damit hielt ich eine prächtige ausgewachsene Griechische Landschildkröte in den Händen.

Ein Blick auf ihren Bauchpanzer, der glatt und eben war, verriet mir ihr Geschlecht. Ein Weibchen. Beim Männchen ist der Bauchpanzer konkav zum Körper eingewölbt, damit es während der Paarung nicht gar so leicht vom Rücken eines Weibchens abrutschen kann.

Ich hatte keine Ahnung, woher die Schildkröte stammte. Offenbar hatte sie in der Rabatte überwintert, vielleicht auch nur die vergangenen recht kühlen Tage dort verbracht. Ich setzte sie auf den Boden, und sie streckte alle viere von sich, tat einen schwachen Seufzer und blieb liegen. Die große Lebensfreude schien nicht in ihr zu stecken. Mir kam die Idee, dass ihr ein lauwarmes Bad gut tun würde, und befreite sie gleichzeitig von Erde und Staub. Nun sah sie schon recht schmuck aus.

Sie lag gewichtig in meiner Hand, ihre vier Stampferchen halb angezogen und blinzelte mich an. Irgendwie erinnerte sie mich an meine Cousine Galathea. So hieß sie fortan Thea, die Gewichtige.

Griechische Landschildkröten gehören nicht in unsere heimische Tierwelt. Sie sind in Süd- und Südosteuropa zu Hause, unter anderem auch in Griechenland. Dort wurden sie noch bis vor wenigen Jahren massenweise eingesammelt und als „Haustiere“ in alle Welt verschifft. Die meisten gingen während des Transportes ein, der Rest bei den fast stets schildkrötenunerfahrenen Käufern. Nur wenige Schildkröten konnten einige Jahre überleben.

Inzwischen ist der Handel mit diesen Schildkröten verboten, und das ist gut so.

In ihrer Heimat ist es warm und trocken. Das mögen und das brauchen sie. Dort, wo man sie hinschaffte, war es meist kühl und nass. Das mochten sie nicht. Deswegen starben sie auch bald.

Und Landschildkröten teilten das Los mit Wellensittichen und

Kanarienvögeln, wenn sie ihrem Besitzer irgendwann auskamen. Davon lebte und lebt noch heute im Fall der Vögel der Tierhandel.

Auch Thea war irgend jemandem ausgeknifen. Landschildkröten sind, wenn es schön warm ist, längst nicht so träge, wie man gemeinhin annimmt. Sie können auf ihren Säulenbeinen eine ganz ordentliche Geschwindigkeit erreichen. Jedenfalls sind sie schnell genug, um durch eine Hecke oder unter einem Gartenzaun hindurch zu verduften, wenn man sie nur fünf Minuten aus den Augen lässt. Und dann finde einer sie wieder im Gras und Kraut!

Die Schildkröten wissen genau, wo es langgeht, wenn sie sich einmal eine Richtung in den Kopf gesetzt haben. Nichts hält sie ab, stur wie ein Panzer suchen sie sich ihren Weg. Und weg sind sie.

Wenn es kühl wird im Herbst, graben sie sich in die Erde, in einem Misthaufen oder an einer ähnlichen passenden Stelle ein und verbringen den Winter schlafend. Ist der Winter nicht zu kalt und greift der Frost nicht zu tief in den Erdboden, können sie ohne Schaden die Sache überstehen. Aber das gelingt nur selten.

Thea, meine Griechische Landschildkröte, die so unvermutet im Garten aufgetaucht war, hatte das warme Bad sichtlich genossen. Es schien Leben in sie zu kommen, soweit das bei einer Landschildkröte überhaupt möglich ist. Sie reckte ihre Beine, und ihr langer, faltiger Hals kam aus dem Panzer heraus. Irgendwie sieht man einem solchen Schildkrötenhals schon an, dass seine Besitzerin zu den ältesten Landwirbeltieren unserer Erde gehört. Er wirkt so alt. Runzelig und faltig.

Landschildkröten sind, wenn es schön warm ist, längst nicht so träge, wie man gemeinhin annimmt

Wie alt Thea selbst war, konnte ich nur schätzen. Vermutlich hatte sie die Zwanziger schon überschritten. Aber das Wachstum eines Reptils hängt wesentlich von seiner Ernährung ab. Ist sie gut, wächst es schneller.

Körperlich war Thea in Ordnung. Der Panzer war fest, wies keine Verletzungen auf, und auch ein Loch war nicht vorhanden. Sehr oft bohren die Schildkrötenbesitzer ja ein Loch in den Panzerrand, ziehen eine Schnur hindurch und binden die Schildkröte damit an einem Baum fest, um sie am Ausreißen zu hindern.

Inzwischen war es draußen richtig warm geworden, und ich brachte Thea in eine der größten Volieren, in der im oberen Bereich ein Blaurackenpaar hauste. Der Boden war sozusagen unbewohnt. Gras wuchs üppig, einige höhere Stauden gaben Schatten. Hier konnte Thea zunächst unterkommen, denn ich wollte sie nicht einfach wieder laufen lassen.

Ich brachte ihr Salatblätter und Tomaten. Über die Tomaten fiel sie her. Offenbar war sie rotsüchtig. Sie biss gewaltige Stücke mit ihrem Papageienschnabel ab und verdrückte sie mit Hilfe der dicken, fleischigen Zunge. Scheu war sie nicht, denn obwohl ich unmittelbar daneben hockte und ihr zusah, ließ sie sich nicht bei ihrer Mahlzeit stören. Erst als das letzte Tomatenstück verspeist war, genehmigte sie sich auch einige Salatblätter, nun aber mit geringerer Hast. Entweder war sie satt, oder der Salat war nicht so sehr nach ihrem Geschmack.

Ich baute noch einen Unterstand, eine einfache Hütte aus drei Brettern und einer Steinplatte als Dach, damit Thea bei Regen dort unterkriechen konnte, und ging dann anderen Dingen nach.

Am Abend wollte ich nachsehen, ob bei Thea alles seine Richtigkeit hatte, aber Thea war fort.

Ich entdeckte ein Loch unter dem hölzernen Volierenfundament. Der Rest ließ sich leicht deuten.

Weder Tomaten noch Salat, noch eine gesicherte Unterkunft hatten die Schildkröte davon abhalten könne, sich wieder auf den Weg zu machen.

Ich fand sie an diesem Abend nicht, und auch am nächsten Tag blieb sie unsichtbar. Die Sonne schien, es war warm, mein Rasen und meine Rabatten boten allerlei verlockende Pflanzensorten, aber das Grundstück war so weitläufig und unübersichtlich, dass sie genügend Möglichkeiten hatte, sich unentdeckt herumzutreiben.

Vielleicht war sie auch schon längst durch den Zaun zum Nachbarn oder durch die Aue ans andere Ufer gelangt. Denn auch Landschildkröten können schwimmen. Sie gehen nicht unbedingt freiwillig in tiefes Wasser, aber wenn sie hineinpurzeln, können sie den Kopf über Wasser halten und bei nächster Gelegenheit an Land steigen.

Ich machte mir keine weiteren Gedanken, galt es doch, genug andere Tiere zu versorgen und zu beobachten.

Etwa eine Woche später, die Tage waren noch sonniger und heißer geworden, hörte ich merkwürdige Geräusche aus einer entlegenen Gartenecke. Es klang nach einem jämmerlichen Schnaufen, als würde eine

Katze nach Luft schnappen, und als ich den Tönen nachging, stieß ich auf Thea, der ein leibhaftiger Schildkrötenmann den Hof machte.

Jetzt wurde die Geschichte doch etwas merkwürdig. Entweder fielen hier Schildkröten wie Sternschnuppen vom Himmel, oder, und das hielt ich für wahrscheinlicher, jemand hatte deren genug und schob sie mir durch den Gartenzaun.

Jedenfalls setzte dieses Paar alles daran, Nachwuchs zu produzieren. Das etwas kleinere Männchen marschierte mit vor Anstrengung weit geöffnetem Maul hinter der dicken Thea her und versuchte, auf ihren Rücken zu steigen. Da Thea aber weiterging, klappte das nicht. Vor Anstrengung oder Aufregung japsend und keuchend, blieb er ihr auf den Fersen, und als sie schließlich stillhielt, kam er dorthin, wo er hinmusste, um die Begattung durchführen zu können. Halb auf Theas Rückenpanzer geschoben, schlug er seinen kurzen Schwanz unter den ihren, und nun paarten sie sich. Es sah jedenfalls so aus, ganz genau war es nicht festzustellen, weil allerlei höherer Bewuchs die beiden Liebenden umgab; die Paarung unter Schildkröten ist keine so einfache Sache wie etwa bei Vögeln, bei denen das in Sekundenbruchteilen erledigt sein kann.

Ich zog mich schließlich auch diskret zurück.

Thea hatte anscheinend das Grundstück als ihr Revier akzeptiert. Nach der Herkunft ihres Galans forschte ich nicht weiter. Sollten die beiden sich ruhig hier vergnügen.

Nahrung genug gab es, Versteckmöglichkeiten ebenso. Blieben sie, war es in Ordnung, trollten sie sich wieder, konnte ich auch nichts machen.

Im Garten, in der Freieit hatten sie es allemal besser als in einem Käfig. Ich würde ja sehen, was in der nächsten Zeit passierte.

Zunächst passierte wenig. Meist sah ich weder sie noch ihn. Ab und zu tauchten Thea oder der Mann oder auch beide gemeinsam auf einem Rasenstück aus dem Gebüsch oder einer Rabatte kommend auf, sonnten sich oder verspeisten Klee und Löwenzahn. Dann stapften sie wieder davon.

Wo sie übernachteten, blieb ihr Geheimnis.

Wahrscheinlich verkrochen sie sich unter einem der zahlreichen Laubhaufen. Es gab sie reichlich, denn ich kam nicht nach mit dem Aufräumen und kratzte das Laub und kleinere Zweige einfach an allen möglichen Ecken zusammen. Im Herbst würde ich die kleinen Haufen zu einem großen Haufen zusammenkratzen und ein Feuer machen. Jetzt aber blieben sie liegen.

Mehrere Wochen vergingen.

Der Sommer war einer der wärmsten und sonnigsten seit vielen Jahren. Es wurde fast zu trocken, und wenn man nicht jeden Abend spritzte und goss, ließen die Blumen die Köpfe hängen. Die wärmste Stelle überhaupt befand sich an der Südseite des Hauses unterhalb des weit vorspringenden Daches. Hier konnte nur ein windgepeitschter Regenguss den Boden erreichen oder eine Dusche aus dem Gartenschlauch. Pflanzen gediehen kaum, nur ein paar Magerrasenhalme hatten Fuß gefasst.

Und eines Nachmittags überraschte ich Thea genau an dieser Stelle. Sie war überaus eifrig damit beschäftigt, ein Loch zu graben. Sie grub mit den Hinterbeinen, aber da diese alles andere als Grabschaufeln waren und der trockene Boden immer wieder nachrutschte, kam sie nicht recht voran.

Mir war sofort klar, dass meine dicke Thea Eier legen wollte. Sie ließ sich nicht stören, als ich mit meiner Hand etwas nachhalf, das Loch zu vertiefen, und nachdem wir in gemeinsamer Arbeit so weit gekommen waren, dass wir auf etwas feuchteren Grund stießen, schaffte sie den Rest alleine. Thea musste verschnaufen.

Ruhig hockte sie mit dem Hinterende ihres Körpers über dem Loch und atmete hastig durch das halb geöffnete Maul. Auf einmal hob sie sich etwas in die Höhe, und in ihrer Kloakenöffnung erschien etwas Weißes. Das erste Ei wurde herausgepresst, ein glänzender, runder Pingpongball. Im Verlauf der nächsten halben Stunde folgten fünf weitere.

Dann kratzte Thea die herausgeholte Erde wieder ins Loch, fuhr einige Male mit dem Bauchpanzer glättend über die gefüllte Nestgrube und machte sich auf den Weg davon ins Gebüsch, als wäre weiter nichts gewesen.

Ich musste mich entscheiden, ob ich die Eier an Ort und

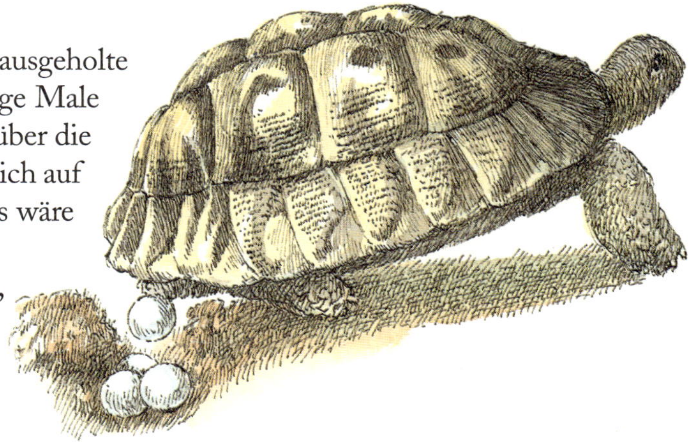

Stelle lassen sollte oder ob es sicherer war, sie auszugraben und künstlich zu erbrüten. Das Letztere war wohl besser.

Einmal war das Wetter ein großer Unsicherheitsfaktor. Wenn es nicht sonnig und warm blieb, würden sich die Jungen in den Eiern gar nicht weit genug entwickeln, um vor der kühlen Herbstzeit zum Schlupf zu kommen.

Außerdem drohte Gefahr von allen möglichen Tieren, die gewollt oder aus Versehen die Eier ausgraben und finden konnten.

Sicher war der Platz von Thea gut gewählt. Sie hätte die Eier sonstwo vergraben können, und hätte sie das getan, so hätte sie vermutlich keiner dabei beobachten können, weil fast überall zu viel Deckung war. Aber die Schildkröte hatte instinktiv diese warme Stelle als die richtige ausgesucht. Nur konnte sie nicht wissen, dass auf den Wettergott in nördlichen Breiten nicht so viel Verlass ist wie in ihrer südländischen Heimat. Ich grub die Eier aus. Vorsichtig und behutsam, um sie keinesfalls zu drücken oder zu verletzen.

Ich füllte einen großen irdenen Blumentopf mit der lockeren Erde aus der Grube, legte die Eier in der Lage, in der ich sie gefunden hatte, im oberen Drittel darauf und deckte sie wieder mit Erde zu. Zum Schluss verfestigte ich die Erde ein wenig und drückte dazu mit der flachen Hand, wie Thea dies mit ihrem Bauchpanzer getan hatte.

Im Aquarium meines Museums gab es ab und zu Nachwuchs von Eidechsen, die wir hier unter anderem hielten. Für deren Eier hatten wir einen kleinen einfachen Brutapparat gebastelt, der sich bisher bewährte, wann immer er gebraucht wurde.

Dorthin brachte ich Theas Eier im Blumentopf.

Und dann hieß es einfach abwarten.

Die Brutzeit für Reptilieneier lässt sich nicht auf ein oder zwei Tage genau festlegen. Sie hängt im Wesentlichen von der die Eier umgebenden Temperatur ab. Im Freiland wechselt sie ständig. Nachts ist sie tiefer als am Tage und bei schlechem Wetter ebenso.

Im Brutapparat bleibt sie einigermaßen konstant, aber den Schlüpftermin kann man nur annähernd vorausahnen. Und auf keinen Fall darf man nachsehen, „ob sich was rührt“, denn nichts nehmen solche Eier mehr übel, als wenn sie in ihrer Ruhe gestört werden. Man muss schon froh sein, wenn sie nicht schimmeln, von irgendwelchen Parasiten heimgesucht werden oder austrocknen.

Nach Berichten von anderen Schildkrötenliebhabern würde es mindestens 62 Tage dauern, bis Junge schlüpfen konnten. Und wusste ich überhaupt, ob die Eier befruchtet waren? So ganz hielt ich die Wartezeit nicht durch. Vielleicht war es ja auch gut, einmal nachzusehen, ob mit den Eiern alles in Ordnung war.

> *So still und überraschend, wie sie gekommen war, verschwand sie auch*

Vorsichtig kratzte ich nach etwa vier Wochen die Deckschicht über dem Gelege beiseite, bis ich die Pingpongbälle freigelegt hatte. Aber zwei von den sechs Eiern waren gar keine Bälle mehr. Sie sahen schrumpelig und eingefallen aus.

Da war etwas faul, und vorsichtshalber nahm ich sie heraus, damit die restlichen vier Eier nicht auch noch verderben konnten. Anschließend deckte ich sie wieder zu. Und wartete weiter.

Nach 62 Tagen war in meinem Brutapparat noch immer nichts anderes zu sehen als der Blumentopf mit seiner Erdfüllung. Aber jetzt sah ich zweimal täglich nach, und dann, am 64. Tag, krabbelten zwei Junge im Behälter. Die winzigen Schildkrötenkinder, Theas Kinder, wogen eben fünfeinhalb Gramm und waren knappe drei Zentimeter lang.

Nur zwei waren geschlüpft. Die zwei anderen Kinder hatten sich zwar entwickelt, mussten aber wenige Tage vor dem Auskriechen noch abgestorben sein.

Ich hätte Thea gern ihren Nachwuchs vorgeführt, obwohl ich kaum annehmen konnte, dass sie sich dafür interessieren würde. Aber Thea war verschwunden.

Ich hatte sie schon bald nach der Eiablage nicht mehr gesehen und mir keine Gedanken darüber gemacht. Vermutlich musste sie sich von ihrer Arbeit erst einmal erholen und war weniger unternehmungsfreudig als zuvor. Aber sie blieb unsichtbar. Der Wandertrieb mochte sie wieder gepackt haben, und so still und überraschend, wie sie gekommen war, verschwand sie auch. Das Männchen war schon länger fort. Ihre Kinder gediehen prächtig und hatten nach einem Jahr ihr Gewicht bereits verzehnfacht. Ich gab sie dann ab in gute Pflege, und bisher haben sie alle Sommermonate und auch die Winterzeit, die Zeit des tiefen Schlafes, gut überstanden. ■

Betrachtungen zur Schönheit des Pfaus

Die Farbenpracht der aufgeschlagenen Federschleppe ist das augenfälligste Merkmal des stolzen Pfaus.

Horst Füller

Ein Tier, das über Jahrtausende als Inbegriff des Schönen galt, verdient unsere besondere Aufmerksamkeit. Wer könnte sich auch dem Eindruck der Schönheit des Pfaus entziehen, wenn er die im Zoo oder einem Park umherlaufenden Vögel beobachtet, der Pfauhahn plötzlich seine herrliche Schleppe fächerförmig zum Rad aufschlägt und mit der Pracht des vor Erregung zitternden Schauorgans vor den Hennen paradiert. Der optische Eindruck wird dabei noch durch eine Art Instrumentalmusik unterstrichen, indem er mit den Federn des Rades durch Auseinanderschlagen der Federkiele ein rasselndes Geräusch hervorbringt. Und dennoch versichern Kenner des wild lebenden Pfaus, dass niemand eine Vorstellung von der wahren Schönheit des Tieres bekommen kann, der es nicht in der Wildnis seiner Heimat beobachtet hat.

Überlegen wir, welchen Eigenschaften ein Pfauhahn seine prächtige Erscheinung verdankt, so werden wir auf mancherlei Besonderheiten des Tieres aufmerksam. Wie bei allen Vögeln wird auch bei ihm die Gestalt und das Aussehen vor allem durch das Gefieder bestimmt. Es sind nicht so sehr die Proportionen der Körperteile, sondern vor allem die der verschiedenen Bereiche des Gefieders, von denen die Gestalt des balzenden Pfauhahns bestimmt wird.

Hervorragendstes Merkmal des männlichen Pfaus ist die wunderbare Federschleppe, die bei der Balz zum Rad aufgeschlagen wird. Es handelt sich dabei bemerkenswerterweise nicht um den Schwanz des Tieres, sondern um die extrem verlängerten Oberschwanzdeckfedern. Diese erreichen eine Länge von 1,3 m, während die Schwanzlänge nur 60 cm beträgt. In der Rückenansicht des balzenden Pfauhahns kann man diese eigenartigen Größenverhältnisse sehr schön erkennen. Ungewöhnliche Proportionen zeigen auch die 20 bis 24 Federn, die den Kopf mit der charakteristischen Pfauenkrone zieren und nur an der Spitze Federbärte tragen.

Wohl am meisten fesselt den Betrachter die wunderbare Färbung des Tieres. Glanz und Farbenpracht eines im Sonnenlicht balzenden Pfauhahns übersteigen das Ausdrucksvermögen unserer Sprache. Wir können nur mit nüchternen Worten feststellen, dass Kopf, Hals und Vorderbrust purpurblau mit grünlich goldenem Schimmer, der Rücken grün bis kupferfarbig und die Unterseite schwarz gefärbt sind, während die Schwung- und Schwanzfedern eine nussbraune Färbung aufweisen.

Die über 100 Oberschwanzdeckfedern, von denen die Schleppe gebildet wird, sind grün bis rötlich gefärbt und durch prächtige, große Augenflecke geziert, in denen ein tiefblaues Zentrum von türkisfarbigen und kupferbraunen Feldern umgeben ist, die wiederum von schmalen grüngoldenen, violetten und dunkelgrünen Randstreifen umgrenzt werden.

Es war kein geringerer als Charles Darwin, der den Augenfleck der Pfauenfeder als „sicher eines der schönsten Objekte der Welt“ bezeichnete. Der überwältigende Eindruck, den nicht nur die „Pfauenaugen“, sondern das gesamte Gefieder des Vogels dem Betrachter vermittelt, ist weniger auf dessen reine Farbigkeit zurückzuführen, die ja von vielen anderen Vögeln bei weitem übertroffen wird. Faszinierend wirken vor allem der prächtige Glanz und das wunderbare Farbenspiel, in dem das Pfauengefieder in Abhängigkeit von Lichteinfall und Betrachtungsrichtung erstrahlt.

Charakteristische Symmetrieeigenschaften lassen sich sowohl an der Gesamtgestalt des Tieres als auch an der einzelnen Schleppenfeder erkennen

Es ist verständlich, dass die Frage nach den Ursachen dieser herrlichen Färbung seit langem viele Beobachter beschäftigt hat. Wir wissen heute, dass es sich dabei um Schillerfarben handelt, die nach rein physikalischen Prinzipien durch Interferenzerscheinungen an feinsten Raumgitterstrukturen der Pfauenfeder erzeugt werden. Die entsprechenden Verhältnisse konnten vor einigen Jahren durch elektronenmikroskopische Untersuchungen aufgeklärt werden. Man sollte jedoch nicht vergessen, dass bereits Newton in seinem 1704 erschienen Werk „Treatise on Optics“ die Pfauenfeder als typisches Beispiel für „Dünnblattfarben“ angeführt hat.

So wie neben der Größe auch die Form des aufgeschlagenen Pfauenrades an der Gestaltbildung des balzenden Hahns entscheidend mitwirkt, spielt auch bei der einzelnen Schleppenfeder neben der Größe und Farbe die Form eine wichtige Rolle. Dies gilt sowohl für die grobe Form der äußeren Federkontur als auch die feinere Formgebung der Federäste und Federstrahlen.

Die Fahnen der Schleppenfedern erscheinen fast in ihrer ganzen Länge aufgelöst, da die Federstrahlen der aufeinander folgenden Federäste nicht miteinander verhakt sind. Nur zum Schaftende der Feder hin wird im Bereich des Augenflecks eine zusammenhängende Fahnenfläche ausgebildet. Im größten Teil der Feder bilden die Federäste jedoch einen lockeren Besatz langer fransenartiger Anhänge des Federschaftes, die der Schleppe insgesamt ihren schleierartigen Charakter und die wunderbar grün oder kupferfarbig schillernde Färbung verleihen. Die längsten Oberschwanzdeckfedern erscheinen an ihren Spitzen wie abgeschnitten. Sie bilden Fahnenenden in Form auf der Spitze stehender Dreiecke, die in ihrer Gesamtheit das aufgeschlagene Pfauenrad wie ein gemusterter Ziersaum umgeben.

Ein wichtiger Faktor unseres ästhetischen Empfindens sind die Symmetrieeigenschaften der von uns als schön bezeichneten Objekte. Betrachten wir unter diesem Gesichtspunkt die Erscheinung des balzenden Pfauhahns, so können wir charakteristische Symmetrieeigenschaften sowohl an der Gesamtgestalt des Tieres als auch an der einzelnen Schleppenfeder erkennen. Der Vogel zeigt – wie alle Wirbeltiere – eine bilaterale Symmetrie. Sein Körper wird also durch eine Symmetrieebene in zwei spiegelbildlich gleiche Hälften unterteilt. Das aufgefächerte Pfauenrad ist in diese Bilateralsymmetrie eingeordnet, die übrigens in der Rückansicht des balzenden Pfauhahns besonders deutlich in Erscheinung tritt.

Betrachten wir eine einzelne Schleppenfeder genauer, so können wir feststellen, dass auch ihr Augenfleck bilateral-symmetrisch aufgebaut ist. Das blaue Zentralfeld jedes Flecks weist in Richtung zum Federkiel hin eine Einbuchtung auf. Die dadurch festgelegte Symmetrieebene des Augenflecks fällt mit dem Federschaft zusammen.

Es war genau diese Einbuchtung des Augenflecks, die Darwin veranlasste, über die stammesgeschichtliche Herkunft der Augenzeichnung des Pfauengefieders nachzudenken. Darwin kam auf die Lösung des ihn lange beschäftigenden Problems durch Vergleich der Augenflecken des Pfauengefieders mit jenen der verwandten Spiegelpfauen der Gattung *Polyplectron*. Er fand, dass die verschiedenen Arten dieser Gattung sowohl in der Länge der Oberschwanzdeckfedern als auch in der Gestaltung ihrer Augenflecken sich stufenweise der Ausbildung dieser Merkmale beim Pfauhahn annähern. Die Federn der Spiegelpfauen sind durch zwei Augenflecken gekennzeichnet, die symmetrisch zu beiden Seiten des Federschaftes angeordnet sind. Sie können sich bei manchen Arten unvollständig zu einem noch geteilten Augenfleck vereinigen.

Nach Darwins Deutung ist somit die Einkerbung des Augenflecks der Pfauenfeder eine Erinnerung an die Herkunft aus zwei in der stammesgeschichtlichen Entwicklung verschmolzenen Augenflecken auf den Federn ihrer Vorfahren, wie wir sie heute noch bei Spiegelpfauen sehen.

Die Gliederung der Augenflecke und deren Anordnung im Pfauenrad sind ein charakteristisches Beispiel tierischer Muster. Bei näherer Beschäftigung mit dem Erscheinungsbild der Tiere werden wir immer wieder feststellen, dass Musterbildungen ein wesentliches Element der Schönheit der Tiere darstellen. Wir können noch kaum erklären, wie diese Muster in der Individualentwicklung der Tiere gebildet werden.

In unserem Beispiel kann man bislang nur feststellen, dass ein männlicher Pfau erst im dritten Jahr seine charakteristische Färbung und Zeichnung erlangt, was übrigens bereits Aristoteles wusste. Dieselbe Federanlage einer Oberschwanzdeckfeder ist offenbar befähigt, bei den aufeinander folgenden Mausern des Jungvogels ganz unterschiedlich aussehende Federn zu bilden, die erst beim drei Jahre alten Pfau eine typische Schleppenfeder darstellen. Welchen Gesetzmäßigkeiten diese zeitlich unterschiedlich gesteuerte Aktivität der Erbanlagen folgt, wissen wir noch nicht.

Für die Vögel wurde nachgewiesen, dass sie entgegen früheren Behauptungen auch zum Farbensehen befähigt sind

Wir haben bisher nur die Pracht des Pfauhahns in den Mittelpunkt unserer Betrachtung gestellt, die schlichte Erscheinung der Pfauhenne, der sowohl die prächtige Färbung des Gefieders als auch jede Andeutung einer Schleppe fehlt, jedoch unbeachtet gelassen. Für Darwin war dieser extreme Unterschied der beiden Geschlechter gerade der Ansatzpunkt für tiefer gehende Fragestellungen.

Wenn Darwin sich in dem erwähnten Buch besonders ausführlich mit dem Gefieder des Pfauhahns beschäftigte, so war es weniger die Schönheit des Tieres selbst, die ihn dazu veranlasste, sondern die Frage nach ihrer Bedeutung. Für ihn war der Plan zunächst ein besonders eindrucksvolles Beispiel von Geschlechtsdimorphismus. Die Ursache für die stammesgeschichtliche Entstehung der Geschlechtsunterschiede des Gefieders sah er im Wirken der geschlechtlichen Zuchtwahl.

Es hat in den vergangenen Jahrzehnten vor allem unter den Verhaltensforschern umfangreiche Diskussionen darüber gegeben, ob Darwins Prinzip der sexuellen Auslese in der Natur tatsächlich die von ihm vermutete Rolle spielt. Beim Beispiel unserer Pfauen würde das ja bedeuten, dass die Pfauhennen – wie es Darwin angenommen hatte – für die

Schönheit der Pfauhähne empfänglich sind und im Laufe der Stammesgeschichte von ihnen jeweils die Hähne mit den längsten und prächtigsten Schleppen ausgewählt wurden.

Man mag darüber streiten, ob die Vögel ein Schönheitsempfinden haben. Dass die Besonderheit und Pracht der Erscheinung des Pfauhahns für die Hennen bestimmt ist und von ihnen auch wahrgenommen wird, lässt sich nur durch genaue Verhaltensbeobachtungen und Experimente nachweisen. Ein Beobachter balzender Pfauen wird kaum daran zweifeln, dass die Hähne bemüht sind, den Hennen die Pracht ihres aufgeschlagenen Rades zu zeigen. Hiervon war auch ein so kompetenter Verhaltensforscher wie Oskar Heinroth überzeugt, dem wir eine genaue Beschreibung der Pfauenbalz verdanken. Interessant ist in diesem Zusammenhang die Beobachtung, dass ein Pfauhahn vor Bäumen sein Rad nicht wie sonst senkrecht, sondern im Winkel von 45 Grad aufschlägt, sodass die auf den Bäumen sitzenden Hennen wiederum senkrecht auf die Fläche des prächtigen Schauorgans blicken.

Eine Stütze verhaltensbiologischer Befunde lässt sich schließlich durch sinnesphysiologische Untersuchungen erbringen, in denen geprüft wird, ob die Sinnesorgane der Tiere überhaupt befähigt sind, die Besonderheiten des präsentierten Sehobjekts in ihren Feinheiten wahrzunehmen. Wir werden später sehen, dass eine derartige Fragestellung bei der Beurteilung der Bedeutung von Gestalt und Erscheinung vieler Tiergruppen eine wichtige Rolle spielt. Für die Vögel wurde von den Sinnesphysiologen nachgewiesen, dass sie nicht nur über ein scharfes Sehvermögen verfügen, sondern entgegen früheren Behauptungen auch zum Farbensehen befähigt sind. Dies gilt in vollem Umfang sicherlich auch für den Pfau. ■

BUTTERBLUME

Vor Kälte erstarrt wurde das neugeborene Kalb auf der Weide gefunden und kaum jemand glaubte noch an seine Rettung. Aber Beckys liebevolle Pflege vollbrachte das Wunder.

Penny Porter

Wo warst du denn?" Bill hängte seinen verwitterten Stetson-Hut an das Bullenhorn neben dem Holzofen und betrachtete unsere zwölfjährige Tochter.

Becky saß am Küchentisch und war völlig in ihre Algebraaufgaben vertieft. Sie schaute nicht auf. „Ich konnte nicht helfen kommen, Papa", sagte sie. „Ich kriege Extrapunkte, wenn ich diese Gleichungen löse."

Ihr Vater fuhr ihr durch das honiggelbe Haar. „Wir hätten gut noch jemanden am Tor gebrauchen können. Dann wären diese Kühe nicht durch den verdammten Zaun gebrochen.“ Sein Ton war freundlich, aber ich wusste, dass er sich Sorgen um Becky machte. Sie war genauso wie er früher. Auch Bill war ein Mathegenie gewesen, hatte ein technisches Studium abgeschlossen und eine einträgliche Laufbahn geplant. Aber die Zeit als Kriegsgefangener im Zweiten Weltkrieg hatte sein Denken verändert. Als er wieder nach Hause kam, beschloss er, Viehzüchter in Arizona zu werden. So konnte er den Dingen mehr Zeit widmen, die ihm nun wichtig waren – das Zusammensein mit seiner Familie und die enge Verbindung mit dem Land. Seine besondere Liebe galt den Tieren, und diese Erfahrung wollte er auch seinen Kindern vermitteln.

Zwei unserer älteren Kinder, Bud und Scott, stellten Bullen und Färsen auf den Viehschauen unseres Bezirks vor. Und unsere jüngste Tochter Jaymee konnte es kaum erwarten, es ihnen gleichzutun. Aber Becky bevorzugte Zahlen.

Doch damit gab Bill sich nicht zufrieden. „Hättest du nicht Lust, nächstes Jahr deine eigene Jährlingsfärse vorzuführen?“, fragte er Becky eines Tages. „Du könntest ein blaues Band gewinnen!“

„Ich hab zu viel zu tun, Papa. Demnächst schreiben wir unsere Prüfungen. Und ich gebe ja auch noch Nachhilfestunden in Mathe.“

„Komm schon, Schatz. Ich gebe dir auch das Kalb meiner besten Kuh. Wenn es alt genug für die Prämierung ist, kannst du es verkaufen und das Geld für dein Studium behalten.“

Widerstrebend folgte Becky ihrem Vater ins Büro. Er blätterte die Stammbücher durch, in denen Dutzende von Namen mit achtstelligen Nummern verzeichnet waren. „Hier ist sie! Ohrmarke 333. Absolut reinrassig! Ihr Kalb wird eine 1A-Prämierung bekommen!“

Becky schaute sich das Buch an, und ein Lächeln zog über ihr Gesicht. Ich wusste, warum. Es hatte mit all den Zahlen unter dem Namen von Ohrmarke 333 und denen ihrer Vorfahren zu tun. „Einverstanden, Papa. Ich werd’s versuchen.“

In den nächsten Wochen trug sie die voraussichtlichen Ausgaben für Impfungen, Registrierungsgebühren, Tierarztrechnungen, Getreide und Heu in ein Heft. „Endlich interessiert sie sich für unser Vieh“, erzählte mir Bill zufrieden.

Ich war mir da nicht so sicher. Becky schien das Kalb eher als mathematische Herausforderung denn als Lebewesen zu betrachten, das Fürsorge und Zuwendung brauchte.

Noch ein anderer Gedanke ließ mir keine Ruhe. Im Gegensatz zu den meisten Hereford-Rindern war Ohrmarke 333 ein verrücktes Tier mit wilden Augen, geblähten Nüstern und Hörnern wie Greifarmen. Sie sprang über Zäune auf die Nachbarweiden, schoss rückwärts in Laufgänge und drehte sich dann um. „Hast du keine Angst, dass diese Kuh ihr Kalb ablehnen könnte?“ fragte ich Bill.

„Ihre Mutter hatte sechs Kälber, und es gab keine Schwierigkeiten“, war seine Antwort. „Es liegt alles in den Genen.“

Eines Abends im Februar, als wir uns schlafen legten, sagte Bill: „Ohrmarke 333 müsste jetzt jederzeit kalben.“

„Dann wollen wir hoffen, dass es nicht heute Nacht kommt. Es soll nämlich wirklich kalt werden.“

Am Morgen rief Bill: „Komm und sieh dir das an! Ich wette, draußen ist es unter Null.“

Der Zauber des Winters hatte unsere Weiden in eine Wunderwelt verwandelt. Eiszapfen hingen wie Lichterketten an den Bewässerungsrohren. Das Vieh stand dicht zusammengedrängt, und Dampf stieg wie Rauch von einem Feuer von den breiten Rücken der Rinder auf. Die Kälber zitterten und drängten sich dicht an ihre Mütter. Kälber! Mein Herz machte einen Satz. „Was ist denn mit Ohrmarke 333?“, fragte ich Bill.

Er runzelte die Stirn. „Wir können sie nicht finden. Scott sucht gerade die anderen Weiden ab.“

Ich zündete den Holzofen an und weckte Becky und Jaymee für die Schule. Sie saßen gerade am Frühstückstisch, als der 22-jährige Scott hereinstürmte. „Ich kann diese Kuh nicht finden, Papa. Aber ihr Kalb liegt etwa drei Kilometer von hier entfernt. Es sieht nicht gut aus. Du nimmst besser den Laster mit.“

Wir stiegen in den Pick-up und fuhren zur Stelle, wo das Neugeborene lag. Es war ganz mit Eis überzogen, und glitzernder Frost bedeckte seine Augenlider. Scott schlug die Eiszapfen ab, die den starren Körper gefangen hielten. „Es ist ein Kuhkalb“, murmelte er.

„Ist es tot?“ fragte Becky.

Scott drückte seine Finger gegen die Brust des Kalbes. „Kein Herzschlag, Vater.“

„Bringen wir es in den Stall – schnell!“ Bill und Scott packten das Tier an den Beinen, befreiten das 70 Pfund schwere Kalb aus dem Eis und hoben es auf den Laster. Wie ein Granitblock schlug es auf die Ladefläche aus Metall.

„Es ist steif gefroren!“ stöhnte Scott und sprang neben das Kalb. Um seinen Blutkreislauf in Gang zu bringen, rieb er es mit einem Leinensack ab. Wir anderen stiegen in den Pick-up. „Oh nein!“ schrie Becky. Vor uns, wo das Kalb gelegen hatte, entdeckte sie braunweiße Fellstücke. „Wir haben ihm Stücke von den Ohren abgerissen!“ jammerte sie.

Das Vieh stand dicht zusammengedrängt, und Dampf stieg wie Rauch von einem Feuer von den breiten Rücken der Rinder auf

Im Stall lag das Kalb bewegungslos auf dem Stroh. Bill beklopfte und drückte das Tier, und Scott suchte nach einer Vene, um eine Infusion zu legen. Becky sah zu. „Kann ich irgendwas tun, Papa?“

„Hol ein paar Decken, um es aufzuwärmen.“

Scott jubelte. „Sein Herz schlägt!“

Ich lief ins Haus und holte Kolostrum, „Vormilch“, die wir für Notfälle immer da haben. Nachdem ich ein paar Tropfen ins Maul des Kalbes geträufelt hatte, bewegten sich die kleinen Kiefer ein wenig. Schon bald verriet der Zug an der Flasche, dass es saugte.

„Bald bist du wieder ganz in Ordnung“, flüsterte Becky und streichelte das kalte Gesicht des Tieres.

Aber Bill, Scott und ich kannten die Gefahren, selbst wenn es überleben sollte: Lungenentzündung, Nierenschäden, Arthritis.

„Becky, wenn dieses Kalb es nicht schafft, dann suche ich dir ein anderes aus“, sagte Bill.

„Ich will kein anderes, Papa. Außerdem hab ich ihm schon einen Namen gegeben – Butterblume.“ Die unerwartete Anteilnahme in Beckys Stimme erschreckte uns.

Das Kalb lag in tiefem Schlaf. Scott hängte die Infusionsflasche an einen Balken. „Darf ich bei ihm bleiben?“ fragte Becky. „Sonst wirft es vielleicht seine Decken ab.“ Als ich später nachschaute, lagen Becky und Butterblume zusammen unter den Decken.

Nach dem Mittagessen nahm Scott die Infusion ab. Das Kalb zitterte mittlerweile heftig. Becky gab ihm die Flasche. Bei der Fütterung um vier Uhr leuchteten seine Augen schon vor Vorfreude. „Schau mal!“, sagte Becky. „Es kennt mich schon!“

Begierig zu saugen, versuchte das Kälbchen aufzustehen, aber seine Beine lagen noch immer zusammengeklappt neben ihm. Es konnte nur ein wenig zappeln. Dann schaute es zu Becky und blökte.

Am nächsten Morgen sah ich, dass das Kalb einen von Bills alten Pullovern trug. Dahinter konnte nur Becky stecken.

„Wie hast du denn seine Beine durch die Ärmel gekriegt?“ fragte ich.

„Es hat sie mich gerade biegen lassen und nach einer Zeit werden sie gerade bleiben, Mama. Das weiß ich ganz sicher.“ Aber das Stroh und die Decken, die überall herumlagen, verrieten, dass das Kalb die ganze Nacht darum gekämpft hatte, auf die Beine zu kommen. Bitte, betete ich, lass es nicht zu, dass meine Tochter sich zu sehr an dieses Tier hängt.

Auch wenn ihr jetzt über den ausgefransten Ohren winzige Hörner wuchsen, zeigte sie keinen der unerwünschten Charakterzüge ihrer Mutter

Wir machten uns auf den Weg zum Schulbus, als sich Bill leise mit Scott besprach. „Wir kümmern uns um dieses Kalb.“ Becky wusste, was das bedeutete. Aber als ich sie zur Bushaltestelle fuhr, sagte sie: „Papa wird sich schon etwas einfallen lassen.“

Als ich nach Hause kam, gingen Bill und Scott gerade in den Stall. Ich drehte das Radio lauter, um den Knall des Gewehrs nicht zu hören. Nach einer Stunde ging ich nachsehen. „Ruhig, Mädchen“, hörte ich Bills Stimme. Ich schaute in die Box. Die Beine des Kalbes waren mit gepolsterten Plastikschienen umwickelt. Butterblume stand!

Und schon am Abend dieses Tages lief sie. Nach der Schule legte Becky ihr ein Halfter um, und zusammen spazierten sie über den Hof. Zwei Wochen später nahm Scott die Schienen ab. Auch wenn ihre Knie noch geschwollen waren und zitterten, lief Butterblume weiter. Aber jetzt begann ihr Kampf gegen die Erkrankungen der Atemwege.

Im Laufe der nächsten drei Wochen wurden die Spalten mit den Behandlungskosten in Beckys Notizbuch immer länger. Bill sah sich das Buch an und stöhnte. Aber ich wusste, wie es ihn freute, dass Becky sich um Butterblume sorgte.

Tat sie das wirklich, fragte ich mich. Manchmal war ich davon überzeugt – bis es Sommer wurde und Becky ausschlafen konnte. Aber sie musste sich um Butterblume kümmern. „Warum muss sie denn um sechs Uhr gefüttert werden, Mama?“ flehte sie. „Warum nicht um acht? Es sind doch Ferien!“

Außer Frage stand Butterblumes Liebe zu Becky. Während Bill und Scott sich abmühten, junge Bullen und Färsen am Halfter zu führen, folgte Butterblume Becky mittlerweile auf Schritt und Tritt.

Aus Herbst und Winter wurde Frühling. Mit 13 Monaten wog Butterblume fast 500 Pfund. Sie hatte große braune Augen, vier weiße Fesseln und ein Fell, das wie Mahagoni glänzte. Auch wenn ihr jetzt über den ausgefransten Ohren winzige Hörner wuchsen, zeigte sie keinen der unerwünschten Charakterzüge ihrer Mutter.

Becky war fest entschlossen, das blaue Band bei der Viehschau im September zu gewinnen. „Ein Kalb, das bei einer Prämierung vorgestellt wird, muss vollkommen sein", warnte sie Bill. Dennoch hängte er die Blechmarke an Butterblumes schlimmstes Ohr und hoffte so, den Makel damit zu verbergen.

Becky bürstete Butterblumes Ohren. „Die Haare werden die Kerben verdecken", meinte sie. „Dann ist sie fast vollkommen."

Der Juli brachte eine mörderische Hitze, eine Invasion von Fliegen und Bindehautentzündung, eine Plage, die beim Vieh zu Erblindung führen kann. Eines Morgens, sechs Wochen vor der Viehschau, liefen eitrige Tränen über Butterblumes Gesicht. Bei genauerem Hinsehen erkannte man die für die Krankheit typischen geschwollenen Lider und die weißen, blicklosen Augen. Sogar mit einer Antibiotika-Therapie konnte es bis zu zwei Monate dauern, bis sie wieder gesund war. „Papa", flehte Becky, „kannst du sie rechtzeitig wieder gesund machen?"

„Wir müssen es versuchen." Gemeinsam bereiteten Bill und Becky die Medikamente vor, und Bill klebte schwarze Klappen über die Augen der Färse, um sie vor Sonnenlicht, Fliegen und Dreck zu schützen.

Eine Woche vor der Viehschau wurden die Augenklappen entfernt. Wir hielten die Luft an, als Becky vor Butterblume in die Hocke ging. „Ihre Augen sind wieder ganz braun", rief sie. „Sie kann wieder sehen!"

Fahnen, Musikkapellen, schreiende Kinder und brüllendes Vieh steigerten noch die Aufregung bei der Viehschau im Bezirk Cochise. Die Prämierung des Viehs sollte am Samstag stattfinden. Butterblume war gestriegelt und bereit – ebenso Becky. Um 15 Uhr standen sie und die anderen Wettbewerbsteilnehmer da und warteten, bis ihre Färsen an der Reihe waren. Die Hörner waren poliert, die Hufe lackiert worden, die Schwänze gekämmt und eingesprüht.

„Sie sieht großartig aus, mein Schatz", lobte Bill. „Und vergiss nicht: Unter den Zuschauern sind auch Käufer. Wenn sie gewinnt, bekommst du ein Angebot, und dann ist sie weg wie nichts." Er schnippte mit den Fingern. Bill wunderte sich, dass Becky nicht aufgeregt wirkte. Der große Augenblick, auf den sie so lange hingearbeitet hatte, war doch endlich gekommen!

Das Tor ging auf, und Butterblumes Konkurrentinnen betraten den Ring: fünf prächtige, starkknochige und langbeinige Färsen. „Neben ihnen sieht Butterblume so klein aus", flüsterte ich Bill zu.

Der Preisrichter, ein hoch gewachsener Texaner, untersuchte sorgfältig jedes Tier und stellte dann seine Fragen an die jungen Besitzer. Die meisten Kinder sprachen über Fütterungszeiten und Gewichtszunahmen. Becky kam zum Schluss dran. „Nun, junge Dame, dann erzähl mir mal etwas über deine Färse", meinte er.

„Sie heißt Butterblume", begann Becky, „und sie hat den besten Stammbaum von ganz Arizona. Sie stammt von unserem Zuchtbullen KC Battle Prince 74 ab, der stammt von Battle Prince 10-12960305, der stammt von Domino Prince M194-11116795 …"

Der Preisrichter schob seinen Stetson in den Nacken und lächelte.

Drei Minuten lang rezitierte Becky die Namen und Zahlen, die sie voller Begeisterung auswendig gelernt hatte. Als sie fertig war, griff der Preisrichter nach seinem Mikrofon. „Meine Damen und Herren, sie sehen hier sechs prächtige Färsen. Aber der erste Platz gebührt meiner Ansicht nach dieser hier." Er deutete auf Butterblume. „Sie ist eine Bereicherung für jede Herde." Becky hatte ihr blaues Band gewonnen.

Als Bill und ich uns endlich den Weg durch die Menge gebahnt hatten, strich ein Käufer bereits über Butterblumes Hüften. „Ist dein Vater in der Nähe, Fräulein?"

„Direkt neben Ihnen", antwortete Bill. „Es freut mich, dass Ihnen die Färse gefällt, aber meine Tochter kann Ihnen selbst alles über sie erzählen."

Becky schaute den Käufer an und Tränen stiegen ihr in die Augen. „Sie war das beste Kalb, das wir jemals hatten. Aber ihre Knie schwollen an."

Beckys Lippen zitterten. „Bei ihrer Geburt wäre sie fast erfroren, deshalb wird sie schnell krank, und sie braucht jemanden, der sie liebt."

„Tja, dann", meinte der Käufer und winkte Bill und mir zu. „Wie wäre es, wenn ich mir Ihre anderen Färsen anschaue?"

Auf Bills Gesicht breitete sich ein wissendes Lächeln aus. „Gut."

Auf dem Nachhauseweg meinte er: „Becky, lass uns Butterblume auf die Weide bringen. Bei ihrem Stammbaum wird ihr Kalb eine 1A-Prämierung, was meinst du?" Becky nickte und umarmte ihren Papa.

Vier Jahre später ging Becky zur Universität. Vor ihrer Abreise gingen wir auf die Weide, um Butterblumes drittes Kalb zu bewundern. „Das beste Kalb des Jahres", meinte Bill.

Becky grinste. „Du hast doch immer gesagt: ‚Es liegt alles in den Genen', Papa."

Ich schaute zuerst meinen Mann und dann unserer Tochter an. Sie war immer noch ein Mathegenie, aber jetzt hatte sie auch ihre Liebe zu Tieren und zur Natur entdeckt. Es liegt wirklich in den Genen, dachte ich. Sie sind sich so ähnlich.

„Hallo, Blume", murmelte Becky, als wir zur Herde kamen. Mit dem Kalb an ihrer Seite kam die Kuh langsam zu uns und beugte ihren Kopf herunter, um sich kratzen zu lassen. „Sie wird mich nie vergessen, nicht wahr?"

Ich lächelte. Ich wusste, dass auch Becky sie nie vergessen würde – und eines Tages würde sie verstehen, dass sie mit Butterblumes Hilfe erkannt hatte, was im Leben wirklich wichtig ist.

Durch Butterblume hatte meine Tochter etwas über die Gefühle gelernt, die uns zu dem machen, was wir sind, auch wenn sie nicht immer schöne Zahlenspalten ergeben. Becky hatte die Mathematik des Herzens gelernt – die Mathematik, die am meisten zählt. ■

WILDHUNDE – NOMADEN DER STEPPE

Eine strenge Hackordnung bestimmt das ausgeprägte Gemeinschaftsleben der Wildhunde.

Hugo van Lawick-Goodall

Etwa fünf Meilen vom Legaja-See entfernt trotteten elf Wildhunde im Gänsemarsch dahin. Wie üblich hatte Genghis, der alte Rüde, die Führung. Die Kurzgrassteppe war trocken und dürr, und nur wenige und weit verstreute kleine Gruppen von Gazellen grasten dort. Es war im August, in der Mitte der langen Trockenzeit. Plötzlich ändert Genghis seinen Kurs ein wenig und hielt langsam auf einen einzelnen Thompson-Gazellenbock zu. Das Rudel folgte ihm. Als die Hunde

etwa 200 Meter von ihrer Beute entfernt waren, begann die Gazelle zu laufen. Zuerst sprang sie dahin in der seltsamen, steifbeinigen Haltung, die als „Stotting“ bekannt ist, doch als die Hunde auf sie zuzurennen begannen, gab sie diese Gangart auf, fiel in einen schnellen Galopp und flitzte über das trockene Gras. Bald hatten zwei jüngere Rüden, Swift und Baskerville, den alten Genghis überholt, und der Abstand zwischen Jägern und Wild verringerte sich allmählich.

Etwa eine Meile fuhren wir hinter der wilden Jagd her und hielten Schritt mit den Hunden, die in einer auseinander gezogenen Reihe hintereinander herliefen. Schließlich holten die Leithunde die Gazelle ein, Swift lief auf der einen Seite neben ihr, Baskerville auf der anderen. Als das Beutetier von Swift wegstrebte, schnappte Baskerville nach dem Hals der Gazelle. Sie rannten schnell, und der Aufprall war so stark, dass Baskerville einen Salto über die Gazelle machte, ohne allerdings ihren Hals loszulassen. Er landete mit einem dumpfen Aufschlag auf dem Rücken, die Gazelle lag halb auf ihm, Staub wirbelte auf, sodass wir einen Augenblick lang nichts erkennen konnten. Dann aber sahen wir, dass auch Swift den Hals der Gazelle gepackt hatte und das übrige Rudel zu den drei kämpfenden Tieren hinrannte. Als die anderen Hunde zu fressen begannen, ließen die Leithunde den Hals los und taten es ihnen gleich; innerhalb einer halben Minute nach dem ersten Zuschnappen war die Gazelle tot. Eine Viertelstunde später waren nur noch ein paar Knochen übrig, und die Hunde machten sich wieder auf

den Weg in die Richtung, aus der sie gekommen waren. Ich kannte das Rudel gut, denn vor etwa zweieinhalb Jahren hatte ich es zum erstenmal getroffen und seitdem verschiedentlich wieder gesehen, wenn ich über die Steppe fuhr. Ein Mitglied des Rudels fehlte jetzt – eine der vier ausgewachsenen Hündinnen, die ich Juno getauft hatte. Bald sollte ich herausfinden, ob der überraschende Bericht stimmte – ob Juno in diesem scheinbar unwirtlichen Land wirklich einen neuen Wurf Junge hatte. Meine Hoffnungen waren hochgespannt, denn unser Informant war ein Bekannter unseres Freundes George Dove, dessen Safari-Zeltlager die einzige andere Unterkunft für Weiße auf der Kurzgrassteppe außer unserem kleinen Lager war.

Genghis hatte wieder die Führung übernommen und trabte beharrlich etwa dreieinhalb Meilen über die flache Steppe, und dann sahen wir plötzlich vor uns einen anderen Wildhund, der gleichsam aus dem Erdboden aufgetaucht war und auf die heimkehrenden Jäger stürzte. Es war Juno, sie wedelte mit dem Schwanz, und ich sah sofort, dass ihre Zitzen voller Milch waren. Wie eine Wilde rannte sie von einem Hund zum anderen, stieß mit der Nase an die Schnauze eines jeden und quiekte laut. Sie bettelte um Fressen, und immer wieder drehte sich der eine oder andere der Jäger um und oder trat zurück von der hartnäckigen Hündin, sperrte die Schnauze weit auf, würgte krampfhaft und spie etwas Fleisch auf den Boden. Juno verschlang jede Gabe sofort und bettelte dann weiter.

Der Wildhund ist ebenso wie der Wolf noch einen Schritt weitergegangen und füttert auch eine Mutter, die im Bau geblieben ist, um auf ihre Jungen aufzupassen

Viele Vögel und manche Säugetiere füttern ihre Jungen, indem sie Nahrung hervorwürgen, aber der Wildhund ist ebenso wie der Wolf noch einen Schritt weitergegangen und füttert auch eine Mutter, die im Bau geblieben ist, um auf ihre Jungen aufzupassen.

Nachdem sie gefressen hatte, ging Juno zu einem großen Loch im Boden. Sie schaute hinunter, winselte leise und begann dann hineinzukriechen, bis nur noch ihr Schwanz über dem Boden zu sehen war. Dann kam sie wieder zurück, und nicht weniger als acht Welpen kamen hinter ihr her. Niemals zuvor hatte ich so junge Wildhunde gesehen, und genau wie die Welpen der meisten domestizierten Hunde sahen sie den ausgewachsenen Tieren überhaupt nicht ähnlich. Sie waren, glaube ich, etwa drei Wochen alt. Sie waren flinker, als ich es von so jungen

Geschöpfen erwartet hatte, aber offensichtlich fiel es ihnen schwer, sich auf ihren wackeligen Beinen und übergroßen Pfoten senkrecht zu halten. Ihre Ohren waren so groß wie die der ausgewachsenen Wildhunde, aber noch völlig verkrumpelt, und ihre dunklen Gesichter waren durchfurcht und runzlig und sahen mehr nach Alter denn nach Jugend aus.

Als die Welpen herauskamen, hatten sie weder Gelegenheit zum Säugen noch zum Spielen, denn mit lautem Quieken stürzten sich die ausgewachsenen Hunde sofort auf sie. Wenn die Kleinen stolperten und hierhin und dorthin torkelten, dann folgten ihnen die großen Hunde, stießen immerzu ihre Nasen unter die Jungen und legten sie mit einer Drehbewegung des Kopfes auf den Rücken.

Und während die ausgewachsenen Hunde dann ihre Unterseite leckten, lagen die Welpen einen Augenblick da, alle viere leicht strampelnd in die Luft, ehe sie sich wieder aufrappelten und weitertorkelten. Oft taten sich drei oder sogar vier der Großen zusammen, um ein und dasselbe Junge zu beschnüffeln und zu lecken, und dabei stießen sie sich gegenseitig weg, und ihr Quieken wurde schneller und schneller, bis es wie Vogelgezwitscher klang.

Ich beobachtete, wie die ranghöchste Hündin des Rudels, Havoc, ihre Nase zwischen die Hinterbeine eines rennenden Welpen schob, als sie ihm nachsetzte, sodass der Kleine etwa eine Sekunde nur auf den Vorderbeinen lief, bis er hinpurzelte. Als er aufstand und wegstolperte, wurde er von dem schnellen Rüden Baskerville abgefangen, der ihn beschnüffelte, wobei er die Vorderbeine flach auf dem Boden ausgestreckt und das Hinterteil hoch in der Luft hatte und heftig mit dem Schwanz wedelte. Mit einer raschen Bewegung seiner dunklen Schnauze warf er das Junge wieder auf den Rücken und leckte es. Aber Black Angel, die dunkle Hündin, die nur einen halben Schwanz hatte, schien sich über die Welpen am meisten aufzuregen. Ihr Stummel wedelte so rasch, dass es aussah, als würde er abbrechen, und ihre Lockrufe klangen ganz wahnsinnig. Wir beobachteten, wie sie neben einem Welpen herlief und ihm laut in sein verkrumpeltes Ohr zwitscherte. Einen Augenblick später blieb sie stehen und leckte das Gesicht eines anderen Welpen so heftig, dass er nach hinten purzelte. Dann wandte sie ihre Aufmerksamkeit einem Kleinen zu, der vor Lotus davonlief; gemeinsam setzten die beiden Hündinnen ihm mit vorgestreckten Hälsen nach. Als Black Angel den flüchtenden Welpen mit der Nase berührte, verlor er das Gleichgewicht und stürzte kopfüber in den Bau.

Nun rannte Black Angel zu drei Rüden, die ein anderes Junges leckten, schob sich dazwischen und versuchte, sie mit ihrem Körper wegzudrängen. Die Rüden rutschten nur zur Seite und leckten weiter an dem Welpen, und Black Angel unternahm nun einen ungestümen Versuch, das Kleine für sich zu haben, indem sie beide Vorderpfoten daraufstellte.

Gerade da sah ich, dass Havoc nicht mehr hinter den Kleinen herjagte und sie leckte, sondern eins aufgehoben hatte und zum Bau trug. Sie hatte es nicht am Genick gepackt, sondern so viel von seinem Körper in die Schnauze genommen, wie sie nur konnte. Ein paar Augenblicke später legte sie es in der dunklen Höhle ab, trottete hinüber zu einem anderen Welpen und trug ihn auch in den Bau. Dann nahm sie einen dritten. Als sie auf den vierten zuging, schloss sich ihr Black Angel an, die fast so, als wolle sie sicher sein, dass kein Kleines fallengelassen werde, Havoc beim Tragen half. Black Angel hielt das Junge am Genick, während Havoc es am Hinterteil gepackt hatte. Sie brachten es sicher in den Bau und machten dann gemeinsam die Runde, um die restlichen vier Welpen zu holen. Dann legten sie sich in der Nähe nieder, und allmählich begab sich das ganze Rudel zur Ruhe.

Die Entdeckung, dass das Genghis-Rudel Welpen hatte, war der Wendepunkt nach fünfmonatiger Suche und kam zu einer Zeit, da ich schon alle Hoffnung aufgegeben hatte, einen Bau zu finden.

Das Genghis-Rudel blieb noch sechs Wochen in der Gegend, und in dieser Zeit konnten Jeff (mein neuer Forschungsassistent) und ich fast ununterbrochen das Rudel beobachten und sehr viel über das Verhalten von Wildhunden lernen.

Wir fanden sehr bald heraus, dass das Wildhundrudel ebenso wie ein Wolfsrudel zwei getrennte Hierarchien hat, die männliche und die weibliche. Die männliche Hierarchie war viel schwerer klarzustellen, und tatsächlich gelang es uns niemals ganz. Doch wussten wir, dass Genghis, der alte Rudelführer, und Swift die ranghöchsten Rüden waren und alle unter ihnen standen, Baskerville und Hadis, Rasputin und Ripper, Ringogo und Yellow Peril. Viel faszinierender war das Verhältnis zwischen den vier ausgewachsenen Hündinnen, Havoc, Black Angel, Lotus und Juno, der Mutter.

Juno war die bei weitem unterwürfigste. Wann immer Havoc oder Black Angel sich ihr näherten, quiekte sie, verzog die Lippen zu einem besänftigenden Grinsen, senkte den Kopf, kauerte sich auf den Boden und wedelte immer schneller mit dem Schwanz. Auch bot sie der sich nähernden Hündin oft die Seite ihres Halses dar, eine rituelle Form der Unterwerfung, auf die ich später noch zurückkommen werde. Aber wie kriecherisch und unterwürfig ihr Verhalten auch immer war, Havoc und Black Angel fanden immer einen Grund, ihr zu drohen und sie anscheinend zur Strafe in den dargebotenen Hals zu beißen. Und obwohl Juno vor Lotus etwas weniger Angst hatte, stand sie ihrer sozialen Stellung nach dennoch eindeutig unter ihr.

Wir fanden sehr bald heraus, dass das Wildhundrudel ebenso wie ein Wolfsrudel zwei getrennte Hierarchien hat, die männliche und die weibliche

Insbesondere musste Juno vorsichtig sein, wenn sie sich ihren eigenen Kindern näherte. Am zweiten Tag meiner Beobachtung fürchtete ich sogar, die Welpen könnten verhungern, denn jedes Mal, wenn die Mutter auf den Bau zuging und die Kleinen säugen wollte, wurde sie von der ranghöchsten Havoc, manchmal unterstützt von Black Angel, fortgejagt. Ich hatte den Eindruck, dass Havoc eifersüchtig war, weil die Welpen offensichtlich Juno vorzogen. Immer, wenn eins der Kleinen versuchte, seiner Mutter zu folgen, die sich unter Havocs Drohungen davonmachte, hob die ranghöchste Hündin es auf und brachte es zum Bau zurück. Am nächsten Tag sahen wir allerdings alle Welpen trinken.

Es könnte gut sein, dass wir durch schieren Zufall den Bau an eben dem Tag gefunden hatten, an dem die Jungen zum ersten Mal nach oben gekommen waren. Jedenfalls habe ich nie wieder gesehen, dass sie von den ausgewachsenen Hunden auf so übertriebene Weise begrüßt wurden. Auch habe ich es später nicht mehr erlebt, dass Havoc Juno daran hinderte, ihre Jungen zu säugen, obwohl das vielleicht teilweise der Tatsache zuzuschreiben war, dass die Mutter ihre Kleinen im Eingang zu ihrem Bau trinken ließ. Dabei waren dann nur ihr Kopf und ihre Schultern über dem Boden sichtbar, die Welpen aber nicht, sodass Havoc möglicherweise gar nicht merkte, was vorging. Bei anderen Gelegenheiten, besonders wenn Juno versuchte, einen Welpen zu tragen, stürzte Havoc sofort hin und griff die Mutter an.

Es amüsierte mich immer, wenn ich sah, wie Havoc den Bereich um den Bau mit ihrem Urin markierte. Diese Art Markierung zeigt oft

Eigentum am Territorium an, und ich konnte nicht umhin, mich zu fragen, ob sie damit vielleicht eine Art Anspruch auf die Welpen zu erheben versuchte. Wahrscheinlich wollte sie nur das Vorrecht der ranghöchsten Hündin geltend machen, denn ich habe nie gesehen, dass die anderen Hündinnen Duftmarken um den Bau setzten. Vielleicht sollte ihre Botschaft bedeuten: „Hier ist der Bau des Genghis-Rudels. Hier bin ich, Havoc, die ranghöchste Hündin. Weitergehen verboten!"

Black Angel, die Zweite nach Havoc in der weiblichen Hackordnung, war völlig fasziniert von den Welpen, obwohl sie, da sie rangniederer war, etwas vorsichtiger mit ihnen verfuhr als Havoc. Ging sie zu einem anderen Hund, der ein Junges leckte, dann wirkte es immer ganz zufällig, wenn sie sich dazwischendrängelte, und mehr oder weniger aus Versehen schob sie den anderen ganz sanft mit ihrem Körper weg. Aber es geschah so oft, dass ich die Zielstrebigkeit ihres Vorgehens erkannte. Und wenn Black Angel ein Kleines leckte und dann ein anderer Hund versuchte, sich ihr anzuschließen, dann legte sie sich häufig einfach auf das Kleine drauf, sodass es fast nicht mehr zu sehen war und – davon war ich überzeugt – dabei halb erstickte. Gewöhnlich ging der andere ausgewachsene Hund dann weg und machte sich auf die Suche nach einem Welpen, den zu lecken einfacher war.

Es war auch faszinierend, Black Angel bei ihren Interaktionen mit den anderen Hündinnen zu beobachten. Ständig schmeichelte sie sich bei Havoc ein. Wenn die ranghöchste Hündin sich in ihrer Richtung bewegte, eilte Black Angel auf sie zu, schwanzwedelnd und quiekend, die Ohren zurückgelegt, die Hinterbeine leicht eingeknickt vor lauter Unterwürfigkeit. Wenn sie sich dann erreicht hatten, leckte Black Angel Havocs Schnauze oder knabberte daran, und oft rieb sie ihr Kinn immer wieder an Nase und Kopf der ranghöchsten Hündin. Manchmal brauchte sich Havoc nur ein paar Meter weiter zu einem neuen Ruheplatz zu begeben, damit Black Angel sofort zu ihr stürzte und diese unterwürfigen Gesten vollführte.

Eines Tages, kurz nachdem wir den Bau gefunden hatten, sah ich, wie Black Angel ein paar Schritte auf Juno zuging, die ihre Jungen leckte, und dann zu Havoc eilte, die etwas abseits stand, und der ranghöchsten Hündin rasch mit dem Kinn über den Kopf fuhr. Nachdem

Hündin rasch mit dem Kinn über den Kopf fuhr. Nachdem das geschehen war, lief sie zurück und begann, Juno in den Nacken zu beißen. Zu meiner Überraschung ging Havoc ihr nach und begann ihrerseits, Black Angel zu beißen. Zuerst war ich verblüfft, aber diese Reihenfolge des Geschehens wiederholte sich in den nächsten Tagen so oft, dass ich bald erkannte, was vor sich ging. Es schien, als versuchte Black Angel, ehe sie Juno oder die andere Hündin, Lotus, angriff, entweder die Erlaubnis der ranghöchsten Hündin für einen solchen Angriff zu erlangen oder zumindest sicherzustellen, dass Havoc eine unbeteiligte Beobachterin bleiben würde. Wenn das tatsächlich ihre Absicht war, dann hatte sie normalerweise damit keinen Erfolg, denn fast immer, wenn Black Angel eine andere Hündin biss, wurde sie prompt von Havoc gebissen, als ob diese damit die Ordnung aufrechterhalten wolle. Allerdings waren Havocs Bisse gewöhnlich offenbar sanft; manchmal folgten unmittelbar darauf zarte, knabbernde Putzbewegungen, als ob die ranghöchste Hündin, nachdem sie Black Angel einen Verweis erteilt hatte, sie ihrer weiteren Freundschaft versichern wolle. Mir kam es immer so vor, als ob Black Angel das Gefühl hatte, ihre eigene hohe soziale Stellung hänge teilweise von der Aufrechterhaltung freundschaftlicher Beziehungen zu Havoc und teilweise davon ab, dass sie dafür sorgen müsse, dass sich nicht derartige Beziehungen zwischen Havoc und einer der anderen Hündinnen anbahnten. Oft sah ich, dass Black Angel sich alle erdenkliche Mühe gab, Juno oder Lotus von Havoc fern zu halten. Wenn Lotus sich Havoc näherte, eilte Black Angel gewöhnlich herbei und stellte sich zwischen die beiden Hündinnen oder schob Lotus mit dem Körper beiseite. Manchmal biss sie dann Lotus auch rasch – und für diesen Verstoß gegen die Etikette erhielt sie dann gewöhnlich, wie schon erwähnt, einen Verweis von Havoc.

Manchmal schien es, als ob die Aussicht auf eine Bestrafung bei solchen Gelegenheiten einen inneren Konflikt bei Black Angel hervorrief. Sie wandte sich Lotus zu, als ob sie ihr in den Hals beißen wolle, drehte sich dann aber rasch um und lief auf Havoc zu, als ob sie sich an ihrem Kinn reiben wolle, doch tatsächlich berührte sie keine von beiden. Nachdem sie die Gebärden, mit denen sie diese beiden Absichten kundtun wollte, mehrmals wiederholt hatte, zog Lotus gewöhnlich ab, und Black Angel blieben Havocs Bisse erspart.

Obwohl Lotus ranghöher war als Juno, verbrachte sie weniger Zeit mit den Welpen als die anderen Hündinnen und vermied somit das Zentrum der Aktivität. Wenn sie sich den Kleinen wirklich einmal näherte, eilte Black Angel herbei und schob sich dazwischen, und wenn Havoc nicht zu nahe war, biss sie Lotus gewöhnlich auch in den Hals.

Ich will nun einen typischen Tagesverlauf beschreiben, als die Jungen ein paar Wochen alt waren. Am frühen Vormittag lag die Mehrzahl der ausgewachsenen Hunde eine Zeit lang in kleinen Gruppen herum und ruhte sich aus oder schlief. Die Welpen spielten dicht beim Bau miteinander, und ab und zu ging einer der ausgewachsenen Hunde zu ihnen, um sie zu beschnüffeln und zu lecken. Etwa um halb elf verschwanden die Kleinen im kühlen Bau, und bald verzogen sich auch die Großen und krochen in nahe gelegene Höhlen. Für eine Weile ging Juno mit ihren Jungen hinunter, aber bald erschien sie wieder, schüttelte sich und ging zu einem anderen Bau in der Nähe. Ein wenig später, darüber war ich einigermaßen erstaunt, verließ der Rüde Swift seinen Ruheplatz und kroch in den Bau zu den Welpen. Er blieb über eine Stunde dort, und kaum war er wieder oben, da gesellte sich Black Angel eine Zeit lang zu den Kleinen.

Immer noch unsicher auf den Beinen, torkelten sie umher, bissen und zogen einander an den verkrumpelten Ohren

Etwa um halb vier verschwand die Sonne hinter einer dicken Wolke, und kurz darauf kamen fast gleichzeitig drei der ausgewachsenen Hunde aus ihren Höhlen. Gemeinsam machten sie sich zum Bau der Welpen auf, rannten nebeneinander her, piepsten und leckten und benagten sich gegenseitig die Gesichter. Einer nach dem anderen steckte den Kopf in den Bau und winselte mit aufgestellten Ohren und wedelndem Schwanz. Plötzlich raste Havoc an ihnen vorbei und hinunter in den Bau. Aus der Tiefe der Erde hörte ich Quieken und Piepsen, und dann erschien Havoc wieder, und fast unmittelbar folgten ihr acht Welpen.

Mehrere Minuten herrschte Durcheinander, während die großen Hunde die Welpen und einander begrüßten, und nach und nach kamen auch die anderen Angehörigen des Rudels herbei und machten mit. Doch bald beruhigte sich die Lage, die großen Hunde legten sich hin und ruhten sich im Freien unter dem bedeckten Himmel aus.

Die Welpen begannen wieder zu spielen. Immer noch unsicher auf den Beinen, torkelten sie umher, bissen und zogen einander an den verkrumpelten Ohren und purzelten hin, wenn sie sich balgten. Black Angel lag dicht dabei, und jedes Mal, wenn eins der Kleinen über ihre Beine oder ihren Schwanz krabbelte, wurde es gleich auf den Rücken gelegt und heftig geleckt.

Just als die Sonne unterging, stand der alte Genghis auf, gähnte und streckte sich. Er trottete hinüber zu der Stelle, wo Havoc, Swift und Baskerville lagen. Die sprangen auf, als er kam, und alle vier begannen sich gegenseitig zu beschnüffeln und die Lippen zu lecken und mit hoch erhobenem Schwanz zu wedeln. Ihr Quieken wurde allmählich zu einem wilden Gezwitscher. Einen Augenblick später hatten sich alle ausgewachsenen Hunde ihnen angeschlossen, und bald wirbelte das Rudel bei der Begrüßungszeremonie umher. Inmitten des Wirrwarrs von Beinen und Schwänzen und mageren, biegsamen Körpern bekam ich Havoc und Swift flüchtig zu sehen, die sich mit ihren weit aufgerissenen Schnauzen berührten, wobei die Zungen nach hinten aufgerollt waren. Nun sah ich ganz kurz Yellow Peril, der sich vor Aufregung auf die Zehen pinkelte, und dann plötzlich Juno, die Vorderpfoten flach auf dem Boden, das Hinterteil hoch in der Luft, als sie herumschwang, um Genghis die Lippen zu lecken.

Und ebenso plötzlich, wie der ganze Aufruhr begonnen hatte, legte er sich wieder und das Rudel trabte fort vom Bau und machte sich auf zur Abendjagd. Diese Zeremonie, die fast immer stattfindet, ehe ein Rudel auf die Jagd geht, lässt sich am besten mit unserem „Guten Morgen“ vergleichen. Die meisten Gebärden, die bei dieser Zeremonie ausgeführt werden, scheinen vom Bettelverhalten abgeleitet zu sein – dabei findet man dasselbe Schnüffeln und Lippenlecken. Und in diesem Zusammenhang scheint auch wenig oder gar kein Unterschied zu bestehen zwischen dem Verhalten eines ranghohen und eines rangniederen Tiers. Damit soll wohl auf höchst vollkommene Weise die Einigkeit des Rudels bei der Jagd bekundet werden: „Ich unterdrücke meine Identität“, scheinen die zwitschernden Schreie zu besagen. „Ich will mein Teil zur Jagd beitragen, ich will beim Fressen beteiligt sein. Los, lasst uns gehen!“

Die Mutter Juno begleitete das Rudel etwa 200 Meter, dann machte sie kehrt, um ihre Jungen zu behüten. Die Welpen selbst unternahmen keinen Versuch mitzugehen, sondern spielten weiter am Eingang zum Bau. Ich habe drei andere Rudel mit Welpen beobachtet, und in allen Fällen blieb die Mutter am Bau, während das übrige Rudel auf Nahrungssuche ging. Bei all diesen Rudeln gab es acht oder mehr ausgewachsene Wildhunde, sodass der zeitweilige Ausfall eines Mitglieds der Jagdgruppe die Aussichten des Rudels auf erfolgreiche Nahrungsbeschaffung nicht gefährdete. Das Genghis-Rudel mit zwölf ausgewachsenen Hunden konnte es sich gewiss sehr wohl leisten, Juno zurückzulassen.

Der alte Rüde Genghis war normalerweise unbestrittener Führer, wenn das Rudel unterwegs war, denn fast immer bestimmte er, wann und wohin die Hunde gehen sollten. Einmal lief Genghis, als das Rudel aufbrach, als vierter. Nachdem die Hunde etwa eine Meile getrabt waren, schwenkte Genghis nach rechts ab, während die vor ihm laufenden Hunde ihre Richtung beibehielten. Doch innerhalb von 30 Sekunden hatten auch die scheinbaren Führer den Kurs geändert, sodass Genghis, obwohl er an vierter Stelle blieb, eindeutig den Richtungswechsel für das Rudel als Ganzes angeregt hatte.

Diesmal lief Genghis etwa zehn Meter vor den anderen, wie er es gewöhnlich tat. Das restliche Rudel folgte ihm aufgelockert, meist einer hinter dem anderen. Ich fuhr langsam neben den Hunden her, machte mir über einzelne Notizen, wenn sie ihre Reihenfolge änderten, und stoppte die Geschwindigkeit des Rudels – etwa sieben Meilen in der Stunde. Oft hielten die Hunde an, einzeln oder in Gruppen, um ein Loch im Boden zu untersuchen oder an einer Gruppe höherer Pflanzen zu schnüffeln. Einmal blieb Lotus stehen, um die kleinen braunen Kokons zu fressen, die aus alten Gnuhörnern herausragten. Diese kurzen Röhren bleiben an dem Horn hängen, wenn eine Mottenspezies, die mit der Kleidermotte verwandt ist, nach der Verpuppung auskriecht. Diese Motten sind weit verbreitet, aber ich sah es zum ersten Mal, dass ein Wildhund sie oder überhaupt Insekten fraß.

Es waren nicht viele Tiere zu sehen, als wir das trockene, kahle Land überquerten, und die Wildhunde begannen ihre erste Jagd erst, als wir etwa fünf Meilen vom Bau entfernt waren. Dann tauchten drei Grant-Gazellen in der Dämmerung auf, und eine nahmen die Hunde gleich aufs Korn. Auf der ebenen Steppe war es nicht schwierig für mich, mit der Jagd Schritt zu halten. Obwohl Genghis als erster losgerannt war, wurde er bald von Swift, Havoc und Baskerville überholt. Fünf Minuten später hielt Black Angel den zweiten Platz, und ich blieb auf gleicher Höhe mit ihr. Sie rannte nicht langsamer als Swift, doch vermied ich, ihm zu nahe zu kommen, denn ich wollte der Gazelle nicht noch mehr Angst einjagen und damit das Ergebnis der Verfolgung beeinflussen.

Bei den nächsten dreieinhalb Meilen zeigte mein Tachometer nie weniger als 30 Stundenmeilen: zumindest dieses Tempo hielten die Hunde auf der ganzen Strecke ein. Gelegentlich lief einer von ihnen eine Zeit lang den anderen voraus und erreichte dann 35 oder mehr Stundenmeilen.

Nach den ersten drei Mielen der Jagd war Swift immer noch in Führung und Black Angel an zweiter Stelle, doch als die Gazelle plötzlich einen Kreis zu schlagen begann, sah ich,dass Baskerville eine Schwenkung machte und den Weg abschnitt, sodass bald er das Rudel führte. Und dann, nach einer weiteren halben Meile, als Baskerville und Swift nur noch wenige Meter hinter ihrer Beute zurück waren, nachdem sie ständig an Boden gewonnen hatten, gaben sie mit einem Mal auf. Ein Hund nach dem anderen hörte auf zu rennen, und das Rudel, das während der Verfolgung stark ausgeschwärmt war, sammelte sich allmählich wieder. Die Gazelle rannte immer noch und verschwand dann in der sinkenden Nacht.

Wenn ein Wildhundrudel seine Beute nicht innerhalb von zweieinhalb oder drei Meilen zur Strecke bringt, gibt es den Versuch gewöhnlich auf

Diese Jagd war eine der längsten, die ich beobachtet habe. Wenn ein Wildhundrudel seine Beute nicht innerhalb von zweieinhalb oder drei Meilen zur Strecke bringt, gibt es den Versuch gewöhnlich auf, legt eine kurze Ruhepause ein und sieht sich dann nach einem anderen Beutetier um. Das widerlegt natürlich eine der alten Geschichten über Wildhunde, wonach das Schicksal eines einmal ausgewählten Beutetiers besiegelt sei, weil es bis zur Erschöpfung gejagt und dann erlegt werde. ■

Das Katzen-paradies

Eine Tante hatte mir eine Angorakatze hinterlassen, die wohl die dümmste Bestie ist, die ich kenne. Diese Katze hat mir eines Winterabends, vor dem verglimmenden Kaminfeuer, folgende Geschichte erzählt.

Emile Zola

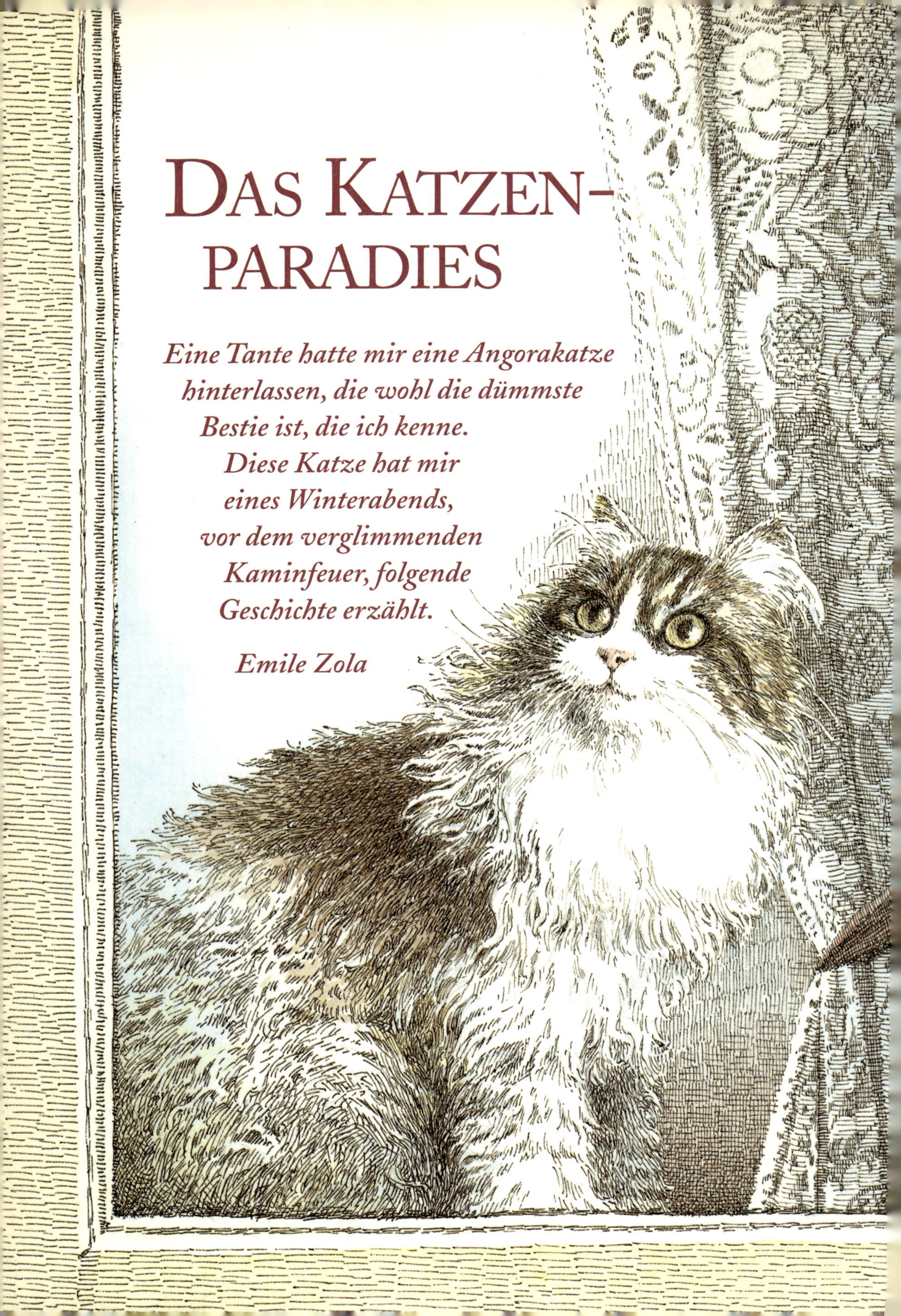

Ich war damals zwei Jahre alt und wohl die fetteste und naivste Katze, die man sich denken konnte. In diesem zarten Alter bekundete ich noch ganz den Eigendünkel eines die Annehmlichkeiten des häuslichen Herdes verachtenden Tieres. Und wie viel Dank schuldete ich doch der Vorsehung, die mich zu Eurer Tante gebracht hatte! Die gute Frau vergötterte mich. In der Tiefe eines Schrankes besaß ich ein echtes, rechtes Schlafzimmer mit Federkissen und dreifacher Decke. Die Kost war dem Lager ebenbürtig. Nie Brot, nie Suppe, immer nur Fleisch, gutes blutiges Fleisch.

Nun denn: inmitten all dieser Freuden und Genüsse fühlte ich nur einen Wunsch, hatte ich nur einen Traum: mich durchs geöffnete Fenster hinauszuschleichen und auf die Dächer zu flüchten. Die Liebkosungen schienen mir fade, die Weichheit meines Bettes erregte mir Ekel, ich war fett, dass mir's vor mir selbst graute. Und den ganzen Tag langweilte ich mich in meinem Glück.

Ich muss erwähnen, dass ich vom Fenster aus, wenn ich den Hals nur ein wenig reckte, das Dach gegenüber erblickte. Dort wälzten sich an jenem Tage vier Katzen mit gesträubtem Fell und hoch aufgerichtetem Schwanz mit wildem Freudengeheul im Sonnenglanz auf den blauen Schiefern. Ein so wunderliches Schauspiel hatte ich noch nie gesehen.

Seit jenem Tag stand meine Überzeugung fest: Das wahre Glück war nur auf diesem Dache zu finden, hinter diesem Fenster, das man so sorgsam schloss. So, wusste ich, schloss man auch die Türen der Schränke, in denen man das Fleisch verwahrte. Ich fasste den Vorsatz zu entfliehen. Es musste im Leben noch anderes geben als blutiges Fleisch. Dort winkte das Unbekannte, das Ideal! Eines Tages vergaß man, das Küchenfenster zu schließen. Ich sprang auf ein kleines Dach, das sich unterhalb des Küchenfensters befand.

Wie waren die Dächer so schön! Breite Dachrinnen begrenzten sie und strömten köstliche Düfte aus. Mit unsagbarer Wollust verfolgte ich diese Rinnen, während meine Pfote in einem feinen, unendlich weichen, mollig warmen Kot versank. Mir war's, als wandle ich auf Samt. Und die Sonne schien so warm, und ihre heißen Strahlen schmolzen mein Fett.

Ich darf Euch nicht verhehlen, dass ich an allen Gliedern zitterte. Meine Freude war eine mit Furcht und Beklemmung gemischte.

Besonders deutlich entsinne ich mich einer entsetzlichen Erregung, die mich beinah aufs Pflaster geworfen hätte. Drei vom Giebel eines Hauses herabkollernde Katzen kamen mit furchtbarem Miauen auf mich zu. Als sie mein Erschrecken sahen, lachten sie mich aus und sagten, sie hätten nur im Spaß miaut.

Ich begann mitzumiauen. Es war allerliebst. Die Kerle besaßen nicht meine fette Dummheit. Sie machten sich über mich lustig, als ich wie eine Kugel auf den von der Sonne durchglühten Zinkplatten umherrollte.

Ein alter Kater aus der Gesellschaft fühlte sich in besonderer Freundschaft zu mir hingezogen. Er machte sich erbötig, meine Erziehung zu übernehmen, ein Anerbieten, das ich mit Dank annahm.

Ach! wie weit lag das mollige Heim Eurer Tante hinter mir. Ich trank aus der Dachrinne, und keine gezuckerte Milch hatte mir je so süß geschmeckt.

Alles erschien mir gut und schön. Ein Katzenfräulein spazierte vorbei, ein ganz entzückendes Geschöpf, dessen Anblick mich mit unbekannter Erregung erfüllte. Bis dahin waren diese Geschöpfe mit dem so gottvoll geschmeidigen Fell mir nur im Traume erschienen.

Wir stürzten der Neuankommenden entgegen, meine drei Genossen und ich. Ich eilte den anderen voran und wollte der entzückenden Katzenjungfrau mein Kompliment machen, als einer meiner Kameraden mich entsetzlich in den Hals biss. Ich stieß einen Schmerzensschrei aus.

„Bah!“ beruhigte mich der alte Kater, indem er mich fortzog: „Du wirst noch genug andere sehen!“

Nach einstündigem Spaziergang spürte ich einen Riesenhunger. „Was speist man denn auf den Dächern?“ fragte ich meinen Freund, den Kater.

„Was man findet“, belehrte mich dieser.

Diese Antwort brachte mich in Verlegenheit, denn so eifrig ich auch suchte – ich fand nichts. Endlich fand ich in einer Mansarde eine junge Arbeiterin, die ihr Frühstück bereitete. Auf dem Tisch vor dem Fenster lag ein schönes Kotelett von appetitlichstem Rosa.

Das ist mein Fall, dachte ich in aller Unschuld. Und ich sprang auf den Tisch und ergriff das Kotelett.

Die Arbeiterin aber versetzte mir, sobald sie mich erblickte, mit dem

Kehrbesen einen furchtbaren Schlag auf das Fell. Ich ließ das Fleisch fahren und suchte mit einem entsetzlichen Fluch das Weite.

„Was denkst du nur?" schalt mich der Kater. „Das Fleisch auf den Tischen ist nur dazu da, von ferne angeschmachtet zu werden. In den Dachrinnen musst du suchen."

Dass das Fleisch in den Küchen nicht den Katzen gehörte, das war eine Wahrheit, die mir stets unbegreiflich blieb. Mein Magen begann sich ernstlich zu empören. Der Kater brachte mich mit der Versicherung, dass man die Nacht abwarten müsse, vollends zur Verzweiflung. In der Nacht würden wir in die Straßen hinabsteigen, die Kehrichthaufen durchwühlen. Die Nacht abwarten – wie ruhig er das sagte, mit welch verhärteter Philosophie!

Das wahre Glück war nur auf diesem Dache zu finden, hinter diesem Fenster, das man so sorgsam schloss

Ich fühlte mich einer Ohnmacht nahe bei dem bloßen Gedanken an dieses endlose Fasten.

Langsam kam die Nacht heran, eine Nebelnacht, die mir die Glieder erstarren machte. Bald fing der Regen zu fallen an; ein feiner durchdringender, von heftigen Windstößen gepeitschter Regen. Durch die verglaste Öffnung einer Treppe stiegen wir von unseren Dächern herab.

Wie hässlich die Straße mir erschien! Das war nicht mehr die wohlige Wärme, der helle Sonnenschein, das waren nicht mehr diese glänzenden, lichtübergossenen Dächer, auf denen sich's köstlich faulenzen ließ. Meine Pfoten glitten auf dem feuchten Pflaster aus. Mit bitterer Wut gedachte ich meiner dreifachen Decke und meines Federkissens.

Kaum waren wir auf der Straße angelangt, als mein Freund, der Kater, zu zittern begann. Er machte sich klein, ganz klein und schlich verstohlen die Häuser entlang, indem er mir befahl, ihm so schnell wie möglich zu folgen. In das erste Haustor, das er fand, flüchtete er sich in größter Eile und ließ ein zufriedenes Brummen hören. Als ich ihn über diese Flucht befragte, antwortete er mir:

„Hast du jenen Mann mit der Butte und dem Haken gesehen?"

„Ja."

„Nun, wenn er uns erblickt hätte, er hätte uns gepackt, am Spieß gebraten und verspeist."

„Am Spieß gebraten und verspeist!" rief ich. „Aber gehört denn die Straße nicht uns?" Man isst nicht und wird gegessen! …

Indessen hatte man die Kehrichthaufen vor den Häusern geleert. Verzweifelt wühlte ich in den Haufen. Ich fand zwei oder drei magere Knochen in Schutt und Asche vergraben.

Da begriff ich, wie köstlich das frische Fleisch ist. Mein Freund, der Kater, durchwühlte die Misthaufen mit künstlerischem Verständnis.

Bis zum Morgen ließ er mich umherlaufen, hetzte mich auf jedes Pflaster. Zehn Stunden lang blieb ich im Regen, an allen Gliedern zitterte ich vor Kälte. Verdammte Straße, verdammte Freiheit – wie sehnte ich mich nach meinem Gefängnis!

Als der Tag kam und er mich kraftlos schwanken sah, fragte er mich mit seltsamer Miene:

„Hast du genug davon?"

„O ja!" erwiderte ich.

„Du willst nach Hause zurückkehren?"

„Gewiss, wie aber das Haus wiederfinden?"

„Komm. Als ich dich gestern morgen von dort herauskommen sah, wusste ich wohl, dass eine fette Katze wie du nicht für die Freuden der Freiheit geschaffen ist. Ich kenne deine Wohnung, ich will dich bis vor deine Tür führen."

Er sprach das mit solcher Einfachheit, der würdige Kater. Als wir angelangt waren, sagte er mir Lebewohl, ohne die geringste Rührung zu bekunden.

„Nein!" rief ich, „so können wir uns nicht trennen. Du musst mit mir kommen. Wir wollen dasselbe Bett und dasselbe Fleisch miteinander teilen. Meine Herrin ist eine brave Frau …"

Er ließ mich nicht ausreden.

„Schweig!" sagte er barsch, „du bist ein Narr. In deiner weichen Wärme ginge ich zugrunde. Euer Treibhausleben ist gut für entartete Katzen. Die freien Katzen werden nie um den Preis eines Gefängnisses deine Leckerbissen und deine Federbetten erkaufen. – Adieu!"

Und er kehrte über die Dächer zurück. Ich sah seine große magere Silhouette unter den Liebkosungen der aufsteigenden Sonne sich vor Behagen schütteln.

Als ich eintrat, ergriff Eure Tante die Rute und verabreichte mir eine Züchtigung, die ich mit tiefer Freude empfing.

Ich schwelgte in dem köstlichen Gefühl, warm zu haben und geschlagen zu werden. Während sie mich schlug, gedachte ich mit Entzücken des Bratens, den sie mir nachher geben würde. Seht Ihr, schloss meine Katze, sich vor dem Kamin ausstreckend, das wahre Glück des Paradieses, mein lieber Herr, besteht darin, eingesperrt zu werden und Schläge zu bekommen in einem Raum, in dem sich ein Stück Fleisch befindet.

Ich spreche im Sinne der Katzen! ■

Eine gar nicht dumme Gans

Nur sehr zögerlich gewöhnt sich das Grauganskükken Tinka an seinen Retter. Als Erwachsene kehrt sie schließlich zu ihren Artgenossinnen zurück.

Otto von Frisch

Das Wetter an diesem 7. April hätte kaum einen in Versuchung bringen können, freiwillig das Haus zu verlassen, um spazieren zu gehen. Kalter Wind trieb einen matschigen Schnee fast waagrecht über das Land, von den Bäumen tropfte es herunter, und die Wege waren aufgeweicht. Nasskalte Stimmung überall.

Der einzige Spaziergänger in dieser trostlosen Öde war ich, und das auch noch freiwillig. Ich umrundete den großen Teich in einem Naturschutzgebiet und machte mir Gedanken, was ich über eben dieses Gebiet berichten könnte.

Tags zuvor hatte mich nämlich jemand angerufen und gefragt, ob ich nicht einen Aufsatz über das Naturschutzgebiet schreiben möchte, und da mir die Einfälle am ehesten bei einer Ortsbesichtigung kommen, zog ich also da meine Runden und grübelte über den Einstieg in meine Geschichte. Auf den Wasserflächen schwammen verschiedene Enten, Blässhühner jagten sich schimpfend und mit den Füßen über die Oberfläche platschend hin und her und waren dabei, die Grenzen ihrer künftigen Brutreviere abzustecken. Auf den Bäumen hockten schwarze Krähen, nass und missmutig wie ich selbst.

Auf einmal drang ein klagendes „fuifuifui“ an meine Ohren, laut und

Hilfe heischend. Ich blieb stehen, schaute suchend in Richtung der Laute und entdeckte ein kleines, gelbgraues Gänsekind. Da stand es hoch aufgerichtet, völlig allein und verlassen, vom Teich getrennt durch einen tiefen Graben und den Weg, auf dem ich gekommen war. Nichts war zu sehen von seinen Eltern und Geschwistern.

Graugänse brüteten hier regelmäßig sei einigen Jahren. Und so besorgt Gänseeltern in der Regel um ihre Küken sind, dieses Paar hatte nicht aufgepasst und eines seiner Kinder schutzlos in der bösen Welt zurückgelassen.

Was sollte ich tun?

Ich war in einem Naturschutzgebiet. Hier durfte niemand Tiere beunruhigen oder gar fangen und mitnehmen. Auf der anderen Seite war die Situation eindeutig: Dieses wenige Tage alte Gänsekind hatte nicht die geringste Überlebenschance. Es stand so auffällig am Wiesenrand und jammerte so unüberhörbar, dass es nur eine Frage der Zeit sein konnte, bis eine der Krähen oder auch ein Bussard das Küken verspeisen würde. Dafür aber erschien es mir viel zu herzig.

Und wollte ich nicht schon immer eine junge Graugans aufziehen, um ein wenig nachzuerleben, was mein Lehrer Konrad Lorenz so oft in seinen Büchern beschrieben hatte?

Da stand sie, die junge Gans, stand da und *wollte* geradezu gefangen werden. Und ich *konnte* sie nicht einfach ihrem Schicksal sprich Krähen und Greifvögeln, überlassen.

Ich schaute nach allen Richtungen aus. Kein Mensch weit und breit. Und wenn mir dann jemand begegnen sollte mit meiner Gans in der Hand? Ich hatte noch ein gutes Stück zu gehen bis zu meinem Wagen. Ein feines Fressen wäre das für manche, wenn sie mich erwischten beim Wildern im Naturschutzgebiet!

Noch ein sichernder Blick, dann war ich über dem Graben, zog meinen Hut, stülpte ihn über die kleine Gans und hatte sie. Mit der linken Hand griff ich vorsichtig darunter, fühlte den weichen, warmen Flaum und schob dieses Dunenbällchen vorsichtig in meine Manteltasche. Sofort trat Stille ein. Das Gänsekind fühlte sich warm und geborgen, wähnte sich wohl zwischen den Bauchfedern von Vater oder Mutter sicher und gab keinen Pieps mehr von sich.

Einigermaßen beruhigt, aber doch eiligen Schrittes machte ich mich davon, allzu starke Erschütterungen der Manteltasche möglichst vermeidend, und fuhr immer wieder mit einem Finger über das seidenweiche Köpfchen meines Findlings.

Bei meinem Wagen angekommen, außerhalb des Schutzgebiets, waren wir dann sicher. Aber bereits auf der Fahrt nach Hause kamen mir Zweifel, ob das, was ich mir vorgenommen hatte, nämlich das Gänseküken aufzuziehen und zu zähmen, überhaupt einen Sinn gab. Natürlich wusste ich, nachdem ich mich seit vielen Jahren mit Vögeln und Verhaltensforschung beschäftigt hatte, dass Graugänse sofort nach dem Schlüpfen aus dem Ei auf das erste Lebewesen, das sie sehen, geprägt werden. Normalerweise sind das die Gänseeltern oder ein Elternteil. Auf jeden Fall auch Graugänse. Dieses Küken in meiner Tasche musste also längst auch auf Graugans geprägt sein und mich als unbekanntes Wesen fürchten wie die Pest. Es würde, wenn es mich erst einmal richtig zu Gesicht bekam, nur Furcht und Angst empfinden und alles andere tun, als hinter mir her zu marschieren.

Wann immer ich in den nächsten Stunden wiederkehrte und das Gänsekind mich sah, wiederholte sich das abwehrende und ängstliche Verhalten

Nun ja, ich würde das bald feststellen können. Vielleicht war ja immerhin eine gewisse Futterzahmheit zu erreichen. Daheim richtete ich eine geräumige Kiste für meinen Pflegling her, stellte Wasser hinein und rupfte im Garten verschiedene Sorten von Gräsern und anderem Grünzeug, von dem ich vermutete, dass es den Geschmack der Gans treffen konnte.

Sobald ich damit wieder bei meinem provisorischen Gänsestall auftauchte und mein Kopf für das Küken über dem Kistenrand sichtbar wurde, erhob dieses ein schreckliches, ängstliches Geschrei und drückte sich in die äußerste Kistenecke.

Da hatte ich es, wie erwartet. Kein Dank für den Lebensretter. Nur Furcht und Abscheu. Erst nachdem ich mich ein Stück zurückgezogen hatte, hörte das Küken auf zu jammern. Leise Schnabelgeräusche ließen darauf schließen, dass es Futter aufnahm. Ich verließ also erst einmal den Raum, um das kleine Ding zu Kräften kommen zu lassen, aber wann immer ich in den nächsten Stunden wiederkehrte und das Gänsekind mich sah, wiederholte sich das abwehrende und ängstliche Verhalten. Mir kamen schon die ersten Zweifel, ob ich die junge

Gans nicht doch einfach ihrem Schicksal hätte überlassen sollen, als mein Sohn aus der Schule nach Hause kam, hinter mir ins Zimmer schlich und einen fragenden Blick auf das piepsende Etwas warf.

„Was'n das?"

„Eine junge Graugans!"

„Eine?"

„Ja, leider nur eine!"

„Die hat aber ganz schön Angst!"

Ich sagte ihm, wie und wo ich sie gefunden hatte und dass sie schon mit ihren Eltern unterwegs gewesen war und auf sie geprägt sei.

„Und jetzt sucht sie nach ihnen und will von dir nichts wissen", sagte Julian.

„So ist es", sagte ich.

„Und wenn du ihr einfach ein paar Gänse zur Gesellschaft holst", meinte er, „dann hat sie, was sie sucht?"

„Wie soll ich denn", sagte ich. „Ich kann doch nicht einfach ins Naturschutzgebiet gehen und mir dort noch andere Gänse einfangen. Ich bin schon froh, dass mich hierbei keiner erwischt hat!"

„Du brauchst nicht ins Naturschutzgebiet zu gehen", sagte Julian, „du brauchst bloß zur Geflügelzüchterei im Nachbarort zu fahren!"

Also diese Idee hätte mir selber kommen können. Tatsächlich bot diese Züchterei sei ein paar Wochen ständig junge Hühner, Enten und Gänse in der Tageszeitung an. Mich hatte das nur bis jetzt nicht im Geringsten interessiert, weil ich für derlei Hausgeflügel wenig Neigung besaß. Aber jetzt hatte Julian im Handumdrehen die betreffende Anzeige gefunden, was mich vermuten ließ, dass er ihr schon länger seine Aufmerksamkeit gewidmet haben musste.

Und schon saßen wir im Auto und fuhren in den Nachbarort.

Die Brüterei fanden wir auf einem alten Bauernhof in einer alten Scheune. Mehrere große Brutschränke standen dort, und aus allen Ecken fiepte und piepte es. In verschiedenen Verschlägen gab es Hühner-, Enten- und Gänseküken unterschiedlichen Alters, die sich unter Infrarotwärmelampen zusammendrängten oder im Futter herumkratzten.

Der Betreiber des Ganzen war sichtlich zufrieden mit seiner Produktion. Jedenfalls verhieß seine ausladende Handbewegung so viel wie: Was immer Sie möchten, wir haben es!

Ich sagte ihm, was wir wollten. Wir wollten drei Hausganskükеn, die soeben geschlüpft waren, aber noch im Brutschrank saßen und noch keinen Menschen oder ein anderes Lebewesen zu Gesicht bekommen hatten.

„Kein Problem", sagte der Mann, marschierte quer durch den Raum zu einem der Brutschränke und wollte dessen Tür schon öffnen, als ich „stop" rief und sagte: „Lassen Sie mich das machen. Die Gössel sollen *mich* als Erstes sehen." Er schaute zwar etwas verständnislos drein, sicherlich waren ihm die Probleme der Prägung nicht geläufig, aber er ließ mich machen.

Vorsichtig öffnete ich die Tür und sah im nur matt erleuchteten Inneren etwa ein Dutzend flaumig weiche gelbe Gössel. Dann sagte ich „gang gang gang", wie das Graugänse zur Begrüßung tun, und schon reckten sich mir die Hälse der Kleinen entgegen, und mit leisem „wi wi wi" wurde mir vielstimmig erwidert.

Alle Hausgansrassen stammen von der Graugans ab. Haben sich im Laufe der Züchtung auch unterschiedliche Gestalten und Farbschläge ergeben, die Stimmen der Wildform und der Hausgänse sind gleich geblieben und ebenso die Bedeutungen der einzelnen Laute.

Wenn auch mein „gang gang gang" sicher nicht sehr wildgänsisch ausgefallen war, die Kleinen hatten mich durchaus verstanden.

Jetzt war Julian an der Reihe. Ich sagte ihm, er solle drei Gössel aus der Schar heraussuchen. Er suchte gar nicht erst lange, sondern griff sich die drei nächstbesten. Ohnehin sahen alle gleich aus.

Wir bezahlten ein paar Mark und machten uns auf den Heimweg.

Unterwegs ging es ständig „gang gang gang" und „wi wi wi" hin und her. Aus ihren Transportkisten schauten die drei gelben Knäuel vertrauensvoll zu uns Menschen auf, bereit, sich auf Gedeih und Verderb uns auszuliefern. Wir waren für sie jetzt die Eltern. Uns hatten sie als erste Lebewesen in ihrem Dasein gesehen. Und uns würden sie folgen, wohin wir auch gingen.

Julian machte sich Gedanken über die Zusammenbringung dieser drei mit der jungen Graugans daheim.

„Meinst du, wir können sie gleich zusammensetzen", fragte er, „oder gibt das eine Rauferei?"

„Ich glaube nicht, dass das eine Rauferei gibt. Warum auch? Die Graugans wird froh sein, vertraute Laute zu hören, und so sehr anders sehen diese Gössel auch nicht aus. Sie sind gelber, das schon, aber sie benehmen und bewegen sich wie Graugansgössel auch. Wir werden es einfach ausprobieren!“

Für die erste Begegnung zwischen der Verwandtschaft war die Aufzuchtkiste, in der die kleine Graugans saß, nicht sehr geeignet. Ich fing sie also vorsichtig mit der Hand heraus, was ein heftiges Protestgeschrei zur Folge hatte, und brachte sie in den Garten in einen kleinen Auslauf auf der Wiese. Dann setzten wir die Gelben dazu und gingen ein paar Schritte zurück.

Kaum hatten sich die Gänsekinder auf ihren Beinchen eingeschaukelt, die zumindest bei den drei Hausgänsen noch etwas wackelig waren, gab es eine riesengroße Begrüßung mit lang vorgestreckten Hälsen und einem langen „wi wi wi“-Palaver. Hier stand das Grauganskind, ihm gegenüber standen die Hausgänschen, und – „wi wi wi“ – man fand, dass man zueinander passte und von ein und demselben Schlag war, was schließlich auch stimmte.

Nachdem sich die Gänse gegenseitig genug begrüßt und gewürdigt hatten, drehten sich die drei Gelben auf einmal um und grüßten mit langen Hälsen in die Richtung, in der wir standen. Sie grüßten uns auch, weil wir für sie ja mit zur Familie gehörten.

Und was tat die kleine Graugans? Auch sie grüßte mit „ wi wi wi“ in unsere Richtung.

Das war zunächst sicherlich ein Versehen, denn eigentlich mochte sie uns nicht. Sie machte einfach nach oder mit, was die anderen machten. Aber das war schon ein Fortschritt in unserer Beziehung.

Der nächste folgte im wahrsten Sinne des Wortes auf dem Fuß.

Die Hausgansgössel wollten nämlich jetzt zu uns und aus dem Auslauf heraus. Ich hob also dessen eine Seitenwand etwas an,

damit sie drunter durchschlüpfen konnten, und sofort liefen sie auf uns zu, bis sie an unseren Beinen standen, wo sie begannen, Gras zu rupfen und zu fressen.

Und auch die Graugans war mit durchgeschlüpft und hinterhergelaufen. Zwar hielt sie etwas Abstand von Julian und mir, so ganz geheuer schien ihr unsere Anwesenheit noch lange nicht, aber ihre Bindung an die Artgenossen hatte sich bereits derart gefestigt, dass sie diese nicht mehr verlieren mochte. Und auch sie begann zu fressen.

Jetzt machte ich die Probe aufs Exempel und ging langsam davon über die Wiese. Sofort kamen die Gössel hinterher, und hinter den Gösseln lief die Graugans. Die Geschichte war völlig klar: Das Grauganskind liebte uns zwar immer noch nicht, aber es liebte seine Ziehgeschwister. Diese wiederum liebten uns als vermeintliche rechtmäßige Eltern. Und im Sog der Hausgänse musste die Graugans ganz einfach nachlaufen, wollte sie das eben Gewonnene nicht wieder verlieren.

Das war also ein entscheidender Schritt in die Richtung, das Vertrauen und später vielleicht auch die Zuneigung des Grauganskindes zu gewinnen und zu festigen.

Natürlich hatte bei der kleinen Graugans keine Auflösung der Prägung auf ihre richtigen Eltern stattgefunden und auch keine Umprägung auf den Menschen. Die Prägung auf das erste Lebewesen im Dasein einer Gans ist unumstößlich. Aber da die Gössel keinerlei Scheu vor diesen großen, fremden Menschengestalten zeigten und ihnen überallhin nachliefen, ohne dass etwas Böses geschah, verlor auch die Graugans allmählich ihre Angst.

Das dauerte seine Zeit, aber täglich nahm der Abstand, den die Graugans von den Hausgösseln und damit auch von den Menschen hielt, ab, und täglich verlor sie auch mehr und mehr ihre Nervosität und Scheu. Anfassen ließ sie sich allerdings noch lange nicht.

Für die Hausgänse waren Berührungen mit der Hand von Anfang an nichts Schlimmes. Sie mochten es zwar nicht, wenn man ihnen mit den Fingern gegen den Federstrich fuhr, das ist für jeden Vogel unangenehm. Man bringt damit sein zartes und überaus empfindliches Gefieder arg in Unordnung. Aber Kraulen mit einem Finger im noch flaumigen Dunenkleid mochten sie gern, und auch wenn die ganze Hand leicht über Hals und Rücken strich, machten sie keine abwehrenden Bewegungen. Sobald ich aber versuchte, meine Hand auch nur in die

Nähe der Graugans zu bringen, wenn sie etwa satt und zufrieden neben den anderen auf der Wiese ruhte, stand sie sofort auf und wich ein paar Schritte aus.

Die vier Gänse waren nun schon fast zwei Wochen bei uns. Die Graugans hatte den Namen Tinka erhalten, zwei Silben, die dem Wortschatz der Graugänse entstammten. „Gang-gan“ und „ging-gang“ sind die Stimmfühlungslaute der Gänse, wenn sie, vermenschlicht gesagt, locker miteinander plaudern und stimmlichen Kontakt untereinander halten möchten. Tinka also klang etwa wie „ging-gang“ und mochte auch für eine Gans verständlicher sein als Kunigunde oder sonst ein Name.

Das Grauganskind liebte uns zwar immer noch nicht, aber es liebte seine Ziehgeschwister. Diese wiederum liebten uns als vermeintliche rechtmäßige Eltern

Für die Hausgänse fielen weder Julian noch mir, noch Tochter Barbara vernünftige Namen ein. Unser Interesse an ihnen, jedenfalls was mich betraf, war auch geringer. Für mich dienten sie immer noch in erster Linie als Vermittler zwischen Tinka und den Menschen. Sie wuchsen schneller als Tinka, wurden von Tag zu Tag nicht nur größer und stämmiger, sondern auch fetter, was zwar die Aufgabe ihrer Rasse sein mochte, sie aber damit deutlich von der Graugans unterschied.

Schließlich, nachdem wir zunächst meist von „den Gelben“ gesprochen hatten, wenn wir die Hausgänse meinten, gewöhnten wir uns daran, „die Fetten“ zu sagen. Der gelbe Flaum wich sowieso mehr und mehr den sprießenden weißen Federn. Ja sicher, die Hausgänse wurden weiß im gleichen Ausmaß, wie Tinka grau wurde. Bei der Herauszüchtung seiner Haustierrassen hat der Mensch auf die Erhaltung der ursprünglichen Wildfärbung zunächst keinen großen Wert gelegt. Wie es weiße Hausgänse gibt, so gibt es auch weiße Hühner oder Enten und Tauben. Das ist auch nicht weiter schlimm, solange die Haustiere dort bleiben, wo sie hingehören, bei Haus und Hof also. Weniger erfreulich wird es, wenn sich diese weißen Brüder und Schwestern in die Gefilde ihrer wilden Artgenossen aufmachen und sich mit ihnen verpaaren. Das kommt auf dorf- und stadtnahen Gewässern leider gar nicht so selten vor, und dort sieht man dann sehr oft merkwürdig gescheckte Stockenten vor allem zwischen den echt wildfarbenen

Genossen umherschwimmen. Ein deutlich sichtbarer Hinweis, dass hier irgendwann ein Fehltritt stattgefunden haben muss.

Die Gänse lebten tagsüber jetzt im Garten, der für sie ein reiches Angebot an Nahrung stellte, von mir nur bereichert durch einige Hände Maiskörner und Weizen. Aber nachts wurden sie in ein kleines, ringsum geschlossenes Gehege gesperrt, in dem sie sicher waren vor Katzen, Mardern und Füchsen. Da unser Garten am Rande des Dorfes lag und in die offene Landschaft hineinreichte, waren solche Vorsichtsmaßnahmen zunächst noch notwendig.

Die Vier hatten sich längst so aneinander angeschlossen, dass sie auch mit sich alleine zufrieden waren und nicht mehr laut zu jammern anfingen, wenn ich mich entfernte, um andere Dinge zu erledigen. Trotzdem gab es jedes Mal eine große Begrüßung bei meinem Erscheinen, bei dem inzwischen auch Tinka mitmachte.

Sie hatte mich, ohne dass mir der genaue Zeitpunkt bewusst geworden war, irgendwann akzeptiert und für sich in den Kreis der zu Begrüßenden aufgenommen. Bis dahin grüßte sie, wie in den ersten Tagen mit den Hausganskindern, stets nur zu diesen ausgerichtet, während die Hausgänse die vorgestreckten Hälse und Köpfe mir zuwandten. Das „wi wi wi" war inzwischen auch zum „ging gang gang", „gang gang gang" erwachsener Gänse geworden, und wenn mich Tinka als Erste wahrnahm, fing sie auch als Erste mit den Begrüßungsrufen an, die nun direkt an mich gerichtet wurden.

Ich hatte eigentlich erreicht, was mein Wunsch gewesen war. Tinka hatte Vertrauen gewonnen. Ich gehörte jetzt für sie voll und ganz zur Familie.

Viele Wochen war den Gänsen eine flache Wasserschüssel als Trinkwasserspender genug. Sie sind ja gut zu Fuß, und wenn sich unter natürlichen Bedingungen die Gänsekinder mit ihren Eltern auch viel im und am Wasser aufhalten und nur zum Weiden an Land gehen, so brauchen sie doch nicht unbedingt eine größere Wasserfläche.

Meine Schar benutzte die Wasserschüssel auch, um einmal ein Bad zu nehmen, aber ich fand, sie müssten mit einem natürlichen Gewässer Bekanntschaft machen. Dazu bot sich wie selbstverständlich die Aue an, ein Bach, der sich an der Grenze unseres Grundstücks entlangschlängelte.

Ich rief meine beiden Kinder, die an diesem Ereignis teilhaben sollten, und bat sie, Schuhe und Strümpfe auszuziehen und den Gänsen voran in den Bach zu steigen. Ich selbst wollte am Ufer bleiben, um etwaige Rettungsaktionen von einem sicheren Standort aus einleiten zu können, falls solche notwendig werden sollten.

Die Gänse konnten ja abtreiben, oder eines der Kinder konnte im Schlamm versinken. Sicher war sicher.

Wir lockten Tinka und die anderen drei Gänse unter ständigem „gang gang gang“ hinter uns her, und sie folgten uns brav wie gewohnt. So kamen wir gut über die Wiese und durch die Büsche, die den Bachrand säumten. Dann stand wir alle am Ufer, und die Gänse machten lange Hälse und hörten auf, „gang gang“ zu sagen. Das strömende Wasser war neu für sie.

Nun sind Gänse keineswegs dumm. Kein Tier überhaupt ist dumm. Jede einzelne Art besitzt ein Verhaltensrepertoire und kann das, was ihr das Überleben sichert. Dabei werden an die einzelnen Arten unterschiedliche Anforderungen gestellt.

Ein baumbewohnender Affe zum Beispiel muss, um seine Nahrung zu finden, geschickt im Geäst klettern und, um seinen Feinden zu entkommen, blitzschnell fliehen und dabei auch Sprünge von Baum zu Baum meistern können, ohne abzustürzen. Das Faultier dagegen, ebenfalls baumbewohnend, verlässt sich auf seine schützende Tarnfärbung, bewegt sich äußerst langsam, und die Blattnahrung wächst ihm sozusagen von selbst ins Maul. Das sind zwei völlig unterschiedliche Überlebensstrategien, die aber beide zum Ziel führen, ohne dass das Faultier dabei dümmer ist als der Affe oder umgekehrt.

Wenn also eine Gans auf etwas stößt, das sie nicht kennt, bleibt sie erst einmal stehen, sichert und betrachtet sich die Geschichte, von der ja eine Gefahr ausgehen könnte. Meine Gänse verhielten sich immer so. Lag ein neuer Gartenschlauch im Gras, der im Gegensatz zum alten nicht einfarbig rot war, sondern schwarz-gelb gemustert, so erstarrten sie und trauten sich nicht, darüberzusteigen. Aus diesem sehr einfachen Grund sind Gänse so gute Wächter auf einem Hof.

Alles Fremde, auch Menschen natürlich, erregt zunächst ihr Misstrauen, und sie erheben ein unüberhörbares Geschnatter.

Aber der Spruch von der dummen Gans ist recht fest in uns Menschen verwurzelt. Barbara sagte auch prompt: „Jetzt geh schon hinein, du dumme Gans“, als weder Tinka noch die anderen Anstalten machen wollten, in den Bach zu steigen. Die Kinder standen mittendrin und lockten und plantschten, aber das beeindruckte die Gänse überhaupt nicht.

Sie steckten nur nacheinander die Schnäbel ins Wasser, nahmen einen Schluck und drehten sich dann um, bereit, die Böschung wieder hinaufzugehen und diesem unbekannten Etwas den Rücken zu kehren.

Es hob ein vierfaches Getümmel an, die Gänse tauchten, badeten und schlugen mit den Flügeln wie verrückt

Die Kinder bekamen kalte Füße. Ich packte die mir am nächsten stehende Fette und warf sie einfach in den Bach. Sie schlug heftig mit den Flügeln. Julian wurde von oben bis unten nass und schrie: „Du Schwein, du altes!“ Unklar blieb dabei, wen er meinte. Die Fette war schon wieder am Ufer. Misstrauisch geworden, machten die Gänse sich nun endgültig davon.

Dieser erste Ausflug zum Wasser war gescheitert. Wir ließen die Gänse fürs Erste in Ruhe und versuchten die Sache am nächsten Tag neuerdings.

Wir kamen tatsächlich einen Schritt weiter, weil Tinka nun an einer sehr flachen Uferstelle immerhin bis fast an ihr Bauchgefieder ins Wasser stieg. Zwei der Fetten taten es ihr gleich, nur die dritte hatte wohl noch das Erlebnis vom Tag zuvor nicht vergessen und hielt Abstand.

Immer wieder machten wir oder einer von uns in der nächsten Zeit diese Ausflüge zum Bach und dann, nach etwa einer Woche, geschah das Wunder: Die Gänse bequemten sich zu schwimmen.

Es hatte lange gedauert. Jetzt aber schien die Scheu vor dem strömenden Wasser schlagartig verschwunden zu sein. Es hob ein vierfaches Getümmel an, die Gänse tauchten, badeten und schlugen mit den Flügeln wie verrückt. Sie entdeckten ihr zweites Element und nahmen es in Besitz, als wäre das schon immer so gewesen.

Im Alter von 60 Tagen waren die Schwingen der Gänse so weit gewachsen, dass sie flugfähig wurden. Sie stoben ab und zu über die Wiese, als ob sie sich in die Luft erheben wollten, heftig die Schwingen schlagend, aber um endgültig abzuheben, fehlte ihnen wohl noch der

Mut. Da ich nicht mitfliegen konnte und höchstens wild mit den Armen rudernd dem Erdboden verhaftet blieb, hatten die Gänse keinen Anführer. Außerdem umgeben das Grundstück zahlreiche sehr hohe Bäume, zwischen denen durchzustarten gewisses flugtechnisches Geschick verlangte.

Mir war nicht sehr wohl bei dem Gedanken, die Gänse würden tatsächlich losfliegen. In die Luft mochten sie vielleicht noch ganz gut kommen, aber sie mussten dann auch wieder herunter. Und nach oben fliegt ein Jungvogel immer leichter. Das Landen braucht noch mehr Können und auch einen Teil Erfahrung, besonders eben, wenn sich der Landung Hindernisse in den Weg stellen. Ich war etwas erleichtert, als ich nach ein paar Tagen feststellte, dass die Fetten gar nicht fliegen konnten. Sie waren zu schwer und zu fett.

Sie merkten das wohl auch bald selbst, denn sie gaben es auf, einen Weg in den Himmel zu suchen. Tinka natürlich war weder zu schwer noch zu fett. Sie war topfit, und ich merkte ihr an, dass es nur mehr eine Frage der Zeit sein würde, bis sie die Hemmung überwand, ohne ihre Geschwister den ersten Flug zu machen. Und dann war ich nicht dabei.

Ich war im Haus, als draußen ein lautes Gänserufen anhob, das irgendetwas zu bedeuten haben musste. Zur Wiese rennend, sah ich die drei Fetten hoch aufgerichtet dort stehen, die Köpfe zum Himmel erhoben, den sie, abwechselnd mit dem linken und dem rechten Auge, offensichtlich in größter Aufregung absuchten.

Tinka fehlte, und mir war sofort klar, dass sie abgeflogen sein musste und dass sie es war, nach der die Fetten Ausschau hielten.

Zu sehen war sie nicht, aber ich bildete mir ein, von ziemlich weit weg ihr Geschnatter zu hören.

Inzwischen waren auch Barbara und Julian auf der Bildfläche erschienen. Und nachdem drei Gänse und ihr Vater ratlos in den Himmel stierten, begriffen auch sie, was sich hier abspielte. Barbara fing sofort etwas übertrieben an, nach Tinka zu rufen und: „Sie fliegt weg, sie wird sich verfliegen, Tinka, Tinka, bestimmt kommt sie nicht wieder!"

„Den Teufel wird sie tun", sagte ich, und Julian bemerkte sachlicher: „Natürlich kommt sie wieder, schon zum Fressen!" In diesem Moment tauchte Tinka über den Nachbarhäusern auf, sah uns unten stehen, schnatterte lauter und freudig, drehte noch eine Runde und kam dann zwischen den Bäumen schräg heruntergeschossen.

Babsi machte die Augen zu und drehte sich um, ich schickte der Gans ein Stoßgebet entgegen. Aber da war sie schon sicher gelandet.

Nur ein paar Meter von uns entfernt war sie auf die Wiese gekommen. Die drei Fetten liefen sofort auf sie zu, und wären es Menschen gewesen, wären sie sich in die Arme gefallen vor lauter Freude, wieder zusammenzusein. So begann nur ein lautstarkes „gang gang gang" und „ging gang gang", das länger anhielt als sonst üblich, bis sich schließlich alle beruhigten und sozusagen zur Tagesordnung übergingen.

Von da an machte Tinka täglich zweimal ihre Rundflüge. Zunächst blieb sie dicht beim bekannten Grundstück, aber mit der Zeit dehnten sich die Flüge aus, der Aktionsradius wurde größer, und sie kam wohl weit über das Dorf hinaus.

Da Gänse in der Zeit, als Tinka bei uns lebte, nicht gejagt werden durften, machte ich mir keine allzu großen Sorgen. Es gab zwar ein paar Jäger in der Nachbarschaft, denen es bei allem, was daherkam, in den Fingern zuckte, aber eine Gans war doch ein zu großer Brocken, als dass man ihn so ohne weiteres hätte verschwinden lassen können.

Ich hatte Tinka auch beringt. An ihrem linken Bein trug sie einen Aluminiumring der Vogelwarte Helgoland mit einer eingestanzten Nummer. Am rechten Bein waren ein weißer und ein roter Plastikring befestigt. Man würde sie erkennen können, auch in einer Schar anderer Graugänse, sollte sie einmal von der Gesellschaft der Menschen und der Fetten genug bekommen und sich nach passenderen Kumpanen umsehen wollen.

Aber sie blieb und kehrte nach jedem Ausflug brav zurück. Bis eines Morgens an einem Sonntag.

Da ich zu Hause war, hatte ich sie abfliegen sehen. Gewöhnlich dauerten ihre Rundflüge selten länger als eine halbe Stunde. Jetzt war sie schon eine Stunde weg. Nach einer weiteren Stunde wurde ich unruhig. Und dann rief mich ein Bauer an vom anderen Ende des Dorfes und sagte, bei ihm im Hof stünde eine Gans, ob die mir gehören würde. Man wusste inzwischen rundum Bescheid, dass ich allerlei Getier in meinem Garten hielt und dass auch hie und da das eine oder andere Reißaus nahm.

Ich fragte, obwohl ganz sicher, dass es sich nur um Tinka handeln konnte, ob die Gans beringt sei. „Rechts weißrot“, sagte ich, „und links ein Aluminiumring“. „Moment, ich muss nachsehen“, sagte der Bauer, blieb ein paar Sekunden weg und bestätigte dann meine Vermutung. Ich sagte nur: „Ich komme, lassen Sie sie, wo sie ist“, sprang ins Auto und fuhr hin.

Der Hof, in dem Tinka gelandet war, war eng begrenzt. Auf drei Seiten standen Häuser, auf der vierten versperrte eine alte Eiche den direkten Abflug. Wie Tinka es geschafft hatte, hier zu landen, blieb rätselhaft und noch mehr, was sie dazu veranlasst haben mochte. In einer völlig fremden Umgebung herunterzukommen, das liebt eine Gans nicht. Ich machte mir nicht allzu viele Gedanken darüber und war froh, Tinka wieder zu haben. Nur hatte ich sie noch nicht. Ihre Haltung, wie sie dastand, verriet Nervosität und Abflugbereitschaft. Bei meinem Erscheinen hatte sie mich zwar begrüßt, aber sehr kurz und uninteressiert. Sie suchte entschieden nach einer Möglichkeit, auf dem schnellsten Weg diesen Hof zu verlassen.

Aber sie merkte sicher auch, dass sie es nicht schaffen würde. Sie hätte dazu fast senkrecht aufsteigen müssen, und nach dem ausgedehnten Rundflug und der Aufregung fehlte ihr die Kraft dazu. Ich postierte den Bauern und seine Frau unter der Eiche. Die Frau schaute etwas grimmig drein. Wahrscheinlich ärgerte sie sich, dass ihr ein saftiger Gänsebraten entging.

Richtung Eiche konnte Tinka nämlich noch am ehesten starten. Ich wollte sie aber zunächst einmal sicher nach Hause bringen und verhindern, dass sie sich bei einem überhasteten und verängstigten Abflug den Hals oder die Flügel brach. Auf die beiden fremden Leute würde Tinka nicht zufliegen. Ich tat dann so, als wollte ich nur an ihr vorbeigehen, machte aber eine schnell Wendung und packte sie einfach am Hals.

Dann griff ich mit dem freien Arm unter ihren Bauch, hob sie hoch und klemmte sie mir unter die Achsel. Sie zischte unwillig, war aber so verdattert, dass sie sich nicht ernstlich wehren konnte.

Ich bedankte mich schnell für die Benachrichtigung, steckte Tinka in den Kofferraum und machte, dass ich zurück in den Garten kam.

Im zweiten Frühjahr wurde sie merklich unruhiger und dehnte ihre Rundflüge mehr und mehr aus

Offenbar hatte diese Irrlandung bei der Gans einen ziemlichen Eindruck hinterlassen. Sie flog ein paar Tage gar nicht, dann nur sehr enge und kurze Runden, und erst nach vierzehn Tagen blieb sie wieder etwa eine halbe Stunde aus.

Dann kam der Winter: Ein langer Winter mit Massen von Schnee und klirrendem Frost.

Im November schon waren die Graugänse aus dem Schutzgebiet mit seinen großen Teichen und den weiten Schilfgürteln fortgezogen nach Süden. Meine Bedenken, dass auch Tinka vom Zugtrieb erfasst werden würde, hatten sich nicht bestätigt. Sie blieb.

Meist saß sie mit ihren drei weißen Genossen auf den Strohhaufen, die ich den Gänsen immer wieder neu hinstreute, um sie vor der ärgsten Kälte zu schützen. An den Körper kam die Kälte nicht heran, das dichte Federkleid isolierte gut. Aber die Beine und Füße wärmten sich die Vögel gerne auf, indem sie aufs Stroh gingen, sich auf die Bäuche setzten und die Beine ins Bauchgefieder zogen.

Fast zwei Jahre war Tinka bei uns. Wir wussten allerdings nicht, ob es wirklich eine Gans war oder vielleicht ein Ganter. Sie blieb eher zierlich und klein, was für ein weibliches Geschlecht sprach, aber so ganz sicher konnte man da nicht sein. Auch machte sie keine deutlichen Annäherungsversuche an eine der Fetten. Dagegen wurde sie im zweiten Frühjahr merklich unruhiger und dehnte ihre Rundflüge mehr und mehr aus. Sie war auf Brautschau oder auf der Suche nach einem Bräutigam.

Und eines Tages, Anfang März, kam sie dann nicht in den Garten zurück und blieb endgültig fort. Zunächst war ihr Schicksal ungewiss. Diesmal kam keine Nachricht von irgendeinem Nachbarn, und es sickerten auch keine Gerüchte oder Stammtischgespräche zu mir durch, dass in der näheren oder weiteren Umgebung eine Gans verunglückt, gefangen oder geschossen worden war.

Als ich nach ein paar Wochen dann mit dem Rad durch das Naturschutzgebiet fuhr, traf ich auf den „Gänsevater“, einen jungen Mann, der mindestens zweimal im Jahr die Graugänse dort überprüfte. Die meisten waren beringt mit Ringen der Vogelwarte und bestimmten Farbkombinationen, sodass man sie sozusagen persönlich erkennen konnte.

Überall waren Grauganspaare mit ihren vor wenigen Tagen geschlüpften Jungen unterwegs. Die Brutzeit musste recht erfolgreich gewesen sein, denn viele Gänseeltern führten fünf oder sechs Küken, und ein Paar hatte sogar zehn dieser flaumigen Kinder im Gefolge.

Wir unterhielten uns schon eine Weile über die Gänse, als ihr Betreuer meinte: „Aber vor zwei Tagen habe ich eine Gans gesehen, mit der ich überhaupt nichts anfangen kann!“

Ich fragte, wieso, und dachte zunächst, er würde von der Indischen Streifengans sprechen, die sich vor geraumer Zeit hier eingefunden hatte und sich mit den Graugänsen herumtrieb. Sie gehörte natürlich nicht zur heimischen Vogelwelt und mochte aus einem Zoo oder einem Vogelpark entkommen sein.

„Nein, nicht die Streifengans“, sagte er, „ich meine eine Graugans mit einer ganz komischen Ringkombination. Ich selbst habe sie ganz sicher nicht beringt, und die Vogelwarte kennt diese Farbzusammenstellung auch nicht.“

„Wie ist denn die Ringkombination?“, fragte ich scheinheilig.

„Sie hat links einen Aluminiumring“, sagte er, „den ich aber noch nicht ablesen konnte. Und rechts hat sie einen weißen und einen roten Plastikring!“

Tinka!

„Ich kann Ihnen sagen, wo die herstammt!“

Er schaute mich leicht verdutzt an.

„Kennen Sie diese Gans?“

„Klar“, sagte ich, „ich habe sie ja aufgezogen!“, und dann erzählte ich ihm die Geschichte von Tinka.

„Ich bin ja froh, dass sie jetzt wieder dort ist, wo sie einmal auf die Welt kam“, sagte ich zum Schluss. Und der Name Tinka war richtig gewesen. Es war eine Gans. Der Gänsevater wusste nämlich noch zu berichten, dass sie sich mit dem Gänserich Blau-gelb-links verlobt hatte, der vor drei Jahren hier im Naturschutzgebiet aus dem Ei geschlüpft war als Sohn der Gänseeltern Blau-blau-rechts und Blau-rot-rechts. Ein Ring hatte sich geschlossen. ■

AMEISEN ALS MÖRDER

Selbst in der kleinen Welt der Ameisen geht es oft unbarmherzig zu, wenn die winzigen Tierchen gegen eine stattliche Raupe kämpfen.

Peter Rosegger

Im stillen Wald kann man eben allerhand sehen, natürlich, wenn man die Augen aufmacht.

So sah ich's denn, sah's anfangs zufällig und hernach mit Bedacht.

Was nur der Auflauf bedeutete! Der ganze Platz war voll von Hinzueilenden und Davonspringenden. Sie drängten und wogten hin und her, sie stießen in der Hast aneinander; die nicht schnell weiterkonnten, wurden niedergedrückt, ja hie und da lief sogar eins über den Leib des andern hinweg. Ich ragte über der erregten Menge, und zwar so hoch, dass die kleinen Augen selbst mittels eines Ameisen-Fernglases kaum instande gewesen sein würden, mein Haupt zu erblicken.

So bückte ich mich, um zu sehen, was denn dieser Auftritt der Tierchen auf dem sandigen Waldweg bedeute. Und sah es bald. Es war der Kampf der Ameisen mit einer Kieferraupe. Diese mochte träge ihres Weges gekrochen sein, vielleicht durchdämmert von religiöser Ahnung eines zukünftigen Schmetterlingslebens, vielleicht auch nur in Hunger nach Materiellem, saftige Föhrenzweige heischend. Da mochten die Straßenräuber hervorgebrochen sein aus dem Laubgehölz des Heidelbeerkrautes und die Wallerin überfallen haben. Den ersten Anfall hatte sie mit geschickten Wendungen und scharfen Bissen pariert, ihre braune Behaarung streifte sie zu einem Panzerhemd, und eine und die andere der Angreifenden trat sie sogar mit ihren Pfoten zugrunde. Aber immer mehr der Ameisen sprangen herbei und packten die Raupe von hinten und vorn. Sie richtete sich in der Mitte zu einem Bogen auf, da liefen einige unter den Bauch, andere stiegen rasch auf den emporstrebenden Rücken und drückten ihn nieder, und sie setzten ihre Zähne ins Fleisch des hilflosen Tiers. Der Hinterleib der Raupe war bereits umklammert, da bäumte sie sich noch mit dem Vorderkörper zur Höhe wie ein unstetes Pferd und schlug mit dem Haupt wild um sich. Allsogleich schossen ein paar Ameisen unter ihre Brust und versetzten ihr mit den Fühlern wütende Stiche, wobei die Raupe noch einmal mit dem ganzen Körper emporschnellte und ihre Angreifer über den Haufen warf. Nun griffen diese noch hitziger an, ihrer zwanzig rangen mit dem Wurm, stachen, bissen und schlugen ihn und spritzten unter den verzweifeltsten Zuckungen des Tiers ihr heißes Gift in die Wunden.

Mein Ergötzen an dem Kampf ging nun in Mitleid über für die arme Raupe, die von aller Welt verlassen gegen eine Unzahl von Feinden sich mit unerhörter Tapferkeit ihres Lebens wehrte.

Rasch riss ich einen steifen Rispenhalm ab und versuchte mit demselben, die kleinen Würger von der in Todesangst sich windenden Raupe wegzuschieben und wegzustechen; nun wollten die erbitterten Ameisen aber auch mit mir den Kampf beginnen; hastig kletterten sie den Halm empor bis zu meinen Fingern, die bald das Prickeln ihres scharfen Saftes zu spüren bekamen. Die andern aber klammerten sich so fest an das unterliegende Tier, dass ich den schwachen Halm gegen einen dürren Baumzweig vertauschen musste, um die Raupe mit Gewalt von den Räubern zu befreien. Es war jedoch zu spät. Als die Ameisen fortgeschleudert waren, brach die Raupe zusammen und regte sich nicht mehr. Rote Tröpfchen standen auf ihrem braunen, stellenweise stahlbau schillernden Körper. Nun tat es mir Leid um das Tier, das in einem rechtlosen Streit, nur weil es der Schwächere war, sein Leben lassen musste, und mir kam zu Sinn, die strafende Vergeltung zu spielen und die hin und wieder schwärmenden Ameisen, ja ihr ganzes, nur wenige Schritte entferntes Raubnest mit einigen Fußtritten zu zerstören. – Da trat mir, ich weiß nicht wie, der Kalbsbraten ins Gedächtnis, der mir mittags zuvor so trefflich gemundet hatte; zwei

Tage früher hatte ich gesehen, wie der Fleischhauer das Kälbchen von seiner Mutter weggerissen und zur Schlachtbank geführt …

Ich ließ nun die Ameisen gewähren. Sie nahten sich sogleich wieder der hingestreckten Raupe; diese, von neuem angefasst, hob noch einmal ihr Haupt, es knickte aber wieder ein, und war tot.

Die Menge hatte sich verlaufen. Die wenigen Zurückbleibenden befassten sich mit dem Fortschaffen der erlegten Beute. Aber sie vermochten den Körper, der eine Ameise wohl dreißigmal überwog, nicht von der Stelle zu bringen. Da lief eine davon und brachte bald Gefährten zur Hilfeleistung. Nun fassten sie die tote Raupe an beiden Seiten an, einige krochen unter den Körper hinein, als wollten sie diesen heben und tragen, und jetzt bewegte sich die Last weiter. Es ging recht rasch über den glatten Boden hin. Jetzt erwachte in mir noch einmal die Bosheit oder, wenn es besser klingt, der Gerechtigkeitssinn. So ohne jegliches Hindernis sollte die Untat doch nicht abgehen. Ich legte ein flaches Steinchen auf die Raupe. Für den ersten Moment allerdings einige Verwirrung und Verlegenheit unter den Ameisen. Aus der Wucht, unter welche sie zum Teil selbst gekommen, hatten sie sich bald wieder und unversehrt hervorgearbeitet. Nun umkreisten sie den Stein, stiegen auch darüber hin, prüften die Last und schienen dann Rat zu halten, wie ihre Beute unter dem Stein herauszukriegen wäre. Der Versuch, den Stein wegzuwälzen, erwies sich als vergeblich. Das etwa ein Achtel Pfund schwere Stückchen regte sich trotz aller Anstrengung nicht von der Stelle. Was taten sie nun? Sie fingen an, den Boden zu unterminieren, gruben einen kleinen Kanal unter dem Stein, höhlten um die Raupe und unter derselben das Erdreich aus, was ich für den Augenblick zwar nicht beobachten konnte, jedoch später sah, und nach einer Viertelstunde zogen sie den Leichnam unter dem Stein hervor.

Die Tat erfüllte mich mit Respekt, und ich legte den kleinen Wesen nichts mehr in den Weg; ungesäumt schleppten sie die Raupe dem Ameisenhaufen zu, wo sie dieselbe in eine der Vorratskammern transportiert haben mögen.

In wenigen Wochen, so dachte ich, werden Kieferspinner aus dem Geschlecht der ermordeten Raupe den Ameisenhaufen umgaukeln und in ihrem Flug höhnend niederblicken auf die krabbelnden Wesen. ■

Das Eichhörnchen

Nahrungssuche ist ihm ein Abenteuer und überall im Wald lauern Gefahren, dennoch überlebt es den harten Winter.

Hermann Löns

Es ist noch ganz grau im hohen Holz. Und ganz still ist es. Der Nordost, der drei Tage und drei Nächte tobte, hat sich gelegt. Dem scharfen Nordwest hat weiche Südwestluft Platz gemacht. Das gefällt den Rehen, die langsamer als in den drei letzten Tagen den Dickungen am Hang zuwechseln, ab und zu im Schnee nach Obermast plätzend, und dem Kauz sagt die laue Luft ebenfalls zu; so laut, als wäre es im April, jauchzt er auf, und dann streicht er lautlosen Fluges zwischen den dunklen Stämmen und Buchen einher.

In der dicken, schwarzen Kugel, die in der höchsten Zwille der langschäftigen Buche schwebt, knistert es leise. Ein halblautes Schnalzen ertönt von da. Der Fuchs, der leise den Holzweg hinaufschnürt, verhofft und lauscht empor, aber missmutig trabt er weiter.

Das ist nichts für ihn. Es hat zwar Haar und keine Federn, es hält sich zuzeiten auch auf dem Boden auf, aber wenn man denkt, man hat, macht es einen Riesensprung und rasselt den nächsten Baum in die Höhe, wippt mit dem Schwanz und schimpft: „kwutt kwutt kwuttkwutt", so wie das da oben.

Bei der schwarzen Kugel hoch oben in der Buchenzwille raschelt es stärker. Die Eichkatze hat ihr Nest verlassen und putzt sich. Ab und zu hebt sie den Kopf und schnuppert in den Wind hinein. Das Wetter gefällt ihr. Ein bisschen zu dunkel ist es zwar noch, aber da unten über den schwarzen Hügeln wird der Himmel schon rot.

Und der Hunger ist groß. Drei Tage und drei Nächte vom eigenen Fett zu leben, das hält nicht vor. Wer weiß, wie lange das gute Wetter anhält? Dem Februar ist nicht zu trauen. Morgen regnet es vielleicht schon wieder Schlackschnee, und dann heißt es abermals: schlafen und hungern.

Die Eichkatze rückt auf dem Aste hin und her, schnuppert an die Rinde, knabbert ein paar dünne Knospen ab und ist mit einem jähen Satze in der nächsten Krone. Dünn sind die Zweige und brüchig vom Frost, aber ehe sie dazu kommen abzubrechen, sind sie die Last schon wieder los, federn rasselnd empor, und die Eichkatze rennt schon über einen Zweig in dem folgenden Baum, wirft sich in den vierten, schlüpft einen dünnen Ast entlang, dass er sich tief biegt und sie in den fünften Baum befördert, und dann noch ein Sprung und noch einer, und sie fällt in den Wipfel der alten Samenfichte.

Hastig geht es einen langen Ast hinunter, fast bis in die Spitze. Schwer beladen war er im Herbst mit langen Zapfen, wenige hängen nur noch daran. Einen nach dem anderen holte sich das Eichkätzchen und half sich mit der mageren Kost über manchen strengen Wintertag. Der ganze Boden unter der Fichte ist besät mit den rostroten Schuppen, überall ragen die Zapfenquirle aus der Schneedecke hervor, und auf den halb verschneiten Felsbrocken liegen in ganzen Haufen die Überreste der kärglichen Mahlzeiten.

Und zwischen dem Geröll liegen auch allerlei Knochen, die die Eichkatze auf den Frühstücksplätzen der Holzhauer fand und hereinschleppte, um die Fleischrestchen abzunagen und die knorpeligen Enden, und wenn gar nichts Essbares mehr daran saß, so nagte es doch jeden Tag aus Langeweile daran herum.

Der Rehbock, der in Wipfelhöhe der Fichte am Hang hinzieht, macht eine jähe Flucht und zieht laut schreckend ab, denn vor ihm rauscht und rasselt es ganz gefährlich. Die Eichkatze hat einen Zapfen losgebissen, hält ihn im Maule und klettert mit ihm kopfpüber den Stamm hinab, ganz eilig, aber ab und an innehaltend und nach allen Seiten spähend. Dann ein Sprung und sie sitzt auf ihrem Felsblock, hoch aufgerichtet, zur Flucht bereit, falls etwas Verdächtiges nahen sollte. Aber es kommt nichts Arges. Da hinten ziehen die Rehe durch den rotlaubigen Buchenaufschlag, ein Hase hoppelt langsam bergan, ein Zaunkönig schrillt im Geklüft. Schnell dreht die Eichkatze den Zapfen mit den Vorderfüßen um, die gelben Nagezähne fassen die Schuppen, beißen sie durch, und hastig nehmen die Lippen ein Samenkorn nach dem anderen fort. Eben war das Ding noch ein glatter, schöner Tannenzapfen, jetzt liegt nur noch der Kern hier, und rund herum bedecken die Schuppen den grauen Stein.

Es ist ganz hell im Holz geworden. Die grauen Stämme schimmern silbern, die Schneedecke des Bodens leuchtet goldig. Zwitschernd und pfeifend lärmt ein Zug Zeisige über den Wald hin, der Häher kreischt, ein Bussard klagt. Die Eichkatze hüpft rastlos unter den Fichten umher, kratzt hier, scharrt da, schnüffelt dort, machte alle Augenblicke ein Männchen, heftig mit den langpinseligen Ohren zuckend und die Rute schnellend, dann ganz reglos verharrend, und schließlich wieder hastig über den Boden schlüpfend, jetzt einen Zweig der Knospen beraubend, dann eine Buchennuss zerknabbernd und nun einen weißfaulen Ast zerfasernd, in dem die Puppen von Käfern stecken.

Dann auf einmal rennt sie wie gehetzt zu Tal, ohne auch nur einmal Halt zu machen, ohne rechts und links zu äugen, und erst am Rand des Holzes hält sie ein. Da recken einige dicke Eichen ihr graues Astwerk über dichtem Buschwerk von Schlehe, Weißdorn und Wildrose. Ohne sich zu besinnen, fährt das rote Tier in das hohe gelbe Gras, springt hierhin, hüpft dahin, kratzt den Schnee fort, scharrt das Laub auf, zernagt gierig eine Eichel, verspeist eilig eine Mehlbeere, schält den Schlehenstein aus seiner Hülle und knackt ihn auf, schärft die Zähne an einer Abwurfstange vom Rehbock wie so manches Mal schon, tut sich an drei Pflaumenkernen gütlich, die im Herbst der Jäger von dem Hochsitz warf, findet noch eine dicke Brotrinde, einen Apfelkropf mit vielen leckeren Kernen und zuletzt noch zwei Schweinsrippen mit schönen mürben Knorpelenden.

Nun, da der Magen ruhig ist, findet die Eichkatze, dass es ganz allein ein langweiliges Leben im Wald sei. Die Sonne scheint so schön warm, da gelüstet es sie nach einem kleinen Spiel kopfüber, kopfunter, stammauf, stammab. Den ganzen Winter hat sie solche Anwandlungen nicht gehabt; sie war froh gewesen, wenn ihr keiner von ihrer Sippe in den Weg kam, denn ob rot oder grau, braun oder schwarz, Weibchen oder Männchen, Hunger hatten sie alle, und so ganz viel gibt es wintertags im Bergwald nicht. Aber wenn der Februar auf die Neige geht, dann sehnt man sich doch nach Gesellschaft und ist froh, wenn man auf eine frische Fährte stößt, in der Sonne eine rote Lunte leuchten sieht oder auf dem Geäst das bekannte Gerassel und das liebe Schnalzen und Fauchen hört. Und so, ganz Ungeduld und Sehnsucht, hopst das Eichhörnchen an der Holzkante entlang, bäumt zur Abwechslung einmal auf, holzt eine Weile weiter, geht wieder zu Boden und fährt dort erschreckt zusammen.

Denn von der anderen Seite kommt auch etwas den Pirschsteig entlang in schnellen, hastigen Sprüngen. Und jetzt macht es auch Halt. Steif sitzt es da, ein kohleschwarzes Männchen mit schneeweißer Brust. Prächtig sieht es aus; die grauen Spitzen der Haare geben dem Balg einen blauen Schein. Steif sitzen die beiden Eichkatzen sich gegenüber. Ab und zu zuckt eines mit dem Schwanz. Dann schimmert es hier kupferrot in der Sonne und dort stahlblau. Jetzt macht das schwarze Männchen einen Satz, und sofort schnalzt das rote Weibchen und wendet um. Über den hellen Schnee und das rote Laub geht die Jagd, in einem Fichtenhorst verschwindet das Weibchen und fährt wieder heraus, und hinterher saust der schwarze Verfolger, folgt ihr in die Bachschlucht, rasselt über das Lufteis, flitzt über die Felsblöcke, hopst die Klippe hinab und prallt auf eine dritte Eichkatze, eine große, braunrote, deren Balg ganz grau bereift ist.

Aber wenn der Februar auf die Neige geht, dann sehnt man sich doch nach Gesellschaft und ist froh, wenn man auf eine frische Fährte stößt

Das fuchsrote Weibchen hängt unten an dem Stamme einer Buche und äugt regungslos hinter sich. Regungslos sitzen die beiden anderen auf ihren Keulen, die Vorderpfoten fast bis zu den Schnurrhaaren erhoben, die Ruten in schönem Schwung an den Rücken gelegt. Sie sitzen und stieren sich an. Der Specht schilt, der Häher schimpft; sie rühren sich nicht. Eine Kohlmeise zetert; noch immer sitzen sie da. Da raschelt es hinter ihnen im Laub. Steil richten sich die beiden Männchen auf, das Weibchen macht einige Sprünge am Stamme empor, und dann jagen ihm die beiden Männchen nach, das schwarze und das rotbraune, und noch eins, ein fuchtsrotes mit breitem, schwarzem Rückenstrich und dunklem Schwanze, das der Spur des Weibchens gefolgt ist.

Specht und Häher und Kohlmeise und Spechtmeise und Zaunkönig schimpfen mörderisch, denn das ist ihnen denn doch ein bisschen zu viel des Lärms. Das ist ja beinahe so schlimm wie gestern, als der Nordwest im Walde herumtolpatschte. Das rasselt und prasselt und klirrt und klappert, hier fällt ein Zweig, da plumpst ein Ast, jetzt rieseln Tannennadeln, und nun knistern Flechten hernieder, und bald hier, bald da schnalzt und faucht und quietscht es, jetzt wirbelt es durch die alte Fichte, nun saust es in der entwurzelten Buche, dass die drei Rehe ganz unruhig hin und her treten und die Dompfaffen schleunigst machen, dass sie weiterkommen, und dann fährt der Hase, der in seinem Lager unter der dicht belaubten Jungbuche am Verdauen war, entsetzt heraus, einen Regen von Schnee um sich werfend, denn es fiel plötzlich etwas rasselnd in den Busch.

Das war die rote Eichkatze gewesen, der es nachgerade zu viel wurde mit der Anbeterei. Keinen Augenblick hatte sie Ruhe gehabt seit einer vollen Stunde. Bald war ihr das schwarze Männchen auf den Fersen, bald das braune, und wenn die beiden sich balgten, dann hatte sie es mit dem Schwarzrückigen zu tun. Wurde der von dem Braunen abgebissen, dann rückte ihr der Schwarze auf den Leib, und so ging es in einem fort, bis es ihr zu dumm wurde und sie sich, als die drei in einem einzigen Klumpen verfilzt, von der einen Seite der Fichte in den Schnee kugelten, von der anderen Seite in den Buchenbusch fallen ließ. Da sitzt sie nun, ein bisschen außer Atem, putzt sich, und sieht den drei Männchen nach, die nach drei Richtungen hin im Wald verschwinden. Dann eilt sie in hastigen Sprüngen auf die Klippwand zu.

Das ist ihre Hauptspeisekammer im Winter. Dort steht ein krummer Lindenbaum, der alle Jahre trägt. Vier alte Nusssträucher spreizen sich dort unter zwei sturmzerfetzten Samenfichten, und obgleich dort keine Eiche wächst, so sind in den Felsspalten immer Eicheln zu finden, die die Häher hierhin vertragen, und die alte Buche wirft jedes zweite Jahr reichlich Früchte in die Schlucht, die dort vor den Mäusen sicher sind, weil es dort immer nach Fuchs riecht. Auch ein Wildapfelbaum schiebt sich aus der Wand, am Ausgang der Schlucht stehen Vogelkirschen, und an Schlehen, Weißdorn und Rosen mangelt es nicht. Ist es mit der Kost im Wald einmal schlecht bestellt, hier findet sich immer etwas für den Magen, und unter der Felswand gibt es das Feinste, was der Wald zu bieten hat, dicke, würzige Trüffeln. Nicht weit davon liegt das Forsthaus, und in dem Garten wachsen Äpfel, Birnen, Pflaumen, Kirschen und Walnüsse. Ein bisschen lebensgefährlich ist es dort freilich, denn seitdem der Förster dahinter gekommen ist, wer ihm seine Birnen ernagt und seine Nüsse fortschleppt, passt er sehr auf, doch vor Tau und Tag lebt es sich da herrlich.

Das wissen alle Eichhörnchen am Berg, und darum finden sie dort immer Gesellschaft, und kaum ist das rote Weibchen dort angelangt, so ist auch schon ein braunrotes Männchen bei ihm, das ihm eifrig den Hof macht. Anfangs ziert sich das Weibchen, und es gibt eine kleine Hetzjagd durch Busch und Kraut, über Stock und Stein, aber es ist noch müde von vorhin, und da das Männchen mit seinen Liebenswürdigkeiten nicht ablässt, wird es quer über die Nase gekratzt und rüchtig in die Lippe gebissen und zieht schließlich ab. Während der warmen Mittagsstunden turnt das Weibchen dann bedächtig an der Wand herum und sucht im Laub nach Eicheln und Buchnüssen. Nachmittags aber, als die Sonne hinter Wolken verschwindet, sucht es sein nächtliches Nest in der gegabelten Fichte auf, einen weichen, warmen Kobel, den es stets bezieht, wenn es der Abend hier bei den Klippen überrascht.

Die Tage kommen, die Tage gehen. Weiches Wetter tritt ein, und die Eichkatze ist den ganzen Tag in Bewegung. So manchen Käfer scharrt sie aus dem Laub und findet Raupen und Puppen unter dem Moos. Als sie dann noch die Fütterung entdeckt, wo der Förster den Rehen Eicheln schüttet, da geht es ihr besser als bisher, und ohne sich um die Rehe zu kümmern, holt sie sich Tag für Tag ihr Teil, schleppt auch manche Eichel beiseite und stopft sie unter das Moos oder verbirgt sie in Fels- und Baumritzen. Fällt kalter Regen aus den Wolken und bläst eine raue Luft, dann verschläft sie einen Tag oder auch zwei, und ist das Wetter heiter, dann lässt die sich auch wohl wieder zu lüstiger Balgerei und fröhlicher Hetz

mit irgendeinem netten Männchen herbei, das ihr in den Weg läuft.

Schließlich hört diese Spielerei auf. Die Männchen laufen ihm nicht mehr nach, und das Weibchen hat andere Sachen im Kopf. In einer ganz langen. hochschäftigen Buche baut es ein großes, festes, dickwandiges Nest. Es gibt sich viele Mühe damit. Fortwährend schleppt es Moosbüschel, welkes Gras, dürre Würzelchen und trockenes Laub herbei, filzt Schicht auf Schicht mit den Vorderpfoten zusammen, dreht sich so lange darin herum, bis die Höhlung glatt und eben ist, setzt ein dichtes Dach darauf, stopft jede Ritze zu, in die der Wind hineinschnauben könnte, und lässt nur im Osten ein Schlupfloch, das aber leicht verschlossen werden kann, wenn der Wind von der Morgenseite weht.

Die Finken schlagen, die Drosseln pfeifen. Die rote Eichkatze ist jetzt nicht mehr so oft zu sehen. Ganz früh am Morgen sucht sie nach Nahrung und in der Abenddämmerung, und gierig fällt sie über alles her, was sie vorfindet. Jeder Käfer ist ihr recht, jeder Schmetterling wird mitgenommen. Die Morchel im Laub verschwindet unter den schnellen Zähnen, und die Blütenknospen des Ahorns werden ebensowenig verschmäht wie die keimende Eiche und die treibende Buchecker. Magerer noch als der Winter ist die Frühlingszeit, und die Eichkatze hat vierfachen Hunger, denn in ihrem Nest im Buchenwipfel liegen sechs junge Eichkätzchen, und deren sechs Mäulchen müssen gestillt sein. Da heißt es denn: fressen, was zu fressen ist, damit die Kleinen satt Milch bekommen.

Je größer sie werden, umso gieriger sind sie, und mit der Kost wird es nur langsam besser. Maikäfer sind noch nicht da, und die Raupen sind noch gar zu klein. Eicheln und Bucheckern gibt es nicht mehr, und die Knospen sind alle aufgesprungen. Die schlimmste Zeit im Jahr ist es für die Eichkatze, wenn die Buche ihr Blatt entfaltet. Hunger, Hunger, immer Hunger, und so dürftige Kost! Bei der Käfer- und Raupenjagd stößt sie auf ein Drosselnest. Die blauen Kugeln sehen so blank aus wie reife Eicheln. Am Ende schmecken sie auch so. Das, was herausquillt, ist ein bisschen nass, aber schmeckt nicht schlecht, und es stillt den Hunger. Da ist schon wieder ein Nest. Eier sind nicht darin, nur nackte Vögel. Sie piepen erbärmlich, und die Alte flattert wild und schimpft und zetert, aber es ist doch besser als Baumrinde oder junge Sprosse, und die Hauptsache ist, es sättigt mehr als das sechsbeinige Grabbelzeug, das im Moos und Gras herumwimmelt.

Endlich burren die ersten Maikäfer, die Raupen nehmen zu an Länge und Dicke, und die Grashüpfer werden immer fetter. Nun lässt es sich allmählich schon leben im Wald. Außerdem liegt an der Waldstraße ein eingegattertes Stück Land, in dem sind Löcher und darin stecken Eicheln, die zwar schon stark keimen, aber noch ganz leidlich sind. Wie die sechs Jungen die Milchzähne verloren haben und auf eigene Gefahr ihre Nahrung suchen, da gibt es schon allerlei bessere Sachen. Hier und da findet sich ein leckerer Erdpilz, die Nüsse haben kleine milchige Kerne, es wimmelt von Raupen, Puppen und Heuhüpfern, und die Roggenähren lohnen schon eine Fahrt zu den Feldern am Waldrand; von den tief herabhängenden Hainbuchenzweigen aus lassen sich die Ähren leicht pflücken und aushülsen. Das Herrlichste aber, was der Wald in dieser Zeit zu bieten hat, das ist der säuerliche, schäumende Saft, der aus den alten Eichen quillt. Jeden Tag um die elfte Stunde findet sich die Eichkatze dort ein, jagt die Schmeißfliegen und Hornissen fort, die sich dort laben, und leckt den gärenden Saft ab, bis ihr ganz sonderbar im Kopfe wird und sie anfängt, wie unklug hin und her zu springen, zu schnalzen und mit dem Schwanz zu schnellen, als wäre es Vorfrühling. Alle Vorsicht und Aufmerksamkeit vergisst sie über ihrem Rausch, und wenn sie sich nicht im letzten Augenblick in das Gebüsch gestürzt hätte, so wäre sie in den Fängen des Habichts geblieben, der wie ein Schatten durch das Geäst fuhr.

An Gefahren mangelt es überhaupt im Wald nicht. Vor dem Habicht ist die Eichkatze nicht sicher. Mitten im fröhlichsten Hetzspiel griff er ihren letzten Liebhaber, das kohleschwarze Männchen, und strich damit ab. Zwei von den Jungen, die noch recht unbeholfen waren, fing an zwei Abenden nacheinander der Kauz. Dreimal musste sie sich kopfüber aus ihrem Nest zu Boden werfen, als der Edelmarder sie fassen wollte, und einmal hetzte er sie am hellen Tag über eine halbe Stunde lang von Baum zu Baum, bis sie sich aus der Pappel in den Teich fallen ließ und sich zitternd im Schilf versteckte. Aber allmählich ist sie so gewitzt geworden, dass sie die Gefahr zu meiden weiß. Gleichwohl ging es ihr ab und zu hart am Leben vorbei. Einige hundert Schritte vom Waldesrande steht ein hoher Birnenbaum im Feld. Der

Bauer, dem er gehörte, bekommt niemals eine Birne davon, denn ehe sie reif sind, hat das Eichhörnchen eine nach der anderen durchgebissen und die Kerne verzehrt. Eines Tages erwischte sie aber der Bauer dabei und schickte seine Jungen in den Baum, während er mit dem Hund unten wartete. Der Junge stieg ihr bis in den obersten Wipfel nach und schüttelte diesen so lange, bis sie im Bogen in den Klee flog. Es hätte nicht viel gefehlt, so hätte der Hund sie beim Wikkel gehabt, aber im letzten Augenblick schlüpfte sie in das enge Entwässerungsrohr und von da in den Schlehbusch und aus diesem in den Weizen und kam noch einmal glücklich in den Wald zurück. Seit der Zeit unternimmt sie ihre Streifen zum Feld immer nur in der ersten Morgenfrühe, denn die halbreifen Roggen-, Hafer- und Weizenkörner entbehrt sie nicht gern, und am Waldrand finden sich auf dem Raine überall die Spreuhäufchen, die Reste ihrer Mahlzeiten.

Mitten im fröhlichsten Hetzspiel griff er ihren letzten Liebhaber, das kohleschwarze Männchen, und strich damit ab

Die liebste Zeit aber ist ihr der Herbst. Dann ist im ganzen Wald Futter für ihre Zähne da. Unter den Ahornbäumen und Hainbuchen liegen massenhaft die geflügelten Kerne, in den Eichen schimmern die Eicheln, die Haselbüsche tragen schwer, und in den Kronen der Buchen reifen die fetten Nüsse. Dann wimmelt es im Wald von Eichkatzen, die von weit und breit sich hier zusammenziehen. Überall am Boden hüpft und schlüpft es; die fuchsroten Eichhörnchen aus dem Hügelland treffen sich hier mit den schwarzen und braunen aus den Fichtenbeständen von den höheren Lagen des Gebirges, wo es jahrein, jahraus weiter nichts gibt als Fichtensamen. Wenn sie sich dann hier im Mittelbergwald alle ein tüchtiges Ränzlein angemästet und ihr leichtes Sommerkleid mit dem dichten, langhaarigen, graubereiften Winterpelz vertauscht haben, dann verteilen sie sich wieder, und der alte Stamm hat den Wald ganz für sich. ■

Der Wolf der Abruzzen

In einem entlegenen Abruzzendorf sucht ein Wolf die Nähe des Menschen – der Anfang einer außergewöhnlichen und ergreifenden Beziehung.

Pascale Noa Bercovitch

Nachdem der *canis lupus* während fünfzig, sechzig Jahren aus den meisten Industrieländern verschwunden war, ist er inzwischen zurückgekehrt, und die mythische Konkurrenz zu Hirten und Schafzüchtern ist wieder zu einem aktiven Krieg geworden.

Was mir Paola Papalini jedoch im August 2000 in Rom über ihr wundersames Erlebnis mit einem Wolf berichtete, bestätigt meine ursprüngliche Meinung über dieses außergewöhnliche Tier.

„Ich verließ Rom im Herbst 1985. Ich wollte in den Voralpen eine verschneite Hütte suchen, um dort allein meine freien Tage zu verbringen, mit Schneewanderungen und einem richtigen Kamin, fern von Lärm und Chaos der Stadt.

Ich nahm die Abruzzenautobahn bis zu den Serpentinen des Gran Sasso. Nach der Ausfahrt Aquila Ovest wurde mein Blick von einem kleinen Dorf angezogen, das an der Südseite des Berges lag. Vor meinen Augen sah ich das Bild meiner Träume. Genau dort wollte ich bleiben. Auf einem mit Eis überzogenen Schild stand: Assergi. Ein paar von hohen, zerfallenen Mauern umgebene Häuser, ein hübscher Platz, eine riesige Kirche aus dem 13. Jahrhundert.

Ich betrat die Kirche. Der Geruch von kaltem Weihrauch und Wachs umfing mich sanft. Im Licht der Altarkerzen wirkten die Gewölbebogen besonders rund. Nachdem ich mich an die Dunkelheit gewöhnt hatte, entdeckte ich im linken Seitenflügel hinter einer Säule eine große Statue des heiligen Franziskus, dem Paten des Dorfes. Seine schmale Hand lag auf dem Kopf eines zärtlich blickenden Wolfes, der ein Zeichen von ihm zu erwarten schien.

Ich blieb lange dort. Ich fühlte mich wohl so allein in jenem seltenen und flüchtigen Gefühl, gefunden zu haben, was ich suchte: dieses Dörfchen, dessen Häuser und Ställe zwischen den breiten Mauern aus dem Mittelalter verstreut waren. Die Luft roch nach Wachs und frischer Erde, die Sonne neigte sich in kaltem Glanz.

Eine alte Dame, die über ihrer schwarzen Kleidung ein farbiges Schultertuch trug, ging langsam die Straße hinauf. Ich sprach sie an: „Ich suche ein Haus zum Mieten."

Wortlos, wie in einem Traum – einem Traum, den man nicht vergisst –, zog sie einen schweren Schlüsselbund aus ihrer Schürze.

„Meine Nachbarin Domenica musste fortreisen. Sie will, dass ich ihr Haus für sie vermiete." Ich war nicht erstaunt, ich glaube an das Schicksal und an das Zusammentreffen von Ereignissen, Gedanken und Orten. Dankbar lächelte ich.

Die alte Dame erklärte mir die Lage des Häuschens in der via Capo le Case, am Fuße des Aquädukts. Als sie mein Interesse bemerkte, führte sie mich dorthin und sagte mir im typischen Dialekt der Abruzzen, dass ich es gut getroffen hätte. Der abgelegene Ort befand sich zwischen dem Dorf und einer Quelle, die man auf ein paar

Steinen überqueren konnte. Dort begann ein Weg in den Wald. Am Fuße des Gran Sasso waren wir beide vom Winterlicht dieses ungewöhnlich milden Tages umflutet. Ich wollte den Kamin im Haus sehen. Ich wünschte mir einen gemauerten Kamin, mehr nicht. Schon fragte ich mich, wie ich es anstellen würde, Holz zu organisieren, um ihn am nächsten Wochenende zu füttern.

Als ich nach Rom zurückkehrte, schwebte ich im siebten Himmel. Alles war wie ein Zauber. Das Märchenhaus begeisterte mich.

Als ich am folgenden Freitag wieder ins Dorf kam, entdeckte ich überrascht, dass mich schon ein Kaminfeuer erwartete. Draußen war alles gefroren, aber dieses Feuer, das die alte Dame vorbereitet hatte, gab mir das Gefühl, an diesem verlassenen Ort willkommen zu sein. An diesem Abend legte ich nach Sitte der Norditaliener ein paar Essensreste auf die Schwelle, um die Hausgeister zu besänftigen und ihren Schutz zu erhalten. Dann ging ich zu Bett. In diesen Breiten war der Winter bereits weit fortgeschritten, und die Tage waren kurz. Der Himmel funkelte, wie ich es mir nicht hätte träumen lassen. In der Nacht erwachte ich von Geräuschen, die von draußen kamen. Zwar spitzte ich die Ohren, aber der Schnee erstickte alle Töne. Ich dachte sofort an ein kleines, hungriges Tier. Deshalb nahm ich mir vor, am nächsten Tag noch mehr Nahrung hinzulegen, und schlief wieder ein.

Aber während wir gemeinsam weitergingen, wurde ich von Erregung erfasst. Wir bildeten das unglaublichste Paar, das man sich nur vorstellen konnte

An einem Dezemberabend in jenem Jahr 1985 saß ich in der Dämmerung auf einem Fels neben der Quelle und schaute auf den Berg. Plötzlich nahm ich ein kurzes Blitzen wahr; zwei funkelnde gelbe Augen hatten mich gleichsam fotografiert. Einen Augenblick darauf tauchte das Tier vor mir. Lange, intelligente Schnauze, zwei gespitzte Ohren, dichtes rotbraunes Fell: Es war ein Wolf oder ein Schäferhund. Er hatte mich von weitem beobachtet. Ich wusste nicht, weshalb er da war. Er kam, ging wieder davon und drehte sich mehrmals zu mir um, ehe er auf dem Weg unter den Tannen im Schnee verschwand.

Jeden Abend in der Dämmerung erwartete ich von nun an das Auftauchen meines Wolfes, und jeden Tag verringerte er den Abstand zwischen uns um ein paar Meter. Wenn die Nacht hereingebrochen war, ließ ich etwas Essen für ihn auf der Schwelle des Hauses liegen.

Eines Morgens, große Schneeflocken bedeckten den Boden, ging ich hinaus, um ein paar Holzscheite zu holen. Er schien mich zu erwarten, nur ein paar Meter vom Weg entfernt, dicht bei der Quelle. Ich sah ihm in die Augen. Er drehte sich um, als wolle er weggehen, dann wandte er sich wieder zu mir. Ich verstand, dass ich ihm folgen sollte. Ich überlegte nicht lange. Mit Stiefeln, in eine große Decke gewickelt, die ich mir übergeworfen hatte, um die beißende Kälte des Morgens zu ertragen, folgte ich ihm auf dem Weg, der in die Berge führte. Er versicherte sich regelmäßig, dass ich noch hinter ihm lief. Ich war noch nicht richtig wach und fragte mich, ob ich vielleicht träumte. Aber während wir gemeinsam weitergingen, wurde ich von Erregung erfasst. Wir bildeten das unglaublichste Paar, das man sich nur vorstellen konnte. Der Wind pfiff und die Flocken fielen. Er lief vorneweg, streifte die Rosenhecken, sein Fell bewegte sich auf und ab, man sah deutlich den Atem vor seinem Maul.

Er verringerte den Abstand noch mehr. Ich ließ ihn nicht aus den Augen, und mein Blick, von seiner Anwesenheit erfüllt, war so ruhig wie nie zuvor. Dennoch fühlte ich, dass mich wieder das Fieber unserer ersten Begegnung überkam.

Während wir unseren Weg fortsetzten, wurde mir bewusst, dass er mich zunächst beobachtet und dann gerufen hatte. Und nun folgte ich ihm, ohne zu wissen, wohin er mich führte. Das Rauschen des nahen Wasserfalls wurde lauter. Der Wolf setzte sich auf die weißen Kieselsteine, ich kniete mich neben ihn und lauschte seinem Atem im Rhythmus des Wassers. Sein Fell verströmte den wilden Geruch von Wald, Erde, Heidekraut und Schweiß, der mich in der Seele ergriff. Sein Blick war wie hypnotisiert vom fließenden Wasser. Ich prägte mir den jungfräulichen Klang des Rauschens ein und verstand, dass er mich von allem reinigte, was ich jemals zuvor erlebt hatte. So näherte ich mich dem Wolf.

Langsam hob ich die linke Hand bis zu seiner Schnauze. Er schnupperte lange an mir und berührte mein Gesicht mit seiner feuchten Nase. Dann berührte ich ihn. Sein Fell war voller Schnee, auf seinem Kopf war es vereist. Unerwartete Tränen flossen über meine Wangen. Wir hatten einen Pakt geschlossen.

Wann immer ich etwas Zeit hatte, kam ich nach Assergi, um bei ihm zu sein. Ich floh aus Rom und meinem anderen Leben, um mit meinem Wolf zu sein. Es war mir egal, wohin wir gingen. Mit ihm hatte ich niemals Angst. Er schien zu verstehen, dass ich immer wieder fort musste, und mir zu verzeihen. Wir trafen uns wieder, als sei die Zeit seit dem letzten Mal stehen geblieben. Wir irrten durch die Wälder, ich ahmte sein Ritual nach: Er wählte einen alten Baum aus, wanderte mehrmals um den Stamm herum und rollte sich dann an seinem Fuß zusammen. Ich blieb stehen, umarmte den Stamm und legte die Stirn dagegen, um mich auszuruhen. Meine Energie stieg in die tiefsten Wurzeln hinab und kehrte voll neuer Kraft zu mir zurück. Ich vergaß nicht, ihnen zu danken, dem Stamm, meinem Wolf und dem Himmel.

Bei jeder Begegnung durchdrang mich etwas mehr von seinem Wissen, seiner Kraft und seinem Instinkt. Er schien ganz tief in seinem Innern den unabwendbaren Ablauf allen Geschehens gespeichert zu haben. Ich wusste nicht, wie lange ich dieses Geschenk noch würde genießen können, diese außergewöhnliche Beziehung zu meinem Wolf. Oft betete ich, dass sie ewig fortdauern möge.

In einer Sommernacht, als wir in jener magischen Atmosphäre aneinander geschmiegt unter Tausenden von Sternen lagen, beobachtet allein von dem großen Berg, wünschte ich mir von ganzem Herzen, ihm in meinem nächsten Leben wieder zu begegnen.

Seine funkelnden Augen sagten mir:
Das ist nur eine Verwandlung.
Ich setze meinen Weg fort.
Ich muss gehen, das musst du verstehen

Eine Eule mit riesigen Flügeln schwebte über uns wie ein großer weißer Schmetterling. Lupo und ich hatten in ehrerbietiger Erwartung die Köpfe zu ihr erhoben und lauschten, wie sich ihre Federn an der Nachtluft rieben. Sie glitt auf uns, umfing uns mit der mächtigen Bewegung ihres Flügelschlages. Ihre Schwingungen durchdrangen unsere Seelen und unsere Körper, dann stieß sie einen Schrei aus und stieg hoch in den Himmel auf. Für mich war dieses Zeichen die Zustimmung, derer ich bedurfte, eine Antwort auf meine Fragen. Ich verstand, dass der Weg, der vor mir lag, noch lang war, dass ich meine Angst vor dem Halbschatten und der Nacht bezwingen musste. Ich musste Berg, Wolf, Eule werden, musste Erde und Luft sein.

Ich umfasste Lupos Maul mit beiden Händen. Er brummte freundlich. Ich sah ihm gerade in die Augen und flüsterte: „Ich werde es tun!"

Daraufhin verspürte ich das unmögliche Bedürfnis, um ein nur in meiner Phantasie vorhandenes Feuer zu tanzen. Zustimmendes Kläffen bestärkte mich in meiner plötzlichen Verrücktheit. Schweißtropfen perlten über meine Stirn, fielen auf meinen leichten, bebenden Körper. Ich war in Transparenz gekleidet. Von Lupos Fell liebkost, lief ich neben ihm durch die Nacht.

Zwei Jahre lebte ich mit einem Wolf. Jede Woche kam ich aus Rom zu ihm, um seine Erfahrungen und unsere Liebe zu teilen.

Dann änderte sich mein Leben. Ich brachte einen Sohn zur Welt. Immer seltener kam ich in die Berge, bis ich schließlich beschloss, die Hütte aufzugeben und mit ihr einen Teil meines Herzens. Ich erklärte Lupo alles, ehe ich ging. Er wedelte mit dem Schwanz und berührte mich mit seiner Schnauze. Mein Herz drohte zu zerreißen, als ich ihn ein letztes Mal in die Berge davongehen sah. Ohne mich. Wahrscheinlich war ich noch zu sehr Mensch.

Viele Jahre später, im Frühjahr 1999 kehrte ich nach Assergi zurück, um Lupo wiederzusehen. Ich parkte mein Auto neben der Hütte, mit der alles angefangen hatte. Als ich den Weg hinaufstieg, der uns fast fünfzehn Jahre zuvor zusammengeführt hatte, fühlte ich einen Stich im Herzen, der mir sagte, dass ich ihm ein letztes Mal begegnen würde. Ich ging die alten Waldwege entlang und rief ihn. Plötzlich sah ich ihn unter einem mächtigen Baum liegen, am Fuß unseres Berges. Er erhob sich schwerfällig, um mir entgegenzukommen. Mein Herz setzte aus.

Als ich ihn so schwach vor mir sah, erkannte ich, dass er sterben würde. Ich kniete mich neben ihn, presste ihn weinend an mich, verbarg mein Gesicht in seinem vertrauten Fell. Ich legte die flache Hand auf seine Schnauze. Mit seinem freudigen Brummen und dem wedelnden Schwanz suchte er meinen Schmerz zu mildern. Seine funkelnden Augen sagten mir: Das ist nur eine Verwandlung. Ich setze meinen Weg fort. Ich muss gehen, das musst du verstehen. Dann küsste ich den hellen Fleck auf seiner Brust und ging davon. Ich drehte mich noch mal um, wie es die Wölfe tun, die immer ein letztes Mal zurückschauen. Er war nicht mehr da. Ich weiß, dass er in mir ist. Und in dieser Nacht und in allen folgenden hätte ich gern den Mond angeheult." ■

MIT EIN BISSCHEN GLÜCK

Die Aussichten, dass das Häschen überleben würde, waren äußerst gering. Doch mit ein bisschen Glück und viel Liebe geschah das Unmögliche.

Penny Porter

Papa! Schau mal, was ich gefunden hab!“ Jaymee lief zu Bill, wobei sie etwas in ihren Händen versteckt hielt. „Was ist es denn, mein Schatz?“ Bill blickte auf unsere jüngste Tochter und wischte sich den Schweiß von der Stirn. Ganz Südostarizona stöhnte unter der drückenden Spätsommerhitze. Mutter Natur zeigte sich von ihrer weniger freundlichen Seite. Die lang anhaltende Trockenheit hatte unsere Weiden verdorren lassen. Bill ließ die Pumpen rund um die Uhr laufen, um die Felder zu bewässern. Die Kälber mussten geimpft und das Heu zu Ballen gepresst werden. Heute war nicht sein Tag. Überhaupt hatte er in letzter Zeit wenig zu lachen gehabt.

Behutsam öffnete Jaymee ihre Hände. Ein winziges, nur wenige Stunden altes Eselshäschen kam zum Vorschein.

„Darf ich es behalten, Papa?“

Schon seit Jahren hatte Jaymee, damals acht, sich ein Hauskaninchen gewünscht, aber Bill war Viehzüchter und hatte für sie bereits ein Stutenfohlen ausgesucht. Nie war es ihm in den Sinn gekommen, dass sie Kaninchen lieber haben könnte als Rinder und Pferde.

„Es wird sterben", sagte er. „Babys brauchen eine Mama."

„Kann ich es nicht versuchen? Bitte!" bettelte Jaymee. „Du sagst doch selber immer, mit ein bisschen Glück ist alles möglich."

Bill seufzte. Er konnte jetzt keine weiteren Probleme mehr gebrauchen. Sein Arzt hatte ihm bereits geraten, die Dinge ein wenig langsamer angehen zu lassen und sich zu schonen.

Den Tränen nahe wandte sich Jaymee an mich. „Bringen wir es erst mal ins Haus", meinte ich beschwichtigend.

Cally, unsere bunt gefleckte Katze, kuschelte mit ihren sieben Jungen am Holzofen. Vielleicht ließe sich Mutter Natur ja überlisten, überlegte ich.

Zusammen mit Jaymee fütterte ich Cally, bis sie rundum satt war. Als sie die Augen schloss und zufrieden schnurrte, hielt Jaymee das suchende Mäulchen des Häschens an eine freie Brustwarze. Das winzige Wesen klebte daran wie Erdnussbutter am Löffel. Drei Tage lang wuchs und gedieh es, und Cally schien es als eines ihrer Jungen anzusehen.

„Siehst du, Papa, es stimmt – mit ein bisschen Glück ist alles möglich!"

Am vierten Tag jedoch schaute Cally sich dieses „Kätzchen" plötzlich mit zusammengekniffenen Augen an, und ein zorniges Geschrei erklang in der Küche. Sie riss das Maul auf und machte einen Satz. Bill sprang auf, packte Cally am Schwanz, und der Eindringling purzelte aus ihren Klauen.

Bill hob das zitternde Tierchen hoch und gab es Jaymee. „Ab jetzt fütterst du es besser mit der Flasche."

Wie durch ein Wunder überlebte der Eselshase. Schon bald fraß er Getreide – und wuchs und wuchs. Schließlich ließen wir ihn mit der befriedigenden Gewissheit frei, dass er nun die Chance auf ein Leben in der Wildnis hatte.

Jaymee, die damit ihr Haustier verloren hatte, fing wieder an zu betteln: „Bitte, Papa, darf ich nur ein Kaninchen haben, ein zahmes diesmal?"

Bill schaute mich Hilfe suchend an. „Wozu soll ein Kaninchen gut sein?" fragte er.

Jaymee sah ihn mit großen Augen an. „Sie bringen Glück!"

Ich wusste, dass sich Bill Porter damit nicht umstimmen ließ.

„Ach bitte, Papa! Ich trete dem Landjugendverein bei und bringe es zu Ausstellungen, so wie du es mit den Kühen und Pferden machst." Sie kam näher, und ihre braunen Augen appellierten an sein Herz. Plötzlich warf sie ihm die Ärmchen um den Hals und steckte ihm mit einem schnellen Griff eine Tüte Gummibärchen in die Tasche. Jaymee wusste, dass Gummibärchen mehr als alles andere halfen. Und das taten sie auch jetzt.

An diesem Wochenende fuhren wir nach Albuquerque, wo Bill drei Kaninchen der Rasse Rote Neuseeländer kaufte – alles Weibchen.

„Warum gleich drei?" fragte ich leise.

„Für ein wenig zusätzliches Glück", flüsterte er und warf einen Blick in den Rückspiegel auf das glückliche kleine Mädchen auf dem Rücksitz.

„Sie heißen Silberpfote, Marshmallow und Alice", sagte Jaymee und hielt jedes Kaninchen hoch, damit ihr Vater sie sehen konnte. „Sie werden dir riesig viel Glück bringen, Papa, das versprech ich dir!"

Drei Monate später brachte Silberpfote sechs Junge zur Welt. Dann war Marshmallow mit acht dran. Wir waren fassungslos.

„Aber wie sind sie trächtig geworden, Mama?" fragte Jaymee. „Sie waren nicht bei einem Rammler. Und warum ist Alice nicht auch trächtig geworden?"

„Der Kaninchenhändler hat sich vielleicht vertan", schlug ich zaghaft vor.

„Er hat gelogen, das ist alles", schäumte Bill. „Siebzehn Kaninchen!"

„Das bedeutet sehr viel Glück!" verkündete Jaymee und versuchte den Schicksalsschlag abzumildern.

Bill taufte „Alice" in Abraham um, was auf Hebräisch „Vater der Vielen" bedeutet, und setzte ihn hinter eine sichere Abtrennung auf die Ostseite des Kaninchenkäfigs.

Dann kam unser zwölfjähriger Neffe George aus Milwaukee zu Besuch. George hasste Kühe und Pferde. Aber er liebte Abraham. Als er zwei Wochen später wieder nach Hause fuhr, warf Silberpfote neun Junge und Mashmallow elf. Wieder ärgerte sich Bill maßlos. „Und wie ist das jetzt passiert?"

„Das war George", erwiderte Jaymee. „Er hat ihnen so gerne zugeschaut, wenn sie es gemacht haben." Sie zeigte Bill ihr Tagebuch, in dem sie alle Vorgänge ordentlich verzeichnet hatte. Unter „Posten" stand der Name George. Unter „Gebühr" 25 Cents. Jeden Tag hatte George Jaymee darum gebeten, Abraham zu Silberpfote oder Marshmallow zu setzen. Und sie berechnete ihm 25 Cents für jede halbe Stunde! Am Ende einer langen Spalte stand als Gesamtsumme $ 4,75!

Jetzt hatte Jaymee 37 Kaninchen. Bill baute weitere Abtrennungen in den Kaninchenstall. „Es kommt noch so weit, dass wir das Kaninchenfutter lastwagenweise bestellen müssen!" schimpfte er.

Ich wies ihn darauf hin, dass sich unsere Situation mit der Ankunft der Kaninchen zum Guten gewendet hatte. Die Viehpreise stiegen. Wir hatten die beste Alfalfasaison, an die ich mich erinnern konnte. Und es regnete sogar wieder.

„Das hat nichts mit den Kaninchen zu tun", brummte Bill.

Silberpfote wurde Jaymees Liebling. Sie kam, wenn sie gerufen wurde, und hoppelte sogar an einer Leine neben ihr her.

Seit ein kleines Mädchen und ihre Kaninchen wieder ein bisschen Glück in sein Leben gebracht hatten, summte Bill Porter wieder

Dann wurde sie wieder trächtig, und diesmal fragte niemand, wie das geschehen konnte. Was machte es schon für einen Unterschied? Die Viehpreise blieben oben. Selbst Bill musste zugeben, dass alles bestens lief.

Als dann aber der Zeitpunkt der Geburt kam, wurde Silberpfote krank und konnte kein Nest bauen. Nach Luft schnappend lag sie im Stall auf dem Boden, und wir fürchteten, jeder Atemzug könnte ihr letzter sein. Kurz nach Einbruch der Dunkelheit kamen acht Junge, nass, kalt und mehr tot als lebendig.

„Sie werden sterben, Papa, was sollen wir bloß machen?"

Wir legten eine Pizzaform mit Folie und nassen Papiertüchern aus und setzten die scheinbar leblosen Jungen in einem Kreis hinein. Dann deckten wir sie mit einem weiteren nassen Tuch zu und schoben sie in den auf niedrigste Temperatur vorgeheizten Ofen. Durch das Glasfenster sahen wir zu, wie sich die winzigen Fellknäuel eins nach dem anderen streckten und reckten.

Jaymee strahlte. „Das liegt nur an unserem Glück", sagte Bill grinsend. Dann nahm er seine Tochter in den Arm.

In der Zwischenzeit hatte Silberpfote sich erstaunlich gut erholt. Am nächsten Morgen kuschelten sich acht warme Kaninchenbabys in ihrem Nest. Bill, das merkte ich ihm an, war genauso stolz wie Jaymee, dass alle am Leben geblieben waren.

Schließlich kam der Tag, an dem sich ein Käufer für Jaymees Kaninchen fand. Wir beschlossen, außer Silberpfote alle zu verkaufen.

War es bloßer Zufall, dass sich Bills Glück plötzlich wandte? Die Viehpreise sanken. Regenfälle verdarben die Alfalfaernte, und ein Bewässerungsgraben stürzte ein.

Aber dieses Mal wirkte Bill anders, geduldiger und gelassener. Ich bildete mir ein, dass es etwas mit einem kleinen Mädchen und ihren Kaninchen zu tun hatte. Vielleicht ja auch nicht. Es gab jedoch keinen Zweifel daran, dass sie ihn in letzter Zeit von seinen Sorgen abgelenkt hatten – und vielleicht hatten sie ihn auch daran erinnert, dass seine Familie wichtiger war als Rinder und Pferde.

Auf jeden Fall beschwerte er sich nicht mehr darüber, dass die Zeitung zu spät kam und bewunderte beim Frühstück den Sonnenaufgang. Er nahm sich die Zeit, das Spiel der Schulvolleyballmannschaft unserer Tochter Becky anzuschauen, und er besuchte und telefonierte häufiger mit unseren drei erwachsenen Kindern. Dinge, die eine falsche Richtung genommen hatten, kamen ganz von selbst wieder in Ordnung.

Eines Nachmittags kam Bill von Tucson zurück, wo er eine Kraftstoffpumpe für den Traktor gekauft hatte. Jaymee und ich gingen ihm entgegen, und Silberpfote hoppelte fröhlich neben uns her. Als Bill aus dem Laster stieg, fragte Jaymee besorgt: „Papa, glaubst du, Silberpfote ist zu alt, um noch mal Junge zu kriegen?“

Wir hatten sie zwei Mal decken lassen, aber ohne Erfolg.

Bill hielt inne und lächelte bei Silberpfotes Anblick. „Aber nein, mein Schatz, Mutter Natur hat ihr nur die Chance gegeben, andere Dinge zu genießen.“

„Wie einen Spaziergang an der Leine?“

„Ja, das sicher auch, aber mehr als das.“ Er hob die Kiste von der Ladefläche, beugte sich vor und streichelte das Kaninchen. „Eher das schöne

Gefühl, geliebt zu werden. Und, mit ein bisschen Glück, die große weite Welt kennen zu lernen."

Bill drehte sich um und öffnete die Kiste. Plötzlich verdüsterte sich sein Gesicht. „Verdammt!" fluchte er. „Sie haben mir die falsche Pumpe eingepackt. Jetzt muss ich morgen die ganzen hundertsiebzig Kilometer zurück nach Tucson fahren!"

„Dürfen wir mitfahren?" fragte Jaymee. „Morgen ist Samstag, und wir könnten essen gehen. Nur wir drei."

Bills Gesichtsausdruck wurde weicher. „Wisst ihr was? Es gibt ein neues mexikanisches Restaurant in Tucson. Wenn wir die Pumpe umgetauscht haben, gehen wir dorthin. Das wird bestimmt nett."

Als Bill später duschen ging, lächelte er. Und noch etwas fiel mir auf: Bevor die Arbeit und die Probleme begonnen hatten, ihn niederzudrücken, hatte er immer vor sich hingesummt. Seit ein kleines Mädchen und ihre Kaninchen wieder ein bisschen Glück in sein Leben gebracht hatten, summte Bill Porter wieder. ■

MOBY DICK

Die Jagd – erster Tag

Ahab, Kapitän des Walfängers „Pequod", hat einst im Kampf mit Moby Dick, einem riesigen weißen Wal, ein Bein verloren und verfolgt seitdem besessen ein einziges Ziel: Er will Moby Dick zur Strecke bringen – um jeden Preis.

Herman Melville

In jener Nacht geschah es, dass während der Mitternachtswache, als der Alte, wie er es von Zeit zu Zeit gewohnt war, aus dem Aufgang, in dem er lehnte, zu seinem Bohrloch ging, plötzlich den Kopf hochreckte und wie ein wachsamer Schiffshund, der das Nahen einer wilden Insel wittert, in der Seeluft schnupperte.

Es müsse ein Wal in der Nähe sein, erklärte er. Bald bemerkte auch die ganze Wache diesen eigentümlichen, von einem lebenden Pottwal bisweilen auf weite Entfernung verbreiteten Geruch, und niemand wunderte sich, als Ahab einen prüfenden Blick auf den Kompass und nach der Windfahne warf, um sich möglichst genau über die Richtung klar zu werden, aus welcher der Geruch kam, und dann sofort eine geringe Kursänderung befahl und einige Segel reffen ließ.

Bei Tagesanbruch erwiesen sich seine Maßnahmen als richtig, denn unmittelbar vor uns auf der See wurde ein langer, ölglatter Streifen sichtbar, der mit den ihn umgebenden krausen Wellen der spiegelglatten Spur und der ringsherum durch die Gezeiten hervorgerufenen Unruhe der Mündung eines reißenden, steifen Stromes glich.

„Ausguck besetzen! Alle Mann an Deck!“

Mit den Enden von drei schweren Handspaken trommelte Daggu auf das Deck des Vorschiffes und scheuchte die Schläfer mit solchem Donnergetöse auf, als wäre das Jüngste Gericht angebrochen, sodass sie sozusagen aus dem Luk hervorquollen, so hastig kamen sie, ihre Kleider noch in der Hand, herauf.

„Was seht ihr?“ rief Ahab, den Blick nach oben gewandt.

„Nichts, nichts, Sir“, scholl es zurück.

„Bramsegel – Leesegel setzen, unten und oben, beiderseits!“

Als alle Segel gesetzt waren, warf er die Leine los, die bereitgehalten wurde, ihn in den Großmastausguck hinaufzuhieven, und in wenigen Augenblicken heißten sie ihn hoch. Aber er hatte kaum zwei Drittel der Höhe erreicht und spähte eben durch den waagrechten Zwischenraum zwischen Großmarssegel und Bramsegel, als er wie eine Möwe kreischend einen Schrei ausstieß: „Da bläst er! Da bläst er! Ein Buckel wie ein Schneeberg! Das ist Moby Dick!“

Angefeuert durch den Schrei, der gleichzeitig von den drei Ausguckposten aufgenommen wurde, enterten die Männer eiligst in die Takelung, um den berühmten Wal zu sehen, hinter dem sie schon so lange her waren. Inzwischen war Ahab oben, einige Fuß hoch über den anderen Ausguckposten, angelangt. Taschtego stand gerade unter ihm auf dem Eselshaupt der Bramstenge, sodass der Kopf des Indianers sich in gleicher Höhe mit Ahabs Füßen befand. Aus dieser Höhe war der Wal jetzt etwa eine Meile voraus sichtbar, und bei jedem Wogen der Dünung zeigte sich sein hoher, glitzernder Höcker, während er ruhig und in regelmäßigen Abständen seinen Atemstrahl in die Luft blies. Den leichtgläubigen Matrosen schien es derselbe Strahl zu sein, den sie vor langer Zeit bei Mondschein im Atlantik und im Indischen Ozean gesehen hatten.

„Und keiner von euch hat ihn vor mir gesehen?" rief Ahab den Männern zu, die um ihn in den Toppen standen.

„Ich habe ihn fast in demselben Augenblick gesehen, Sir, wie ihn Käpt'n Ahab sah, und hab ihn ausgesungen!" entgegnete Taschtego.

„Nicht in demselben Augenblick! Nicht in demselben – nein, die Dublone ist für mich. Das Schicksal hat sie mir vorbehalten. Ich allein, keiner von euch hätte den Weißen Wal zuerst sichten können. Da bläst er, da bläst er, da bläst er! Da wieder – da wieder!" rief er in lang gezogenem, hallendem, singendem Ton im Takt zu dem langsamer werdenden Atemstrahl des Wales. „Gleich wird er tauchen. Leesegel weg, runter die Bramsegel! Klar bei drei Booten, Mr. Starbuck! Denkt daran. Bleibt an Bord, und übernehmt das Schiff. Hallo, Rudergänger, Luv! Einen Strich nach Luv. Gut so, stützen, Mann, stützen. Jetzt zeigt er die Schwanzflosse. Nein, nein, nur eine Sturzsee. Alles klar bei den Booten! Achtung, Achtung! Fier mich weg, Starbuck, fier weg, schneller, schneller." Damit glitt er durch die Luft hinab an Deck.

„Er dreht direkt nach Lee hin ab, Sir!" rief Stubb. „Direkt weg von uns! Kann das Schiff doch noch nicht gesehen haben!"

„Halt's Maul, Mann! An die Brassen, Ruder hart in Lee – anbrassen! Abfallen lassen, abfallen lassen! So, gut, in die Boote!"

Mit Ausnahme desjenigen von Starbuck gingen alle Boote zu Wasser. Die Bootssegel wurden gesetzt, überall die Paddel zur Hand genommen, und mit Ahab an der Spitze ging es in fliegender Eile leewärts. Ein fahler, totenbleicher Schimmer lag über Fedallahs tief liegenden Augen. Mit hässlichem Kauen bewegte er seine Lippen.

Geräuschlos wie Nautilusmuscheln pflügten die leichten Boote mit ihrem Bug die See. Aber nur langsam rückten sie an den Gegner heran. Je näher sie kamen, umso glatter wurde die See, als breite sich ein Teppich über ihre Wogen. Heiter wie eine Wiese um die Mittagsstunde lag sie da. Schließlich war der atemlose Jäger so dicht an seiner scheinbar ahnungslosen Beute, dass der glitzernde Höcker deutlich erkennbar war, wie er gleichsam allein durch das Meer glitt und immerfort von einem Kranz von feinem, schaumigem grünlichem Gischt umgeben war. Darüber sah er die riesigen Furchen des leicht erhobenen Hauptes, davor auf dem weichen Perserteppich der Wasserfläche den schimmernden Schatten seiner milchweißen Stirn, spielend begleitet von einem melodischen Gekräusel. Hinten strömten die blauen Wasser ineinander in das wogende Tal seines Kielwassers, und tanzend stiegen auf beiden Seiten glitzernde Blasen auf. Diese zersprangen unter den leichten Füßen von Hunderten munterer Vögel, die bald leicht über den Wasserspiegel huschten, bald hier- und dorthin schwirrten, und wie der Flaggenstock, der sich auf dem weiß gemalten Rumpf eines Kauffahrers erhebt, ragte aus dem Rücken des Weißen Wales der schlanke, zersplitterte Schaft einer kürzlich geworfenen Lanze. Von Zeit zu Zeit ließ sich aus dem wie ein Baldachin über dem Fisch hin und her schwebenden Gewimmel der leichtfüßigen Vögel einer auf dieser Stange nieder, wo er, leicht hin und her schaukelnd, sitzen blieb und seine langen Schwanzfedern wie ein Wimpel im Wind wehten.

Eine geruhsame Heiterkeit – eine bei aller Schnelligkeit in sich ruhende, mächtige Milde umgab den dahinziehenden Wal. Nicht einmal Jupiter in der Gestalt des weißen Stiers, der mit der geraubten, sich an seine anmutig gekrümmten Hörner klammernden Europa davonschwamm und der seine liebesverlangenden Augen auf die Jungfrau heftete und in bezaubernd sanftem Zug dem bräutlichen Lager auf Kreta zueilte – nicht einmal Jupiter, nicht seine erhabene Majestät übertraf den herrlichen Weißen Wal, als er so göttergleich dahinschwamm.

Von seinen glatten Flanken, wie von den von ihnen durchfurchten und seitwärts wegrollenden Wogen, von jeder dieser glänzenden Flanken ging etwas wie ein Zauber aus. Es war nicht zu verwundern, dass unter den Jägern, die sich von all dieser heiteren Ruhe unaussprechlich angezogen und aufgereizt fühlten, so viele es gewagt hatten, ihn anzugreifen, und dabei zu ihrem Leidwesen erfahren hatten, dass sich unter dieser Ruhe ein Tornado verbarg. Und doch, wie ruhig, wie zauberhaft

ruhig gleitest du, Wal, dahin für alle, die dich zum ersten Mal sehen, wie viele du auch schon früher getäuscht und zugrunde gerichtet hast!

So zog Moby Dick dahin durch die heitere Stille der tropischen See, an Wellen vorüber, deren spielendes Schlagen in höchstem Entzücken verstummt war. Noch entzog er den ganzen Schrecken seines untergetauchten Leibes unseren Blicken, noch versteckte er die Hässlichkeit seines verkrümmten Unterkiefers. Bald aber hob sich der vordere Teil seines Leibes langsam aus dem Wasser empor. Für einen Augenblick bildete sein ganzer marmorierter Körper einen hohen Bogen wie die natürliche Felsenbrücke in Virginia, bedrohlich schwenkte er seine Schwanzflosse wie ein Banner in der Luft. Der große Gott offenbarte sich, tauchte und entschwand unseren Blicken. Verhaltend und mit den Schwingen das Wasser berührend, schwebten die weißen Vögel zaudernd über dem Strudel, den er zurückließ.

Mit erhobenen Riemen und gesenkten Paddeln, die Schoten ihrer Segel gelockert, erwarteten die drei Boote treibend Moby Dicks Wiederauftauchen.

Eine Stunde!" bemerkte Ahab, der wie angewurzelt im Heck seines Bootes stand und über die Stelle, wo der Wal weggetaucht war, hinweg in die diesige blaue Ferne und weite, lockende Leere starrte. Aber nur einen Augenblick lang, dann kreisten seine Blicke wieder suchend über die Wasserfläche. Die Brise begann jetzt aufzufrischen, und die See ging höher.

„Die Vögel, die Vögel!" schrie Taschtego.

Einer nach dem anderen, wie ziehende Reiher, kamen die Vögel in langer Reihe auf Ahabs Boot zu und begannen in einem Abstand von nur wenigen Yards dort über das Wasser zu flattern und mit freudigem, erwartungsvollem Geschrei zu kreisen. Ihr Auge war schärfer als das des Menschen. Ahab vermochte keinerlei Anzeichen im Meer zu entdecken. Aber plötzlich erblickte er, während er so in die Tiefe hinabspähte, einen weißen, lebenden Flecken, nicht größer als ein weißes Wiesel, der mit erstaunlicher Schnelligkeit hochkam und beim Aufsteigen immer größer wurde, bis er sich umwandte und zwei lange, krumme Reihen weiß schimmernder Zähne erkennen ließ, die da aus der unergründlichen Tiefe emportauchten. Es war Moby Dicks geöffnetes Maul mit dem verbogenen Unterkiefer. Sein riesiger, noch im Dunkeln liegender Körper verschwamm im Blau des Meeres. Unter dem Boot gähnte sein

schimmernder Rachen wie eine geöffnete Marmorgruft. Mit einem einzigen Schwung seines Steuerriemens wandte Ahab das Fahrzeug seitwärts von dieser schauerlichen Erscheinung weg. Dann rief er Fedallah zu, seinen Platz mit ihm zu tauschen, und begab sich nach vorn in den Bug. Dort ergriff er Perths Harpune und befahl seiner Mannschaft, die Riemen zum Streichen klar zu halten.

Nun war durch diese rechtzeitige Drehung des Bootes um seine Achse sein Bug mit Bedacht dem noch unter Wasser befindlichen Haupt des Wales zugewandt worden. Aber gerade so, als habe er diese List durchschaut, schob sich Moby Dick mit seiner bekannten bösartigen Verschlagenheit zur Seite und schoss in demselben Augenblick mit seinem gefurchten Kopf unter dem Boot entlang.

Durch und durch erzitterten für einen Augenblick jede Planke und jede Spante, als der Wal, schief auf dem Rücken liegend, wie ein zubeißender Hai langsam und mit Bedacht den ganzen Bug in sein Maul nahm, sodass der lange, schmale, krumme Unterkiefer hoch in die Luft ragte und sich mit einem der Zähne in einer Dolle verfing. Kaum sechs Zoll war das bläuliche Perlmutterweiß des Kieferinneren von Ahabs Kopf entfernt und ragte über ihn empor. So schüttelte der Weiße Wal das leichte Zedernholzboot wie eine grausam spielende Katze die Maus. Mit kalten Blicken und gekreuzten Armen sah Fedallah zu, während die tigergelbe Mannschaft Hals über Kopf durcheinander zum äußersten Heck hin stürzte.

Während die beiden Dollborde elastisch aus- und einfederten und der Wal auf diese teuflische Art mit dem unglücklichen Boot spielte, war vom Bug aus seinem unter dem Boot im Wasser verborgenen Körper mit der Harpune nicht beizukommen, steckte dieser

Bug doch gewissermaßen in ihm. Während die anderen Boote unwillkürlich innehielten, gleichsam unfähig, einem geahnten Unheil zu begegnen, da geschah es, dass Ahab in seiner Besessenheit und voller Wut über diese qualvolle Nähe seines Widersachers, in dessen verhassten Rachen er selbst lebendig und hilflos geraten war, den langen Knochen mit seinen bloßen Händen packte und das Boot aus seinem Griff zu befreien suchte.

Während er sich so vergeblich abmühte, entglitt ihm der Kiefer, die Dollborde bogen sich nach innen, gaben nach und brachen, als beide Kiefer wie eine riesige Schere weiter nach Achtern glitten, das Fahrzeug völlig entzweibissen und sich zwischen den beiden schwimmenden Wrackteilen im Wasser wieder fest schlossen. Diese trieben, die zerschmetterten Enden unter Wasser, seitwärts, die Mannschaft im Achterstück klammerte sich an die Dollborde und versuchte, die Riemen festzuhalten, um sie querüber anzulaschen.

Rauschend zog sich Moby Dick von seiner Beute zurück und stand nun, das längliche weiße Haupt senkrecht aus dem Wasser gestreckt, in einiger Entfernung auf und ab schaukelnd in der Dünung

Bereits im ersten Augenblick, noch bevor das Boot zerbarst, sobald der Wal sein Haupt aufrichtete und bei dieser Bewegung seinen Griff für einen Augenblick lockerte, hatte Ahab seine Absicht durchschaut. In diesem selben Augenblick hatten seine Hände mit einer letzten Anstrengung versucht, das Boot aus dem zubeißenden Rachen herauszustoßen; als es aber nur noch weiter in das Maul des Wales hineinrutschte und sich dabei auf die Seite legte, war der Halt an dem Kiefer seinen Händen entglitten, und er war, während er sich hinüberlehnte, hinausgefallen und kopfüber ins Wasser gestürzt.

Rauschend zog sich Moby Dick von seiner Beute zurück und stand nun, das längliche weiße Haupt senkrecht aus dem Wasser gestreckt, in einiger Entfernung auf und ab schaukelnd in der Dünung. Dabei wälzte er seinen ganzen spindelförmigen Körper langsam herum, sodass sich die hochsteigende Flut sprühend an seiner riesigen, zwanzig und mehr Fuß hoch aus dem Wasser gehobenen Stirn brach und ihren zerstiebenden Gischt noch höher in die Luft aufwarf. So fluten bei einem Sturm im Ärmelkanal die verblüffenden Wogen vom Fuß des Eddystone-Leuchtturmes zurück, nur um mit ihrem Gischt triumphierend hoch über seine Spitze hinwegzubranden.

Bald aber nahm Moby Dick wieder seine waagrechte Stellung ein und umkreiste schnell die schiffbrüchige Mannschaft, wobei er rachgierig sein Kielwasser aufrührte, als wolle er sich selbst zu einem neuen, tödlichen Angriff aufpeitschen. Der Anblick des zerschellten Bootes schien ihn zur Raserei zu bringen wie das Blut der Trauben und Maulbeeren, mit dem im Buch der Makkabäer die Elefanten des Antiochus getränkt wurden. Inzwischen erstickte Ahab beinahe in dem Gischt, den der Wal in seiner Wut mit der Schwanzflosse aufwühlte. Verkrüppelt, wie er war, vermochte er in einem solchen Strudel nicht zu schwimmen, sondern sich eben über Wasser zu halten. So sah man des hilflosen Ahab Haupt auf und ab schaukeln wie eine Blase, die der geringste zufällige Stoß zum Platzen bringen kann. Vom Heck des zertrümmerten Bootes schaute ihm Fedallah gleichmütig und gelassen zu. Die übrige Mannschaft, die sich auf dem anderen treibenden Ende festklammerte, vermochte ihm nicht zu helfen, da sie übergenug mit sich selbst zu tun hatte. Der kreisende Wal bot einen furchtbaren Anblick, und so geschwind drehte er seine immer enger werdenden Kurven, dass er gleichsam mit der Breitseite auf sie zuzukommen schien. Obgleich die anderen Boote noch unbeschädigt ganz in der Nähe warteten, wagten sie doch nicht, in den Strudel hineinzurudern, aus Angst, dies könne das Signal für den unmittelbaren Untergang der gefährdeten Schiffbrüchigen, Ahabs und aller anderen, bedeuten, ohne dass ihnen selbst die Hoffnung auf ein Entkommen blieb. Mit gespannten Blicken warteten sie also am äußersten Rand der Schreckensszene, deren Mittelpunkt nun der Kopf des Alten geworden war.

Inzwischen war von den Toppen des Schiffes aus das ganze Geschehen von Anfang an beobachtet worden. Die Männer hatten die Rahen der „Pequod" quergebrasst und waren auf die Szene zugelaufen. Jetzt befanden sie sich so dicht dabei, dass Ahab ihnen vom Wasser aus zurufen konnte: „Haltet auf den …" Aber in diesem Augenblick stürzte eine von Moby Dick aufgerührte Sturzsee über ihn weg und brachte ihn für einen Moment zum Schweigen. Indes gelang es ihm, wieder hochzukommen, und als er gerade von einem Wellenberg emporgehoben wurde, schrie er: „Haltet auf den Wal zu! Vertreibt ihn!"

Der Bug der „Pequod" wandte sich in den Zauberkreis und brachte ihn auf. So trennte sie tatsächlich den Weißen Wal von seinen Opfern. Während er widerwillig abzog, kamen die Boote eilig zu Hilfe.

Mit blutunterlaufenen, blinden Augen, das Gesicht von weißem Salz verkrustet, brach Ahab, dessen Körperkraft in langer Anstrengung zu sehr beansprucht worden war, zusammen, und hilflos wurde er von seiner Schwäche übermannt. Eine Zeit lang lag er zerschlagen auf dem Boden von Stubbs Boot, wie jemand, der unter die Füße einer Elefantenherde geraten ist. Zutiefst aus seinem Innern drang ein unsagbares Stöhnen wie verzweifelte Laute aus einer Schlucht des Gebirges.

Aber diese Heftigkeit seiner physischen Ermattung bewirkte nur, dass sie bald vorüberging. Die ganze Summe jener kleinen Leiden, die schwächere Menschen für die Dauer ihres Lebens bedrängen, verdichtet sich bei großen Geistern bisweilen in einem tiefen Schmerz. Und so sammelt sich, wenn es die Götter so bestimmen, in diesen Herzen im Lauf ihres Lebens das Leid eines ganzen Zeitalters, das sich, wenn auch in einem einzigen Leiden zusammengefasst, aus vielen einzelnen Schmerzen zusammensetzt, denn selbst im innersten Kern ihres Wesens enthalten diese edlen Naturen mehr als den ganzen Umfang ihres niederen Geistes.

„Die Harpune!" rief Ahab, indem er sich halb aufrichtete und sich auf seinen gekrümmten Arm stützte. „Ist die geborgen?"

„Aye, Sir. Sie ist ja nicht geworfen worden – hier ist sie", entgegnete Stubb und wies sie vor.

„Legt sie her! Jemand vermisst?"

„Eins, zwei, drei, vier, fünf – fünf Riemen waren es, Sir, und fünf Mann sind da."

„Gut. Hilf mir, Mann, ich will aufstehen. So. Ich seh ihn. Da ist er, leewärts geht er immer noch. Welch springender Strahl! Hände weg! Der unsterbliche Saft rinnt wieder durch Ahabs Gebein. Segel gesetzt, Riemen ausgelegt! Das Ruder!"

Es ist oft der Fall, dass die Mannschaft eines zertrümmerten Bootes in jenem, von dem sie aufgefischt wird, mitrudert, und dann geht die Jagd mit doppelt besetzten Riemen weiter. Das war auch jetzt so. Aber die so verstärkte Kraft des Bootes vermochte es der erhöhten Kraft des Wales nicht gleichzutun. Er schien seine Finnen verdreifacht zu haben und schwamm mit einer Schnelligkeit davon, aus der klar zu erkennen war, dass die Jagd, wenn man sie unter diesen Umständen fortsetzte, sich unabsehbar, wenn nicht gar aussichtslos in die Länge zog. Keine Mannschaft würde in der Lage sein, so lange Zeit ohne

Unterbrechung in diesem scharfen Tempo zu rudern, wie es nur auf eine kurze Strecke durchzuhalten ist. So bot das Schiff selbst, wie dies bisweilen vorkommt, die vorderhand aussichtsreichste Möglichkeit, die Jagd fortzusetzen. Also kehrten die Boote dorthin zurück und wurden alsbald in die Davits aufgeheißt – die beiden Stücke des zertrümmerten Bootes waren bereits vorher aufgefischt worden – und alles richtig an seinen Platz gebracht. Dann wurden, entsprechend den doppelt gegliederten Schwingen eines Albatros, bis oben hinauf jedes Stück Leinwand und seitwärts die Leesegel gesetzt, und die „Pequod" brauste in Moby Dicks Kielwasser vor dem Wind davon. In den wohlbekannten, regelmäßigen Abständen sangen die Ausguckposten den glitzernden Atemstrahl aus, und wenn die Meldung kam, er sei gerade weggetaucht, sah Ahab nach der Zeit und stelzte, die Uhr in der Hand, an Deck auf und ab. Sobald die letzte Sekunde der üblichen Stunde verstrichen war, hörte man ihn rufen: „Wem gehört dieses Mal die Dublone? Seht ihr ihn?" Und wenn die Antwort lautete: „Nein, Sir!" ließ er sich unverzüglich zu seinem Ausguckplatz hochhieven. So verging der Tag. Bald saß Ahab regungslos oben, bald stampfte er ruhelos über die Decksplanken.

Die ganze Summe jener kleinen Leiden, die schwächere Menschen für die Dauer ihres Lebens bedrängen, verdichtet sich bei großen Geistern bisweilen in einem tiefen Schmerz

Während er so stumm umherging und nur bisweilen die Männer oben anrief, ein Segel höher setzen oder ein anderes straffer anziehen ließ – während er so, den Hut in die Stirn gezogen, auf und ab stelzte, kam er bei jeder Wendung an seinem zertrümmerten Boot vorüber, das dort, den zerbrochenen Bug neben dem zersplitterten Heck, kieloben auf dem Achterdeck lag. Schließlich blieb er davor stehen, und wie bisweilen Wolken über einen bereits verdunkelten Himmel hochziehen, so verdüsterte sich des Alten Miene noch mehr.

Stubb sah ihn dort stehen, und nicht etwa aus Eitelkeit, sondern vielleicht in dem Gedanken, seine eigene unbeeinträchtigte Stimmung zu zeigen und sich bei seinem Kapitän eine gute Meinung zu sichern, trat er näher und rief mit einem Blick auf die Trümmer: „Die Distel, die der Esel verschmäht hat. Sie hat ihm sein Maul zu sehr zerstochen, Sir. Hahahaha!"

„Wer ist herzlos, über ein Wrack zu lachen? Mann, Mann! Wüsste ich nicht, dass du so tapfer bist wie eine furchtlose Flamme – und genauso gefühllos –, ich möchte wetten, du seiest ein Feigling. Vor einem Wrack sollte man weder jammern noch lachen."

„Aye, Sir", sagte Starbuck und trat herzu. „Das ist ein ernster Anblick. Ein Vorzeichen, und zwar ein böses."

„Vorzeichen? Vorzeichen? In meinem Lexikon steht das nicht! Wenn die Götter einem Menschen etwas unmittelbar sagen wollen, dann sprechen sie offen. Mit dem Kopf zu wackeln und zu tuscheln wie alte Weiber ist nicht ihre Art. Schert euch weg! Ihr beiden seid ein und derselbe mit entgegengesetzten Polen. Starbuck ist der umgekehrte Stubb, und Stubb ist Starbuck, und wie ihr beiden ist die ganze Menschheit. Ahab steht allein unter den Millionen, die die Erde bevölkern, weder Gott noch Mensch an seiner Seite. Kalt, kalt ist mir, mich schaudert. – Wie steht's? Ihr da oben! Sehr ihr ihn? Jeden Strahl aussingen, und wenn er zehnmal in der Sekunde bläst."

Der Tag war fast vergangen, nur der Saum seines Gewandes rauschte noch. Bald war es fast dunkel, aber die Männer im Ausguck wurden noch nicht herabgerufen.

„Kein Strahl mehr zu sehen, zu dunkel, Sir!“ rief eine Stimme von oben.

„In welcher Richtung zuletzt?“

„Wie immer, Sir – genau leewärts.“

„Gut, die Nacht über wird er langsamer ziehen. Oberbramsegel und Bramsegel wegnehmen, Mr. Starbuck. Wir dürfen ihn vor Tagesanbruch nicht übersegeln. Er ist jetzt auf der Wanderschaft und dreht vielleicht eine Weile bei. Rudergänger! Voll im Wind bleiben! Niederentern, ihr da oben! Mr. Stubb, schickt Ablösung in den Vortopp und sorgt, dass er bis zum Morgen besetzt bleibt.“

Dann ging er zu der Dublone am Großmast. „Jungs, dieses Goldstück ist mein, denn ich hab es mir verdient, aber ich lass' es hier, bis der Weiße Wal tot ist, und wer ihn an dem Tag, an dem er erlegt wird, als Erster ausmacht, der soll das Goldstück haben. Und wenn ich ihn auch an dem Tag wieder zuerst ausmache, dann soll die zehnfache Summe unter euch alle verteilt werden. Fort jetzt mit euch! Du übernimmst das Deck, Starbuck!“

Mit diesen Worten nahm er seinen Platz halbwegs im Achterluk ein und blieb dort, den Hut in die Stirn gezogen, bis zum Morgengrauen stehen. Nur von Zeit zu Zeit raffte er sich auf, um zu sehen, wie weit die Nacht fortgeschritten war. ■

Die Autoren

Douglas Noel Adams • Am liebsten widmete sich der 1952 in Cambridge geborene Autor den gefährdeten Tierarten, über die er mit dem Zoologen Mark Carwardine das Buch *Die Letzten ihrer Art* schrieb. Adams, der 1999 nach Kalifornien zog, schrieb nicht nur Science-Fiction-Romane, die auf den US-Bestsellerlisten standen; in seiner Multimediafirma entwickelte er auch das erfolgreiche Computerspiel *Starship Titanic.* Adams erlag 2001 einem Herzinfarkt.
Joy Adamson • Ende der 1950er-Jahre eroberte Joy Adamsons authentischer Roman *Frei geboren* die Bestsellerlisten. Jahrelang hatte die 1910 in Deutschland geborene Autorin mit ihrem Mann George in einem kenianischen Nationalpark gelebt und über ihre Erlebnisse mit dem Löwenbaby Elsa Tagebuch geführt. Das Ehepaar hatte das verwaiste Löwenjunge 1955 gefunden und drei Jahre lang großgezogen, bis es zu einer stattlichen Raubkatze herangewachsen war und in die Freiheit entlassen wurde. Anschaulich schildert Adamson die einzigartige Beziehung zwischen Mensch und Tier. Der Kampf des Ehepaars für die Freiheit eines der letzten Tierparadiese und gegen die Wilderer endete für beide tödlich: Joy wurde 1980 ermordet, ihren Mann George ereilte 1989 dasselbe Schicksal.
Otto Alscher • Die Tiergeschichten von Otto Alscher, der 1880 in Orschowa, einer Stadt an der Donau im westrumänischen Banat, geboren wurde, sind nur einem engeren Leserkreis vertraut. In Deutschland debütierte er 1917 mit dem Band *Die Kluft. Rufe von Menschen und Tieren,* dem 1928 *Tier und Mensch. Geschichten* folgte. Alscher starb 1944 in einem Internierungslager in Targu-Jiu. Im Mittelpunkt seiner Geschichten steht der Konflikt zwischen Natur und Mensch, zwischen Wildnis und oft zerstörerischer Zivilisation. Alschers scharfe Beobachtungsgabe und die lebendige Sprache lassen den Leser die Dramatik der Ereignisse miterleben, deren Hauptakteure – Bären, Wölfe, Luchse und Adler – sich in ihrem Überlebenskampf schließlich dem Menschen als überlegen erweisen.
Pascale Noa Bercovitch • Seit ihrer Kindheit lebt die Autorin in Israel und Frankreich. Obwohl sie mit 17 Jahren bei einem Autounfall beide Beine verlor, behielt sie ihren Lebensmut. Sie ging zur israelischen Armee, wurde Schwimmerin in der Behindertennationalmannschaft Israels und arbeitet heute als erfolgreiche Journalistin und Dokumentarfilmerin. Der literarische Durchbruch gelang Bercovitch mit dem Buch *Das Lächeln des Delphins*, in dem sie das Schicksal eines jungen, taubstummen Beduinen beschreibt, der durch die Freundschaft mit einem Delphin auf wundersame Weise geheilt wird. Auch der Band *Die Botschaft der Tiere* erzählt von erstaunlichen Begegnungen mit Tieren.
Alfred Edmund Brehm • *Brehms Tierleben* zählt zweifelsohne zu den am meisten verbreiteten Standardwerken über die Tierwelt und begründete den Ruhm des 1829 in Renthendorf (Thüringen) geborenen Zoologen. Nach dem Studium unternahm Brehm ausgedehnte Forschungsreisen. Von 1863 bis 1866 war Brehm Direktor des Hamburger zoologischen Gartens. 1869 gründete er das Berliner Aquarium, das er bis 1874 leitete. Großer Beliebtheit beim Publikum erfreuten sich auch Brehms zahlreiche Reiseberichte, aber Berühmtheit erlangte er mit seinem 6-bändigen *Tierleben,* das zwischen 1864 und 1869 erschien und Generationen von Tierfreunden begeisterte. Brehm starb 1884 in seinem Heimatort Renthendorf.
Peter Browne • Er wurde 1924 in Hampstead, London, geboren und verfasste als Schriftsteller zahlreiche Erzählungen, in deren Mittelpunkt neben seiner Leidenschaft, dem Fliegen, die Erlebnisse mit Tieren stehen. Peter Browne, der für Reader's Digest über 200 Beiträge verfasste, lebt heute in Twickenham bei London.
Elisabeth Castonier • Die 1884 in Dresden geborene Schriftstellerin verbrachte ihre Jugend in Paris und Berlin. 1938 emigrierte sie nach England, wo sie für verschiedene Zeitungen und Zeitschriften schrieb. Bekannt wurde sie durch ihre einfühlsamen Erzählungen vom Zusammenleben von Menschen und Tieren, die 1959 unter dem Titel *Mill Farm* erschienen. Elisabeth Castonier, die auch teils autobiographische Romane (*Das vergessene Haus*, 1959) sowie Kinderbücher verfasste, starb 1975 in München.
Vitus B. Dröscher • Seit Jahrzehnten ist der erfolgreiche Tierschriftsteller einem breiten Leserkreis durch seine zahlreichen Publikationen und Fernsehserien vertraut. Die Bücher des 1925 in Leipzig geborenen Zoologen, der seit 1954 als Wissenschaftsjournalist das Verhalten der Tiere erforscht, wurden in über 17 Sprachen

übersetzt; zu den bekanntesten zählen u. a. *Nestwärme. Wie Tiere Familienprobleme lösen* (1982), *Geniestreiche der Schöpfung* (1986), *Sie turteln wie die Tauben* (1988) und *Rettet die Elefanten Afrikas* (1990). Die Fähigkeit, Zusammenhänge und Fakten spannend zu vermitteln, zeichnet auch Dröschers Fernsehserien aus, wie etwa *Afrikanische Tierwelt, Tiere hinter Zäunen, Auf der Suche nach den letzten Wildtieren Europas.* Vitus B. Dröscher lebt heute in Hamburg.

Gerald Durrell • 1925 in Jamshedpur, Indien, geboren, kehrte Durrell mit seinen Eltern 1928 nach England zurück, die Familie zog aber bald darauf auf die griechische Insel Korfu. Seit 1947 leitete Durrell zahlreiche Expeditionen. 1958 erfüllte sich Durrell einen Traum – er gründete auf der Kanalinsel Jersey seinen Zoo, der vom Aussterben bedrohten Tierarten als Überlebensstation dient. In der Öffentlichkeit machten ihn nicht nur seine Tierbücher berühmt, er drehte auch erfolgreiche Fernsehserien über das Leben der Tiere. Besondere Bekanntheit erlangte Durrell mit dem Band *Meine Familie und anderes Getier*, eine Sammlung heiterer Geschichten über die Erlebnisse mit verschiedensten Tieren.

Gustav Eckstein • Der 1890 in Cincinatti, Ohio, geborene Arzt widmete sich auch dem Verhalten der Tiere und verfasste zahlreiche Tiergeschichten, darunter ein Buch über eine Familie von Kanarienvögel (1937). Eckstein starb 1981.

Marie von Ebner-Eschenbach • Die bedeutendste Erzählerin des 19. Jahrhunderts wurde 1830 als Gräfin Dubsky auf Schloss Zdislawitz in Mähren geboren. 1848 heiratete sie ihren Vetter, Freiherr von Ebner-Eschenbach. Nach ersten lyrischen und dramatischen Versuchen widmete sie sich der erzählenden Prosa, in deren Mittelpunkt Szenen und Gestalten des Adels, des Kleinbürgertums und der Dorfwelt stehen. Kennzeichnend sind ihre tiefe Menschenkenntnis, ihr liebenswürdiger Humor und der Glaube an menschliche Güte. Bekanntheit erlangte sie mit der Erzählung *Lotti, die Uhrmacherin* (1889) und ihren Tiergeschichten, z. B. *Krambambuli*, die 1883 in den *Schloss- und Dorfgeschichten* erschien. Marie von Ebner-Eschenbach starb 1916 in Wien.

Jack Fincher • Der US-Autor wurde 1930 in Bonham, Staat Texas, geboren und war nach dem Journalistik-Studium als Reporter für verschiedene Zeitschriften, darunter *Life Magazine*, *Human Behavior* und *Reader's Digest*, tätig. Neben Sachbüchern über menschliche Intelligenz und das Schicksal von Linkshändern verfasste Fincher auch zahlreiche Drehbücher. Er starb 2003 in Los Angeles.

Otto von Frisch • Schon früh zeigte der 1929 in München geborene Otto von Frisch lebhaftes Interesse an Tieren, das durch Besuche im Zoo und die Arbeit seines Vaters Karl von Frisch, eines berühmten Tierforschers, gefördert wurde. Otto von Frisch wurde auch Zoologe, erforschte die Vogelwelt und widmete sich besonders den bedrohten heimischen Tierarten. Er publizierte zahlreiche Bücher, z. B. *Tausend Tricks der Tarnung*, das 1973 den Deutschen Jugendliteraturpreis erhielt. Seine Geschichten, in denen sich Erzähllust mit genauer Beobachtungsgabe verbinden, zeichnen sich durch Anschaulichkeit, Humor und die Fähigkeit aus, das Interesse für die Natur und den verantwortungsvollen Umgang mit den Tieren und Pflanzen zu wecken.

Horst Füller • Der Zoologe lehrte an der Universität Jena und war Mitverfasser des Bandes über die wirbellosen Tiere aus der 1969 erschienenen Reihe „Urania Tierreich“ sowie Autor des Buches *Das Bild der modernen Biologie* (1980). Er verfasste auch populärwissenschaftliche Bücher, darunter *Die Schönheit der Tiere,* in dem er anschaulich über die Anpassungs- und Überlebensstrategien der Tiere berichtet.

Willi Glasauer • Der 1938 in Strbro, Tschechien, geborene Autor entdeckte seine zeichnerische Begabung, als er während der Schulzeit Karikaturen seiner Lehrer anfertigte. Nach dem Studium an der Kunsthochschule in Mainz begann Willi Glasauer seine Tätigkeit als Buchillustrator von Kinder- und Jugendbüchern. Für seine poetisch erzählenden und lebendigen Illustrationen erhielt Glasauer, der heute abwechselnd in Berlin und in Südfrankreich lebt, zahlreiche Preise und Auszeichnungen.

Jane Goodall • 1934 in London geboren, begann sie 1960 im Gombe-Reservat in Nordtansania ihre langfristigen Verhaltensstudien an frei lebenden Schimpansen. Neben ihrer Arbeit studierte sie in Cambridge vergleichende Verhaltensforschung und promovierte 1963. Ihre Forschungen erregten international Aufsehen und wurden in dem Buch *Wilde Schimpansen* (1971) zusammengefasst, das zu einem Bestseller aufstieg und in 48 Sprachen übersetzt wurde. Jane Goodall ist Verfasserin zahlreicher Artikel und Bücher und hielt als Gastprofessorin Vorlesungen an den renommiertesten Universitäten in aller Welt.

Bernhard Grzimek • Der 1909 in Neiße geborene Zoologe erfreute sich in der Öffentlichkeit einer Bekanntheit, wie sie wohl nur wenigen Tierforschern zuteil wurde. Dazu trugen seine zahlreichen Bücher, Vorträge, Dokumentarfilme und Fernsehsendungen bei, in denen er sich leidenschaftlich für den Naturschutz und die Erhaltung frei lebender Tiere einsetzte. Seine Bücher *Kein Platz für wilde Tiere* (1954), *Serengeti darf nicht sterben* (1959) und *Wildes Tier – Weißer Mann* wurden zu Bestsellern und die TV-Serie *Ein Platz für Tiere* erreichte Millionen Tier- und Naturfreunde jeden Alters. Bernhard Grzimek leitete von 1945 bis 1974 den Frankfurter Zoo und war 1969–1973 Naturschutzbeauftragter der Bundesregierung. Der berühmte Zoologe war auch Herausgeber des 16-bändigen Standardwerks *Grzimeks Tierleben* sowie der fünf Bände umfassenden *Grzimeks Enzyklopädie der Säugetiere*. Grzimek starb 1987 in Frankfurt am Main.

James Herriot • Leser in aller Welt denken bei der Erwähnung des Namens Yorkshire nicht nur an die englische Grafschaft, sondern auch an den Autor, der sie unsterblich gemacht hat: James Herriot. Dabei stammt der schreibende Tierarzt, der eigentlich James Wight heißt und 1916 geboren wurde, aus Glasgow. Nach dem Studium ließ er sich in Yorkshire nieder und eröffnete eine Tierarztpraxis. Von seinem Alltag als Tierarzt und von der bezaubernden Landschaft Yorkshires berichtet der warmherzig-humorvolle Erzähler in seinen Büchern, die in über 60 Millionen Exemplaren verkauft wurden. Auf Deutsch erschienen u. a. *Von Zweibeinern und Vierbeinern, Ein jegliches nach seiner Art, Der Tierarzt kommt* und *Der Doktor und das liebe Vieh*. James Herriot starb 1995 in Thirst, Yorkshire.

Nigel Hinton • Der 1941 geborene und in London aufgewachsene Autor trat zunächst als Verfasser viel beachteter Kinder- und Jugendbücher hervor. Erst nach dem Umzug in die Grafschaft Kent lernte Hinton die Schönheit und Vielfalt der Natur in seiner Umgebung kennen. Aus dem neu erwachten Interesse für das Leben und die Vorgänge in der Natur entstand *Im Herzen des Tals,* Hintons erstes Buch für Erwachsene, das schon bald eine breite Leserschaft fand und in viele Sprachen übersetzt wurde. Heute lebt Nigel Hinton in Kent, unweit von jenem Tal, das ihm als Vorbild zu seinem Buch über die Heckenbraunelle diente.

Hugo van Lawick-Goodall • Er wollte zwei Jahre in Afrika bleiben, doch aus Liebe zur Natur und den Tieren Afrikas wurden es 42 Jahre, die Baron Hugo van Lawick-Goodall bis zu seinem Tod 2002 in seiner Wahlheimat verbrachte. Die erste Begegnung mit Afrika fand 1959 statt, als van Lawick, 1937 in Surabaja, Indonesien, geboren, als Kameramann nach Tansania reiste, um einen Dokumentarstreifen zu drehen. Hier lernte er auch die Forscherin Jane Goodall kennen, die er 1964 heiratete. Zusammen unternahmen sie zahlreiche Verhaltensstudien an den Wildtieren Afrikas und veröffentlichten auch Bücher, darunter 1970 den Band *Unschuldige Mörder*. Auch nach seiner Scheidung von Jane Goodall 1974 setzte er seine Tätigkeit als Fotograf und Kameramann fort und arbeitete viele Jahre für „National Geographic".

Jack London • Der 1876 in San Francisco als uneheliches Kind geborene US-Autor führte ein abenteuerliches Leben als Fabrikarbeiter, Landstreicher, Matrose und als Goldsucher in Alaska. Seine Eindrücke aus dem rauen Milieu der Goldgräber im hohen Norden verarbeitete er in Kurzgeschichten, mit denen ihm der literarische Durchbruch gelang. Von besonderer Meisterschaft in der Darstellung des harten Existenzkampfs zeugen seine in der Arktis spielenden Tiergeschichten und Romane, z. B. *Der Sohn des Wolfs* (1900), *Der Ruf der Wildnis* (1903), sowie der Roman *Wolfsblut* (1907), die Geschichte des Wolfshundes, dem von der Mutter her noch die Treue zum Menschen im Blut liegt und der seine Wolfsnatur zum Schutz des Menschen einsetzt. Seine *Südseegeschichten* (1911) gehen auf die Erlebnisse und Abenteuer während einer Südseereise an Bord des eigenen Schiffs zurück. Jack London beging 1916 Selbstmord.

Hermann Löns • Der 1866 in Culm (Westpreußen) geborene Sohn eines Gymnasiallehrers studierte Naturwissenschaften und Medizin, war danach als Journalist tätig und ließ sich in Hannover als freier Schriftsteller nieder. Er meldete sich 1914 als Freiwilliger und fiel im selben Jahr bei Reims. Popularität gewann Löns durch seine Naturlyrik sowie durch Tier- und Landschaftsschilderungen, in deren Mittelpunkt vor allem die Lüneburger Heide steht. Aus der Bindung an die norddeutsche Landschaft und ihre Bewohner entstanden Heide- und Liebeslyrik (*Der kleine Rosengarten,* 1911) und empfindsame Tiergeschichten mit meisterhaften Naturschilderungen, die 1909 im Band *Mümmelmann* erschienen.

Konrad Lorenz • Den österreichischen Verhaltensforscher machten vor allem seine Untersuchungen an den Graugänsen berühmt, da er es treffend verstand, die neuesten Erkenntnisse zum Verhalten der Tiere anschaulich, spannend und humorvoll auch einem Laienpublikum zu vermitteln. Konrad Lorenz wurde 1903 in Wien geboren und studierte Medizin und Zoologie. Ab 1940 lehrte und forschte er an verschiedenen Universitäten und Instituten. Nach der Emeritierung 1973 war er in der Forschungsstation Grünau in Oberösterreich tätig. Sein Hauptinteresse lag im Studium der angeborenen und erworbenen Anteile im Verhalten höherer Tiere, wobei er sich jahrzehntelang den Graugänsen widmete. Zu seinen bekanntesten Publikationen zählen *Er redete mit dem Vieh, den Vögeln und den Fischen* (1949), in dem auch der berühmte Bericht *Das Gänsekind Martina* enthalten ist, sowie *Das Jahr der Graugans* (1979). Für seine wissenschaftlichen Verdienste erhielt er 1973 den Nobelpreis für Medizin/Physiologie. Konrad Lorenz starb 1989 in seiner Heimatstadt Wien.
Jeremy Lucas • Der engagierte Journalist und Tierfreund setzt sich für den Schutz der gefährdeten Meeresbewohner ein. Auf ein breites Echo stießen seine Bücher über den Überlebenskampf der Killerwale und über die Robben.
Mark Twain • Er hieß eigentlich Samuel Longhorn Clemens und wurde 1835 in Florida, im US-Staat Montana, geboren. Er arbeitete als Setzerlehrling, war Lotse auf dem Mississippi, später Goldgräber in Nevada und Journalist in San Francisco. Mit seinem ersten Erzählband *Der berühmte Springfrosch der Provinz Calaveras* gelang ihm 1867 der literarische Durchbruch. Die humorvollen, oft ironischen Geschichten erweisen ihn als genauen Beobachter menschlicher Schwächen und als Meister des kurzen Genres. Internationale Anerkennung brachten ihm die Romane *Die Abenteuer Tom Sawyers* (1876) und *Die Abenteuer Huckleberry Finns* (1884), in denen er Fragen wie Zivilisation und Freiheit, Sklaverei und Mitmenschlichkeit beleuchtet und ein realistisches Bild vom Amerika seiner Zeit entwirft. Mark Twain unternahm auch ausgedehnte Reisen durch Europa und fasste seine Eindrücke und Erlebnisse in heiteren und humorvollen Reisebüchern zusammen, die 1879 unter dem Titel *Bummel durch Europa* erschienen.
Herman Melville • Das an Abenteuern reiche Leben des amerikanischen Erzählers spiegelt sich auch in seinem Werk wider. Er wurde 1819 in New York als Sohn eines wohlhabenden Kaufmanns geboren und heuerte nach der Schulzeit als 20-Jähriger auf einem Schiff nach Liverpool an. 1841 fuhr er auf dem Walfänger „Acushnet" zur Südsee, desertierte im Jahr darauf auf den Marquesas-Inseln, gelangte nach Tahiti und Hawaii und kehrte 1844 nach Amerika zurück. Danach ließ er sich als Zollinspektor in New York nieder, wo er 1891 auch starb. Melvilles Südseegeschichten, darunter *Taipeh* (1846) und *Omoo* (1847), in denen er eigene Erlebnisse verarbeitete, begründeten seinen literarischen Ruhm. Sein Hauptwerk ist aber der 1851 erschienene Roman *Moby Dick oder Der weiße Wal* (1851), die hoch dramatische Geschichte vom verzweifelten Kampf des von Rache besessenen Kapitäns Ahab gegen den Riesenwal.
Liam O'Flaherty • Der 1897 in Aran Islands geborene irische Schriftsteller ist ein Meister der Kurzgeschichten und Erzählungen, dennoch gelang ihm der Durchbruch mit einem Roman – 1925 erschien *Die Nacht nach dem Verrat,* eine Auseinandersetzung mit den politischen Ereignissen in Dublin im frühen 20. Jahrhundert. In seinen Romanen, darunter *Verdammtes Gold* (1929), *Hungersnot* (1937), *Skerrett* (1932), und Erzählungen, deren Stoff aus der irischen Geschichte und Gegenwart gegriffen ist, setzt er sich mit dem Freiheitskampf der Iren auseinander. Liam O'Flaherty starb 1984 in Dublin.
Penny Porter • Erlebnisse mit Tieren auf ihrer Farm im US-Staat Arizona bilden den Stoff für die Geschichten, die die ehemalige Lehrerin bekannt machten. Ihre Geschichten, in denen es um die enge Bindung zwischen Mensch und Tier geht, erschienen in zahlreichen Zeitschriften. Seit 18 Jahren ist Penny Porter, die heute als freischaffende Schriftstellerin in Tucson, Arizona, lebt, auch Reader's Digest-Autorin.
Reinhard Radke • Von Haus aus ist Reinhard Radke, Jahrgang 1948, Elektroingenieur, doch die Liebe zu Afrika und seiner Tierwelt bewog ihn, auch Biologie und Ökologie zu studieren. Während eines längeren Aufenthalts in Kenia fing er an, zunächst Filme zu drehen. Radke, der ab 1992 als einziger fest angestellter Tierfilmer des ZDF tätig ist, prägte entscheidend dessen erste regelmäßige Tierfilmsendung „Naturzeit". Neben eindrucksvollen Tierfilmen schrieb er auch Bücher, z. B. *Krokodile – Expeditionen zu den Erben der Saurier* (2002). Reinhard Radke, der auch für die renommierte Fernsehanstalt

BBC unterwegs war, zählt zu den weltweit führenden Tierfilmern. Dies belegen neben zahlreichen Preisen auch die Nominierung im Jahr 2000 für einen „Tierfilm-Oskar" für den Streifen *Weltwunder Serengeti – die Suche nach dem Paradies* auf dem Wildscreen Festival in Bristol.

Mazo de La Roche • Die kanadische Romanautorin wurde 1879 in Newmarket, Ontario, geboren und wuchs auf der väterlichen Farm in Ontario auf. Nach dem Studium und einem 10-jährigen Aufenthalt in England kehrte sie 1940 nach Toronto, Kanada, zurück, wo sie 1961 starb. Ihr Hauptwerk, die 15 Romane umfassende Familienchronik der Whiteoaks auf ihrem Landsitz Jalna, erzählt das ergreifende Schicksal eines kanadischen Kolonistengeschlechts.

Peter Rosegger • 1843 in Alpl bei Krieglach geboren, blieb der Sohn eines armen Gebirgsbauern der Obersteiermark eng verbunden und verewigte sie als „Waldheimat" im gleichnamigen autobiographischen Werk sowie in seiner erfolgreichen Sammlung *Als ich noch der Waldbauernbub war* (1900–1902). Nach einer Lehre bei einem Schneider, mit dem er über drei Jahre umherzog, holte er die Schulbildung nach; gleichzeitig erschienen seine ersten literarischen Versuche im Stil der beliebten Volkskalendergeschichten im *Grazer Volkskalender*. 1876 gründete er in Graz die Monatsschrift *Heimgarten*, deren Leitung er bis zu seinem Tod 1918 innehatte. Der viel gelesene volkstümliche Erzähler schildert humorvoll und mit viel Zuneigung Landschaft, Menschen und Sitten seiner Heimat. Besonderen Anklang fanden Roseggers leicht mundartlich gefärbte Werke wie *Waldheimat* (1877), *Die Schriften des Waldschulmeisters* (1875) sowie die *Idyllen aus einer untergehenden Welt* (1899).

Franklin Russell • 1926 in Christchurch, Neuseeland, geboren, kam Russell 1963 in die USA, wo er als Autor von Kinder- und Jugendbüchern bekannt wurde, in denen es um bedrohte Tierarten und das Verhalten der Tiere geht. Russell lebt heute in East Hampton, Staat New York.

George B. Schaller • Der amerikanische Zoologe wurde 1933 in Berlin geboren und lebt seit 1947 in den USA. Schaller, einer der herausragendsten Tierforscher der Gegenwart, unternahm zahlreiche Expeditionen, um das Verhalten der Tiere in ihrer natürlichen Umgebung zu beobachten. Den Schwerpunkt seiner Arbeit bildet das Studium der vom Aussterben bedrohten Gorillas Afrikas und der Pandabären in China. Dank seines Engagements zur Erhaltung der Lebensbedingungen der Pandas konnten wirkungsvolle Maßnahmen für den Schutz und das Überleben dieser äußerst scheuen Tiere getroffen werden.

Rüdiger Schmidt • Der 1953 geborene Autor arbeitet als Chirurg in Elsfleth. Er überwinterte als Arzt zweimal für jeweils 15 Monate auf der Georg-von-Neumayer-Forschungsstation in der Antarktis und verfasste für die Zeitschrift GEO mehrere Reportagen, unter anderem über die Pinguine und über das Leben unter den extremen Bedingungen am südlichsten Kontinent.

Heinz Sielmann • Der leidenschaftliche Tierfilmer und Naturschützer, dessen Filme weit über Deutschland hinaus bekannt sind und ihm internationale Anerkennung verschafften, wurde 1917 in Rheydt geboren und veröffentlichte bereits mit 21 Jahren seinen ersten Tierfilm. 1954 gelangen Sielmann Aufsehen erregende Bilder mit dem Filmwerk *Die Zimmerleute des Waldes*, als er das Leben im Inneren einer von Spechten bewohnten Baumhöhle festhielt. In den folgenden Jahrzehnten drehte er zahllose Dokumentarfilme sowie Fernsehserien. So etwa erreichte die in der ARD von 1959 bis 1991 ausgestrahlte Serie *Expeditionen ins Tierreich* über 170 Folgen, und ab 1993 entstand der „Heinz-Sielmann-Report". Außerdem verfasste der begeisterte Tierschützer zahlreiche Bücher, wie z. B. *Expeditionen ins Tierreich* (1980), *Die stille Jagd mit der Kamera* (1986), *Sielmanns Tierwelt* (1991). Sielmann lebt heute in München.

Émile Zola • Der führende Vertreter des europäischen Naturalismus in der Literatur wurde 1840 in Paris geboren, verbrachte aber Kindheit und Jugend in Aix-en-Provence. 1866 ließ er sich als Schriftsteller wieder in Paris nieder. Sein Hauptwerk, das auch seinen Weltruhm begründete, ist der 20 Bände umfassende und zwischen 1871 und 1893 erschienene Romanzyklus *Rougon Macquart*, in dem er anhand des Verfalls einer Familie über fünf Generationen hinweg ein umfassendes Bild der französischen Gesellschaft während des Zweiten Kaiserreichs entwirft. Zu dem Zyklus gehört u. a. neben *Nana* (1880) auch *Germinal* (1885), in dessen Mittelpunkt die Welt der Bergleute steht. Großen Ruhm gewann Zola 1898 durch sein mutiges Eintreten in der Dreyfusaffäre: Mit seinem offenen Brief *J'accuse* gelang es ihm, die Begnadigung des Angeklagten Dreyfus zu erwirken. Der gefeierte Schriftsteller starb 1902 in Paris.

Quellennachweis

Adams, Douglas: Besuch bei den Berggorillas; Hier Hühner, aus: Douglas Adams, Mark Carwardine, „Die Letzten ihrer Art“, Wilhelm Heyne Verlag, München 1997, © 2003 by Rogner & Bernhard, Hamburg.
Adamson, Joy: *Die Löwin Elsa,* aus: W. Topsch (Hg.), „Von Wölfen und anderen Tieren“, K. Thienemann, 1986, für die Bearbeitung © 1986 by Thienemann Verlag (Thienemann Verlag GmbH), Stuttgart–Wien; © 1996 für die deutsche Ausgabe Ullstein Verlag, Ullstein Heyne List GmbH & Co. KG München.
Alscher, Otto: *Die Bärin; Mein Freund Walter, der Uhu,* aus: Otto Alscher, „Die Bärin“, Verlag Natur & Text, Rangsdorf 2000, © 2000 by Verlag Natur & Text, Rangsdorf; *Der Furchtbare,* aus „Die schönsten Tiergeschichten der Welt“, Kriterion Verlag, Bukarest 1974, © 2003 by Helga Korodi, Würzburg.
Bercovitch, Pascale Noa: *Die Botschaft der Tiere; Der Wolf der Abruzzen,* aus: Pascale Noa Bercovitch, „Die Botschaft der Tiere“, Ullstein Verlag, München 2001, © 2001 für die deutsche Ausgabe Ullstein Verlag, Ullstein Heyne List GmbH & Co. KG München.
Brehm, Alfred: *Die Löwin Bachida,* aus: „Die schönsten Tiergeschichten der Welt“, Delphin Verlag GmbH, München und Zürich 1984.
Browne, Peter: *Ein Igel kam zum Abendbrot,* aus: „Aus dem Leben der Tiere“, Reader's Digest Stuttgart, Zürich, Wien 1984, © 1984 Reader's Digest – Deutschland, Schweiz, Österreich, Verlag Das Beste GmbH – Stuttgart, Zürich, Wien.
Castonier, Elisabeth: *Rigoletto; Enten in der Badewanne; Pollykeye,* aus: Elisabeth Castonier, „Mill Farm. Menschen und Tiere unter einem Dach“, Herbig, München 1984, © by Langen Müller Verlag in der F. A. Herbig Verlagsbuchhandlung GmbH, München.
Dröscher Vitus B.: *Die singenden Wale von Hawaii,* aus: Hans Christian Meiser, „Und Gott schuf große Walfische“, Rowohlt 1995; *Meine Freunde – die Elefanten,* aus: Vitus B. Dröscher, „Rettet die Elefanten Afrikas“, Rasch und Röhring Verlag, Hamburg 1990, © 2003 für die Beiträge by Vitus B. Dröscher.
Durrell, Gerald: *Leben in der Mauer,* aus: Gerald Durrell, „Meine Familie und anderes Getier“, Ullstein, Frankfurt/M., Berlin 1989, © 2003 by Agence Hoffman GmbH, München, © 1989 für die deutsche Ausgabe Ullstein Verlag, Ullstein Heyne List GmbH & Co. KG München.
Ebner-Eschenbach, Marie von: *Krambambuli,* aus: Marie von Ebner-Eschenbach, „Eine Auswahl aus ihren Werken“, Karl Rob. Langewiesche Verlag, Königstein 1953.
Eckstein, Gustav: *Meine Kanarienvögel,* aus: „Aus dem Leben der Tiere“, Reader's Digest – Deutschland, Schweiz, Österreich, Verlag Das Beste GmbH – Stuttgart, Zürich, Wien 1984.
Fincher, Jack: *Ein Köter namens Meko,* © 2003 Reader's Digest – Deutschland, Schweiz, Österreich, Verlag Das Beste GmbH – Stuttgart, Zürich, Wien.
Frisch, Otto von: *August; Der Ameisenkrieg; Der Käpten und die alte Fregatte; Eine gar nicht dumme Gans; Thea, die Schildkröte,* aus: Otto von Frisch, „Spaziergang mit August“, Fischer Taschenbuchverlag, Frankfurt/M. 1995, © Piper Verlag GmbH, München 1989.
Füller, Horst: *Betrachtungen zur Schönheit des Pfaus,* aus: Horst Füller, „Die Schönheit der Tiere“, Urania Verlag, Leipzig, Jena, Berlin 1995, © 2003 by Verlagsgruppe Dornier, Berlin.
Glasauer, Willi: *Der Salamander-Treff,* © 2003 Willi Glasauer.
Goodall, Jane: *Mein Leben mit Schimpansen,* aus: Jane Goodall, „Mein Leben mit Schimpansen“, Rowohlt, Reinbek bei Hamburg 1991, © 2003 by Agence Hoffman GmbH, München.
Grzimek, Bernhard: *Viel verkannt. Der Dachs,* aus: W. Topsch (Hg.), „Von Wölfen und anderen Tieren“, K. Thienemann, Stuttgart – Wien 1986, für die Bearbeitung © 1986 by Thienemann Verlag (Thienemann Verlag GmbH), Stuttgart – Wien, Originalausgabe: Bernhard Grzimek, „Zwanzig Tiere und ein Mensch“; *Tigerschicksale,* aus: Bernhard Grzimek, „Vom Grizzlybär zur Brillenschlange“, Kindler Verlag, München 1979, © 1956 mit freundlicher Genehmigung des Droemer Verlages.
Herriot, James: *Der Tierarzt kommt,* aus: James Herriot, „Der Tierarzt kommt“, dt. Übers. von Helmut Kossodo, Rowohlt, Reinbek bei Hamburg 1979, © 1979 Rowohlt Verlag GmbH, Reinbek bei Hamburg.
Hinton, Nigel: *Im Herzen des Tals,* aus: Reader's Digest, Juni 1989, © Reader's Digest – Deutschland, Schweiz, Österreich, Verlag Das Beste GmbH – Stuttgart, Zürich, Wien.
Lawick-Goodall, Hugo van: *Wildhunde – Nomaden der Steppe; Unschuldige Mörder – Goldschakale,* aus: Hugo und Jane van Lawick-Goodall, „Unschuldige Mörder. Bei den Raubrudeln in der Serengeti“, Rowohlt, Reinbek bei Hamburg 1979; Copyright für die deutsche Übersetzung von Margaret Carroux © 1972 by Rowohlt Verlag GmbH, Reinbek bei Hamburg.
London, Jack: *Von Wölfen gejagt,* aus: Jack London, „Wolfsblut“, deutsch von M. Laue, © für die deutsche Übersetzung Paul List Verlag München.
Löns, Hermann: *Der Alte vom Berge,* aus: „Die schönsten Tiergeschichten der Welt“, Kriterion Verlag, Bukarest 1974; *Das Eichhörnchen,* aus „Das Leben der Tiere in 46 Meistererzählungen“, Südwest Verlag, München 1974.
Lorenz, Konrad: *Das Gänsekind Martina,* aus: Konrad Lorenz, „Er redete mit dem Vieh, den Vögeln und den Fischen“, © 1983 Deutscher Taschenbuch Verlag München, © für die Bearbeitung by Thienemann Verlag (Thienemann Verlag GmbH), Stuttgart – Wien.

Lucas, Jeremy: *Sabre lernt,* aus: Hans Christian Meiser (Hg.), „Und Gott schuf große Walfische", Rowohlt 1995; Copyright © 2003 by Philo Verlagsgesellschaft mbH, Berlin.
Mazo de la Roche: *Das neunte Leben,* aus: Sybil Gräfin Schönfeldt (Hg.), „Samt und Krallen", Arena Verlag, Würzburg 1982.
Melville, Herman: *Moby Dick,* aus: Herman Melville, „Moby Dick oder Der Wal", Übersetzung ins Deutsche von Richard Mummendey, © Patmos Verlag GmbH & Co. KG/Artemis & Winkler Verlag, Düsseldorf/Zürich.
O'Flaherty, Liam: *Das alte Jagdpferd,* aus: Liam O'Flaherty, „Tiergeschichten", aus dem Englischen von Elisabeth Schnack, Diogenes Verlag AG Zürich, Copyright © 1979 Diogenes Verlag AG Zürich.
Porter, Penny: *Butterblume; Mit ein bisschen Glück,* Copyright © 2003 by Reader's Digest – Deutschland, Schweiz, Österreich, Verlag Das Beste GmbH – Stuttgart, Zürich, Wien.
Poulain, Nicolas: *Ein Hase im Haus,* aus: Reader's Digest, September 1978; Copyright © 2003 by Reader's Digest – Deutschland, Schweiz, Österreich, Verlag Das Beste GmbH – Stuttgart, Zürich, Wien.
Radke, Reinhard: *Sprunggewaltig und elegant – Impalas in der Savanne,* Copyright © 2003 by Reinhard Radke.
Rosegger, Peter: *Ameisen als Mörder, Geschichten vom Hektor,* aus: Peter Rosegger, „Tiergeschichten", L. Staackmann Verlag KG, München.
Russell, Franklin: *Der Elch und die Wölfe,* aus: Reader's Digest, Januar 1979; Copyright © 2003 by Reader's Digest – Deutschland, Schweiz, Österreich, Verlag Das Beste GmbH – Stuttgart, Zürich, Wien.
Schaller, George B.: *Die Seele des weißen Bären,* aus: „Die Seele des weißen Bären. Geschichten aus dem Reich der Tiere", Hoffmann und Campe, Hamburg 1998, Copyright © 1998 by Hoffmann und Campe Verlag, Hamburg.
Schmidt, Rüdiger: *Wo der Kaiser zu Fuß geht,* aus: „Die Seele des weißen Bären. Geschichten aus dem Reich der Tiere", Hoffmann und Campe, Hamburg 1998, Copyright © 1998 by Hoffmann und Campe Verlag, Hamburg.
Sielmann, Heinz: *Die Spechte – Zimmerleute des Waldes,* aus: W. Topsch (Hg.), „Von Wölfen und anderen Tieren", K. Thienemann, Stuttgart – Wien 1986, für die Bearbeitung © 1986 by Thienemann Verlag (Thienemann Verlag GmbH), Stuttgart – Wien.
Twain, Mark: *Der berühmte Springfrosch von Calaveras,* aus: Mark Twain, „Gesammelte Werke in zwei Bänden", 2. Bd., herausgegeben von Klaus-Jürgen Popp, Übersetzung von Lore Krüger, © 1971 Carl Hanser Verlag, München – Wien; *Ich kaufe einen mexikanischen Buschklepper,* aus: Mark Twain, „Gesammelte Werke in zehn Bänden", Band 1: „Durch dick und dünn", S. 174–181, Übersetzung Hans J. Schütz, © Insel Verlag Frankfurt 1985.
Zola, Émile: *Das Katzenparadies,* aus: „Die schönsten Tiergeschichten der Welt", Kriterion Verlag, Bukarest 1974.

Trotz sorgfältiger Bemühungen war es nicht möglich, für alle Beiträge die Rechteinhaber zu ermitteln. Etwaige Rechteinhaber werden daher gebeten, sich direkt an den Verlag zu wenden.

BILDNACHWEIS

Fotos
8 Delphoto/Premium; **14** Rosing/Mauritius; **30/31** Pölking/Picture Press; **38/39** Sohns/IFA-Bilderteam; **44** Wolf/IFA-Bilderteam; **56/57** Giel/IFA-Bilderteam; **60** Konrad Wothe/Picture Press; **65** Brakefield/Premium; **82/83** M. Harvey/WILDLIFE; **94** Dennis/Mauritius; **102** B. Cole/WILDLIFE; **116** D. J. Cox/WILDLIFE; **120** M. Harvey/WILDLIFE; **127** M. Hamblin/WILDLIFE; **144/145** Berger/Save-Bild; **152** Sohns/IFA-Bilderteam; **156** Ausloos/Mauritius; **186** B. Cole/WILDLIFE; **204** Maywald/Premium; **210** Steve Bloom Images/Mauritius; **215** Schimmelpfennig/Premium; **218** A. Visage/WILDLIFE; **225** Masahiro Iijima/Okapia; **231** Roland Seitre/Bios/Okapia; **234** Tui de Roy/Minden/Premium; **244** A. Rouse/WILDLIFE; **248** NG Han Gyan/AP; **253** P. Oxford/WILDLIFE; **272/273** A. Bailey/WILDLIFE; **276** HPH/WILDLIFE; **285** Tom Brakefield/Corbis; **304/305** Walz/Premium; **309** Wolf/IFA-Bilderteam; **324/325** A. Wisniewski/Arco Digital Images; **331** W. Layer/Arco Digital Images; **347** A. Rouse/WILDLIFE; **350** Lacz/Mauritius; **355** TPLD/IFA-Bilderteam; **402/403** B. Cole/WILDLIFE; **422** D. J. Cox/WILDLIFE; **436/437** The Natural History/IFA-Bilderteam; **443** age/Mauritius; **482** D. J. Cox/WILDLIFE

Illustrationen
Robert Giusti/The Newborn Group: Schutzumschlag, 2
Willi Glasauer: 1, 5, 16, 18, 20, 25, 29, 48, 53, 68, 71, 79, 100, 101, 132, 138, 141, 162, 167, 172, 176, 179, 183, 192, 196, 200, 237, 241, 278, 283, 290, 293, 296, 302, 312, 315, 318, 322, 334, 365, 389, 392, 393, 400, 408, 411, 414, 419, 428, 434, 448, 453, 454, 459, 462, 466, 494, 497, 499, 504
Reader's Digest: 35, 107, 111, 112, 114, 260, 262, 265, 267, 270, 271, 339, 342, 356, 370, 372, 377, 381, 387, 470, 473, 475, 478, 479, 488, 492